Scott, Foresman
French Program
Book 3

TEACHER'S ANNOTATED EDITION

C'EST ÇA!

Albert Valdman, Ph.D.
Indiana University
Bloomington, IN

Marcel LaVergne, Ed.D
Needham Public Schools
Needham, MA

Estella Gahala, Ph.D.
National Foreign Language Consultant
Scott, Foresman and Company
Glenview, IL

Constance K. Knop, Ph.D.
University of Wisconsin
Madison, WI

Marie-Christine Carreté, Agrégée
Collège Lamartine
Houilles, France

Scott, Foresman and Company

Editorial Offices: Glenview, Illinois

Regional Offices: Sunnyvale, California • Atlanta, Georgia •
Glenview, Illinois • Oakland, New Jersey • Dallas, Texas

ISBN: 0-673-35041-X

Copyright © 1990
Scott, Foresman and Company, Glenview, Illinois
All Rights Reserved. Printed in the United States of America.

345678910 RIW 9897969594939291

CONTENTS

COMPONENTS OF THE PROGRAM

C'EST ÇA! is the third book in a three-book series. The student text opens with an activity-oriented *Reprise* focusing on basic, high-frequency vocabulary and structures from approximately the first half of VIENS VOIR! This is followed by fifteen chapters and an appendix, which includes verb charts, French-English and English-French vocabularies covering Books 1, 2, and 3, a grammar index, and maps.

This Teacher's Annotated Edition reproduces the student text with overprinted answers, teaching suggestions, and cross references to the ancillary materials. This front section also includes:

- "Organization of the Text," a description of all chapter elements with suggestions for their use
- "A Teacher's Perspective," a practical view of C'EST ÇA!
- "A Guide to Bridging from VIENS VOIR!" Book 2 of the series
- "Teacher Notes," a section of chapter-by-chapter objectives, suggestions for classroom props or materials, cultural information on the photographs and realia, additional teaching, review, and enrichment suggestions, answers to specific sections of the chapter, and oral proficiency tests
- "Index of Cultural References" for use in planning your cultural presentations to the class

Ancillary materials to accompany C'EST ÇA! include the following:

- *Cassette Tapes:* A set of 16 cassettes, one for each chapter and a separate listening comprehension testing tape.
- *Workbook / Tape Manual:* A two-part student book. The Workbook section contains material to supplement each book chapter, plus special review sections following Chapters 3, 6, 9, 12, and 15. The Tape Manual section contains all of the printed material necessary for students to do the listening exercises on the tapes.

- *Teacher's Edition: Workbook / Tape Manual:* The student material with overprinted answers and a complete tapescript.
- *Practice Sheet Workbook* (with separate *Teacher's Answer Key):* Worksheets designed to provide the basic-level mechanical practice for all vocabulary and grammar sections of the student text.
- *Teacher's Resource Center* (including *Testing Program):* A file box containing blackline master quizzes for all vocabulary and grammar sections, chapter tests, and five review tests (all with answers on reduced pages). The *Teacher's Edition: Workbook / Tape Manual,* a classroom wall map, and file folders for organizing materials are also included.
- *Communicative Activity Blackline Masters:* A set of oral classroom activities for paired and group practice designed to supplement those already in the student text.
- *Overhead Transparencies:* A package of full-color overhead visuals that includes all vocabulary-teaching illustrations (with objects unlabeled), and cartoon-strip illustrations for the *Révisions* and *Thèmes* (without the captions). Also included are suggestions for use of the transparencies and an identification key.
- *Reader:* A graded reader specially designed to be used in conjunction with C'EST ÇA!
- *Computer Software:* A package of computer-assisted instruction designed for use with the Scott, Foresman French Program.
- *Videotape:* A tape designed to acquaint students with aspects of daily life in the French-speaking world. A *Teacher's Guide* with student blackline masters is included.

ORGANIZATION OF THE TEXT

A glance at C'EST ÇA! will reveal an efficient predictability of format. All chapters begin with a *Prélude culturel.* All end with a chapter vocabulary list. In between you will find the following:

Mots Nouveaux (Visuel/Communicatif)
  Applications (Dialogue)
Explications I
  Applications (Lecture)
Explications II
  Applications (Révision / Thème / Rédaction / Contrôle de révision)

Predictability of format, however, in no way implies sameness. There is enormous variety in presentation and practice. But predictability is crucial if a book is to work truly flexibly in the classroom. If you, the teacher, are to plan well for what to emphasize or to omit, you must be able to know the organization of the text.

C'EST ÇA! begins with a *Reprise* composed of 22 conversation- or activity-based exercises. These are designed to bring students back to language learning in an enjoyable, interactive way. Emphasis is on what students remember or can quickly recall, with no structural review or teaching *per se.*

Fifteen chapters compose the main body of the text. What follows are some very basic suggestions for using the chapter sections. Next to each section title there are five boxes representing Listening (L), Speaking (S), Reading (R), Writing (W), and Culture (C). These show you the relative emphasis that each text section gives to each of these skills or areas of understanding. Red boxes represent strong emphasis; blue boxes mean some emphasis.

PRÉLUDE CULTUREL
`L` `S` `R` `W` `C`

These photographs with their extended French-language captions give informative, curiosity-piquing glimpses into Francophone culture. Each focuses on one of the main themes of the chapter.

We recommend that you:

- Assign the *Prélude* as homework, with or without classroom discussion the following day.
- Help students compare and contrast what they have read with their own culture, encouraging development of a global perspective.
- Ask students to keep a cultural notebook.
- Let students use these as a point of departure for extra-credit cultural reports.
- Make as full use as possible of native speakers who may be in your class or in the school to elaborate on particular topics.
- Begin immediately to use the Teacher Notes for additional cultural information that you can share with the class.

MOTS NOUVEAUX

Contexte visuel
`L` `S` `R` `W` `C`

This is new, active vocabulary presented in a visual context.

- Use the overhead transparency as the tape recites the words; have students listen and repeat.
- Identify items affirmatively / negatively *(C'est un ...? / Oui. C'est un ... / Non. C'est un ...);* pose either / or or open-ended questions; use gestures and pantomime; in later chapters, as students' vocabulary has increased, use synonyms / antonyms / related words / definitions in French.

Contexte communicatif
`L` `S` `R` `W` `C`

This is new, active vocabulary that does not lend itself to illustration. These words are presented in the context of mini-dialogues with substitutions. New words are in boldface type and are glossed in the right-hand margin.

- Let students hear the mini-dialogues on tape.
- Let pairs of students read the mini-dialogues aloud (without the substitutions).

- Let volunteers read (or perform) the mini-dialogues for the class.
- Ask for volunteers or assign students to read the mini-dialogues with you (you might want to assume the role that has longer or more difficult speeches.)*
- Redo the mini-dialogues with the class, using the *Variations.* With students who are new to the Scott, Foresman French Program, explain how these work: The individual words and phrases in the text should be replaced by those to the right of the arrow. Point out that a red box represents a new *Variation.* When two or more substitutions are shown after a box, all must be made for the mini-dialogue to make sense.
- Ask simple comprehension questions, or use those provided on the tape.
- Avoid grammar discussions at this point. When you get to the *Explications,* you may then want to refer to these mini-dialogues as a point of departure. Cross references appear in the on-page teacher notes.

Autrement Dit

This feature, unique to Book 3 of the series, recycles vocabulary and expressions learned in Books 1 and 2 and organizes them under communicative, functional labels, such as expressing regret, accepting invitations, making suggestions, etc. In this manner, students are continually reminded of the variety of ways there are to express meaning.

Exercices

These exercises are designed to help students begin to learn the new material. Many are set up for paired practice, though you may do them in a more traditional way simply by playing one of the roles yourself.

- You do the model and perhaps the first one or two numbered items aloud with the class before dividing them into smaller groups.

---

* Particularly in the early chapters, one role is generally shorter or easier than the other to encourage less verbal or performance-shy students.

- Assign more complex exercises as homework, using in-class paired practice the following day.
- Use the *Parlons de toi* (the final exercise) to clarify for the students the real-life, personal use of the vocabulary they are learning.

Basic vocabulary practice exercises are available in the *Practice Sheet Workbook;* higher level practice plus the written material necessary for doing tape exercises are available in the combination *Workbook / Tape Manual.* There is, in addition, a quiz on every essential chapter section as part of the testing program in the *Teacher's Resource Center.* This may, if you choose, be used as homework practice instead.

Activité   L S R W C

Each *Mots Nouveaux* section includes an optional paired or small group recreational activity designed for open-ended oral practice. For some *Activités,* props will be needed. These are listed for you in the Teacher Notes under the heading "Suggested Materials."

APPLICATIONS
Dialogue   L S R W C

Like all of the *Applications* sections, this is discretionary. The *Dialogue* gives students an example of extended discourse, most often with explicit or underlying cultural information. Some new passive vocabulary is included for reading recognition. Words and expressions that students would not readily understand are glossed. To promote the important skill of informed guessing, cognates and more easily decodable words are not glossed.

- Play the tape as students listen.
- Interrupt the tape to ask simple factual questions (who / what / where / when / how).
- Ask for volunteers to read or perform the *Dialogue*

- Assign the *Questionnaire* as written homework and then go over it in class the following day.
- You might instead handle the *Questionnaire* in class immediately after reading, then assign students the task of writing a third-person summary of the *Dialogue.*
- Use the additional taped oral questions either immediately after listening to the *Dialogue* the first time or, after a few days, replay the tape and let students answer them then.

Situation

This optional section provides students a controlled opportunity to create their own dialogue. Since the topic is based on the *Dialogue,* students have a model that they can follow closely.

- Assign this as an extra-credit activity for pairs of students.
- Assign the *Situation* as an oral project. In each chapter, assign it to a different pair of students. You might also ask them to prepare a written *Questionnaire* to hand out as a listening comprehension quiz for their classmates.

EXPLICATIONS I

These are student-oriented grammar presentations with examples and charts. Grammatical terminology is kept to a minimum, and when used it is clarified with reference to the students' experience with their native language.

To make learning the grammar easier, most structures are first introduced lexically in the *Mots Nouveaux.* Students then use the new structures in a carefully controlled context as they practice the new words. Thus by the time students come to the formal grammar presentation, they are already familiar with the structures and in many cases even have some active control of them.

To help students see the immediate practicality of what they are learning, a list of objectives appears with each grammar topic. These usually take the

form of language notions and/or functions and are derived either from the basic use of the structure being studied or from the contexts and formats of the *Exercices.*

- Begin discussion of the grammar topic by reviewing the *Mots Nouveaux* mini-dialogue(s) where the structure was initially presented (on-page notes in this teacher's edition provide cross references).
- Be sure to go over the explanations, but don't let the class get stuck there. The majority of students will learn more from the practice itself (in the book, in the *Practice Sheet Workbook,* and in the *Workbook / Tape Manual)* than from discussion of grammar points. Do not aim for immediate mastery, particularly of the more complex structures. They are continually re-entered, practiced, and reinforced in subsequent chapter elements and in subsequent chapters.
- Ask students to make up additional examples of the target structure.
- Use simple oral pattern drills before doing the text exercises.
- Use the overhead transparencies or other visuals for oral drill (short question / answer or narrative description).

Exercices

See *Mots Nouveaux* above, for recommendations.

APPLICATIONS
Lecture

As with other *Applications* sections, the reading is discretionary. All *Lectures* have been chosen to give students an opportunity to read non-textbook French materials. They have been selected from among magazine and newspaper articles and from Francophone literature (short stories, plays, biographies, poems, and so on.) A pre-reading feature, *Avant de lire,* helps set the scene and focus students' attention.

- Go over the *Avant de lire* in class, encouraging discussion.
- Play the tape as students follow along, and then review the *Avant de lire* questions to see if students understood the main idea and some of the basic information.
- Ask students to cover the glosses to see if they can understand the words from context, or go over the glossed words in advance.
- Assign the *Lecture* as homework to be gone over in class the following day (in which case, go over the *Avant de lire* when you make the assignment).
- Play the tape again, this time including the brief oral questions that follow it; stop the tape after each question to allow for student response.
- Point out and discuss cultural information mentioned or implicit in the *Lecture.*
- Assign the *Questionnaire* as written homework or do it orally in class.
- Ask students to prepare one or two true/false statements or additional questions to ask a classmate.
- Use visual aids appropriate to the *Lecture* to stimulate additional conversation.
- Ask students to summarize the *Lecture* in their own words, either orally or in writing.

EXPLICATIONS II

| L | S | R | W | C |

See *Explications I,* above.

Activité

| L | S | R | W | C |

A discretionary oral activity follows one of the two *Explications* sections of each chapter. See *Mots Nouveaux,* above, for recommendations.

APPLICATIONS

This is a four-part section designed for review and writing practice. You may choose to do all, none, or only selected portions of this material.

Révision

| L | S | R | W | C |

The *Révision* in Book 3 differs somewhat from that of Books 1 and 2. In Book 3 the *Révision* is a captioned cartoon strip in French, which reviews the vocabulary and structures of the chapter. These are noted for you in the on-page teacher notes.

You might enjoy using the overhead transparency of the *Révision* as a stimulus for in-class conversation.

Following the cartoon strip, students are given the opportunity to react (either orally or in writing) to the situation in a personal manner.

Thème

| L | S | R | W | C |

The *Thème* is a cartoon strip with English captions. Point out to the students that, syntactically, the French version of each caption will correspond to the similarly numbered French sentence in the *Révision.* (Even if you choose not to use the *Révision,* this should be pointed out so that students have a French-language model to work from as they write.) Assign the *Thème* as written homework. (Answers appear in the Teacher Notes.)

You might also enjoy using the overhead transparency of the *Thème* cartoon strip (on which the captions do not appear) as a stimulus for in-class conversation, story-telling practice, or group composition.

Rédaction

| L | S | R | W | C |

This writing exercise gives a choice of two or three additional topics for student compositions. This section is best used as an extra-credit assignment or with better classes.

Contrôle de révision

L S R W C

This section is designed for extra practice or as a pre-test before the chapter test. Answers appear in the Teacher Notes. You may want to use them to create an answer key for the students' own use.

- Assign the *Contrôle de révision* two days before the chapter test will be given.
- Quickly go over the material the following day, helping students identify areas of weakness either for immediate in-class review or for extra study that evening before the following day's test.
- Point out to the students the *Vocabulaire du chapitre* on the following page, reminding them that these are the words they will be responsible for knowing on the test.

PHOTOS / REALIA

L S R W C

Throughout the program, photographs serve to illustrate the culture. Realia—tickets, menus, ads, schedules, and so forth—are provided to enrich the language-learning experience.

- Encourage students to make cultural inferences about what they see.
- Supplement the material in the student text with the additional information provided in the Teacher Notes.
- Ask students to prepare more extensive captions than those that appear in the book or to make up questions about the pictures or realia that they can ask their classmates.
- Use the photos to stimulate narrative description, or let students use them to create a dialogue.
- Use them for spot evaluation of listening and speaking ability; for suggestions, see the oral proficiency tests in the Teacher Notes.

A TEACHER'S PERSPECTIVE

The Scott, Foresman French Program provides everything you need to face the challenge of today's foreign-language classroom. Growing enrollments, the changing profile of the French class, the emphasis on student communicative ability and on proficiency—all mean new teacher goals and new student expectations. Above all, it means newly designed tools for easier teaching and more active student involvement.

Here is how the Scott, Foresman French Program responds to your needs and concerns and how it will help you bring your students to a realistic and rewarding level of proficiency in their new language.

"How can a book help students talk?"
C'EST ÇA! provides for extensive oral practice from the first page, and both the text and special ancillary materials provide abundant opportunity for growth toward oral proficiency:

- *Exercices,* text exercises based on true-to-life contexts that students will relate to, are set up for paired practice.
- Every *Mots Nouveaux* and every *Explications* ends with *Parlons de toi.* This series of related real-life questions practices new vocabulary and structures and reinforces for students that they are learning something practical and useful.
- *Activités,* two per chapter, allow for paired or small-group oral practice.
- An oral-practice orientation in the *Contexte communicatif* of the *Mots Nouveaux* section provides slot substitutions *(Variations)* to engage students actively in their learning of the new vocabulary.
- A *Dialogue* in every chapter is followed by a *Situation* in which students may create their own conversation based on the dialogue. The *Dialogue* itself is also on tape, followed by oral questions for oral response.
- The Teacher Notes provide an oral proficiency test for each chapter.

"How can we get students to learn how to really listen?"
Practice in the listening skill will occur naturally in paired exercise work and in the *Activités,* for unless students listen to their partners, they will not be able to respond appropriately. Yet that, of course, is not the same as listening to native speakers. To better develop the listening skills needed for real-world communication, you will find the following in C'EST ÇA!:

- Extensive listening practice appears on the tapes. Much of it involves use of the *Tape Manual,* since paper-and-pencil activity helps ensure that attention remains focused on the listening task.
- For each chapter there is a test of listening comprehension on the separate testing tape.
- All of the *Dialogues* and *Lectures* are on tape. So, too, are all of the visualized words and the mini-dialogues in the *Mots Nouveaux,* which offer students additional pronunciation and intonation models while helping them practice the new words. In addition, the listening skill is sharpened through the brief taped *dictées* (listen-write) and the inclusion of simple comprehension questions that follow the *Dialogue,* the *Lecture,* and the final mini-dialogue of the *Mots Nouveaux.* These have no written apparatus and call for very brief oral response (listen-speak).
- A videotape presents sixty minutes of authentic oral French. Filmed in several locales in France, the tape offers narration as well as unscripted, unrehearsed conversations and interviews and discusses such topics as the French school system, family life, and leisure activities.

"I want to make sure my students learn to read."
All chapters include a *Lecture* followed by a series of questions. The task of learning to read in a foreign language is eased through the *Avant de lire* that precedes each reading. This provides clues to a decoding of the reading, suggests things to look for

while reading, and/or stimulates students to think about their own experiences in similar situations. This encouragement of basic reading strategies in the foreign language makes the overall decoding task a much less formidable one. In addition:

- The realia included in the text give students multiple opportunities to read "real" things, the types of things that they will have to read if they travel to a French-speaking country. This type of reading brings special rewards as students begin to realize how much they know and can understand.
- All *Exercices* directions are in French. These give a statement of the context plus directions that explain what the student is to do. This also offers important reading practice.
- Few things give students a greater sense of accomplishment than being able to read material outside the basic text. Thus a separate graded reader is available, specially designed for use with C'EST ÇA!

"How can I help my students learn to write?"

Writing well is a problem for many students today even in their native language, so what can we expect in French? With some help, we can expect quite a bit. The unique *Révision, Thème,* and *Rédaction,* found in the third *Applications* section of each chapter, carefully guide students in acquiring the writing skill.

Practice in writing is also provided in the *Workbook / Tape Manual,* in the *Practice Sheet Workbook,* and in any of the *Exercices* or *Questionnaires* that you choose to assign as written homework. Many of the *Activités,* too, though oral in purpose, involve advance written preparation or a post-activity written summary.

"How do you teach the culture?"

Each chapter begins with a *Prélude culturel,* a cultural overview of the main themes of the chapter. And you will discover realia and/or French-language captioned photographs on almost any page you may open the book to. You are provided with additional cultural information on all of these in the Teacher Notes in this front section of the book. In addition:

- An Index of Cultural References cuts the time you need to spend preparing your cultural presentations.
- A videotape offers authentic cultural situations in France. A *Teacher's Guide* with blackline masters for student use is included with the tape so that students can gain maximum cultural and linguistic benefit.
- Brief tests of the cultural information presented in the *Prélude culturel* are included on each chapter and review test in the *Teacher's Resource Center.*

"Is there any way to teach a little less so my students can learn a lot more?"

Yes, and to ease your and your students' task, *the scope of each book in the Scott, Foresman French Program provides for a far more even pace than any program previously developed.* Most students just cannot learn and retain the amount of new material that is presented in the typical two-year sequence. This program offers a three-year pacing that students can learn from. Because what is taught is usable and is continually reinforced, your students will almost surely master and retain more than you are accustomed to.

Since language learning is cumulative and gradual, there is strong focus here on regular re-entry and reinforcement. *We would urge you not to teach each vocabulary set and each grammar topic for immediate mastery before moving on.* Individual words and structures are frequently re-entered. Previously taught structures are continually woven into subsequent chapters' vocabulary exercises, giving students reinforcement and giving you a clear opportunity to identify areas that need additional practice. Do not let students get bogged down when they fail to grasp something immediately. Let them continue to watch for its recurrence. Let them continue to encounter and say it aloud in mini-dialogues. Give them the basic practice provided in the *Practice Sheet Workbook.* Soon you and they will find that they are using the structure with less hesitancy and, eventually, automatically. Language learning is, after all, a skill-mastering process far more than a data-memorizing one.

Here is how C'EST ÇA! will help you and your students avoid overload:

- The book always lets you and the students know what they will be held responsible for. *All structures for which they are responsible are explained and practiced in the* Explications. *All active vocabulary is presented and practiced in the* Mots Nouveaux. *All other material is discretionary.*
- Most structures are presented as vocabulary items before they are taught as grammar points. This gives students an opportunity to use the language naturally and then later to have it codified.

"There's never enough practice material!"

The Scott, Foresman French Program offers considerably more practice material than you will need. You shouldn't even have to devise your own practice sheets or quizzes. Here's why:

- There are book exercises to accompany not only the grammar, but also the vocabulary presentations.
- There is a *Practice Sheet Workbook* that offers students mechanical practice for all vocabulary and grammar.
- There is a *Workbook / Tape Manual* that offers higher-level writing practice for vocabulary and grammar, plus listening practice with the tapes.
- Oral practice—particularly communicative practice—is provided for through 1) the *Contexte communicatif* in the *Mots Nouveaux,* 2) the communicatively formatted exercises in the *Exercices,* 3) the three *Parlons de toi* sections of each chapter, 4) the *Situations* following the *Dialogues,* 5) the *Activités,* and 7) the *Communicative Activity Blackline Masters* that accompany the text.
- Though any exercise can also be written, practice in the writing skill is specifically provided for in the *Révision, Thème,* and *Rédaction.*

"Do you really think I can finish this book?"

Yes, but you will have to make some choices. The only material that must be covered thoroughly is in the essential chapter elements: *Mots Nouveaux* and *Explications I-II.* These are clearly marked for you in this Teacher's Annotated Edition. All the rest is there for you to choose among as you design lessons around your particular goals and teaching style. You may safely omit any of the three *Applications* sections knowing that there is nothing new in them that students will be held responsible for. This assurance gives you freedom and flexibility and puts you in control of the text.

You may want to use the *Applications* only occasionally (in alternate chapters, for example) or where you feel students particularly need that extra reinforcement. You may elect to omit some entirely from your teaching plans. Every chapter has a *Situation* and two *Activités.* You might use only one of the three. The *Révision* and *Thème* may be omitted. You may use the *Révision* and *Thème* overhead transparencies for conversation rather than writing practice. The *Dialogue* and *Lecture* include some unknown vocabulary for one-time use only. No new active material appears in them, so either or both may be skipped as often as you like.

Whatever your choices, enjoy using this program. Above all, enjoy watching your students actively engage themselves in learning French.

A GUIDE TO BRIDGING FROM <u>VIENS VOIR!</u>

By allowing mastery of the essential material to come gradually, and by a careful choosing from among both the ancillary practice materials and the discretionary text elements, most classes should have been able to complete the essentials of VIENS VOIR! in one school year. If, however, your third-year students did not finish the second book, careful provision has been made for them to move into C'EST ÇA! The bridging plan assumes:

• *Mastery* (i.e., comprehension and a certain level of fluency) of all structures and vocabulary through Chapter 9 of VIENS VOIR!
• *Coverage* (i.e., acquaintance and recognition) through Chapter 12.

All structures taught in Chapters 9–15 of VIENS VOIR! are re-presented in C'EST ÇA! as are some of the more difficult concepts taught before Chapter 9 (e.g., the passé composé and the imperfect). In most such re-presentations, some additional new information is taught.

C'EST ÇA! begins with a *Reprise* that provides a series of exercises for reviewing the early grammar and lexical fields of VIENS VOIR! If, for whatever reason, your students do not get beyond Chapter 12 of Book 2, they will need to have the "missed" vocabulary presented as new words. Here is a list of the first occurrence in C'EST ÇA! of the vocabulary taught in Chapters 13–15 of VIENS VOIR! Parenthetical numbers refer to the Book 2 chapters in which the words were taught. Book 2 overhead transparencies are excellent for introducing or reviewing vocabulary categories.

Reprise
The following would need to be taught:

pleurer (13)

Chapitre 1
The following would need to be taught:

intéresser (14)
regretter (14)
tu exagères (14)
au lieu de (13)
le petit ami (13)
parmi (14)
il vaut mieux (13)
la colline (15)
fort, -e (14)
faire une randonnée (15)
se disputer (13)
freiner (15)
au début (13)

Chapitre 2
The following would need to be taught:

gronder (13)
au bord de (15)
s'embrasser (13)
se marier (13)
le mariage (13)
s'entendre bien avec (13)
furieux, -euse (14)

Chapitre 3
The following would need to be taught:

ralentir (15)
le sable (15)

ORAL PROFICIENCY TESTING

In the Teacher Notes for each chapter you will find a suggested oral proficiency test. There are four types of test items.

- *Directed Response,* in which a statement is made in English that directs the student to ask a certain question or to make an appropriate remark.
- *Picture-Cued Response,* in which the student is shown a photograph or illustration and is asked one or more questions in French.
- *Situations,* in which a context is presented in English and, given a choice of three remarks or responses, the student is directed to select the appropriate one. You might either immediately give the three choices orally and ask the student to repeat the correct one or, with better students, you might want to allow an opportunity for the testee to come up with an appropriate response. With weaker students you may want to present the three choices on a 3 x 5 card, allowing the student to read the appropriate choice.
- *Real-Life Questions,* in which the student is asked to reply conversationally to real-life or personalized questions.

The oral proficiency tests provided look for basic, minimum competency, and the suggested answers are to help you guide the student toward what you expect of him or her. Students must be free to answer creatively and spontaneously. If a response communicates correct information, no matter how it differs from what the book suggests, the answer is correct. If students respond well, you should feel free to expand with additional questions or comments to create a brief dialogue with the testee.

In using the Picture-Cued Responses, make use of the overhead transparencies (if they are available to you) instead of the visuals in the book. In those cases, hand the transparency itself to the student as you ask the questions. That will save you the trouble of covering the labels that appear in the book versions of the illustrations.

In using the Directed Response, Situations, and Real-Life Questions, adapt the items to make them as compatible as possible with the student's own experience. Use real names. That will make for real conversation. Provide appropriate props where possible and strive to use them in situations that students can identify with. This will help emphasize that speaking French is not an artificial thing, but rather an important skill that is useful in real life.

Oral proficiency tests should always be administered privately, but in as relaxed and nonthreatening a setting and manner as possible. Always bear in mind that some students are uncomfortable with questions about home and family. Not all have a mother, father, brothers, sisters, and pets. Not all have their own room in a single-family dwelling.

Evaluating oral proficiency and communicative progress largely involves attention to the adequacy and appropriateness of an exchange of information. Since an identifiable "perfect" score does not exist, it is simpler to give points than to subtract them from an ideal maximum. A set of three scales provides an effective and easy way to evaluate communication skills. Each scale measures a different aspect: (1) appropriateness and adequacy in carrying out the communicative intent, (2) correctness of grammar, and (3) accuracy of pronunciation. The scales are weighted differently, with the greatest importance given to the first aspect and the least to accuracy of pronunciation (though, of course, incorrect pronunciation can sometimes impede communication). You are free to modify the scale according to your own teaching objectives. You might, for example, increase the emphasis on grammatical correctness so that it matches the 0–4 scale of the communication aspect.

Here are two examples:

COMMUNICATION | GRAMMAR | PRONUNCIATION
Appropriateness | Correctness | Accuracy
Adequacy

4 ③ 2 1 0   3 ② 1 0   ② 1 0

REAL-LIFE QUESTION: Chapter 2   *Qu'est-ce qui te fait rire?* Student response: *Les films comiques me fait rire.*

4 3 2 ① 0   ③ 2 1 0   2 ① 0

DIRECTED RESPONSE: Chapter 1   *Tell your friend she is 30 minutes late.* Student response: *J'ai trente minutes de retard.*

Because an exchange of information is the goal, error correction should be delayed in order to avoid interrupting the student's train of thought. It can also be helpful to correct errors by category, rather than student by student, when you find a consistency in the types of errors being made.

TEACHER NOTES

Photo

La Conciergerie viewed in the distance from le Pont Notre-Dame, the bridge leading from l'Ile de la Cité to le quai de Gèvres. Point out the ornate grillwork on the railing. Although successive bridges have stood here since the Middle Ages, the current Pont Notre-Dame was built in 1913. Earlier bridges had shops and houses built on them with richly decorated façades and shop signs, including the famous *Enseigne de Gersaint* by Watteau, which hung in front of the shop of the art dealer by that name.

The bridge in the distance is le Pont au Change, which leads to le Palais de Justice, also on l'Ile de la Cité. Until the early sixteenth century, this was the site of successive royal palaces, which were gradually transformed into the high law courts of France, a function it continues to fill today.

In an inner courtyard of le Palais is the Gothic chapel la Sainte-Chapelle, built by the French King Saint Louis to house the Crown of Thorns and other relics brought back from the Crusades. Completed in 1248, la Sainte-Chapelle is best known for its magnificent stained-glass windows, the oldest and most ornate in Paris.

The northern wing of le Palais de Justice is occupied by la Conciergerie, whose towers are visible to the left. Originally the residence of le Concierge (governor of the king's house), la Conciergerie was later used as a prison. During Robespierre's Reign of Terror, hundreds of prisoners (including Marie-Antoinette, Mme Roland, Mme du Barry, and Danton) were imprisoned here as they waited to be guillotined. La Tour de l'Horloge, the bell tower at the angle of the building, houses the capital's oldest public clock, installed there in 1334.

PAGES IV–V

Photo

Elegant floral panel decorating the exterior façade of a Parisian shop. Decorative panels such as these were commonly used outside shops in Paris and other large cities in the 1890s, a period the French refer to as la Belle Epoque. The events, architecture, and clothing of this period are recreated in le Nouveau Musée Grévin, a well-known wax museum located in le Forum des Halles in Paris.

PAGE VI

Photo

High-school student reading on the steps outside her home.

PAGE VII

Photo

Tourists at a bus stop consulting a map of bus service in Paris. Every summer, teens and young adults from all over Europe and North America travel to Paris, carrying backpacks, bedrolls, and guidebooks. Some of them also bring musical instruments, which they play in public squares or in the subway to help pay their way.

PAGES VIII–IX

Photo

Dining room of Monet's home in Giverny, just outside Paris.

Claude Monet (1840–1926) was one of the leaders of the Impressionist school of painting. In fact, it was the title of his 1872 painting *Impression, soleil levant* that gave that style its name. In his landscapes Monet endeavored to show how sunlight, which changes from hour to hour and season to season, affects our impression of something. His interest in the effects of light led him to do multiple paintings of the same view at different times of the day or of the year. Best known among them are his series of haystacks, his twenty views of the Cathedral of Rouen, and his famous waterlilies.

Monet organized his property at Giverny as though it were a huge painting. With a small army of gardeners, he diverted a river, planted exotic flowers, weeping willows, bamboo, and rhododendrons. Nature, recomposed by the artist, began to resemble his art. "My finest masterpiece," he later claimed, "is my garden." It was in this garden that Monet painted his two most famous series of paintings, both titled "Water Lilies"—a total of 73 canvases painted over a ten-year period.

PAGE XI

Realia

J'aime Paris bumper sticker. This same slogan is now found on T-shirts, coffee mugs, and bumper stickers in souvenir shops throughout the French capital.

PAGE XII

Photo

Construction crew meeting with officials outside the new Pyramid entrance to le musée du Louvre. The Plexiglas structure forms an unexpected contrast to the museum's harmonious classical architecture and, not surprisingly, has provoked considerable controversy. La Pyramide is designed to serve both as an entrance and as an orientation center for individual and group visits to the Louvre. An underground passage leads to the lower level of the museum.

La Pyramide du Louvre is typical of a new genre of public art that has developed in the last fifteen years. Many of these works have been commissioned by the French government to be placed in juxtaposition with well-known monuments. Notable examples include le Centre Pompidou, les Colonnes de Buren in the courtyard of the Palais-Royal, and the *Heure de Tous* sculpture in front of the Gare de Lyon in Paris (showing a dozen or so clocks with different times, all of them incorrect). The intended purpose of these works is to lighten and "humanize" the sometimes ponderous atmosphere of the great monuments and to illustrate the new aesthetic and popular vein of twentieth-century art and architecture.

PAGE XIII

Photo

Reading the paper is a favorite weekend and vacation pastime in France. Each of the three major French newspapers shown here reflects a different political perspective. *L'Humanité* presents a Communist point of view, while *Le Figaro* is generally *centre-droite* and *Le Monde, centre-gauche.*

The photograph was taken in Passy, a quiet residential neighborhood on the western edge of Paris between le Trocadéro and le Bois de Boulogne.

PAGE XIV

Photo

Un mas provençal. Un mas is a traditional stone farmhouse found in Provence. Provençal landscapes such as this have recently entered the American imagination through the films based on Marcel Pagnol's novels, *Jean de la Florette* and its sequel *Manon des Sources.* Both stories are set in this area, as are most of Pagnol's works. A typical provençal village is shown in the painting by Cézanne on p. xv.

Provence is known for its rustic architecture and Roman ruins, for its language *(le provençal,* a separate Romance language with a rich literature and folklore), and for its distinctive cuisine. Favorite provençal dishes include *la ratatouille* (a stew made with green pepper, eggplant, tomatoes, onions, and zucchini); *la bouillabaisse marseillaise* (a fish soup prepared with tomatoes, onions, garlic, olive oil, and herbs); *le pistou* (a thick vegetable soup); and a sandwich known as *le pan bagnat (provençal* for *le pain baigné),* which consists of bread soaked ("bathed") in olive oil, then covered with tuna, ripe olives, and onions. Most foods associated with la Provence use olive oil as their base and are heavily seasoned with garlic and herbs grown in the area—*le thym* (thyme), *le basilic* (basil), *l'origan* (oregano), *le persil* (parsley), and *le laurier* (bay leaf). The term *à la provençale* means that a dish has been prepared with tomatoes and garlic.

PAGE XV

Photo

Painting by Cézanne titled *Le Village de Gardanne.* The picture represents a typical provençal village nestled in a valley and built in descending spiral fashion around the church. Point out the wall that surrounds the village (visible in the foreground).

Paul Cézanne (1839–1906) was one of the great painters of the Impressionist school, although he later broke with the Impressionists midway in his career. While an art student at the Académie Suisse in Paris, he became friends with Pissarro, Monet, and Renoir. In the early part of his career, Cézanne did mainly still-life paintings. However, under Pissarro's influence, he began to do landscape paintings. Although greatly admired by other painters, Cézanne baffled the art public with the boldness of his work.

After being poorly received in joint exhibitions with other Impressionist artists, Cézanne withdrew from that group and moved back to his native Aix-en-Provence. There he sought to reconcile a desire for monumental construction inspired by classical Greek art with the requirements of landscape painting. Among his best-known works are *Les Joueurs de cartes, Les Grandes Baigneuses,* and his many paintings of *La Montagne Sainte-Victoire.* It was only in 1904, two years before his death, that the art public finally hailed his genius after an exposition of his works at le Salon d'Automne in Paris.

PAGE XVI

Realia

Ecological bumper stickers urging people to use recycled paper and to balance progress with nature. As in the U.S., ecologists have in recent years had an increasing impact on politics and government policy in France.

PAGES XVI–XVII

Photo

Worker in a copper foundry in Likasi, Zaïre, formerly called the Belgian Congo. The earliest inhabitants of Zaïre may have been the pygmies, followed by the Bantus from the east and Nilotic tribes from the north. The large Bantu Bakongo kingdom ruled much of Zaïre and Angola when Portuguese explorers first visited the area in the fifteenth century. In 1876, the Belgian King Leopold II sent an international group led by Henry Stanley to explore the Congo and to win over the native chiefs. The Belgians officially took control of the area in 1884 and set up rubber plantations and mining companies. The country became independent in 1960. Except for a period of relative stability in the early 1970s, serious economic difficulties, compounded by the war with Angola and internal political tensions, have plagued Zaïre since then.

The country has rich mineral deposits, including 50 percent of the world's diamond production, gold, copper, silver, uranium, and 60 percent of the world's cobalt reserves. A flourishing mining and processing industry developed there under the Belgians. However, this industry has suffered from the withdrawal of many European mining experts during the political upheavals of the last two decades.

REPRISE

PAGE 1
Photo

Students during *la récré* in the courtyard of the *lycée Janson de Sailly* in Paris.

PAGE 5
Photo

The French are avid and knowledgeable moviegoers. Poor reviews are apt to kindle interest rather than to discourage prospective moviegoers. There is very much an attitude of seeing for oneself. Many young people belong to *ciné-clubs,* associations that present the best films, old and new, from all over the world, followed by a discussion period.

American films are quite popular in Europe. Westerns are particularly popular with the French, whose interest in American Indians (*les Peaux-Rouges*) goes back to the early days of French romanticism, when, after his travels in America, François de Chateaubriand (1768–1848) wrote his praise of the "noble savage" in such stories as *Atala* (1801) and *Les Natchez* (1826).

Le boulevard Saint-Michel—le boul' Mich, as it is affectionately called by students—is the main street in le Quartier latin in Paris. The area got its name from the fact that Latin was once the language of instruction for the university students who studied there.

PAGE 9
Photos

(a) Grand Prix autos in Nice. Grand Prix races are a series of races for Formula One cars which take place in France, Canada, the United States, and other countries. Grand Prix races range from 150–400 miles in length. The drivers receive points for their order of finish in the race, and the one with the most points in a year wins the World Driver's Championship.

Nice, on the Côte d'Azur, is one of France's most popular vacation and resort areas.

(b) Wind surfing off Saint-Tropez. Saint-Tropez is a well-known resort city on the Côte d'Azur, the coast on the Mediterranean which stretches from Marseille to the French-Italian border. Wind surfing has become very popular in France. The equipment consists of a board of about three and a half meters, a mast, and a sail. Even though this sport was only recently invented, the French have become quite proficient at it. In 1979 the Frenchman Arnaud de Rosnay crossed the Bering Strait by wind surfing, and in 1982 he set the record for crossing the English Channel. He is currently considering crossing the Atlantic.

PAGE 11
Photo

The open-air market remains an important part of French life. The French flea market, *le marché aux puces*, is much like our own flea markets. The great variety of items offered usually consists largely of items people no longer want or need. Nevertheless, professional antique dealers arrive at dawn each weekend morning to check out the newest finds.

PAGE 13
Photo

Skiers at le Parc du Mont-Sainte-Anne, a large ski area near Quebec City. It is one of seven distinct ski regions in the province of Quebec. The slopes in Quebec do not rival those of western Canada for height and spectacular scenery, but they are excellent for most sport skiing. Equally important to those who ski there are the extraordinary food and the enjoyable *après-ski* activities.

CHAPITRE 1

OBJECTIVES

Communication

- to talk about school courses
- to refer to people and things already mentioned
- to find out whom something is for
- to express surprise
- to offer someone something
- to describe daily activities in the past
- to make excuses for someone
- to explain why something didn't happen
- to express repeated or habitual actions in the past
- to tell what you used to do
- to compare the present with the past
- to make suggestions
- to tell a story

Grammar

- to use direct and indirect object pronouns
- to use the passé composé with *être*
- to use the passé composé with reflexive verbs
- to use the imperfect
- to use the imperfect and passé composé together

Culture

- to recognize the routine and procedures of a French *lycée*
- to talk about the *bac*
- to describe student activities and methods of study

SUGGESTED MATERIALS

pp. 14–15 (Prélude culturel):   magazine and newspaper ads regarding back-to-school sales

pp. 16–18 (Mots Nouveaux):   French report cards, newspaper want ads

PAGES 14–15

Photo

Science class in a lycée in the north of France. Point out that the students are seated in pairs at long tables rather than at individual desks. This is common in French schools even at the elementary level.

PAGE 15

Photos

(a) Friends having coffee at a sidewalk café. Point out the magazine titled *SOS-Bac Anglais* on the table, a special issue designed to help students prepare for the very difficult *baccalauréat* exam in the final year of lycée. *Le bac* lasts several days and covers all the subjects that a student has studied since beginning the lycée. The exam is the same throughout France for all *lycéens,* whether they go to public or private schools. However, in any given year there are several different versions of the exam, depending upon the particular program a student may have chosen upon entering the lycée. Universities will not admit students who have not passed *le bac* and, as a result, some students must take the exam several times. Passing *le bac* is therefore a subject of major concern among students, their families, their teachers, and school administrators.

Also point out the Philadelphia Phillies batting helmet on the table. Although the French are generally familiar with baseball through the frequent showing of U.S. films and television series, the game itself remains an oddity in France, where soccer is still very much the national sport.

(b) Students studying together in the courtyard of le collège Janson-de-Sailly, a large lycée in the fashionable 16e arrondissement of Paris. The school is named for the philanthropist who founded it in 1886.

Secondary education in France has two divisions, corresponding roughly to junior high and high school: *le collège d'enseignement secondaire* (C.E.S.) and *le lycée.* In general, youngsters enter a C.E.S. at age 10 and spend four years there, referred to as *la sixième, cinquième, quatrième,* and *troisième.* Choice of courses in the C.E.S. and selection of a course of study afterward are determined by continuous evaluation and counseling *(l'orientation).* At the end of 3e (equivalent to ninth grade), the *collégien(ne)* must pass a comprehensive exam, *le brevet d'enseignement du premier cycle* (B.E.P.C.) in order to continue his or her studies. Success in *le brevet* leads to admission to the lycée program, whose three years are known as *la seconde, la première,* and *la terminale.* The last two years of lycée are comparable to our college studies in the scope and content of courses, the teaching approach, and the degree of individual work required of students. *Le lycée* and *le collège* are now often housed in the same building, although the two programs still remain distinct.

PAGE 18

Realia

Ads for a store in Paris selling books, stationery, and records. Point out that *une papeterie* is a stationery store and that *un jeu de lettres* is any kind of word game (like *Password).* Help students understand the first ad.

PAGE 19

Realia

Ad for a bookstore in Strasbourg that also provides copy and binding services for dissertations. You might point out the following vocabulary: *thèses* (dissertations), *la reliure* (binding), *photocopieurs de haute performance* (high-quality photocopy service), *près des facs* (located near the universities), *ouvert sans interruption* (open continuously), *prix valables jusqu'à fin 1987* (prices valid until the end of 1987). *Cts* is the standard abbreviation for centimes. Point out that *facs* stands for *facultés,* which is used to refer to a department or school of a university. For example, *faculté des lettres* means "literature department" and *faculté de droit* means "law school."

PAGE 21

Photo

French classrooms tend to be small and somewhat crowded. In order to save room, students' desks are generally set up in pairs or students are seated at long, continuous tables (as in the picture).

Teachers in French lycées tend to be strict and demanding, with very high standards. Most French teenagers work extremely hard on their studies. This is because they know they must pass *le bac,* the very difficult exam taken at the end of high school, if they are to have a chance at a university education. Because there is so much homework, fewer high-school students in France have part-time jobs than in the U.S.

PAGE 22

Realia

Excerpt from a special issue of a French magazine designed to help prepare *lycéens* for the math section of the *baccalauréat* exam. (See notes for pp. 21 and 48.) Point out the abbreviations 2de, 1ère, and T^{le} in the upper left-hand corner, which stand for *seconde, première,* and *terminale,* the last three years of French lycée. (See note for p. 15b.) The page represents a review of basic formulas in algebra, geometry, and trigonometry.

PAGE 23

Realia

Ad for student loans offered by la BNP (la Banque Nationale de Paris). Point out the play on words in the caption: *Etudier sans compter* ("Study without counting."). Although the average university education in France is far less expensive than in the U.S., college expenses are still a financial burden for some French families, particularly if a student attends one of the *grandes écoles,* where tuition costs are considerably higher than at the state schools.

PAGE 25

Photo

Students talking on the steps of a French lycée.

Realia

Student I.D. card *(une carte d'étudiant* or *carte d'identité scolaire).* Explain that *EXT* stands for *un externe,* a student who attends school during the day but does not eat lunch there; *INT* for *un interne,* a boarding student; and *1/2 P* for *un demi-pensionnaire,* a student who eats lunch at the school but goes home at night. As the bottom right-hand corner indicates, this card belongs to *un demi-pensionnaire*.

Point out the symbols used for address and telephone, which are standard abbreviations.

Cartes d'étudiant give access to government-subsidized cafeterias at the universities and to substantial discounts at theaters, movies, bookstores, sporting events, on trains, buses, subways, etc. They serve as the standard I.D. for French teenagers, since fewer young people drive in France than in the U.S.

This particular student attends a school in Vannes, a port in southern Brittany on the Golfe du Morbihan.

PAGE 27
Photo
Display window of *un chocolatier* (chocolate shop) specializing in caramels made with heavy cream *(caramels à la crème fraîche).*

PAGE 31
Realia
Ad for a beauty product used to remove makeup. The French cosmetic industry is known for its high-quality products and dynamic advertising.

PAGE 35
Photo
Professor teaching a class at l'Ecole Nationale Supérieure d'Ingénieurs de Construction Aéronautique (ENSICA), which trains engineers for the aeronautics industry. Point out that roughly one-third of the students in this particular class are women. As in the U.S., women have in recent years entered all areas of the workforce in France, including fields such as engineering, which traditionally have been male-dominated.

PAGE 36
Realia
Cartoon reflecting the national preoccupation with *le bac* and the tension the exam creates between parents and their teenage children. Help students understand the captions: (Father) "Hey! Is that the way you're reviewing for the exam?" (Son) "You know, the most important thing of all is not to be under stress."

PAGE 37
Photo
Classroom in a French university.

PAGE 41
Photo
Cross-country skiing at Mont Lozère. The highest point of the mountainous region in south-central France that is known as le Massif Central, le Mont Lozère is a popular ski resort in winter and hiking spot in summer. It gives its name to le département de Lozère, of which Mende is *le chef-lieu* (prefecture).

Skiing is very popular in France, and it is not uncommon for French families to go skiing at least once a year, since children are given a week-long winter vacation in February, in addition to *les vacances de fin d'année* in December. To enable children from all income levels to participate in *les sports d'hiver,* the French government organizes *les classes de neige,* in which schoolchildren spend one or more weeks at a ski center. In the morning, the children continue their regular school program, but afternoons are devoted to winter sports and games under the supervision of special *moniteurs* and *monitrices.*

PAGE 42
Photo
Morning coffee *(la tasse de café matinal),* accompanied by a croissant. Coffee continues to be the favorite morning beverage in France, as in the U.S. The French generally drink their morning coffee in bowls or large cups mixed with an equal portion of hot milk. It is not uncommon for children, and particularly teenagers, to have *café au lait* for breakfast. Afternoon coffee, on the other hand, is usually taken black in small cups and is strictly an adult beverage.

PAGE 43

Photo

A group of girls coming into the courtyard *(la cour)* in front of their lycée.

Realia

Weekly progress report *(carnet de liaison avec la famille)* which the parents of lycée students are to review and sign on a regular basis. This particular student is in *la classe de seconde* (the French equivalent of sophomore year) and is *un demi-pensionnaire.* (For more about student classifications, see the note for p. 25.) You might point out that *un demi-pensionnaire ramassage scolaire* is one who takes a school bus. Help students translate the instructions at the bottom of the page and point out that *visé* means "reviewed and signed."

PAGE 44

Photo

Suspension bridge over the Rhône River in Lyon. Located north of Avignon at the confluence of the Rhône and Saône Rivers, Lyon is the third-largest city in France and a thriving commercial and industrial center. The city was founded in 43 B.C. by the Romans and offers outstanding examples of architecture from every period from Roman times to the present. In its center lies la place Bellecour, one of the largest squares in France, lined with matching Louis XVI-style façades. Like the surrounding area known as le Lyonnais, Lyon is renowned for its rich culinary tradition and the large number of high-quality restaurants found there.

PAGE 45

Photo

Snow is plentiful in the mountain regions of France throughout the winter. Little wonder that so many of the French have become avid skiers—or that France has several times been chosen to host the Winter Olympic Games.

PAGE 48

Realia

Excerpts from a special issue of the French magazine *Phosphore* devoted to the *baccalauréat* exam. (See also realia and note for p. 22.) The first excerpt is from an article titled "How To Read Exam Directions in English," which offers detailed advice to students on how to avoid misreading directions on the English section of the *bac.*

The second article presents a series of exercises as well as general advice to students on how to improve one's grammar and writing style in French. The beginning of the article (shown here) deals with French syntax, specifically with dangling modifiers and common errors with various conjunctions and the pronouns *dont, en,* and *y.* Students may be interested (and amused) to learn that even native French people have problems with certain grammar rules.

PAGE 50

Realia

Ad for foreign-language lessons offered by chambers of commerce throughout France. The caption reads: "Foreign languages—your trump card for 1992." In 1992, the United States of Europe will officially come into existence, and free trade will begin among the member nations. The ad emphasizes the fact that speaking and understanding other European languages will be an important asset to those who wish to benefit from the new trade laws that will go into effect at that time.

PAGE 51

Answers to *Thème*

1. André a toujours voulu être comptable.
2. Mais il n'est pas fort en maths.
3. Hier, il s'est promené avec ses amis au lieu d'étudier ses maths.
4. Alors, il a paniqué pendant l'interro.
5. Il ne l'a pas du tout réussie.
6. C'est pourquoi il pense à choisir une autre profession.

Answers to *Contrôle de révision*

A   1. s'est inscrit
  2. a paniqué
  3. ne s'est pas préparée
  4. une grosse tête
  5. se perfectionner, une dingue

B   1. Pierre a choisi les sciences économiques parce qu'être comptable lui intéresse.
  2. Francine est triste parce que sa correspondante ne lui écrit pas.
  3. Tu as les numéros de téléphone de Marc et d'Henri? Je veux leur téléphoner.
  4. La classe prépare un voyage à Paris. Je n'y suis jamais allé.
  5. Tu laisses un pourboire? Mais dans cet hôtel on n'en laisse jamais.
  6. Ma famille et moi nous déménageons. J'espère que tu nous écriras.
  7. J'aimerais te présenter Véronique. Ah! Tu la connais déjà.
  8. Mais où sont mes gants? Qui les a vus?
  9. Mes voisins habitent Londres maintenant. Je pense à eux souvent.
  10. Je n'aime pas ces exercices. J'en ai fait trop.

C   1. est rentrée, est montée, s'est lavée, est descendue, a téléphoné, sont sortis
  2. sont allés, est tombé, s'est cassé, ont passé, sont partis
  3. avons conduit, n'est pas arrivé, avons dû, avons vu, sommes descendus, avons mises, sommes arrivés, j'ai monté, a rentré

D   suis sorti, ne neigeait pas, a commencé, étais, je conduisais, avais, suis arrivé, neigeait, J'ai fait, suis sorti, neigeait, étais, rentrais, s'est arrêté, suis arrivé, ne neigeait plus

ORAL PROFICIENCY TEST

Directed Response

1. Tell your friend she is 30 minutes late. *(Tu as trente minutes de retard.)*
2. Tell your teacher you passed the *bac* with no difficulty. *(J'ai été reçu(e) haut la main.)*
3. Tell a friend that to pass the *bac* one has to prepare oneself. *(Pour réussir le bac, il faut se préparer.)*
4. Your friend asks if you want some candy. Tell her you don't want any. *(Je n'en veux pas.)*
5. Tell some friends whom you haven't seen recently that you have loads of things to tell them. *(J'ai des tas de choses à vous dire.)*

Picture-Cued Response

Turn to page 37 and ask:
6. Est-ce qu'ils s'entraînent pour le Grand Oral? *(Non, ils ne s'entraînent pas pour le Grand Oral.* OR *Non, ils passent l'examen écrit [l'écrit].)*
7. Tu crois qu'ils paniquent? *(Non, je ne crois pas qu'ils paniquent.)*

Now turn to page 23 and ask:
8. Il s'est inscrit à quels cours? *(Il s'est inscrit au cours d'électronique [de maths, etc.].)*

Situations

9. What would you say to a friend who is a good student but who has just failed a test?
  a. Tu es une grosse tête.   b. *Comment ça se fait?*   c. Tu as de la veine.
10. How would you tell a friend that you studied hard but failed a test?
  a. Je suis une grosse tête mais je l'ai raté.
  b. *J'ai bûché comme un dingue, mais je l'ai raté.*   c. Je ne me suis pas bien préparé, mais je l'ai réussi.
11. What would you say if the laziest student got the best grade?
  a. *C'est la meilleure!*   b. Ça me passionne.
  c. C'est une vraie grosse tête!
12. What does the teacher say about the perfect student?
  a. Elle arrive avec dix minutes de retard.
  b. *Elle ne se contente pas de bachoter.*   c. Elle n'a pas de la veine.

Real-Life Questions

13. Tu t'es inscrit à quels cours cette année?
14. Quelle option as-tu choisie?
15. Est-ce que tu te prépares toute l'année ou est-ce que tu te contentes de bachoter avant les examens?
16. Quand tu étais jeune, quels sports est-ce que tu aimais?

CHAPITRE 2

OBJECTIVES

Communication
- to identify the nationalities of northern Europe
- to talk about travel plans
- to describe happy or humorous events
- to tell why people laugh or smile
- to tell someone (not) to do something
- to offer to do something
- to describe likes and dislikes
- to describe how people feel about each other
- to say what people do for each other
- to give advice and to make suggestions

Grammar
- to use the verbs *rire* and *sourire*
- to use object pronouns with the imperative
- to use verbs like *plaire*
- to use reciprocal and idiomatic pronominal verbs
- to use the imperative of pronominal verbs

Culture
- to identify popular French vacation activities and places
- to recognize when the French take their vacations

SUGGESTED MATERIALS

pp. 54–55 (Prélude culturel): map of France, vacation brochures, train routes and schedules, youth hostel and biking realia

pp. 56–60 (Mots Nouveaux): map of northern Europe, newspaper and magazine travel ads

PAGE 54

Photo
Young people consulting a map and a newspaper at the Gare du Nord in Paris. Travelers to and from Paris can make use of the excellent French railway system—the SNCF, *la Société Nationale des Chemins de Fer français.* The SNCF was created in 1938, when France became the first nation in Europe to place its railway system under government ownership. Since then, the SNCF has developed steadily into one of the most modern systems in the world. The introduction of the high-speed *Train à Grande Vitesse* (TGV) in 1981 made it possible to travel at speeds of 168 mph. In addition to providing train service between urban centers throughout France, the SNCF maintains a network of prestigious *EuroCity* and *Trans-Europ-Express* trains connecting Paris with other European capitals.

The extraordinary development of the SNCF, along with the central location of Paris in continental geography, make the French capital, in effect, the hub of western European railway service. You may wish to point out to students that trains have continued to be a major means of transportation in France, in spite of the growth in travel by road and by air.

PAGE 55

Photo
Vacationers bicycling through the village of Sarzeau in Brittany.

Point out that the name Brittany came into use after the extensive colonization of the province by Celtic Britons fleeing the Anglo-Saxon invasions of Great Britain in the fifth century. The cultural uniqueness of Brittany resulted partly from the persistence of the Breton language—a Celtic tongue closely related to Cornish and Welsh—during the centuries when modern French was evolving. Breton is still spoken in some western areas of Brittany.

Realia
Advertisement, in the form of a suitcase, for a chain of hotels in France. Notice that the French word *escapade* means "adventure" or "lark"—a more positive connotation than in English.

PAGE 58

Photo
Interior of a busy train station in France. (For more information on train travel, see the note for p. 54.)

PAGE 61

Photo

A view of le Parc National de la Vanoise. This area, comprising about 560 square km in the Massif de la Vanoise near the Italian border, was the first national park established by the French government (1965).

Realia

A magazine clipping offering admission at reduced cost *(entrée à tarif réduit)* to le Salon de la Caravane et du Véhicule de Loisirs, an annual "outdoor show" that is held at the old Le Bourget airfield. Point out to students that *une caravane* is a camper of the kind shown in the ad, and that *un véhicule de loisirs* is a recreational vehicle.

PAGE 63

Realia

An unusual post card of la Tour Eiffel, which was completed in 1889. The recipient can cut out and assemble a paper model of the famous monument.

PAGE 64

Photo

Travelers assembled on the platform of a train station in France. You might want to discuss the following French vocabulary having to do with trains and train stations: "Railroad" is *le chemin de fer,* or literally, "road of iron." The word *la gare* is closely related to the verb *garer,* which means "to store" or "to park." The English word "platform" translates into the French *le quai.* The French word for "railroad car" is either *le wagon,* or more recently, *la voiture.*

PAGE 66

Realia

A French magazine "contest" in which photographs will be taken at random of smiling women all over France. If a subject recognizes herself in a published photo, she will receive a check for 10,000 francs. The purpose of the contest is to promote the popularity of the magazine.

PAGE 67

Photo

French teenage girls laughing. You may wish to suggest that students examine this photo carefully. Have them comment on the similarities and differences of overall "style" they may notice in comparing themselves to the French teenagers. You also may wish to use the photo to review the vocabulary for items of clothing: *la chemise, le pull, la jupe, la veste.*

PAGE 68

Photo

Travelers window-shopping at the duty-free store at Orly airport, Paris. Orly is located south of the city, while the newer and larger Charles de Gaulle airport, often referred to as Roissy—the name of a nearby town—is located to the northeast.

PAGE 69

Photo

Post cards and souvenirs have a universal appeal. This shop in Montmartre also sells posters, using the English word rather than the French word *affiche.* Point out that the primary meaning of the word *souvenir* is "remembrance" or "memory."

Realia

(a) An advertisement *(une réclame)* promoting post cards. You may wish to mention that the French are as fond of inventing acronyms as we are. Here the rather elaborate name of the sponsoring organization, or *syndicat,* has been made into a pronounceable acronym, *S.N.E.D.I.V.U.* Oddly enough, it drops the two most important words: *cartes postales.*

(b) A promotional flyer produced by the *syndicat d'initiative* (chamber of commerce) of the village of Riquewihr in Alsace. You may wish to mention that Alsace is a distinct geographical area located between the Vosges Mountains and the valley of the Rhine. The major cities in the region are Strasbourg, Nancy, and Metz. Political control of Alsace has historically been disputed by France and Germany, and the region has in fact changed hands four times in the past 75 years.

Its cultural heritage is both French and German. In Alsace it is not uncommon to hear conversations in which the speakers shift back and forth between the two languages.

The entire village of Riquewihr is a national monument. Its historic buildings, many dating from the sixteenth century and earlier, display the steeply pitched roofs and half-timbered façades that were characteristic of the domestic architecture of northern Europe in the Middle Ages.

PAGE 71

Photo
Teenagers setting out on a camping trip. Camping and backpacking are very popular vacation activities in France.

PAGE 72

Photo
The church of Notre-Dame de Bonsecours, located in one of the oldest sections of Montreal, was finished in 1771, in a place selected by Marguerite Bourgeoys, one of the original settlers (and canonized by the Roman Catholic Church in 1983). The compound word *bonsecours,* which literally means "good assistance" or "good rescue," refers to the traditional appeal of the church to sailors, reflecting Montreal's status as a major port.

PAGE 73

Realia
A brochure *(le dépliant publicitaire)* advertising the achievements of a firm that specializes in promoting tourism in Montreal.

Photo
Open-air dining at a restaurant in Montreal. In keeping with the French tradition of gastronomic excellence, Montreal is known for its fine restaurants.

PAGE 74

Photo
One of the charms of Montreal, in the tradition of European cities, is its street life.

Realia
A street map of Montreal marked into a grid of north-south and east-west lines. The lines are numbered to show the general location of any street address you might be looking for.

PAGE 76

Realia
(a) A publication of the *Société Nationale des Chemins de Fer français* promoting seaside vacations.
(b) Receipt issued by a travel club in Paris.

PAGE 77

Photo and Realia
The Hoverspeed, used to cross the English Channel, and a schedule listing departure times. It is a "ground-effect machine" that generates a cushion of air on which it rides above the surface of the water.

PAGE 78

Photo
The traditional form of greeting between close friends.

PAGE 79

Photo
The French telephone system is operated by the government, and is referred to as *les P.T.T.,* after the original designation *Postes, Téléphones et Télégraphes.* Point out the secondary receiver *(l'écouteur)* attached to the back of the instrument. It permits another person to listen in on a conversation.

Realia
Excerpt from a French phone book featuring a new credit card service.

PAGE 83

Photo
Vacationers resting after a long hike in the French Alps. The Alps form a natural border between France and Switzerland and between France and Italy.

Realia

Brochure promoting student travel to Holland and lodging in youth hostels.

Answers to *Thème*

1. La mère de Jean-Marc ne rit pas beaucoup aujourd'hui.
2. Jean-Marc s'apprête à visiter la Norvège en faisant de l'auto-stop.
3. Il s'est acheté un guide parce qu'il ne veut pas se perdre.
4. Sa mère lui dit: «Et ta carte d'identité? Ne l'oublie pas.»
5. «Et ne t'éloigne pas non plus de tes amis.»
6. Jean-Marc sourit et dit: «Ne t'inquiète pas, Maman. Je vais me débrouiller.»

Answers to *Contrôle de révision*

A 1. Xavier et Lionel ont fait de l'auto-stop en Suède et ils se sont fait des amis suédois.
2. Jeanne et vous vous êtes baigné(e)s au Danemark et vous vous êtes fait des amis danois.
3. Je me suis perdu(e) aux Pays-Bas et je me suis fait un ami néerlandais.
4. Ma tante s'est baladée en Angleterre et elle s'est fait une amie anglaise.
5. Tu as dormi à la belle étoile en Irelande et tu t'es fait des amis irlandais.
6. Nous nous sommes débrouillé(e)s en Norvège et nous nous sommes fait une amie norvégienne.

B 1. Gaël et toi avez ri parce que la cravate du prof était bizarre.
2. Ma petite sœur rit parce que la bande dessinée est drôle.
3. J'ai ri parce que le film était amusant.
4. Nous rions parce que la réponse est bête.
5. Tu as ri parce que l'interro était facile.
6. Le conducteur rit parce que l'agent est sérieux.

C 1. Non, ne l'offre pas à Monique. Offre-lui ce dictionnaire.
2. Non, ne l'achète pas à maman. Achète-lui une radio.
3. Non, ne les donne pas à papa. Donne-lui des gants.
4. Non, ne les offre pas à tes petits frères. Offre-leur ces bandes dessinées.
5. Non, ne la donne pas à Francine. Donne-lui ce bracelet.
6. Non, ne me le donne pas. Donne-moi ces patins.

D 1. Levez-vous à 5h30; habillez-vous en cinq minutes; faites vos lits; ne vous parlez pas; apprêtez-vous à travailler.
2. Dépêche-toi de manger; brosse-toi les dents; ne te dispute pas avec les autres étudiants; ne me déplais pas; prépare-toi pour l'inspection.

ORAL PROFICIENCY TEST
Directed Response

1. Tell your brother and sister not to bother you. *(Ne m'embêtez pas.)*
2. Ask two new students at school if they know each other. *([Est-ce que] vous vous connaissez?)*
3. Your friend is thinking of buying some post cards. Tell him to go ahead and buy some. *(Vas-y, achètes-en.)*
4. Tell the exchange student from Denmark that you enjoy Danish food very much. *(La cuisine danoise me plaît beaucoup.)*

Picture-Cued Response

Turn to page 67 and ask:
5. Comment est-ce que tu sais qu'elles sont contentes? *(Elles rient.* OR *Elles sourient.)*

Now turn to page 64 and ask:
6. Où est-ce que les jeunes vont dormir? *(Ils vont dormir à la belle étoile.)*

Situations

7. You've just arrived in a French town. What would you ask a passerby?
a. *Où se trouve le syndicat d'initiative?*
b. *Où se trouve la gare?*   c. *Où se trouve la carte d'identité?*

8. You're going on vacation without your parents and want to reassure them. What would you say?

    a. Ne m'embêtez pas.   b. *Ne vous inquiétez pas.*   c. Ne vous perdez pas.

9. Your guide is about to begin his tour of the city. What does he say?

    a. Eloignez-vous.   b. Renseignez-moi.   c. *Suivez-moi.*

10. You and a friend are about to be late for French class. What would you say?

    a. *Pressons-nous!*   b. Ne te presse pas.   c. On risque d'arriver en avance.

Real-Life Questions

11. Qu'est-ce qui t'énerve au lycée?

12. Qu'est-ce qui te fait rire?

13. Comment est-ce que tu te débrouillerais si tu ne connaissais pas la langue du pays où tu voyageais?

CHAPITRE 3

OBJECTIVES

Communication
- to discuss the pros and cons of living in a big city
- to talk about urban driving and traffic problems
- to ask for and give directions
- to express wishes
- to make requests and suggestions
- to give polite commands
- to say what someone should and should not do
- to point out people and things
- to clarify or emphasize
- to express possession
- to give more specific information about something
- to give someone a specific choice
- to express what you wish would happen
- to say what you want someone to do
- to express demands

Grammar
- to use the conditional of *devoir, pouvoir,* and *vouloir*
- to use the demonstrative pronouns
- to use the interrogative pronoun *lequel*
- to use the subjunctive after verbs of wishing

Culture
- to identify the advantages and disadvantages of modern French urban living
- to compare and contrast life in the city and life in the country

SUGGESTED MATERIALS

pp. 88–89 (Prélude culturel): photos or post cards of urban monuments as well as contemporary structures

pp. 90–95 (Mots Nouveaux): photos of urban traffic signs, storefronts; city and highway maps, metro, bus, and suburban rail lines

PAGE 88

Photo
La porte St-Denis, in the area of northeastern Paris known as les Grands Boulevards. Erected in 1672 to celebrate Louis XIV's military victories in the Rhine Valley, this triumphal arch is 75 feet high. It was the tallest monument in Paris until the completion of the 160-foot Arc de Triomphe de l'Etoile in 1836. The magnificent sculptured frieze (or *haut-relief*) above the archway is titled *le Passage du Rhin* and commemorates Louis XIV's crossing of the Rhine River.

The arch and the boulevard that leads to it are both named for Saint Denis, the first bishop of Paris who is thought to have been martyred on la Butte Montmartre (le Mont des Martyrs) around the year 250. After being decapitated, he is said to have picked up his head and to have carried it through the streets of Paris to the suburb just north of the capital now known as St-Denis.

PAGE 89

Photos
(a) Two policemen and a motorist conferring at the scene of an accident in Paris. Fender-benders are common in the French capital, particularly in spots like this where several different streets merge and cars must carefully maneuver around each other in order to turn at the right moment. The most infamous of these *rond-points* is la place de l'Etoile (site of l'Arc de Triomphe), where a dozen different main avenues merge, including the heavily congested Champs-Elysées.

(b) A road in the French Basque country near Bayonne. Point out the caution sign warning motorists of cyclists. International road signs such as these are now used throughout Europe.

The Basque country (le Pays Basque) is a region in the southwest corner of France and in the northwest corner of Spain. Although one-third of the Basque country lies in France and two-thirds in Spain, the Basques form a distinct ethnic group. The Basque language is still spoken in le Pays Basque, particularly in the smaller villages. It is totally unrelated to the other languages of western Europe and has tended to isolate the Basques both linguistically and culturally from the surrounding peoples.

PAGE 92

Photo

La place St-Michel in Paris. Built under Napoléon III, *la place* features an imposing stone fountain designed by the sculptor Davioud (which can be seen in the upper right-hand corner of the photo). Located in the heart of le Quartier latin, the square is lined with cafés and university bookshops and is bustling with activity day and night. Opposite the square are le Quai St-Michel and le Pont St-Michel, which leads to the square in front of Notre-Dame on l'Ile de la Cité.

PAGE 94

Realia

Ad for different packages offered by a driving school *(une auto-école)* near la Porte de Vincennes in the southeast corner of Paris.

In France, one must take a complete series of lessons at an accredited driving school in order to qualify for a driver's license. The lessons are not offered by lycées, as they are in U.S. high schools, and they tend to be expensive and time-consuming. Moreover, the age limit for a French driver's license is 18, instead of 16 as it is here. As a result, fewer teenagers drive in France than in the U.S.

Point out the play on words in the captions: *Foncez sur les prix* and *Foncez à l'Auto Ecole Soult!* Explain that the verb *foncer* means both "to drive fast" and "to hurry up." Ask students to describe the various packages available. Ask them what kind of price reduction is given to those who bring the ad with them.

PAGE 96

Photo

Passengers boarding a bus on le Quai de l'Hôtel de Ville, opposite the Paris city hall. Point out the outdoor bookstalls on the left. *Les bouquinistes* sell not only second-hand books, but also prints, posters, old maps, and post cards. Throughout most of the year, one finds *bouquiniste* stalls open on les quais de la Seine.

This particular bus is going to le Pont du Carrousel, the bridge over the Seine that leads to la place du Carrousel, between the two wings of le Louvre. In the center of this square stands l'Arc de Triomphe du Carrousel, a striking triumphal arch of pink and gray marble topped by four golden horses. Like the larger Arc de Triomphe on les Champs-Elysées, l'Arc du Carrousel was built to celebrate Napoléon I's military victories.

Realia

Street map of Paris.

PAGE 98

Photo

A house in a suburb north of Paris. Point out that this house is larger than the average French home. As in the U.S., many people who work in French cities (and especially Paris) choose to live in suburbs, where housing tends to be less expensive and more spacious.

PAGE 99

Photo

Traffic jam on a French highway. This is a common sight in the summer, particularly at the beginning and end of July and August, when large numbers of French people either leave for or return from their vacation. French law guarantees a month-long vacation to people with full-time employment. Many companies in France close down for an entire month in the summer, although efforts are now being made to stagger vacations in order to keep more businesses open year-round.

PAGE 101

Photo

No-parking sign in Paris. Explain that the adjective *gênant* comes from the verb *gêner*, meaning "to encumber, to block." Ask students to translate the words on the sign: *stationnement gênant*. Also ask students to interpret what the sign means.

PAGE 102

Realia

French tollway ticket, which drivers pick up when entering a tollway and turn in when exiting; payment is based on miles traveled.

Photo

Traffic passing by La Défense, an ultramodern district on the western edge of Paris by le Pont de Neuilly. Located on a ridge overlooking the city from the northeast, this section of Paris is called La Défense because of its strategic role in protecting the capital during the Franco-Prussian War in the 1870s.

Since 1958, the sector has been transformed by the erection of a series of huge towers into an ultramodern showcase for French corporations. In its center is a large public park with a botanical garden, playgrounds, and picnic areas. This *ville nouvelle* also includes numerous apartment and shopping complexes, schools, theaters, and a vast exhibition center.

Sometimes referred to derogatorily as "Manhattan-sur-Seine" by its detractors, La Défense nevertheless offers impressive examples of contemporary design by leading artists of the day, including the architects Jean de Mailly, Zehrfuss, and Camelot, and the sculptors Calder, Miró, Agam, and Moretti.

PAGE 103

Photo

Parking-permit vending machine in Paris. You might wish to give the following vocabulary: *stationnement payant* (pay parking) and *jours fériés* (holidays).

Point out the lettering on the building in the background and explain that this is the headquarters of *Le Figaro,* a leading Parisian newspaper.

PAGE 104

Photo

A sidewalk café on la Grande Place in Brussels, capital of Belgium. This enormous square, one of the most beautiful in all Europe, is bordered by the fifteenth-century Hôtel de Ville and a series of seventeenth-century guild houses, which served as meeting places for various federations of tradesmen and craftsmen. The square is noted for its ornate traditional Flemish architecture, and particularly for the gold highlights on the façades. Point out the brightly colored banners hanging from various buildings.

Brussels (Bruxelles) is an extremely old city that has always been an important trade center. In addition to being the Belgian capital, Brussels serves as the headquarters for a number of international organizations, including la CEE (la Communauté économique européenne) and NATO (l'Organisation du Traité de l'Atlantique Nord—OTAN).

Point out that Belgium (la Belgique) is a bilingual nation: 56 percent of the inhabitants speak Flemish *(le flamand),* a Germanic language closely related to Dutch; 33 percent speak French; and 11 percent are bilingual Flemish-French. Roughly 3 percent of the population (living mainly along the German border in eastern Belgium) are German-speaking. As in Quebec, the presence of two rival language and ethnic groups has led to considerable tension, which a series of laws has only partially resolved. In 1974, four linguistic regions were officially designated: Flemish-speaking Flandre in the north, French-speaking Wallonie in the south, a bilingual region in and around Brussels, and a German-speaking area in the far eastern corner of the country. Along the border between le Flandre and la Wallonie, certain towns (such as Mouscron and Enghien) have been designated as *zones à minorité linguistique protégée,* in order to protect the rights of linguistic minority groups within those areas. By Belgian law, all official documents and government proceedings must be bilingual.

PAGE 107

Photo

Parisian skyscrapers viewed in the distance from Montmartre. With the construction of ultramodern complexes such as La Défense, the skyline of the French capital has been altered radically during the past three decades. (See photo and note for p. 102.)

The highest natural point in Paris, la Butte Montmartre offers some of the most spectacular views of the capital. For, unlike the Eiffel Tower, Montmartre is far enough away for all of Paris to be seen as a whole.

PAGE 108

Realia

Map showing main roads and towns in the Rhine Valley (la vallée du Rhin) between Strasbourg and Mulhouse in the region of northeastern France known as l'Alsace. To the right, across the Rhine, are the German city of Freiburg and the Swiss city of Basel (Bâle).

PAGE 109

Realia

Excerpt from *Le Code de la route,* the French driver's handbook. This page deals with *les panneaux d'obligation,* traffic signs requiring or forbidding certain behavior. *Les panneaux d'obligation* are always round with a blue background. Two examples are given. The highway sign on the left requires motorists to travel at a minimum of 30 km per hour, while the sign on the right indicates that a street is *une rue piétonne* (reserved for pedestrians) and that motor vehicles are strictly forbidden.

Many of the larger French cities have converted certain streets into *rues piétonnes* to help revive their downtown shopping districts and to make pedestrian traffic safer and more enjoyable. A notable example is le quartier des Halles in Paris. There the streets are lined with sidewalk cafés and racks of merchandise from adjacent shops.

PAGE 112

Photo

Wide, tree-lined avenue near la Place des Ternes in northwestern Paris, near l'Arc de Triomphe.

PAGE 113

Realia

Excerpts from *Le Code de la route.* This page deals with various caution signs, which are triangular in France as they are in the U.S. The sign at the top warns of a stoplight. The sign in the middle warns of areas exposed to particularly strong crosswinds and advises motorists that a flag ahead will indicate the direction and strength of the wind on a given day.

Finally, the signs at the bottom warn motorists of possible animals on the road. These signs are usually found in rural or forested areas or, in the case of the first sign, near riding stables.

PAGE 114

Realia

Excerpt from *Le Code de la route.* This page deals with *les panneaux d'obligation*—here, traffic signs that require motorists to proceed in the direction indicated. *Les panneaux d'obligation* are always round with a blue background.

PAGE 115

Realia

Excerpt from *Le Code de la route.* This page is designed to help motorists interpret the signals given by policemen when directing traffic.

PAGE 116

Realia

Excerpt from *Le Code de la route,* explaining the various factors that determine the time it takes for a motorist to react to a given event (e.g., a child running into the street) and to stop the vehicle. The box in the bottom right-hand corner indicates how to calculate this reaction time, although a note above reminds us that alcohol and certain drugs may slow down the reaction time considerably.

PAGE 117

Realia

Parking ticket given for blocking an exit *(stationnement gênant).* The ticket indicates the date, time, and place *(lieu d'infraction)* of the violation, as well as the make and model of the car and the police officer's number.

Photo

Police officer issuing a parking ticket.

Photo

"Do not enter" sign posted at an intersection. Point out that international traffic signs such as this have been in use in France and other European countries much longer than in the U.S.

PAGE 121

Photo

Ad on Canadian television giving the schedule for a particular French-language program titled *Au jour le jour* ("Day by Day"). The program is shown Mondays at 1:15 P.M. and again at 11:20 P.M., and an hour later in the Atlantic Provinces (les Maritimes). Point out the use of the 24-hour time system.

PAGE 122

Realia

Excerpt from *Le Code de la route.* This page deals with *les panneaux d'interdiction*—road signs that prohibit motorists from doing something. *Les panneaux d'interdiction* are circular, always red, and the action that is prohibited is found within the circle. The two signs at the bottom are examples of such signs.

PAGE 123

Answers to *Thème*

1. Philippe vient de se garer dans un parking.
2. Sa voiture est grande mais celle de ses parents est petite.
3. Il ne veut pas que sa voiture gêne la circulation.
4. C'est pourquoi il cherche toujours un parking.
5. Ses parents préfèrent se garer dans la rue.
6. Quelqu'un devrait lui apprendre à se garer.

PAGE 124

Answers to *Contrôle de révision*

A 1. se garer
   2. échapper à
   3. démolir
   4. empêcher
   5. se renseigner
   6. brûler

B 1. Je pourrais habiter la Maison Blanche avec mes amis.
   2. Les gens pourraient faire la grasse matinée tous les jours.
   3. Vous pourriez vous amuser au lieu d'aller au lycée.
   4. Nous pourrions regarder la télé jusqu'à minuit.
   5. On pourrait conduire des voitures de sport.

C 1. voudrait, Lequel
   2. voudrions, Laquelle
   3. voudriez, lesquels
   4. voudraient, Lesquelles
   5. voudrais, voudrais, Laquelle

D celui-là   celui-ci
  celui   ça (cela)
  celui   ceux

E 1. réussissent
   2. écrive
   3. disions
   4. ne conduisions plus, prenions
   5. lises

ORAL PROFICIENCY TEST

Directed Response

1. Your friend is waiting for you at the door when the phone rings. Ask her if she would wait a few minutes. *(Tu voudrais attendre quelques minutes?)*
2. Someone asks which book you're reading. Say it's the one that you bought yesterday. *(C'est celui que j'ai acheté hier.)*
3. The service station attendant tells you that there are two roads leading to Lyon. Ask him which one is the fastest. *(Laquelle est la plus rapide?)*
4. Say that one should make people take public transportation. *(On devrait obliger les gens à prendre les transports en commun.)*

Picture-Cued Response

Turn to page 96 and ask:

5. Qu'est-ce que les gens prennent comme transports? *(Ils prennent les transports en commun.)*

Now turn to page 107 and ask:

6. (indicating skyscrapers in background) Qu'est-ce que c'est? *(Ce sont des gratte-ciel.)*
7. Qu'est-ce qui se passe quand les villes se modernisent? *(Les vieux quartiers disparaissent, on démolit les quartiers, il y a de plus en plus d'embouteillages, etc.)*

Situations

8. A car has stopped in the middle of the road. What would you tell the driver?
   a. *Vous gênez la circulation ici.*   b. Vous exigez trop.   c. Ralentissez.
9. You're about to make a turn. What would the driving instructor tell you to do?
   a. Garez la voiture.   b. Brûlez le feu rouge.   c. *Mettez le clignotant.*
10. A motorist is about to park in a no-parking zone. What would you say to her?
    a. Vous devriez prendre l'autoroute.   b. *Vous êtes en stationnement interdit.*   c. Vous êtes tombée en panne.
11. You received a speeding ticket. What does the policeman say to you?
    a. Vous n'avez pas respecté la priorité.
    b. *Vous n'avez pas respecté la limite de vitesse.*   c. Vous avez brûlé un stop.

Real-Life Questions

12. Tu préfères habiter en banlieue ou en ville? Pourquoi?
13. Qu'est-ce que tes parents t'interdisent de faire?
14. Qu'est-ce que tu voudrais faire si tu étais maire de notre ville?
15. De tous les problèmes de la vie quotidienne, lequel te gêne le plus?

ORAL PROFICIENCY TEST   CHAPTERS 1–3
Directed Response

1. Tell your friend she should take public transportation. *(Tu devrais prendre les transports en commun.)*
2. Ask your friend what optional subject he has chosen this year. *(Quelle option tu as choisie cette année?)*

3. Tell your Swedish friend that you like Sweden a lot. *(La Suède me plaît beaucoup.)*
4. Tell your little brother and sister not to follow you. *(Ne me suivez pas!)*

Picture-Cued Response
Turn to page 49 and ask:

5. De qui est-ce que les parents s'inquiètent? *(Ils s'inquiètent de leur fils.)*
6. Pourquoi est-ce qu'ils ne sourient pas? *(Ils ne sourient pas parce qu'il est en retard.* OR *Ils ne sont pas contents de lui.)*

Now turn to page 92 and ask:

7. Qu'est-ce qu'il y a dans la rue? *(Il y a beaucoup de piétons dans la rue.)*
8. Où se trouve cet endroit, en ville ou en banlieue? *(Cet endroit se trouve en ville.)*

Situations

9. You're touring the grounds of a French château. How would the guide tell you not to go too far away?
   a. Ne vous garez pas.   b. *Ne vous éloignez pas.*   c. Ne vous énervez pas.
10. A car is parked in front of your driveway. How would you tell the driver that you would like him to park somewhere else?
    a. Je voudrais que vous ralentissiez.   b. Je voudrais que vous preniez l'autoroute.   c. *Je voudrais que vous vous gariez ailleurs.*
11. You and your friends have just missed the tour bus. How would you tell your friends not to get upset?
    a. *Ne vous énervez pas.*   b. Ne vous perdez pas.   c. Ne vous débrouillez pas.

Real-Life Questions

12. Quelles choses que tu es obligé(e) de faire te gênent?
13. Si tu devenais maire de notre ville, qu'est-ce que tu ferais pour éviter la pollution?
14. Si tu partais en vacances, quels conseils est-ce que tes parents te donneraient?
15. Comment est-ce que tu te prépares pour un examen de français?

CHAPITRE 4

OBJECTIVES

Communication
- to talk about making home repairs
- to identify tools and utensils needed for home repairs
- to offer and ask for help
- to tell someone not to complain
- to tell someone to do something
- to say that something has already been done
- to read and follow a recipe
- to suggest that a job be done by someone else
- to describe possible or likely future events
- to make promises
- to put someone off
- to offer to do something
- to give someone directions
- to make plans

Grammar
- to use verbs like *peindre*
- to use causative *faire*
- to use the *futur simple* of regular and irregular verbs

Culture
- to recognize the popularity of *bricolage* among French people
- to identify the professional services available for home repair

SUGGESTED MATERIALS

pp. 126–127 (Prélude culturel): French home improvement magazines, newspaper want ads for home repair services

pp. 128–132 (Mots Nouveaux): tool box with tools

PAGE 126

Photo
A French painter at work on the interior window-frame *(le châssis de fenêtre)* of a private house. In France, the renovation of a building, whether public or private, whether done by skilled workers *(les artisans)* or do-it-yourself types *(les bricoleurs)*, is often not a task to be undertaken casually. France is a living museum. Even modest private houses may be considered part of an architectural heritage that is protected by law from thoughtless alteration. While it is common in the United States for the façades of some buildings in historic districts to be protected, in France this protection may extend to the interior and even to structural details that are normally invisible.

Bricoler means "to improvise something using whatever means or materials are at hand." The do-it-yourself approach is well-established in France. There are do-it-yourself stores and even an annual Salon du Bricolage, a home-improvement show.

PAGE 127

Realia
(a) Cover of a magazine that promotes the pleasures of *bricolage.*
(b) Advertisement offering home-repair services. Point out that *le dépannage* means "undoing a breakdown." This particular firm offers to repair almost anything, including *les serrures* (locks) and *la télévision*. The jack-of-all-trades flavor of this suggests the original sense of *bricolage*.

PAGE 131

Realia
An example of Americanization: the Yellow Pages of the French telephone book *(les pages jaunes de l'annuaire).* Note that even the use of the epithet *les professionels* is borrowed from American advertising rhetoric.

Realia
An advertisement for repair services. You might point out that *un couvreur* is a roofer. *Qui s'engage* is an idiom meaning "who is bonded" (in the sense of "guaranteed"). The ad asks one, in effect, to "look for the union label"—another borrowing from American advertising rhetoric.

PAGE 134

Photo

A home-improvement project gets started *en famille.* The French equivalent of a yardstick is called into play. It measures *un mètre,* which equals 39.37 inches.

PAGE 136

Realia

An advertisement for a washer-dryer. The theme of the ad is expressed in the lines at the top and bottom. With this machine to do the washing *(le lavage)* and drying *(le séchage)* for you, you will be able to raise the level of discussion in your household. That is, getting the laundry *(le linge)* done easily will bring peace, and peace has no price(tag).

PAGE 137

Realia

Advertisements for *services de dépannage.* Notice the use of the word "help," part of the current vogue for using English expressions. Notice also the eight-digit telephone number, now quite common in France, although in some areas there are still six- or seven-digit numbers.

PAGE 138

Realia

This ad offers a free paintbrush, with three types to choose from, presumably as an incentive to shop at a do-it-yourself store.

PAGE 141

Realia

The name of a do-it-yourself center, where you are encouraged to shop for home-repair, decorating, and gardening needs. You may wish to call students' attention to the coined trade name *Euroloisirs. Euro* reflects the exploitation of a trend toward "Europeanism," a new consciousness of inter-dependence promoted by the European Economic Community (EEC) that represents a relatively new and surprisingly popular departure from traditional French nationalism.

PAGE 143

Photo

French teenager making *crêpes* at a booth on a Paris street. *Un crêpe,* as sold at one of these stands, is a very thin pancake, often about 30 cm in diameter, cooked on a buttered iron skillet. It is sprinkled with sugar and flavored with chestnut butter *(la purée de marrons),* rum *(le rhum),* or a liqueur. The *crêpe* is then folded into a manageable shape and wrapped in a piece of paper.

PAGES 144–145

Realia

Advertisements for grass seed, paint, wallpaper, and carpets.

PAGE 146

Photo

Jacques Prévert. Prévert (1900–1977) was born at Neuilly-sur-Seine. As a poet, he became enormously popular for his satiric and sentimental verse, gathered and published as *Paroles* in 1946. As a screenwriter, Prévert was celebrated for such scripts as *Quai des brumes, Les Visiteurs du soir,* and especially *Les Enfants du paradis,* all written in the 1940s for film director Marcel Carné. Many of Prévert's ballads were set to music by Josef Kosma. Perhaps the most famous is *Les Feuilles mortes,* known in its English version as "Autumn Leaves."

PAGE 150

Realia

Business cards from several repairmen, or Jacks-of-all-trades *(le maître-Jacques).*

PAGE 152

Realia

Excerpt from a brochure for a *bureau de change* advertising two convenient branch locations in central Paris.

PAGE 154

Photo

French teenagers helping with the dishes.

PAGE 156

Photo

French soccer player Toure shown during a championship game in Mexico City.

PAGE 158

Realia

An advertisement for house shingles *(les bardeaux)*. You may wish to use this ad to stimulate a discussion of ways in which advertising styles may reveal cultural differences. Many French ads show the marked influence of American advertising, including the use of English words and phrases. This ad is quite different. It is not only free of Americanisms, but it also makes an appeal that would certainly fall flat in the U.S. The manufacturer clearly wants to convey the idea that the shingles will make a very durable roof. By displaying the image of a Greek god and using the grandiose epithet "of the thunder of Zeus" to associate the shingles with Olympian strength and resistance, the creators of the ad hopefully appeal to the resonances of a French classical education—perhaps with some elitist overtones. You might suggest to students that they try to render a familiar American advertisement into French, directing their appeal to a "typical" French person.

PAGE 159

Answers to *Thème*

1. Notre voisin veut faire construire un garage.
2. Il pourrait le construire lui-même, mais il a peur de tomber de l'échelle.
3. Ils feront venir un charpentier.
4. Quand leurs enfants apprennent ça, ils pensent que ce n'est pas nécessaire.
5. Ils leur disent de compter sur eux.
6. Tiens! C'est toute la famille qui le fera ensemble.

PAGE 160

Answers to *Contrôle de révision*

A 1. Pour tondre le gazon, j'ai besoin d'une tondeuse.
   2. Pour peindre le plafond, j'ai besoin d'un pinceau et d'une échelle.
   3. Pour arroser le jardin, j'ai besoin d'un arrosoir.
   4. Pour préparer le coq au vin, j'ai besoin d'une recette.
   5. Pour tapisser un mur, j'ai besoin de papier peint.
   6. Pour construire une étagère, j'ai besoin d'une scie et d'un marteau.

B 1. éteins, éteinte, éteindrai
   2. se plaint, s'est plainte, se plaindra
   3. peignent, ont peint, peindront

C 1. Mais non! Je la fais peindre.
   2. Mais non! Elle la fera réparer.
   3. Mais non! Ils l'ont fait construire.
   4. Mais non! Nous les ferons laver.
   5. Mais non! Elle va les faire enlever.
   6. Mais non! Il veut que nous le fassions tapisser.

D 1. conduiras
   2. deviendra
   3. irai
   4. travailleront et voyageront
   5. aurez, achèterez
   6. ferons, voudrons

ORAL PROFICIENCY TEST

Directed Response

1. Tell your friend not to complain all the time. *(Ne te plains pas toujours!)*
2. Tell your mother you hate to mow the lawn. *(J'ai horreur de tondre le gazon.)*
3. Tell your friend your parents are having the house painted. *(Mes parents font peindre la maison.)*
4. Your brother asks you to let the dog out. Tell him you already let him out. *(J'ai déjà laissé sortir le chien.* OR *Je l'ai déjà laissé sortir.)*

Picture-Cued Response

Turn to page 134 and ask:

5. Qu'est-ce que le garçon fait? *(Il donne un coup de main à ses parents.* OR *Il bricole.)*
6. Le père, sur qui est-ce qu'il compte? *(Il compte sur son fils et sa femme.)*

Now turn to page 133, Ex. B, and ask:

7. (indicating #3) Le plombier, qu'est-ce qu'il tient? *(Il tient des pinces.)*
8. Qu'est-ce qu'il répare? *(Il répare le robinet.)*

Situations

9. When a friend tries to do something all alone, what might you say?
   a. Ne bouge pas.   b. Tu ne voudrais pas fuir le travail?   c. *A deux, ça sera plus simple.*
10. How would you agree to help a friend fix the leaky faucet?
   a. *Tu peux compter sur moi.*   b. Je le fais tapisser.   c. J'ai horreur de bricoler.
11. What could you say to your mom when she asks you to turn out the lights?
   a. Oui, maman, je ferai venir l'électricien.
   b. *Oui, maman, je les éteindrai plus tard.*
   c. Oui, maman, je les peindrai plus tard.

Real-Life Questions

12. Qu'est-ce que tu sais réparer?
13. Quelles excuses donnes-tu pour fuir le travail chez toi?
14. Qu'est-ce que tu comptes faire comme métier?
15. De quoi est-ce que tu te plains?

CHAPITRE 5

OBJECTIVES

Communication
- to talk about one's ancestors and cultural heritage
- to extend and accept a compliment
- to identify and describe people and things
- to refer to someone's nationality or profession
- to give additional information
- to clarify
- to refer to something that is unknown or not specific
- to ask an indirect question
- to paraphrase
- to emphasize
- to read newspapers, magazines, texts, short stories, and novels

Grammar
- to distinguish between the use of *c'est* and *il est*
- to use the relative pronouns *qui* and *que*
- to use the relative pronoun *dont*
- to use the relative adverb *où*
- to use the relative pronouns with *ce*
- to recognize the passé simple

Culture
- to identify the French heritage in Louisiana and Canada

SUGGESTED MATERIALS

pp. 162–163 (Prélude culturel): photos, post cards, or brochures from New Orleans and Quebec, newspapers and magazines from Quebec

pp. 164–165 (Mots Nouveaux): historical atlas showing French possessions in North America; photos, post cards, or brochures from Brittany and Normandy

PAGE 162

Photo
Choosing the Carnival Queen at the ice castle in Quebec City during le Carnaval de Québec, the city's annual winter festival.

Beginning in mid-January and continuing through Mardi Gras, le Carnaval de Québec is part of le Festival des Neiges celebrated throughout the Province of Quebec. The carnival features an ice-sculpture competition, concerts, dances, parades, and winter sports of all kinds: skating, dog-sled races, toboggan runs, and boat races across the ice-jammed St. Lawrence River. The festival opens with a parade led by the giant red-capped Bonhomme Carnaval and the crowning of his carnival queen, chosen among contenders from towns throughout the province. A month later, on the evening of Mardi Gras, the festivities culminate with an elaborate parade followed by a costume party and fireworks display.

In the picture, each of the contestants is standing under the name of her home town. The towns are all named for famous people in French Canadian history.

Jacques Cartier (1491–1557) was the French explorer who claimed Canada for François I in 1534. On his first trip, Cartier found the St. Lawrence River and was convinced that it was a water route to the Orient. He sailed inland on the river to the Iroquois villages of Stadacona and Hochelaga, the sites of present-day Quebec City and Montreal.

French geographer and explorer Samuel de Champlain (1567–1635) is the most often cited Founding Father of Canada. Champlain founded Acadia (present-day Nova Scotia), the first French colony in North America, in 1604. He continued his explorations into the interior of Canada and founded the city of Quebec on a high bluff overlooking the St. Lawrence River. From there, he went on to explore the Great Lakes region.

Louis de Buade, comte de Frontenac (1620–98) was governor of La Nouvelle France from 1672 to 1682 and from 1689 until his death. The historic hotel Château Frontenac in Quebec City is named for him. (See photo and note for p. 166.)

François de Montmorency-Laval (1623–1708) was the first Roman Catholic bishop of Quebec City. In 1663, he founded the Seminary of Quebec. Both the towns of Montmorency and Laval are named for him, as well as l'Université de Laval in Quebec City.

Lévy is a misspelling of Lévis, the last name of another important figure in French Canadian history. François Gaston, duc de Lévis (1720–87), Maréchal de France, led the French troops in Canada against the British after the death of General Montcalm. (The title *Maréchal de France* is roughly equivalent to a five-star general.)

Louis, marquis de Montcalm (1712–59) became commander of the French troops in Canada in 1756. A brilliant strategist, he defeated the British in key encounters in the early part of the French and Indian War, but was killed in the final battle with General James Wolfe for the city of Quebec.

PAGE 163

Photos

(a) Interior of la Cathédrale de Notre-Dame in Montreal. The façade of Notre-Dame is plain because stoneworkers were rare in Quebec in the 1820s, when the church was built. In contrast, its neo-Gothic interior is magnificently ornate.

(b) Reconstructed Cajun village *(village acadien)* near Lafayette, Louisiana.

Lafayette has a large French-speaking population and has become the center of Cajun culture in Louisiana. Just southwest of the town, an authentic Acadian bayou village has been recreated, with several homes and public buildings furnished in the Acadian style of the nineteenth century. Lafayette is also the headquarters of Codofil, a state-financed program established in 1967 to assist Cajun youth in retaining their bilingual skills and ethnic heritage. Every September, Lafayette hosts *Le Festival Acadien*, or "Cajun Days," that celebrates Louisiana's Acadian heritage.

PAGE 164

La Normandie: This region, located in the northwest of France along la Manche, was invaded and settled in the tenth century by Scandinavian tribes who intermarried with the native population. Descendants of these first settlers, led by Guillaume le Conquérant, invaded England in 1066. From this conquest and occupation, one can trace the abundance of words of French origin in the English language.

Normandy is noted for its dairy products and for its lumber and iron industries. The largest inland Norman cities are Caen, Alençon (known for its fine lace), and Rouen, where Joan of Arc was tried and burned at the stake. Its major ports are Le Havre, Dieppe, and Cherbourg. On the coast to the west of Deauville are Omaha Beach and Utah Beach, where Allied forces successfully invaded German-occupied France in June, 1944.

La Bretagne: Because of its Celtic roots, Brittany differs markedly from the rest of France both linguistically and ethnically. There is today a strong movement to maintain the Breton language and to preserve the region's rich cultural heritage.

Brittany is known for its picturesque fishing villages and prehistoric megaliths, as well as for its rugged coastline and beautiful beaches. Its varied landscapes and rich cultural heritage make it a popular spot for summer vacations.

PAGE 166

Photo

Quebec City at night. The lighthouse in the foreground is located in le Quartier Petit Champlain in the lower town (la Basse Ville) and guides river traffic on the St. Lawrence River. High on the cliff behind it is le Château Frontenac, a four-star hotel named for Louis de Frontenac, the first French governor of La Nouvelle France. The hotel stands on the site of the former Governor's Palace. The gothic-Renaissance-style château, with its steeply slanted green copper roofs, has dominated Quebec City since the late nineteenth century.

Le Vieux Québec has been beautifully restored and bears a striking resemblance to the old cities of France. Its narrow, winding streets are lined by brick or stone buildings, many of which date back to the seventeenth and eighteenth centuries. As in the towns of France, most of the buildings have shops or offices on the ground floor and apartments on the floors above. Traditionally, the unfortified Basse Ville (between the bluff and the waterfront) was devoted to trade and commerce, while the walled Haute Ville was used for administration, defense, and market gardening.

PAGE 170

Photo

Fast-food restaurant specializing in sandwiches made with different kinds of sausages including *saucisses de Frankfort* (the French equivalent of hot dogs) and *merguez* (long, thin, spicy sausages made with beef and lamb).

Realia

Sign in another fast-food restaurant listing some of the highlights of their menu. Point out the predominance of American words (milkshakes, apple pie, dog, burger) and of franglais: "Le Big," "Le Simple," "Le Cheese."

The invasion of the French language by foreign words (and especially commercial English) has alarmed the French Academy to such an extent that they have succeeded in having laws passed that prohibit the use of foreign words in advertising. Several fast-food chains have been fined for their disregard of these laws, but this does not seem to have stemmed the rising tide of English words in France or to have lessened the popularity of fast-food chains.

You might also point out the visual clichés reflecting U.S. culture: the jean-clad child blowing bubbles with chewing gum and the burly-but-kind-hearted cop.

PAGE 171

Photo

Produce section of a French supermarket. Ask students to try to identify the vegetables in the foreground by their French names. Remind students that the standard measurement in France and other European countries is the kilo. *La livre* (the French equivalent of the U.S. pound) is also occasionally used to weigh produce and equals roughly half a kilo, or 500 grams.

PAGE 172

Photo

Shop signs *(enseignes)* in le Vieux Québec. (See photos and notes for pp. 162 and 166.) The sign on the top *Bar-laitier* means "ice-cream shop" and the sign below *Casse-croûte* means "snack." See if students remember the word for ice-cream cone *(une glace).*

PAGE 173

Realia

Front cover of the program for le Festival International de Louisiane held in Lafayette, Louisiana, in July of 1987. (See photo and note for p. 163b.) Point out that the program is bilingual.

PAGE 174

Photos

(a) Fleet of small fishing boats in the harbor of Digby, Nova Scotia, on the eastern coast of Canada. (See notes for p. 179.) Digby is famous for its scallops gathered from the Bay of Fundy and for "Digby chicken," locally cured smoked herring.
(b) Fishermen emptying a cod trap near Twillingate, New World Island, off the coast of Newfoundland (la Terre-Neuve), another of Canada's *Provinces Maritimes.* Cod fishing and canning remain major industries of the area.

PAGE 178

Photo

Le Château Frontenac in Quebec City. (See photos and notes for pp. 162 and 166.)

Point out the Canadian flag with the maple leaf on the left and the blue-and-white flag of the Province of Quebec to its right. The national flag was adopted in 1964, although the maple leaf has been recognized for a century and a half as the symbol of Canada. Red and white are the official colors of the nation, the red representing the sacrifice of Canadians in World War I, and the white representing the snowy north.

The flag of Quebec Province was adopted in 1946. Its fleurs-de-lis, based on the emblem of the Bourbon kings of France, leave no question as to the linguistic and cultural heritage of the majority of Québécois.

PAGE 179

Photo

Statue of Evangeline in Grand Pré National Historical Park in Nova Scotia on the eastern coast of Canada. Grand Pré National Historical Park recalls the expulsion of 14,000 French settlers from Nova Scotia (or Acadie as it was then called) by the British in 1755 and their mass exodus to Louisiana. *Evangeline* (1847) is a long narrative poem by Henry Wadsworth Longfellow, in which Evangeline and her sweetheart Gabriel are separated when the Acadians are expelled from Canada. After years of searching, Evangeline becomes a nun and finds her lover dying in an almshouse in Louisiana, where she has gone to care for the sick. He dies in her arms. She dies soon after and is buried by his side.

The memorial church seen here was built in the 1920s in traditional Acadian style, but was consecrated as a house of worship. Inside, it holds exhibits detailing the history of the Acadian people. Parks and gardens surround the church.

PAGE 180

Photos

(a) Stoplight and street signs at the intersection of Boulevards Dorchester and René-Lévesque in downtown Montreal, not far from McGill University. Both streets are named for important figures in Québécois history. After serving as a general in the war that won Canada for Britain, Guy Carleton, Lord Dorchester (1724–1808), served as governor of Quebec. He was one of the few British administrators who recognized the importance of securing the fidelity of the French Canadians after their defeat. Under his guidance, the Quebec Act of 1774 was passed, which granted civil and religious rights to French Canadians and guaranteed them cultural and economic protection.

René Lévesque (1922–1987) was leader of le Parti Québécois, which led the political movement for Québécois separatism in the 1960s and 1970s. In a 1980 referendum, the people of Quebec voted by a 60–40 margin to remain part of Canada; however, Lévesque stated that Quebec independence remained his party's fundamental goal.

(b) Bilingual sign outside a Montreal store renting and selling formal wear *(location ou vente de tenue de gala)*.

PAGE 181

Realia

(a) Bilingual traffic sign in Quebec.
(b) Quebec license plate with the Province's motto: *Je me souviens.*
(c) Bilingual sign for a training center for first-aid in Quebec.

PAGE 182

Photo

Man cutting his lawn in Plaisir-Grignon in l'Ile-de-France.

PAGE 189

Realia

Ad for cultural programming on Radio-Canada.

Photos

(a) Intersection of Royal and Bourbon Streets in New Orleans. The building on the corner houses the Royal Café, famous for its nightly Dixieland jazz entertainment. Point out the magnificent wrought-iron grillwork on its two-story balcony. Such balconies are common in the French Quarter (le Vieux Carré).

(b) Street sign at the intersection of Dumaine and Royal streets in New Orleans' French Quarter.
   Founded in 1718 by Jean-Baptiste La Moyne de Bienville, la Nouvelle-Orléans became the capital of the French colony of la Louisiane (the central third of the present U.S.) in 1722. The colony was named in honor of Louis XIV. In 1762, Louis XV gave Louisiana to his cousin Charles III of Spain. Much of the original city of New Orleans was destroyed by fire in the late 1700s and rebuilt in a Spanish style of architecture. France secretly regained Louisiana from the Spanish in 1800. Shortly thereafter, Napoleon sold the territory to the U.S. in order to finance his unsuccessful war against the Haitian revolutionaries.

Realia

Ad reflecting the strong influence of English and Franglais on French advertising. English is considered chic in France, just as French is in the U.S., and one often sees English words and allusions to American culture on storefronts and clothing, as well as in French ads and movies. Ever conscious of linguistic and cultural boundaries, l'Académie française has tried in vain to curb the invasion of the French language by English words and anglicismes.

Answers to Thème

1. Ma tante et mon oncle, qui sont d'origine néerlandaise, sont professeurs.
2. Ils sont venus à Chicago à l'âge de dix-huit ans.

3. Ce qui est incroyable c'est qu'ils conservent toujours leur culture néerlandaise.
4. En effet, je parle toujours néerlandais avec eux.
5. Heureusement, la plupart de leurs enfants ont conservé la langue de leurs parents.
6. Ils sont très fiers de la langue que parlent leurs parents. C'est merveilleux!

Answers to Contrôle de révision

A 1. fausse—Le père de mon père est mon grand-père.
2. fausse—Quelqu'un qui est né en Bretagne est d'origine bretonne.
3. fausse—Les parents de Guy ne parlent que français. Alors, ils ne sont pas bilingues.
4. vraie
5. fausse—Un francophone est une personne qui parle français.
6. fausse—Montréal est la plus grande ville française en dehors de la France.
7. vraie

B 1. qui
2. où
3. que
4. dont
5. ce qui
6. ce dont

C Il est, C'est, C'est, C'est, Elle est, Elle est, c'est, Il est, Ce sont

D Votre père est né dans cette belle ville. Il est allé à l'école au coin de la rue, puis au lycée. Au lycée il a appris à jouer du piano, à chanter et à danser. Un jour le prof de musique lui a demandé de jouer dans une pièce de théâtre au lycée. Votre père a accepté parce qu'il pensait qu'il allait chanter. Mais non, il a dû jouer du piano. Le soir du grand spectacle, grand-maman et moi, nous étions très fiers. Là sur la scène nous avons vu notre petit Yves qui a reçu les applaudissements de tout le monde. Depuis ce temps-là, votre père aime jouer du piano.

ORAL PROFICIENCY TEST

Directed Response

1. Ask your friend if these are the photos she took in Quebec. *(Ce sont les photos que tu as prises à Québec?)*
2. Tell the new Canadian student that he expresses himself very well in English class. *(Tu t'exprimes drôlement [très] bien en cours d'anglais.)*
3. Tell your friend you didn't understand what she was saying. *(Je n'ai pas compris ce que tu disais.)*
4. Ask your teacher who settled in Louisiana. *(Qui s'est établi en Louisiane?)*

Picture-Cued Response

Turn to page 181 and ask:

5. Les panneaux, pourquoi est-ce qu'ils sont en anglais et en français? *(Parce que le Québec est une province bilingue.)*
6. (indicating words at bottom of license plate) Pourquoi est-ce qu'on met ces mots ici? *(Parce que les Québécois se souviennent [sont fiers] de leur héritage.) (Or any other suitable response.)*
7. Pour la plupart des Québécois, quelle langue est-ce qu'on parle en famille? *(On parle français en famille.)*

Situations

8. While visiting a town in Quebec, how would you tell a friend it's like being in France?
   a. On est fier de la France.   b. *On se croirait en France.*   c. On est d'origine française.
9. You and a friend are discussing your roots. What would you ask?
   a. Qui a fondé la ville de Québec?   b. En quel an la France a cédé l'Acadie à l'Angleterre?   c. *Tes arrière-grands-parents ont émigré de Normandie, n'est-ce pas?*
10. What might the new Canadian student ask you about your region?
    a. *Est-ce qu'il y a beaucoup à faire dans les environs de cette ville?*   b. Les colons se sont-ils établis en Nouvelle-Ecosse?   c. Tu es très attaché(e) à ta langue maternelle?

Real-Life Questions

11. Quelles cultures différentes se trouvent dans les environs de ta ville?
12. Quels sont les avantages d'être bilingue?
13. De tout ce que tu as dû faire et apprendre au lycée cette année, qu'est-ce que tu crois sera le plus utile dans la vie?
14. A quelles traditions est-ce que tu tiens le plus?
15. Quel souvenir de l'époque où tu commençais à aller à l'école te plaît le plus?

CHAPITRE 6

OBJECTIVES

Communication

- to talk about theater-going
- to discuss the text or performance of a play
- to express enthusiasm or disinterest
- to describe doing things for others
- to express advisability or necessity
- to suggest alternatives
- to give indirect commands
- to tell someone what you want him or her to do
- to make suggestions

Grammar

- to use object pronouns in proper sequence
- to use the subjunctive after expressions of necessity
- to use the subjunctive of *aller, faire, prendre,* and *venir*

Culture

- to recognize the variety of performing arts in France

SUGGESTED MATERIALS

pp. 196–197 (Prélude culturel): posters of French theater performances, newspaper ads for entertainment such as theater, film, circus, dance

pp. 198–202 (Mots Nouveaux): programs from various types of live performances, illustrations from books about the French theatrical tradition

PAGE 196

Realia

The circus has an interesting history in France. It has a common origin with the tradition of street performers. (See note for p. 197b.) That tradition developed in the Middle Ages, but it began to assume its modern form in France at the time of the French Revolution. Philip Astley (1742–1814), an Englishman who had created an equestrian act, performed "daring feats of horsemanship" in France until political pressures forced him to lease the act to the Franconi family. Laurent and Henri Franconi were in fact the founders of the modern French circus. While the tradition of clowns and acrobats clearly derives from street theater, the special character of the circus depends on the large-animal performances, the trained horses, elephants, lions, and tigers. The flying trapeze act was invented in 1859 by Frenchman Jules Léotard, after whom the well-known garment for dancers was named.

PAGE 197

Photos

(a) Poster for a summer festival of theater and music. You may wish to point out to students that *l'estivade* is a noun, so that the poster reads "a summer of theater and music." The suffix *-ade* is from Latin and suggests that the root, in this case *aestivus* (from which the French *l'été* is derived), is viewed as a delimited period of time with special content or meaning. The adjective meaning "of the summer" is *estival(e)*.

Le Théâtre Municipal de Dijon offers an outstanding program of opera, drama, and ballet. There is also an avant-garde theater group that has its home in le Théâtre du Parvis St-Jean. L'Université de Dijon also sponsors excellent theater programs.

(b) Street theater in France has a long tradition. In Paris, at la place de l'Odéon, Montmartre, and especially in the area of le Beaubourg, one can almost always watch mimes, fire-eaters, acrobats, and musicians performing their routines. The tradition of street performances is, of course, ancient, but is certainly derived from the traveling artists who performed at fairs in medieval France, and from the Italian *commedia dell'arte* of the Renaissance. In France, the tradition of mime has been developed into a highly sophisticated art in the hands of Jean-Louis Barrault (b. 1910), a director of le Théâtre de France, and Marcel Marceau (b. 1923), perhaps the greatest mime of this century.

PAGE 201

Photo

A performance by l'Opéra-Comique in Paris. This theater company grew out of the old Comédie-Italienne, a group of Italian *commedia dell'arte* actors active in Paris when la Comédie-Française was established in 1680. Beginning in 1805, the company performed at a theater on le boulevard des Italiens, and the boulevard was, in fact, named after the original group.

PAGE 202

Photo

This windmill on the hill of Montmartre was built in 1885 and made into a dancehall in 1900. It was made famous by the painter Henri de Toulouse-Lautrec, who created many posters advertising appearances of celebrated cabaret performers of the day. *Le Moulin Rouge* continues to operate as a cabaret, attracting mainly tourists. It is worth noting that the performances at le Moulin Rouge are usually characterized as "variety" or "music-hall" entertainment of the kind that flourished in Great Britain in the last decades of the nineteenth century. This cabaret entertainment includes ballad singing, comedy routines in the tradition of vaudeville, and of course the chorus dancing that produced the celebrated cancan.

PAGE 204

Realia

Notices for performances, one of a guitarist in Paris, the other for a theater group in Strasbourg.

PAGE 206

Photo

La Comédie-Française is France's national theatre. It was established in 1680 by Louis XIV. Best known for performances of classics, la Comédie-Française is more a force for keeping alive the older traditions of French drama than for innovation. Performances are generally staged in ornate settings and costumes, and lines are spoken in a traditional declamatory style that is very different from the naturalism of most modern French dramas and motion pictures. Although for foreigners the Comédie-Française style may be an acquired taste, it is not at all unusual for a French person to have attended performances of dramas by Racine, Corneille, and Molière more than once.

The company of la Comédie Française is organized in a manner resembling a guild, with apprenticeships and successive levels of membership leading eventually to lifetime pensions. The leader *(le doyen)* of the company is always the performer with the most years of service. Advancement in the company often comes only when an older member dies.

PAGE 207

Photo

An actor applying makeup for a performance at l'Opéra in Paris.

PAGE 210

Realia

Poster for a theater workshop for children.

PAGE 212

Realia

Advertisement for le Théâtre La Bruyère. Point out that along with the works of Ionesco, works by Jacques Prévert are offered, as well as those of the famous writer of farce, Georges Feydeau (1862–1921), and Georges Courteline (1858–1929), an important French comic dramatist.

PAGE 213

Photo

A performance photo of Ionesco's *La Leçon*.

PAGE 215

Photo and Realia

The façade of *une école maternelle* in Paris, and a report card from a similar institution in Sherbrooke, Quebec.

Les écoles maternelles are day-care centers for children ages two through five. They correspond to American nursery school plus kindergarten and prepare children for *la classe de onzième* (the French equivalent of first grade). Private nursery schools, for which one pays tuition, are known as *les jardins d'enfants.* However, most nursery schools in France are state-supported and are open from 8 A.M. to 6 P.M. This allows French women to hold full-time jobs without paying much for child care.

PAGE 217
Photo
A landmark in Paris, l'Opéra was designed by Charles Garnier in 1862. Construction of the building continued through the reign of Napoléon III, and was not completed until 1875. The style of architecture is extremely ornate and grandiose, not surprising given the cultural ambitions of the Second Empire (1852–70). L'Opéra has always been part national institution and part battleground in the intellectual wars surrounding musical drama in France. In the 1970s, under President Pompidou, l'Opéra was renovated at enormous cost and given a new lease on life under the management of Rolf Liebermann and the musical direction of Pierre Boulez. The institution has always been hampered by its poor backstage facilities and the small size of the house, which seats only 1800 persons. With the opening of the new opera house in la place de la Bastille in 1989, this building, long known as le Palais Garnier, is now devoted to the dance.

PAGE 221
Realia
Medal of *la Légion d'honneur,* awarded for outstanding achievement.

PAGE 222
Realia
Advertisement for seasonal theater.

PAGE 223
Answers to *Thème*
1. Notre chef d'orchestre prépare un concert pour Noël.
2. André et moi, nous aimerions jouer du violin au concert.
3. Donc, il faut que nous travaillions ensemble tous les après-midi.
4. Quand le chef d'orchestre nous a demandé de jouer notre chanson, André la lui a très bien jouée.
5. Il a tout de suite eu du succès.
6. Mais le chef d'orchestre m'a dit qu'il vaut mieux que je m'inscrive à son cours.

PAGE 224
Answers to *Contrôle de révision*
A 1. c
   2. d
   3. f
   4. i
   5. h
   6. a
   7. g
   8. e
   9. b

B 1. Oui, j'y en ai acheté.
   2. Oui, je la leur ai envoyée.
   3. Oui, je l'y ai mise.
   4. Oui, je le lui ai emprunté.
   5. Oui, je les y ai achetés.
   6. Oui, je vais t'en donner.
   7. Oui, je vais les y mettre.

C 1. Tous les jours à 7h30, il faut que j'aille au lycée. Il faut que je prenne le bus parce que c'est trop loin pour y aller à pied. Il faut que j'apprenne des tas de choses. Puis il faut que je rentre chez moi et que je fasse mes devoirs.
   2. ... il faut que nous allions ... Il faut que nous prenions ... Il faut que nous apprenions ... il faut que nous rentrions chez nous ... que nous fassions nos ...
   3. ... il faut que les étudiants aillent ... Il faut qu'ils prennent ... Il faut qu'ils apprennent ... il faut qu'ils rentrent chez eux ... qu'ils fassent leurs ...

4. ... il faut que tu ailles ... Il faut que tu prennes ... Il faut que tu apprennes ... il faut que tu rentres chez toi ... que tu fasses tes ...

5. ... il faut que vous alliez ... Il faut que vous preniez ... Il faut que vous appreniez ...il faut que vous rentriez chez vous ... que vous fassiez vos ...

D 1. s'inscrive, attende, apprenne
   2. ailles, suives, vas
   3. répondiez, expliquiez, écriviez

ORAL PROFICIENCY TEST

Directed Response

1. You have a souvenir program. Tell your friend you bought it for her. *(Je te l'ai acheté.)*
2. When asked about good seats, tell your friend you reserved two of them for him. *(Je t'en ai loué deux.)*
3. A classmate asks about a book you're reading. Tell her the action takes place in present-day France. *(L'action se déroule en France de nos jours.)*
4. You're directing a play in French class. Tell the others that it's necessary that they remember all the lines of the first scene. *(Il est nécessaire que vous vous rappeliez toutes les répliques de la première scène.)*
5. Tell your friend there are a lot of details to arrange before opening night. *(Il y a beaucoup de détails à régler avant le soir de la première.)*

Picture-Cued Response

Turn to the drawing on page 202 and ask:

6. Pour la plupart, les spectateurs, comment trouvent-ils la pièce? *(Ils acclament les comédiens. OR Ils la trouvent fantastique, etc.)*
7. Si les spectateurs n'aimaient pas la pièce, qu'est-ce qu'ils feraient? *(Ils siffleraient. OR Ils n'applaudiraient pas.)*
8. Les comédiens, qu'est-ce qu'ils feraient si les spectateurs les acclamaient? *(Ils [les] salueraient.)*

Situations

9. You're at a play that is a great success. What might you hear at the end of the play?
   a. Bof!   b. *Bis!*   c. Sifflez!
10. What does the director of a play tell the cast about opening night?
   a. Il faut avoir le trac.   b. Il faut que vous vous découragiez.   c. *Il est important que nous fassions salle comble.*
11. The person next to you at the theater dislikes the play. What does she say?
   a. *Quel navet!*   b. Quel succès!   c. Je l'acclame!

Real-Life Questions

12. Si tu avais un rôle dans une pièce, aurais-tu le trac? Pourquoi?
13. Quels compositeurs de chansons t'intéressent le plus?
14. Quels genres de pièces est-ce que tu aimerais voir ou lire?
15. Qu'est-ce qu'il faut que le metteur en scène fasse pour avoir du succès?
16. Est-ce que tu aimes aller dans les coulisses après un spectacle? Pourquoi? Qu'est-ce que tu fais là?

ORAL PROFICIENCY TEST   CHAPTERS 4–6

Directed Response

1. Tell your friend you plan to paint your room this weekend. *(Je compte peindre ma chambre ce week-end.)*
2. Tell your friend that in Louisiana the descendants of Acadians are proud of their French heritage. *(En Louisiane les descendants des Acadiens sont fiers de leur héritage français.)*
3. Tell your mother the washing machine doesn't work. Ask if you should call the repairman. *(La machine à laver ne fonctionne pas. Est-ce que je dois appeler le réparateur?)*
4. Your friend is practicing her lines for a play. Ask her to recite them to you. *(Tu me les récites?)*

Picture-Cued Response

Turn to page 133, Ex. B, and ask:

5. (indicating #4) Quel est son métier? *(Il est charpentier.)*

6. Pourquoi est-ce qu'on l'appellerait? *(On l'appellerait pour construire quelque chose.* OR *On l'appellerait pour réparer quelque chose.)*

Now turn to page 167 and ask:

7. Les spectateurs, que font-ils? *(Ils applaudissent la danseuse.* OR *Ils acclament le spectacle.)*
8. Pourquoi est-ce qu'ils ne sifflent pas? *(En France on ne siffle pas si on aime un spectacle.)*

Situations

9. What does the new student say to you about your town?
   a. J'espère que tu auras du succès.
   b. *J'aime la façon dont ta communauté tient à son héritage.* c. Est-ce qu'il est nécessaire que nous louions des places?

10. A friend who always asks for loans but never repays you is about to ask for a favor. How do you respond?
    a. Laisse-moi t'aider. b. Je vais régler les détails. c. *Ce n'est pas la peine de me le demander.*

11. How would your friend tell you to let the cake cook for 30 minutes?
    a. *Laisse cuire le gâteau 30 minutes.*
    b. Mélange le gâteau 30 minutes.
    c. Bats le gâteau 30 minutes.

Real-Life Questions

12. Quand tu te décourages, de quoi est-ce que tu as besoin pour t'encourager?
13. Qu'est-ce qu'il est nécessaire que tu fasses pendant l'été?
14. Tes parents, de quoi est-ce qu'ils se plaignent?
15. Ça te dirait d'aller au théâtre? Pourquoi?

CHAPITRE 7

OBJECTIVES

Communication
■ to talk about differences in customs between France and the United States
■ to express joy, surprise, or disbelief
■ to complain about someone's manner or behavior
■ to express unhappiness or sorrow
■ to express anger or disappointment
■ to express worry or fear
■ to tell someone (not) to do something for you or for someone else

Grammar
■ to use the subjunctive after expressions of emotion
■ to use the subjunctive of *avoir, être, pouvoir, savoir,* and *vouloir*
■ to use object pronouns in the proper sequence with commands

Culture
■ to recognize cultural similarities and differences between France and the United States
■ to point out the joining of cultures through student-exchange programs

SUGGESTED MATERIALS

pp. 226–227 (Prélude culturel):   brochures for student exchange programs between France and the U.S.

pp. 228–232 (Mots Nouveaux):   French newspaper and magazine ads for English courses and travel to the U.S.

PAGE 226

Photo
The French tend to be more physical than Americans. When greeting relatives or close friends, they generally kiss each other on both cheeks, just as they shake hands with less close friends and acquaintances. This ritual is repeated when they say goodbye.

PAGE 227

Realia
(a) Map of Manhattan from the Michelin Green Guide *(Guide vert)* to New York City. Every summer, hundreds of French tourists visit the Statue of Liberty and New York's many other attractions, which are highlighted on the map. Many also visit California, which as the home of Hollywood has long exercised a strong attraction on the French imagination.

   Les Guides verts are a series of excellent guide-books published by Michelin, the tire manufacturers.

   The green guides give detailed descriptions of the attractions in a given region. Michelin also publishes an annual red guide *(Guide rouge)* that lists hotels and restaurants throughout France and rates them according to price and quality.

(b) Ad for a free trip to Florida advertised in a trilingual travel magazine. In recent years, Florida has become a popular winter vacation spot among the French.

   The popular cartoon characters, the Smurfs (called *les Schtroumpfs* in the French version). Also point out the French, German, and British flags at the top, each followed by the name of the magazine in that language.

PAGE 228

Mots Nouveaux: Everyone shakes hands in France, and this becomes a habit in childhood. When two French people see each other for the first time on a given day, they greet each other with a handshake. To fail to do so is considered extremely rude. The French shake hands even when they have their arms full of groceries or when they are busy doing other things.

Faire la bise: See photo and note for p. 226.

PAGE 230

Photo

Friends greeting each other (or saying goodbye) in front of their school. Point out that the girls are each carrying a heavy book bag. French lycées tend to be very demanding and generally assign a great deal of homework. Most French teenagers work hard on their studies so that they can pass *le baccalauréat* and qualify for a university education.

PAGE 233

Photos

(a) Three teenage girls with a moped *(une mobylette).* Because gas is so expensive in France, these motorized bikes, which have a maximum speed of about 35 mph, are especially popular among teenagers.

You might want to point out the difference between *un vélomoteur* (light motorcycle with a 125-cc gas capacity) and *une mobylette* or *cyclomoteur* (a moped with a capacity of 50 cc). In France, one must be 14 to drive *une mobylette* and 16 to operate *un vélomoteur.* Mopeds tend to be the more popular mode of transportation among students because of the younger age limit and because they are less expensive to buy and to operate.

(b) Teens entering a car in a parking lot in the U.S.

PAGE 234

Photo

Family dinner in Paris. Point out that they are about to have cheese and therefore must be at the end of the meal, except for dessert. The three cheeses on the platter appear to be as follows: *du brie* on the right, *du chaume* in back, and *du camembert* on the left. Also point out the bottle of red wine, which is what most French adults drink with cheese.

PAGE 235

Photo

Family sitting in a public garden in Nîmes, a town in Provence. The town has ruins dating from the Roman occupation. The Roman arena *(l'amphithéâtre)* at Nîmes, built in A.D. 50, was once used for gladiatorial shows and chariot races and is now used for bloodless bullfights. Other Roman buildings in the town include le Temple de Diane (now largely in ruins), la Tour Magne (an imposing octagonal watchtower built at the end of the first century B.C.), and la Maison Carrée, a temple built in the first century B.C. that now houses a museum of Roman artifacts from the area.

PAGE 236

Photo

Family watching television in their living room. Point out the wallpaper in the background. The majority of French homes have wallcoverings of some sort in most rooms, rather than painted walls. This is partly a matter of taste, but also reflects the fact that most French homes are older than those in the U.S., which makes wallpaper a more feasible option than replastering and painting.

PAGE 237

Realia

Television schedule for a Sunday in December. French television, like public television in the U.S., has few commercials. Programs are generally the same throughout France, with some regional differences in newscasts. In many sections of France, people are also able to receive broadcasts from Monaco, Luxembourg, Belgium, and Switzerland.

Point out the television series *(feuilletons)* from the U.S.—*Tarzan, Starsky and Hutch, Kojak, Little House on the Prairie*—and the American-style game show *Le Juste Prix,* which is patterned after *The Price is Right.* Also point out that Canal + broadcasts 55 minutes of American-style football *(le football américain).*

The term *Journal,* which recurs throughout the scheduling for the day, stands for *le journal télévisé* (news broadcast). Several of the channels also broadcast interview shows, such as *Revenez Quand Vous Voulez* (actress Jane Birkin is its guest that day), *Face à France* (patterned after the U.S. program *Face the Nation),* and *7/7* (with French historian Alain Decaux as that day's guest).

PAGE 239

Photo

French teens greeting each other with a kiss on each cheek. (See note for p. 226.)

PAGE 241

Realia

Traffic ticket *(contravention)* given for going through a stoplight *(non respect d'un feu)*. The ticket indicates the date, time, and place *(lieu d'infraction)* of the violation, as well as the make and license-plate number of the car. Help students decipher the instructions at the bottom regarding payment *(le règlement)* of the fine.

PAGE 243

Photo

Village of St-Pons in le département de l'Hérault in south-central France. As in many traditional French villages, the church is built on the highest point in town, with homes and shops laid out in spiral fashion down the side of the hill. Point out the arched stone bridge over the river and the relatively flat tile roofs, which are typical of le Midi, where rainfall is scarce.

L'Hérault is one of several rivers that have cut narrow, winding canyons into les Causses, a semi-arid region of low mountains and scrub vegetation that stretches 100 miles north and west of Montpellier.

PAGE 246

Photo

Family picnic in St-Auban-sur-l'Ouvèze, 180 km due north of Marseille. The town is located in the area of Haute-Provence known as les Baronnies, a group of low mountains that form the outer foothills of the Alps. The area contains numerous deep ravines with waterfalls, as well as two river valleys carpeted with vineyards, olive groves, and fruit orchards. The lavender that grows on the slopes is distilled locally into lavender water and various perfumes.

Not far from St-Auban is the town of Buis-les-Baronnies (also on the Ouvèze River), principal center for the selling of thyme and the other herbs that make up the well-known mixture known as *les herbes de Provence*. Nearly 85 percent of France's herb harvest changes hands in the streets and squares of this old town.

PAGE 247

Photo

French family walking in the rain. Point out the handsome cobblestone sidewalk. These stones, called *les pavés,* once lay at the base of all the streets in Paris. When the Parisians have rebelled (as in the various revolutions of the nineteenth century and the uprising of May, 1968), *les pavés* have traditionally been the missile of choice for the rioters. For this reason, and because the rough surface is taxing on automobiles, the cobblestones have often been removed and replaced with asphalt pavement. In many cases, the stones have then been used for sidewalks and for pedestrian streets *(les rues piétonnes)* for aesthetic reasons.

PAGE 248

Photo

Children watching a television game show.

PAGE 249

Photo

Student playing the guitar for her friend in the lounge of their lycée. Point out the poster on the wall behind them publicizing an exhibition of African art.

PAGE 251

Photo

Woman choosing movie cassettes in a video shop. Home-video machines are not as common in France as in the U.S., because of heavy government sales taxes *(taxes à la valeur ajoutée* or *TVA)*. On luxury items such as VCRs, the TVA is generally about 33 percent.

Realia

Ad for free movie rentals (*location gratuite*) on a particular day designated as *la Journée Nationale du Vidéo*. The purpose of this promotion was no doubt to familiarize the French public with the wide variety of films available for rental and to encourage them to consider purchasing a video-cassette machine of their own.

PAGE 253

Realia

Canadian bills. The two-dollar bill above shows Queen Elizabeth II, head of the British Commonwealth, of which Canada is a member. The one-dollar bill on the bottom shows the Parliament buildings seen from across the Ottawa River.

PAGE 256

Realia

Ad for a new condominium complex in the Parisian suburb of Boulogne-sur-Seine. The big selling point underlined by the ad is the complex's location. It is across from a large park, near shopping and schools, and close to an RER stop that makes it possible to arrive in downtown Paris by metro in less than half an hour.

PAGE 257

Answers to *Thème*

1. Isabelle fait un séjour aux Etats-Unis. Ce mois elle fait une visite à sa correspondante américaine, Jenny.
2. Quand elle fait la connaissance de Matt, l'ami de Jenny, elle lui fait la bise.
3. «Mais non», dit Jenny. «Il vaut mieux que tu lui serres la main.»
4. Serre-la-lui.
5. Isabelle est surprise que les Américains soient si bizarres.

PAGE 258

Answers to *Contrôle de révision*

A 1. font leurs études
2. accueillent
3. s'habituent à
4. surprennent
5. se serrent la main, se font la bise
6. se baladent, font un tour

B *Answers may vary.*
1. Maman est fâchée que je ne sorte pas le chien.
2. Maman est fière que nous réussissions nos examens.
3. Maman est inquiète que je conduise trop vite.
4. Maman est fâchée que nous ne fassions pas la vaisselle.
5. Maman est fâchée que Jean-Paul ne mette pas le couvert.
6. Maman est inquiète que papa ne dorme pas assez.
7. Maman est surprise que j'aille à l'opéra samedi.
8. Maman est fière que mon frère aîné devienne médecin.

C 1. soit
2. veuille
3. peuvent
4. soient
5. a
6. donner

D 1. c
2. e
3. a
4. f
5. b
6. d

ORAL PROFICIENCY TEST

Directed Response

1. Tell your friend you're delighted he's staying in Paris. *(Je suis ravi(e) [enchanté(e)] que tu fasses un séjour à Paris.)*

2. Tell the new exchange student that you're sorry she doesn't feel at home. *(Je suis désolé(e) que tu sois [te sentes] dépaysée.)*

3. Tell your teacher you admire the French way of life. *(J'admire la façon de vivre française [des Français].)*

4. Your friend has his photo album. Ask him to show it to you. *(Montre-le-moi.)*

5. Your friend has some new tapes. Ask her to lend some to you. *(Prête-m'en.)*

Picture-Cued Response

Turn to page 230 and ask:

6. Qu'est-ce qu'elles font? *(Elles se font la bise.)*

7. Quand est-ce qu'on se fait la bise en France? *(On se fait la bise chaque fois qu'on rencontre des amis.)*

8. Tu pourrais t'habituer à la vie française? *(Oui, je pourrais m'y habituer. OR Non, je ne pourrais pas m'y habituer.)*

Situations

9. How would you express your surprise regarding the differences between France and America?
   a. Ça ne se fait pas!   b. *Ah bon!*   c. Il se tient mal.

10. What would you say regarding the new foreign students at school?
    a. *Je suis heureux(-euse) de les accueillir.*
    b. Nous devons les supporter.
    c. Je ne crois pas mes yeux.

11. Imagine it's your first day in France and you're overwhelmed by your new environment. What do you say?
    a. Pardon, mais je suis un peu bizarre.
    b. *Pardon, mais je suis un peu dépaysé(e).*
    c. Pardon, mais je me tiens mal.

12. What might your teacher say when seeing two friends fighting in French class?
    a. Qu'est-ce que vous êtes accueillants!
    b. Je suis vraiment ravi(e) de vous voir!
    c. *Comme vous êtes mal élevés!*

Real-Life Questions

13. Si un(e) Français(e) venait visiter les Etats-Unis, à ton avis quelles choses l'étonneraient le plus?

14. Comment est-ce que tu te distrais le samedi après-midi?

15. Qu'est-ce qu'il faut faire pour s'habituer à la façon de vivre dans un pays étranger?

CHAPITRE 8

OBJECTIVES

Communication
- to talk about books one has read
- to instruct someone how to do something
- to warn someone
- to tell what had already happened when something occurred
- to order things chronologically
- to report what someone said
- to make excuses or give explanations
- to describe simultaneous actions or events
- to describe people or things
- to express one's feelings about doing something

Grammar
- to use the pluperfect tense
- to use the present participle
- to use the infinitive

Culture
- to recognize the literary tradition of France
- to recognize the popularity of bookstores and street bookstalls

SUGGESTED MATERIALS

pp. 260–261 (Prélude culturel): films about important French literary figures or those based on French literary works

pp. 262–265 (Mots Nouveaux): newspaper and magazine ads for best sellers, book reviews, bookstore catalogues

PAGE 260

Photo
Menu cover of Le Procope, said to be the oldest café in Paris. Founded in 1686 by Francesco Procopio, an Italian, this venerable café has over the years drawn such illustrious literary figures as Voltaire, Victor Hugo, and Honoré de Balzac. In 1987 the café was bought by the owners of several other Parisian *brasseries,* who have expressed their determination to maintain both the busy atmosphere and *la cuisine bourgeoise* that faithful customers expect to find.

PAGE 261

Photos
(a) A small bookstore in France displaying a sign indicating that textbooks—*les livres scolaires* and *les livres universitaires*—are available there. Point out that *le bouquiniste* is a term used for a second-hand bookseller, and it is applied to the bookstalls along la Seine in Paris. (For more about the word *bouquiniste,* see the note for p. 264.)

(b) Le Panthéon, an imposing eighteenth-century monument situated on la place du Panthéon. Originally l'Eglise Ste-Geneviève, it was built to honor the city's patron saint, Geneviève (c. 422– c. 502). Her feast day is celebrated on *le 3 janvier.*

In 1885, the church was converted to a pantheon to contain the ashes of the great men of France. (The inscription on the façade of the building reads *Aux grands hommes, la patrie reconnaissante.*) The interior walls of the building are decorated with murals depicting the life of Ste-Geneviève painted by Pierre Puvis de Chavannes (1824–98).

PAGE 264

Realia
The business card of a Paris bookstore. The date, of course, refers to the decisive year of the Revolution. The monument shown on the card is la Colonne de Juillet in the traffic circle of la place de la Bastille.

Photo
A bookstore called *Le Bouquin.* You may wish to mention that this word and the variant forms *bouquiner* and *bouquiniste* have a common etymology with the English word "book." (For more about bookstores, see note for p. 261a.)

PAGE 267

Photo

Group of young people playing the French version of Trivial Pursuit. In 1977 a law was passed making it illegal to use foreign words in advertising. Although there were as many as 200 prosecutions of this law in 1985, the law has obviously failed to dampen the French enthusiasm for *le jazz, le week-end,* and *le fast food.*

PAGE 268

Photo

Most French teenagers work extremely hard on their studies because they know they must pass *le bac.*

You may wish to comment that the French have a special veneration for the established heroes of French literature. In the curriculum of both le lycée and l'université, a prescribed survey and mastery of the literary tradition is expected. Perhaps an obvious manifestation of French reverence for literary greats is in the number of Paris street names such as: le boulevard Voltaire, l'avenue Emile-Zola, la rue George-Sand, le quai Anatole-France, and l'avenue Victor-Hugo.

PAGE 269

Photo

Charles de Gaulle leading the Free French forces down les Champs-Elysées during the liberation of Paris in 1944. De Gaulle (1890–1970) was president of France from 1945–46 and again from 1958–69. He is remembered as much for being a great soldier as for being a statesman. Perhaps his outstanding quality was his devotion to the mystique of France. Trained as a soldier, de Gaulle served as a captain in the French army during World War I. Later, as a teacher of military history at the French military academy (Saint-Cyr), which he himself had attended, he developed advanced tactical theories. In 1940, when France fell to the Germans, it was de Gaulle who began the Free French movement in England. At the liberation of France in 1944, de Gaulle's provisional government took over and was largely responsible for restoring the war-torn nation's morale.

While in office, de Gaulle passed many reforms that strengthened the French economy. It was largely due to his efforts that the Algerian crisis was resolved in 1962. As president, de Gaulle hoped to make France the leader of a European political community. This goal was never achieved. De Gaulle resigned in 1969 after a referendum that was designed to give him additional powers for constitutional reform was defeated.

PAGE 271

Photo

French-language books in the window of a bookstore in Quebec.

PAGE 273

Photo

On la place St-Germain-des-Prés, is the famous Café Aux Deux Magots, named for the grotesque Chinese figures, or *magots,* that are found inside. Once a gathering place for literary figures and intellectuals, the café is now more a magnet for tourists who come to soak up the atmosphere of *la rive gauche* and perhaps also in search of the spirit of those famous customers who have long since departed.

The sidewalk café is one of the most delightful of French institutions. Even tiny cafés can usually find room for two or three small tables *à la terrasse.* It is an accepted tradition to sit for hours in a café, ordering a refill of *café exprès* or *citron pressé*—or something stronger—every so often. People write letters, read the newspaper, or work on their novels as they observe the passing scene.

PAGE 274

Photo

A view of Geneva in French-speaking Switzerland, the birthplace of Jean-Jacques Rousseau. In the foreground is le Rhône, the river that flows through le lac Leman (Lake Geneva) and southward through France to the Mediterranean. Geneva is the home of the European headquarters of the U.N., the World Health Organization, and the International Red Cross, and it is an important banking city and the center of the Swiss watch-making industry.

PAGE 275

Photo

The bust of Jean-Jacques Rousseau by French sculptor Jean-Antoine Houdon (1741–1828). Rousseau (1712–78) was, along with Voltaire, one of the towering figures of the Age of Reason in eighteenth-century France. However, his stance in favor of spontaneous feeling and a return to nature often put him in sharp opposition to the rationalism of his age. His most famous works are *La Nouvelle Héloïse* (1761), *Le Contrat social* (1762), *Emile* (1762), and the *Confessions*.

PAGE 276

Photo

The headquarters of the World Health Organization (an agency of the United Nations) in Geneva. The purpose of the agency is to promote better health systems throughout the world, especially in developing countries.

PAGE 279

Photo

Le Procope restaurant. (See note for p. 260.)

PAGE 280

Photo

Bookstore sign. (See note on bookstores for p. 261a.)

PAGE 281

Photo

A student reading a magazine in a café near the Sorbonne. The Sorbonne was founded in 1257 by Robert de Sorbon as a college for theological studies. It was extensively rebuilt by Cardinal Richelieu in the seventeenth century. Closed for a time during the French Revolution, it was reopened as an academic institution in 1808. The prestigious name "Sorbonne" is often used to refer to the larger Université de Paris, of which the Sorbonne is now a part.

PAGE 283

Photo

The tombs of La Fontaine and Molière in Le cimetière du Père-Lachaise. Jean de La Fontaine (1621–95) is best known for his *Fables* (1694) drawn largely from Aesop. Molière, *le nom de plume* of Jean-Baptiste Poquelin (1622–73), is France's greatest and best-loved comic dramatist. Père-Lachaise is a Parisian cemetery noted for the many famous people buried there, from Héloïse and Abelard to Edith Piaf and Jim Morrison of the rock group The Doors.

PAGE 285

Realia

A copy of the autobiography of the childhood years of Jean-Paul Sartre (1905–80). Sartre was one of the great thinkers and most prolific writers of twentieth-century France. A self-described existentialist, he wrote the celebrated novel *La Nausée* (1938) and the philosophical work *L'Etre et le néant* (1943) in the early days of World War II. After participating in *la Résistance* during the German occupation of France in World War II, he became known for his humane but pessimistic plays *Les Mouches* (1943), *Huis clos* (1945), and *Les Mains sales* (1948). In 1964 Sartre was awarded the Nobel Prize for literature, which he refused to accept.

PAGE 286

Realia

Promotion for a new literary supplement for the daily newspaper, *Le Figaro*.

PAGE 287

Answers to *Thème*

1. Avant d'écrire ce poème, Nicole et Nadine n'avaient jamais écrit de poèmes.
2. Elles préféraient écrire des nouvelles.
3. Mais un jour, leur prof de littérature leur a expliqué une strophe de Verlaine.
4. En l'écoutant vers par vers, elles l'ont trouvée très intéressante.
5. Maintenant elles veulent devenir poètes.

Answers to *Contrôle de révision*

A 1. rédiger
2. favori, bouquiner
3. pourtant
4. La poète
5. Les nouvelles
6. une biographie
7. le romancier (la romancière)

B 1. Dominique n'a pas parlé du film parce qu'il (elle) ne l'avait pas vu.
2. Philippe n'a pas récité le poème par cœur parce qu'il ne l'avait pas appris.
3. Paul n'a pas écrit à son oncle pour le remercier parce qu'il l'avait déjà remercié.
4. Solange et Nicole n'ont pas donné leurs compositions au professeur parce qu'elles les lui avaient déjà données.
5. Jean n'a pas dit à sa sœur de se coucher parce qu'elle s'était déjà couchée.
6. Juliette n'est pas allée au match de football parce qu'elle n'avait pas fini l'explication de texte.

C 1. On fait une explication de texte en analysant l'œuvre.
2. On fait plaisir aux parents en se tenant bien.
3. On se fait des ennemis en ayant l'air snob.
4. On s'endort facilement en se détendant avant de se coucher.
5. On trouve un bon emploi en lisant les petites annonces.

D 1. la faire, avant de faire, après l'avoir faite, ne jamais la faire
2. l'avoir acceptée, avant d'accepter, accepter
3. ne pas se battre, Avant de se battre, sans se battre

ORAL PROFICIENCY TEST

Directed Response

1. Tell your friend that you had already left when she phoned. *(J'étais déjà parti(e) quand tu as téléphoné.)*

2. Ask a new classmate what his favorite pastime is. *(Quel est ton passe-temps favori [préféré]?)*
3. Tell your friend you didn't like the movie because the ending was unlikely. *(Je n'ai pas aimé le film parce que le dénouement était invraisemblable.)*
4. Ask your friend if he has read the short story in its entirety. *(Est-ce que tu as lu la nouvelle en entier?)*

Picture-Cued Response

Turn to page 271 and ask:
5. Quel passe-temps est-ce qu'on aime si on achète des choses dans ce magasin? *(On aime la lecture [bouquiner, lire].)*

Now turn to page 269 and ask:
6. C'est un livre de notre époque? *(Non, ce n'est pas un livre de notre époque. OR C'est un livre d'une autre époque.)*

Situations

7. Someone asks you how you liked the mystery novel you just read. What might you answer?
a. Je l'ai lu en entier.   b. *Ça me tenait en haleine jusqu'au dénouement.*   c. Je trouve la lecture en français très difficile.
8. You received a good grade on a test in which you did not understand a single question. What would you say?
a. Je l'ai méritée.   b. Voilà comment on rédige un récit.   c. *C'était tout à fait inattendu.*
9. You can't hear your friend on the phone. What would you say?
a. *Il faut parler à voix haute.*   b. Il faut parler à voix basse.   c. Tu peux me faire l'explication de texte?
10. Your teacher has just assigned the fourth novel this term. What might you say?
a. Le prof veut que nous ne lisions aucun roman!   b. *Le prof veut que nous lisions encore un roman!*   c. Le prof veut que nous lisions notre roman favori!

Real-Life Questions

11. Qu'est-ce que tu fais après être rentré(e) de l'école?

12. Quel genre de littérature est-ce que tu préfères?

13. Tu as fait quelque chose cette année que tu n'avais jamais fait?

14. Après avoir fini tes études de français, quels pays voudrais-tu visiter?

15. D'habitude tu fais tes devoirs en faisant autre chose en même temps? Quoi, par exemple?

CHAPITRE 9

OBJECTIVES

Communication
- to talk about looking for employment
- to discuss one's career aspirations
- to request permission
- to express emotions
- to insist
- to express a pessimistic view
- to express doubt or uncertainty
- to ask someone's opinion
- to express what type of thing or person you are looking for
- to ask for something by describing its purpose
- to give a job description
- to make sure something won't annoy someone
- to ask permission in a roundabout way

Grammar
- to use the subjunctive of verbs ending in -oir(e)
- to use the subjunctive with expressions of possibility, doubt, and opinion
- to use the subjunctive in nonspecific or negative clauses
- to use the subjunctive with subjective clauses

Culture
- to recognize the variety of employment opportunities in French society
- to point out the importance of the interview in applying for a job

SUGGESTED MATERIALS

pp. 290–291 (Prélude culturel): brochures advertising student employment and volunteer opportunities, newspaper want ads

pp. 292–297 (Mots Nouveaux): phone book yellow pages for employment agencies, job applications

PAGES 290–291

Photo
La Bourse, the Paris stock exchange, located in central Paris, east of l'Opéra. La Bourse is the center of French financial life, just as the New York Stock Exchange is in the U.S. The building dates back to 1826, although the agency itself was officially created in 1724, following the demise of John Law's brokerage house. One may take a guided tour of la Bourse and view the activity on the floor from a balcony above. It is especially interesting to visit the Exchange during the peak period, which generally falls between 12:30 and 2:30 P.M. (Monday through Friday).

Do students understand the signs on the far right: *Ouverture* (Opening level), *Séance* (Session), *Liquidation* (Shares sold), and *Indice* (Trading Index)?

Realia
(a) Positions advertised by la Mairie de Paris (the Paris City Hall) for licensed day-care aides *(auxiliaires de puériculture diplomées)*. Persons interested in applying are asked to call the number given.

You might point out that *une mairie* is a city hall and that each Parisian *arrondissement* has its own *mairie*. Wary of the capital's penchant for political turmoil, the French government attempted to diminish its power by not allowing Paris to have a centralized municipal government. Instead, each of the twenty *arrondissements* (wards) of the city had its own town hall and mayor. After the 1968 student revolts in Paris, a unified central administration was set up under a single mayor *(le maire de Paris)*. The twenty *mairies d'arrondissements* now serve as district administrative centers.

(b) Subway ad for temporary office help. You might point out the following vocabulary: *secrétariat* (secretarial services), *bureautique* (word processing), *comptabilité* (bookkeeping), *hôtesses* (receptionists).

PAGE 295

Realia

Ad offering assistance to college students who must prepare curricula vitae. Do students understand the sentence: *"Votre c.v. constitue la première impression que vous puissiez créer auprès de l'employeur."*?

This particular flyer is posted on a bulletin board in the Redpath Museum of Natural History at McGill University in Montreal. Located on a hill above the older parts of the city, McGill is the oldest English-speaking university in the British Commonwealth outside Great Britain.

The university was founded in 1821 by a Scot named James McGill, who bequeathed his estate and ten thousand pounds for a college to be named after him. It is especially known for its fine schools of medicine and engineering.

PAGE 296

Photo

Close-up shot of the trading floor of la Bourse, the Paris stock exchange. (See photo and note for p. 290.)

PAGE 299

Realia

Job descriptions in the classified-ad section of a Parisian newspaper. The first ad is for truck drivers, with a preference for those holding a special teamster's license *(permis de camionneur)* and experienced at driving large trucks *(les poids lourds)*. Ask students to figure out what the working schedule would be. Explain that the term *Base SMIC* means that the salary is based on the minimum wage *(le salaire minimum)*.

The second ad is for an internship *(un stage)* offered by a marketing consultants' firm to a student majoring in economics *(sciences économiques)*. You might wish to point out the following vocabulary: *un stagiaire* (intern), *CV* (curriculum vitae, résumé), and *lettre de motivation* (cover letter). You might also explain that *libre de suite* means "free afterwards," i.e., that the internship is not intended to lead to a permanent position.

The last ad is for part-time babysitters. Point out the anglicisms: *Kid Services* and *Baby-sitting* in the agency's name. You might provide the following vocabulary: *domiciliés à* (living in), *la proche banlieue* (nearby suburbs), *possédant moyen de locomotion* (with some means of transportation), *maîtrise parfaite* (fluency in a language), *excellente présentation exigée* (good appearance and manners required).

PAGE 300

Photo

Secretary in an office in Rennes. Point out the computer to her left.

The main city of la Bretagne, Rennes is known for its beautiful architecture. Large, airy squares surrounded by elegant seventeenth-century stone façades lead into narrow streets lined with picturesque medieval shops. Many of these older buildings feature cross-timbering (criss-crossed wood frameworks filled with stucco) decorated with intricate wood carvings. Home of two universities, l'Ecole Nationale de Santé Publique, and several institutes, Rennes has a student population of over 25,000 and is an important intellectual and cultural center.

PAGE 301

Photo

Chef displaying his specialties. Help students identify some of the dishes using the vocabulary they have learned thus far.

PAGE 303

Photo

Street-cleaning machine *(la balayeuse)* in Paris. The machine releases soapy water and then scrubs and polishes the sidewalk. These particular machines are generally used for sidewalks rather than for streets, which are cleaned with larger machines.

Point out the elegant streetlamp *(le réverbère)* and metro sign in the background.

PAGE 304

Photo

Grape harvest *(les vendanges)* in the area of northwest Burgundy known as Chablis. The village of Chablis is located 19 km east of Auxerre, but the vineyards of the Chablis region include twenty communes in the area. The white wines of Chablis are reputed for their lightness and for their dry, fruity bouquet; they include a number of *grands crus* (highest-quality wines).

Every year in August and September, students from all over France go to the famous wine-growing areas of the country—particularly la Bourgogne, la Touraine, l'Alsace, and le Bordelais (the area around Bordeaux)—to work in the grape harvests and to participate in the local festivities. Point out the large container *(la botte de vendangeurs)* on the back of the man to the right.

PAGE 308

Photo

Young Senegalese girl carrying mangoes.

Senegal is one of the thirteen nations in sub-Saharan Africa that emerged from the colonial empire carved out by the French at the end of the nineteenth century. Although originally colonized by the Portuguese in the fifteenth century, the area has been associated with France for over 300 years. In the seventeenth century, the French took l'Ile de Gorée from the Portuguese and also established the colony of Saint-Louis on the mouth of the Senegal River farther north. After the last independent Moslem district was subdued in 1893, France gained complete control. Dakar then became the capital of l'Afrique occidentale française. Senegal became an autonomous republic in 1960, although it has retained close economic ties with France.

Savannah, mangrove swamp, and forest cover most of the country, and water, agricultural resources, lumber, and fish are plentiful. As in much of the Third World, however, desertification and deforestation constitute a large problem. It has been estimated that at the present rate of encroachment, the Sahara Desert will have taken over the entire country of Senegal by the year 2020 unless major programs are undertaken to educate farmers and to reforest areas already lost.

PAGE 309

Photo

Street scene on l'Ile de Gorée. Located less than two miles from the mainland, the island of Gorée, with its quiet streets and eighteenth-century buildings, provides a striking contrast to the bustling modern avenues of the capital.

Gorée was a major center for the European and American slave trade. Before slavery was finally outlawed in 1848, more than 60,000 African men, women, and children were brought to Gorée from trading posts on the West African coast. There they were held in cramped quarters for a few weeks, awaiting the next departing slave vessel. At least a fifth of them died on the crowded ships during the two-month journey to the Americas. La Maison des Esclaves, carefully restored by the Senegalese government, is typical of the prison-like buildings specially designed to hold slaves awaiting shipment, while the masters were housed in comfort above. Like Auschwitz and Dachau, the Slave House is a monument to an ignominious past that must not be forgotten.

PAGE 310

Photo

Celebration in Senegal. (See note for p. 308.) Point out the two dancers in the middle and the brightly colored dresses in the background. At Senegalese weddings, baptisms, and other celebrations, it is customary for two dancers to vie with each other for the crowd's applause. The winner then picks a new rival from the circle of guests.

PAGE 311

Realia

Job descriptions and want ads in the classified section of a French newspaper.

The first ad is a job description for an electrician to install alarm systems in le département du Bas-Rhin (in Alsace) The second ad was placed by an English secretary living in France who is looking for a part-time or full-time job that will allow her to improve her French. The third was placed by someone who is looking for a position as a bookkeeper. Ask students how many years of experience this person has had in that particular type of work.

The last ad is a job description for a store manager for the French branch of a German tool manufacturer. The candidate must be relatively fluent in German and should preferably have some administrative experience.

Photo

Ad for a network of employment agencies specializing in placement services and training programs for young people *(pour l'emploi et la formation des jeunes)*.

PAGE 312

Photo

Positions posted on the bulletin board of an employment agency.

Realia

Sign posted outside an employment agency called *Le Secrétariat volant* specializing in temporary office help *(emplois temporaires de bureau)*. Explain that *volant* means "flying," and ask why this is an appropriate name for this particular agency.

PAGE 313

Realia

Want ads in the classified job section of a French newspaper. Help students decipher the backgrounds and job objectives of the various advertisers.

Photo

Female bus driver in France.

PAGE 314

Photo

Tapestry-weaver in Brussels. From the Middle Ages until the eighteenth century, Brussels was one of the principal tapestry centers of Europe. At the beginning of the sixteenth century, the Belgian capital had more than 1,500 tapestry weavers *(ouvriers tapissiers)*. Belgian tapestries (generally referred to as *les tapisseries flamandes)* were highly prized and decorated the walls of palaces throughout Europe.

PAGE 315

Photo

Draftsman *(un dessinateur)* at work in an architect's office.

PAGE 316

Realia

Ad in the classified section of a French newspaper for a position as caretaker in a Parisian kennel or animal shelter. The ad suggests that this would be a satisfying job for an animal-lover, especially for someone who is considering a career as a dog-trainer or veterinarian.

PAGE 317

Answers to *Thème*

1. Gilles téléphone à la gérante de l'hôtel St-Jacques.
2. Il cherche un emploi à temps partiel.
3. La secrétaire lui dit: «Nous cherchons quelqu'un qui veuille travailler le soir.»
4. «Malheureusement, sans formation précédente il est peu probable que nous vous embauchions cette année.»
5. «En tout cas, il est préférable que vous veniez voir la directrice de publicité de l'hôtel.»
6. La secrétaire lui envoie un formulaire.

Answers to *Contrôle de révision*

A 1. c

2. b

3. h

4. i

5. d

6. e

7. a

8. g

9. f

B 1. recevions

2. ne croie pas, sois

3. ne veuille pas, aille

4. doivent

5. devions

6. ne voyions pas

7. s'aperçoivent

C 1. Je crois

2. Il me semble

3. Je ne doute pas

4. Il n'est pas certain

5. Il est peu probable

6. Je suis sûr

7. Il n'est pas évident

D 1. puisse, puisse, peuvent

2. sait, sachent, sais, sait

3. soient, est

ORAL PROFICIENCY TEST

Directed Response

1. Tell your friend that it's impossible for him to pursue his studies while working full-time. *(Il est impossible que tu poursuives tes études en travaillant à temps complet.)*

2. Tell your parents you have an interview for a job with the manager of a business. *(J'ai un entretien avec le (la) gérant(e) d'une entreprise.)*

3. Ask your friend if it will bother her if you apply for a job where she works. *(Cela te gêne que je pose ma candidature où tu travailles?)*

4. Tell your co-worker it amuses you that Paul believes he'll get a day off. *(Cela m'amuse que Paul croie qu'il recevra un jour de congé.)*

5. Your boss tells you it's possible you will have to work overtime. *(Il est possible que vous deviez [que tu doives] faire des heures supplémentaires.)*

Picture-Cued Response

Turn to page 300 and ask:

6. Quelle est sa profession? *(Elle est secrétaire.)*

7. Quelles qualifications est-ce qu'il faut qu'elle ait pour être secrétaire? *(Il faut qu'elle soit polie, qu'elle puisse taper, etc.)*

Situations

8. You're discussing the economy of your state. How would you say that a lot of people are without work?

    a. Il y a beaucoup de retraite.   b. Je doute qu'il y ait beaucoup de chômage.   c. *Ils licencient beaucoup de monde actuellement.*

9. You're trying to decide on a career. To whom would you talk?

    a. Je parle avec le rédacteur.   b. Je parle avec la patronne.   c. *Je parle avec le conseiller d'orientation.*

10. You want a job in a local company. What is the first step you should take?

    a. *Je rédige une lettre de candidature.*   b. Je prends mes congés.   c. J'ai un entretien.

Real-Life Questions

11. Qu'est-ce qu'il faudra que tu fasses pour obtenir la carrière de ton choix?

12. Tu crois que le chômage soit un problème de notre époque?

13. Il te semble que ce soit possible qu'on ait un emploi à temps complet et qu'on poursuive ses études à la fois?

14. Quelle serait la profession parfaite pour toi?

15. Quels conseils est-ce que tu donnerais à quelqu'un qui cherche un emploi?

Directed Response

1. Tell your friend that after analyzing the poem, he must write an introduction and a conclusion. *(Après avoir analysé le poème, tu dois rédiger une introduction et une conclusion.)*

2. The teacher tells you to speak loudly while reciting stanzas from a poem. *(En récitant des strophes d'un poème, parle à voix haute.)*

3. Ask your friend if after having studied in France she understands the French way of life. *(Après avoir fait tes études en France, est-ce que tu comprends la façon de vivre des Français?)*

4. Tell your cousin that he is behaving badly and not to offend your friends. *(Tu te tiens mal; ne vexe pas mes amis.)*

5. Ask if there is someone in the class who knows accounting. *(Est-ce qu'il y a quelqu'un dans la classe qui sache la comptabilité?)*

Picture-Cued Response

Turn to page 296 and ask:

6. Quelles qualifications est-ce qu'il faut pour travailler ici? *(Il faut être bon en maths, en comptabilité, etc.)*

Now turn to page 236 and ask:

7. Comment est-ce qu'ils se distraient? *(Ils regardent la télé.)*

Situations

8. What would you say to reassure a newly arrived foreign exchange student?
   a. Tu es attachée à la façon de vivre des Américains.   b. *Tu t'habitueras bientôt à notre façon de vivre.*   c. Tu risques de déplaire aux Américains à cause de ta façon de vivre.

9. Your French penpal is surprised you don't kiss your friends every time you meet them. How would you answer?
   a. *Ça ne se fait pas aux Etats-Unis.*   b. Je ne crois pas mes yeux.   c. Tiens-toi bien alors.

10. After talking with the personnel office, you'd like more information about a job. What would you say?
    a. Est-ce qu'il serait possible que j'aie un entretien avec la standardiste?   b. Est-ce qu'il serait possible que je prenne un jour de congé? c. *Est-ce qu'il serait possible que je voie le gérant en personne?*

Real-Life Questions

11. Quelle sorte de stage ou de formation est-ce qu'il te faudrait pour la profession de ton choix?

12. Qu'est-ce qu'il faut faire pour obtenir un emploi?

13. Quelles œuvres as-tu lues récemment dans ton cours d'anglais?

14. Quels ordres est-ce qu'on te donne chez toi?

15. Si tu avais envie d'emprunter la voiture de tes parents, qu'est-ce que tu leur dirais?

CHAPITRE 10

OBJECTIVES

Communication

- to discuss current events
- to make suggestions
- to agree or to disagree with a suggestion
- to express interest or disinterest in doing something
- to make requests
- to make polite commands
- to report what someone said or thought
- to understand a news report
- to talk about hypothetical situations
- to identify one's possessions
- to stress or contrast ownership

Grammar

- to use the conditional
- to use sentences with *si*
- to use possessive pronouns

Culture

- to recognize the variety of newspapers and magazines in French and other languages available in France

SUGGESTED MATERIALS

pp. 320–321 (Prélude culturel): copies of French-language newspapers and magazines

pp. 322–326 (Mots Nouveaux): audio recordings of French-language radio broadcasts or videotapes of TV broadcasts

PAGE 320

Photo

Kiosk selling newspapers and magazines. You may wish to begin by giving students an overview of the French press. In France, as everywhere in Europe, television has had a major impact on the press.

If television has diminished readership, the increasingly frenetic quality of modern life in major cities has reduced it even more. Many people have no time for daily newspapers. While this has sharply cut the number of dailies published in Paris, and in spite of reduced circulation, a number continue to thrive. *Le Monde* is the most prestigious and popular of the Paris dailies. The other two stalwarts are *France Soir* and *Le Figaro.*

The political orientation of the major Paris newspapers is generally conservative, although *Le Monde* has often taken a mildly pro-Socialist stand. *Le Figaro* can be said to take a position to the right of the others. Among the other dailies are *l'Humanité* (Communist) and *Libération* (Socialist).

The declining readership of daily papers has seen a corresponding growth of weekly newsmagazines. The major ones are *l'Express, Le Point,* and *Le Nouvel Observateur.*

PAGE 321

Photos

(a) You might point out, in connection with the photo on the left, that the Paris daily newspapers and weekly newsmagazines, far from dominating the journalistic scene in France, play a minor role compared to local and regional publications. (For a discussion of this, see notes for page 328.)

(b) Of interest in the photo on the right is the presence on the newsstand of the famous *Herald Tribune.* This newspaper, once one of the great dailies of New York City, ceased publication in the United States but continues its international edition. The "Trib" is still a favorite of American tourists and residents in the French capital.

PAGE 327

Photo

Ad for a season of operas and operettas. You may wish to point out that the French verb *abonner* applies, as in English, to the purchase of season tickets to the opera as well as to the purchase of a magazine subscription.

Teacher Notes   **T67**

Photo

A sign outside the offices of *Le Monde*. It is worth noting that although *Le Monde* is perhaps the "world-class" newspaper of France, its circulation outside of Paris is hardly in keeping with its stature. Perhaps only 100,000 copies are sold elsewhere in France each day. A number of regional newspapers are far more successful in France as a whole than any of the Paris dailies. The foremost example is a newspaper published in Brittany, *Ouest-France,* which has a daily circulation of 730,000. Other strong regional newspapers are *La Voix du Nord* published in Lille (circulation 375,000), *Le Dauphiné Libéré* in Grenoble (365,000), and *Sud-Ouest* in Bordeaux (360,000).

Realia

Point out that special-interest magazines flourish in France, and that some are in fact adaptations of familiar American magazines.

Realia

A French magazine featuring a story about the adventures of telephoning the United States.

Photo

Three students in France talk about their school magazine.

Photo

Outdoor newsstand. (See notes for pp. 320 and 328.)

Realia

A series of stamps honoring the French postal service. When these stamps were issued in 1988, the following information about the individual comic strip artists, whose work is portrayed on the stamps and whose names appear in the lower left-hand corner of each stamp, was also provided.

PELLOS. (René PELLOS dit) • Grand Prix 1976 • Ce dessinateur sportif et caricaturiste a appliqué les règles de ces genres à la première Bande Dessinée française de Science-Fiction *Futuropolis* innovant également par un découpage audacieux pour l'époque (1937). Il a aussi continué et modernisé les célèbres Pieds Nickelés. Citons: *Futoropolis* et quelques albums des *Pieds Nickelés.*

REISER (Jean-Marc) • Grand Prix 1978 • Il s'est montré un dessinateur satirique particulièrement féroce n'épargnant aucune forme de bétise, tout en prônant l'écologie et en défendant l'énergie solaire. Avec un minimum de moyens et une plume acérée il a renouvelé la satire graphique. Citons: *On vit une époque formidable—Vive les femmes—Gros dégueulasse.*

MARIJAC (Jacques DUMAS dit) • Grand Prix 1979 • Auteur complet dès l'avant-guerre, il est devenu ensuite homme de presse, privilégiant avec l'équipe de l'hebdomadaire «Coq Hardi» une Bande Dessinée «à la française» pour la jeunesse. Citons: *Les mousquetaires du maquis—Jim Boum.*

FRED (Othon ARISTIDES dit) • Grand Prix 1980 • Il joue avec les images, les mots, les idées, combinant le rêve et l'absurde avec une poésie tendre et un humour parfois grinçant. Citons: *Le petit cirque—La lanterne magique* et les quinze albums de *Philémon.*

Jean GIRAUD/MOEBIUS • Grand Prix 1981 • Il est à la fois le graphiste virtuose du western Blueberry, et MOEBIUS le pape incontesté de la Nouvelle Bande Dessinée. Dans les deux cas, il est l'auteur qui a le plus influencé l'actuelle génération de graphistes. Citons: les 26 albums de *Blueberry—Arzach—Le bandard fou—John Oilool.*

Paul GILLON • Grand Prix 1982 • Son classicisme rigoureux repousse sans cesse les limites de la perfection graphique. De plus en plus auteur complet, il porte sur son époque—y compris à travers ses œuvres de Science-Fiction—un regard ironique et légèrement condescendant. Citons: *Les naufragés du temps—La survivante—Au nom de tous les miens.*

Claire BRETECHER • Prix spécial 10ᵉ anniversaire • Son humour est sans complaisance pour les intellectuels et les cadres moyens qui contribuent à son succès. Son graphisme épuré ne garde que l'essentiel: il privilégie les attitudes et affirme les caractères. Citons: *Les frustrés—Les mères.*

Jean-Claude FOREST • Grand Prix 1983 • Poète de l'absurde et du symbolisme, raconteur intarissable, graphiste inventif, homme de presse éclectique, il est entraîné par un bouillonnement d'idées parfois teintées de nostalgie et, s'il a parfois des difficultés à privilégier l'une d'entre elles, il laisse dans chacune de ses œuvres sa marque irremplaçable. Citons: *Barbarella—La jonque fantôme—Enfants ... c'est l'hydragon qui passe.*

Jean-Claude MEZIERES • Grand Prix 1984 • Graphiste inventif et intransigeant, il a su rénover l'esthétique de la Science-Fiction dont il a, en collaboration avec Pierre Christin, abordé successivement les différents thèmes avec une sensibilité propre à son époque. Citons: les volumes de *Valérian.*

Jacques TARDI • Grand Prix 1985 • Grâce à une mise en page et un graphisme d'une lisibilité rare, il nous fait partager sa passion pour le début du siècle et son obsession de la guerre de 14. Son humour très noir mêle fantastique, policier et constat social. Citons—*La véritable histoire du Soldat inconnu—Ici même—Tueur de cafards—Brouillard au pont de Tolbiac.*

Jacques LOB • Grand Prix 1986 • Il a touché à tout dans la Bande Dessinée. Tout en sachant préserver sa personnalité, il a construit des scénarios, dramatiques ou drôles, parfaitement ajustés au talent des graphistes avec lesquels il a collaboré. Il illustre lui-même avec humour ses propres fantasmes et sait être également un animateur aux idées originales. Citons: *Ulysse—Superdupont—Le Transperceneige.*

Enki BILAL • Grand Prix 1987 • Il a imposé un univers de politique-fiction pessimiste avec des architectures oppressantes et des ambiances pesantes. Son graphisme foisonnant soutenu par une conception très personnelle de la couleur déborde les frontières de la Bande Dessinée. Citons: *Les phalanges de l'ordre noir—Partie de chasse—La femme piège.*

PAGE 336

Realia

An advertising piece for *Le Monde.* The theme of the ad is interesting given the unusual style and design of this famous newspaper. *Le Monde* is distinguished from other French newspapers by its extremely formal design and the absence of photographs. The suggestion that the prestigious newspaper "reads like a real novel" is apt, and quite clever in proposing that its gray pages of text may contain real reading pleasure.

PAGE 337

Realia

Map of part of the city of Montreal.

PAGE 338

Photo

The Canadian Broadcasting Corporation (CBC) operates television and radio programs in both French and English. These programs reach about 98 percent of the population.

A government agency, the Canada Radio-television and Telecommunications Commission (CRTC) regulates program content to ensure that a due amount of programming is about Canada in an effort to maintain Canadian cultural identity as separate from that of the United States.

PAGE 339

Photo

Students in a lycée library. Remind students that a school library is not *une bibliothèque,* but *une salle de documentation.*

PAGE 340

Photo

Canadian marathon runner Jacqueline Gareau, winner of the Boston Marathon in 1982.

PAGE 345

Photo

Bookstore showing an advertisement for *L'Express,* a weekly French newsmagazine similar to *Newsweek* and *Time.*

PAGE 348

Realia

A promotional calendar for the French newspaper *Libération.* (See notes for p. 320.)

PAGE 349

Answers to *Thème*

1. Jacques et Sophie sont malheureux parce qu'il n'y a pas de magazine d'actualité au lycée.
2. Hier ils ont voulu demander au professeur de français si elle les aiderait à en lancer un.
3. Si elle disait oui, Sophie pourrait être rédactrice et Jacques pourrait être illustrateur.
4. Le magazine paraîtrait quatre fois par an.
5. Les rédacteurs consulteraient les élèves de français pour trouver un nom pour le magazine.
6. Ça plairait à Jacques et à Sophie s'ils acceptaient le leur: *Le Petit Echo du lycée.*

PAGE 350

Answers to *Contrôle de révision*

A 1. lire
2. mensuel
3. un numéro
4. l'animateur (l'animatrice)
5. le feuilleton
6. le rédacteur (la rédactrice)
7. la rubrique

B Monsieur Van Kote a dit que d'abord, on inviterait tous les anciens profs et lycéens. Le matin, il y aurait des programmes différents dans les salles de classe. Puis, tout le monde prendrait le déjeuner à la cantine. L'après-midi, on ferait du volley et du basket. A 6h, les invités iraient au gymnase. Là, ils mangeraient et danseraient jusqu'à minuit. Tout le monde partirait fatigué mais content.

C 1. avais
2. se coucherait
3. voulions
4. serait
5. achèteraient
6. enverrait
7. offririons

D 1. Oui, c'est la sienne.
2. Oui, ce sont les nôtres (les miens).
3. Oui, ce sont les siennes.
4. Oui, c'est la mienne.
5. Oui, c'est la leur.
6. Oui, ce sont les tiens (les vôtres).
7. Oui, c'est la vôtre (la nôtre).

ORAL PROFICIENCY TEST

Directed Response

1. Tell your friend that you read the daily paper to keep up with current events. *(Je lis le quotidien pour me tenir au courant de l'actualité.)*
2. You forgot your paper. Ask a friend if you can glance at his. *(Je peux [pourrais] jeter un coup d'œil sur le tien?)*
3. Tell a classmate she should be informed about foreign news. *(Tu devrais t'informer [te tenir au courant] des nouvelles de l'étranger.)*
4. Tell your friend to look up magazines and newspapers to do his research. *(Consulte les revues [magazines] et les journaux pour faire tes recherches.)*

Picture-Cued Response

Turn to page 329 and ask:

5. Laquelle de ces revues t'intéresserait le plus? Pourquoi? (Answers will vary; *Aucune.*)
6. Toi ou tes parents, vous êtes abonnés à quelles revues? *(Nous sommes abonnés à [name of magazine].)*
7. Pourquoi est-ce qu'on aurait un abonnement à une revue? *(On aurait un abonnement pour suivre l'actualité [pour se tenir au courant].)*

Situations

8. There has been a train accident and 50 people are reported to be dead. How would this be stated in a newspaper?
   a. Il y a 50 gros titres.   b. Il y aurait 50 blessés.   c. *Il y aurait 50 morts.*
9. You're at a newsstand and the magazine you want is a weekly publication. How would you describe it to the vendor?
   a. *C'est un hebdomadaire.*   b. C'est une revue mensuelle.   c. C'est une revue qui paraît toutes les deux semaines.
10. A friend tells you that all TV programs are boring. What would you tell him?
    a. Cette rubrique ne m'intéresse pas.   b. *Voilà une remarque tout à fait subjective!*   c. On verrait d'abord la couverture.
11. You would like to see a friend more often. What would you tell her?
    a. *Nous devrions nous réunir plus souvent.*   b. On devrait lancer une revue ensemble.   c. Il faudrait nous en informer.

Real-Life Questions

12. Comment est-ce que tu te tiens au courant des événements mondiaux?
13. Quelles rubriques du quotidien t'intéressent le plus?
14. Quelle sorte de couverture attire l'attention des lecteurs?
15. Si tu étais dans un pays étranger comment tu t'informerais?

CHAPITRE 11

OBJECTIVES

Communication

- to identify the location of the major regions of southern and eastern France
- to talk about certain events in France, past and present
- to ask for an explanation
- to congratulate
- to say how long it has been since something happened
- to tell how long something has been going on
- to talk about past events in relation to the present
- to describe future plans or expectations

Grammar

- to use *il y a* and *ça fait* with time expressions
- to use *depuis (quand, combien de temps)*
- to use the future after *lorsque, quand, dès que,* and *aussitôt que*

Culture

- to recognize certain symbols of French patriotism and certain important events in French history
- to recognize the importance of France's distinct regions and their own traditions

SUGGESTED MATERIALS

pp. 352–353 (Prélude culturel): photos, post cards, or brochures for festivals and celebrations in France

pp. 354–358 (Mots Nouveaux): map of France, photos or post cards from the five regions taught, recordings of French hymns or patriotic songs

PAGE 352

Photo

Feu d'artifice in front of the Eiffel Tower. Every year on Bastille Day, hundreds of thousands of Parisians and visitors gather on the terrace of le Palais de Chaillot and on the bridges nearby to watch the magnificent fireworks display organized by the City of Paris.

In addition to the fireworks display, there is a ground show *(un spectacle son et lumière)* put on in le jardin du Trocadéro, between le Palais de Chaillot and the Seine, just opposite the Eiffel Tower. Although it differs every year, the show commemorates the storming of the Bastille and other events of the Revolution, and it always concludes with *La Marseillaise.*

PAGE 353

Photos

(a) Folkdance festival in Antibes on la Côte d'Azur. Point out the period costumes and the circle dance around the bonfire.

Lying on the west side of la Baie des Anges facing Nice, Antibes is a popular resort town. It has its own harbor and le Cap d'Antibes nearby is known for its fine beaches and high cliffs offering panoramic views of the coast stretching all the way to the Alps. Antibes is a leading producer of commercial flowers, especially roses and carnations. About 800 companies keep more than 750 acres under glass frames or greenhouses.

However, the town is perhaps best known for the Picasso Museum located there, which houses an outstanding collection of the paintings and ceramics done by Picasso during his stay in Antibes in the autumn of 1946. Many of these works, such as *Ulysses et les sirènes*, were inspired by the marine life and myths of the Mediterranean region.

(b) Tuna festival in St-Jean-de-Luz, a seaside resort and fishing village on the Atlantic coast in southwestern France, not far from the Spanish border. Point out the French name for the festival on the chefs' hats: *La Nuit du Thon*, literally "Tuna Night." Tuna fishing and processing is one of the main industries in the area.

St-Jean-de-Luz is located in le Pays Basque.

PAGES 360–361

Realia

(a) Flags of the nations belonging to la Communauté économique européenne (la CEE).

(b) Record albums by well-known British and French singers, including Jacques Brel, Claude Nougaro, and Françoise Hardy. Ask students to try to identify the others and to name some of their songs. You might wish to play recordings of songs by Brel or Hardy for your class after going through the lyrics with them.

PAGE 362

Photo

Bastille Day fireworks display in front of the Eiffel Tower. (See photo and note for p. 352.)

PAGE 363

Photo

Bastille Day parade on les Champs-Elysées. Far in the background is l'Arc de Triomphe, where the parade always begins. This is strictly a military parade, with an impressive panoply of tanks, radar machines, horses, generals, military bands, and regiments representing all the various armed forces (including the famous French Foreign Legion and *les chasseurs alpins)*. Point out the sailors in the foreground. To an American accustomed to neighborhood floats covered with flowers and children, the show of high-tech military power in the Bastille Day parade in Paris can be an overwhelming and rather shocking experience.

The high point of the parade is *le défilé aérien*, which consists of a line of military jets flying in formation low above les Champs-Elysées, trailing red, white, and blue smoke. The French president always rides in an open car, followed by other French and foreign dignitaries.

PAGE 364

Le calendrier: Point out that French calendars begin the week with Monday, instead of Sunday. Another cultural difference regarding time is that the French refer to one week as *huit jours*, and to two weeks as *quinze jours*.

PAGE 367

Photo

Ancient arena *(les arènes)* in Arles, built by the Romans in 46 B.C.

Arles is located just south of Avignon, in Provence. Its strategic location on the Rhône and on the route between Spain, Italy, and northern Gaul made it an ideal site for a Roman capital. When Julius Caesar destroyed Marseille in 49 B.C., Arles became an important economic, maritime, and commercial center of the Roman Empire. The Roman theater and arena are among the town's major attractions. Once used for gladiatorial shows and chariot races, the Roman arena at Arles is now used for bloodless bullfights.

In modern times, Arles is known as the last home of Vincent Van Gogh (1853–90). The Dutch painter worked there during the last two years of his life; 300 provençal landscapes still exist from this brief period.

Today Arles has a population of 50,000 and is the center of a major rice-growing industry.

PAGE 369

Photo

Bastille Day celebration in the village of Mony in le département de l'Oise north of Paris. Veterans of past French wars hold the flags honoring *les anciens combattants*. Point out the contrast between the simplicity and quiet dignity of this ceremony and the grandiose nature of the parade in Paris pictured on p. 363.

Realia

La Prise de la Bastille pictured in an engraving.

When the Bastille was stormed on July 14, 1789, it was no longer the cruel political prison it had been in earlier times. Its governor, Bernard Jordan de Launay (1740–89), was a reasonable man who invited inmates to eat at his table. There were no political prisoners languishing there when the rioters broke in—only four counterfeiters and two half-insane persons, one of whom did not wish to be liberated. However, in the eyes of the common people, the Bastille was still a hated symbol of royal power and oppression.

The small garrison of men defending la Bastille had been promised safe conduct in return for their surrender; instead they were taken to l'Hôtel de Ville and killed, along with the governor.

PAGE 371

Photo

Bust of Voltaire (1694–1778) by Houdon. Son of a Parisian notary public, François-Marie Arouet studied law, but soon abandoned the profession chosen by his father for a career as a poet and dramatist. During an eleven-month imprisonment in the Bastille for having written satiric verses against the Regent, he composed his first tragedy, *Oedipe* (1718), which brought him considerable success.

Released from prison, he adopted the name Voltaire. His brilliant wit and talent soon won him an enthusiastic following in the literary and political salons of the capital. Invited to present three plays for the wedding of Louis XV, Voltaire was then showered with honors and pensions. However, only a year later, a quarrel with an aristocrat led to a three-year exile in England. There he was greatly impressed by the religious and civil liberties guaranteed by the British constitutional monarchy, admiration that he later expressed in his *Lettres anglaises* (1734). While in England, Voltaire enjoyed great success and began writing numerous plays inspired by Shakespeare: *Brutus, Zaïre, Charles XII.*

Although Voltaire considered himself a dramatist and historian above all else, today he is best known for his philosophical works (such as his *Dictionnaire philosophique* and his *Lettres anglaises*) and for his satirical *contes* (notably *Candide* and *Zadig*).

PAGE 372

Photos

(a) André de Chénier (1762–94) was a brilliant poet and political writer. His *Avis au peuple français* (1790) and other attacks on Robespierre's Reign of Terror led to his arrest. He is best known for the poems *La jeune Captive* and *Les Iambes* that he wrote during his four-month imprisonment. He was executed three days before Robespierre, whose death would have saved him.

(b) Alfred de Vigny (1797–1863) was an important poet and dramatist of the early Romantic School. In 1832, he published a book titled *Stello,* containing sketches of unlucky youthful poets— Chénier, Gilbert, Chatterton. Vigny's collected poems were published in 1837 and led to his election to l'Académie française in 1845.

PAGE 374

Realia

Poster announcing events to be held in honor of the Bicentennial of the French Revolution. Point out the drawing of the Bastille and of Marianne to the left. Symbol of French liberty, Marianne appears on French coins and in numerous paintings representing the Revolution, such as Delacroix's famous *Liberté guidant le peuple.*

PAGE 375

Photo

French military pilots lining up before take-off.

Realia

Ad for war bonds. Here a modern-day Marianne encourages her fellow citizens to support the war effort. *On les aura!* ("We'll defeat them!"), she cries. Explain that *Souscrivez!* means "support" or "contribute" in this context.

PAGE 377

Realia

Publicity poster for an important colloquium held at the Sorbonne in 1988. Titled *Révolution technologique et droits de l'homme,* the colloquium addressed the conflicts between technological progress and individual and collective liberty. The panelists included well-known political figures such as Jack Lang (Ministre de la Culture), leaders of industry, and noted scholars (such as David Landes, Harvard historian).

PAGE 379

Answers to *Thème*

1. Ce sont douze pays d'Europe qui forment la C.E.E.
2. Ça fait plus de trente ans qu'on a fondé la C.E.E.
3. Ils pensent aux échanges économiques depuis longtemps OR Il y a longtemps qu'ils pensent aux échanges économiques.
4. Ils sont fiers de vivre dans une communauté si puissante.
5. Mais de temps en temps ils se fâchent parce qu'il y a toujours du chômage dans des pays si modernes.
6. Ils seront très contents quand leurs gouvernements trouveront une véritable solution à ce problème.

PAGE 380

Answers to *Contrôle de révision*

A 1. b
2. a
3. e
4. c
5. g
6. f
7. d

B 1. Quand il fait froid, Minou ne sort pas.
2. Aussitôt que papa est assis, Minou se met sur ses genoux.
3. Lorsque je me couche, Minou monte sur le lit.
4. Dès que Minou voit un oiseau, il essaie de l'attraper.
5. Aussitôt que Minou entendra un chien, il se cachera sous le lit.
6. Lorsque Minou finira de manger, il dormira.
7. Quand j'irai dans la cuisine, Minou me suivra.
8. Aussitôt que maman l'appellera, Minou viendra.

C 1. *Answers will vary, depending on current year.*
2. Ça faisait vingt ans.
3. Il y avait deux ans.
4. Il était mort depuis trois ans.
5. Depuis 1962. (Depuis votre naissance.)
6. Il y avait six ans.
7. Ça faisait trente ans.
8. *Answers will vary, depending on current year.*

ORAL PROFICIENCY TEST

Directed Response

1. Ask your friend how long the motto of France has been "Liberty, Equality, and Brotherhood." *(Depuis quand la devise de la France est-elle «Liberté, Egalité, Fraternité»?)*
2. Ask your French friend how long ago the French Revolution took place. *(Ça fait combien de temps que la Révolution française a eu lieu?)*
3. Tell your friend that you're taking an extra day off because tomorrow is an official holiday. *(Je fais le pont parce que demain c'est un jour férié.)*
4. Ask your friends how long they've lived in the Basque country. *(Depuis combien de temps habitez-vous le Pays Basque?)*

Picture-Cued Response

Turn to page 362 and ask:

5. Qu'est-ce que tu penses qu'on célèbre ici? *(le 14 juillet / la fête de la Bastille)*
6. Pourquoi est-ce qu'on célèbre le 14 juillet en France? *(C'est une fête qui commémore la Révolution de 1789.)*
7. Comment est-ce que ta ville commémore la Révolution de 1776? *(Il y a un feu d'artifice, une grande fête, etc.)*

Now turn to page 375 and ask:

8. C'est quel service militaire ici? *(C'est l'armée de l'air.)*
9. Si tu t'enregistrais dans le service militaire, lequel choisirais-tu? Pourquoi? *(Je choisirais l'armée de l'air, l'armée, la marine) / Answers will vary.*

Situations

10. You've just found out that the fireworks have been cancelled. When a friend tries to verify this, what might you say?
    a. Que la fête commence!   b. Oui, le feu d'artifice c'est beau.   c. *Oui, hélas.*

11. You're interested in World War I. How would you ask a history teacher if she's teaching a course on this subject?
    a. Vous faites un cours sur la Révolution de 1789?   b. Vous créez l'histoire de la Première Guerre Mondiale?   c. *Vous faites un cours sur la Première Guerre Mondiale?*
12. A well-known ecologist is coming to speak at your school. What might you ask him?
    a. Il y a beaucoup d'échanges entre Les Etats-Unis et le Canada?   b. *Est-ce qu'on peut avoir une technologie moderne sans aucune pollution?*   c. Depuis quand est-ce que vous êtes en désaccord avec Greenpeace?

Real-Life Questions

13. Qu'est-ce que tu comptes faire dès que tu obtiendras ton diplôme du lycée?
14. Pourquoi est-ce que le peuple de France était si malheureux avant la Révoltuion de 1789?
15. Quels problèmes est-ce que la technologie crée dans notre monde?

CHAPITRE 12

OBJECTIVES

Communication

- to talk about French elections and system of government
- to ask for and offer opinions
- to report what someone said
- to repeat for clarification or emphasis
- to speak in general terms
- to refer to unknown people
- to compare and contrast

Grammar

- to use the verbs *vaincre* and *convaincre*
- to use indirect discourse
- to use indefinite pronouns

Culture

- to identify characteristics of the French political system
- to discuss the various ways of participating in politics

SUGGESTED MATERIALS

pp. 382–383 (Prélude culturel):   newspaper or magazine articles and photos of political events

pp. 384–387 (Mots Nouveaux):   photos of political slogans, banners, or posters (or the actual items)

PAGE 382

Photo

An election poster for French President François Mitterrand (b. 1916), born in Marseille, head of the Socialist Party since 1971, elected president of France in 1981. Mitterrand was frequently a cabinet minister during the Fourth Republic and opposed the establishment of the Fifth Republic by de Gaulle in 1958.

Mitterrand was defeated by de Gaulle in the presidential election of 1965 and by Valéry Giscard d'Estaing in 1974. As a socialist, Mitterrand instituted a number of reforms aimed at improving wage and tax structures. He was forced to share power with Gaullist Jacques Chirac in 1986, when the Socialists lost their parliamentary majority and Chirac became premier. Chirac ran against Mitterrand in the election of 1988, but was defeated and resigned the premiership.

The presidency of Mitterrand has been marked chiefly by successful attempts to advance the democratization of French cultural institutions and the decentralization of French government.

PAGE 383

Photos

An election poster and a young person voting. In connection with the photos in the Prélude culturel, you may wish to sketch out for students the basics of contemporary French history and the structure of French electoral politics.

Fifth Republic: Historical Background

Point out that the French republics have been successive restructurings of the French nation as a parliamentary democracy, interrupted by four periods of monarchy.

- First Republic—established in 1789, during the French Revolution. Louis XVI deposed.
- First Empire—began when Napoléon declared himself Emperor in 1804.
- Bourbon Restoration—began in 1814, after the fall of Napoléon. Louis XVIII crowned.
- Louis-Philippe became king in 1830 as a result of the July Revolution.
- Second Republic—established by Louis Napoléon Bonaparte in 1848.
- Second Empire—began when Louis Napoléon declared himself Emperor of the French (as Napoléon III) in 1852.
- Third Republic—established upon the defeat of France in the Franco-Prussian War in 1870.
- Fourth Republic—began in 1946, after the defeat of Germany in World War II.
- Fifth Republic—established in 1958 by Charles de Gaulle when the unstable Fourth Republic was threatened by the rebellion in Algeria.

Fifth Republic: Political Structure

The principal feature of the constitution of the Fifth Republic is that it continued the parliamentary system of government while greatly strengthening the powers of the president.

The legislative branch consists of two houses: the National Assembly and the Senate. The National Assembly is composed of 485 deputies directly elected for a term of five years. The Senate consists of 283 senators indirectly elected by *le collège électoral* made up of representatives of the *départements*. As in most parliamentary democracies, the legislative branch is empowered to create laws, while the executive branch is empowered to administer laws.

You may wish to point out to students that the relationship between President François Mitterrand and Premier Jacques Chirac from 1986 to 1988 reveals an unusual feature of the constitution of the Fifth Republic, which blends traits of the American system's separation of executive and legislative powers with the British system of ministerial government. The French president (head of state) is elected directly by the voters for a seven-year term and is not accountable to the parliament. However, the president (playing a role similar to that of the British monarch) must appoint a premier (head of government) acceptable to the majority party, and accountable to the whole parliament. In the case of Mitterrand and Chirac, the president and the premier were of opposing parties, forcing them to work out a system of divided responsibility. In fact, Mitterrand controlled foreign policy while Chirac oversaw domestic matters.

PAGE 386

Realia

These cards identify candidates for election to the National Assembly from le département des Yvelines adjacent to Paris. Point out to students that each candidate for election has *un suppléant,* an "understudy" who is able legally to take the candidate's place if for some reason the candidate is unable to serve.

PAGE 387

Realia

Ballots used in a national referendum. Point out that these are referendum ballots. (For presidential ballots, see the photo on p. 403.) The constitution of the Fifth Republic provides for universal suffrage. The voting age was lowered from 21 to 18 in 1974. In addition to the right to vote for the president, deputies to the National Assembly, senators, and candidates for local office, the French have the right to vote on important questions in national referendums. An example was the vote of April 8, 1962, with 91 percent of voters approving independence for Algeria.

PAGE 388

Realia

Insignia with the French motto on a public building.

PAGE 389

Realia

Another card presenting candidates for election to the National Assembly from les Yvelines. (See note for p. 386.) The candidates belong to *l'Union du Rassemblement et du Centre,* a moderate coalition of the Gaullist *Rassemblement pour la République* (RPR) and the Giscardiens, *l'Union pour la Démocratie Française* (UDF).

PAGE 390

Realia

An advertisement for men's fashions, representing the ideal "packaging" of the modern candidate.

PAGE 391

Photo

You may wish to comment that although television programs from the BBC in Great Britain have become regular features of American public television, there has been no corresponding contribution from France. French television has been described as poorer in quality compared to its British neighbor.

PAGE 392

Photo

A publicity piece promoting the bicentennial of the storming of the Bastille on July 14, 1789. The building shown is l'Eglise Ste-Marie-Madeleine on la rue Royale in Paris. La Madeleine is one of the best-known churches in Paris. It is a neo-Classical structure that was begun in 1763, and in an earlier form served as the "Temple of Reason" during the Revolution. It was completely rebuilt after 1806 and was finally consecrated as a Roman Catholic church in 1842.

PAGE 394

Realia

(a) A publicity piece for a candidate in a French election. It mimics the appearance of an official *carte d'électeur,* a genuine example of which is shown on page 397.

(b) A humorous representation of a French 100-franc note bearing the image of President François Mitterrand. Also depicted on the note is the new entrance to le Musée du Louvre, the glass pyramid designed by American architect I. M. Pei. An extensive program of ultramodern construction in the Paris region (particularly in the area of La Défense) has been a major project of President Mitterrand.

PAGE 395

Realia

A publicity piece for a French candidate. You may wish to mention that slogans for national unity are common.

PAGE 397

Realia

This *carte d'électeur* is the official card issued to a registered voter in a French election. It must be presented at the polling place, which is noted on the upper part of the card.

PAGE 398

Photo

Michel Tremblay is a French-Canadian writer best known for his plays satirizing the conflict between European traditions and the French-Canadian identity of Montreal workers. Perhaps the most successful is *Les Belles-sœurs* (1968).

PAGE 403

Photo
Ballots for the 1988 election.

PAGE 404

Realia

A publicity piece for the re-election of a deputy to the National Assembly. This piece sets forth a general program in the form of a contract for national unity. Notice particularly item 10, in which the candidate promises to refuse "all exclusions." This refers to Mitterrand's controversial "open-door" policy toward immigration from France's former colonies. The growing number of immigrants from Asia and Africa have caused an increase in racial tensions in France. (See realia on p. 406, in which equal rights for immigrants are demanded and racism is denounced.)

PAGE 406

Realia
See notes for page 404.

PAGE 407

Answers to *Thème*

1. Dimanche c'est le jour des élections et Aurélie a hâte de voter.
2. Aurélie, qui vient d'avoir dix-huit ans, s'est déjà inscrite aux élections.
3. Quelques-uns de ses amis ont dit qu'ils n'encourageraient personne à voter.
4. Ils croient que tous les candidats sont hypocrites.
5. Mais Aurélie est convaincue que certains d'entre eux sont vraiment sincères.

Answers to *Contrôle de révision*

A 1. le président
   2. être majeur
   3. s'inscrire sur les listes électorales
   4. réduire
   5. partis
   6. candidat
   7. le premier ministre
   8. le discours

B convaincus, a vaincu, a convaincu, convaincre, vaincra, vainque, avoir vaincu, vainquait, vaincrait, convainquent

C Elle a dit qu'elle était très contente d'être ici. Elle avait toujours voulu visiter la France. En septembre, quand son prof leur avait dit qu'il organisait un voyage à Paris, elle avait demandé à ses parents si elle pouvait y aller. Maintenant qu'elle était ici, elle verrait beaucoup de monuments, elle visiterait des endroits intéressants, mais surtout elle espérait faire la connaissance de plusieurs jeunes Français de son âge. La famille chez qui elle habitait était très sympa. Elle était certaine que ses quinze jours seraient super.

D *Answers will vary.*
   1. a. Non, tous les lycéens n'arrivent pas à l'école à l'heure ....
      b. Non, tous les lycéens ne s'intéressent pas à tous les cours ....
      c. Non, tous les lycéens ne déjeunent pas à la cantine ....
      d. Non, tous les lycéens ne font pas toujours leurs devoirs ....
   2. a. Non, tous les professeurs ne donnent pas d'examens faciles ....
      b. Non, tous les professeurs n'expliquent pas bien leurs leçons ....
      c. Non, tous les professeurs n'assistent pas à tous les matchs sportifs ....
      d. Non, tous les professeurs ne donnent pas trop de devoirs ....

ORAL PROFICIENCY TEST

Directed Response

1. Tell your friend you can't wait to register to vote. *(J'ai hâte de m'inscrire sur les listes électorales.)*
2. Ask your parents why all the candidates make the same promises. *(Pourquoi est-ce que tous les candidats font les mêmes promesses?)*
3. Tell your friends you're going to run for class president. *(Je vais me présenter aux élections pour le (la) président(e) de ma classe.)*
4. Announce to the class that the president insisted that he would reduce taxes for all citizens. *(Le président a insisté qu'il réduirait les impôts pour tous les citoyens.)*

Picture-Cued Response

Turn to page 391 and ask:
5. Si on regarde ce reportage à la télé, à quoi est-ce qu'on s'intéresse? *(On s'intéresse à la politique.* OR *On s'intéresse aux élections.)*
6. Sur quoi est-ce que ces journalistes font leurs reportages? *([Ils font leurs reportages] sur la campagne électorale du Président des Etats-Unis.)*
7. Quelle sorte de reportage est-ce qu'ils font? *(Ils font un reportage en direct.)*

Situations

8. You're a journalist in a crowd who supports the new prime minister. What would you report about the crowd?
   a. La foule se met aussitôt à hurler «A bas le premier ministre!»   b. *La foule se met aussitôt à hurler «Vive le premier ministre!»*   c. Quelques-uns dans la foule se mettent à hurler n'importe quoi!
9. You're discussing the speech of a candidate for whom you're not going to vote. What might you say?
   a. *Il dirait n'importe quoi pour nous persuader.*   b. Je trouve ses déclarations très intéressantes.   c. Quant à moi, je voterai pour lui.

10. You're very interested in politics. What would you say when asked if you're going to vote in the elections?

a. Je n'ai aucune envie d'être membre du gouvernement.   b. A mon avis tous les candidats nous promettent la lune.   c. *Il faut que tous les citoyens votent.*

Real-Life Questions

11. Quelles promesses est-ce que les candidats font toujours?
12. Quand tu seras majeur, tu vas voter?
13. Pendant les campagnes électorales, quels sujets t'intéressent le plus?
14. Si tu pouvais proposer une nouvelle loi, que serait-elle?
15. Si tu étais Président(e) des Etats-Unis, qu'est-ce que tu recommanderais qu'on fasse pour aider les pays pauvres du monde?

ORAL PROFICIENCY TEST   CHAPTERS 10–12

Directed Response

1. Tell your friend the polls say that the left has a majority. *(Les sondages disent que la gauche a une majorité.)*
2. Ask your friends from English class if they'd like to get together with you to start a magazine. *(Voudriez-vous que nous nous réunissions pour lancer un magazine?)*
3. Ask your friend what magazines she subscribes to. *(A quelles revues est-ce que tu es abonnée?)*
4. Ask the French exchange student if the French always celebrate July 14 with a parade? *(Est-ce que les Français célèbrent toujours le 14 juillet avec un défilé?)*

Picture-Cued Response

Turn to page 369, point to the print, and say:

5. Décris cette scène. (Answers will vary, but may include: *L'armée est devant un château; il y a des morts et des blessés; c'est une guerre pour défendre la liberté des citoyens;* etc.)

Now turn to page 397 and ask:

6. Qu'est-ce que cette citoyenne a fait pour obtenir cette carte? *(Elle s'est inscrite sur les listes électorales.)*
7. Quand est-ce qu'elle se sert de cette carte? *(Quand elle va voter.)*

Situations

8. You're not old enough to vote. What would you say to someone who asks if you're going to vote?

a. Je n'ai pas envie de voter.   b. Je me présente aux élections.   c. *Je ne suis pas majeur.*

9. Your friend is nervous about running for a class office. What might you say for encouragement?

a. *Tu vaincras tes adversaires sans difficulté!*
b. Certains sont convaincus que tu n'es pas sincère.   c. Tu gagneras avec difficulté!

10. A classmate asks you why you subscribe to so many newspapers and magazines. How might you reply?

a. *J'aime suivre l'actualité.*   b. Les événements mondiaux m'ennuient.   c. Je voudrais attirer l'attention des gens.

Real-Life Questions

11. Quels événements mondiaux t'intéressent le plus?
12. Quel est le nom des hommes et des femmes politiques de ton état?
13. Qu'est-ce que tu promettrais de faire si tu te présentais aux élections?
14. Qui est ton animateur favori? Pourquoi?

CHAPITRE 13

OBJECTIVES

Communication
- to talk about paintings and sculptures
- to express hurt feelings
- to express being fed up
- to talk about things that might have happened
- to express regret
- to express what you would have done in someone else's place
- to understand a news report
- to discuss future plans
- to make promises or agree to deadlines
- to express assumptions
- to give alibis

Grammar
- to use the conditional perfect tense
- to use the future perfect tense

Culture
- to recognize past and current artistic achievements in France
- to identify certain French overseas departments

SUGGESTED MATERIALS

pp. 410–411 (Prélude culturel): books or films about well-known French artists, sculptors, or architects

pp. 412–416 (Mots Nouveaux): post cards or photos of noted French paintings, sculptures, buildings, or monuments

PAGE 410

Photo

Part of the new Pyramid entrance to the Louvre. The Plexiglas structure forms a startling contrast with the museum's classical architecture and, not surprisingly, has provoked considerable controversy. La Pyramide serves both as an entrance and as an orientation.

center for individual and group visits to the Louvre. An underground passage leads to the lower level of the museum. (See photos and notes for pp. 418 and 426.)

PAGE 411

Photos

(a) *Impression, soleil levant,* famous painting by Claude Monet (1840–1926). It was the title of this 1872 painting that gave the Impressionist style its name. In his landscapes Monet endeavored to show how sunlight, which changes from hour to hour and season to season, changes our impressions of things. His interest in the effects of light led him to do multiple paintings of the same subject at different times of the day or of the year. Best known among them are his series of haystacks, the Cathedral of Rouen, and waterlilies. (See photo and note for p. 419.)

(b) Sidewalk artist drawing a portrait in la place du Tertre, the central square of Montmartre. The highest natural point in Paris, Montmartre has long been known for its bohemian atmosphere.

PAGE 413

Saint-Pierre-et-Miquelon: Located ten miles southwest of Newfoundland, St-Pierre-et-Miquelon is the smallest of the French *départements d'outre-mer.* Its chef-lieu and main port is St-Pierre. The combined area of the eight-island archipelago is 93 square miles; its total population a little over 6,000.

France first occupied the area in 1635 and vied for it with England until 1814. The French were adamant about retaining this valuable fishing center. In fact, fishing—especially for cod (*la morue*)—remains the only industry today.

la Guadeloupe: Located 400 miles north of Venezuela, Guadeloupe is composed of two connected islands, Grande-Terre and Basse-Terre, and a number of smaller ones: la Désirade, les Iles des Saintes, Marie-Galante, St-Barthélemy, and the northern part of St-Martin. The islands were first visited by Columbus in 1493 and consecrated to Our Lady of Guadalupe in Spain. A French colony was established in 1635 and quickly prospered. Guadeloupe became *un département d'outre-mer* in 1946.

Guadeloupe's population, like that of most Caribbean islands, is composed mainly of descendants of African slaves. Its main industries are tourism and the growing of sugar cane and bananas.
la Martinique: Located 270 miles north of Venezuela in the Caribbean, Martinique was first visited by Columbus in 1504. Martinique has been occupied by French-speaking people ever since a group of 80 settlers landed there in 1635. The island has been *un département d'outre-mer* since 1946.

Sugar cane was introduced in 1654 and coffee in 1723. Other products include pineapples and rum. Beginning in the 1660s, African slaves were brought to work on the plantations in Martinique. After the abolition of slavery in 1848, laborers came from China and India. Thus there is a rich ethnic diversity on the island.
l'Île de la Réunion: Located in the Indian Ocean about 420 miles east of Madagascar, la Réunion has belonged to France since 1665. The island's rich soil makes it ideal for the cultivation of sugar, its chief export. Roughly 30 percent of its 543,000 inhabitants are of French ancestry.
la Guyane française: French Guiana is located on the northeast coast of South America, east of Surinam and west and north of Brazil. Immense forests cover 90 percent of the land. The territory's main exports are shrimp, timber, and machinery.

In the French imagination, la Guyane still conjures up images of the dreaded penal colony of l'Île du Diable (Devil's Island). The misery of the prisoners was described in the autobiographical novel *Papillon,* made into a movie in the 1970s. The penal colony was phased out between 1938 and 1951.
la Polynésie française: The overseas territory of French Polynesia comprises 130 islands widely scattered among five archipelagos in the South

Pacific: les Îles de la Société (Tahiti, Moorea, Huahine, and Bora Bora), les Marquises, les Tuamotu, les Gambier, and les Australes.

In 1842 Tahiti was declared a French protectorate. Named *un territoire français d'outre-mer* in 1946, Tahiti is governed by an elected assembly and a governor in Papeete appointed by the French government. French is the official language.

Today, French Polynesia has a population of 180,000, more than half living on Tahiti. Most of the people are of Polynesian stock, with European and Chinese minorities. (See photo and note for p. 429.)

Other *territoires français d'outre-mer* in the Pacific include la Nouvelle-Calédonie and les îles Wallis et Futuna.

PAGE 417
Photo
Portrait of a sculptor at work on a bust of Gauguin. The painting hangs in the Gauguin Museum in Carbet, Martinique.

Paul Gauguin (1848–1903) was a stockbroker and art collector before becoming an artist. Originally a partisan of the Impressionist movement, Gauguin gradually moved toward a style characterized by simple lines and bright colors.

Toward the end of his life, Gauguin moved to Tahiti. One of the paintings of this period is reproduced on p. 430.

PAGE 418
Photo
Art student copying the famous portrait of François I by Jean Clouet (c. 1530). The painting hangs with other major works of the French Renaissance in la Salle Carré du Louvre. (For more on the Louvre, see photos and notes for pp. 410 and 426.)

PAGE 419

Photo

Famous painting by Claude Monet titled *La Gare St-Lazare* (1877). Reflecting on this work, art critic Lionello Venturi wrote, "In 1877, the locomotive stirred up enthusiasm as a miracle of science. Monet wanted to reveal that even a black machine and a mass of black panes could be depicted by blue, that the dirty gray of the ground could be seen as green, and that the smoke itself could become light." The painting hangs in the recently opened Musée d'Orsay in Paris. (See photo and note for p. 411.)

PAGE 420

Photo

La Place du Tertre in the heart of Montmartre is a popular spot for sidewalk artists. (See photo and note for p. 411.) This artist is putting the finishing touches on a painting of l'Arc de Triomphe. Point out the Eiffel Tower below and other well-known sights of Paris to his left. Ask students to try to identify some of the scenes.

PAGE 421

Photo

Artist painting Notre-Dame from l'Ile Saint-Louis.

PAGE 422

Photo

Couple admiring a sculpture in the Louvre. The museum possesses a vast collection of sculptures from all periods and cultures, including a priceless collection of sculptures from Ancient Greece. Best-known among them are the mysterious *Vénus de Milo* and the colossal *Winged Victory (Victoire de Samothrace)*.

PAGE 423

Photo

Painting on display along the harbor of St-Tropez on the Riviera. Point out the contemporary style of the painting on the left.

At the end of the nineteenth century, St-Tropez was a charming little village unknown to tourists. Then, in 1892, the painter Paul Signac fell in love with the town. He settled there permanently and attracted other talented artists.

St-Tropez was also a favorite vacation spot among writers, including Maupassant and Colette. Since the 1950s, the town has become one of the most popular beach resorts of Europe.

PAGE 425

Photo

Haitian artist displaying his work in Port-au-Prince, capital of Haiti. Known for the brightness of its colors, the boldness of its design, and the richness of its folk motifs, contemporary Haitian art has become quite popular in the U.S.

La République de Haïti occupies the western third of the island of Hispaniola; the Dominican Republic occupies the rest. The slave trade flourished there because of the sugarcane and coffee plantations. In 1804, the country won its independence following a slave rebellion led by Pierre Toussaint L'Ouverture, a former slave.

PAGE 426

Photo

Visitors to the Louvre consulting a map of the museum and the adjacent Jardin des Tuileries. The oldest sections of the Louvre were built around 1200; the building as we know it today was completed under Napoléon III. At first a military fortress, it became the principal royal residence around 1370. When Louis XIV moved the court to Versailles in 1682, the Louvre was more or less abandoned. In 1793, it became the world's first public museum. Its nucleus was the royal art collection begun by François I.

Today the Louvre is one of the world's largest and finest museums. It has eight miles of galleries, 140 exhibition rooms, and over 300,000 works of art from all periods and civilizations. (See photos and notes for pp. 410 and 418.)

Photo

Brightly colored fountain-sculpture by Niki de Saint-Phalle in la Fontaine Stravinski. The piece is one of six sculptures by Jean Tinguely and Saint-Phalle that decorate the rectangular basin just south of le Centre Pompidou. Each sculpture evokes a different work by the famous Russian composer for whom the fountain is named. *Petrouchka* is represented here. The design and setting of the fountain reflect the desire to make great works of art accessible to everyone. (For more about le Centre, see the notes for pp. 432–33.)

Photo

Colonial residence near the town of Maharepa on the island of Moorea in French Polynesia. (For more about Polynesia, see the map and the note for p. 413.)

Realia

Map of Tahiti showing the location of le Musée Gauguin. The museum houses a collection of works painted on the island. (See photos and notes for pp. 417 and 430.)

The island of Tahiti consists of two volcanic cones rising to over 7,000 feet above sea level. Point out the location of Papeete, the capital of the island, on the northwest coast.

Photos

(a) *Woman with a Flower*, a portrait of a Tahitian woman painted by Paul Gauguin in 1891. Like many of Gauguin's works from this period, this painting has a Tahitian title written on the canvas. (See photo and note for p. 417.)

This painting is in the Ny Carlsberg Glypotek in Copenhagen, Denmark, which has a large number of his works. The best collection of Gauguin's work in France is found in the recently opened Musée d'Orsay in Paris. Fine collections of his paintings are also found in the Art Institute of Chicago and the Metropolitan Museum of Art in New York.

(b) The *Mona Lisa,* Leonardo da Vinci's portrait of a Florentine noblewoman, is without doubt the Louvre's most famous painting. Every year, thousands of visitors come to contemplate her mysterious smile. The French refer to the painting as *La Joconde,* a gallicized version of the Italian *La Gioconda.*

Realia

Publicity poster for the Musée Gauguin and botanical garden (le Jardin Botanique Motu Ovini), both located in the town of Papeari, on the southern coast of Tahiti. Gauguin's self-portrait appears at the bottom of the poster. (See also photos and notes for pp. 417, 429, and 430.)

Photo

Posters promoting special exhibitions of works by Matisse and Picasso at le Musée National d'Art Moderne in le Centre Pompidou.

In addition to le Musée National d'Art Moderne (which features paintings and sculptures from 1905 to the present), le Centre Pompidou houses la Bibliothèque Publique d'Information (one of the few public libraries in France allowing direct access to the stacks), le Centre de Création Industrielle (devoted to the industrial arts), l'Institut de Recherche et de Coordination Acoustique et Musique (IRCAM), and a large cinémathèque (a combination film library and movie theater).

The brashly modern design of le Centre Pompidou evoked somewhat the same reaction among Parisians as the Eiffel Tower some eighty years before. The building has an immense exposed framework of steel, with brightly colored heating and ventilation pipes. The escalators snake up the side of the edifice to an observation deck, which has become a popular spot from which to view Paris.

PAGE 433

Photo

Main entrance to *le Musée National d'Art Moderne,* which occupies several floors of *le Centre Pompidou.* (See photo and note for p. 432.)

Realia

Brochure describing the collection at le Musée National d'Art Moderne in Paris. Help students translate the paragraph in the bottom right-hand corner.

PAGE 435

Realia

Tourist ad for trips to les Antilles and particularly the French islands of Guadeloupe and Martinique. Both are favorite winter vacation spots for French and French Canadian tourists. Explain that *la biguine* is a traditional Caribbean dance that was popular in France in the 1930s and 1940s. Also mention that *farniente* is an Italian word meaning "leisure" (literally "to do nothing"); the French word *fainéant* (slang for "lazy") is related to it. (See the note on la Guadeloupe and la Martinique, p. 413.)

PAGE 436

Realia

Highlights of musical events in Paris for the month of February.

PAGE 437

Answers to *Thème*

1. Samedi dernier nous sommes allés au musée d'art pour la première fois.
2. Les tableaux impressionnistes nous ont vraiment fascinés.
3. Nous nous sommes demandés comment les artistes avaient pu produire l'effet de la lumière et de l'ombre d'une façon si extraordinaire.
4. Les peintures abstraites, pourtant, nous ont laissés froids.
5. Si Matisse lui-même nous les avait expliquées, nous ne les aurions jamais comprises.

PAGE 438

Answers to *Contrôle de révision*

A 1. Il regarde une peinture.
  2. Il regarde une nature morte.
  3. Il regarde un portrait.
  4. Il n'aime pas les couleurs ternes.
  5. Il admire les vitraux.
  6. Il n'aime pas la sculpture.
  7. C'est une œuvre impressionniste.

B 1. Si vous aviez suivi des cours d'art, vous auriez compris cette toile abstraite.
  2. Si tu n'avais pas été trop pressé, tu n'aurais pas oublié ton permis de conduire.
  3. S'il n'avait pas laissé son portefeuille dans la cantine, on ne l'aurait pas volé.
  4. Si nous avions acheté le plan de la ville, nous ne nous serions pas perdus.
  5. Si je n'avais pas trop mangé, je ne serais pas tombé malade.
  6. Si vous n'aviez pas été désagréables, elle vous aurait invités à la boum.

C 1. Parce que vous finirez (nous finirons) le cours après qu'Annie aura déjeuné.
  2. Parce que tu regarderas (vous regarderez) la télé après que ta (votre) petite sœur se sera couchée.
  3. Quand ils auront vendu leur maison.
  4. Quand elle aura obtenu son permis de conduire.
  5. Parce qu'elle rentrera après que vous serez (nous serons) sortis.

D 1. Il a dit qu'ils n'avaient pas fini l'interro, mais qu'ils l'auraient finie avant la fin de la classe.
  2. Il a dit qu'il ne s'était pas encore inscrit au cours de biologie, mais qu'il s'y serait inscrit avant ce week-end.
  3. Il a dit que Coralie ne s'était pas encore adaptée à la vie américaine, mais qu'elle s'y serait adaptée avant la fin de son séjour.
  4. Il a dit qu'ils n'avaient pas encore démoli ce vieil immeuble, mais qu'ils l'auraient démoli avant la fin de juillet.
  5. Il a dit qu'il n'avait pas encore peint le salon, mais qu'il l'aurait peint avant le mariage de sa fille.

ORAL PROFICIENCY TEST

Directed Response

1. Tell your friend that abstract painting leaves you cold. *(La peinture abstraite me laisse froid(e).)*
2. Tell your friend that if you were she you would have painted the background with darker colors. *(A ta place j'aurais peint l'arrière-plan avec des couleurs plus sombres.)*
3. Ask your friend if he will have finished the still life before he goes to Martinique. *(Est-ce que tu auras fini la nature morte avant d'aller à la Martinique?)*
4. Tell your friend he should have become a sculptor. *(Tu aurais dû devenir sculpteur.)*

Picture-Cued Response

Turn to page 421 and ask:

5. Qu'est-ce que c'est à l'arrière-plan? *(C'est une cathédrale. OR C'est la cathédrale de Notre-Dame.)*
6. Qu'est-ce qu'il tient à la main? *(Il tient une palette à la main.)*
7. Qu'est-ce qu'il est en train de faire? *(Il est en train de réaliser une peinture de la cathédrale.)*

Situations

8. You're discussing the colors of a painting in art class. What do you say?
   a. Ce qui me fascine ce sont les vitraux.
   b. Ce qui me frappe ce sont les couleurs du marbre. c. *Ce qui me frappe ce sont les couleurs criardes.*
9. You've visited an art exhibition. How would you tell a friend you didn't like it?
   a. *Ça ne vaut pas le coup d'y aller.* b. En fait, la galerie m'a fasciné(e). c. Ça vaut le coup de la visiter.
10. You're having trouble with a painting. What would you tell your art teacher?
    a. Ce qui me frappe c'est l'effet réaliste.
    b. *J'ai beau essayer, je n'arrive pas à reproduire l'effet de la lumière.* c. A mon avis, c'est un chef-d'œuvre.

Real-Life Questions

11. Qu'est-ce que tu feras quand tu auras terminé tes études au lycée?
12. Quelle sorte d'art te fascine?
13. Quel mouvement artistique te laisse froid(e)?
14. Quels musées est-ce que tu as visités?
15. Si tu avais pu vivre dans une île française, laquelle aurais-tu choisie?

CHAPITRE 14

OBJECTIVES

Communication
- to express emotion or doubt about a past event
- to exaggerate
- to use the superlative
- to make comparisons
- to emphasize actions rather than the people who did them
- to describe things that have been done by people

Grammar
- to use the past subjunctive
- to use the subjunctive with superlatives
- to use the passive voice

Culture
- to identify French-speaking African nations
- to identify major products of those nations
- to recognize the historical background of the European colonization of Africa and to identify certain problems facing those nations today
- to recognize the development of these nations
- to understand the ties between France and the French-speaking nations

SUGGESTED MATERIALS

pp. 440–441 (Prélude culturel): tourist brochures about African nations (obtainable from consulates, travel agencies, or African national airlines offices)

pp. 442–445 (Mots Nouveaux): books or films on French-speaking Africa, current map of Africa, records of contemporary African music, recipes from African cuisines

PAGE 440

Photo
A street scene in Dakar, the capital of le Sénégal. Dakar, one of the most modern cities in West Africa, takes its name from a word in the language of the Wolof tribe that means "tamarind tree." The city, with nearly a million inhabitants, is located on le Cap Vert, the westernmost point of the African continent. Dakar grew up around a French fort built in 1862 to protect European traders. With the development of railroads in the area of French colonization, Dakar grew in importance as a shipping port, a function that it continues to fill.

PAGE 441

Realia
Advertisements, one showing the air routes of UTA (l'Union des Transports Aériens) and the other presenting the Peugeot as the prestige automobile of Africa. Both advertisements suggest the depth of the continued involvement, both cultural and economic, of France in its former colonies.

It is worth noting that the sculpture in the Peugeot advertisement reflects the extraordinary development of tribal art in West Africa. West African sculpture, through its influence on Picasso and Braque, has had a profound impact on modern art. (See also notes for p. 444.)

PAGE 442

Mots Nouveaux: Senegal is one of thirteen nations in sub-Saharan Africa that emerged from the empire carved out by the Third Republic at the end of the nineteenth century. The area of French colonization was divided, for administrative purposes, into two parts: l'Afrique occidentale (whose administrative center was Dakar) and l'Afrique équatoriale (administered from Brazzaville). French colonization had little effect beyond the main cities of this vast territory. Economic development was meager and, unlike the situation in North Africa, no attempt was made to bring in large numbers of French settlers. On the other hand, France pursued a deliberate policy of cultural and administrative assimilation and imposed on her African colonies the highly centralized system of government characteristic of the mother country. In addition, the French language was used in the schools and at all levels of administration, and an intellectual élite was trained to form the civil service of the colonial government.

In contrast to the violence that marked the separation of le Viêt-Nam and l'Algérie from the French colonial empire, the decolonization of French sub-Saharan Africa was smooth and bloodless. To avoid repression, violence, and military intervention, Charles de Gaulle devised a program for gradual decolonization, at the end of which the African colonies and protectorates could choose among various types of relationships to France, including total independence and the severing of all ties. Most of the territories chose political autonomy, while retaining economic and cultural ties with France. As a result, these new sub-Saharan nations have received considerable educational, economic, and technological assistance from the French government and have retained French as an official language. Indeed, the leaders of francophone Africa have been among the strongest defenders of the maintenance of French as an international language.

The reorganization of the French colonial empire into sovereign states followed former administrative boundaries rather than ethnic or linguistic ones. The nations that have emerged are all multiethnic and multilingual, which accounts for the retention of French as the official language even though it is spoken only by urban, educated minorities.

Of the former French colonies, the most highly multilingual is no doubt le Cameroun, where more than sixty different languages are used. On the other end of the scale is Senegal, where 80 percent of the population speaks Wolof.

PAGE 444

Realia

Stamps from West African nations. From left to right: a stamp from the Ivory Coast celebrating the pineapple (*l'ananas*); a stamp from Gabon showing a mask of the Balumbu tribe; a stamp from Senegal with portraits of President Senghor and King Baudouin of Belgium, commemorating the latter's official visit; a stamp from Gabon showing a copper Bakota mask; a stamp from the Ivory Coast celebrating le *2ème Festival Mondial des Arts Négro-Africains*.

PAGE 445

Photo

Off shore oil rig in Gabon. Oil discoveries have begun to change the economic picture in West Africa. The long coastline of the former French colonial area may hold significant reserves of oil, promising regional gains in export revenues.

PAGE 448

Photo

Mauritania, situated in the western reaches of the Sahara, is bounded by Mali to the east, Algeria to the northeast, and Senegal to the south. The country is largely a desert region with extremely little rainfall. The fertile area lies along the Senegal River in the south. There the annual rainfall may amount to 50 cm per year.

The population of Mauritania is composed mainly of nomadic herding groups of Arab and Berber stock. Disastrous droughts have had a severe impact on the nomadic tribes in recent years. A smaller black African population, composed of the Soninke, Bambara, and Wolof peoples, inhabits the area of high rainfall in the south. Fully one-third of the population of the country lives in the capital city of Nouakchott.

The fertile area of Mauritania produces mainly cereal grains. As in other West African countries, minerals are an important source of export revenue.

PAGE 449

Photo

You may wish to point out in connection with this photo that there are three French-influenced countries in the Indian Ocean: the Republic of Madagascar, formerly the Malagasy Republic (population 10.6 million), where the official language is Malagasy (*le malgache*), but where French and Hova are also spoken; Mauritius, or l'Ile Maurice (population one million), where English is the official language, but where French and Creole are very common; and the Republic of Seychelles (population 66,000) with a language spectrum similar to that of l'Ile Maurice, but where English and French are both official languages.

The photo shows one of two temples in Port Louis that have been established by Tamil-speaking peoples from southern India, who form a small minority on l'Ile Maurice.

PAGE 450

Photo

You may wish to mention, with reference to this village scene in Mauritania and the street scene in Dakar that appears on p. 460, that the style of dress and way of life in West Africa reflect the sub-Saharan character of the culture. In a zone in which racial stocks from North Africa meet those of Equatorial Africa, the culture shows many Arab and Berber influences. West African fabrics are usually cotton and have colorful floral or geometric patterns. *Le boubou* is a long, flowing robe worn by men and women alike. *Les turbans* are also common in the region.

PAGE 451

Photo

For information about the Senegal River, see notes for page 448.

PAGE 453

Photo

Marrakech, Casablanca, and Rabat are the largest cities in le Maroc. Morocco is a Muslim kingdom in North Africa with coasts on the Atlantic and the Mediterranean. It shares a long border with Algeria. With a population of 25 million, its people speak mainly Arabic, but Berber and French are also widely used. The capital is Rabat.

At the end of the nineteenth century, as European nations fought for commercial supremacy in Africa, Morocco quickly fell under French influence. The country became an official protectorate in 1912. Following World War II, a strong movement for independence began. France attempted to end this by deposing Sultan Mohammed V (1909–61) in 1953. In August, 1955, he was returned to power, and the following year Morocco became an independent nation. In 1957 it became le royaume du Maroc, with Mohammed V as king. His son Hassan II (b. 1929) succeeded him in 1961.

PAGE 455

Photos

Moroccan woman weaving and Tunisian man displaying copperware. You may wish to mention that, in addition to Morocco, the other nations that were formerly part of French North Africa are la Tunisie and l'Algérie. European influence in Tunisia is old, though the country remained under Turkish control until 1869. It became a French protectorate in 1881. In 1956, largely because of preoccupation with the Indochina War, the French government granted independence to la République Tunisienne.

PAGE 456

Photo

In discussing the poems, you may wish to give some background information concerning the French West Indies—*les départements antillais*. Unlike Haiti, which cast off French rule and became an independent nation in 1804, la Guyane Française and the islands of Martinique and Guadeloupe have remained French possessions. Their status as *départements d'outre-mer* gives their inhabitants the same rights and privileges as citizens of continental France. As in Haiti, the population of these three *départements* consists mainly of descendants of African slaves. There are also people of Chinese and East Indian descent, since many plantation owners imported indentured laborers after the emancipation of the slaves.

Both Guadeloupe and Martinique have populations of about 350,000. As in Haiti, although the French language is used in official communication, Creole is the spoken language.

Point out to students that the populations of Guadeloupe, Martinique, and la Guyane Française are largely composed of descendants of peoples who were captured in areas that were once French West Africa and transported to the Caribbean as slaves. Much of the cultural heritage of these populations is distinctly African.

PAGE 459
Photo
See notes for p. 456.

PAGE 460
Photo
See notes for p. 450.

PAGE 464
Realia
Brochure from a public media library (*la média-thèque*) in Sèvres, a town between Paris and Versailles.

PAGE 465
Answers to *Thème*
1. Paul étudie la région occidentale de l'Afrique dans son cours d'histoire.
2. Le professeur vient de leur donner une interro sur la Côte-d'Ivoire.
3. C'est dommage que Paul soit sorti hier soir.
4. Il a été persuadé de fêter l'anniversaire de son amie.
5. Cette interro est la plus difficile que nous ayons eu cette année.
6. Si Paul avait étudié ses notes, il aurait pu répondre aux questions.

PAGE 466
Answers to *Contrôle de révision*
A 1. centrale
2. occidentale
3. officielle
4. le caoutchouc, le pétrole
5. la sécheresse
6. de l'acier, du plastique
7. puissances
8. liens

B 1. a. soyez venu(e)(s)
   b. ait fait
   c. aient reçu, aient réussi
   d. aient envoyé
2. a. ait eu
   b. aient souffert
   c. n'ayons pas découvert
   d. soit morte

C 1. Tu parles! C'est le gâteau le plus délicieux que j'aie jamais mangé.
2. Tu parles! C'est la plus belle maison que nous ayons (j'aie) jamais visitée.
3. Tu parles! C'est l'examen le plus difficile qu'ils aient jamais passé.
4. Tu parles! C'est le plus mauvais roman qu'il ait jamais lu.
5. Tu parles! C'est la prof la plus stricte que vous ayez (nous ayons) jamais choisie.
6. Tu parles! Ce sont les poèmes les plus bizarres que tu aies (vous ayez) jamais écrits.

D Hier en classe, le professeur a expliqué un poème. Le poète Aimé Césaire a écrit le poème. D'abord le prof a lu chaque strophe et puis les étudiants l'ont lue. La classe a analysé le poème. La sincérité du poète nous a fascinés. Tous les étudiants ont aimé ce poème.

ORAL PROFICIENCY TEST

Directed Response

1. Tell your friend it's a pity he has never visited eastern Africa. *(C'est dommage que tu n'aies jamais visité l'Afrique orientale.)*
2. Tell your friend that the Ivory Coast is the most beautiful country you've ever seen. *(La Côte-d'Ivoire, c'est le plus beau pays que j'aie jamais vu.)*
3. Ask the geography teacher which regions in Africa are suffering from drought. *(Quelles régions de l'Afrique souffrent de la sécheresse?)*
4. Tell your geography class that Algeria manufactures steel and plastic. *(L'Algérie fabrique de l'acier et du plastique.)*

Picture-Cued Response

Turn to page 445 and ask:

5. Quel produit est-ce qu'on exporte ici? *(On exporte du pétrole.)*
6. Quelles autres matières exporte l'Afrique? *(L'Afrique exporte aussi du caoutchouc, du cuivre, du fer, etc.)*

Situations

7. A friend would like to know more about the economic situation of Tchad. What would you tell her?
   a. *C'est un pays en voie de développement.*
   b. On souffre beaucoup de la chaleur là-bas.   c. Le chef d'état parle wolof.
8. A classmate wants to know the population of the Ivory Coast. What would you tell him?
   a. On exporte du cacao.   b. *Il y a seulement 11 million d'ivoiriens.*   c. L'agriculture a été bien développée.
9. You failed your geography quiz. What reason would you give?
   a. On ne doit pas dépendre de l'aide étrangère.   b. Je suis très attaché(e) aux traditions de mon pays.   c. *J'ai confondu les noms des pays en Afrique centrale.*

Real-Life Questions

10. Quelles matières premières est-ce que les pays africains exportent?
11. Avec quels pays est-ce que l'Afrique a des liens culturels?
12. Crois-tu que les peuples du monde se soient rendu compte que les matières premières sont limitées? Comment sera l'avenir avec des matières premières limitées?
13. Quel est le sujet le plus difficile que tu aies jamais étudié?
14. Dans quels pays africains est-ce que tu voudrais aller? Pourquoi?

CHAPITRE 15

OBJECTIVES

Communication
- to discuss one's plans for the future
- to talk about problems facing modern society
- to talk about what changes the world will see in the next century
- to give reasons for actions
- to state conditions for doing something
- to threaten
- to state time conditions
- to make excuses or to explain why something isn't happening yet
- to delay or put someone off
- to express reservations about something

Grammar
- to use the subjunctive after *afin que* and *pour que*
- to use the subjunctive after *à moins que* and *à condition que*
- to use the subjunctive after *jusqu'à ce que* and *avant que*
- to use the subjunctive after *bien que, quoique,* and *sans que*

Culture
- to identify French initiatives to improve the quality of life in the future

SUGGESTED MATERIALS

pp. 468–469 (Prélude culturel): newspaper or magazine articles and photos concerning French technological achievements

pp. 470–473 (Mots Nouveaux): newspaper or magazine articles about current problems facing French society

PAGE 468

Photo
Nuclear-energy plant in the French countryside. France is heavily dependent on nuclear plants to supply its energy needs. In fact, 75 percent of the country's electricity is nuclear-generated—the highest percentage of any nation in the world.

French scientists played a crucial role in the development of nuclear technology. Marie Curie (1867–1934) and Pierre Curie (1859–1906) were pioneers in the field of radioactivity. Their daughter Irène (1897–1956) and son-in-law Frédéric Joliot-Curie (1900–1958) discovered artificial radioactivity and directed the construction of the first French nuclear reactor. (See note for p. 484 for more information about the Curies.)

PAGE 469

Realia
Pro-ecology poster encouraging people to use glass containers (rather than ones made of plastic or metal) because glass is recyclable.

Photo
Demonstration and parade organized by la Coordination Nationale Lycéenne, a national organization of French lycée students.

PAGE 474

Photo
Nuclear-energy plant near Valence. (See photo and note for p. 468.)

Located on the Rhône, midway between Lyon (to the north) and Avignon (to the south), Valence was founded in Roman times. The town is built on a series of terraces on the left bank of the Rhône. In the past half-century, the town has developed a variety of industries, including textiles, electronics, and chemicals.

Photo

French astronaut Jean-Loup Chrétien in his official uniform. Point out the French flag on his left shoulder. As in the U.S., the selection process for astronauts in France is extremely rigorous.

Realia

Posters for French versions of foreign-made science-fiction films: *Aliens* and *The Gate*. You might wish to review the terms *version originale* and *version française*.

   Science-fiction has long been popular in France. The fantastic tales of Jules Verne (1828–1905) thrilled the French reading public of the nineteenth century. In fact, rocket-propelled voyages to the moon were described more than three hundred years ago by Cyrano de Bergerac (1619–55).

Photo

La Cité des Sciences et de l'Industrie, a new museum in Paris displaying and explaining the latest scientific and technological developments. The large dome in the center houses an auditorium featuring three-dimensional films that tie in with the museum's exhibits. The museum offers many special programs for schoolchildren in Paris and the outlying suburbs. It is, in a sense, a much expanded version of the older Musée de la Découverte in le Palais de Chaillot.

Photo

Judge consulting law books.

Photo

Nuclear-power plant near Paris. You might point out that the gray cylinder houses the reactor, the yellow buildings contain the vapor generators, and the white building the machine room. (See photo and note for p. 468.)

Photo

Solar-energy plant *(une centrale solaire)* in the Pyrenees. Point out the large mirror-like panes on the side of the building. These are designed both to reflect and to focus the rays from the sun on a small area. (See photo and note for p. 490.)

Realia

Publicity vaunting the technological know-how of Royal Air Maroc, the official Moroccan airlines. Explain that *bien-être* means "well-being" and ask students to translate the ad. You might point out that Morocco is a kingdom, which explains why the word *Royal* is appropriate in the airline's name.

Realia

Ad for various avant-garde applications of computer technology offered by a West German-based firm. You might want to ask students to explain how the caption relates to the graphics.

Photo

Computer lab at l'Ecole centrale, one of France's two top engineering schools, the other being l'Ecole Polytechnique. Both of these highly selective *grandes écoles* are designed to train future leaders in French industry and technology.

   Point out the complicated graphics on the computer screen to the left.

Photo

Family snapshot of Pierre and Marie Curie about to set off on a bike ride in the country. The bicycles were bought with money sent to Marie as a wedding present, and the couple spent their honeymoon biking in the countryside around Chantilly, where Marie's parents lived.

Together, the Curies discovered the elements radium and polonium. (The second was named after Poland, Marie Curie's native land.) For their work on radioactivity, they were awarded the Nobel Prize for Physics in 1903. After her husband's death, Mme Curie continued doing research and, in 1911, was awarded the Nobel Prize for Chemistry for having succeeded in isolating pure radium. However, her research took its toll, and she died of leukemia caused by her continued exposure to radioactive materials.

The Curie's older daughter and son-in-law, Irène and Frédéric Joliot-Curie were also nuclear physicists and were joint winners of the Nobel Prize for Chemistry in 1935. Note that Joliot added his wife's celebrated surname to his own.

PAGE 485

Photo

Radiology department at a Dijon hospital. In France the cost of health care is partially reimbursed by the social security system.

PAGE 487

Photo

Demonstration by the branch of a union representing municipal workers and public-health workers.

The organization of trade unions in France is very different from that in the U.S. French workers in any given sector have a choice of four or five major unions (syndicats) to choose from depending on their personal political outlook. Whereas a truck driver in the U.S. would be more or less obligated to belong to the Teamster's Union, his or her French counterpart has a much wider choice. A person with socialist leanings would tend to join la CFDT (la Confédération Française et Démocratique du Travail); one with Communist affiliations would join la CGT (la Confédération Générale du Travail); one with more moderate political views would probably choose la FO (la Force Ouvrière), pictured here.

Each of these unions has a branch representing each major trade and service industry: school-teachers, railroad employees, firemen, policemen, public-health workers, steel workers, etc. The fact that the French trade-union system is far more political and considerably more complicated than in the U.S. is reflected in the greater frequency of strikes there than here.

PAGE 488

Realia

(a) List of concerts by pop and rock singers to be given in Paris during the month of February.
(b) Ad for a series of concerts to be broadcast by a rock station on French radio. The schedule and location of concerts is given below. You might ask students to locate the various cities on a French map.

PAGE 489

Realia

A forecast of the reduced travel times on the TGV network being built between Paris and other major European cities. Once the lines are completed and all the trains begin service, traveling time will be cut in half.

The electrically powered *train à grande vitesse* offers the world's fastest passenger service at speeds up to 190 miles per hour. The new rails built especially for it have very steep grades instead of curves in hilly or mountainous areas. This makes possible the long straight stretches of track needed for maximum speed. On a per-passenger basis, the TGV uses half the energy of an automobile and one-fifth that of an airplane.

The most ambitious component of the TGV network is the line going from Paris to London, which necessitates the construction of the controversial Channel tunnel from Dover to Calais. Once the line is completed, travelers will be able to board the train in Paris and descend in London without having to change from train to hovercraft or ferry and onto another train once across the channel. Traveling time will be cut from six hours to two and a half.

Photo

Solar-energy plant near Thémis in northeastern Burgundy.

Despite various incentives offered by the French government to both individuals and companies to encourage the production and use of solar energy, solar plants account for less than 5 percent of the total energy generated in France. (See photo and note for p. 481.)

Photos

(a) Researchers in a chemical laboratory. Point out the sign behind them: *Protégez vos yeux.*
(b) Main entrance to l'Institut Pasteur, the famous laboratory for microbiological research founded by Louis Pasteur and named in his honor.

A chemist and biologist, Louis Pasteur (1822–95) discovered the cause of contagious diseases and founded the field of microbiology. Perhaps his most important discovery was the role of bacteria in decay and fermentation and his application of these findings to prevent spoilage of milk and other foodstuffs. The process of pasteurizing milk to prevent fermentation was named in his honor.

Located in southwestern Paris, l'Institut Pasteur is the main headquarters of what is today an international organization, with branches in Lyon and Lille and eighteen other cities throughout the world. The Paris complex includes an important research and teaching center, a hospital specializing in infectious diseases, a vaccination center, and a laboratory for the development and manufacture of serums and vaccinations.

Photo

Ultramodern hotel in le quartier de La Défense on the western edge of Paris. (See photo and note for p. 102.)

Photos

(a) Students outside le lycée St-Louis in le Quartier latin, not far from la Sorbonne. Founded in 1280, it is one of France's oldest and most prestigious lycées.

The school is named for Louis IX (1214–70), who was king of France from 1226–70. Renowned for his honesty and fairness, Louis spent much of his time on the Crusades to the Holy Land. He was later canonized as a saint. Point out the statue of him to the left of the door.
(b) A recently constructed home in Brittany. Like many newer homes in France, this house reflects the French people's respect for traditional styles.

Realia

Ad for a new condominium complex just outside Paris. The selling points underlined by the ad are the complex's location near shopping and entertainment, in an area with greenery and pedestrian walkways *(voies piétonnes)* and proximity to a metro stop that makes travel to downtown Paris quick and easy.

Realia

Survey of television ratings collected in a random sample of viewers during prime time *(à une heure de grande écoute)*. Of those contacted, 24 percent claimed not to be watching television at the time. Those who were watching were asked to name the program they had chosen and to rate it on a scale from 0 to 20. The results given are somewhat inconclusive, but seem to suggest that viewers were not completely satisfied with the programs they had chosen.

Answers to *Thème*

1. A condition que le principal ne soit pas opposé à son projet, Philippe enverra une lettre à son député.

2. Bien que (Quoique) les autres veuillent conserver l'environnement, ils ne font rien du tout pour protester contre les centrales nucléaires dans leur région.
3. Philippe a peur qu'ils soient trop optimistes.
4. Il croit que les jeunes devront agir pour que [afin que] le gouvernement comprenne le problème.
5. Bien qu'il (Quoiqu'il) ait demandé à la plupart de ses camarades de classe de l'accompagner, ils n'ont pas envie d'y aller.

PAGE 496

Answers to *Contrôle de révision*

A effectuerai / changements
rapporte / argent
épuiser / ressources
guérir / maladies
prédire / avenir
se débarrasser / problèmes
manquerai / ambition

B 1. a
2. a
3. b

C 1. parce que
2. Dès que
3. Quoiqu', quand
4. à moins qu'
5. avant que

D 1. Papa prend des pinces afin de (pour) réparer le robinet.
2. Il me donne le marteau pour que (afin que) je puisse réparer la porte.
3. Je peux réparer la lampe à condition d'avoir un tournevis.
4. Maman enlève la scie à son petit fils avant qu'il (ne) se coupe au doigt.
5. Nous ne pouvons pas faire la vaisselle à moins que le plombier (ne) vienne.
6. Ils viennent d'acheter du papier peint afin de (pour) tapisser les murs de leur chambre.
7. J'ai mis l'échelle dans le garage sans que papa me dise de le faire.

ORAL PROFICIENCY TEST

Directed Response

1. Tell your friend our planet will be unlivable unless we reach a solution. *(Notre planète sera invivable à moins que nous (n')atteignions une solution.)*
2. Ask your classmates to sign a petition against the nuclear plant. *(Signez une pétition contre la centrale nucléaire.)*
3. Tell your principal the strike will continue until the students receive more rights. *(La grève continuera jusqu'à ce que les étudiants reçoivent plus de droits.)*
4. Tell your friend that you'll go to the demonstration provided that she goes too. *(J'irai à la manifestation à condition que tu y ailles aussi.)*

Picture-Cued Response

Turn to page 477 and ask:
5. Qu'est-ce que tu prévois au sujet des voyages dans l'espace? (Answers will vary. For example: *Je prévois que nous atteindrons les autres planètes.)*
6. Est-ce que tu crois qu'on va atteindre les autres planètes avant que tu sois mort(e)? *(Answers will vary.)*

Now turn to page 479 and ask:
7. Qu'est-ce que c'est? *(C'est une centrale nucléaire.)*
8. S'il y a des dangers pour l'environnement à cause des centrales nucléaires, qu'est-ce que les citoyens doivent faire? *(Ils doivent envoyer des pétitions, protester, organiser une manifestation,* etc.)

Situations

9. Your parents don't agree with your plans. What might you say to your friends?
a. Il y a une inondation.   b. *Il y a un conflit des générations.*   c. Ça me convient.

10. You're talking to a guidance counselor about becoming a social worker or a teacher. What might she say to you?
    a. Inscris-toi à la faculté de droit.   b. Alors, tu cherches un travail qui te rapporte beaucoup d'argent.   c. *Donc, tu veux gagner ta vie en aidant les autres.*
11. A really negative person is talking about our resources. What might he say?
    a. Il y a beaucoup de gens conscients des problèmes des ressources.   b. *Nous allons gaspiller toutes les ressources de la terre.*   c. Nous trouverons des solutions pour que la planète ne devienne pas invivable.

Real-Life Questions
12. Pour quelles raisons est-ce qu'on participe aux manifestations?
13. Tu vas chercher un travail qui te rapportera beaucoup d'argent ou un métier qui te permettra de gagner ta vie en aidant les autres?
14. A ton avis, quels sont les plus grands dangers pour notre environnement?
15. Quelles choses est-ce que tes parents t'interdisent de faire jusqu'à ce que tu aies 18 ans?
16. Quel grand changement attends-tu dans ta vie avant que tu arrives au 21ième siècle?

ORAL PROFICIENCY TEST   CHAPTERS 13–15
Directed Response
1. Tell your friend that even though you don't understand the mural, it fascinates you. *(Quoique [Bien que] je ne comprenne pas la peinture murale, elle me fascine.)*
2. Ask your friend if in your place he would have organized a demonstration. *(A ma place, tu aurais organisé une manifestation?)*
3. Tell your friend you're happy that so many students have exhibited their paintings. *(Je suis heureux(euse) que tant d'élèves aient exposé leurs peintures.)*

4. Ask the exchange student in which African countries French is spoken. *(Dans quels pays africains [d'Afrique] est-ce qu'on parle français?)*
5. Ask a friend if she thinks that in the future most of our tasks will be carried out by machines. *(Tu crois qu'à l'avenir la plupart de nos tâches seront effectuées par des machines?)*

Picture-Cued Response
Turn to page 425 and ask:
6. Quelle sorte d'art est-ce? *(C'est l'art abstrait.)*
7. L'art abstrait te laisse froid(e) ou te fascine? *(L'art abstrait me laisse froid(e).* OR *L'art abstrait me fascine.)*

Now turn to page 455 and ask:
8. De quelle matière première est-ce que ces choses sont fabriquées? *(Elles sont fabriquées de cuivre.)*

Situations
9. Your art teacher wants to decorate the hall of your school with a mural. What would he ask?
    a. Qui voudrait reproduire les vitraux?
    b. *Qui voudrait réaliser une peinture murale?*
    c. Qui voudrait aider les pays en voie de développement?
10. You did poorly on a test about Africa. What would you tell a friend?
    a. J'ai prévenu l'inondation des pays en Afrique centrale.   b. *J'ai confondu la situation économique des pays en voie de développement.*   c. Je me suis souvenu(e) de tous les pays en Afrique occidentale.
11. An African leader is discussing her country on TV. How does she say that they must no longer depend on foreign aid?
    a. *Nous ne devons plus dépendre de l'aide étrangère.*   b. Nous devons plus d'aide étrangère.   c. Nous ne devons plus dépendre de l'aide des pays africains.

Real-Life Questions
12. En quels mois est-ce que tu souffres de la chaleur?
13. Est-ce que ta région depend de l'industrie ou de l'agriculture?
14. A ton avis, qu'est-ce que l'avenir nous réserve?

INDEX OF CULTURAL REFERENCES

This index lists references to cultural topics in the Teacher Notes as well as in the student book.

NOTES

C'EST ÇA!

**Scott, Foresman
French Program**
Book 3

C'EST ÇA!

Albert Valdman, Ph.D.
Indiana University
Bloomington, IN

Marcel LaVergne, Ed.D.
Needham Public Schools
Needham, MA

Estella Gahala, Ph.D.
National Foreign Language Consultant
Scott, Foresman and Company
Glenview, IL

Constance K. Knop, Ph.D.
University of Wisconsin
Madison, WI

Marie-Christine Carreté, Agrégée
Collège Lamartine
Houilles, France

Scott, Foresman and Company
Editorial Offices: Glenview, Illinois

Regional Offices: Sunnyvale, California
Atlanta, Georgia   Glenview, Illinois
Oakland, New Jersey
Dallas, Texas

ISBN: 0-673-35038-X

Copyright © 1990
Scott, Foresman and Company, Glenview, Illinois
All Rights Reserved.   Printed in the United States of America.

34567891011 — RIW — 9594939291

Cover: Owen Franken.
Detail, gateway to the Cour d'honneur, Versailles. Phedon Salou/Shostal.
Acknowledgments for illustrations appear on p. 574. The acknowledgments
section should be considered an extension of the copyright page.

Albert Valdman is Rudy Professor of French and Italian and Linguistics at Indiana University. Dr. Valdman is an internationally recognized linguist and author who is currently president of the International Association for Applied Linguistics and is editor of *Studies in Second Language Acquisition*. He is a leading scholar in the fields of applied linguistics, foreign-language methodology, and creole languages. He regularly serves as visiting professor at the Université de Nice and has received the *Ordre des palmes académiques* from the French government.

Marcel LaVergne is Director of Foreign Languages and English as a Second Language in the Needham (MA) Public Schools. He received his doctorate in foreign language education from Boston University. Dr. LaVergne is a Franco-American whose grandparents emigrated from Québec. A practicing classroom teacher, he is continually trying out new approaches to teaching language and to developing listening skills.

Estella Gahala is National Foreign Language Consultant for Scott, Foresman and Company. Dr. Gahala, formerly Foreign Language Department Chairperson and the Director of Curriculum and Instruction for Lyons Township (IL) High School, has received the *Ordre des palmes académiques* from the French government for her contribution to French education in the U.S. She spends most of her time talking with classroom teachers around the country.

Constance Knop is Professor of Curriculum and Instruction and Professor of French at the University of Wisconsin, Madison. Dr. Knop has gained national prominence as a foreign language educator through leadership roles in the American Association of Teachers of French (AATF) and the American Council on the Teaching of Foreign Languages (ACTFL), editorial roles on *The French Review* and *The Modern Language Journal*, and authorship of a college-level French text.

Marie-Christine Carreté is a teacher of English and a teacher trainer at the Collège Lamartine in Houilles, France. She received her B.A. in English from the University of California, Berkeley, and her *maîtrise* and *agrégation* from the Université de Paris. Her daily work with French young people allows her to bring an unusual level of authenticity and insight to her writing.

The authors and editors would like to express their heartfelt thanks to the following team of reader consultants. Chapter by chapter, each offered suggestions and provided encouragement. Their contribution has been invaluable.

Reader Consultants

Barbara Berry, Ph.D.
Foreign Language Dept. Chairperson
Ypsilanti High School
Ypsilanti, MI

Pearl Bennett Chiari
Foreign Language Dept. Chairperson
North Miami Beach Senior High
North Miami Beach, FL

Deborah Corkey
Foreign Language Specialist
Fairfax County Public Schools
Fairfax, VA

Diane D. Davison
George Washington High School
Denver Public Schools
Denver, CO

David Hardy
Newman Smith High School
Carrollton, TX

Jaquelyn Kaplan
Shenendehowa Central Schools
Clifton Park, NY

Maera Kobeck
Foreign Language Supervisor
Memphis City Schools
Memphis, TN

Amanda LaFleur
Comeaux High School
Lafayette, LA

Mary de Lopez
Modern and Classical Languages
  Dept. Chairperson
La Cueva High School
Albuquerque, NM

Carl McCollum
Spoon River Valley Schools
London Mills, IL

Judith Redenbaugh
Foreign Language Dept. Chairperson
Costa Mesa High School
Costa Mesa, CA

Alvaro M. Rodriguez
Robert E. Lee High School
Houston, TX

Maria Gioia Sordi
Foreign Language Dept. Chairperson
Archbishop Carroll High School
Radnor, PA

Jean Teel
Foreign Language Instructional
  Specialist
Shawnee Mission Public Schools
Shawnee Mission, KS

Patricia Warner
North Medford High School
Medford, OR

TABLE DES MATIÈRES

CHAPITRE 2

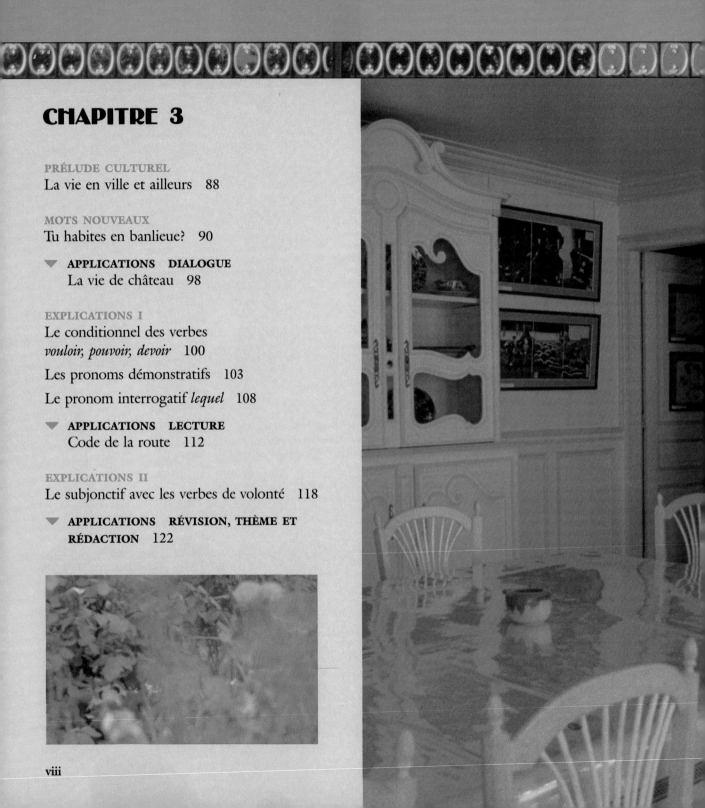

CHAPITRE 3

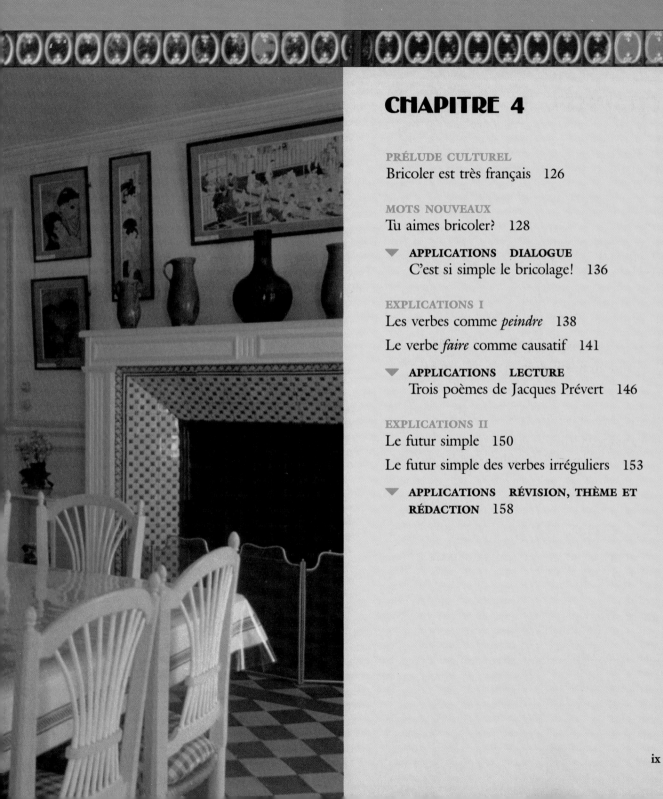

CHAPITRE 4

CHAPITRE 5

CHAPITRE 6

CHAPITRE 7

CHAPITRE 8

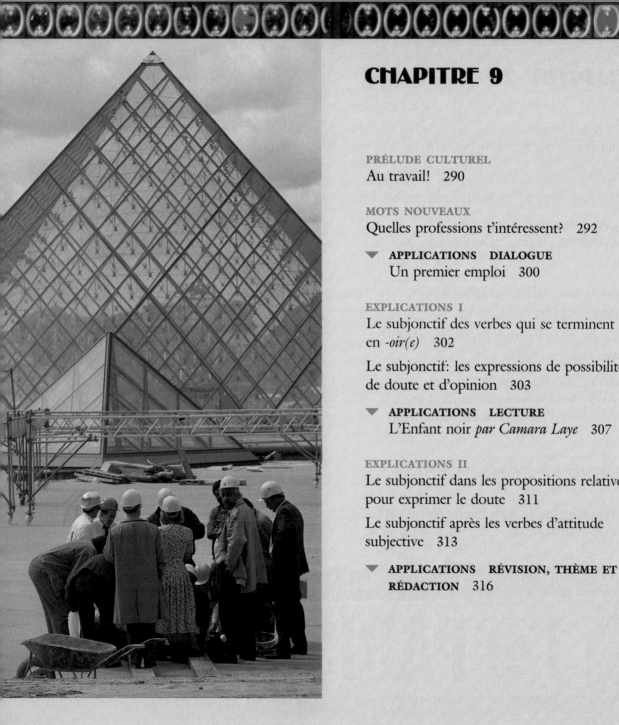

CHAPITRE 9

CHAPITRE 10

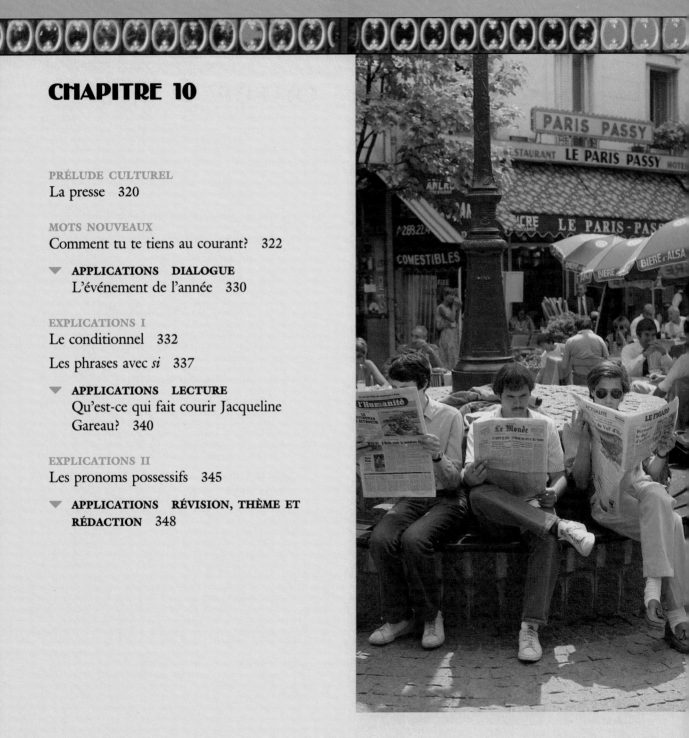

CHAPITRE 11

CHAPITRE 12

CHAPITRE 13

Paul Cézanne 1839 –1906 *Village of Gardanne.*
Oil on canvas 92.0 x 94.6.
The Brooklyn Museum, 23.105.
Ella C. Woodward and Augustus T. White Memorial Funds.

CHAPITRE 14

nature et progrès

écrivez sur
LA MAISON DU PAPIER RECYCLÉ
121, AV. DU MAINE, 75014 PARIS
papier recyclé

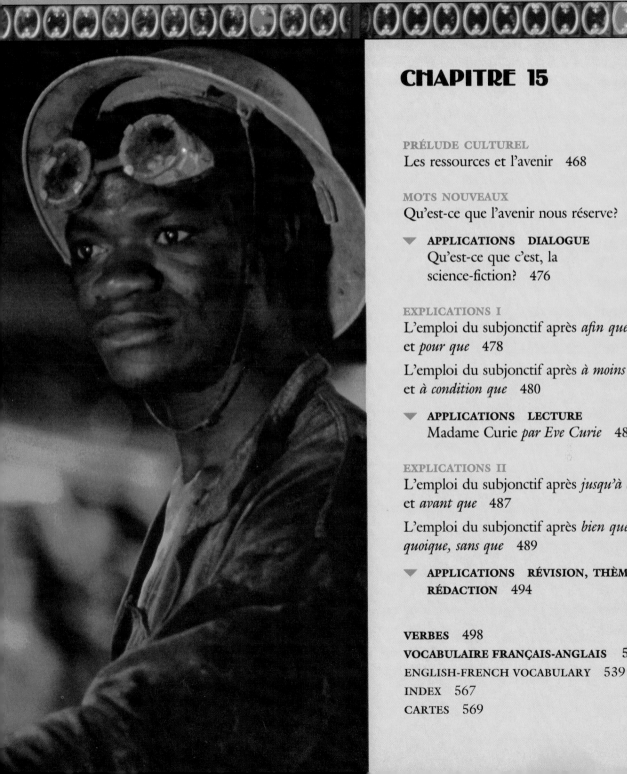

CHAPITRE 15

REPRISE

A Invitations. Vous invitez un(e) ami(e) à vous accompagner pour faire des courses. Votre ami(e) accepte parce qu'il/elle a besoin de faire quelque chose aussi. Imaginez le dialogue. Suivez le modèle.

la poste /  / / apporter /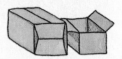

ÉLÈVE 1 *Tu viens à la poste avec moi?*
ÉLÈVE 2 *Bien sûr. J'ai besoin de timbres.*
ÉLÈVE 1 *Moi, je veux y apporter des paquets.*
ÉLÈVE 2 *Eh, bien. Allons-y!*

1. le supermarché /   / / acheter /

2. la papeterie /   / / choisir /

3. la crémerie /   / / acheter /

4. la charcuterie /   / / acheter /

5. le grand magasin /   / / essayer /

6. la pharmacie /   / / apporter /

7. la boulangerie /   / acheter /

B Et maintenant ... Refaites cinq des dialogues de l'Exercice A en remplaçant les objets désirés comme vous voulez.

C Pour téléphoner. Regardez les dessins et expliquez ce qui se passe.

Il cherche un numéro dans l'annuaire. 1.

2.

3.

4.

5.

6. Allô?

7.

8. Au revoir!

9.

Exercice C
Review of telephone terms.
1. Il décroche.
2. Il compose le numéro.
3. La ligne est occupée.
4. Il rappelle.
5. Le téléphone sonne.
6. Elle répond au téléphone
   (*or:* Elle décroche et dit
   «Allô».)
7. Ils bavardent (*or:* parlent) au
   téléphone.
8. Ils disent «Au revoir».
9. Il raccroche.

Exercice D
Dialogues will vary. Encourage
use of telephone expressions
such as *allô, ici, qui est à
l'appareil?, ne quitte pas,
passer un coup de fil,* etc.

D Et maintenant … Avec un(e) camarade imaginez cette conversation au téléphone: Vous téléphonez à votre ami(e) mais c'est son père qui répond. Votre ami(e) est occupé(e) et ne peut pas venir au téléphone. Donc, vous laissez un message.

E   Au ciné-club.   Quelques amis discutent des différentes sortes de films. Ils indiquent ce qu'ils préfèrent et pourquoi. Par exemple:

Moi, je préfère les films d'amour parce qu'ils sont souvent tristes et j'aime bien pleurer. J'aime surtout les films de Dennis Quaid et de Meryl Streep.

Les librairies des cinéphiles:
● **Atmosphère:**
7, 9, rue Francis de Pressensé (14e). Tél.: 45.42.29.26. Ouvert de 14 h à 20 h sauf mardi.
● **Les feux de la rampe:**
2, rue de Luynes (7e). Tél.: 45.48.80.97. Ouvert de 11 h à 13 h et de 14 h à 19 h, sauf dimanche et lundi.
● **Contacts:**
24, rue du Colisée (8e). Tél.: 43.59.17.71. Ouvert de 9 h 30 à 19 h, du lundi au vendredi, samedi de 13 h à 19 h.
● **Ciné-Images:**
68, rue de Babylone(7e). Tél.: 45.51.27.50. Ouvert de 12 h à 19 h sf lundi, samedi de 14 h à 19 h.
● **Ciné-Doc:**
45, passage Jouffroy (9e). Tél.: 48.24.71.36. Ouvert de 10 h à 19 h (sauf dim.). Samedi de 10 h à 12 h et de 13 h 30 à 19 h.
● **Cinémagence:**
12, rue Saulnier (9e). Tél.: 42.46.21.21. Ouvert de 13 h à 19 h, du mardi au samedi.
● **Clair obscur:**
161, rue Saint-Martin (3e). Tél.: 48.87.78.58. Ouvert de 11 h à 19 h 30 et dimanche de 14 h à 19 h 30.

F   Et maintenant ...   Parlez avec un(e) camarade des sortes de films que vous aimez et que vous n'aimez pas. Servez-vous des adjectifs comme *amusant, moche, sérieux, marrant, débile, ennuyeux,* etc.

G **Qu'est-ce qu'on va faire?** C'est vendredi après-midi et vous voulez faire quelque chose avec vos amis. Vous suggérez *(suggest)* les activités suivantes. Suivez le modèle.

> aller au cinéma   *Si on allait au cinéma?*

1. faire du ski de fond
2. patiner sur le lac
3. choisir un film
4. jouer aux cartes
5. prendre le métro en ville
6. voir une pièce de théâtre
7. aller à la montagne
8. partir pour la plage

Exercice G
Review of imperfect with *si* to make a suggestion.
1. Si on faisait du ski de fond?
2. Si on patinait sur le lac?
3. choisissait
4. jouait
5. prenait
6. voyait
7. allait
8. partait

Exercice H
Review of imperfect with *si*, *j'aimerais bien*, *devoir*. Answers will vary.

Reteach/Review
Review conditional forms by changing subject (*nous*, *mon copain*, *mes copains*) and make appropriate changes for *devoir*.

H **Et maintenant …** Suggérez cinq activités pour ce week-end à un(e) camarade de classe. Malheureusement, il/elle sera occupé(e) et ne pourra pas sortir avec vous. Par exemple:

> ÉLÈVE 1   *Si on jouait au tennis samedi?*
> ÉLÈVE 2   *J'aimerais bien mais je dois étudier pour un examen de maths.*

On a son choix de films au cinéma Le Saint Michel, dans le Quartier Latin à Paris.

Exercice I
Review of health vocabulary
and idioms.
Make certain that students
think logically as to whether
they are speaking of a present
condition or a past event.
1. Josette a mal à la gorge.
2. Nous toussons et éternuons
   (*or:* Nous avons (attrapé) un
   rhume).
3. Je me suis coupé la main.
4. Ma sœur a la grippe.
5. Tu t'es cassé la jambe.
6. Vous vous êtes brûlé le
   doigt.
7. J'ai mal aux pieds.
8. Mon grand-père a mal aux
   dents.

Reteach/Review
Review other appropriate parts
of the body with *avoir mal*.

I **Ça ne va pas!** Regardez les dessins et dites ce qui ne va pas.

Jean-Luc
Jean-Luc a mal au ventre.

 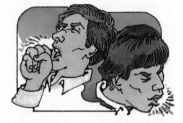

1. Josette   2. Nous

 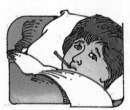 

3. Moi   4. Ma sœur   5. Toi

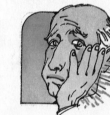

6. Vous   7. Moi   8. Mon grand-père

Exercice J
Dialogues will vary.

J **Et maintenant …** Imaginez que vous êtes médecin et que vous examinez un patient. Avec un(e) camarade, créez *(create)* un dialogue en vous servant des expressions suivantes: *Qu'est-ce qui ne va pas?*, *sortir la langue, prendre des médicaments, avoir mal au cœur, faire une piqûre à.*

K Laure fait sa toilette.   Qu'est-ce que Laure fait le matin?

Elle se réveille à 6 heures.

Exercice K
Review of present-tense reflexive verbs.
1. Elle prend une douche.
2. Elle se lave les cheveux.
3. Elle se sèche les cheveux.
4. Elle se peigne.
5. Elle se brosse les dents.
6. Elle se maquille.
7. Elle s'habille.

Reteach/Review
Substitute other subject pronouns. Restate in the *futur proche* or *futur simple*. Encourage students to personalize using both pronominal and non-pronominal verbs relating to daily activities. (The passé composé of pronominal verbs is reviewed in Ch. 1.)

L Et maintenant …   Racontez à un(e) camarade de classe tout ce que vous avez fait ce matin. Puis, il/elle vous racontera tout ce qu'il/elle fera ce soir.

Exercice L
Review of 1st pers. sing. passé composé and simple future of reflexive verbs.
Answers will vary, but should follow the pattern *Je me suis —é(e)* and *Je me —erai*, except for No. 1 *(J'ai pris / Je prendrai).*

Exercice M
Review of past participle
agreement with preceding
direct object, negative,
placement of direct object
pronoun before infinitive.
1. Tu as rangé tes
   vêtements? / Non, je ne les
   ai pas rangés.//Tu peux les
   ranger? / Non.
2. Tu as monté mon sèche-
   cheveux? / Non, je ne l'ai
   pas monté.//Tu vas le
   monter? / Non.
3. Tu as nettoyé ces
   fenêtres? / Non, je ne les ai
   pas nettoyées.//Tu acceptes
   de les nettoyer? / Non.
4. Tu as installé la machine à
   laver? / Non, je ne l'ai pas
   installée.//Tu penses
   l'installer? / Non.
5. Tu as loué les skis? / Non,
   je ne les ai pas loués.//Tu
   espères les louer? / Non.
6. Tu as conduit la nouvelle
   voiture? / Non, je ne l'ai pas
   conduite.//Tu veux la
   conduire? / Non.
7. Tu as rempli les verres? /
   Non, je ne les ai pas
   remplis.//Tu dois les
   remplir? / Non.

Exercice N
Answers will vary.

Exercice O
Review of imperfect /
conditional.
1. Si mon père le pouvait, il
   écrirait un roman.
2. Si vous le pouviez, vous
   verriez l'Afrique.
3. pouvais ... conduirais
4. pouvaient ... seraient
5. pouvions ... ferions
6. pouvais ... partirais
7. pouvait ... achèterait
8. pouvaient ... dormiraient

Exercice P
Answers will vary.

M **On fait le difficile!** Vous êtes de mauvaise humeur aujourd'hui et vous dites *non* à tout le monde. Suivez le modèle.

> voir / cette cassette-vidéo / / vouloir
> ÉLÈVE 1 *Tu as vu cette cassette-vidéo?*
> ÉLÈVE 2 *Non, je ne l'ai pas vue.*
> ÉLÈVE 1 *Tu veux la voir?*
> ÉLÈVE 2 *Non.*

Enrichment
Ask students to invent a reason
why not, continuing the
dialogue: *Pourquoi? Parce
que ...*

1. ranger / tes vêtements / / pouvoir
2. monter / mon sèche-cheveux / / aller
3. nettoyer / ces fenêtres / / accepter de
4. installer / la machine à laver / / penser
5. louer / les skis / / espérer
6. conduire / la nouvelle voiture / / vouloir
7. remplir / les verres / / devoir

N **Et maintenant ...** Demandez à un(e) camarade de classe ce qu'il/elle a fait à la maison hier soir. Posez cinq questions selon le modèle.

> ÉLÈVE 1 *Tu as fait la vaisselle hier soir?*
> ÉLÈVE 2 *Oui, je l'ai faite.*
> OU: *Non, je ne l'ai pas faite.*

O **Le monde des rêves.** Complétez les rêves des gens suivants en indiquant ce qu'ils feraient s'ils le pouvaient.

> Si je le ... j'(*aller*) en Europe cet été.
> *Si je le pouvais, j'irais en Europe cet été.*

1. Si mon père le ... il (*écrire*) un roman.
2. Si vous le ... vous (*voir*) l'Afrique.
3. Si tu le ... tu (*conduire*) une Ferrari.
4. Si mes amis le ... ils (*être*) vedettes de cinéma.
5. Si nous le ... nous (*faire*) de la voile ce week-end.
6. Si je le ... je (*partir*) en vacances tout de suite.
7. Si ma sœur le ... elle (*acheter*) un avion.
8. Si les étudiants le ... ils (*dormir*) jusqu'à midi.

P **Et maintenant ...** Ecrivez cinq choses que vous feriez vraiment si vous pouviez. Ensuite, comparez votre liste avec celles de vos camarades de classe. Quels rêves sont les mêmes? Lesquels sont les plus différents?

Reteach/Review
Have students say what they or others would do under other circumstances: *si j'avais, si
j'étais, s'il faisait,* etc.

Tu irais voir le Grand Prix
à Nice ou faire de la
planche à voile à
St-Tropez?

1. Où est ma vieille machine à écrire? Tu l'as vue? / Oui, je l'ai jetée.
2. Où sont mes vieilles lampes? Tu les as vues? / Oui, je les ai jetées.
3. Où est mon vieil anorak? Tu l'as vu? / Oui, je l'ai jeté.
4. Où est mon vieil imperméable? Tu l'as vu? / Oui, je l'ai jeté.
5. Où sont mes vieux colliers? Tu les as vus? / Oui, je les ai jetés.
6. Il ne faut pas oublier ce vieux fauteuil. / Tu plaisantes! Jette-le!
7. ... cette vieille photo. / ... Jette-la!
8. ... ce vieux pull. / ... Jette-le!

Reteach/Review
Replace *vieux* with *beau / nouveau*.
Items 1–5: Vary *jeter* with *mettre dans notre chambre* to check for final consonant sound when *e* is added to the past participle. Use these as a *dictée* to practice participle agreement.

Q On déménage ...   Madame Martin ne peut rien jeter. Mais son mari n'est pas content. Imaginez la conversation entre eux en suivant le modèle.

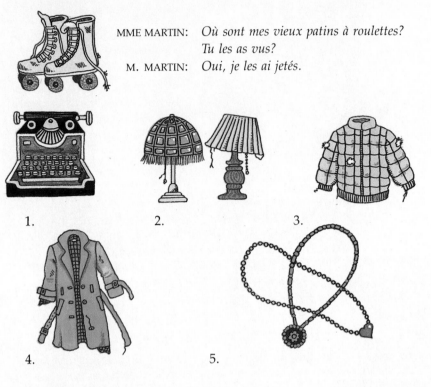

MME MARTIN: *Où sont mes vieux patins à roulettes? Tu les as vus?*

M. MARTIN: *Oui, je les ai jetés.*

1.　　　　　2.　　　　　3.

4.　　　　　5.

Mais M. Martin, lui aussi, a des objets qu'il ne veut pas jeter. Maintenant, c'est au tour de Mme Martin. Imaginez la conversation d'après le modèle.

M. MARTIN: *Il ne faut pas oublier ce vieux chapeau.*

MME MARTIN: *Tu plaisantes! Jette-le!*

6.　　　　　7.　　　　　8.

9. ... ces vieilles horloges. /
   ... Jette-les!
10. ... ce vieil avion. / Jette-le!

9.   10.

Au marché aux puces à Paris

R Et maintenant ... Qu'est-ce qu'il y a au grenier ou au sous-sol chez vous que vos parents devraient jeter ou vendre au marché aux puces?

Exercice R
Review of vocabulary.
Answers will vary.

S **La détective.** Noëlle aime beaucoup les films policiers et quelquefois elle se prend pour une détective. Répondez aux questions qu'elle vous pose en vous montrant des photos.

> l'homme / tu / parler de
> ÉLÈVE 1   *C'est l'homme dont tu parlais?*
> ÉLÈVE 2   *Oui, c'est celui dont je parlais.*

1. la maison / tu / visiter
2. la voiture / le monsieur / conduire
3. les garçons / il / parler avec
4. les chaussures / il / porter
5. le couteau / il / avoir à la main
6. les fenêtres / être ouvert
7. les personnes / sortir de la maison quand tu es arrivé
8. les chiens / il / avoir peur de
9. le mouchoir / il / cacher dans le jardin

T **Et maintenant …** Avec un(e) camarade, essayez de raconter ce qui s'est passé dans l'Exercice S. Qui était le monsieur mystérieux? Qu'est-ce qu'il a fait?

U On a tant de choses à faire! La famille Martineau va partir en vacances au Canada. Mais d'abord il faut faire beaucoup de choses. Dites ce qu'on doit faire.

> M. Martineau / conduire la voiture à la station-service
> *Il faut que M. Martineau conduise la voiture à la station-service.*

1. M. Martineau
   a) vérifier l'huile
   b) faire le plein
   c) mettre de l'air dans les pneus
2. Mme Martineau
   a) nettoyer la maison
   b) finir la lessive
   c) aller chez la coiffeuse
3. François
   a) prendre ses skis
   b) descendre les valises du grenier
   c) emmener le chat chez son oncle
4. Julie
   a) dire au revoir à ses amis
   b) rendre des livres à la bibliothèque
   c) acheter des gants de ski

Au Mont-Sainte-Anne, Québec

V Et maintenant ... Dites à un(e) camarade ce qu'il faut que vous fassiez ce week-end.

Exercice U
Review of subjunctive after *il faut que.*
1. Il faut que M. Martineau vérifie l'huile, qu'il fasse le plein et qu'il mette de l'air dans les pneus.
2. Il faut que Mme Martineau nettoie la maison, qu'elle finisse la lessive et qu'elle aille chez la coiffeuse.
3. Il faut que François prenne ses skis, qu'il descende les valises du grenier et qu'il emmène le chat chez son oncle.
4. Il faut que Julie dise au revoir à ses amis, qu'elle rende des livres à la bibliothèque et qu'elle achète des gants de ski.

Reteach/Review
You may want to use Ex. U to remind students of subjunctive after verbs of volition. For example: *Mme Martineau veut que son mari* ... The need for a change of subject before subjunctive can be reviewed by having students say: *M. Martineau veut vérifier* ...

Exercice V
Answers will vary.

CHAPITRE 1

Essential

PRÉLUDE CULTUREL │ CE N'EST PAS FACILE, LE LYCÉE!

La vie et les études des lycéens français, comme ceux-ci à Paris, sont très difficiles, surtout pendant la dernière année au lycée, la terminale. C'est à la fin de cette année que les lycéens qui se sont préparés à suivre des études universitaires doivent passer un examen qui n'a pas d'équivalent aux Etats-Unis: le baccalauréat, ou «le bac». L'affaire est bien simple: s'ils ne réussissent pas le bac, ils ne sont pas admis à l'université.

(*en haut*) En général, les Français commencent à aller au café à l'âge de quinze ou seize ans, quand ils sont au lycée. Ces lycéens parisiens se rencontrent au café pour passer le temps et pour parler (ou ne pas parler) du bac.

(*en bas*) Les lycéens français étudient souvent en groupe, comme ceux-ci à Paris. Mais quand la date du bac (en juin) approche, certains lycéens en terminale préfèrent étudier seuls.

MOTS NOUVEAUX

Quelle option tu as choisie?

Transparency 1

CONTEXTE VISUEL

Reteach/Review: Do students see that the *e* on *choisie* refers to a preceding direct object?

Reteach/Review: For mini-dialogue 1, review courses of study and associate them with career plans. For example: *biologie / médecin, dessin / artiste*. For mini-dialogue 3, ask students to tell how they spent a recent holiday or weekend. Elicit reactions from others. For mini-dialogue 4, let students accuse others of being late and ask them why this happened. Elicit excuses.

CONTEXTE COMMUNICATIF 1

1   SOPHIE   **Tu t'es inscrit au** cours d'**électronique?**

      XAVIER   Oui, comme je veux être **ingénieur,** ça m'intéresse.

Variations:

- d'électronique → de **sciences économiques**
  ingénieur → comptable

s'inscrire à *to enroll in*	
l'électronique *(f.)* *electronics*	
l'ingénieur *(m.)* *engineer*	
les sciences économiques *(f.pl.)* *economics*	

2   Les études changent et **s'adaptent** à la vie moderne.

      M. DURANT   Quelle **option** tu as choisie cette année?

      FABRICE   L'informatique.

      M. DURANT   Ça doit être passionnant. **De mon temps,** on n'étudiait pas ça au lycée.

s'adapter *to adapt*	
l'option *(f.)* *option; optional subject*	
de mon temps *in my day*	

3   Jeudi matin. Il y a **un contrôle** de maths au lycée.

      PIERRE   J'ai passé mon mercredi à réviser. Et toi?

      NADINE   Bof, non. Il faisait beau, alors **je me suis baladée** avec des copines.

      PIERRE   Comment! Tu t'es baladée au lieu de travailler! C'est **pas croyable!**

- c'est pas croyable → tu **plaisantes**
- c'est pas croyable → ça alors, **c'est la meilleure**

le contrôle = l'interro	
se balader = se promener	
pas croyable *incredible*	
plaisanter *to joke*	
c'est la meilleure *that's a good one, that's a real joke*	

4   Au lycée, il faut être présent à tous les cours et arriver à l'heure.

      LE PROF   Vous **avez** vingt minutes **de retard! Comment ça se fait?**

      MARC   Je suis désolé, mais je ne me suis pas réveillé **à temps.**

- je suis désolé → je regrette

avoir + time + **de retard** *to be* + time + *late*	
comment ça se fait? *how come?*	
à temps *in time*	

Mots Nouveaux   **17**

5 Pour réussir **le bac,** il faut **se préparer** toute l'année et ne pas **se contenter de bachoter** un mois avant l'examen. C'est un examen très difficile, tu sais. Et très important.

6 RENAUD   Comment tu te prépares pour **l'oral** d'anglais du bac?

DAVID   Pour **me perfectionner,** je suis allé un mois en Angleterre. Et **je m'entraîne** avec des copains.

- ■ l'oral → **l'écrit**
- ■ me perfectionner → **approfondir** mes **connaissances**

7 Pendant les examens, les parents aussi s'inquiètent.

M. REMOND   Alors, ton examen?

VÉRONIQUE   **Ça a bien marché.** Je crois que je l'ai réussi.

M. REMOND   Il était facile?

VÉRONIQUE   Oui, **le sujet m'a passionné** et j'avais **des tas de** choses à dire.

- ■ ça a bien marché → ça n'a pas marché du tout
  réussi → raté
  facile → difficile
  le sujet m'a passionné → j'ai **paniqué**
  j'avais des tas de choses—je n'avais rien

8 SABINE   Tu as vu? Jacques a **été reçu haut la main.** Il a **de la veine.**

DELPHINE   **Tu parles,** c'est **une grosse tête.** Il a **bûché** comme **un dingue.**

---

le bac(calauréat) *high-school graduation exam*

se préparer *to prepare oneself, to get ready*

se contenter de + inf. *to make do with, to just (do sth.)*

bachoter *to cram*

l'oral *(m.)* = examen oral

se perfectionner *to improve*

s'entraîner *to practice*

l'écrit *(m.)* = examen écrit

approfondir *to increase; to deepen*

la connaissance *knowledge*

ça a bien marché *it went well*

le sujet *topic, subject*

passionner = intéresser

des tas de *loads of, heaps of*

paniquer *to panic*

être reçu, -e *to pass (the bac)*

haut la main = sans difficulté

avoir de la veine = avoir de la chance

tu parles *come on, go on, tell me about it*

la grosse tête *top student*

bûcher = beaucoup travailler

le/la dingue *nut, crazy person*

AUTREMENT DIT

TO SHOW DISBELIEF …
>   Tu plaisantes!
>   Tu exagères, toi alors!
>   Sans blague!
>   C'est pas croyable!
>   Tu parles!
>   Ça alors, c'est la meilleure!

TO SAY YOU'RE SORRY …
>   Je suis désolé
>   Je regrette
>   Excusez-moi

OR, IN FORMAL WRITING …
>   Veuillez m'excuser

EXERCICES   Essential

A   Une mauvaise journée.   Pierre décrit une journée très désagréable. Choisissez les mots pour compléter sa description. Tous les mots ne seront pas utilisés.

à temps	grosse tête	me suis baladé
bûché	haut la main	paniqué
de retard	m'entraîner	plaisanter
de la veine	me suis adapté	raté

Oh, quelle journée! D'abord je ne me suis pas réveillé _____ ce matin. J'avais donc dix minutes _____ pour mon cours d'anglais et quand je suis entré, le prof annonçait un contrôle. J'ai _____ et je ne me suis souvenu de rien. Comme je _____ avec des copains hier soir
5 au lieu de _____, je suis certain que je l'ai _____.

Et Fabrice? Lui qui n'étudie jamais non plus? Pourquoi est-ce qu'il a _____ hier soir? Comment est-ce qu'il savait que le prof allait nous donner un contrôle ce matin? Fabrice l'a réussi _____. C'est une vraie _____!

Exercice A
à temps
de retard
paniqué
me suis baladé
m'entraîner; raté
bûché
haut la main
grosse tête

B   Que dites-vous …

1. au professeur quand vous arrivez avec plusieurs minutes de retard? (*Je regrette. / C'est la meilleure!*)
2. à un copain qui n'a pas étudié mais qui a réussi quand même un examen? (*Tu t'es bien préparé. / Tu as de la veine.*)
3. à vos parents quand vous réussissez un examen? (*Je m'y suis inscrit. / Ça a bien marché.*)
4. à vos parents quand vous avez étudié mais vous n'avez pas réussi? (*J'ai bûché comme un dingue, mais … / Je suis une grosse tête, n'est-ce pas?*)
5. à une copine qui a été reçue haut la main? (*Ces examens-là ne te font jamais peur. / La prochaine fois tu ne vas pas te contenter de faire si peu, hein?*)
6. à un copain, qui est un bon élève, mais qui vous dit qu'il vient de rater un examen important? (*Tant pis. / Comment ça se fait?*)
7. à une amie qui vous dit qu'elle vient d'être reçue à l'université de son choix? (*Tu as de la chance, toi. / Bon courage!*)

C   Autrement dit.   Changez cette petite histoire en utilisant des synonymes des mots en italique.

LUC   Comme il faisait beau hier, *je me suis promené* avec mes copains. Nous avons vu *beaucoup de* choses intéressantes.

ANNE   Par exemple?

5   LUC   Par exemple, il y avait ton petit ami qui était avec Sylvie.

ANNE   Jean-Paul avec Sylvie? *Tu plaisantes!*

LUC   *Je regrette*, mais c'est vrai.

ANNE   *Tu parles!*

10   LUC   Pas du tout. Il était avec sa cousine Sylvie de Reims. Tu ne la connais pas peut-être. Elle *n'a que* huit ans.

ANNE   Ouf!

D   Parlons de toi.

1. A quels cours tu t'es inscrit(e) cette année? Ce sont tous des cours obligatoires ou est-ce que tu as pu choisir parmi des options?
2. Quelles matières te passionnent? Il y en a qui ne t'intéressent pas du tout? Lesquelles? Pourquoi?
3. Comment tu te prépares pour un contrôle? Pour un examen? Pour un oral de français?

4. Quand le prof donne un contrôle et tu ne t'es pas bien préparé(e), qu'est-ce qui se passe? Cela t'arrive de paniquer quelquefois? Quelles excuses est-ce que tu donnes à tes parents quand tu ne réussis pas un examen?

5. Dans tes cours, comment est-ce que tu travailles? Tu te prépares toute l'année ou seulement avant les examens ou les contrôles? Ce n'est pas une bonne idée de bachoter dans un cours de langue étrangère. Pourquoi est-ce qu'il vaut mieux essayer d'utiliser la langue chaque jour?

ACTIVITÉ   Discretionary

La grosse tête.   Avec un(e) partenaire, écrivez une description d'un(e) étudiant(e) parfait(e). Par exemple, «Il (Elle) ne bachote pas. Il (Elle) fait toujours attention en classe,» etc. Mais ajoutez des détails faux—par exemple, «Il (Elle) arrive toujours avec quinze minutes de retard pour son premier cours.» Après, lisez votre description à vos camarades de classe qui vont vous dire «NON» quand ils entendent un détail faux.

Des élèves à l'Ecole normale supérieure à Paris

APPLICATIONS Discretionary

La matière grise[1] ne suffit plus 4

NATHALIE	Pourquoi tu ne veux pas m'acheter un ordinateur? Pour les maths, c'est utile.
M. FRESNAIS	Quand j'étais jeune, on n'avait pas d'ordinateurs ni[2] de calculatrices[3] et on arrivait quand même à faire des maths!
NATHALIE	Et tu étais fort en maths, papa?
M. FRESNAIS	Je n'étais pas une grosse tête, mais je me débrouillais[4] très bien.
NATHALIE	Eh bien, j'ai un problème d'algèbre assez difficile. Tu ne veux pas m'aider?
M. FRESNAIS	Mais si, montre-moi ça.

5

10

Ils regardent le problème ensemble.

NATHALIE	Alors, papa?
M. FRESNAIS	Euh, bien, euh … A vrai dire,[5] ça c'est des maths modernes et de mon temps, on n'en faisait pas …
NATHALIE	C'est peut-être pour cela que tu n'avais pas besoin d'un ordinateur.

15

---

[1]**la matière grise** *brains*   [2]**ni** *or (after a negative)*   [3]**la calculatrice** *calculator*   [4]**se débrouiller** *to manage*   [5]**à vrai dire** *to tell you the truth*

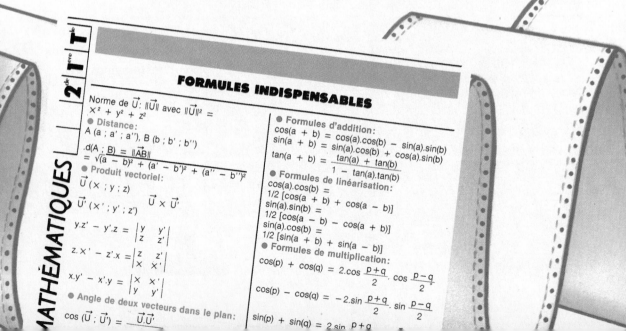

Questionnaire

1. Que veut Nathalie et pourquoi?   2. Est-ce que son père est d'accord?
3. Quelle sorte d'étudiant de maths était M. Fresnais?   4. Pourquoi
est-ce que M. Fresnais ne peut pas aider Nathalie?   5. Qu'est-ce que les
étudiants d'aujourd'hui ont que ceux du temps de M. Fresnais n'avaient
pas?   6. Et toi, qu'est-ce que tu as pour t'aider en maths?

Situation

Avec deux autres étudiants imaginez la vie à l'école du temps de vos
grands-parents. Comment étaient leurs écoles? Quels cours est-ce qu'on
offre aujourd'hui que vos grands-parents ne pouvaient pas suivre?
Qu'est-ce qu'il y a dans votre lycée qu'il n'y avait pas de leur temps?

Les pronoms compléments d'objet

Remember that direct and indirect object pronouns are used in place of nouns.

DIRECT *or* INDIRECT	DIRECT	INDIRECT
me (m')	le (l')	lui
te (t')	la (l')	leur
nous	les	
vous		

Remember that the pronouns *me, te, nous,* and *vous* refer to people and can be used as either direct or indirect objects. There is elision and liaison when the verb that follows begins with a vowel sound.

1 The direct object pronouns *le, la,* and *les* agree in gender and number with the nouns they replace. They are used for people and things.

> Donnez-moi **la valise.** Je **la** mets dans votre chambre.
> Je connais bien **Eric.** Je **le** vois souvent.
> Tu as **les livres?** Je **les** cherche.

2 The indirect object pronouns *lui* and *leur* replace nouns referring to people that are preceded by the preposition *à.* Indirect objects are often used with verbs of communication *(demander, dire, écrire, expliquer, parler, répondre, téléphoner)* and verbs describing transactions *(donner, prêter, vendre).*

> **Jean** ne comprend pas. Je **lui** explique la leçon.
> Tu écris **à Francine?** Je vais **lui** écrire demain.
> Je vais parler **à Anne et Martine.** Tu veux **leur** parler aussi?

Indirect object pronouns are also used when we speak of doing something *for* someone.

> Tu achètes quelque chose **pour Marie?** Oui, je **lui** achète un disque.

3 Object pronouns come right before the verb in statements and questions or before the infinitive in the combination of verb + infinitive.

> Elle a invité Marc et Henri? Non, mais elle **va les inviter.**
> Tu ne conduis plus ta voiture? Non, je **veux la vendre.**

Reteach/Review: You may want to do a pattern drill: *Tu fais tes devoirs? Non, mais je vais les faire*, etc. Use both direct and indirect object pronouns.

4 In the passé composé, the object pronoun comes before the form of *avoir.* When it is a *direct* object pronoun, the past participle agrees with it in gender and number.

> Tu as rencontré **la prof?** Oui, je l'ai rencontré**e** hier.
> Tu vas voir ces pièces? Non, je **les** ai déjà vu**es.**

Reteach/Review: You may want to do a pattern drill: *Tu as vu le X? Oui (Non), je (ne) l'ai (pas) vu.*

5 The pronoun *y* replaces *à* + places or things.

> Vous allez **à l'école?** Oui, j'**y** vais.
> Tu penses souvent **à ce sujet?*** Non, je n'**y** pense jamais.

Reteach/Review: You may want to do a pattern drill: *Où vont tes copains le samedi? Au marché? Au café?*, etc. *(Oui (Non), ils (n')y vont pas).*

6 *En* replaces nouns used with the partitive or expressions of quantity and with verbs that take *de* with objects.

> **Du lait?** Oui, j'**en** veux.
> **Des œufs?** Oui, j'**en** achète une douzaine.
> Tu as besoin **de dormir? Oui,** j'**en** ai besoin.
> On parlait **de mon nouvel ordinateur.** Vous **en** parlez toujours.

Reteach/Review: You may want to do a pattern drill: *De quoi est-ce que vous parliez quand je suis entré(e)? Du match? Du concert de rock?*, etc. *(Oui (Non), nous (n')en parlions (pas).)*

*Note that *penser* never takes the indirect object pronouns *lui/leur.* To express thinking of someone, we use *à* + a disjunctive pronoun (*moi, toi, lui, elle,* etc.): *Je pense à eux tous les jours.*

Des lycéens à Paris

Exercice A

1. La prof te dit «Bravo!»
2. Maman nous dit, «De mon temps, c'était plus difficile.»
3. Je leur dis, «C'est formidable.»
4. Je leur dis, «C'était pas facile, hein?»
5. Nous lui disons, «Ça a bien marché, non?»
6. Gilles lui dit, «On va au concert de rock?»
7. Vous lui dites, «Félicitations!»
8. Marie me dit, «Tu as bûché comme un dingue.»

EXERCICES   Essential

A   Bravo!   Toute la classe a été reçue au bac. Tout le monde se félicite. Suivez le modèle.

Jacques / Tu as de la veine.
Jacques me dit, «Tu as de la veine.»

1. la prof / Bravo!

2. Maman / De mon temps, c'était plus difficile.

3. je / C'est formidable!

4. je / C'était pas facile, hein?

5. nous / Ça a bien marché, non?

6. Gilles / On va au concert de rock?

7. vous / Félicitations!

8. Marie / Tu as bûché comme un dingue.

B C'est pour qui? Serge est rentré des vacances avec des petits cadeaux pour toute la famille. Conversez selon le modèle.

> la boîte / Anne-Marie / une boîte
> ÉLÈVE 1 *Pour qui est la boîte?*
> ÉLÈVE 2 *Je la donne à Anne-Marie.*
> ÉLÈVE 1 *Mais tu lui as envoyé une boîte l'année dernière.*

1. les gants / François / des gants
2. la cassette / Catherine / un disque
3. le chocolat / Papa et Maman / des bonbons
4. les affiches / Jérôme / une affiche
5. la plante / Véronique / une plante
6. les bracelets / Nadège et Marie-Claire / des bijoux
7. le roman policier / Laurence / quelque chose à lire
8. les bagues / Sylvie et Paulette / une bague

C Et pour moi …? Les petits cousins de Serge ont vu tous les cadeaux. Maintenant ils lui demandent ce qu'il leur a apporté à eux. Conversez selon le modèle.

> la boîte / Anne-Marie / une boîte
> ÉLÈVE 1 *A qui tu as donné la boîte?*
> ÉLÈVE 2 *Je l'ai donnée à Anne-Marie.*
> ÉLÈVE 1 *Mais tu ne m'as pas apporté de boîte?*
> ÉLÈVE 2 *Si. La voici.*

Voici du chocolat et des bonbons!

Exercice B
1. Pour qui sont les gants? / Je les donne à François. / Mais tu lui as envoyé des gants l'année dernière.
2. … est la cassette? / Je la donne à … / Mais tu lui as envoyé un disque …
3. … est le chocolat? / Je le donne à … / Mais tu leur as envoyé des bonbons …
4. … sont les affiches? / Je les donne à … / Mais tu lui as envoyé une affiche …
5. … est la plante? / Je la donne à … / Mais tu lui as envoyé une plante …
6. … sont les bracelets? / Je les donne à … / Mais tu leur as envoyé des bijoux …
7. … est le roman policier? / Je le donne à … / Mais tu lui as envoyé quelque chose à lire …
8. … sont les bagues? / Je les donne à … / Mais tu leur as envoyé une bague …

Exercice C
1. A qui tu as donné les gants? / Je les ai donnés à François. / Tu ne m'as pas apporté de gants? / Si. Les voici.
2. … la cassette? / Je l'ai donnée … / … de cassette / Si. La voici.
3. … le chocolat? / Je l'ai donné … / … de bonbons? / Si. Les voici.
4. … les affiches? / Je les ai données … / … d'affiche? / Si. La voici.
5. … la plante? / Je l'ai donnée … / … de plante?/Si. La voici.
6. … les bracelets? / Je les ai donnés … / … de bijoux? / Si. Les voici.
7. … le roman policier? / Je l'ai donné … / … quelque chose à lire? / Si. Le voici.
8. … les bagues? / Je les ai données … / … de bague? / Si. La voici.

D Déjà fait. Il y a des gens qui ne savent jamais ce qui s'est passé. Répondez aux questions d'après les modèles. Faites l'accord du participe passé où nécessaire.

> Il va te téléphoner, Alice?
> *Il m'a déjà téléphoné.*

> Tu crois qu'elle pourra nous voir, Paul?
> *Elle nous a déjà vus.*

1. Le médecin va t'examiner, maman?
2. Pourquoi tu ne nous réponds pas?
3. Ils vont vous raconter ce qui s'est passé, messieurs?
4. Tu vas commander du vin?
5. Michel va t'inviter à l'accompagner, Anne?
6. Tu penses téléphoner à l'aéroport?
7. Tu ne vas pas laisser de pourboire?
8. Pourquoi tu ne demandes pas à ta sœur de nous aider, Louise?

Reteach/Extra Help: Let students ask each other comparable questions. Answers may include these constructions requiring the infinitive: *je suis en train de / je ne peux pas ... en ce moment.*

Le passé composé avec *être* Essential

Remember that the passé composé of the following verbs is formed with *être* instead of *avoir*.

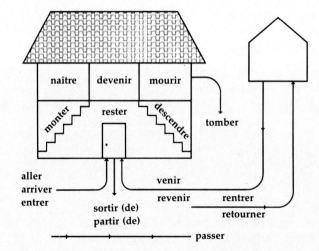

1 When a verb forms its passé composé with *être*, the past participle agrees in gender and number with the subject of the verb.

Nathalie est all**ée** à Boston.
Nous sommes arriv**és** au sous-sol.
Elles sont entr**ées** par la porte.

Notes: Point out the example of nonreflexive passé composé with *être* in mini-dialogue 6, p. 18.

2 *Monter, descendre, sortir, passer, rentrer,* and *retourner* can also be followed by a direct object. In that case they have a different meaning and form their passé composé with *avoir.*

Enrichment: Ask students to pantomime the meanings of the various verbs as others tell what the person did. For example: *Elle a descendu le livre et puis elle l'a rentré.*

Elle **est montée** au grenier.	*She went up to the attic.*
Elle **a monté** la table.	*She brought the table up.*
Il **est descendu** au sous-sol.	*He went down to the basement.*
Il **a descendu** une boîte.	*He took down a box.*
Elle **est sortie** vers 2h.	*She went out around 2:00.*
Elle **a sorti** des photos.	*She brought out some photos.*
Je **suis passée** hier.	*I came by yesterday.*
Je leur **ai passé** le poivre.	*I passed them the pepper.*
Nous **sommes rentrés** à 6h30.	*We came home at 6:30.*
Nous **avons rentré** la voiture au garage.	*We put the car back in the garage.*
Elle **est retournée** chercher son parapluie.	*She went back to look for her umbrella.*
Elle **a retourné** la crêpe.	*She turned the crêpe over.*

EXERCICES   Essential

A Qui a fait quoi? Posez des questions au passé composé avec un verbe de la liste ci-dessous et une expression de la colonne *(column)* à gauche. Votre camarade répondra avec un sujet de la colonne à droite. Conversez selon le modèle.

aller	descendre (de)	monter (à)	rentrer	tomber
arriver	entrer	partir	sortir	venir

à pied   ÉLÈVE 1 *Qui est venu à pied?*
           ÉLÈVE 2 *Mon voisin est venu à pied.*

1. à temps pour déjeuner
2. avec dix minutes de retard
3. à sa boutique
4. dans l'avion
5. la montagne
6. de l'arbre
7. de la voiture
8. de l'oral à 16h30
9. avant la fin du cours

a. le marchand
b. les voyageurs
c. mon père
d. ma tante Marie
e. toute la classe
f. Laure et moi
g. mon petit chat
h. Marc, qui n'a pas de montre,
i. l'équipe de ski
j. moi

Exercice A
Responses may vary. Probable questions are:
1. Qui est arrivé (*or:* entré / rentré / venu) à temps pour déjeuner?
2. Qui est arrivé (entré / parti / rentré / sorti / venu) avec dix minutes de retard?
3. Qui est allé (arrivé / rentré) à sa boutique?
4. Qui est monté dans l'avion?
5. Qui est descendu de (monté à) la montagne?
6. Qui est tombé (descendu) de l'arbre?
7. Qui est descendu de la voiture?
8. Qui est sorti de l'oral à 16h30?
9. Qui est arrivé (entré / parti / rentré / sorti / venu) avant la fin du cours?

B Comment ça se fait? Tout le monde arrive en retard. Expliquez pourquoi. Suivez le modèle.

> Isabelle tombe de son vélo.
> *Isabelle arrive en retard parce qu'elle est tombée de son vélo.*

1. Pierre reste avec son petit frère.
2. Yvonne et Jeanne passent par le parc.
3. Jacques et Gilles rentrent dans la librairie.
4. Catherine retourne chercher son parapluie.
5. Marc et Madeleine viennent à pied.
6. Thérèse arrive de son cours de piano.
7. Rémi et Charles vont d'abord chez Louis.
8. Anne et Lise ne descendent pas au bon arrêt d'autobus.
9. Et toi, pourquoi est-ce que tu arrives en retard?

C Une visite au Musée Océanographique. Mme Maurel est professeur d'histoire et de géographie au CES (collège d'enseignement secondaire) Roland Garros à Nice. Hier, un mercredi, comme il n'y avait pas de cours l'après-midi, elle a emmené sa classe au Musée océanographique de Monaco. Complétez le texte en mettant le verbe entre parenthèses au passé composé.

Mme Maurel *(décider)* d'emmener ses élèves voir l'excellente collection du Musée océanographique de Monaco. Ils *(partir)* juste après le déjeuner. Ils *(prendre)* un car. Le car *(monter)* à la Grande Corniche, une route d'où on a une vue extraordinaire sur la côte.
5 Ensuite il *(descendre)* par un petit chemin pour arriver à Monaco. Comme il y avait beaucoup de circulation, le car *(rester)* en bas de la colline où se trouvent le château du prince de Monaco et le musée. Mme Maurel et ses élèves *(monter)* au musée à pied.
   Ils *(passer)* deux heures à admirer les poissons exotiques de la
10 belle collection du musée. Bien sûr, les élèves voulaient voir le château. Ils *(rester)* quelque temps dans la cour devant le château. Mme Maurel leur *(expliquer)* l'histoire de la famille Grimaldi, les princes de Monaco. La dernière princesse de Monaco, l'actrice américaine Grace Kelly, qui *(naître)* à Philadelphie, *(mourir)* dans un
15 accident de voiture: Elle descendait de la Grande Corniche à Monaco quand elle *(perdre)* contrôle de sa voiture.
   Comme il commençait à se faire tard, Mme Maurel et sa classe *(descendre)* de la colline à pied pour aller retrouver le car. Les élèves *(rentrer)* très contents à Nice.

Le passé composé des verbes pronominaux   Essential

Remember that in the passé composé pronominal verbs are always conjugated with *être*. The reflexive pronoun comes right before *être*, and the past participle agrees with the pronoun in gender and number.

INFINITIF   **se laver**

			SINGULIER				PLURIEL
M.	je	**me suis**	lavé	nous	**nous sommes**	lavés
	tu	**t'es**	lavé	vous	**vous êtes**	lav**é(s)**
il on	} **s'est**	lavé	ils	**se sont**	lavés
F.	je	**me suis**	lavée	nous	**nous sommes**	lavées
	tu	**t'es**	lavée	vous	**vous êtes**	lav**ée(s)**
elle on	} **s'est**	lavée	elles	**se sont**	lavées

1. If a pronominal verb is followed by a direct object, the past participle does not agree with the reflexive pronoun.

> Elle s'est peign**ée**.   Elle s'est peign**é les cheveux.**
> Nous nous sommes lav**és**.   Nous nous sommes lav**é les mains.**

2. To make the pronominal verb negative in the passé composé, put the *ne* in front of the pronoun and the *pas* after the form of *être*.

> Je **ne** me suis **pas** levé(e).   Tu **ne** t'es **pas** coiffé(e).

Notes: Point out the passé composé of pronominal verbs in mini-dialogues 1, 3, and 4, p. 17.

◆ OBJECTIVES:

TO DESCRIBE DAILY ACTIVITIES IN THE PAST

TO TELL WHAT YOU DID LAST NIGHT AND THIS MORNING

TO EXPLAIN WHY SOMETHING DIDN'T HAPPEN

MOUSSE D'EAU DOUCE.

Se démaquiller est devenu très simple: un peu de Mousse Minute sur un gant mouillé, faites mousser et puis rincer. Avec Mousse Minute, l'eau est toujours douce: elle neutralise les effets du calcaire.

Se démaquiller est maintenant parfait: Mousse Minute dissout complètement les impuretés en respectant le film naturel de la peau. Avec Mousse Minute votre visage se révèle plus frais et plus net. Instituts: 29 rue François-1er, 75008 Paris, 723 53 45. 10 rue Ste-Catherine, 33000 Bordeaux, 16 (56) 81 47 25.

Isabelle Lancray PARIS

Exercice A
1. Annick s'est maquillée à 7 heures et demie.
2. Gérard s'est brossé les dents à 8 heures moins vingt.
3. Gérard s'est lavé la figure à 8 heures moins le quart.
4. Annick s'est brossé les cheveux à 8 heures moins dix.
5. Gérard s'est peigné à 8 heures moins cinq.
6. Annick et Gérard se sont habillés à 8 heures.
7. Gérard s'est couché à 10 heures et demie.
8. Annick s'est endormie à 11 heures.
9. Annick s'est réveillée à minuit.
10. Annick s'est rendormie à minuit et quart.

Reteach/Extra Help: Ask the same questions using times different from those shown to elicit negative answers.

A L'heure, c'est l'heure.   Regardez les images et décrivez la journée d'Annick et Gérard. Suivez le modèle.

Annick s'est levée à 7h.

1.

2.

3.

4.

5.

6.

7.

8.

9.

10.

B Conséquences. Les Touvier et leurs enfants ont eu des problèmes ce matin en faisant leur toilette. Voici ce qui s'est passé. Qu'est-ce qui en a été la conséquence?

> Jean a perdu son peigne.
> *Voilà pourquoi il ne s'est pas peigné.*

1. Yvonne n'a pas trouvé le savon.
2. Monique n'a pas vu le dentifrice.
3. Yvonne n'a pas trouvé le shampooing.
4. Monique et Jean ont dit qu'il n'y avait plus d'eau chaude.
5. La petite Marie-Christine n'a pas trouvé de serviette sèche.
6. Elle a dit que son peigne était cassé.
7. M. Touvier n'a pas pu trouver son rasoir.
8. Mme Touvier s'est lavé les cheveux mais elle n'a pas trouvé le sèche-cheveux.

C Parlons de toi.
1. Est-ce que tu arrives toujours en classe bien préparé(e)? Tu t'es préparé(e) hier soir pour tous tes cours d'aujourd'hui? Qu'est-ce que tu as fait pour te préparer?
2. Est-ce que tu t'es jamais inscrit(e) à un cours supplémentaire pour te perfectionner en quelque matière? Tu t'es inscrit(e) aux cours d'été? Lesquels?
3. Est-ce que tu as jamais déménagé pendant l'année scolaire *(school)*? Qu'est-ce que tu as dû faire pour t'adapter à ta nouvelle école? C'était difficile ou non? Pourquoi? Est-ce que les autres élèves t'ont aidé(e) à t'adapter?
4. Comment tu te prépares pour un examen important de français? Pour un examen de maths? Et d'histoire? Il y a des différentes méthodes pour se préparer à différents cours?

Exercice B
1. Voilà pourquoi elle ne s'est pas lavée.
2. Voilà pourquoi elle ne s'est pas brossé les dents.
3. ... elle ne s'est pas lavé les cheveux.
4. ... ils n'ont pas pris de douche (*or:* de bain).
5. ... elle ne s'est pas séchée (*or:* ne s'est pas séché les cheveux).
6. ... elle ne s'est pas peignée.
7. ... il ne s'est pas rasé.
8. ... elle ne s'est pas séché les cheveux.

Exercice C
Answers will vary.

Practice Sheet 1-4

Workbook Ex. E

 6 Tape Manual Ex. 4

Quiz 1-3

Discretionary

GROSSES TÊTES: Leurs conseils de révision

ELISABETH BARILLÉ   🎙 8

AVANT DE LIRE

1. Quels conseils donneriez-vous à un élève qui va passer l'examen le plus important de sa vie?
2. Y a-t-il des examens aux Etats-Unis plus ou moins comme le bac? Comment se prépare-t-on pour ces examens-là?

Caroline, Normale sup

D̲e Caroline, on peut dire que c'est une grosse tête puisqu'à 19 ans elle a intégré du premier coup[1] l'Ecole normale supérieure, option philo!* Son credo: travailler toute l'année. Elle ne commence à réviser
5 qu'un mois avant le concours.[2] …
«Mes révisions ne consistent qu'à approfondir mes connaissances. Pour le français, j'ai appris des citations par cœur et j'ai analysé certaines pages d'une manière très précise: c'est le secret des bonnes dissertations. … Mon programme d'histoire couvrait[3] la France de 1840 et le monde de 1917 à
10 nos jours: j'ai lu des biographies, j'ai vu des films sur la période. Les dates, les traités,[4] je les avais appris par cœur. Si l'on a de grosses lacunes,[5] inutile[6] de les combler[7] à la dernière minute, mieux vaut peaufiner[8] ce que l'on sait bien. J'essaie de beaucoup dormir, au moins huit heures par nuit. … J'ai évité ceux de ma classe qui ne parlaient que des examens. Pour réussir
15 un concours, il ne faut pas trop y penser.»

Caroline: «Il ne faut pas trop y penser.»

[1]**intégrer du premier coup**   *to get into a school on the first try*   [2]**le concours** *competitive examination*   [3]**couvrir** *to cover*   [4]**le traité** *treaty*   [5]**la lacune** *gap*
[6]**inutile** *useless*   [7]**combler** *to fill in*   [8]**peaufiner** *to fine-tune*

Extrait de "CRACKS: Leurs conseils de révision," *20 Ans*, N° 11, juin 1988. Reproduit avec permission.

*****l'Ecole normale supérieure, option philo**   L'E.N.S. prépare à l'agrégation (un diplôme que reçoivent certains professeurs du secondaire). Après deux ou trois ans de préparation, les étudiants passent un concours très difficile qui leur permet d'entrer à l'E.N.S. Il y a à peu près *(about)* cent places pour la section sciences et cent places pour la section lettres. L'option philo(sophie) est une des options que peuvent choisir ceux qui se préparent au concours de l'E.N.S. dans la section lettres.

Unknown cognates and related words are not glossed. Among these are *la manière, à l'avance, durant, l'examinateur,* and *la sortie* ("outing"). We have also left a few more difficult phrases unglossed, e.g., *je pars du principe que,* believing that third-level students must begin generalizing from their own experience and language as they read. Certain pure cognates whose English equivalents may be unfamiliar are also not glossed; for example: *credo, citation, dissertation, impasse, annoter,* and so on.

Julien, hypokhâgne[1]

J ulien, 17 ans, ne se contente pas d'être dans l'une des plus prestigieuses hypokhâgnes: celle d'Henri IV. Il est lauréat[2] du Concours général en français et en histoire.

20 «Je pars du principe qu'on ne peut pas tout réviser, surtout lorsque[3] le
programme est très lourd. Je me permets des impasses dans les matières
qui ne nécessitent pas des connaissances très précises, comme le français.
Pour mon bac, je me suis simplement entraîné à faire des plans rapides
de dissertation. Pour les langues, j'ai appris par cœur des phrases types.[4]

25 Gros morceaux: l'histoire et la géographie. Je m'y suis pris[5] quinze jours
à l'avance. Les premiers jours, j'ai appris par cœur la chronologie, puis j'ai
élargi aux[6] aspects socio-économiques. J'essaie d'harmoniser mes loisirs à
mes révisions: je vais voir une exposition ou un film lié[7] à la période, au
pays que j'étudie. … Je travaille par tranches de deux heures avec un break

30 d'une demi-heure, ce qui me permet de réviser toute la journée. L'important c'est d'arriver en forme le jour de l'examen. Je dors beaucoup: douze
heures par nuit. Les trois derniers jours, je ne révise plus. Je me promène,
je sors un peu, pas tard, juste pour me changer les idées.»[8]

---

[1]**hypokhâgne** *(f.)*   classe des lycées qui prépare à l'Ecole normale supérieure
[2]**le lauréat** *prize-winner*   [3]**lorsque** quand   [4]**type** exemple   [5]**se prendre à** *to
take seriously*   [6]**élargir à**   *to broaden in order to include*   [7]**lié, -e** *related*   [8]**changer
les idées à quelqu'un**   *to take someone's mind off something*

Julien: «L'important c'est
d'arriver en forme.»

Notes: *(Hypo)khâgne*, or
cagne, is student argot. It is
thought to come from the
archaic term *cagnard, -e* (from
Latin *canis*, ''dog''), meaning
''lazy.''

Des futurs ingénieurs à Paris

Christophe, Sciences po*

Christophe: «J'apprends par cœur.»

35   Christophe, 24 ans, pourrait écrire un éloge[1] de la sieste. Durant ses deux mois de révisions, il s'en est accordé[2] une chaque jour. Bonne technique car il a décroché[3] le diplôme de Sciences po.

   «Le sommeil est vraiment primordial.[4] Je ne travaille jamais après 23 heures. Je tiens[5] un rythme assez soutenu[6] dans la journée, sans me dis-
40 perser.[7] J'apprends par cœur: c'est nécessaire pour des matières comme la géographie, l'histoire. Je ne fais pas de fiches car je n'ai jamais le temps de les consulter. Je préfère lire et annoter des livres qui complètent mes connaissances. C'est plus intéressant que de résumer[8] des cours. Pour le Grand Oral, on s'est réuni[9] entre amis. Certains tenaient le rôle des ex-
45 aminateurs. C'est une bonne façon[10] de se mettre en condition, de s'en-traîner à parler en public. Cela dit, je n'aime pas trop travailler en groupe. Il y en a toujours pour vous abattre le moral[11] en prétendant qu'ils ont tout révisé. Je m'accorde des sorties jusqu'à trois semaines avant les exa-mens. A partir de ce moment-là,[12] je ne sors que pour aller déjeuner, dans
50 un café ou un petit restaurant avec un copain. C'est mon moment de détente,[13] avant ma sieste!»

---

[1]l'éloge (m.) hymn of praise   [2]s'accorder se permettre   [3]décrocher here: receivoir   [4]primordial, -e essential   [5]tenir to keep, to have [6]soutenu, -e sustained   [7]se disperser to do too many things at once   [8]résumer to summarize   [9]se réunir to get together   [10]la façon way   [11]abattre le moral à quelqu'un to lower someone's morale   [12]à partir de ce moment-là from that time on [13]la détente relaxation

***Sciences po** Cette Grande Ecole (l'Institut d'études politiques de Paris, couramment appelé «Sciences po») prépare les cadres *(managerial level employees)* de l'état. Pour y entrer il faut passer un concours difficile. Si on a le bac «avec mention 'très bien'», on peut y entrer directement sans passer le concours. L'E.N.S. et Sciences po sont deux des Grandes Ecoles. Les Grandes Ecoles sont les institutions d'enseignement les plus prestigieuses de la France.

Questionnaire

1. Caroline a étudié toute l'année et n'a révisé que pendant un mois. En quoi consistaient ses révisions?
2. Qu'est-ce que vous savez de l'histoire mondiale *(world)* depuis 1917? Vous pouvez citer *(mention)* trois dates importantes dans l'histoire mondiale—et non seulement des Etats-Unis—depuis 1917? Pourquoi ces dates sont-elles importantes?
3. Pourquoi l'étude de l'histoire est-elle importante?
4. Pourquoi est-ce que Caroline dit que «pour réussir un concours, il ne faut pas trop y penser»? Vous êtes d'accord, ou non? Pourquoi?
5. Caroline et Julien disent qu'on ne peut pas tout savoir et qu'il vaut mieux approfondir ses connaissances que d'essayer de combler «les grosses lacunes» pendant qu'on révise. Que pensez-vous? Comment peut-on éviter les grosses lacunes dans ses connaissances?
6. Pour ceux qui passent le concours il y a des dissertations orales et écrites. Est-ce que vous avez eu un oral? Si oui, comment était-il? Si non, pensez-vous que ça serait plus facile ou plus difficile qu'un examen écrit? Pourquoi?
7. Pour réviser, Julien «essaie d'harmoniser ses loisirs à (ses) révisions.» Qu'est-ce qu'il fait? Et Caroline, que fait-elle?
8. Tous ces jeunes gens disent que le sommeil est important. Combien d'heures est-ce que Caroline et Julien dorment chaque nuit? Que dit Christophe au sujet du sommeil? A quelle heure est-ce qu'il s'arrête d'étudier?
9. Pourquoi Christophe n'aime-t-il pas étudier en groupe? Est-ce que vous préférez travailler seul ou avec des copains? Pourquoi?
10. Pourquoi est-ce que Christophe aime se réunir avec des amis pour s'entraîner pour le Grand Oral? Comment est-ce qu'ils étudient ensemble?

Un examen écrit à Paris

EXPLICATIONS II

L'imparfait

♦ **OBJECTIVES:**

TO EXPRESS REPEATED OR HABITUAL ACTIONS IN THE PAST

TO TELL WHAT YOU USED TO DO

TO SAY WHAT PEOPLE AND THINGS WERE LIKE

TO COMPARE THE PRESENT WITH THE PAST

TO TELL HOW SOMEONE FELT

TO TELL WHAT SOMEONE WANTED

TO MAKE SUGGESTIONS

TO GIVE INVITATIONS

TO EXPRESS DISAPPROVAL OR ANNOYANCE

You have learned that the imperfect (*l'imparfait*) is the tense used to describe the setting or background of a past event.

1   Recall that to form the imperfect you drop the *-ons* of the *nous* form of the present tense and then add the appropriate endings.

INFINITIF   **vendre**

	SINGULIER		PLURIEL
je	vend**ais**	nous	vend**ions**
tu	vend**ais**	vous	vend**iez**
il, elle, on	vend**ait**	ils, elles	vend**aient**

Remember that in verbs ending in *-ger* you add the letter *-e* before the endings *-ais*, *-ais*, *-ait*, and *-aient: je mangeais, ils rangeaient*. In verbs ending in *-cer* the *c* becomes *ç* before the same endings: *tu commençais, elle commençait*.

2   *Etre* is the only verb that is irregular in the imperfect. Its imperfect stem is *ét-: j'étais, nous étions*.

3   Use the imperfect to express repeated or habitual actions in the past.

Pour aller à l'usine, d'habitude nous **prenions** le métro.

*To go to the factory, we usually **took** the subway.*

Tous les matins, il **mangeait** un croissant en lisant le journal.

*Every morning, he **used to eat** a croissant while reading the newspaper.*

4 Use the imperfect to express a continuing action or situation in the past. This is equivalent to the construction "was/were" + verb + "-ing" in English.

Dimanche, elles **étaient** chez elles. Elles **préparaient** l'oral d'espagnol.	*Sunday, they **were** at home. They **were studying** for the Spanish oral exam.*
On ne **pouvait** pas sortir. Il **neigeait** trop.	*We **couldn't** go out. It **was snowing** too hard.*
Ils **bavardaient** pendant que le prof **expliquait** le problème.	*They **were chatting** while the teacher **was explaining** the problem.*

5 In giving the background of past events, use the imperfect:

● to describe persons, things, weather; to give information about time.

C'**était** une jeune fille charmante. Elle **avait** les yeux verts et elle **portait** toujours des robes claires.	*She **was** a charming girl. She **had** green eyes and she always **wore** light-colored dresses.*
Il **faisait** vraiment mauvais. Il **pleuvait** et **il y avait** un vent fort.	*The weather **was** really bad. It **was raining** and **there was** a strong wind.*

● to express feelings and intentions.

Nous **étions** très malheureux.	*We **were** very unhappy.*
Je **ne me sentais pas** très bien.	*I **didn't feel** very well.*
Les autres **ne voulaient pas** nous rejoindre.	*The others **didn't want** to join us.*

6 You are also familiar with a use of the imperfect that is not related to expressing past events. When it is used with *si*, the imperfect can be used to make suggestions, to give invitations, or to express disapproval or annoyance.

Le soleil vient de sortir. **Si on faisait une randonnée** dans la forêt?	*The sun has just come out. **How about going for a hike** in the forest?*
Si vous travailliez au lieu de vous disputer!	***Why don't you work** instead of arguing?*

A   Le bon vieux temps.   Le grand-père d'Edmond compare la vie d'aujourd'hui à celle d'autrefois, quand il était enfant. Formez ses phrases en utilisant l'un des éléments donnés dans la colonne de droite qui convient. Suivez le modèle.

> Vous allez à l'école en car …
> *Nous y allions à pied.*

1. Tu regardes la télé …
2. Le dimanche tu sors avec tes copains …
3. Tu t'achètes tes vêtements toi-même …
4. Ton père va au bureau en voiture …
5. Tout le monde a la télé …
6. Maintenant tout le monde part pendant les grandes vacances …
7. On traverse l'océan Atlantique en avion …
8. On met des ordinateurs dans tous les bureaux …

a. les secrétaires / utiliser seulement des machines à écrire
b. on / prendre le bateau
c. ma mère / choisir ce que je / porter
d. nous / se promener en famille
e. on / écouter la radio
f. je / lire des romans
g. nous / aller à pied
h. nous / rester chez soi
i. mon père / aller au travail en vélo

B   Suggestions et contre-suggestions.   Maryse essaie de se préparer pour un contrôle de physique mais son petit frère et sa petite sœur font beaucoup de bruit et ne sont pas très sages. Refaites ses ordres pour les rendre moins directs. Suivez le modèle.

> Laissez-moi travailler!   *Si vous me laissiez travailler!*

1. Jouez dehors!
2. Faites moins de bruit!
3. Arrêtez de vous disputer!
4. N'allumez pas la télé!
5. Toi, Eric, va jouer avec tes copains!
6. Anne-Marie, fais tes devoirs d'allemand!

Et maintenant, refaites les réponses de sa sœur.

7. Laisse-nous tranquilles!
8. Arrête de nous embêter!
9. Descends travailler dans le bureau de Papa!
10. N'attends pas jusqu'au dernier jour pour te préparer pour tes examens!

C Ajoutons l'arrière-plan *(the background).* Maryse raconte son récent séjour à la montagne. Finissez ses phrases en utilisant *quand* ou *parce que* selon les indications données. Suivez les modèles.

> Nous sommes partis de chez nous. (quand / faire encore nuit)
> *Quand nous sommes partis de chez nous, il faisait encore nuit.*

> La route était déserte. (parce que / la ville dormir encore)
> *La route était déserte parce que la ville dormait encore.*

1. Nous sommes arrivés à la montagne. (quand / neiger)
2. Papa a arrêté de conduire. (parce que / la voiture glisser sur la neige)
3. Nous avons mis des vêtements chauds et des anoraks. (parce que / faire froid)
4. Nous sommes sortis de l'hôtel. (parce que / nous / vouloir quand même faire du ski)
5. Nous avons attendu longtemps pour monter aux pistes de ski. (parce que / y avoir beaucoup de monde)
6. Nous sommes arrivés sur la piste de ski. (quand / le soleil commencer à sortir)
7. Nous sommes descendus et nous sommes montés plusieurs fois. (parce que / nous / être contents d'être à la montagne)
8. Le soir, nous sommes allés danser. (parce que / nous / vouloir s'amuser)
9. Nous nous sommes couchés. (quand / être après minuit)

Exercice C
1. Quand nous sommes arrivés ..., il neigeait.
2. ... parce que la voiture glissait ...
3. ... parce qu'il faisait froid.
4. ... parce que nous voulions ...
5. ... parce qu'il y avait beaucoup de monde.
6. Quand nous sommes arrivés ..., le soleil commençait ...
7. ... parce que nous étions contents ...
8. ... parce que nous voulions nous amuser.
9. Quand nous nous sommes couchés, il était après minuit.

Practice Sheet 1-5

Workbook Exs. F–G

 8 Tape Manual Exs. 5–6

Activity Masters pp. 5–6

Quiz 1-4

Des skieurs de fond en Lozère, au sud le la France

Notes: Point out contrast of imperfect and passé composé in mini-dialogues 3 and 7, pp. 17–18.

♦ **OBJECTIVES:**

TO TELL A STORY

TO GIVE BACKGROUND INFORMATION

TO EXPLAIN WHY YOU DID SOMETHING

Le petit déjeuner chez soi, à Paris

Contraste entre le passé composé et l'imparfait Essential

You know that the imperfect and the passé composé represent different ways of looking at past events.

1 We use the *passé composé:*

- to look at a past event that relates to the present. These events are expressed in English by *have* + past participle.

J'**ai mangé.** Je n'ai plus faim.	*I've eaten. I'm no longer hungry.*
Nous sommes fatigués parce que nous **avons** beaucoup **travaillé.**	*We're tired because **we've worked** a lot.*

- to string together events to form a story line.

Mme Guillot **est descendue** dans sa cuisine. Elle **a allumé** la cuisinière et **a préparé** le café.	*Mme Guillot **went down** to her kitchen. She **switched on** the stove and **made** the coffee.*

2 We use the *imperfect:*

- to provide the background for an event.

Il **faisait beau** quand nous sommes arrivés.	*The weather **was nice** when we arrived.*
Je **travaillais** sur mon ordinateur quand on a coupé l'électricité.	*I **was working** on my computer when the electricity was cut off.*

- to describe something in the past.

C'était une auberge charmante. Elle n'**avait** qu'une dizaine de chambres. De ma chambre je **voyais** un petit jardin où **se promenaient** quelques poules.	*It **was** a charming inn. It **had** only about ten rooms. From my room I saw a small garden where a few chickens **were walking around.***

3 Verbs that describe or refer to feelings and intentions are generally used in the imperfect. These include *avoir, être, croire, penser, connaître, savoir, espérer, devoir, pouvoir, vouloir.*

4 Time expressions often give you a clue about which of the two tenses to use:

- We use the imperfect with time expressions that express habitual or repeated action.
- We use the passé composé with time expressions that refer to a specific point in time or to a specific number of times an event took place.

Compare the following pairs of sentences.

habitual or repeated action	*specific or delimited action*
Le lundi il **allait** au lycée à pied.	Lundi dernier, il **est allé** au lycée à pied.
D'habitude, je **préparais** mes examens tout seul.	Cette fois, j'**ai préparé** mes examens tout seul.
Nous **tapions** souvent nos devoirs à la machine à écrire.	Hier soir, nous **avons tapé** nos devoirs à la machine à écrire.

Dans la cour d'un lycée à Paris

ANNÉE SCOLAIRE 1989-1990

CARNET DE LIAISON AVEC LA FAMILLE

DE L'ÉLÈVE *Pascale Grison*

CLASSE *Seconde C*

☐ EXTERNE   ☒ DEMI-PENSIONNAIRE LIBRE

☐ DEMI-PENSIONNAIRE RAMASSAGE SCOLAIRE

Ce carnet de liaison, que l'élève doit toujours avoir en sa possession, sera présenté à chaque demande de l'administration ou des professeurs, et visé régulièrement par les parents.

La ville de Lyon, sur le Rhône

Exercice A
1. (d) ... elle s'est réveillée tard.
2. (e) ... elle a pris sa voiture.
3. (f) ... elle achetait le journal.
4. (b) ... elle est partie seule.
5. (i) ... elle arrivait avant les autres employés.
6. (h) ... elle a apporté un sandwich.
7. (g) ... elle restait en ville jusqu'à 10h.
8. (a) ... il ne s'est pas arrêté de sonner.

EXERCICES   Essential

A   **Une journée pas comme les autres.**   Simone travaille dans un bureau à Lyon. La semaine dernière n'était pas typique pour elle. Construisez des phrases en mettant le verbe au temps qui convient et en utilisant l'expression logique de la liste en-dessous. Suivez le modèle.

> D'habitude elle rentrait tôt le soir. Mardi dernier ...
> *Mardi dernier elle est rentrée tard.*

1. Tous les jours, elle se levait de bonne heure. Le jour de son anniversaire ...
2. D'habitude elle prenait le train pour aller en ville. Ce jour-là ...
3. Ce matin elle a écouté les informations à la radio. D'habitude ...
4. En général elle attendait ses amis à la gare. Hier ...
5. Lundi dernier elle est arrivée au bureau en retard. Généralement ...
6. Tous les jours elle déjeunait au restaurant. Mercredi ...
7. Vendredi soir elle a quitté la ville vers 8h. Tous les vendredis ...
8. Généralement le téléphone sonnait rarement. Lundi matin ...

a. ne pas s'arrêter de sonner
b. partir seule
c. rentrer tard
d. se réveiller tard
e. prendre sa voiture
f. acheter le journal
g. rester en ville jusqu'à 10h
h. apporter un sandwich
i. arriver avant les autres employés

B Justifications.   Quelle justification est-ce que vous pouvez trouver pour les actions suivantes?

> Pourquoi est-ce que tu as pris ton parapluie?
> *Parce que je croyais qu'il allait pleuvoir.*
> OU: *Parce que le ciel était gris.*

1. Pourquoi est-ce que tu as mangé toute la baguette et tout le jambon?
2. Pourquoi est-ce que tu as mis deux pulls?
3. Pourquoi est-ce que tu as pris la voiture?
4. Pourquoi est-ce que tu es rentré(e) du lycée avant la fin des cours?
5. Pourquoi est-ce que tu as dépensé tout ton argent de poche de la semaine?
6. Pourquoi est-ce que tu n'as pas pris le car pour aller au lycée ce matin?
7. Pourquoi est-ce que tu t'es servi de mon ordinateur?
8. Pourquoi est-ce que tu n'as pas fait la vaisselle du déjeuner?
9. Pourquoi est-ce que tu t'es couché(e) à une heure du matin?

Exercice B
Answers will vary. You may want to extend this exercise by letting students continue either a psychological or criminal interrogation, with partners explaining their behavior.

C Plus de peur que de mal!   Mme Juquin raconte pourquoi elle a mis le téléphone dans sa voiture. Mettez l'histoire au passé en utilisant le temps qui convient: l'imparfait ou le passé composé.

C'est un soir d'hiver. Je rentre chez moi après une journée à la campagne. Il fait froid et il fait nuit. Il y a de la neige sur la route étroite. Tout à coup je vois une vache au milieu de la route. Elle ne veut pas quitter la route. Je freine et, comme il y a de la neige sur la

5 route, je glisse. Je me retrouve sur le côté de la route. Je ne peux pas sortir ma voiture de là. Je sors de la voiture et je cherche une ferme. Malheureusement, il n'y a pas de maisons où je me trouve. Je n'ai pas envie de marcher loin dans la nuit. Alors je reste comme ça jusqu'au matin. J'ai froid, j'ai faim et j'ai peur. Heureusement

10 quelqu'un passe par là et m'aide à mettre ma voiture sur la route. Voilà pourquoi je mets le téléphone dans ma voiture.

Exercice C
C'était; Je rentrais
Il faisait; il faisait; Il y avait
j'ai vu
Elle ne voulait pas; J'ai freiné; il y avait
j'ai glissé; Je me suis retrouvée; Je ne pouvais pas
Je suis sortie; j'ai cherché
il n'y avait pas; je me trouvais
Je n'avais pas envie; je suis restée
j'avais; j'avais; j'avais
est passé; m'a aidée
j'ai mis

Practice Sheet 1-6

Workbook Ex. H

 **9 Tape Manual Ex. 7**

Le passé composé et l'imparfait: résumé Essential

◆ OBJECTIVES:

TO TELL A STORY

TO DESCRIBE SOMETHING THAT HAPPENED

1 A story or description of a past event has two parts: a story line and background information. The story line tells what happened and the background information describes the context and circumstances surrounding the events. You have learned that the story line is carried by the passé composé and that the imperfect describes the background. The following diagram outlines the narrative below. Each *x* on the time line represents an event; the background information for each event is given below the time line.

STORY LINE

| Odile est entrée dans le bureau de son père. | Elle a mis la machine en marche. | Tout à coup l'écran est devenu noir. | Odile a eu peur. |

.... x .... x .... x .... x ....

BACKGROUND INFORMATION

- Il était 6h du matin.
- Tout le monde dormait.
- Elle voulait voir le nouvel ordinateur.

- Il y avait un drôle de bruit.

- Elle croyait que l'ordinateur était cassé.
- Mais c'était seulement une panne d'électricité.

Il était 6h du matin. Tout le monde dormait. Odile est entrée dans le bureau de son père. Elle voulait voir le nouvel ordinateur. Elle a mis la machine en marche. Il y avait un drôle de bruit. Tout à coup l'écran est devenu noir. Odile a eu peur. Elle croyait que l'ordinateur était cassé, mais c'était seulement une panne d'électricité.

2 Remember that the choice of tense depends on the focus: Is the event part of the story line or of the background? Compare the choice of tense for *avoir peur* in the two paragraphs below. The events appear in bold face.

- Odile était seule dans la maison. **Elle avait peur.** Tout à coup elle a entendu un drôle de bruit dans la cuisine. Elle est descendue. C'était seulement le chat.

- Odile est descendue dans la cuisine. Tout à coup elle a entendu un drôle de bruit. **Elle a eu peur.** C'était seulement le chat.

In the first paragraph, *avoir peur* is used to express Odile's fear because she was alone in the house. It is background information. In the second paragraph *avoir peur* refers to a momentary emotion caused by the sudden noise she heard. It is a main event in the story line.

EXERCICES   Essential

A Analyse. Chaque phrase ci-dessous est suivie d'une question. Choisissez la réponse qui convient.

1. Il a ouvert la fenêtre à minuit. Il pleuvait. *Il a plu toute la nuit?*
   (a) oui   (b) non   (c) on ne sait pas
2. En ouvrant la fenêtre, Eliane a dit: «Tiens, il a neigé!» *Il neige toujours?*
   (a) oui   (b) non   (c) on ne sait pas
3. «J'écrivais une lettre quand il m'a téléphoné.» *La lettre est finie?*
   (a) oui   (b) non   (c) on ne sait pas
4. Notre équipe gagnait le match quand il a commencé à pleuvoir. *Notre équipe a gagné?*
   (a) oui   (b) non   (c) on ne sait pas
5. Gisèle a habité à Bruxelles l'année dernière. *Elle y habite toujours?*
   (a) oui   (b) non   (c) on ne sait pas
6. «Robert, ton copain t'attendait à la cantine.» *Le copain de Robert l'attend toujours à la cantine?*
   (a) oui   (b) non   (c) c'est possible
7. Hervé était une grosse tête. Il réussissait toujours les examens. *Hervé a été reçu au bac haut la main?*
   (a) oui   (b) non   (c) c'est possible
8. Le père de Madeleine l'a attendue à la sortie du lycée. *Il l'attend encore à la sortie du lycée?*
   (a) oui   (b) non   (c) on ne sait pas

Exercice A
1. c
2. b
3. c
4. c
5. b
6. c
7. c
8. b

Notes: In case of disagreement, use the exercise to analyze and explain why the suggested answer is the best choice.

B   Comment préparer le bac.   Denis explique comment il a préparé son bac. Complétez son histoire en choisissant la forme du verbe qui convient.

L'année dernière, *(je préparais / j'ai préparé)* mon bac. J'*(apprenais / ai appris)* des textes par cœur pour certaines matières comme les langues étrangères, la géographie et l'histoire. Au début, on *(décidait / a décidé)* de travailler en groupe, mais comme on *(perdait / a perdu)*
5   trop de temps à discuter, on *(arrêtait / a arrêté)*. Il y *(avait / a eu)* des copains et des copines qui *(ne faisaient pas / n'ont pas fait)* sérieusement leur part du travail. *(Je bûchais / J'ai bûché)* comme un dingue pour cet examen. Je *(ne sortais pas / ne suis pas sorti)* pendant un mois, mais *(je dormais toujours / j'ai toujours dormi)* au moins huit
10   heures par nuit. Heureusement *(je réussissais / j'ai réussi)* haut la main. J'*(étais / ai été)* très content.

AMELIORER SON STYLE

COMMENT LIRE UN ENONCE EN ANGLAIS

« C'est trop bête, si seulement j'avais fait attention ». C'est ce que se disent bien des candidats au bac qui, malgré un bon niveau d'anglais, ont obtenu une mauvaise note pour avoir mal lu l'énoncé d'une épreuve. Voici quelques conseils qui, accompagnés d'un minimum d'attention, devraient vous permettre de déjouer les pièges des énoncés dans les trois parties de l'épreuve de langue: compétence linguistique, compréhension du texte et expression personnelle.

Compétence linguistique

Commençons par un exemple classique de mauvaise lecture d'un énoncé tiré de la dernière session du bac. L'énoncé était le suivant: « Parmi les quatre solutions proposées, rayez celle qui est fausse:
Children... get used to working. a) ought, b) must, c) should, d) had better ».
Ce qu'il fallait faire c'était rayer « ought » (la ... « ought to »). Malheu-

...s bon en fran-
...ue l'on entend
...l ne faut pas
...rt en faisant
...des mots,
...ous entraî-
...n.

...par un
...e fiche
... Mais
...nt au
...n des
...ntre
...que

vous vous référez ». Incorrect : « *Le livre que je t'ai parlé* » ; correct : « *Le livre dont je t'ai parlé* ».

● **EN et Y**
Pour bien utiliser **ces pronoms adverbiaux**, il faut connaître la construction des verbes. Par exemple, ont dit « se méfier de... ». De même, « se rendre à tel endroit » deviendra « ...dre ». Le pronom Y ne renvoie jamais à ...personne, mais à un lieu, un fait, une situation. On dit « *penser à lui* » (quelqu'un), mais « *y* pen...er » (à quelque chose).

Le second énoncé est certes correct s'il est lu à haute voix, mais l'examinateur estimera que vous n'avez pas su quoi mettre, d'où la pénalisation.

● **Ne proposez jamais deux solutions** ou deux réponses à une question. Cela est par-ticulièrement vrai dans la version ou le thème

...emple : Incorrect : « *Il est inquiet, il m'en* ...arlé de ses soucis* » ; correct : « *... il m'a* ...lé de ses soucis* » ou « *Il a des soucis, il* ...n a parlé* ».

..., OU, MAIS

C Parlons de toi.

Parle de ton enfance, quand tu avais entre six et douze ans.

- ta personnalité
- tes loisirs et les sports que tu aimais
- où toi et ta famille vous passiez vos vacances et ce que vous faisiez pendant vos vacances
- comment tu travaillais à l'école
- ce que tu faisais après l'école et le soir
- comment tu passais les week-ends

Exercice C
Answers will vary.

Practice Sheet 1-7

Workbook Ex. I

 10 Tape Manual
Ex. 8

Quiz 1-5

ACTIVITÉ   Discretionary

Toujours des excuses!   Avec un(e) partenaire, inventez des excuses pour les situations suivantes. Employez une variété d'expressions de regret. Lisez vos excuses à la classe. Est-ce que vos camarades de classe peuvent deviner la situation?

- Vous arrivez chez vous après minuit. Vous deviez arriver à onze heures. Quelle excuse est-ce que vous donnez à vos parents?

- Vous n'avez pas fait vos devoirs de français ou vous avez raté un examen. Quelle excuse est-ce que vous donnez au prof?

- Vous avez promis de téléphoner à votre petit(e) ami(e) mais vous avez oublié de le faire. Quelle excuse est-ce que vous lui donnez?

Enrichment: You may want to ask students to make up their own similar situations requiring excuses. The class may then assign these to different pairs of students.

Explications II   **49**

APPLICATIONS Discretionary

RÉVISION

Transparency 2

Notes: Review of:
1. passé composé
   names of professions
2. *être fort(e) en* + a subject
3. passé composé of
      pronominal verbs
      past participle agreement
      with reflexive pronoun
      au lieu de
4. passé composé
5. direct object pronouns
   agreement with past
   participle
6. *s'inscrire à*

*Les langues étrangères,
votre atout pour 1992*

Lisez la bande dessinée.

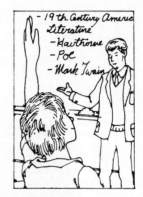

1. Marie-Laure a toujours espéré devenir écrivain.

2. Heureusement, elle est forte en langues.

3. Hier soir, elle s'est mise au travail au lieu de regarder la télé.

4. Bien sûr, elle a fait attention à la leçon pendant le cours.

5. Elle l'a très bien comprise.

6. Maintenant, elle a envie de s'inscrire à un autre cours d'anglais.

Maintenant imaginez que la première phrase de la Révision dit *Marie-Laure n'a jamais voulu devenir écrivain.* Inventez une suite *(conclusion)* à cette nouvelle histoire en vous servant de la Révision comme modèle.

THÈME

Transparency 3

Notes: Answers to the *Thème* appear in the teacher pages at the front of the book.

Trouvez les expressions françaises qui correspondent à l'anglais et rédigez un paragraphe.

1. André has always wanted to be an accountant.

2. But he's not good in math.

3. Yesterday he went walking with his friends instead of studying his math.

4. So he panicked during the quiz.

5. He did not pass it at all.

6. That's why he's thinking of choosing another profession.

RÉDACTION

Maintenant, choisissez un de ces sujets.

1. Quels conseils pouvez-vous donner à André?

2. Complétez les phrases suivantes comme vous voulez en vous servant des phrases de la Révision et du Thème comme modèles.

   a. J'ai toujours ....
   b. Mais je ne suis pas ....
   c. Hier ... au lieu de ....

   d. Donc, ...
   e. Je l'ai ....
   f. Maintenant, je ....

3. Qu'est-ce qui vous passionne à l'école? Qu'est-ce qui ne vous intéresse pas du tout? Quelles options est-ce que vous avez choisies? Pourquoi?

CONTRÔLE DE RÉVISION   CHAPITRE 1   Discretionary

Notes: Answers to the *Contrôle* appear in the teacher pages at the front of the book.

A   La vie d'étudiant est difficile!
Complétez les phrases suivantes en employant les mots de la liste.

une dingue	ne s'est pas préparée
une grosse tête	a paniqué
s'est inscrit	se perfectionner

1. Denis _____ au cours de biologie.
2. Il n'est pas fort en biologie et il _____ pendant son premier contrôle.
3. Le prof s'est fâché parce que Nicole _____ pour le contrôle.
4. Anne a eu dix-huit au contrôle. C'est _____ .
5. Pour _____ elle a bûché comme _____ .

B   Ne répétez pas!
Refaites les phrases suivantes en remplaçant les noms répétés par le bon pronom. Attention à la place du pronom!

1. Pierre a choisi les sciences économiques parce qu'être comptable intéresse Pierre.
2. Francine est triste parce que sa correspondante n'écrit pas à Francine.
3. Tu as les numéros de téléphone de Marc et d'Henri? Je veux téléphoner à Marc et à Henri.
4. La classe prépare un voyage à Paris. Je ne suis jamais allé à Paris.
5. Tu laisses un pourboire? Mais dans cet hôtel on ne laisse jamais de pourboire.
6. Ma famille et moi nous déménageons. J'espère que tu écriras à ma famille et à moi.
7. J'aimerais te présenter Véronique. Ah! Tu connais déjà Véronique.
8. Mais où sont mes gants? Qui a vu mes gants?
9. Mes voisins habitent Londres maintenant. Je pense souvent à mes voisins.
10. Je n'aime pas ces exercices. J'ai fait trop d'exercices.

C   Quelle famille occupée!
Paul explique ce que les membres de sa famille ont fait hier. Formez des phrases complètes au passé composé.

1. Marie-Louise *(rentrer)* du travail à 5h. Elle *(monter)* à sa chambre et *(se laver)*. Puis elle *(descendre)* à la cuisine où elle *(téléphoner)* à son ami Christophe. Plus tard, ils *(sortir)* ensemble.
2. A 13h, mes parents *(aller)* à l'hôpital pour voir mon grand-père qui *(tomber)* du toit. Il *(se casser)* le genou et les deux pieds. Ils *(passer)* deux heures avec lui. Ils *(partir)* à 15h.
3. Mon frère Gilles et moi, nous *(conduire)* à l'aéroport pour rencontrer mon oncle Pierre. Bien sûr, l'avion *(ne pas arriver)* à l'heure et nous *(devoir)* attendre une heure et demie. Enfin, nous *(voir)* oncle Pierre et nous *(descendre)* chercher ses valises que nous *(mettre)* dans le coffre de la voiture. Quand nous *(arriver)* à la maison, je *(monter)* les valises à sa chambre et Gilles *(rentrer)* la voiture au garage.

D   Une sortie dangereuse!
Complétez le paragraphe suivant en choisissant le bon temps du verbe entre parenthèses.

A 19h30 ce soir, je *(suis sorti / sortais)* de la maison et il *(n'a pas neigé / ne neigeait pas)*. Mais, il *(a commencé / commençait)* à neiger quand j'*(ai été / étais)* dans ma voiture et pendant que *(j'ai conduit / je conduisais)* au magasin. J'*(ai eu / avais)* peur parce que je n'aime pas conduire dans la neige. *(Je suis arrivé / j'arrivais)* au magasin à 20h. A ce moment-là, il *(a neigé / neigeait)* fort. *(J'ai fait / je faisais)* des courses pendant une heure. Quand je *(suis sorti / sortais)* à 21h, il *(a neigé / neigeait)* toujours. J'*(ai été / étais)* inquiet. Heureusement, pendant que je *(suis rentré / rentrais)* chez moi, il *(s'est arrêté / s'arrêtait)* de neiger et quand *(je suis arrivé / j'arrivais)* chez moi à 21h30, il *(n'a plus neigé / ne neigeait plus)*.

Listening Comprehension Test   Chapter 1 Test

VOCABULAIRE DU CHAPITRE 1

Noms
le bac(calauréat)
la connaissance
le contrôle
le / la dingue
l'écrit *(m.)*
l'électronique *(f.)*
la grosse tête
l'ingénieur *(m.)*
l'option *(f.)*
l'oral *(m.)*
les sciences économiques *(f.pl.)*
le sujet

Verbes
s'adapter
approfondir
bachoter
se balader
bûcher
se contenter de
s'entraîner
s'inscrire à
paniquer
passionner
se perfectionner
plaisanter
se préparer

Adjectif
pas croyable

Adverbe
à temps

Expressions
avoir de la veine
avoir + *time* + de retard
ça a bien marché
c'est la meilleure
comment ça se fait?
de mon temps
des tas de
être reçu, -e
haut la main
tu parles!

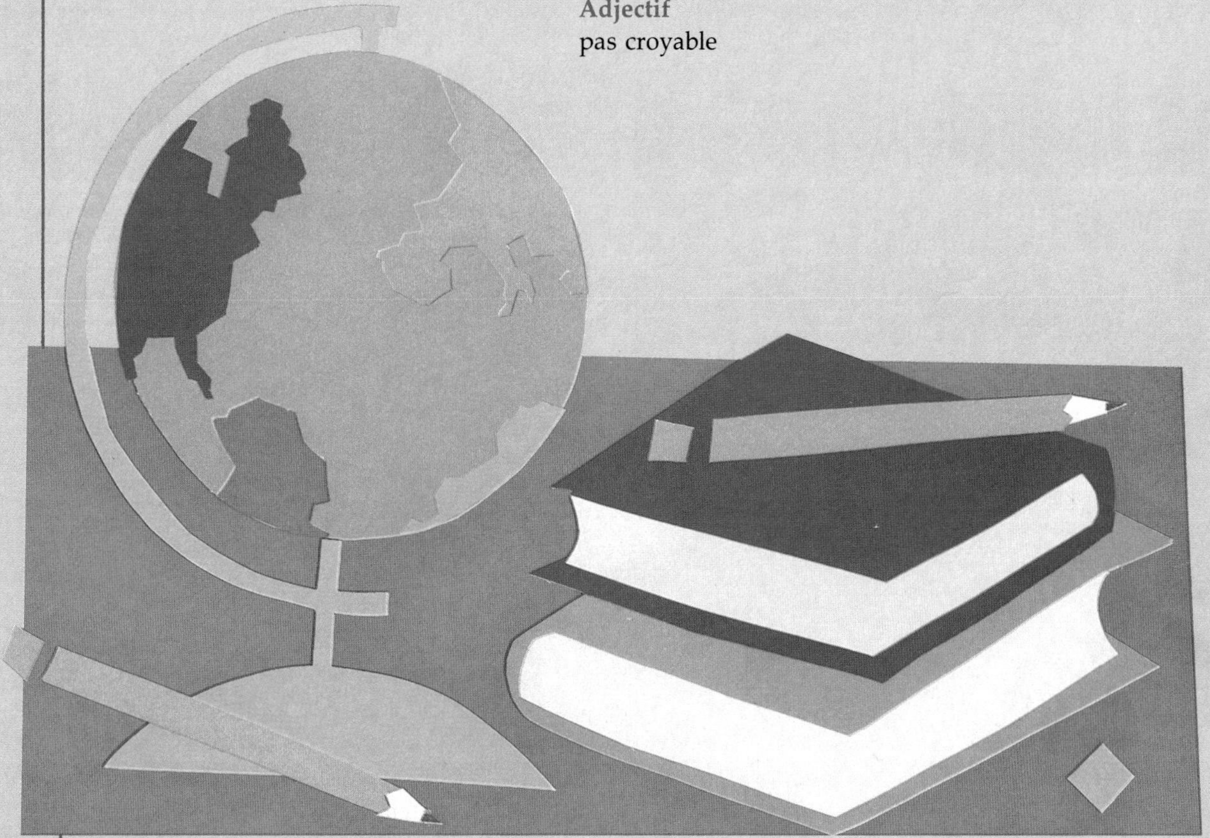

CHAPITRE 2

PRÉLUDE CULTUREL │ ET SI ON VOYAGEAIT?

Comme beaucoup de gens dans d'autres pays, les Français voyagent pendant leurs vacances. Pendant les «grandes vacances» d'été (en juillet et en août) surtout, presque tous les habitants des grandes villes du nord et du centre de la France partent en voyage. Pendant l'été, ces grandes villes ressemblent à des déserts, ce qui n'est certainement pas le cas de la gare du Nord à Paris.

(en bas) Partir «en week-end» ne veut pas dire la même chose pour les élèves français et les élèves américains. En France, leur «week-end» ne commence que le samedi à midi, après une demi-journée de cours.

(en haut) Beaucoup de Français aiment voyager en groupe. Ces jeunes-ci voyagent en vélo à Sarzeau, en Bretagne. Il y a beaucoup d'auberges de jeunesse en France dans lesquelles les jeunes voyageurs peuvent se reposer avant de continuer leur voyage.

MOTS NOUVEAUX Essential

On part en voyage?

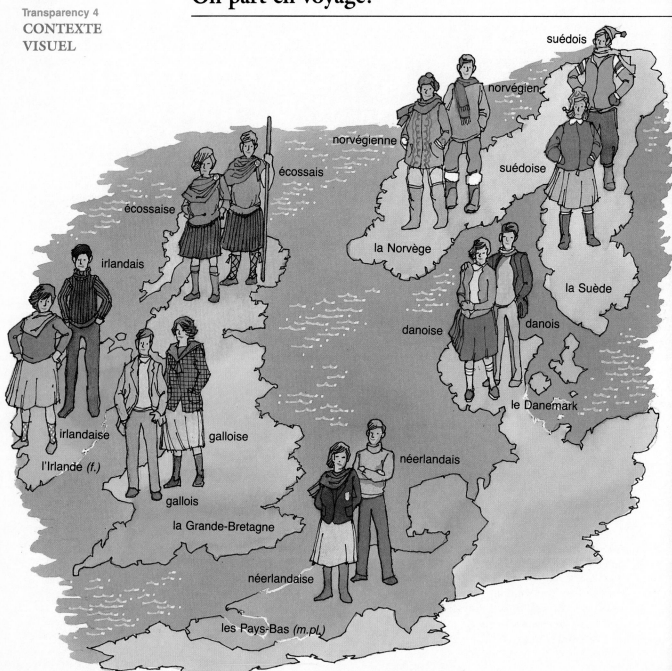

suédois

norvégien

norvégienne

écossais

écossaise

la Norvège

suédoise

la Suède

irlandais

danoise

danois

le Danemark

irlandaise

galloise

néerlandais

l'Irlande (f.)

gallois

la Grande-Bretagne

néerlandaise

les Pays-Bas (m.pl.)

faire de l'auto-stop *(m.)*

dormir à la belle étoile

s'inquiéter (de)*

rire

sourire

*S'inquiéter is a reflexive stem-changing verb that follows the pattern of *préférer: je m'inquiète, tu t'inquiètes, il/elle/on s'inquiète; nous nous inquiétons, vous vous inquiétez, ils/elles s'inquiètent.*

CONTEXTE COMMUNICATIF 2

1 Murielle et Jean-Jacques **discutent de** leurs projets de vacances.

> MURIELLE Tu sais où tu **pars** l'été prochain?
>
> JEAN-JACQUES Je n'**arrive** pas **à me décider. Soit** je fais **un voyage organisé** avec mes parents, **soit** je pars en auto-stop en Grande-Bretagne.

discuter de = parler de

partir here = aller
arriver à + inf. *to manage to*
se décider à *to make up one's mind*
soit ... soit *either ... or*
le voyage organisé *package tour*

Variations:

- je n'arrive pas à → j'essaie de
- en Grande-Bretagne → en Suède
- en Grande-Bretagne → au Danemark
- en Grande-Bretagne → aux Pays-Bas

2 Lionel **s'apprête à** partir en voyage.

> VALÉRIE Qu'est-ce que tu **emportes** comme affaires?
>
> LIONEL **Pas grand-chose,** sinon ma valise sera trop lourde.

s'apprêter à + inf. *to get ready to*
emporter *to take along, to take with one*
pas grand-chose *not much*
risquer de + inf. *might*

- sera → **risque d'**être
- sera trop lourde → risque de se casser
- ma valise sera trop lourde → j'**aurai du mal à** porter ma valise

avoir du mal à + inf. *to have a hard time*

3 Xavier est en vacances dans le sud de la France. Il écrit à ses parents.

Chers maman et papa,
Je **me plais** beaucoup ici. Je **me suis** déjà **fait** des tas **d'amis.** Le temps est superbe et je **me baigne** tous les jours. Surtout, ne vous inquiétez pas. Tout va bien.
A bientôt,

Xavier

■ je me plais beaucoup → ça ne **me déplaît** pas du tout
des tas d'amis → plusieurs amis
superbe → **splendide**

Dans une gare en France

4

VINCENT	Tu veux voir les photos de mon voyage?
THÉRÈSE	Oh oui, fais voir.
VINCENT	Tiens, voilà, regarde. Tu vois le garçon qui sourit là, à côté de moi? C'est un copain norvégien.
THÉRÈSE	Mais comment vous faisiez pour **vous** comprendre?
VINCENT	On **se** parlait en anglais.

- norvégien → néerlandais
- norvégien → danois
- le garçon → la jeune fille
  un copain norvégien → une copine suédoise
- on se parlait → nous **nous** parlions

vous / se / nous here: *each other*

Reteach/Review: Ask students to explain use of the imperfect (*vous faisiez / se parlait*).

5 Véronique et Daniel sont en voyage en Belgique.

VÉRONIQUE	J'ai envie de **m'acheter** des souvenirs. Tu sais où il y a un magasin?
DANIEL	Non, mais on peut **se renseigner** au **syndicat d'initiative.**

- m'acheter → **ramener**
- se renseigner au → **s'adresser au**

s'acheter *to buy for oneself*

se renseigner à *to inquire (somewhere)*
le syndicat d'initiative *tourist office*
ramener *to bring back*
s'adresser à *to go and see / ask / tell*

6 Anne aussi s'achète des souvenirs. Elle s'adresse au guide.

ANNE	Pourriez-vous me dire où se trouve le magasin de souvenirs le plus **proche,** s'il vous plaît?
LE GUIDE	Oui, il y en a un assez près d'ici.

- pourriez-vous me dire → savez-vous
- me dire → m'indiquer

proche *near, close*

Enrichment: Ask students to think of a souvenir that they would like to have from France, Switzerland, Quebec, Africa, etc.

7 Dans un magasin de souvenirs, Fabien est en train d'essayer un chapeau.

SYLVIE	Achète-le. Il te va très bien.
FABIEN	Si je porte ça en France, tout le monde va **se moquer de** moi.
SYLVIE	Mais non, allez, vas-y, prends-le.

- un chapeau → des lunettes de soleil
  achète-le → achète-les
  il te va → elles te vont
  prends-le → prends-les
- se moquer de moi → rire

se moquer de *to laugh at, to make fun of*

Enrichment: Ask students to tell something they would like to buy for themselves.

8 Chantal et Sabine ont voyagé toute la journée. Elles veulent s'arrêter pour dormir, mais tous les hôtels sont complets.

CHANTAL	Qu'est-ce qu'on va faire?
SABINE	Ne t'inquiète pas. On va **se débrouiller.** On peut toujours dormir à la belle étoile.

- ne t'inquiète pas → ne **t'énerve** pas
- ne t'inquiète pas → ne panique pas
- à la belle étoile → dans une auberge de **jeunesse***

se débrouiller   *to manage, to cope*

s'énerver   *to get excited, to get upset*

la jeunesse   *youth*

9 Pierre attend Louis à la gare.

PIERRE	Ah, enfin tu es là! **Presse-toi!** On va rater le train.
LOUIS	Oh, **ça va, ça va.** Ne te fâche pas.
PIERRE	Mais tu **te rends compte** que le départ est dans cinq minutes?

- on va rater → on risque de rater
- ne te fâche pas → ne t'énerve pas

se presser = se dépêcher

ça va, ça va   *okay, okay!*

se rendre compte (de)   *to realize*

10 A la frontière.

LE DOUANIER	Votre passeport, s'il vous plaît.
CORINNE	Euh … Je viens de **m'apercevoir†** que je l'ai oublié.
LE DOUANIER	Si vous avez votre **carte d'identité,‡** ça suffit.
CORINNE	Ouf, heureusement! **Tenez,** la voilà.

- je l'ai oublié → je l'ai laissé chez moi

s'apercevoir (de)   *to realize, to notice*

la carte d'identité   *ID card*

tenez (from **tenir**)   *here you are, take this*

11 **Au cours d'une excursion,** la guide donne des conseils aux touristes.

LA GUIDE	Promenez-vous dans les rues du village. Elles sont très **pittoresques.** Mais surtout, ne **vous perdez** pas, et souvenez-vous: on se retrouve ici dans une heure.

- ne vous perdez pas → ne **vous éloignez** pas
et souvenez-vous → et n'oubliez pas

au cours de = pendant
l'excursion (f.) = visite, petit voyage

pittoresque   *picturesque*
se perdre   *to get lost*

s'éloigner = aller loin

Enrichment: Can students think of additional advice a guide might give?

---

*Une auberge de jeunesse est un hôtel pas cher pour les jeunes.

†*S'apercevoir* follows the pattern of *recevoir: je m'aperçois / nous nous apercevons*. Its past participle is *aperçu(e)*.

‡Une carte d'identité est un document officiel que tous les Français doivent toujours porter. C'est tout ce dont on a besoin pour voyager dans les pays de la CEE, la Communauté économique européenne.

AUTREMENT DIT

TO CALM SOMEONE …

> Ne t'inquiète pas.
> Ne te fâche pas.
> Ne t'énerve pas.
> Reste calme.

OR, MORE STRONGLY …

> Ne panique pas!

EXERCICES Essential

A Définitions. Définissez les mots suivants et utilisez chacun dans une question que vous poserez à un(e) camarade de classe.

1. s'apprêter à
2. se baigner
3. dormir à la belle étoile
4. s'éloigner
5. un Néerlandais

6. se perdre
7. se plaire
8. proche
9. le suédois
10. le syndicat d'initiative

Au parc National de la Vanoise

Exercice B
Grande-Bretagne
me suis aperçue
du mal
emporter
affaires; suis
    arrivée
m'acheter
soit ... soit
carte d'identité
m'inquiéter
me suis pressée
s'est énervée
risque
paniquer
me débrouiller
voyages organisés

Enrichment: Ask students what items they would take on trips to various climates or different parts of the world.

Enrichment: Ask students to name mishaps *(malheurs)* that might occur on a trip and what they might do to avoid them.

B **Chère amie.** Solange écrit une lettre de Londres à son amie Cécile. Choisissez les mots pour compléter sa lettre. Il y a des mots qui ne seront pas utilisés.

affaires	m'acheter	ramener
carte d'identité	me débrouiller	risque
Danemark	me suis aperçue	s'est énervée
du mal	me suis pressée	soit ... soit
emporter	m'inquiéter	suis arrivée
Grande-Bretagne	paniquer	voyages organisés

Chère Cécile:

Me voici enfin! Je suis arrivée hier en _____, mais non sans peine. Le matin de mon départ pour Dublin, je _____ que ma valise était très, très lourde. Il y avait des tas de choses dedans

5 et je me suis rendu compte que j'aurais _____ à la porter. Donc, je me suis décidée au dernier moment de ne pas _____ toutes mes _____ avec moi. Je _____ à choisir ce dont j'aurais absolument besoin. Je me suis dit que je pourrais _____ les vêtements nécessaires _____ à Dublin _____ à Londres. Puis, juste

10 avant de quitter l'appartement, je n'ai pas pu trouver mon passeport. Je l'ai cherché partout, mais enfin j'ai dû me contenter d'emporter seulement ma _____.

A dix heures j'ai commencé à _____ un peu, parce que le train devait partir à 10h55. Alors, je _____ pour ne pas le rater. Je suis

15 sortie, mais pas de taxi dans la rue! Heureusement, après une dizaine de minutes un autobus est arrivé.

Mon amie Jocelyne, qui m'attendait à la gare, _____ quand elle m'a vue à l'entrée. «Presse-toi!» m'a-t-elle dit. «On _____ de rater le train.» Je lui ai dit de ne pas _____. Après tout, même

20 dans les situations les plus difficiles j'arrive toujours à _____, n'est-ce pas?

D'habitude, les _____ me déplaisent. Mais cette fois-ci, on s'amuse beaucoup. Nous nous sommes déjà fait des amis. Et je me suis acheté des tas de souvenirs d'Irlande.

A bientôt,

Solange

C Parlons de toi.

1. Pour voyager, est-ce que tu préférerais faire un voyage organisé ou faire de l'auto-stop? Pourquoi? Quels conseils donnerais-tu à quelqu'un qui pense faire de l'auto-stop?

2. Tu peux décrire un voyage intéressant que tu as fait ou que tu voudrais faire un jour? Parle un peu de ton voyage idéal. Où aller et avec qui? Comment voyager?

3. Quel est l'endroit le plus pittoresque de ta ville? Pourquoi le choisis-tu? Tu peux le décrire?

4. Qu'est-ce qui te plaît le plus quand tu voyages? Qu'est-ce qui t'énerve?

5. Quand tu voyages, qui fait tes valises? Qui les porte? Tu trouves d'habitude que ta valise pèse plus quand tu pars ou quand tu rentres chez toi? Pourquoi?

6. Qu'est-ce que tu achètes comme souvenirs—pour toi-même et pour les autres?

Exercice C
Answers will vary.

Practice Sheet 2-1

Workbook Exs. A–B

3 Tape Manual
Ex. 1

Quiz 2-1

ACTIVITÉ Discretionary

Une carte postale de …? Imaginez-vous en vacances. Avec un(e) partenaire, écrivez une carte postale à un(e) ami(e). Décrivez, par exemple, une personne dont vous avez fait la connaissance, un endroit que vous avez visité, votre logement (hôtel, auberge, auberge de jeunesse, etc.), le temps, vos activités, les souvenirs que vous avez achetés, quelque chose d'intéressant qui vous est arrivé, etc. Après, lisez votre carte postale à vos camarades de classe qui vont essayer de deviner où vous étiez.

Enrichment The card might also be written to parents or a teacher, necessitating use of *vous*.

Encourage students to illustrate the front of their cards with an appropriate drawing or magazine cutout.

Place on the bulletin board postcards from France, Quebec, or other French-speaking areas and let students choose one to write a brief report about.

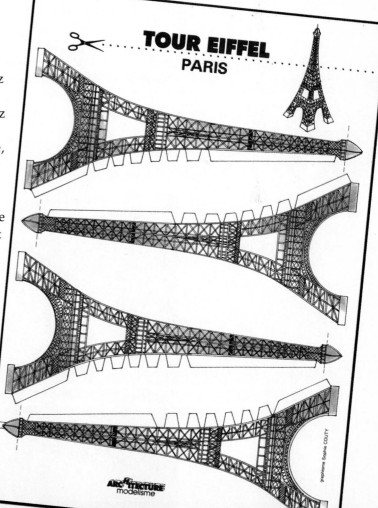

APPLICATIONS Discretionary

Bonnes vacances! 4

Antoine s'apprête à partir en vacances avec des copains, sans ses parents pour la première fois:

MME DELAGE	Surtout, ne te baigne pas quand il fait trop frais.
ANTOINE	Mais oui, maman, ne t'inquiète pas.
5 M. DELAGE	Ne dépense pas tout ton argent tout de suite.
MME DELAGE	S'il t'arrive quelque chose, téléphone-nous.
ANTOINE	Oui, mais il ne va rien m'arriver.
M. DELAGE	On ne sait jamais.
MME DELAGE	Reste toujours avec tes copains. Ne te perds pas.
10 ANTOINE	Me perdre? Mais enfin,[1] j'ai dix-sept ans! Je ne pars pas en vacances pour avoir un accident, me perdre ou dépenser tout mon argent. Je pars pour m'amuser! Alors vous n'allez même pas me souhaiter des bonnes vacances?
15 MME DELAGE	Mais si, mon petit chéri, passe des bonnes vacances!

---

[1]**mais enfin**   *oh, come on!*

Des voyageurs montent dans un train en France.

Questionnaire

1. Pourquoi ces vacances-ci sont-elles différentes de celles qu'Antoine a passées avant?   2. Pourquoi est-ce que sa mère ne veut pas qu'il se baigne quand it fait trop frais?   3. Qu'est-ce que son père ne veut pas qu'il fasse?   4. Pourquoi est-ce que sa mère lui dit de ne pas s'éloigner de ses amis?   5. Pourquoi est-ce qu'Antoine va en vacances?   6. Vous pensez qu'il fera tout ce que ses parents lui demandent? Pourquoi?
7. Vous croyez qu'Antoine est fils unique ou est-ce qu'il a des frères et des sœurs? Expliquez votre réponse.   8. Et vous, est-ce que vous êtes allé(e) en vacances sans vos parents? Si oui, quels conseils est-ce qu'ils vous ont donnés? Vous avez fait tout ce qu'ils vous ont demandé? Si vous n'êtes pas allé(e) en vacances sans vos parents, voudriez-vous le faire? Pourquoi?

Situation

Avec deux camarades de classe, imaginez la situation suivante entre une personne de votre âge et ses parents. Le fils ou la fille s'apprête à faire un voyage de ski avec des copains. C'est son premier voyage sans ses parents et ils s'inquiètent beaucoup.

Notes: Point out use of *sourire* and *rire* in mini-dialogues 4 and 7, p. 59.

◆ **OBJECTIVES:**

TO DESCRIBE HAPPY OR HUMOROUS EVENTS

TO TELL WHY PEOPLE LAUGH OR SMILE

Les verbes *rire* et *sourire*

Here is the present indicative of the verb *rire*.

INFINITIF	**rire**			
		SINGULIER	**PLURIEL**	
PRÉSENT	**1**	je **ris**	nous **rions**	
	2	tu **ris**	vous **riez**	
	3	il elle on } **rit**	ils elles } **rient**	

IMPÉRATIF **ris!   rions!   riez!**
PASSÉ COMPOSÉ j'ai **ri**
IMPARFAIT je **riais**, nous **riions**
FUTUR SIMPLE je **rirai**

1 *Sourire* follows the same pattern as *rire*.

> Ils **rient** de la blague que j'ai racontée. Et toi, tu ne **souris** même pas.
>
> *They're **laughing** at the joke I told. And you're not even **smiling**.*

2 Because the stem of *rire* and *sourire* ends in *i*, there is a double *i* in the *nous* and *vous* forms of the imperfect.

> Vous **riiez** beaucoup quand vous étiez jeunes.
> Nous te **souriions**.
>
> *You **laughed** a lot when you were young.*
> *We **were smiling** at you.*

Ils sourient.

JEU-PHOTO MAXI

Souriez, vous allez peut-être gagner 10 000 F !

Rire ou sourire?   Que font ces personnes dans les situations suivantes? Choisissez des expressions de la liste à droite pour faire des phrases. Par exemple:

> ses amis
> *Ses amis n'ont pas ri quand ils se sont perdus.*
> OU: *Ses amis sourient quand ils sont contents.*

1. mes parents
2. je
3. le directeur de l'équipe
4. tu
5. mon (ma) petit(e) ami(e)
6. vous
7. le professeur
8. tout le monde
9. les enfants

se baigner dans la mer
essayer de jouer du piano
être content / triste
s'inquiéter
comprendre
gagner un match
prendre ma (ta, sa, etc.) photo
raconter / entendre une blague
réussir / rater un examen
voir un film comique
se tromper
se perdre
se rendre compte de ce qui se passe

Exercice
Answers will vary. Mixed use of affirmative / negative and of known tenses should be encouraged. You may want to assign this as homework, perhaps asking students to use present tense only. Later, let pairs of students work together to create more interesting sentences using various tenses.

Practice Sheet 2-2

Workbook Exs. C–D

 5 Tape Manual Ex. 2

Quiz 2-2

Elles rient.

Les pronoms compléments d'objet et l'impératif   Essential

◆ OBJECTIVES:

TO TELL SOMEONE (NOT) TO DO SOMETHING

TO TELL SOMEONE TO DO SOMETHING FOR YOU OR FOR SOMEONE ELSE

TO OFFER TO DO SOMETHING

TO ENCOURAGE SOMEONE TO DO SOMETHING

TO DISCOURAGE SOMEONE FROM DOING SOMETHING

You know that in an affirmative command, the object pronoun follows the verb and is joined to it by a hyphen.

Prends **ce livre**.	Prends-**le**.
Essaie **cette robe** avant de partir.	Essaie-**la** avant de partir.
Emmène **Gaël et moi** avec toi.	Emmene-**nous** avec toi.
Envoie une carte postale **à ta sœur**.	Envoie-**lui** une carte postale.
Allons **à l'aéroport**!	Allons-**y**.

Remember that in affirmative commands, *aller* and *-er* verbs do not have an *s* in the *tu* form except before *y* and *en*.

Pourquoi est-ce que tu n'achètes pas de souvenirs?	*Why aren't you buying any souvenirs?*
Vas-y, achètes-en!	*Go on and buy some.*

1 In negative commands, the object pronoun goes in the normal place, right before the verb.

Ton chien, **ne le laisse pas** seul.	*Your dog!* **Don't leave him** *all alone.*
Ne m'embêtez pas!	***Don't bother me!***
N'y va pas sans ta carte d'identité.	***Don't go there*** *without your ID card.*

2 The object pronoun *me* changes to *moi* in an affirmative command.

Ne **me** suivez pas!	Suivez-**moi**!
Ne **me** dis rien!	Dis-**moi** quelque chose!

Une boutique de souvenirs à l'aéroport d'Orly à Paris

A Montmartre, Paris

EXERCICES   Essential

A   Le retour.   Les Martin sont rentrés de vacances aujourd'hui. Il y a beaucoup à faire chez eux. Conversez selon le modèle.

> laver le linge sale
> ÉLÈVE 1   *Je lave le linge sale?*
> ÉLÈVE 2   *Oui, lave-le, s'il te plaît.*

1. nettoyer la voiture
2. changer les draps
3. ranger les valises
4. passer l'aspirateur
5. appeler les grands-parents
6. faire les lits
7. coucher le bébé
8. ouvrir les fenêtres

1988

**OFFICE DE TOURISME
SYNDICAT D'INITIATIVE**

68340 RIQUEWIHR (France)

3 Étoiles Michelin

Altitude : 300 mètres   Nombre d'habitants : 1.050

"La Perle du Vignoble d'Alsace"

Riquewihr est situé sur les collines sous-vosgiennes au creux d'un vallon. Cette situation privilégiée l'abrite contre les vents du Nord et les pluies venant de l'Ouest. Exposé vers le Sud et profitant d'une des plus basses pluviométrie de toute la France (moins de 450 mm). Riquewihr est un lieu idéal de vacances et de promenades :

- l'amateur d'art se replongera dans le passé, visitera les rues tortueuses, admirera les riches maisons moyenâgeuses.
- la vigne et le vin étant restés, comme il y a 5 siècles la base de l'activité de la cité, le visiteur pourra entrer dans les vieilles caves et déguster les bons vins.
- Riquewihr est le point de départ de multiples excursions. A 200 mètres de la ville, le touriste trouvera dans les belles forêts de sapins le calme et le bon air.

Exercice A
1. Je nettoie la voiture? Oui, nettoie-la ...
2. Je change les draps? Oui, change-les ...
3. Je range les valises? Oui, range-les ...
4. Je passe l'aspirateur? Oui, passe-le ...
5. J'appelle les grands-parents? Oui, appelle-les ...
6. Je fais les lits? Oui, fais-les ...
7. Je couche le bébé? Oui, couche-le ...
8. J'ouvre les fenêtres? Oui, ouvre-les ...

Reteach/Extra Help: Have ÉLÈVE 2 respond by telling the person *not* to do it now, that one can do it later. For example: *Non, ne le lave pas maintenant. On peut le faire plus tard.*

Exercice B
1. Donnez-leur ...
2. Montrez-leur ...
3. Demandez-lui ...
4. Dites-leur ...
5. Dites-moi ...
6. Montrez-nous ...
7. Décrivez-moi ...
8. Dites-nous ...

Enrichment: Have students tell what to do and what not to do to be a good guest in someone's home.

Enrichment: A friend returns from a trip. How do you show interest in the friend's trip?

B Des cadeaux et des messages. Marie-Noëlle et Paul vont passer des vacances chez leur oncle en Suède. Leur mère leur donne des cadeaux et des messages pour lui et pour sa famille. Qu'est-ce qu'elle leur dit? Suivez le modèle.

dire bonjour de nous tous
Dites-lui bonjour de nous tous.

1. donner ces petits cadeaux

2. montrer ces photos

3. demander d'emmener la famille nous faire une visite

4. dire qu'ils doivent nous appeler de temps en temps

Quand les enfants rentrent de Suède, tout le monde leur pose des questions.

5. dire si ta tante aimait le pull irlandais que je lui ai envoyé

6. montrer les photos que vous avez prises en Suède

7. décrire la maison de votre oncle

8. dire s'ils pensent venir nous voir

C Je pars en Allemagne! Imaginez qu'un(e) ami(e) va voir ses cousins en Allemagne. Vous l'aidez à faire sa valise. Suivez le modèle.

> Je prends mes lunettes de soleil?
> *Oui, vas-y. Prends-les. Tu risques d'en avoir besoin.*
>
> Je prends des bonbons?
> *Non, n'en prends pas. Tu peux en acheter à l'aéroport.*

1. J'emporte mon dictionnaire français-allemand?
2. Je prends des cartes postales?
3. Je prends ma carte d'identité?
4. J'achète du papier à lettres?
5. J'apporte tous ces magazines?
6. J'emmène ma radio?
7. Je prends mes tennis?
8. J'emporte des bandes dessinées?

D Parlons de toi.
1. Si tu partais en vacances, quels conseils est-ce que tes parents te donneraient? Tes amis te donneraient des conseils? Si oui, donnes-en des exemples.
2. Quelles sortes d'ordres (*commands*) est-ce que tes profs donnent aux élèves? Ils les grondent quand ils rient ou font trop de bruit en classe?
3. Quelles sortes d'ordres est-ce que tu donnes le plus souvent? A qui est-ce que tu les donnes? Dans quelles situations?

Des copains vont faire du camping.

Exercice C
Choice of affirmative or negative may vary. Most likely answers are:
1. Oui, vas-y. Emporte-le. Tu risques d'en avoir besoin.
2. Non, n'en prends pas. Tu peux en acheter à l'aéroport.
3. Oui, vas-y. Prends-la. Tu risques d'en avoir besoin.
4. Oui, vas-y. Achètes-en. Tu risques d'en avoir besoin. (*or:* Non, n'en achète pas. Tu peux en acheter à l'aéroport.)
5. Non, ne les apporte pas. Tu peux en acheter à l'aéroport.
6. Oui, vas-y. Emmène-la. Tu risques d'en avoir besoin.
7. Oui, vas-y. Prends-les. Tu risques d'en avoir besoin.
8. Oui, vas-y. Emportes-en. Tu risques d'en avoir besoin. (*or:* Non, n'en emporte pas. Tu peux en acheter à l'aéroport.)

Exercice D
Answers will vary.

Practice Sheet 2-3

Workbook Exs. E–F

 6 Tape Manual Ex. 3

Activity Masters pp. 9–10

Quiz 2-3

APPLICATIONS Discretionary

Montréal 7

AVANT DE LIRE

1. La lecture suivante vient d'un petit guide à Montréal. En arrivant dans une ville que vous ne connaissez pas, sur quoi est-ce que vous voudriez vous renseigner tout de suite?
2. Que veulent dire ces mots en anglais: *bourgeois, couturier, gastronomy, gourmet, haute couture, nocturnal, par excellence, predilection*?
3. Pouvez-vous deviner ce que veulent dire les mots suivants, soit du contexte soit de ce que vous savez des langues françaises et anglaises, sans utiliser un dictionnaire? *Souterrain, -e* (l. 4), *l'emplacement* (l. 5), *la rive* (l. 9), *majestueux, -euse* (l. 9), *l'espace* (l. 14), *de plus* (l. 18), *le magasinage* (l. 23), *l'établissement* (l. 32), *au coucher du soleil* (l. 33), *la boîte de nuit* (l. 34), *l'antiquaire* (l. 41), *la boutique d'antiquités* (l. 46), *l'oiseau de nuit* (l. 44), *l'artisanat* (1. 46), *la nouveauté* (l. 63), *infini, -e* (l. 64), *le produit* (l. 68).

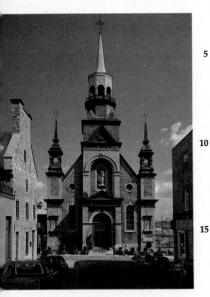

L'église Notre-Dame de
Bonsecours au
Vieux-Montréal

C'est son côté chaleureux[1] et son charme particulier qui font de cette ville insulaire[2] un endroit unique en Amérique du Nord. De la croix[3] sur le Mont-Royal, jusqu'au métro ultramoderne réunissant tous les coins de la ville souterraine, c'est une métropole fascinante à découvrir.[4]

5 Emplacement de la première colonie, le Vieux-Montréal regorge de[5] curiosités à visiter. Les bâtiments historiques, les églises, les musées et les restaurants qui longent[6] les pittoresques rues de pavés[7] sont autant de témoignages de[8] la richesse du patrimoine[9] de Montréal. Au-delà de[10] la vieille ville, entre les rives du majestueux fleuve Saint-Laurent, se trouvent

10 deux îles d'une grande beauté. L'île Notre-Dame et ses jardins accueillent[11] chaque année de nombreux spectacles,[12] des expositions et le Grand Prix Molson. Juste à côté, l'île Sainte-Hélène est le lieu prédilection des plus jeunes. On y retrouve un merveilleux parc d'amusement: La Ronde et ses manèges,[13] l'Aquarium de Montréal, le Vieux Fort, de grands espaces verts

15 et des restaurants.

---

[1]**chaleureux, -euse** *warm*   [2]**insulaire** *on an island*   [3]**la croix** *cross*   [4]**découvrir** *to discover*   [5]**regorger de** *to be packed with*   [6]**longer** *to line*   [7]**de pavés** *cobblestone*   [8]**sont autant de témoignages de** *are equally witness to*   [9]**le patrimoine** *heritage*   [10]**au-delà de** *beyond*   [11]**accueillir** *to welcome*   [12]**le spectacle** *show*   [13]**le manège** *merry-go-round*

Extrait de *Guide 1988–1989: Le Shopping, les Restaurants, la Nuit*. Publié par l'Office des Congrès et du Tourisme du Grand Montréal. Reproduit avec permission.

On a souvent dit, et avec raison, que Montréal est une ville culturelle par excellence. En visitant l'un ou l'autre des quelques vingt musées d'art et d'histoire, on peut avoir un aperçu[14] de la culture québécoise. De plus, tout au cours de l'année, touristes et montréalais ont droit à[15] un éventail[16]
20 de spectacles, de festivals internationaux et d'événements[17] culturels de très hautes qualités.

Vous cherchez un grand couturier? Bienvenue[18] à Montréal: le paradis du magasinage! La ville s'enorgueillit du[19] titre de capitale de la mode au Canada. Les grands magasins et de nombreuses boutiques exclusives of-
25 frent les tous derniers cris[20] de la haute couture internationale.

Si le sport vous intéresse, ne manquez[21] pas de visiter le Parc Olympique de Montréal. En activité toute l'année, il est un des plus beaux exemples d'architecture de l'avenir.

Dans tous les quartiers de Montréal, haut lieu[22] de la gastronomie, les
30 plus grands gourmets sauront trouver satisfaction. La cuisine française a évidemment pignon sur rue[23] à Montréal. Mais le visiteur devra choisir parmi plus de 2000 établissements représentant environ[24] 30 pays diffé-rents. Au coucher du soleil, laissez-vous emporter par le rythme trépi-dant[25] de la vie nocturne. Plusieurs centaines de boîtes de nuit, de cabarets,
35 ... et de discothèques, pour tous les goûts et toutes les bourses,[26] vous attendent à bras ouverts aux quatre coins de la ville. Vraiment, Montréal est une ville où il fait bon vivre.

---

[14]**l'aperçu** (*m.*) *overview*   [15]**avoir droit à** *to have access to*   [16]**l'éventail** (*m.*) *range*
[17]**l'événement** (*m.*) *event*   [18]**la bienvenue** *welcome*   [19]**s'enorgueillir de** *to be proud of*   [20]**le tout dernier cri** *the ultimate*   [21]**manquer** *to miss*   [22]**le haut lieu** *Mecca*   [23]**avoir pignon sur rue** *to be big business*   [24]**environ** *around*
[25]**trépidant, -e** *vibrating*   [26]**la bourse** *purse*

Ulysse

ULYSSE

Un symbole d'excellence
dans l'industrie
touristique à Montréal

	L A U R É A T S 8 7	
Le Jardin Botanique de Montréal		Accueil
Delta Montréal		Développement
AMARC - International Benson & Hedges		Événement
Le Centre des Congrès de Laval		Innovation
Le Festin du Gouverneur		Promotion
Festival International de Jazz de Montréal		Prix spécial du public
	L A U R É A T S 8 6	
Guidatour		Accueil
Réceptions et Congrès bg		Développement
Musée des Beaux Arts de Montréal		Événement
Sucrerie de la Montagne		Innovation
Ritz Carlton		Promotion
	L A U R É A T S 8 5	
Les Montréalistes		Accueil
Orchestre Symphonique de Montréal		Développement
Festival International de Jazz de Montréal		Événement
Saute Moutons		Innovation
(Excursions sur les Rapides de Lachine)		
Le Centre Sheraton Montréal		Promotion

A la place Jacques Cartier
au Vieux-Montréal

Rue Sherbrooke

C'est une des rues les plus élégantes de la ville. Autrefois occupées par les grandes familles bourgeoises de Montréal, les majestueuses résidences du XIXe siècle abritent[1] aujourd'hui les boutiques de mode les plus recherchées, des galeries d'art et des antiquaires.

---

[1]**abriter** *to house*

Un concert impromptu au Vieux-Montréal

Rue Saint-Denis

Ici bat[1] le cœur du Quartier Latin de Montréal. La rue Saint-Denis est surtout fréquentée par les étudiants, les artistes, les intellectuels et les gourmets, mais tous sont des oiseaux de nuit. De toute la ville, c'est ici que se trouve la plus grande concentration de … restaurants, de cafés, de terrasses, de boutiques d'antiquités, de galeries d'art et d'artisanat. L'atmosphère y est à la détente:[2] idéal pour se balader.

Le Nouveau Saint-Denis, de [la rue] Laurier à [la rue] Sherbrooke, c'est un choix de plus de 300 magasins, pour tous les goûts et pour toutes les bourses. On y trouve vraiment de tout: bien mieux qu'un coin de lèche-vitrines occasionnel, le Nouveau Saint-Denis, c'est un centre de commerce vivant et complet, desservi[3] par trois stations de métro. Et si vous croyez que l'originalité et le bon goût doivent nécessairement coûter très cher, le Nouveau Saint-Denis vous offre un mariage unique de folie[4] et de sagesse, avec des importations et des créations de gens d'ici … tout en respectant les porte-monnaie[5] sages. Le Nouveau Saint-Denis, de Laurier à Sherbrooke, c'est un esprit,[6] c'est un style, c'est chez nous. Venez et revenez: nous vous attendons.

---

[1]**battre** *to beat*   [2]**à la détente** *relaxing*   [3]**desservir** *to serve (in speaking of public transportation)*   [4]**la folie** *frivolity*   [5]**le porte-monnaie** = le portefeuille
[6]**l'esprit** *state of mind, attitude*

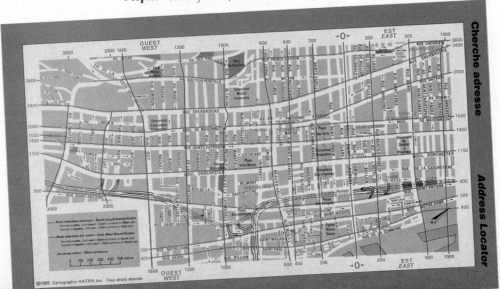

Rue Laurier

60　La rue Laurier fait partie des rues les plus intéressantes du grand Montréal; une grande variété de boutiques vous y attend. …

Le lèche-vitrines est un plaisir pour tous, tant les étalages[1] y sont attirants;[2] toute la famille se promène sur la rue Laurier pour y découvrir les dernières nouveautés; tous les touristes se réservent du temps pour y rencontrer l'infinie variété de boutiques toutes les plus affriolantes[3] les 65　unes que les autres et ramener chez eux des trouvailles inédites.[4]

Pour le gastronome amateur de fine cuisine: une boucherie-charcuterie-traiteur,[5] une épicerie fine et deux pâtissiers-chocolatiers.

Pour compléter: un fleuriste, une boutique de jouets, des produits de beauté, des librairies, banques, petits cafés, et beaucoup plus encore que 70　vous découvrirez en venant y flâner.[6]

Laurier, une rue où l'on aime s'y promener par pur plaisir!

---

[1]**l'étalage** *(m.)* *display*　[2]**attirant, -e** *attractive*　[3]**affriolant, -e** *enticing*
[4]**la trouvaille inédite** *unusual find*　[5]**le traiteur** *caterer*　[6]**flâner** *to stroll*

Questionnaire

1. Sur quel fleuve se trouve la ville de Montréal? Comment s'appellent ses deux petites îles?
2. D'après l'introduction, quelles sont quelques-unes des attractions de la ville? Il y en a qui vous intéressent surtout? Lesquelles?
3. Décrivez la vie nocturne de Montréal.
4. Qui habitait la rue Sherbrooke? Qu'est-ce qui se trouve là-bas maintenant? Cela vous intéresse? Pourquoi?
5. Pourquoi est-ce qu'on appelle la rue Saint-Denis «le cœur du Quartier Latin de Montréal»? Qui fréquente cette rue?
6. Pourquoi est-ce que vous pensez que la partie de la rue Saint-Denis de la rue Laurier jusqu'à la rue Sherbrooke s'appelle «le Nouveau Saint-Denis»? Qu'est-ce qui se trouve là-bas? Il y a une rue dans votre ville comme le Nouveau Saint-Denis? Si oui, décrivez-la.
7. Pourquoi est-ce que le guide dit que les magasins du Nouveau Saint-Denis respectent «les porte-monnaie sages»?
8. Qu'est-ce qu'il y a dans la rue Laurier pour les gastronomes?
9. Des trois rues qu'on a décrites ici, dans laquelle voudriez-vous vous balader? Pourquoi? Qu'est-ce que vous feriez là-bas?
10. Est-ce que vous avez visité Montréal? Si oui, de quoi vous souvenez-vous? Vous voudriez y retourner?
11. Est-ce que vous préférez les grandes villes ou les petites villes (ou même les villages)? Décrivez quelques-unes des attractions des grandes villes qu'une petite ville ne peut pas offrir, et vice versa.

EXPLICATIONS II

Notes: Point out use of *plaire* / *déplaire* in mini-dialogue 3, p. 58.

♦ **OBJECTIVE:**

TO DESCRIBE LIKES AND DISLIKES

Les verbes comme *plaire*

Look at the forms of the verb *se plaire*.

INFINITIF   **se plaire**

	SINGULIER		PLURIEL	
1	je	me **plais**	nous	nous **plaisons**
2	tu	te **plais**	vous	vous **plaisez**
3	il elle on	} se **plaît**	ils elles	} se **plaisent**

PASSÉ COMPOSÉ   je   me suis **plu(e)**
IMPARFAIT   je   me **plaisais**
FUTUR SIMPLE   je   me **plairai**

1 The verb *plaire* means "to please." It is almost always used in the third person, as in the expression *s'il vous plaît*. Its English equivalent is usually "to like" or "to enjoy."

> Ce pays **me plaît**. — *I like this country.*
> Le repas **t'a plu**? — *Did you enjoy the meal?*

2 We most often use *plaire* as a pronominal verb meaning "to enjoy oneself" or "to have a good time."

> **Vous vous plaisez** ici? — *Are you enjoying yourselves here?*
>
> **Nous nous plaisions** beaucoup au bord de la mer. — *We used to have a very good time at the seashore.*

Un jour à la mer — été 1988 — SNCF

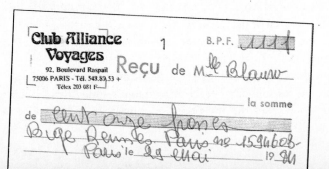

Club Alliance Voyages
92, Boulevard Raspail
75006 PARIS - Tél. 548.89.53 +
Télex 203 081 F
Reçu de M...

3 The verb *déplaire* follows the same pattern.

Ce climat ne **me déplaît** pas du tout.　　*I don't **dislike** this climate at all.*

Ces gens-là **me déplaisent** vraiment.　　*I really **dislike** those people.*

EXERCICE　Essential

Synonymes.　Les Plantier voyagent en Grande-Bretagne. Ils parlent de ce qui leur plaît et de ce qui ne leur plaît pas. Remplacez le verbe dans chaque phrase par la forme correcte de *plaire* ou de *déplaire*.

J'aime beaucoup ce pays.
Ce pays me plaît beaucoup.

1. Je déteste cette grande ville.
2. Tu aimes ce vieux port?
3. Oui, il est pittoresque. Mais je n'aime pas le bruit des bateaux à moteur.
4. Est-ce que tu as aimé ce petit restaurant?
5. Oui, j'ai trouvé le repas splendide.
6. Je n'ai pas détesté le plat de poisson, moi.
7. J'aime la langue de ce pays.
8. Moi aussi. Au lycée j'aimais beaucoup le cours d'anglais.
9. Je m'amusais beaucoup dans ce cours-là.

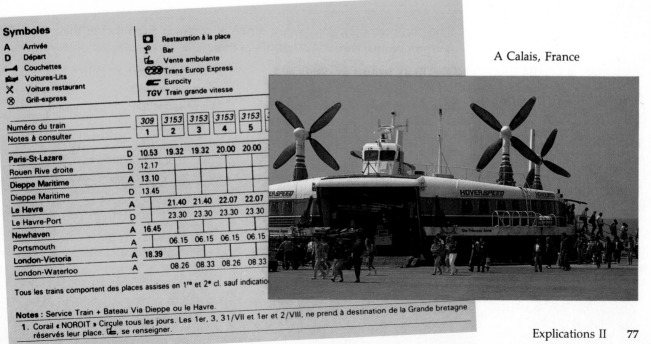

A Calais, France

	Symboles		
A	Arrivée	🍽	Restauration à la place
D	Départ	☕	Bar
🛏	Couchettes	🛒	Vente ambulante
🛏	Voitures-Lits		Trans Europ Express
✗	Voiture restaurant		Eurocity
⊗	Grill-express	**TGV**	Train grande vitesse

Numéro du train		309	3153	3153	3153	3153
Notes à consulter		**1**	**2**	**3**	**4**	**5**
Paris-St-Lazare	D	10.53	19.32	19.32	20.00	20.00
Rouen Rive droite	D	12.17				
Dieppe Maritime	A	13.10				
Dieppe Maritime	D	13.45				
Le Havre	A		21.40	21.40	22.07	22.07
Le Havre-Port	D		23.30	23.30	23.30	23.30
Newhaven	A	16.45				
Portsmouth	A		06.15	06.15	06.15	06.15
London-Victoria	A	18.39				
London-Waterloo	A		08.26	08.33	08.26	08.33

Tous les trains comportent des places assises en 1ʳᵉ et 2ᵉ cl. sauf indicatio…

Notes : Service Train + Bateau Via Dieppe ou le Havre.

1. Corail « NOROIT » Circule tous les jours. Les 1er, 3, 31/VII et 1er et 2/VIII, ne prend à destination de la Grande bretagne réservés leur place. 🛒, se renseigner.

Notes: Point out uses of reciprocal and idiomatic pronominal verbs in all mini-dialogues except No. 2.

◆ **OBJECTIVES:**

TO DESCRIBE HOW PEOPLE FEEL ABOUT EACH OTHER

TO SAY WHAT PEOPLE DO FOR EACH OTHER

Reteach/Extra Help: To help students practice agreement, give a dictation using verbs from each group: (i.o.) *se parler* / *se téléphoner* / *s'écrire* / *s'acheter*; (d.o.) *se regarder* / *s'aimer* / *s'aider* / *se détester*.

Les verbes pronominaux réciproques et idiomatiques   Essential

You know that you can use the reflexive pronouns *nous, vous,* or *se* in front of a verb to express the idea of people doing things to or for each other or sharing the same feeling about each other. This is called a reciprocal action.

Ils **s'écrivent** tous les jours.	*They **write to each other** every day.*
Nous **nous détestons.**	*We **can't stand each other.***
Elles **s'embrassent** sur la joue.	*They **kiss one another** on the cheek.*
Vous **vous connaissez,** n'est-ce pas?	*You **know each other,** don't you?*

1   When using reciprocal verbs in the passé composé, make the usual agreement of the past participle if the reflexive pronoun is a direct object. With verbs that require *à* before an object, the reflexive pronoun acts as an indirect object, so there is no agreement.

Nous **nous** sommes aid**és.**	*We helped each other.*
Elles **se** sont regard**ées.**	*They looked at each other.*
BUT: Nous nous sommes téléphon**é.**	*We phoned each other.*
Elles se sont pos**é** des questions.	*They asked each other questions.*

2   Some pronominal verbs have a different meaning from that of their nonpronominal forms. We call them idiomatic.

Tu **as trouvé** le syndicat d'initiative?	***Did you find** the tourist information office?*
Où **se trouve** le syndicat d'initiative?	*Where **is** the tourist information office?*
Elles **ont perdu** toutes leurs affaires.	*They **lost** all their belongings.*
Elles **se sont perdues** pendant l'excursion.	*They **got lost** on the excursion.*

EXERCICES Essential

A Les nouveaux-mariés. Gisèle et Patrice se sont mariés. A votre avis, pendant les premiers mois après leur mariage est-ce qu'ils faisaient les choses suivantes? Suivez les modèles.

> s'ennuyer l'un avec l'autre
> *Non, ils ne se sont certainement pas ennuyés l'un avec l'autre.*
>
> s'embrasser avant de se dire au revoir
> *Oui, ils se sont certainement embrassés avant de se dire au revoir.*

1. se regarder dans les yeux
2. se disputer
3. se téléphoner plusieurs fois par jour
4. s'écrire quand l'un d'entre eux a dû faire un voyage
5. se sourire souvent
6. se dire ce à quoi ils pensaient
7. s'acheter beaucoup de petits cadeaux
8. se promettre de toujours s'aimer

Exercice A
1. Oui, ils se sont certainement regardés dans les yeux.
2. Oui (Non), ils (ne) se sont certainement (pas) disputés.
3. Oui, ils se sont ... téléphoné ...
4. Oui, ils se sont ... écrit ...
5. Oui, ils se sont ... souri ...
6. Oui, ils se sont ... dit ...
7. Oui, ils se sont ... acheté ...
8. Oui, ils se sont ... promis ...

Les amis se téléphonent souvent.

carte télécommunications

nouveau

Grâce à la carte Télécommunications, vous pouvez faire imputer automatiquement sur votre compte des communications téléphoniques ou télex passées par vous ou vos représentants à partir de n'importe quel poste ou cabine téléphonique en France (à l'exception des TOM). Trois options de carte vous sont proposées : voir les conditions page 23.

B Par exemple ...   Voici quelques phrases qui décrivent plusieurs personnes. En employant les verbes pronominaux idiomatiques de la liste, donnez un exemple à l'appui de *(in support of)* chaque description. Par exemple:

> Xavier est calme.
> *Il ne s'énerve jamais.*
> OU: *Il se débrouille toujours.*

se débrouiller	se moquer des autres
s'éloigner de ses parents	s'occuper des gens malades
s'énerver	se renseigner bien
s'entendre bien avec les autres	se tromper

1. Ce petit enfant est très sage.
2. Mireille est très gentille.
3. Ces élèves n'ont jamais de problèmes.
4. Vincent est une grosse tête.
5. Mon frère a beaucoup d'amis.
6. Marc est assez paresseux.
7. Louis est souvent furieux.
8. Marie-Claire ne s'est jamais perdue.

C Dimanche soir.   Complétez le texte suivant en mettant au passé composé les verbes entre parenthèses.

Ce soir mon frère Henri et ses copains *(se téléphoner)* avant le dîner pour prendre rendez-vous. Après le repas, ils *(se retrouver)* devant le cinéma. Ils *(se plaire)* au cinéma et, au lieu de rentrer tout de suite chez eux après le film, ils *(s'arrêter)* dans un café. Evidemment,
5   Henri est rentré tard. Maman s'apprêtait à se coucher quand il est entré. Voilà ce qui *(se passer):*

MAMAN   Te voilà enfin! Mais où est-ce que tu es allé ce soir?
HENRI   Mes copains et moi, nous *(se retrouver)* pour aller voir un film.
10   MAMAN   Un film qui a duré cinq heures!?
HENRI   Non, maman. Après, nous *(se balader)* un peu et puis nous *(s'arrêter)* dans un café pour prendre quelque chose. Nous *(s'amuser bien).*
MAMAN   Tu *(ne pas se souvenir)* de ton travail pour les cours de
15   demain?
HENRI   Mais, maman, tu ne sais pas que demain il n'y a pas de cours? C'est un jour férié *(holiday).*
MAMAN   Ah, oui, c'est vrai. Je *(se tromper)* de jour.

L'impératif des verbes pronominaux   Essential

Notes: Point out the use of commands with pronominal verbs in mini-dialogues 8, 9, and 11, p. 60.

Like other object pronouns, reflexive pronouns come after the verb in affirmative commands but before the verb in negative commands. *Me* and *te* have the special forms *moi* and *toi* in affirmative commands.

MURIELLE	Allez, **pressez-vous!** Le car part.
JACQUES	**Ne t'énerve pas!** On arrive.
SOPHIE	Me voici. Toi, Jean-Jacques, **débrouille-toi** sans nous si tu rates le car.

◆ **OBJECTIVES:**

TO TELL PEOPLE WHAT (NOT) TO DO

TO GIVE ADVICE

TO MAKE SUGGESTIONS

EXERCICES   Essential

A Le bon ange *(angel)* **et le mauvais ange.**   Imaginez que vous n'avez pas de cours aujourd'hui mais que vous avez beaucoup de travail à faire. Avec un(e) camarade de classe, jouez les rôles du bon ange et du mauvais ange. Conversez selon le modèle.

> se lever
> ÉLÈVE 1 *Levons-nous!*
> ÉLÈVE 2 *Ne nous levons pas!*

1. se rendormir
2. se laver
3. se brosser les dents
4. s'habiller tout de suite
5. se presser
6. s'apprêter à déjeuner
7. se préparer pour les examens
8. se décider

Exercice A
You may want to ask students to redo this exercise using the *tu* form.
1. Rendormons-nous! / Ne nous rendormons pas.
2. Lavons-nous! / Ne nous lavons pas.
3. Brossons-nous les dents! / Ne nous brossons pas les dents.
4. Habillons-nous ... / Ne nous habillons pas ...
5. Pressons-nous! / Ne nous pressons pas.
6. Apprêtons-nous ... / Ne nous apprêtons pas ...
7. Préparons-nous ... / Ne nous préparons pas ...
8. Décidons-nous! / Ne nous décidons pas.

Exercice B
1. Ne vous disputez pas ...
2. Ne vous perdez pas ...
3. Décidez-vous ...
4. Ne vous moquez pas ...
5. Ne vous éloignez pas ...
6. Ne vous adressez pas ...
7. Achetez-vous ...
8. Rendez-vous compte ...

B Au bord de la mer.   Les Cuvier passent une semaine au bord de la mer. Mme Cuvier donne toujours des conseils à ses fils, Laurent et Matthieu. Qu'est-ce qu'elle leur dit? Suivez les modèles.

> ne pas se baigner quand le drapeau est rouge
> *Ne vous baignez pas quand le drapeau est rouge.*

> se dépêcher de s'habiller
> *Dépêchez-vous de vous habiller!*

1. ne pas se disputer pendant les vacances
2. ne pas se perdre dans la foule
3. se décider si vous venez avec nous ou non
4. ne pas se moquer de votre sœur quand elle apprend à nager
5. ne pas s'éloigner d'ici
6. ne pas s'adresser à des gens que vous ne connaissez pas
7. s'acheter des hot-dogs si vous avez faim
8. se rendre compte de ce qui se passe

Exercice C
1. Renseigne-toi bien avant de partir.
2. Ne te décide pas ...
3. Prépare-toi bien ...
4. ... repose-toi ...
5. ... endors-toi ...
6. ... habille-toi ...
7. ... ne t'éloigne pas trop de l'hôtel.
8. ... ne te lève pas trop tôt.
9. Adapte-toi ...
10. Ne t'énerve jamais.
11. Fais-toi des amis.
12. ... adresse-toi ...

C Des conseils avant de partir en voyage.   Imaginez que vous donnez des conseils à un(e) ami(e) qui espère voyager au Danemark. Suivez les modèles.

> Le soir avant le départ, il faut se coucher tôt.
> *Le soir avant le départ, couche-toi tôt.*

> Le matin du départ, il ne faut pas se lever trop tôt.
> *Le matin du départ, ne te lève pas trop tôt.*

1. Il faut bien se renseigner avant de partir.
2. Il ne faut pas se décider à partir à la dernière minute.
3. Il faut bien se préparer en achetant un bon guide.
4. Le jour avant le départ, il faut se reposer.
5. Le soir, il faut s'endormir de bonne heure.
6. Pour le voyage, il faut s'habiller avec des vêtements pratiques.
7. Le jour de ton arrivée, il ne faut pas s'éloigner trop de l'hôtel.
8. Pendant les vacances, il ne faut pas se lever trop tôt.
9. Il faut bien s'adapter à la cuisine.
10. Il ne faut jamais s'énerver.
11. Il faut se faire des amis.
12. Et si on a des problèmes, il faut s'adresser au syndicat d'initiative.

D Parlons de toi.

1. Tu t'énerves souvent? Quand? Qu'est-ce que tu fais quand tu t'énerves?
2. Tu t'entends bien avec tes sœurs et tes frères? Avec tes amis? Tu te disputes souvent avec eux? Au sujet de quoi?
3. Si tu étais en France, qu'est-ce que tu ferais pour te faire des amis? Tu crois que vous vous comprendriez bien?
4. Si tu étais dans un pays étranger où tu ne connaissais pas la langue, qu'est-ce que tu ferais pour te débrouiller?
5. Est-ce que le français te plaît? Quelle est la langue qui te plaît le plus? Pourquoi tu as choisi celle-là?
6. Tu as déjà voyagé à l'étranger ou dans une autre partie des Etats-Unis? Qu'est-ce qui t'a plu le plus? Qu'est-ce qui t'a déplu?
7. En général, qu'est-ce qui te plaît beaucoup? Qu'est-ce qui te déplaît?

Exercice D
Answers will vary.

Practice Sheet 2-6

Workbook Ex. I

 10 Tape Manual
Ex. 6

Quiz 2-6

Au sommet des Alpes

ACTIVITÉ   Discretionary

Le courrier du cœur.   Imaginez que vous êtes responsables du courrier du cœur dans votre journal. Les gens vous écrivent:

- au sujet des problèmes qu'ils ont avec leurs petits amis

- au sujet des problèmes de communication qu'ils ont avec leurs parents

Choisissez l'un de ces deux problèmes et, en groupes de trois ou quatre personnes, écrivez une lettre décrivant le problème. Donnez la lettre à un autre groupe, qui la discutera et ensuite écrira une réponse.

APPLICATIONS

REVISION

Transparency 5

Notes: Review of:
1. *sourire*
2. reflexive verbs
   country names
   means of transportation
3. passé composé of
      reflexive verbs
   reflexive infinitives
4. indirect object pronouns
   direct object pronouns
   negative commands
5. reflexive verbs
   negative commands
6. *rire*
   reflexive verbs
   negative commands
   aller + reflexive infinitive

Lisez la bande dessinée.

1. Thérèse ne sourit pas beaucoup ce matin.

2. Ses amis s'apprêtent à visiter les Pays-Bas en faisant de la moto.

3. Ils se sont entraînés en hollandais parce qu'ils voulaient se perfectionner.

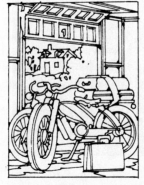

4. Thérèse leur dit: «Et vos bagages? Ne les perdez pas.»

5. «Et ne vous perdez pas non plus.»

6. Ses amis rient et disent: «Ne t'énerve pas, Thérèse. Nous allons nous renseigner.»

Maintenant , imaginez que vous vous apprêtez à visiter le Mexique avec un(e) ami(e) en faisant du vélo. Qu'est-ce que vous faites pour vous préparer pour le voyage? Quels conseils vous donnent vos parents? Ecrivez votre histoire en vous servant de la Révision comme modèle.

THÈME

Transparency 6

Notes: Answers to the *Thème* appear in the teacher pages at the front of the book.

Trouvez les expressions françaises qui correspondent à l'anglais et rédigez un paragraphe.

1. Jean-Marc's mother isn't laughing a lot today.

2. Jean-Marc is getting ready to visit Norway by hitchhiking.

3. He bought himself a guidebook because he doesn't want to get lost.

4. His mother says to him: "And your I.D. card? Don't forget it."

5. "And don't go too far away from your friends either."

6. Jean-Marc smiles and says: "Don't worry, Mom. I'll manage."

RÉDACTION

Maintenant, choisissez un de ces sujets.

1. Imaginez que Jean-Marc a perdu sa carte d'identité. Qu'est-ce qu'il doit faire? Qu'est-ce que la police lui demande?

2. Complétez les phrases suivantes comme vous voulez en vous servant des phrases de la Révision et du Thème comme modèles.

   a. Mon père … aujourd'hui.

   b. Mes amis et moi … en….

   c. Nous nous … parce que nous….

   d. Papa dit: ….

   e. Et … non plus.

   f. Je ris et dis: ….

3. Décrivez votre voyage favori. Où est-ce que vous êtes allé(e)? Quand? Comment? Avec qui?

A Souvenir de voyage

Dites ce que les personnes suivantes ont fait dans ces pays. Bien sûr, ils se sont fait des amis.

Murielle /
s'acheter un guide /
(l'Espagne)
Murielle s'est acheté un guide en Espagne et elle s'est fait des amis espagnols.

1. Xavier et Lionel /
   faire de l'auto-stop /
   (la Suède)

2. Jeanne et vous /
   se baigner /
   (le Danemark)

3. Je / se perdre /
   (les Pays-Bas)

4. Ma tante /
   se balader /
   (la Grande-Bretagne)

5. Tu / dormir
   à la belle étoile /
   (l'Irlande)

6. Nous /
   se débrouiller /
   (la Norvège)

B C'est amusant!

Dites ce qui fait rire les gens suivants. Mettez les verbes aux temps indiqués entre parenthèses.

Les enfants / les clowns / amusant (présent)
Les enfants rient parce que les clowns sont amusants.

1. Gaël et toi / la cravate du prof / bizarre (passé)
2. Ma petite sœur / la bande dessinée / drôle (présent)
3. Je / le film / amusant (passé)
4. Nous / la réponse / bête (présent)
5. Tu / l'interro / facile (passé)
6. Le conducteur / l'agent / sérieux (présent)

C A qui sont les cadeaux?

Vous ne voulez pas qu'on donne ces cadeaux à certaines personnes. Suggérez un autre cadeau.

Je donne ce livre à Louis? (cette cassette)
Non. Ne le donne pas à Louis. Donne-lui cette cassette.

1. J'offre cette valise à Monique? (ce dictionnaire)
2. J'achète un aspirateur à maman? (une radio)
3. Je donne des chaussettes à papa? (des gants)
4. J'offre ces lunettes de soleil à mes petits frères? (ces bandes dessinées)
5. Je donne cette jupe à Francine? (ce bracelet)
6. Je te donne cet anorak? (ces patins)

D A l'école militaire!

Donnez les ordres suivants aux étudiants à l'école militaire. Dites ce qu'ils doivent faire et ne pas faire.

1. A Pierre et à Jean-Luc
   se lever à 5h30; s'habiller en cinq minutes; faire son lit; ne pas se parler; s'apprêter à travailler
2. A Marie-Louise
   se dépêcher de manger; se brosser les dents; ne pas se disputer avec les autres étudiants; ne pas me déplaire; se préparer pour l'inspection *(inspection)*.

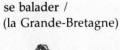 Listening Comprehension Test Chapter 2 Test

VOCABULAIRE DU CHAPITRE 2

Noms
la carte d'identité
le Danemark
l'excursion (f.)
la Grande-Bretagne
l'Irlande (f.)
la jeunesse
la Norvège
les Pays-Bas (m.pl.)
la Suède
le syndicat d'initiative
le voyage organisé

Verbes
s'acheter
s'adresser à
s'apercevoir (de)
s'apprêter à + inf.
    arriver à + inf. (to manage)
se baigner
se débrouiller
se décider à
    déplaire à
    discuter de
s'éloigner
    emporter
s'énerver
s'inquiéter (de)
se moquer de
    partir (to go)
se perdre
se plaire
se presser
    ramener
se renseigner
    rire
    risquer de + inf.
    sourire

Adjectifs
danois, -e
écossais, -e
gallois, -e
irlandais, -e
néerlandais, -e
norvégien, -ienne
pittoresque
proche
splendide
suédois, -e

Pronoms
nous (each other)
se (each other)
vous (each other)

Expressions
au cours de
avoir du mal à + inf.
ça va, ça va
dormir à la belle étoile
faire de l'auto-stop (m.)
pas grand-chose
se faire des amis
se rendre compte (de)
soit … soit
tenez!

CHAPITRE 3

PRÉLUDE CULTUREL │ LA VIE EN VILLE ET AILLEURS

La Porte St. Denis est un des monuments magnifiques et anciens qu'on peut trouver à Paris. Construite *(built)* en 1672, elle commémore les victoires militaires de Louis XIV sur le Rhin. Mais on trouve aussi à Paris ce qu'on trouverait dans beaucoup d'autres grandes villes du monde: trop de gens, trop de voitures, du bruit, de la pollution. Et on trouve aussi des habitants qui voudraient déménager et aller vivre ailleurs—en banlieue, ou en province.

(en haut) Une scène assez ordinaire de la vie en ville, c'est l'automobiliste qui explique sa façon *(way)* de conduire aux agents de police. Cette scène-ci se passe à Paris.

(en bas) En province il y a l'air frais, les champs, et la paix qu'on ne trouve pas en ville. Il n'y a pas une seule voiture sur cette route au pays basque, près de Bayonne en France!

1
Transparencies 7–8
CONTEXTE VISUEL

Tu habites en banlieue?

construire*

le parc-mètre

le stop

démolir

le parking

le chauffeur (de taxi)

TOILETTES

les toilettes publiques (*f. pl.*)

l'embouteillage (*m.*)

l'automobiliste (*m.&f.*)

le carrefour

le feu rouge / vert

la contravention

le clignotant

le piéton

le sens unique

la cabine téléphonique

Construire follows the pattern of conduire.

la pollution

le gratte-ciel, *pl.* les gratte-ciel

le chauffeur (de camion)

la limite de vitesse

doubler

1 CHRISTOPHE   Mes parents veulent **échapper au** bruit et à la pollution de la grande ville. Ils ont décidé de déménager et d'aller vivre en banlieue.

HÉLÈNE   Moi aussi, je voudrais bien que ma famille habite dans **un quartier** plus **tranquille**.

échapper à   *to escape from*

Variations:

■ au bruit → à la circulation
■ à la pollution → aux embouteillages

le quartier   *neighborhood, district*
tranquille   *peaceful, quiet*

Enrichment: Ask students to tell what one may wish to escape from when living in the city, suburbs, small town, or country.

Enrichment: Ask students to describe their neighborhood.

2 RÉMI   **Le centre-ville** devient **insupportable**.

THOMAS   Oui, **les commerçants** veulent que **le maire** trouve **une solution**. Mais qu'est-ce qu'il peut faire?

RÉMI   Il devrait **interdire aux** gens **de** circuler en voiture. S'il faisait cela, les piétons pourraient faire leurs courses plus facilement.

■ veulent → **exigent**
interdire aux gens de → **empêcher** les gens **de**
circuler en voiture → prendre leurs voitures
s'il faisait cela → **grâce à** cela

le centre-ville (le centre) *downtown*
insupportable *unbearable*
le commerçant, la commerçante *shopkeeper*
le maire *mayor*
la solution *solution*
interdire à qqn. de + inf. *to forbid someone (to do something)*
exiger *to demand*
empêcher de + inf. *to prevent from*
grâce à *thanks to*

Enrichment: Do students know who the mayor of their town is? Can they name some famous mayors? You might ask students to think of ways to improve quality of life: *On doit empêcher les gens de ...! Il doit être interdit de ....*

What or who can students give thanks to for having achieved something? *(Mon ami m'a beaucoup aidé. Grâce à lui, j'ai réussi l'examen.)*

La vie à Paris

3 M. Besnard vient d'arrêter sa voiture dans la rue. Un autre automobiliste lui crie:

L'AUTOMOBILISTE   Vous ne voulez pas **vous garer ailleurs?** Vous **gênez** la circulation ici.

M. BESNARD   Vous avez raison. Je ne veux pas qu'un agent me donne une contravention.

■ vous garer → garer votre voiture
gênez la circulation → êtes **en stationnement interdit**

(se) garer = stationner
ailleurs *somewhere else*
gêner *to obstruct, to hamper; to bother*

en stationnement interdit *in a no-parking zone*

4 M. Giraud est en taxi.

LE CHAUFFEUR   En ville, les voitures sont de plus en plus **nombreuses. A cause de** ça, il y a des embouteillages partout.

M. GIRAUD   On devrait **obliger** les gens **à** prendre **les transports en commun.**

■ il y a des embouteillages partout → on **ne** peut plus se garer **nulle part**
■ obliger aux gens à → interdire aux gens de
■ obliger aux gens à → empêcher les gens de

nombreux, -euse *numerous*
à cause de *because of*
obliger qqn. à + inf. *to make someone (do something)*
les transports en commun *public transportation*
ne ... nulle part *not anywhere*

Enrichment: Ask students to think of an urban problem and its cause. *(A cause des usines, il y a de la pollution.)*

5 Les villes changent et **se modernisent.** Des vieux quartiers **entiers disparaissent.*** Il y a maintenant des gratte-ciel dans les beaux quartiers tranquilles où vivaient nos grands-parents. Il y a de plus en plus de **béton** et de moins en moins d'**espaces verts.**

Enrichment: Ask students if and how their town is changing, modernizing. What is disappearing? What is there more of, less of, etc.?

se moderniser *to modernize*
entier, -ière *entire*
disparaître *to disappear*
le béton *concrete*
l'espace (m.) *space*
les espaces verts = les parcs

6 Jean-Luc **se renseigne auprès d'un passant.**

JEAN-LUC   Pourriez-vous me dire quelle **direction** il faut prendre pour aller au centre, s'il vous plaît?

LE PASSANT   Je ne suis pas sûr. Un parking **est à une centaine de mètres d**'ici. Vous devriez vous renseigner là.

■ pourriez-vous → voudriez-vous
■ vous devriez → vous pourriez

se renseigner auprès de qqn. *to inquire of someone*
le passant, la passante *passerby*
la direction *direction*
être à + distance + **de** *to be + distance + from*
une centaine de *about a hundred*

*Disparaître follows the pattern of *connaître*.

7 Henri apprend à conduire.

LE MONITEUR   On va prendre **l'autoroute.** Tournez à gauche au carrefour.

HENRI   Je mets mon clignotant?

LE MONITEUR   Oui, bon, maintenant **accélérez.***

- tournez à gauche au carrefour → doublez cette voiture
- accélérez → ralentissez

l'autoroute (f.) *highway, freeway*

accélérer *to speed up*

8 M. et Mme Jaquin sont en voiture.

M. JAQUIN   Non, mais tu l'as vu, celui-là? Il conduit comme un dingue!

MME JAQUIN   Oui, il a **brûlé** un stop.

- un stop → un feu rouge
- il a brûlé un stop → il n'a pas **respecté la priorité**
- il a brûlé un stop → il n'a pas **respecté** la limite de vitesse

brûler here: *to go through*

respecter la priorité *to yield the right of way*

respecter here: *to obey*

9 MARION   Tu as de la chance d'habiter en banlieue. Au moins tu vis **au calme.**

ÉTIENNE   Oui, mais j'en ai marre des **trajets quotidiens.** Je **mets** presque une heure **pour** aller au lycée.

MARION   Tu devrais t'acheter une mobylette.

ÉTIENNE   Mon père trouve que c'est trop dangereux.

- devrais → pourrais peut-être

au calme *in peace and quiet*

le trajet here: *commute*

quotidien, -ne *daily*

mettre + time + **à** / **pour** + inf. *it takes (me / you, etc.) + time (to do something)*

*Accélérer follows the pattern of *préférer.*

AUTREMENT DIT

TO ASK FOR DIRECTIONS ...

> Pourriez-vous me dire où se trouve … ?
> Savez-vous comment on fait pour aller à … ?
> Savez-vous où il y a … ?
> Par où dois-je passer pour aller à … ?

GIVING DIRECTIONS ...

> Prenez la première à gauche / à droite.
> Continuez tout droit.
> C'est près d'ici.
> Ce n'est pas loin.
> Vous ne pouvez pas vous tromper, c'est tout droit.
> Au feu rouge, vous tournerez à droite.
> En arrivant au feu rouge, tournez à droite.
> C'est par là. *(en montrant du doigt)*
> C'est à dix kilomètres d'ici.

EXERCICES   Essential

A   Vous voulez un permis de conduire?   D'abord il faut passer un examen. Quelles sont les bonnes réponses pour réussir cet examen?

1. Au feu jaune, on *(accélère / ralentit)*.
2. Quand deux voitures arrivent au stop au même moment, la voiture à gauche doit *(brûler le stop / respecter la priorité)*.
3. Quand on veut tourner, il faut *(doubler / mettre le clignotant)*.
4. Au carrefour il faut toujours respecter la priorité *(des automobilistes / des piétons)*.
5. Au feu rouge, il faut *(s'arrêter / se garer)*.
6. Il faut ralentir si on voit que quelque chose *(gêne / échappe à)* la circulation.
7. Si vous êtes en stationnement interdit, un agent vous donnera *(une contravention / un permis)*.
8. Sur l'autoroute, il faut respecter *(les embouteillages / la limite de vitesse)*.

B   Définitions.   Définissez les mots suivants et utilisez chacun d'eux dans une question que vous poserez à un(e) camarade de classe.

1. le piéton	4. être en stationnement	6. le passant
2. les gratte-ciel	interdit	7. accélérer
3. le commerçant	5. les espaces verts	8. le chauffeur

Enrichment: You might ask individuals to define the various words as others guess the word being defined.

C Qu'en pensez-vous? Répondez aux questions suivantes.

1. Pourquoi est-ce qu'on démolit tant de vieux bâtiments? Qu'en pensez-vous?
2. Pourquoi est-ce qu'on essaie d'échapper à la pollution? Qu'en pensez-vous?
3. Beaucoup de gens croient qu'on devrait avoir au moins dix-huit ans avant d'avoir un permis de conduire. Qu'en pensez-vous?
4. Souvent les téléphones dans les cabines téléphoniques ne marchent pas. Qu'en pensez-vous?
5. Les parc-mètres non plus ne marchent pas toujours. Qu'en pensez-vous?
6. Les trajets quotidiens deviennent insupportables. Pourquoi? Qu'en pensez-vous?
7. Beaucoup de villes américaines n'ont pas de transports en commun. Pourquoi? Qu'en pensez-vous?

D Que dites-vous? Si vous vous trouviez devant votre lycée et un passant vous demandait comment aller aux endroits suivants, quels renseignements est-ce que vous lui donneriez?

1. au restaurant le plus proche
2. au salon de coiffure le plus proche
3. aux toilettes publiques
4. à une cabine téléphonique
5. au centre-ville
6. à l'arrêt d'autobus
7. à la station-service la plus proche
8. à l'hôpital

Un arrêt d'autobus à Paris

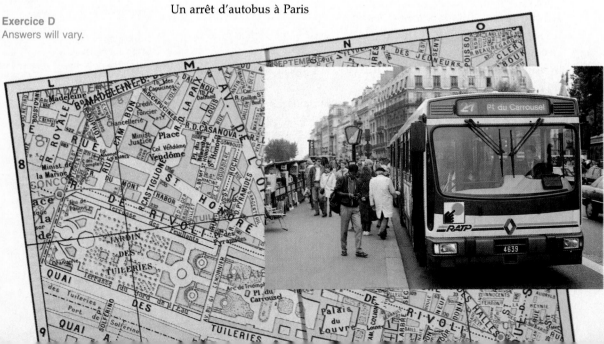

E Parlons de toi.

1. Tu préfères habiter en banlieue ou en ville? Tu voudrais habiter ailleurs? Pourquoi? Où est-ce que tu voudrais habiter?

2. Tu as un permis de conduire? Est-ce que ça te plaît de circuler en ville? Il y a assez de parkings? Combien est-ce que ça coûte pour garer une voiture pendant deux ou quatre heures?

3. Quels problèmes est-ce que tu rencontres quand tu circules en ville? Et quand tu prends l'autoroute?

4. Est-ce que tu as déjà eu une contravention? Pourquoi? Tu as dû la payer?

5. Tu peux décrire les difficultés que tu as eues pendant que tu apprenais à conduire? Quelle était la chose la plus difficile pour toi? Tu as réussi l'examen la première fois que tu l'as passé?

6. Décris le quartier le plus tranquille de ta ville. Et le moins tranquille? Lequel est-ce que tu préfères? Pourquoi?

7. Qu'est-ce que tes parents t'interdisent de faire?

8. Qu'est-ce que tu fais quand quelqu'un essaie de t'empêcher de faire ce que tu dois faire?

Exercice E
Answers will vary.

Practice Sheet 3-1

Workbook Ex. A

3 Tape Manual
Ex. 1

Activity Masters 11–12

Quiz 3-1

ACTIVITÉ   Discretionary

Les panneaux d'interdiction *(Regulatory signs).*   Avec un(e) partenaire, inventez et dessinez trois ou quatre panneaux d'interdiction. Par exemple:

Il est interdit de rire.

Il est interdit de danser.

Après, regardez les panneaux d'un autre groupe. Est-ce que vous pouvez deviner ce qu'ils veulent dire? Est-ce que l'autre groupe peut deviner ce que vos panneaux veulent dire?

APPLICATIONS Discretionary

La vie de château[1] 4

M. Olivier vient d'arriver au bureau.

MLLE LAFONT Vous avez l'air fatigué ce matin.

M. OLIVIER Plutôt, oui![2] Nous venons de déménager en banlieue.

5 MLLE LAFONT Et alors? Vous vivez au calme maintenant.

M. OLIVIER Peut-être, mais je mets deux heures pour aller au bureau et rentrer chez moi le soir.

MLLE LAFONT Oui, mais le week-end vous profitez de la maison et du jardin. C'est bien, non?

10 M. OLIVIER Ah, vous vous moquez de moi! Tous les samedis, je dois tondre le gazon.[3] Et il y a toujours quelque chose à réparer.

MLLE LAFONT Qu'est-ce que vous voulez? C'est ça la vie de château!

---

[1]**la vie de château** *the high life* [2]**plutôt, oui** *you said it!* [3]**tondre le gazon** *to mow the lawn*

En banlieue, au nord de Paris

Questionnaire

1. En banlieue. Non, il vient de déménager là-bas.
2. Parce qu'il met deux heures pour y aller et pour rentrer.
3. Answers will vary: *de nombreux embouteillages / beaucoup de circulation, etc.*
4. On peut profiter de la maison et du jardin. M. Olivier dit qu'elle se moque de lui, qu'il doit tondre le gazon et qu'il y a toujours quelque chose à réparer.
5. Answers will vary: *Il pourrait payer des jeunes gens qui lui tondraient le gazon, etc. / Il pourrait changer d'emploi.*
6. Answers will vary.

Questionnaire

1. Où habite M. Olivier? Il y habite depuis longtemps?   2. Pourquoi est-ce qu'il arrive fatigué à son bureau le matin?   3. Qu'est-ce que vous pensez qu'il rencontre en allant à son bureau?   4. Selon Mlle Lafont, qu'est-ce qu'on peut faire le week-end en banlieue? Que dit M. Olivier à ce sujet?   5. Est-ce que vous croyez qu'il s'adaptera bientôt à «la vie de château»? Qu'est-ce qu'il peut faire pour simplifier sa vie?   6. Combien de temps est-ce que vous mettez pour aller au lycée? Et vos parents, combien de temps leur faut-il pour aller à leur travail? Est-ce qu'ils trouvent que la circulation est plus difficile le matin ou le soir?

Un embouteillage sur une autoroute

Situation

Avec un(e) partenaire, discutez des avantages et des désavantages de la vie en banlieue et de la vie en ville. Après, avec toute la classe, faites une liste des avantages et des désavantages des deux. Qu'est-ce que la classe préfère, la vie en banlieue ou en ville, et pourquoi?

EXPLICATIONS I

Le conditionnel des verbes
vouloir, pouvoir, devoir

Notes: For uses of these conditionals, see mini-dialogues 1 *(vouloir)*, 2, 4, 6, 9 *(devoir)*, and 6, 9 *(pouvoir)*, pp. 92–94.

♦ **OBJECTIVES:**

TO EXPRESS A WISH

TO MAKE A REQUEST

TO MAKE SUGGESTIONS

TO GIVE POLITE COMMANDS

TO SAY WHAT SOMEONE SHOULD AND SHOULD NOT DO

You know that the conditional is formed by adding the imperfect endings to the future stem. For *vouloir* the stem is *voudr-*, for *pouvoir* it is *pourr-*, and for *devoir* it is *devr-*.

INFINITIFS	vouloir	pouvoir	devoir
je	voudrais	pourrais	devrais
tu	voudrais	pourrais	devrais
il, elle, on	voudrait	pourrait	devrait
nous	voudrions	pourrions	devrions
vous	voudriez	pourriez	devriez
ils, elles	voudraient	pourraient	devraient

1 To express a wish, use the verb *vouloir* in the conditional.

Je **voudrais** vivre à la campagne.	*I'd like to live in the country.*
Nous **voudrions** habiter un quartier tranquille.	*We'd like to live in a quiet neighborhood.*
Voudriez-vous nous aider?	*Would you like to help us?*

These conditional forms are used to soften requests. Compare:

Ils veulent une mobylette.	Ils voudraient une mobylette.
On veut partir maintenant.	On voudrait partir maintenant.
Restez assise!	Voudriez-vous rester assise?

2 The conditional of *pouvoir* is equivalent to English "could." It is also used to make suggestions.

Je ne **pourrais** pas vivre dans une grande ville.	*I couldn't live in a big city.*
Tu **pourrais** déménager.	*You could move.*

These conditional forms are also used to phrase commands in the form of suggestions. Compare:

Aidez-nous!	Vous pourriez nous aider.
Travaille un peu plus!	Tu pourrais travailler un peu plus.

3 The conditional of *devoir* is equivalent to English "ought to" or "should."

Tu **devrais** ralentir.	*You **should** slow down.*
Vous ne **devriez** pas vous garer ici.	*You **should**n't park here.*
On **devrait** leur obéir.	*We **ought to** obey them.*

Il ne faut pas se garer ici.

EXERCICES   Essential

A   Pour rester en bonne santé.   Utilisez l'expression donnée pour dire ce qu'il faut faire pour rester en bonne santé. Suivez le modèle.

> Rire souvent. (on)   *On devrait rire souvent.*

1. Ne pas fumer. (nous)
2. Ne jamais s'énerver. (vous)
3. Dormir au moins sept heures par jour. (tu)
4. Boire beaucoup de jus de fruits. (je)
5. Ne pas s'inquiéter. (nous)
6. Ne jamais se presser. (tu)
7. Ne jamais paniquer. (on)
8. Ne pas conduire trop vite. (vous)

Enrichment: Ask students to add one more bit of advice on what or what not to eat, drink, do, etc.

B   Avec un peu de tact.   Refaites ces ordres d'une manière plus polie. Suivez les modèles.

> Attendez quelques minutes!
> *Voudriez-vous attendre quelques minutes.*
>
> Ne te presse pas!
> *Tu voudrais ne pas te presser.*

1. Ne fais pas de bruit!
2. Ne fume pas!
3. Restez tranquilles!
4. Ne te gare pas en face de la gare!
5. Ne circule pas par ici!
6. Ne jetez pas ces papiers dans la rue!
7. Baigne-toi dans la mer!
8. Ne vous moquez pas de nous!

Exercice A
1. Nous ne devrions pas fumer.
2. Vous ne devriez jamais vous énerver.
3. Tu devrais dormir ...
4. Je devrais boire ...
5. Nous ne devrions pas nous inquiéter.
6. Tu ne devrais jamais te presser.
7. On ne devrait jamais paniquer.
8. Vous ne devriez pas conduire trop vite.

Exercice B
1. Tu voudrais ne pas faire de bruit.
2. Tu voudrais ne pas fumer.
3. Voudriez-vous rester ...
4. Tu voudrais ne pas te garer ...
5. Tu voudrais ne pas circuler par ici.
6. Voudriez-vous ne pas jeter ces papiers ...
7. Tu voudrais te baigner dans la mer.
8. Voudriez-vous ne pas vous moquer de nous.

C Contre la pollution. Dites ce qu'il faudrait faire pour éviter la pollution. Utilisez le conditionnel de *devoir* ou de *pouvoir*. Suivez le modèle.

> Les gens prennent leur voiture pour aller au travail.
> *Ils devraient (ils pourraient) prendre les transports en commun.*

1. On habite en banlieue mais travaille dans le centre.
2. On construit trop de routes.
3. On circule dans les villes en voiture.
4. Nous nous garons dans les rues.
5. Les jeunes peuvent conduire des mobylettes en ville.
6. Nous construisons des immeubles avec beaucoup d'étages.
7. Nous habitons surtout les grandes villes.
8. Les gens voyagent beaucoup en voiture.

A La Défense, Paris

Les pronoms démonstratifs   Essential

Notes: For uses of demonstrative pronouns, see mini-dialogues 2, 4, and 8, pp. 92–94.

Here are the demonstrative pronouns.

	SINGULIER	PLURIEL
MASCULIN	celui	ceux
FÉMININ	celle	celles

We use demonstrative pronouns to point out specific people or things without repeating the noun. Their form must agree in gender and number with the noun they replace. The singular forms mean "this one" or "that one"; the plural forms mean "these" or "those."

◆ **OBJECTIVES:**

TO POINT OUT PEOPLE AND THINGS

TO CLARIFY OR EMPHASIZE

TO GIVE MORE SPECIFIC INFORMATION ABOUT SOMETHING

TO EXPRESS POSSESSION

1   To emphasize a nearer one, we add *-ci* to the demonstrative pronoun. To emphasize one farther away, we add *-là*.

Quel camion est à vous, **celui-ci** ou **celui-là?**	**Celui-là.**
Quelle voiture préfères-tu?	**Celle-là,** à côté du vélo.
Quels pneus sont les meilleurs?	**Ceux-là.** Ce sont des pneus très forts.
Ces motos sont assez vieilles, non?	Oui, **celles-ci** sont d'occasion. Mais **celles-là** sont toutes neuves.

2   We also use demonstrative pronouns to express possession.

Ce sont tes affaires?	Non, ce sont **celles de** mon copain.
On apporte tes disques?	Non, je préfère **ceux de** mon frère.

3   To give more specific information about a noun, a demonstrative pronoun can be followed by a clause introduced by *qui, que,* or *où.*

Quelle chaise est-ce que tu veux?	Apporte-moi **celle qui** est dans ta chambre.
Quelles plages est-ce que vous préférez?	**Celles où** il y a du sable blanc.

Notice that if there is a past participle in the *que* clause, it must agree with the demonstrative pronoun.

C'est quelle chaise?	C'est **celle que** j'ai descen**due** de ma chambre.

Dans un parking à Paris

Explications I   **103**

4 In written French, *-ci* and *-là* are used to refer to "the latter" and "the former," respectively.

Vous connaissez les villes de Lille et de Bruxelles? **Celle-ci** (Bruxelles) est la capitale de la Belgique. **Celle-là** (Lille) est la ville la plus importante du nord de la France après Paris.	*Do you know the cities of Lille and Brussels? The latter is the capital of Belgium. The former is the largest city in northern France after Paris.*

5 *Ceci* ("this") and *cela* or *ça* ("that") are used to refer to indefinite things. *Cela* has the most general meaning; *ceci* is used to refer to something that is closer to the speaker, both in space and time.

Vous voulez interdire la circulation dans le centre-ville? **Cela** n'est pas possible.	*You want to prohibit traffic downtown? **That**'s impossible.*
Vous avez pris vos affaires? —Oui, mais **ceci** n'est pas à moi.	*Did you take your things? —Yes, but **this** isn't mine.*

A Bruxelles

A Au carrefour. Un carrefour est un lieu très animé. Conversez selon le modèle.

cabine téléphonique
(libre / occupée)
ÉLÈVE 1 *Quelle cabine téléphonique est libre?*
ÉLÈVE 2 *Celle-là. Celle-ci est occupée.*

1. feu
   (rouge / vert)

2. parking
   (vide / plein)

3. bâtiments
   (en béton / en bois)

4. piétons
   (traversent la rue /
   se sont arrêtés)

5. autoroute
   (fermée / ouverte)

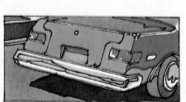

6. clignotant
   (indique la droite /
   indique la gauche)

7. chauffeurs
   (accélèrent / ralentissent)

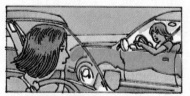

8. automobiliste
   (crie / écoute)

Exercice B

1. Ce sont tes livres? / Non, ce sont ceux d'Adèle.
2. Ce sont tes bottes? / Non, ce sont celles d'Henri.
3. C'est ta montre? / Non, c'est celle de Denis.
4. C'est ta cassette? / Non, c'est celle d'Adèle.
5. Ce sont tes clefs? / Non, ce sont celles d'Henri.
6. C'est ton baladeur? / Non, c'est celui de Denis.
7. Ce sont tes lunettes de soleil? / Non, ce sont celles de Denis.
8. C'est ton imperméable? / Non, c'est celui d'Henri.
9. C'est ton sac à dos? / Non, c'est celui d'Adèle.

Reteach/Extra Help: Gather personal items from students and set up a lost and found. Items are restored to owner when properly identified by using *C'est celui / celle, etc., de ...*

Exercice C
Answers will vary.

Enrichment: Extend the exercise by asking students to think of additional categories *(une personne célèbre, une ville, un monument, etc.)*

B Objets perdus, objets trouvés. Adèle, Denis et Henri cherchent leurs affaires. Aidez-les à les retrouver. Conversez selon le modèle.

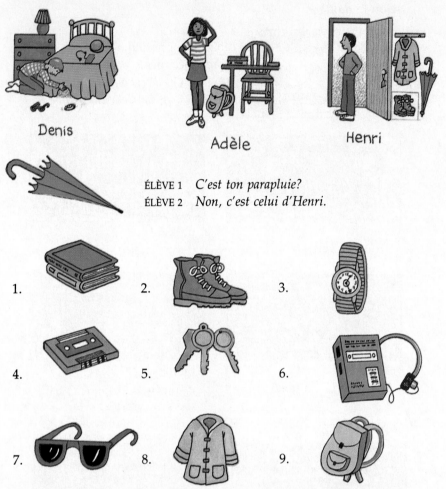

Denis   Adèle   Henri

ÉLÈVE 1 *C'est ton parapluie?*
ÉLÈVE 2 *Non, c'est celui d'Henri.*

1. 2. 3.
4. 5. 6.
7. 8. 9.

C Vous pouvez le deviner? Devinez la chose ou l'endroit qu'un(e) camarade va choisir. Votre camarade vous donnera deux ou trois indications *(clues)*. De combien d'indications aurez-vous besoin pour deviner les réponses? Suivez le modèle.

un avion
ÉLÈVE 1 *C'est celui qui va le plus vite. C'est celui qui est construit en France et en Angleterre.*
ÉLÈVE 2 *C'est le Concorde!*

1. une voiture
2. une émission de télé
3. un film récent
4. un pays
5. un état des Etats-Unis
6. une chanson à la mode
7. un livre célèbre
8. une rue

D Le progrès.   Un ami vous indique ce qu'il y a de nouveau dans sa ville. Il n'en est pas très content. Complétez le paragraphe suivant avec les pronoms démonstratifs qui conviennent.

Le progrès? Il y a beaucoup de construction dans notre ville. On construit des centaines de nouveaux immeubles et maisons et _____ qui sont trop vieux disparaissent. Mais _____ n'est pas accepté par tout le monde. Les gens qui habitent en banlieue sont d'accord,
5   mais _____ qui habitent dans le vieux quartier n'aiment pas du tout la construction. Elle les empêche de circuler facilement, et le bruit est vraiment insupportable! Près du fleuve on a démoli de nombreux immeubles et une vieille église. Vous savez, _____ où nous allions quand nous habitions le centre-ville. Moi, je n'ai pas aimé _____ du
10 tout. Beaucoup de gens ne sont pas contents: les touristes et les vieux habitants du quartier. _____ trouvent que les vieux immeubles sont intéressants; _____ préfèrent aller à une église qui est près de chez eux. Vous direz que la construction, c'est le progrès, et qu'il faut que nos villes se modernisent. _____ est peut-être vrai, mais je
15 suis triste quand je vois qu'on démolit ces bons vieux immeubles, _____ que j'ai connus quand j'étais encore enfant.

Exercice D
ceux
ceci *(or:* ce/cela)
ceux
celle
ça *(or:* cela)
Ceux-là
ceux-ci
C'
ceux

Practice Sheets 3-3, 3-4

Workbook Ex. C

 6 Tape Manual
Exs. 3–4

Quiz 3-3

Vue de Paris à Montmartre

Le pronom interrogatif *lequel* Essential

◆ **OBJECTIVES:**

**TO REQUEST
SPECIFIC
INFORMATION**

**TO GIVE SOMEONE
A SPECIFIC CHOICE**

The interrogative pronoun *lequel* means "which one?" It is a combination of *le, la,* or *les* + the appropriate form of *quel.* We use it to avoid repeating the noun.

	SINGULIER	PLURIEL
MASCULIN	**lequel**	**lesquels**
FÉMININ	**laquelle**	**lesquelles**

Laquelle de ces deux autoroutes est la plus neuve?

Celle qui va de Dijon à Strasbourg.

Il y a des musées dans votre quartier?

Oui. **Lequel** désirez-vous voir?

1   Use *de* after *lequel* to express the group you are choosing from.

Lequel de ces médecins préférez-vous?

Celui qui est venu me voir à la maison.

Laquelle de ces maisons vous plaît le plus?

Celle qui a le grand balcon.

2   Remember that when *lequel* is a direct object, the past participle agrees with it in gender and number.

Laquelle de ces valises est-ce que tu as pris**e**?
Lesquelles de ces excursions est-ce que vous avez décrit**es** dans le livre?

3   You can also use *lequel* with prepositions.

Il parle avec un de ces commerçants.
Avec lequel?

J'ai mis une pièce de monnaie dans le parc-mètre.
Dans lequel?

It contracts with *à* and *de* to form *auquel, duquel,* etc.

Il a donné une contravention au chauffeur.
Auquel?

Je parlais de ces passantes.
Desquelles?

A Lequel? Si on vous disait les choses suivantes, comment lui demanderiez-vous d'être plus précis? Suivez le modèle.

> Ce feu ne marche pas.
> *Lequel?*

1. Ce parking est plein.
2. Ces chauffeurs de camion gênent la circulation.
3. Je déteste ces gratte-ciel.
4. Je crois qu'un des pneus est à plat.
5. Je crois que c'est une rue à sens unique.
6. Attention! La porte ne ferme pas bien.
7. Un des phares ne marche pas.
8. Regarde! Ces vitrines-là sont cassées.

B Sujets de conversation. Demandez à un(e) camarade ses préférences. Donnez-lui deux choix. Par exemple:

> les films / vus
> ÉLÈVE 1 *Lesquels est-ce que tu préfères, les films policiers ou les films d'amour?*
> ÉLÈVE 2 *Les films d'amour.*
> ÉLÈVE 1 *De ceux que tu as vus, lequel est-ce que tu aimes le mieux?*
> ÉLÈVE 2 *…*

1. les romans (policiers, d'espionnage, etc.) / lus
2. les pièces (de Shakespeare, sérieuses, les comédies, etc.) / lues ou vues
3. les boissons (chaudes, froides) / essayées
4. les films (d'horreur, historiques, de science-fiction, etc.) / vus
5. les villes (grandes, petites) / visitées
6. les chanteurs (de rock, d'opéra, de country western) / connais
7. les bâtiments (vieux, modernes, les gratte-ciel, etc.) / vus
8. les quartiers (vieux, modernes, qui ont des espaces verts, pleins de grands immeubles, etc.) / connais
9. les voitures (américaines, françaises, italiennes, etc.) / vues

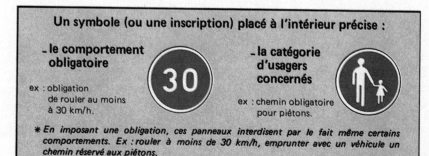

Un symbole (ou une inscription) placé à l'intérieur précise :

– **le comportement obligatoire**

ex : obligation de rouler au moins à 30 km/h.

30

– **la catégorie d'usagers concernés**

ex : chemin obligatoire pour piétons.

✷ *En imposant une obligation, ces panneaux interdisent par le fait même certains comportements. Ex : rouler à moins de 30 km/h, emprunter avec un véhicule un chemin réservé aux piétons.*

C L'inspecteur incompétent.   Il y a eu un vol ce soir chez Mme Lucide. En ce moment, un inspecteur assez incompétent est en train de se renseigner auprès d'elle. Complétez l'interview en employant les formes de *lequel* qui conviennent ainsi que *(as well as)* des prépositions si elles sont nécessaires.

MME LUCIDE	J'assistais à une pièce de théâtre.
L'INSPECTEUR	_____?
MME LUCIDE	*L'Avare* au théâtre Renaud-Barrault.
L'INSPECTEUR	La pièce était bonne?
5 MME LUCIDE	Oui, je me suis bien amusée, mais ça n'est pas ...
L'INSPECTEUR	Très bien. Et ensuite?
MME LUCIDE	Et ensuite je suis rentrée chez moi.
L'INSPECTEUR	Et puis?
MME LUCIDE	Et j'ai vu que la fenêtre était cassée.
10 L'INSPECTEUR	_____?
MME LUCIDE	Celle-là, bien sûr. Il a dû se servir de ces morceaux de béton.
L'INSPECTEUR	_____?
MME LUCIDE	De ceux-là, sur le plancher.
15 L'INSPECTEUR	Ah, oui. Je les vois. Alors, il est entré et sorti par la fenêtre.

MME LUCIDE	Non, monseiur. Il est sorti par la porte.
L'INSPECTEUR	＿＿＿?
MME LUCIDE	Par celle de derrière.
20 L'INSPECTEUR	Et comment le savez-vous, madame?
MME LUCIDE	Je me suis aperçue qu'elle était ouverte quand je suis entrée dans la cuisine.
L'INSPECTEUR	Ah, bon.
MME LUCIDE	Monsieur, j'aimerais vraiment que vous cherchiez mes bijoux.
25	
L'INSPECTEUR	Vos bijoux! ＿＿＿?
MME LUCIDE	＿＿＿! Ceux qu'il m'a volés, bien sûr!
L'INSPECTEUR	Vous voulez dire que celui qui est entré par cette fenêtre cassée et qui est sorti par la porte de derrière a aussi volé vos bijoux?
30	
MME LUCIDE	Oui, monsieur. Il y a eu un vol, vous savez. Mes bijoux ne se trouvent nulle part dans la maison. Et c'est à cause de cela que je vous ai téléphoné. Quelqu'un a sorti mes bijoux de ce tiroir.
35 L'INSPECTEUR	＿＿＿?
MME LUCIDE	De ce tiroir-là. Si vous regardez, vous trouverez une grande boîte vide dans ＿＿＿ se trouvaient tous mes bijoux il y a trois heures. Ils n'y sont plus. On me les a volés.
40 L'INSPECTEUR	Très bien, madame. Je comprends. Et celui qui les a pris ne pourra pas m'échapper. Je ne mettrai pas longtemps à le trouver. Croyez-moi, madame, un monsieur qui porte tant de bijoux ne se cache pas facilement!

Par laquelle
Lesquels
Lesquels
Duquel
laquelle

Enrichment: Encourage students to act out this dialogue demonstrating different interpretations of the two characters. They might also develop reading or listening comprehension items (true/false, multiple choice, question/answer, checklist of items mentioned, etc.).
Ask students how they judge the detective. Based on what actions?

D Parlons de toi.

1. Qu'est-ce que tu voudrais faire si tu le pouvais (si tu avais le talent, l'argent, le temps, etc.)?
2. Est-ce qu'il y a des choses que tu es obligé(e) de faire mais qui t'ennuient? Donne des exemples.
3. De tous les problèmes de la vie quotidienne, lequel te gêne le plus? Pourquoi? Il y en a que tu trouves vraiment insupportables?
4. Si quelqu'un t'interdit de faire quelque chose, qu'est-ce que tu fais? Tu lui obéis d'habitude sans rien dire? Tu demandes pourquoi? Tu refuses d'obéir? Pourquoi? Et si quelqu'un exige que tu fasses quelque chose que tu ne veux pas faire?
5. Si tu vivais ailleurs, dans un monde idéal, qu'est-ce qu'on pourrait faire qui est impossible ou interdit dans celui-ci?

Exercice D
Answers will vary.

Practice Sheet 3-5

Workbook Ex. D

 7 Tape Manual
Ex. 5

Activity Masters 14–15

Quiz 3-4

APPLICATIONS

Code de la route  8

AVANT DE LIRE

1. Il y a en français deux mots qui veulent dire *language:* la langue et le langage. Une langue est un langage parlé ou écrit. Mais il y a aussi un langage par signes. Qui se sert de ce langage?

2. La signalisation *(road signs)* est un langage visuel. Quand est-ce que nous nous servons d'illustrations ou d'un langage visuel pour aider quelqu'un à comprendre? Quand est-ce que nous nous servons de gestes *(gestures)?*

3. Dans les pages suivantes, faites bien attention aux illustrations pour mieux comprendre le texte. A la première page, par exemple, que voudraient dire *la manche à air, un cavalier, un animal sauvage?* Vous pouvez expliquer ces mots en français?

4. A la page 116, d'après le contexte, que veulent dire *le conducteur, un événement imprévu, le décalage, le cerveau, transmettre, appuyer sur* (*enfoncer* en est un synonyme)? Vous savez le verbe *durer* et l'adjectif *long.* Alors, que veulent dire *la durée* et *allonger?* Que veut dire *une dizaine?* (Pensez à *douzaine* et *centaine.*)

La circulation à Paris

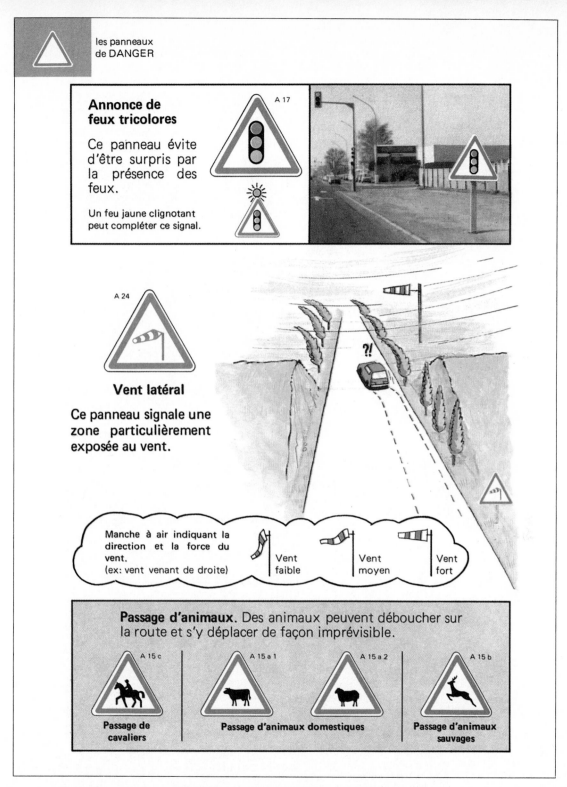

Annonce de feux tricolores

Ce panneau évite d'être surpris par la présence des feux.

Un feu jaune clignotant peut compléter ce signal.

A 17

Vent latéral

Ce panneau signale une zone particulièrement exposée au vent.

A 24

Manche à air indiquant la direction et la force du vent. (ex: vent venant de droite)

Vent faible

Vent moyen

Vent fort

Passage d'animaux. Des animaux peuvent déboucher sur la route et s'y déplacer de façon imprévisible.

Passage de cavaliers — A 15 c

Passage d'animaux domestiques — A 15 a 1 — A 15 a 2

Passage d'animaux sauvages — A 15 b

le panneau *sign*   **déboucher sur** = entrer dans   **se déplacer** *to move*
imprévisible = qui ne peut pas être vu d'avance

Applications   **113**

B 21 b

Obligation de continuer tout droit à cette intersection.

Il est donc interdit de tourner dans les rues à droite ou à gauche.

B 21 c 1

Obligation de tourner à droite à cette intersection.

Il est donc interdit de continuer tout droit ou de tourner à gauche.

B 21 d 2

Obligation d'aller tout droit ou de tourner à gauche à cette intersection.

Il est donc interdit de tourner à droite.

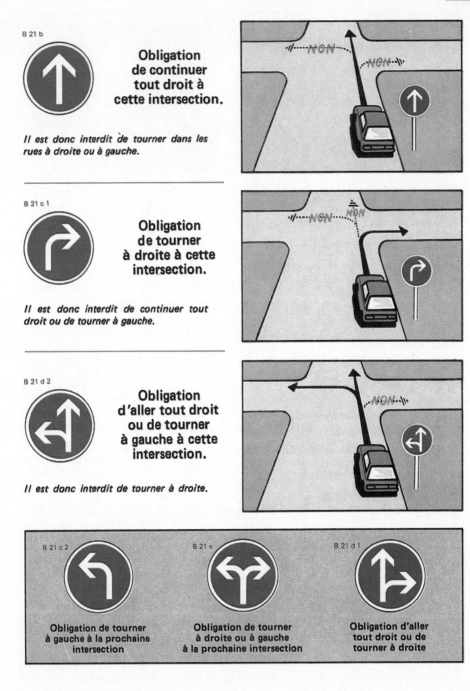

B 21 c 2

**Obligation de tourner
à gauche à la prochaine
intersection**

B 21 e

**Obligation de tourner
à droite ou à gauche
à la prochaine intersection**

B 21 d 1

**Obligation d'aller
tout droit ou de
tourner à droite**

les signes des agents de la circulation

(police, gendarmerie, etc...)

Ils contribuent à rendre la circulation plus facile et plus sûre. Il faut toujours leur obéir.

AGENT VU DE PROFIL

AUTORISATION DE PASSER

AGENT VU DE FACE (ou de dos)

ARRÊT OBLIGATOIRE

Ces gestes sont utilisés pour régler la circulation aux intersections, aux passages piétons et en cas de circulation difficile.

Ils peuvent comporter des variantes ou d'autres gestes:

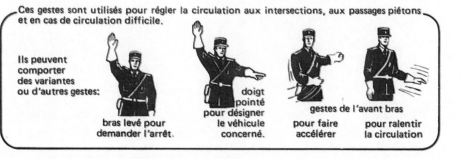

bras levé pour demander l'arrêt.

doigt pointé pour désigner le véhicule concerné.

gestes de l'avant bras

pour faire accélérer

pour ralentir la circulation

rendre here: *to make* **comporter** *to consist of*

le temps de réaction

Un conducteur, surpris par un événement imprévu, ne modifie pas immédiatement la conduite de son véhicule. Il le fait toujours avec un temps de retard.

Ce décalage s'appelle LE TEMPS DE RÉACTION.

par exemple,

LE CONDUCTEUR VOIT
le ballon et l'enfant.

Il prend la décision de freiner.
Le cerveau, par l'intermédiaire du système nerveux, transmet aux muscles du pied, l'ordre d'appuyer sur le frein.

Les muscles se contractent et le pied
ENFONCE LA PÉDALE

C'est seulement ici que le véhicule commence à freiner.

Pendant ce temps, le véhicule continue d'avancer à la même vitesse. A 90 km/h, il parcourt 25 m.

La durée du temps de réaction varie suivant la vigilance ou l'état physique du conducteur.

L'alcool et certains médicaments allongent la durée du temps de réaction.

LA DUREE MOYENNE DU TEMPS DE RÉACTION EST ÉVALUÉE A 1 SECONDE ENVIRON.

La distance parcourue en une seconde dépend de la vitesse.

On peut calculer cette distance de façon assez précise en multipliant par 3 les dizaines de la vitesse.

Par exemple, un véhicule parcourt chaque seconde :

		distance exacte
- à 60 km/h _____ 3 x 6 = 18 m		16,66 m
- à 90 km/h _____ 3 x 9 = 27 m		25 m
- à 130 km/h _____ 3 x 13 = 39 m		36,11 m

parcourir *to cover (a distance)*   **moyen, -ne** *average*   **environ** = plus ou moins

Questionnaire

1. Qu'est-ce que vous pensez qu'on doit faire quand on voit un panneau en forme de triangle à bord *(border)* rouge? Qu'est-ce qu'il annonce?
2. Qu'est-ce qu'un panneau en forme de cercle à fond *(background)* bleu annonce? Qu'est-ce qu'on doit faire en voyant un de ces panneaux-là?
3. Quand un agent fait les gestes suivants, qu'est-ce qu'il faut faire?

4. Qu'est-ce qui nous empêche de freiner au moment où nous voyons que quelque chose arrive? Vous vous souvenez de la durée moyenne de ce temps? Si vous rouliez à une vitesse de 70 kilomètres à l'heure, combien de mètres environ parcourriez-vous avant d'appuyer sur le frein?
5. Pourquoi est-ce qu'on emploie des panneaux illustrés au lieu de panneaux écrits pour la plupart de la signalisation? Lequel est-ce que vous préférez? Pourquoi?

Questionnaire

Answers will vary.

1. On doit ralentir. Il annonce un danger.
2. Il annonce une obligation. On doit faire ce que le panneau exige (continuer tout droit / tourner / ne pas entrer, etc.) / On doit obéir.
3. Il faut ralentir / s'arrêter / accélérer *(or:* continuer tout droit).
4. Il y a un temps de réaction (pendant lequel le cerveau transmet aux muscles du pied l'ordre d'appuyer sur le frein). Une seconde environ. Vingt et un mètres (3 multiplié par 7).
5. Parce qu'ils sont plus faciles à lire en roulant / parce que ceux qui ne peuvent pas lire peuvent les comprendre, etc.

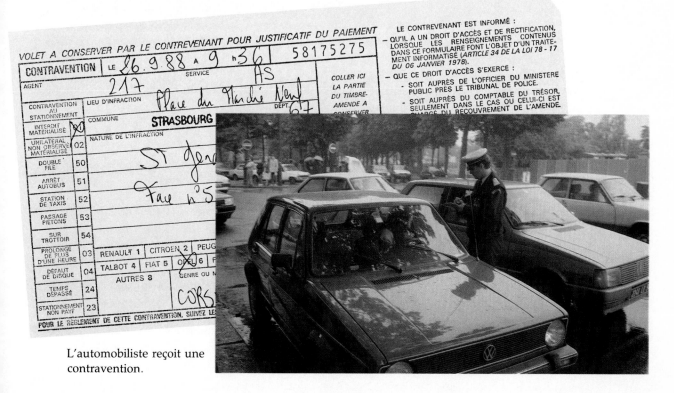

L'automobiliste reçoit une contravention.

EXPLICATIONS II Essential

Notes: For uses of subjunctive after verbs of volition, see mini-dialogues 1-3, pp. 92–93.

◆ **OBJECTIVES:**

TO EXPRESS WHAT YOU WISH WOULD HAPPEN

TO SAY WHAT YOU WANT SOMEONE TO DO

TO EXPRESS WHAT YOU PREFER TO HAVE HAPPEN

TO EXPRESS DEMANDS

Reteach/Extra Help: You may want to practice subjunctive forms by having students tell what their teachers require *(Ils exigent que nous ...* / *finir les devoirs* / *choisir des cours difficiles* / *répondre aux questions* / *ne pas dormir en classe,* etc.).

Le subjonctif avec les verbes de volonté

You have learned that in certain cases the present subjunctive must be used. It is always preceded by *que.*

To get the subjunctive stem for all regular verbs and many irregular ones, you drop the *-ent* ending from the third person plural form of the present indicative.

1   For all *-er* verbs, the *nous* and *vous* forms of the present subjunctive are gotten by adding the endings *-ions* and *-iez* to the stem. The other forms are the same as those of the present indicative.

INFINITIF   **se garer**

que je me	gare	que nous nous	gar**ions**
que tu te	gar**es**	que vous vous	gar**iez**
qu'il, qu'elle, qu'on se	gar**e**	qu'ils, qu'elles se	gar**ent**

2   Remember that for the other regular verbs you start with the stem and add the subjunctive endings *-e, -es, -e; -ions, -iez, -ent.*

	-IR / -ISS		-IR		-RE
STEM	**finiss-**		**part-**		**vend-**
que je	finiss**e**	que je	part**e**	que je	vend**e**
que tu	finiss**es**	que tu	part**es**	que tu	vend**es**
qu'il	finiss**e**	qu'elle	part**e**	qu'on	vend**e**
que nous	finiss**ions**	que nous	part**ions**	que nous	vend**ions**
que vous	finiss**iez**	que vous	part**iez**	que vous	vend**iez**
qu'ils	finiss**ent**	qu'elles	part**ent**	qu'ils	vend**ent**

3 Here are some irregular verbs that have regular subjunctive forms.

Reteach/Extra Help: You may want to practice these subjunctive forms by asking each student to choose one verb and make up a completion to *Mes parents exigent / souhaitent / voudraient que je ...*

STEM

verbs like *dire*:	dis-	que je dise que nous disions
verbs like *écrire*:	écriv-	que j'écrive que nous écrivions
verbs like *lire*:	lis-	que je lise que nous lisions
verbs like *mettre*:	mett-	que je mette que nous mettions
verbs like *suivre*:	suiv-	que je suive que nous suivions
verbs like *conduire*:	conduis-	que je conduise que nous conduisions

4 One very common use of the subjunctive is in clauses that follow verbs of wanting, wishing, preferring, asking, and demanding: *aimer mieux, désirer, demander, exiger, préférer, souhaiter, vouloir.* We call these *verbes de volonté* (wishing or wanting).

Je souhaite qu'on démolisse ces vieux bâtiments.
I wish they'd tear down those old buildings.

Ils exigeaient que nous nous arrêtions avant le carrefour.
They demanded that we stop before the intersection.

Je voudrais que tu ralentisses.
I'd like you to slow down.

Remember when you use these verbs that if the subject of both clauses is the same, you use the infinitive. You use the subjunctive only when the clauses have different subjects.

Je veux chercher un parking.
I want to look for a parking lot.

Je veux que vous cherchiez un parking.
I want you to look for a parking lot.

Je préfère me renseigner auprès d'un agent de police.
I prefer to ask a policeman for information

Je préfère que nous nous renseignions auprès d'un agent de police.
I prefer that we ask a policeman for information

Pas ici! C'est un sens interdit.

EXERCICES   Essential

A Il faut obéir.   Les enfants de Mme Dupuis n'obéissent pas toujours. Alors elle insiste. Conversez selon les modèles.

> nous / sortir le chien / / exiger
> ÉLÈVE 1   *Nous ne voulons pas sortir le chien.*
> ÉLÈVE 2   *Moi, j'exige que vous sortiez le chien.*

1. je / répondre à cette lettre / / vouloir
2. nous / nous endormir / / exiger
3. nous / laver ces verres / / demander
4. je / préparer le déjeuner / / exiger
5. nous / brosser nos vêtements / / vouloir
6. je / me coucher / / exiger
7. je / finir mes devoirs / / vouloir
8. je / servir le thé / / désirer

Reteach/Extra Help: You may want to practice other verb forms by having students retell what Mme Dupuis insists that her children do *(Elle exige qu'ils sortent le chien.)*

B Contre la pollution.   Employez un verbe de volonté pour renforcer *(reinforce)* les ordres indirects suivants. Par exemple:

> Je leur dis de changer la limite de vitesse.
> *Je voudrais qu'ils changent la limite de vitesse.*

1. Je vous dis de ne pas fumer.
2. Je te dis de te servir des transports en commun.
3. Je lui demande de parler avec le maire.
4. Nous lui demandons de vendre sa vieille voiture.
5. Je vous demande de ne pas brûler de feuilles dehors.
6. On nous demande de ne pas nous promener en voiture ici.
7. Je lui dis d'interdire la circulation dans le centre-ville.
8. On nous demande de ne plus construire d'autoroutes.

C Des conseils.   Odette commence ses études à l'université. Ses parents lui disent ce qu'elle devrait faire et ce qu'elle ne devrait pas faire. Suivez le modèle.

> se servir de son vélo
> *Nous voudrions que tu te serves de ton vélo.*

1. sortir tard le soir
2. leur téléphoner souvent
3. perdre son temps à bavarder
4. s'inscrire à trop de cours
5. se servir de son nouvel ordinateur
6. vendre sa machine à écrire
7. répondre à leurs lettres

Enrichment: Suggest that students either extend this exercise by personalizing it *(Mes parents veulent que je ...)* or by telling what Odette wants her roommate to do and not to do *(Elle veut qu'elle ...).*

Exercice A
1. Je ne veux pas répondre à cette lettre. / Moi, je veux que tu répondes à cette lettre.
2. Nous ne voulons pas nous endormir. / Moi, j'exige que vous vous endormiez.
3. Nous ne voulons pas ... / Moi, je demande que vous laviez ...
4. Je ne veux pas préparer ... / Moi, j'exige que tu prépares ...
5. Nous ne voulons pas brosser ... / Moi, je veux que vous brossiez vos vêtements.
6. Je ne veux pas me coucher. / Moi, j'exige que tu te couches.
7. Je ne veux pas finir ... / Moi, je veux que tu finisses ...
8. Je ne veux pas servir ... / Moi, je désire que tu serves ...

Exercice B
Choice of verb of volition will vary.
1. ... que vous ne fumiez pas.
2. ... que tu te serves ...
3. ... qu'il parle ...
4. ... qu'il vende ...
5. ... que vous ne brûliez pas ...
6. ... que nous ne nous promenions pas ...
7. ... qu'il interdise ...
8. ... que nous ne construisions plus ...

Exercice C
Answers may vary.
1. ... que tu ne sortes pas tard le soir.
2. ... que tu nous téléphones souvent.
3. ... que tu ne perdes pas ...
4. ... que tu ne t'inscrives pas ...
5. ... que tu te serves ...
6. ... que tu (ne) vendes (pas) ...
7. ... que tu répondes ...

D Des bons conseils. Un agent de police parle avec quelques jeunes gens qui sont en train d'apprendre à conduire. Quels conseils est-ce qu'il leur donne? Employez un verbe de volonté avec chacun des verbes donnés pour raconter ses conseils. Par exemple:

> accélérer
> *Nous ne voulons pas que vous accélériez en voyant un feu jaune.*

brûler	s'endormir	perdre
conduire	essayer de	ralentir
donner l'exemple à	éviter	rester
doubler	se garer	rouler

E Parlons de toi.
1. Tu es devenu(e) proviseur ou directrice de ton lycée. Qu'est-ce que tu veux changer? Par exemple, tu veux que tous les élèves suivent un cours de langues? Qu'on achète plus d'ordinateurs?
2. Tu es devenu(e) maire de ta ville. Qu'est-ce que tu fais? Par exemple, tu veux que la ville se modernise? Tu souhaites qu'on installe plus de cabines téléphoniques?
3. Comme maire, qu'est-ce que tu fais pour éviter la pollution? Est-ce que tu demandes que les gens se servent des transports en commun? Tu essaies de les empêcher de circuler au centre-ville?

Exercice D
Answers will vary. All will be in the subjunctive *-iez* form.

Enrichment: You might extend this exercise by having students give advice on nutrition or sharing a room in a dormitory.

Reteach/Review: You might practice other subjunctive forms by changing subjects: *Vous voulez que nous ...?*

Exercice E
Answers will vary.

Practice Sheets 3-6, 3-7

Workbook Exs. E–F

 9 **Tape Manual** Exs. 6–7

Quiz 3-5

ACTIVITÉ Discretionary

Mes parents sont si stricts! Ecrivez une liste de cinq ou six choses que vous aimeriez que vos parents exigent. Par exemple: *Mes parents exigent (veulent / préfèrent, etc.) que je regarde la télé avant de faire mes devoirs.* Après, avec un(e) partenaire, parlez de vos listes. Choisissez trois ou quatre de ces règles *(rules)* idéales et, en équipe, lisez-les à la classe: *Nos parents exigent que nous regardions la télé avant de faire nos devoirs.* Parmi toutes les règles qui seront lues, la classe choisira «Dix règles pour être heureux à la maison».

Au jour le jour

lundi, 13h15 et 23h20
Maritimes, 14h15 et minuit 20
Radio-Canada
Télévision

Lisez la bande dessinée.

1. Maryse et Solange viennent d'apprendre à conduire.

2. La voiture de Maryse est rapide mais celle de Solange est lente.

3. Solange ne veut pas qu'un agent de police lui donne une contravention.

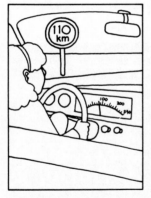

4. C'est pourquoi elle respecte toujours la limite de vitesse.

5. Maryse, elle, préfère brûler les stops.

6. On devrait lui interdire de conduire.

Maintenant imaginez que vous venez d'obtenir votre permis de conduire. Comment est-ce que vous conduisez? Écrivez votre histoire en vous servant de la Révision comme modèle.

Trouvez les expressions françaises qui correspondent à l'anglais et rédigez un paragraphe.

1. Philippe just parked in a parking lot.

2. His car is big but his parents' is small.

3. He doesn't want his car to obstruct traffic.

4. That's why he always looks for a parking lot.

5. His parents prefer to park on the street.

6. Someone should teach him to park.

RÉDACTION

Maintenant, choisissez un de ces sujets.

1. Un agent de police arrête Maryse parce qu'elle a brûlé un stop. Imaginez la conversation entre Maryse et l'agent de police.

2. Qui conduit dans votre famille? Qui conduit le mieux? Le plus mal? Expliquez vos réponses.

3. Qu'est-ce qu'on devrait toujours faire quand on conduit une voiture? Qu'est-ce qu'on ne devrait jamais faire? Pourquoi?

CONTRÔLE DE RÉVISION   CHAPITRE 3   Discretionary

Notes: Answers to the *Contrôle de Révision* appear in the teacher pages at the front of the book.

A   En ville.
Complétez les phrases suivantes en employant les verbes qui conviennent de la liste.

brûler	empêcher
démolir	exiger
disparaître	se garer
échapper à	se renseigner

1. Ce taxi est en stationnement interdit. Le chauffeur devrait ____ ailleurs.
2. Henri a décidé d'aller vivre à la campagne pour ____ la pollution de la grande ville.
3. On va construire un nouveau gratte-ciel ici. Alors on va ____ ces vieux bâtiments.
4. La circulation au centre-ville est insupportable! Le maire devrait ____ les gens de circuler ici.
5. Madeleine ne sait pas quelle direction il faut prendre pour aller au centre. Elle va ____ auprès d'une passante.
6. Arrêtez-vous! Vous allez ____ le stop!

B   Si j'étais président(e) ...
Ecrivez des phrases en employant le verbe *pouvoir* au conditionnel.

Tu / avoir ta propre télé
Tu pourrais avoir ta propre télé.

1. Je / habiter la Maison Blanche avec mes amis
2. Les gens / faire la grasse matinée tous les jours
3. Vous / vous amuser au lieu d'aller au lycée
4. Nous / regarder la télé jusqu'à minuit
5. On / conduire des voitures de sport

C   Lequel choisir?
Complétez la première phrase avec la forme qui convient du conditionnel du verbe *vouloir*. Complétez la deuxième phrase avec la forme du pronom interrogatif *lequel* qui convient.

1. Paul ____ acheter un nouveau manteau. Il y en a deux qu'il aime; ____ devrait-il choisir?

2. Nous ____ louer une cassette-vidéo. ____ préférez-vous?
3. Vous dites que vous ____ acheter des skis bon marché? Nous en avons plusieurs; ____ est-ce que vous préférez?
4. Les enfants ____ beaucoup de pâtisseries, mais leur mère leur a dit d'en prendre seulement deux. ____ vont-ils prendre?
5. Je ____ assister à la pièce au théâtre Renaud-Barrault et je ____ assister aussi à celle au théâtre des Arts. ____ est-ce que je devrais assister?

D   Au grand magasin.
Complétez le dialogue suivant avec les pronoms démonstratifs qui conviennent.

—Tu aimes ce manteau-ci?
—Non, pas vraiment. Je préfère ____.
—Ah, oui, il est beau. Mais il ressemble à ____ de Bernadette et à ____ de Michèle.
—Elles ont des manteaux comme ____?
—Oui, ____ te gêne?
—Un peu. Je ne veux pas acheter un manteau comme ____ de mes amies.

E   On souhaite que ...
Complétez les phrases.

1. Les profs désirent que tous leurs élèves (*réussir*) les examens.
2. Mon correspondant demande que je lui (*écrire*) plus souvent.
3. Mes parents exigent que nous (*dire*) toujours la vérité.
4. Le proviseur préfère que nous (*ne plus conduire*) au lycée et que nous (*prendre*) le bus.
5. Je souhaite que tu (*lire*) le poème que j'ai écrit.

Listening Comprehension Test   Chapter 3 Test
Workbook Review: Chs. 1–3   Cumulative Test: Chs. 1–3

VOCABULAIRE DU CHAPITRE 3

Noms

l'automobiliste (m.&f.)
l'autoroute (f.)
le béton
la cabine téléphonique
le carrefour
une centaine (de)
le centre-ville (le centre)
le chauffeur (de camion / de taxi)
le clignotant
le commerçant, la commerçante
la contravention
la direction
l'embouteillage (m.)
l'espace (m.)
les espaces verts
le feu (rouge / vert)
le gratte-ciel, pl. les gratte-ciel
la limite de vitesse
le maire
le parc-mètre
le parking
le passant, la passante
le piéton
la pollution
la priorité
le quartier
le sens unique
la solution
le stop
les toilettes publiques
le trajet
les transports en commun

Verbes

accélérer
brûler (to go through)
construire
démolir
disparaître
doubler
échapper à
empêcher de + inf.
exiger
(se) garer
gêner
interdire à qqn. de + inf.
se moderniser
obliger qqn. à + inf.
respecter

Adjectifs

entier, -ière
insupportable
nombreux, -euse
quotidien, -ne
tranquille

Adverbes

ailleurs
ne … nulle part

Expressions

à cause de
au calme
en stationnement interdit
être à + distance + de
grâce à
mettre + time + à / pour + inf.
se renseigner auprès de qqn.
respecter la priorité

CHAPITRE 4

Essential

PRÉLUDE CULTUREL │ BRICOLER EST TRÈS FRANÇAIS

Les Français savent très bien se débrouiller et connaissent tous «le système D»
(le système débrouille). Ce système leur permet de se servir de tout ce qu'ils ont
sous la main pour fabriquer ou réparer les choses.

Mais quelquefois il vaut mieux téléphoner à un professionnel pour vous dépanner *(help out)*. Voici une publicité pour une société qui offrent les services d'un électricien, d'un plombier, d'un réparateur ou d'un charpentier. Au lieu de réparer les choses vous-même, vous pouvez les faire réparer.

127

MOTS NOUVEAUX

Tu aimes bricoler?

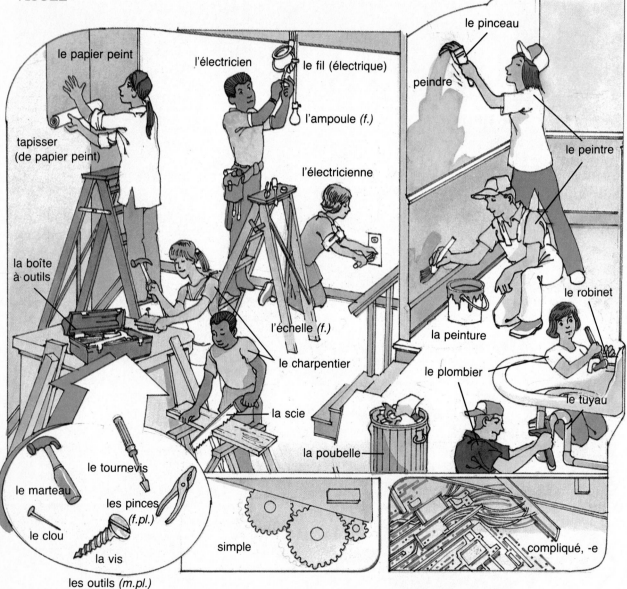

le papier peint

l'électricien

le fil (électrique)

tapisser
(de papier peint)

l'ampoule *(f.)*

l'électricienne

la boîte
à outils

l'échelle *(f.)*

le charpentier

le pinceau

peindre

le peintre

le robinet

la peinture

le plombier

le tuyau

la scie

la poubelle

le tournevis

le marteau

les pinces
(f.pl.)

le clou

la vis

les outils *(m.pl.)*

simple

compliqué, -e

tondre le gazon

la tondeuse   le gazon

le tuyau (d'arrosage)

l'arrosoir (m.)

arroser

planter

la mauvaise herbe

CONTEXTE
COMMUNICATIF   2

1   Savoir **bricoler** est **utile.** M. Besnard est en train de monter
à une échelle pour réparer le toit de sa maison.

M. BESNARD	Tu peux **tenir*** l'échelle, s'il te plaît?
MYRIAM	Oui, mais fais bien attention en montant.
M. BESNARD	Ne **bouge** pas. Tu risques de me faire tomber.

Variations:
- l'échelle → le marteau
- l'échelle → la scie

bricoler   *to do odd jobs, to "do it yourself"*
utile   *useful*
tenir   *to hold, to have*

bouger   *to move*

2

DAVID	Je **compte** peindre ma chambre ce week-end.
FRANÇOISE	Tu veux que je t'aide?
DAVID	Ah oui, si tu veux. **A deux,** ça ira plus vite. Je **compte sur** toi, alors?
FRANÇOISE	Oui, j'arriverai chez toi samedi à 8 heures.

- peindre → tapisser
  tu veux que je t'aide → tu veux un coup de main
  ah oui, si tu veux → oui, avec plaisir
  j'arriverai → je serai

compter + inf.   *to plan to*

à deux   *with two, together*
compter sur   *to count on*

Enrichment: Have students
tell what they plan to do this
evening or this weekend. *(Je
compte rester chez moi.)*

*Tenir follows the pattern of *venir* in the present. It forms the passé composé with
avoir.

3 Gérard ne **fuit*** jamais le travail. Il adore **le bricolage.**

MME ROUGET	Le robinet **fuit.** Il faut le faire réparer.
GÉRARD	**Inutile** d'appeler le plombier. Je peux peut-être le faire moi-même.

■ le robinet fuit → l'évier est **bouché**
   le faire réparer → faire venir le plombier
   inutile d'appeler → **pas la peine d'**appeler
   je peux peut-être → moi, j'ai les outils pour
■ le robinet fuit → la machine à laver ne **fonctionne** pas
   le faire réparer → la faire réparer
   le plombier → **le réparateur**

fuir = éviter
le bricolage   *tinkering, doing odd jobs*
fuir   here: *to leak*
inutile   *useless*
bouché, -e   *clogged*

pas la peine de + inf.   *no need to*

fonctionner = marcher

le réparateur, la réparatrice = personne qui répare

4 Mme Leroux **se plaint de l'état** de la chambre de son petit-fils Benoît.

MME LEROUX	Quel **désordre** dans ta chambre! Il y a de **la poussière** partout.
BENOÎT	**J'ai horreur de** faire le ménage.
MME LEROUX	Bon, on va le faire ensemble et après, toi, tu m'aideras à sortir les poubelles.
BENOÎT	Si tu veux.

se plaindre (de)   *to complain (about)*
l'état (m.)   *state*
le désordre   *mess*
la poussière   *dust*
avoir horreur de = déstester

■ de la poussière → des jouets
   faire le ménage → nettoyer ma chambre
   ensemble → à deux

5

M. DURAND	Samedi il faut faire un peu de jardinage. Je compte sur vous pour m'aider, les enfants.
CHRISTOPHE	D'accord. Moi, je me charge de tondre le gazon.
ELIANE	Et moi, je planterai les fleurs.

■ de tondre le gazon → d'arroser les fleurs
   je planterai les fleurs → j'**enlèverai** les mauvaises herbes
■ de tondre le gazon → d'enlever les feuilles mortes
   je planterai les fleurs → je mettrai le tuyau dans le garage

enlever   *to remove, to get rid of, to take away*

*The *i* of *fuir* becomes *y* before a pronounced vowel:

je fuis	nous fuyons
tu fuis	vous fuyez
il / elle / on fuit	ils /elles fuient

The past participle is *fui;* the present participle, *fuyant.*

6 Aurélie fête son anniversaire avec des amis.

SÉBASTIEN   Tu as fait ton gâteau d'anniversaire toi-même?

AURÉLIE   Oui, bien sûr.

SÉBASTIEN   Il est délicieux. Tu me donneras **la recette?**

AURÉLIE   Oh, ce n'est pas compliqué. On **mélange** des œufs et de la farine avec du chocolat et du sucre et on **laisse cuire*** une heure.

■ ce n'est pas compliqué → c'est assez simple

    mélange → **bat†**

la recette	*recipe*
mélanger	*to mix*
laisser + inf.	*to let*
cuire	*to cook*
battre	*to beat*

*Cuire follows the pattern of *conduire*.

†*Battre* follows the pattern of *mettre* in most tenses. Its past participle, however, is *battu*.

PAGES JAUNES:
ALLÔ
LES PROFESSIONNELS!

PAGES JAUNES
DE L'ANNUAIRE

L'ANNUAIRE, C'EST LE LIVRE-SERVICE.

TELECOMMUNICATIONS

Comment
mettre la main
sur un plombier
ou un couvreur
qui s'engage?

Ayez
le réflexe label.

Le plombier ou le couvreur qui possède ce label a
signé une Charte qui l'engage. Vous pouvez être tranquille.
Faites appel au professionnel compétent qui
s'est engagé : à intervenir vite, à faire un devis clair, à four-
nir un travail de qualité, à être bien assuré.

Pour connaître, dans votre ville, les noms et adres-
ses des plombiers et des couvreurs titulaires du label :
Téléphonez : — pour la province : 16 (1) 47.20.08.07
    — pour la région parisienne : (1) 45.74.31.34
Écrivez : Union Nationale des Chambres Syndicales de
Couverture et de Plomberie de France - 9, rue Lapérouse -
75116 PARIS.

Mots Nouveaux   **131**

AUTREMENT DIT

TO OFFER HELP ...

>**Puis-je** vous être utile?
>
>Vous avez besoin de mon **aide?**
>
>Je peux vous aider?
>
>Je pourrais peut-être vous aider?
>
>Tu veux que je t'aide?
>
>Tu veux un coup de main?
>
>Laisse-moi t'aider.

puis-je ... ? *(very formal)* = je
peux ... ?

l'aide (f.)   *help, assistance*

TO ASK FOR HELP ...

>Vous ne voudriez pas me donner
>un coup de main?
>
>Vous ne voudriez pas m'aider?
>
>Vous ne pourriez pas m'aider?
>
>Ça vous ennuierait de m'aider?

EXERCICES   Essential

A Une mère de famille se plaint.   Mme Bousquet doit tout faire
dans la maison. Choisissez les mots pour compléter le paragraphe.
Quelques-uns ne seront pas utilisés.

bouché	inutile	plante
compte	me charge de	plombier
coup de main	mélanger	tapisser
enlève	ménage	tiens
fuis	outils	utile

Je fais tout dans la maison, moi! Quand tout est en désordre, c'est
moi qui fais le _____. L'évier est _____? C'est moi qui _____ le faire
réparer. Je sors mes _____ ou, si je trouve que je ne peux pas le
réparer moi-même, j'appelle le _____. Une chambre à peindre ou à
5 _____? On _____ sur moi de le faire.

Ah, oui! J'ai des nombreux talents! Je fais aussi du jardinage. Au
printemps je _____ les fleurs et en automne c'est moi qui _____ les
feuilles mortes. Même quand mon mari doit réparer le toit—ce que
je refuse de faire—c'est moi qui lui _____ l'échelle.

10 Ce n'est pas que j'ai horreur de travailler, vous savez. Je ne _____
jamais le travail, moi! Mais j'aimerais quand même qu'on me donne
un _____ de temps en temps. Je sais bien que c'est _____ de me
plaindre, oui, mais ce n'est pas facile la vie d'une mère de famille.

B Qu'est-ce qui se passe? Qu'est-ce qu'ils tiennent et pourquoi? Par exemple:

Le peintre tient le papier peint. Elle tapisse le mur de papier peint.

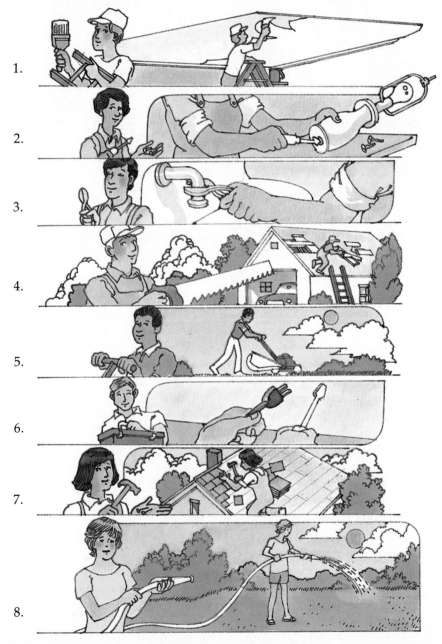

1.
2.
3.
4.
5.
6.
7.
8.

Exercice B

1. Le peintre tient le pinceau et l'échelle. Il peint le plafond.
2. L'électricienne tient le tournevis et les vis. Elle répare la lampe.
3. Le plombier tient les pinces. Il répare le robinet.
4. Le charpentier tient la scie. Il construit le garage.
5. Le jardinier tient la tondeuse. Il tond le gazon.
6. L'électricien tient la boîte à outils. Il répare le fil (électrique).
7. Le charpentier tient le marteau et les clous. Elle répare le toit.
8. La jardinière tient le tuyau (d'arrosage). Elle arrose le gazon.

Mots Nouveaux **133**

Une famille parisienne

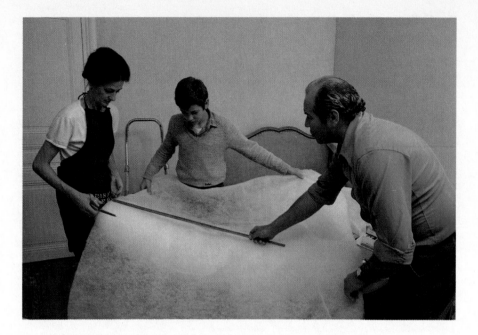

Exercice C
Answers will vary, but students
should explain why they chose
the one they did.

C **Comment répondre?** Que dites-vous dans les situations suivantes? Choisissez une réponse et expliquez pourquoi vous l'avez choisie.

1. Quand quelqu'un remarque que votre chambre est en désordre vous dites: *(Tu sais que j'ai horreur de faire le ménage. / Ça t'ennuierait de m'aider un peu à la nettoyer?)*
2. Quand votre sœur ou votre frère vous demande un coup de main vous dites: *(Volontiers! / Tu sais que je déteste le bricolage.)*
3. Quand quelqu'un vous demande d'enlever les mauvaises herbes vous dites: *(Tu ne voudrais pas me donner un coup de main? / Ah, oui, tu peux compter sur moi.)*
4. Quand une machine ne fonctionne pas vous dites: *(Appelons le réparateur. / Tu veux que je t'aide à la réparer?)*
5. Quand le robinet fuit et que votre père a besoin de votre aide vous dites: *(Inutile de me parler de ça. / Où est ta boîte à outils?)*
6. Quand un(e) ami(e) essaie de faire quelque chose tout(e) seul(e) vous dites: *(A deux, ça serait plus simple. / Ne bouge pas! Laisse-moi le faire.)*
7. Quand votre mère a beaucoup de choses à faire et qu'elle a très peu de temps vous dites: *(Ne te plains pas, maman. / Laisse-moi t'aider.)*
8. Quand votre petit frère ou petite sœur bat des œufs et laisse tomber le bol vous dites: *(Oh là là! Le plancher est dans un état! / Ce n'est pas la peine de pleurer. Je t'aiderai à le nettoyer.)*

D Parlons de toi.

1. Qui aime bricoler dans ta famille? Tu aimes le bricolage? Qu'est-ce que tu sais réparer? Par exemple, est-ce que tu as déjà réparé une lampe ou un robinet? C'était difficile? Tu as réussi à le faire ou est-ce que tu as dû faire venir un réparateur?

2. De quelle couleur est ta chambre? Tu l'as peinte ou est-ce qu'on a fait venir un peintre? Ou peut-être est-elle tapissée de papier peint? Si oui, décris le dessin.

3. Est-ce que tu as horreur de faire le ménage? Quelles excuses est-ce que tu donnes pour fuir le travail chez toi?

4. Est-ce que ta mère se plaint de l'état de ta chambre? Combien de fois par mois est-ce que tu la nettoies? Tu enlèves la poussière un peu plus souvent que ça?

5. Qui se charge de faire le ménage chez toi? Tu fais du jardinage? Qui enlève les feuilles mortes en automne? Et les mauvaises herbes en été? Tu arroses les fleurs? Chez toi, de quoi est-ce qu'on se sert pour arroser les fleurs, d'un arrosoir ou d'un tuyau?

6. Tu voudrais être charpentier, plombier, électricien(ne)? Pourquoi? Qu'est-ce que tu comptes faire comme métier?

Exercice D
Answers will vary.

Practice Sheet 4-1

Workbook Exs. A–B

 3 Tape Manual
Ex. 1

Quiz 4-1

ACTIVITÉ Discretionary

Un coup de main.   Avec un(e) partenaire, inventez deux situations où vous offrez à aider (1) votre professeur, (2) un(e) ami(e), (3) une(e) petit(e) enfant, (4) un(e) adulte que vous ne connaissez pas. Après, donnez votre liste à deux autres camarades de classe qui choisiront une des huit situations et joueront les rôles.

A deux, ça va plus vite!

APPLICATIONS Discretionary

C'est si simple le bricolage! 4

La machine à laver de Mme Garel ne marche plus. Son mari a essayé de la réparer.

MME GAREL	Alors?
M. GAREL	Ça ne marche toujours pas!
5 MME GAREL	Oh, zut! Mais qu'est-ce que tu as fait?
M. GAREL	J'ai tout démonté[1] et remonté.[2] Je ne comprends pas.
BRIGITTE	Attends, papa. Laisse-moi regarder.
M. GAREL	Mais tu n'y connais rien!
BRIGITTE	Tiens, papa, tu vois cette petite vis-là? Tu l'as
10	remontée à l'envers.[3]
M. GAREL	Tu crois?
BRIGITTE	Oui, regarde. Je vais la remettre. Et voilà! Mets la machine en marche, maman.
MME GAREL	Oh, ça fonctionne!
15 BRIGITTE	Bien sûr. C'était tout simple.

Notes: *N'y rien connaître =* not to know anything about something.

---

[1]**démonter** *to take apart*   [2]**remonter** *to put back (together)*   [3]**à l'envers** *the wrong way*

Questionnaire

1. Qu'est-ce que M. Garel a fait pour essayer de réparer la machine à laver?   2. Pourquoi est-ce qu'il n'a pas réussi?   3. Qu'est-ce que Brigitte a fait pour la réparer?   4. A votre avis, pourquoi est-ce que M. Garel n'a pas appelé un réparateur?   5. A votre avis, pourquoi est-ce qu'il ne voulait pas que Brigitte lui donne un coup de main?   6. Quand une machine ne fonctionne pas chez vous, que font vos parents?

INTERVENTION RAPIDE
PARIS - BANLIEUE

HELP DEPANNAGE
43.44.30.30

DES SPÉCIALISTES A VOTRE SERVICE

PLOMBERIE * ÉLECTRICITÉ * CHAUFFAGE
SERRURERIE * ÉLECTRO-MÉNAGER * TÉLÉVISION

Situation

La tondeuse ne marche pas. Votre père veut la faire réparer chez le réparateur, mais vous dites que vous pouvez le faire vous-même s'il vous aide un peu. Avec un(e) camarade de classe, jouez les rôles.

EXPLICATIONS I Essential

Notes: Point out uses of these verbs in mini-dialogues 2 and 4, p. 129.

◆ **OBJECTIVES:**

TO TELL SOMEONE NOT TO COMPLAIN

TO TELL SOMEONE TO DO SOMETHING

TO SAY THAT SOMETHING HAS ALREADY BEEN DONE

Enrichment: Have students practice *se plaindre* in the imperfect by telling what family or friends used to complain about when they were small.

Une publicité à Montréal

Les verbes comme *peindre*

Here are the present-tense forms of *peindre*.

INFINITIF	**peindre**				
		SINGULIER		PLURIEL	
PRÉSENT	1	je **peins**		nous **peignons**	
	2	tu **peins**		vous **peignez**	
	3	il elle on } **peint**		ils elles } **peignent**	

IMPÉRATIF **peins! peignons! peignez!**
PASSÉ COMPOSÉ j'**ai peint**
IMPARFAIT je **peignais**
FUTUR SIMPLE je **peindrai**
SUBJONCTIF que je **peigne;** que nous **peignions**

1 Note that in all of the plural forms of the present tense the nasal vowel sound disappears and the *gn* sound of *campagne* is introduced: *pein→peign-*. This change also appears in the imperfect and the subjunctive.

2 *Eteindre* ("to extinguish," "to put out") and *se plaindre de* ("to complain") follow the same pattern.

> J'**éteins** le feu sous la poêle.
> Nous avons **éteint** toutes les lumières.
> Vous **éteindrez** la lampe, n'est-ce pas?

> Ne **te plains** pas toujours!
> Ma mère **se plaignait** de ne pas pouvoir compter sur nous.
> Je voudrais **que** tu ne **te plaignes** pas.

EXERCICES Essential

A On se met au travail. Il y a longtemps qu'on n'a pas peint la maison. Et maintenant tout le monde se met au travail. Dites ce que fait chacun. Suivez le modèle.

Vous peignez la salle à manger en vert clair.

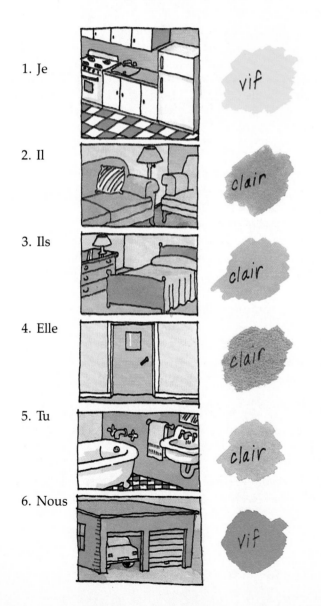

1. Je

2. Il

3. Ils

4. Elle

5. Tu

6. Nous

Exercice A

1. Je peins la cuisine en jaune vif.
2. Il peint le salon en violet clair.
3. Ils peignent la chambre à coucher en bleu clair.
4. Elle peint la porte en marron clair.
5. Tu peins la salle de bains en gris clair.
6. Nous peignons le garage en rouge vif.

Reteach/Extra Help: Have students redo Ex. A in the passé composé. Have students practice the subjunctive by contradicting: *Je veux que* (person) *le / la* (verb) *en* (different color).

B **Le départ en vacances.** La famille Giroux va se mettre en route pour leurs vacances. Avant de partir, Mme Giroux s'assure que tout est éteint. Conversez selon le modèle.

> Sara / la lumière dans la salle de bains
> ÉLÈVE 1 *Sara, éteins la lumière dans la salle de bains.*
> ÉLÈVE 2 *Ne t'inquiète pas, maman. Je l'ai déjà éteinte.*

1. Yves / le four
2. Bruno et Nadine / les lumières au premier étage
3. Yves / la télé
4. Nadine / les lampes dans la salle à manger
5. Bruno / la radio
6. Yves et Bruno / la lumière dans votre chambre

C **Voilà les peintres!** Les jeunes fiancés, Georges et Denise, font peindre l'appartement qu'ils ont loué. Complétez la conversation en employant les formes correctes des verbes qui conviennent: *éteindre, peindre* ou *se plaindre*.

LE PEINTRE	S'il vous plaît, ne _____ pas de l'état de l'appartement.
DENISE	D'accord. Mais vous n'avez pas encore commencé! J'aimerais bien que vous finissiez bientôt. On va se marier la semaine prochaine.
5 LE PEINTRE	Bien sûr, mademoiselle. Mais il faut préparer les murs avant de les _____. Nous enlevons le papier peint maintenant. Et demain nous _____ cette chambre.
GEORGES	Et la chambre à coucher, est-ce que vous l'avez déjà _____?
10 LE PEINTRE	Non, nous voudrions que vous nous disiez de quelle couleur la _____.
GEORGES	Denise, je te laisse choisir la couleur. Je ne veux pas que tu _____ après.
DENISE	Oui. Alors, bleu clair pour notre chambre. Et j'aimerais
15	aussi que vous _____ l'intérieur du placard.
LE PEINTRE	Bon, c'est décidé. Je mélangerai les peintures demain matin. Si vous revenez vers huit heures, vous pouvez choisir la couleur exacte.
DENISE	Très bien. J'y serai.
20 GEORGES	Et _____ les lumières avant de partir, s'il vous plaît. Nous payons déjà l'électricité, vous savez.

Le verbe *faire* comme causatif Essential

The verb *faire* is used to state that something or someone is causing an action to take place or to indicate that someone is having somebody else do something.

1 Use *faire* + infinitive to indicate that something or someone is causing an action to take place. Certain verbs, such as *cuire, geler,* and *sonner* cannot be used with a person as the subject. People make things cook, freeze, and ring.

Les œufs cuisaient.	*The eggs were cooking.*
La cuisinière faisait cuire les œufs.	*The cook was cooking the eggs.*
La cloche sonne.	*The bell's ringing.*
La directrice fait sonner la cloche.	*The principal is ringing the bell.*

2 The construction *faire* + infinitive is also used when you have someone do something for you.

Jeanne peint sa chambre.	*Jeanne is painting her room.*
Moi, je **fais peindre** ma chambre.	*I'm having my room painted.*
Nous **nettoyons** les fenêtres.	*We clean the windows.*
Vous **faites nettoyer** vos fenêtres?	*Do you have your windows cleaned?*

3 We use object pronouns before *faire.* In positive commands they occur after the form of *faire.* Note that there is no agreement of the past participle.

Tu **fais réparer la tondeuse?**	Tu **la fais réparer?**
Vous **avez fait planter les arbres?**	Vous **les avez fait planter?**
Ne **faites** pas **enlever mes vieux meubles.**	Ne **les faites** pas **enlever!**
Fais garer la voiture.	**Fais-la garer!**

♦ **OBJECTIVES:**

TO READ AND FOLLOW A RECIPE

TO SUGGEST THAT A JOB BE DONE BY SOMEONE ELSE

TO ACCUSE OR TO FIND OUT WHO LET / MADE SOMETHING HAPPEN

Notes: Point out use of causative *faire* in mini-dialogues 1, 3 pp. 129–130, and of *laisser* + inf. in mini-dialogue 6, p. 131.

Enrichment: Ask students to tell what they would have others do if they were king / queen / principal / teacher for a day.

Reteach/Extra Help: Have students rephrase example sentences in points 1–2 using object pronouns.

EUROLOISIRS

bricolez-décorez-jardinez

4 To express who does the action, use *par* + a noun or pronoun. You may replace that phrase with the indirect object pronouns *lui* and *leur*.

J'ai fait nettoyer la maison **par les enfants.**

Je **leur** ai fait nettoyer la maison.

Nous avons fait faire cuire le rosbif **par notre fils.**

Nous **lui** avons fait faire cuire le rosbif.

In the second example, note the use of *faire* + *faire*.

Enrichment: How many commands can students invent using *laissez* + verb + noun?

5 *Laisser* is used like *faire*.

Laissez cuire les oignons.   *Let the onions cook.*
Laisse-les **cuire.**   *Let them cook.*

Laisse sortir le chien.   *Let the dog out.*
Je l'ai déjà **laissé sortir.**   *I already let him out.*

6 *Faire* and *laisser* are often used with other infinitives idiomatically.

Mme Marat **fait marcher** la télé.   *Mme Marat turns on the TV.*

L'évier est bouché. **Fais venir** le plombier.   *The sink is clogged. Call the plumber.*

Le charpentier **a laissé tomber** le marteau.   *The carpenter dropped the hammer.*

EXERCICES   Essential

A   C'était Rose!   Robert et Rose disent toujours que c'est l'autre qui a fait tout. Conversez selon le modèle.

faire réparer la machine à laver
ÉLÈVE 1   *Qui a fait réparer la machine à laver? C'est toi, Robert?*
ÉLÈVE 2   *Non, c'est Rose qui l'a fait réparer.*

1. laisser sortir le chat
2. laisser tomber l'échelle
3. laisser entrer le chien
4. laisser brûler la poêle
5. laisser s'éteindre le feu
6. faire marcher le sèche-cheveux
7. faire venir le médecin
8. faire enlever la vieille télé

Exercice A
1. Qui a laissé sortir le chat? C'est toi, Robert? / Non, c'est Rose qui l'a laissé sortir.
2. ... a laissé tomber ... ... l'a laissé tomber.
3. ... a laissé entrer ... ... l'a laissé entrer .
4. ... a laissé brûler ... ... l'a laissé brûler.
5. ... a laissé s'eteindre ... ... l'a laissé s'eteindre.
6. ... a fait marcher ... ... l'a fait marcher.
7. ... a fait venir ... ... l'a fait venir.
8. ... a fait enlever... ... l'a fait enlever.

Un jeune cuisinier à Montmartre

B On prépare le repas. Chez les Dalbéra les enfants aident à préparer les repas. Yves-Charles ne sait pas encore tout faire, et il pose beaucoup de questions à sa mère. Répondez pour Mme Dalbéra en employant l'un des verbes donnés. Vous pouvez utiliser le même verbe plusieurs fois.

> couper cuire geler laver
>
> Et les pommes? *Il faut les couper / laver / faire cuire.*

1. Et les œufs?
2. Et les tomates?
3. Et la viande?
4. Et le chocolat?
5. Et les pâtes?
6. Et les pommes de terre?
7. Et la glace?
8. Et la laitue?
9. Et le poisson?

Exercice B
Answers will vary.
1. Il faut les faire cuire.
2. ... les couper / faire cuire / faire geler / laver.
3. ... la couper / faire cuire / faire geler.
4. ... le faire cuire.
5. ... les faire cuire / faire geler.
6. ... les couper / faire cuire / laver.
7. ... la faire geler.
8. ... la couper / laver.
9. ... le couper / faire cuire / faire geler / laver.

Exercice C

1. Il lui fait couper le pain en tranches.
2. Il lui fait battre ...
3. Il lui fait ajouter ...
4. Il lui fait mélanger ...
5. Il lui fait mettre ...
6. Il lui fait mettre ...
7. Il lui fait mettre ...
8. Il lui fait arranger ...
9. Il lui fait faire cuire ...
10. Il lui fait servir ...

Exercice D

1. On coupe cet arbre, non? / Moi, non! Je préfère le faire couper par un jardinier.
2. On peint les fenêtres, non? / Moi, non! Je préfère les faire peindre par un peintre.
3. On répare ... / ... le faire réparer par un électricien.
4. On installe ... / ... le faire installer par un plombier.
5. On enlève ... / ... les faire enlever par un jardinier.
6. On vérifie ... / ... le faire vérifier par un plombier.
7. On répare ... / ... le faire réparer par un charpentier.
8. On installe ... / ... la faire installer par un électricien.
9. On répare ... / ... le faire réparer par un plombier.
10. On construit ... / ... la faire construire par un charpentier.

Reteach/Review: You may want to ask students to change these into commands using either the imperative or the more polite future with a time when the repair should be done.

C Le pain perdu *(French toast).* Luc et son petit frère vont préparer du pain perdu. D'après la recette, dites ce que Luc fait faire à son frère. Suivez le modèle.

> Choisissez du vieux pain.
> *Il lui fait choisir du vieux pain.*

1. Coupez le pain en tranches.
2. Battez un œuf dans un bol.
3. Ajoutez une tasse de lait à l'œuf.
4. Mélangez le lait avec l'œuf.
5. Mettez les tranches de pain dans le bol.
6. Mettez du beurre dans la poêle.
7. Mettez la poêle sur le feu.
8. Arrangez les tranches de pain dans la poêle.
9. Faites cuire les tranches.
10. Servez le pain perdu avec *(à vous de choisir)* du sucre ou de la confiture.

D Les nouveaux-mariés. Gérard et Elodie se sont récemment mariés et se sont installés dans leur nouvelle petite maison. Elodie adore le bricolage, mais Gérard en a horreur. Conversez selon le modèle en employant chaque fois le mot de la liste suivante qui convient.

> un charpentier   un jardinier   un plombier
> un électricien   un peintre   un réparateur

> peindre la cuisine
> ÉLÈVE 1   *On peint la cuisine, non?*
> ÉLÈVE 2   *Moi, non! Je préfère la faire peindre par un peintre.*

1. couper cet arbre
2. peindre les fenêtres
3. réparer ce fil électrique
4. installer ce tuyau sous l'évier
5. enlever les mauvaises herbes
6. vérifier le lave-vaisselle
7. réparer le toit
8. installer cette lampe au plafond
9. réparer ce robinet
10. construire l'étagère

E Parlons de toi.

1. De quoi est-ce que tu te plains? De quoi est-ce que tes amis se plaignent? Et tes parents, de quoi est-ce qu'ils se plaignent?
2. Qu'est-ce que tu ferais pour rendre *(make)* ton lycée plus beau? Par exemple, de quelle couleur est-ce que tu voudrais qu'on peigne les murs des salles de classe? Tu voudrais qu'on installe des tableaux dans les couloirs? Qu'on plante des fleurs et des arbres?
3. Pourquoi est-ce qu'on appelle des réparateurs chez toi?
4. Est-ce qu'un membre de ta famille a déjà construit ou fait construire quelque chose? Qu'est-ce que c'était? Tu peux le décrire?
5. Si tu le pouvais, quelles sortes de choses est-ce tu ferais faire par les autres? Lesquelles est-ce que tu ferais toi-même? Pourquoi?

145

APPLICATIONS

Trois poèmes de Jacques Prévert 7

Avant de lire
Answers will vary.
1. Ils parlent des oiseaux. / Par exemple: Edgar Allan Poe / le macabre; Jules Verne et George Orwell / ce qui arrivera dans l'avenir, etc.
2. Answers will vary.
3. Suggested punctuation: J'ai mis mon képi dans la cage / et je suis sorti avec l'oiseau sur la tête. / «Alors, on ne salue plus?» / a demandé le commandant. / «Non, on ne salue plus», / a répondu l'oiseau. / «Ah bon! / Excusez-moi! Je croyais qu'on saluait», / a dit le commandant. / «Vous êtes tout excusé. Tout le monde peut / se tromper», / a dit l'oiseau.
4. To salute.
5. Une école. / To rescue.
6. Il explique comment faire le portrait d'un oiseau.
7. écrire / lent, -e / réussir / la feuille / frais, fraîche.

Jacques Prévert

AVANT DE LIRE

Jacques Prévert (1900–1977) est un des poètes français les plus aimés de notre siècle. Il a aussi écrit beaucoup de scénarios *(screenplays)*, dont le plus connu est sans doute le grand classique *Les Enfants du paradis* (1943).

1. Lisez les neuf premiers vers *(lines)* de ces trois poèmes. Quel sujet ont-ils en commun? Vous connaissez d'autres écrivains qui s'occupent souvent d'un seul sujet?
2. Quand vous écrivez des poèmes ou des compositions, est-ce que vous parlez souvent du même sujet? Si oui, lequel?
3. Notez que le poète ne se sert pas de guillemets (« »). Vous pensez que les poèmes seraient plus faciles à lire s'il s'en servait? Ecrivez le poème «Quartier libre» sur le tableau. Après, ajoutez les guillemets où ils sont nécessaires. Ça vous aide à comprendre? C'est même plus facile à lire si vous ajoutez des virgules (,), des points (.) et des points d'interrogation(?) et d'exclamation(!)?
4. D'après le contexte, dans «Quartier libre», que veut dire *saluer* (vers 7)?
5. Quelle est la scène de «Page d'écriture»? Vous comprenez sans doute «Sauve-moi» (vers 13), mais *save* n'est peut-être pas le meilleur mot anglais possible. Vous pouvez en choisir un meilleur?
6. Dans une recette, on emploie souvent l'infinitif au lieu de l'impératif. Pourquoi est-ce qu'on peut dire que le dernier poème est une recette?
7. Pensez à des mots associés à ceux-ci pour deviner ce qu'ils veulent dire: *l'écriture, la lenteur, la réussite, le feuillage, la fraîcheur.*

Quartier libre[1]

J'ai mis mon képi[2] dans la cage
et je suis sorti avec l'oiseau sur la tête
Alors
on ne salue plus
5 a demandé le commandant
Non
on ne salue plus
a répondu l'oiseau
Ah bon
10 excusez-moi je croyais qu'on saluait
a dit le commandant
Vous êtes tout[3] excusé tout le monde peut
se tromper
a dit l'oiseau.

Jacques Prévert, Paroles
© *Editions Gallimard*, 1949

---

[1]**quartier libre** *on leave*   [2]**le képi** = chapeau militaire
[3]**tout** = tout à fait

Page d'écriture

Deux et deux quatre
quatre et quatre huit
huit et huit font seize …
Répétez! dit le maître[1]
5 Deux et deux quatre
quatre et quatre huit
huit et huit font seize.
Mais voilà l'oiseau-lyre
qui passe dans le ciel
10 l'enfant le voit
l'enfant l'entend
l'enfant l'appelle:
Sauve-moi
joue avec moi
15 oiseau!
Alors l'oiseau descend
et joue avec l'enfant …

Jacques Prévert, Paroles
© *Editions Gallimard*, 1949

---

[1]**le maître** = professeur dans une école primaire

Pour faire le portrait d'un oiseau

Peindre d'abord une cage
avec une porte ouverte
peindre ensuite
quelque chose de joli
5 quelque chose de simple
quelque chose de beau
quelque chose d'utile
pour l'oiseau
placer ensuite la toile[1] contre un arbre
10 dans un jardin
dans un bois
ou dans une forêt
se cacher derrière l'arbre
sans rien dire
15 sans bouger …
Parfois[2] l'oiseau arrive vite
mais il peut aussi bien mettre de longues années
avant de se décider
Ne pas se décourager
20 attendre
attendre s'il le faut pendant des années
la vitesse ou la lenteur de l'arrivée
de l'oiseau n'ayant aucun[3] rapport
avec[4] la réussite du tableau
25 Quand l'oiseau arrive
s'il arrive
observer le plus profond silence
attendre que l'oiseau entre dans la cage
et quand il est entré
30 fermer doucement la porte avec le pinceau
puis
effacer[5] un à un tous les barreaux[6]
en ayant soin de[7] ne toucher aucune des plumes de l'oiseau
Faire ensuite le portrait de l'arbre
35 en choisissant la plus belle de ses branches
pour l'oiseau
peindre aussi le vert feuillage et la fraîcheur du vent
la poussière du soleil

---

[1]**la toile** *canvas*   [2]**parfois** = quelquefois   [3]**ne … aucun(e)** *not at all*
[4]**avoir rapport avec** *to have to do with*   [5]**effacer** *to erase*   [6]**le barreau**
bar   [7]**avoir soin de** *to be careful*

et le bruit des bêtes de l'herbe dans la chaleur[8] de l'été
40 et puis attendre que l'oiseau se décide à chanter
Si l'oiseau ne chante pas
c'est mauvais signe
signe que le tableau est mauvais
mais s'il chante c'est bon signe
45 signe que vous pouvez signer
alors vous arrachez[9] tout doucement
une des plumes de l'oiseau
et vous écrivez votre nom dans un coin du tableau.

Jacques Prévert, Paroles
© *Editions Gallimard, 1949*

---

[8]**la chaleur** *heat*   [9]**arracher** *to pluck*

Questionnaire

1. A votre avis, pourquoi est-ce que le premier poème s'appelle «Quartier libre»?
2. A votre avis, que fait le poète dans ce poème? Si le commandant représente l'autorité (ou les autorités), qu'est-ce que le poète en pense?
3. Dans «Page d'écriture», à quel cours assiste l'élève? Il / Elle est content d'être là-bas? Il / Elle a quel âge probablement?
4. Qu'est-ce que vous faites quand vous vous ennuyez dans vos cours?
5. Dans «Pour faire le portrait d'un oiseau», que fait l'artiste pour attraper l'oiseau?
6. Lisez les vers 19–24. Pourquoi est-ce que le poète dit que l'artiste ne doit pas se décourager?
7. Lisez les vers 30–33. Le poète mélange totalement la réalité et l'art. Qu'est-ce qui arriverait si l'artiste touchait une des plumes de l'oiseau?
8. Discutez un peu des vers 37–39. Est-il possible de faire ce que dit le poète? Est-ce que vous avez vu des peintures tellement vraisemblables *(lifelike)* que vous croyiez regarder des photos?
9. D'après le poète, si le tableau est vraisemblable, qu'est-ce que l'oiseau fera? Et s'il ne l'est pas?
10. En général, comment sont les oiseaux?
11. On pourrait dire que l'oiseau dans ces trois poèmes représente la liberté. Vous pouvez expliquer cela pour chacun de ces poèmes?

Enrichment: Prepare students for more creative writing by selecting lines from these poems, removing key words, and asking students to fill them in as they wish. Some possibilities are: «Quartier libre»: ll. 1–2, remove nouns; «Page» ll. 8–15, remove nouns and verbs; «Portrait» ll. 1–8, remove nouns and adjectives.

Questionnaire
Answers will vary.
1. Parce que si on n'est pas en quartier libre, il faut saluer le commandant.
2. Il se moque de l'autorité.
3. Au cours de maths. / Non, il / elle s'ennuie. / Il / Elle a peut-être six ou sept ans.
4. Answers will vary. Examples: Je rêve. / Je fais des dessins.
5. Il peint une cage avec une porte ouverte et quelque chose de joli (simple / beau / utile) pour l'oiseau et puis il met la toile contre un arbre.
6. Parce que l'arrivée de l'oiseau n'a aucun rapport avec la réussite du tableau. Les oiseaux font ce qu'ils veulent.
7. La plume (ou l'oiseau) dis- paraîtrait.
8. Non, on ne peut pas peindre la fraîcheur / le bruit. Mais on peut faire un tableau si vraisemblable qu'on croit sentir la fraîcheur ou entendre des bruits.
9. Il chantera. / Il ne chantera pas.
10. Ils sont beaux / libres.
11. Dans «Quartier libre», l'oiseau est libre de se moquer du commandant et de lui dire qu'il s'est trompé. Dans «Page d'écriture», l'élève qui s'ennuie doit rester dans la classe, mais l'oiseau-lyre peut faire ce qu'il veut: s'en aller ou rester pour jouer avec (sauver) l'élève. Dans «Pour faire le portrait d'un oiseau» c'est à l'oiseau de choisir s'il veut faire partie du tableau de l'artiste. C'est à lui aussi de se décider à chanter ou non.

Notes: Point out the simple future of regular verbs in mini-dialogues 5–6 and its use with immediate future in mini-dialogue 4, pp. 130–131.

◆ **OBJECTIVES:**

TO DESCRIBE POSSIBLE OR LIKELY FUTURE EVENTS

TO MAKE PROMISES

TO PUT SOMEONE OFF

TO OFFER TO DO SOMETHING

TO GIVE SOMEONE DIRECTIONS

Le futur simple

Just as in English, there are two ways to express future events in French.

1   If the event is about to take place or you are sure it will, use *aller +* infinitive.

> Pourquoi est-ce que tu veux ma boîte à outils?
> Je **vais réparer** le toit.

> *Why do you want my toolbox?*
> *I'm **going to fix** the roof.*

> L'agent de police sort son carnet et son stylo. Il **va** sans doute **donner** une contravention à cette dame.

> *The policemen is taking out his ticket book and pen. No doubt he's **going to give** a ticket to that woman.*

2   If the event is not certain or is less immediate, use *le futur simple.*

> Quelle maison! Les tuyaux fuient et tous les éviers sont bouchés. Le plombier **réparera** tout ça.

> *What a house! The pipes leak and all the sinks are clogged. The plumber **will fix** all that.*

> Si nous bougeons, il nous **entendra.**

> *If we move, he'll **hear** us.*

3 In written French and in more formal spoken style the futur simple is most often used.

4 The futur simple is often used to give directions or commands.

> Bon, d'abord vous **planterez** les tomates; ensuite vous les **arroserez**.

> *First, **plant** the tomatoes; then **water** them.*

5 Remember that to form the futur simple, we add the future endings to the infinitive. For -*re* verbs, of course, the *e* is dropped.

je	chante**rai**	fini**rai**	parti**rai**	vend**rai**
tu	chante**ras**	fini**ras**	parti**ras**	vend**ras**
il, elle, on	chante**ra**	fini**ra**	parti**ra**	vend**ra**
nous	chante**rons**	fini**rons**	parti**rons**	vend**rons**
vous	chante**rez**	fini**rez**	parti**rez**	vend**rez**
ils, elles	chante**ront**	fini**ront**	parti**ront**	vend**ront**

Notes: Point out that when it is used to form the future, the *e* of the infinitive ending of -*er* verbs is usually pronounced only if the verb stem ends in two consonants: *je parlerai*, but: *je bougérai*.

EXERCICES Essential

A **Ne jamais faire maintenant ce qu'on peut faire plus tard.** Les enfants de M. et Mme Bruneau disent toujours qu'ils feront leurs tâches *(tasks)* plus tard. Conversez selon le modèle.

> Laurent / arroser les plantes
> ÉLÈVE 1 *Je compte sur toi, Laurent, pour arroser les plantes.*
> ÉLÈVE 2 *D'accord, mais je les arroserai plus tard.*

1. les enfants / sortir le chien
2. Loïc / choisir le papier peint pour ta chambre
3. Laurent / chercher le marteau et les clous
4. Laurent / ranger le tuyau d'arrosage
5. les enfants / réparer le robinet
6. Loïc / tondre le gazon
7. les enfants / mélanger les peintures
8. Laurent / remplir l'arrosoir

Reteach/Review: Review object pronouns.

Notes: Point out the pronunciation of Loïc: [loik].

Enrichment: You may want to ask students to plan a party. Assign tasks according to this model. Some useful vocabulary: *acheter, apporter, préparer, écrire, prendre, téléphoner.*

Exercice A
1. Je compte sur vous, les enfants, pour sortir le chien. / D'accord, mais nous le sortirons plus tard.
2. Je compte sur toi, Loïc, pour choisir ... / D'accord, mais je le choisirai plus tard.
3. Je compte sur toi, Laurent, pour chercher ... / ... je les chercherai plus tard.
4. Je compte sur toi, Laurent, pour ranger ... / ... je le rangerai plus tard.
5. Je compte sur vous, les enfants, pour réparer ... / ... nous le réparerons plus tard.
6. Je compte sur toi, Loïc, pour tondre ... / ... je le tondrai plus tard.
7. Je compte sur vous, les enfants, pour mélanger ... / ... nous les mélangerons plus tard.
8. Je compte sur toi, Laurent, pour remplir ... / ... je le remplirai plus tard.

B Quel désordre! La famille Roussel déménage et tout le monde travaille. Conversez selon le modèle.

> descendre l'armoire / Sébastien et moi
> ÉLÈVE 1 *Qui va descendre l'armoire?*
> ÉLÈVE 2 *Sébastien et moi, nous la descendrons.*

1. écrire les étiquettes pour ces boîtes-ci / moi
2. porter la télé / Bernadette
3. sortir les poubelles / maman et moi
4. donner à manger aux chats / Patricia
5. monter les chaises du sous-sol / papa et toi
6. emballer ces assiettes / les filles
7. répondre au téléphone / moi
8. endormir le bébé / toi

C On cherche son chemin. M. Pascal cherche la poste dans une petite ville. Vous êtes la personne à laquelle il demande des renseignements. Mettez les instructions suivantes au futur simple. Par exemple:

> Il faut d'abord descendre cette rue.
> *D'abord, vous descendrez cette rue.*

Il faut descendre la rue. Ensuite, il faut tourner à gauche au prochain feu rouge. Après il faut traverser un petit pont. On arrive devant une grande place. Il faut prendre la première rue à droite, ensuite tourner à gauche. On se trouve devant la bibliothèque. La
5 poste se trouve en face de la bibliothèque. Si vous avez besoin de l'aide de quelqu'un, il faut demander des renseignements à l'agent de police sur la place.

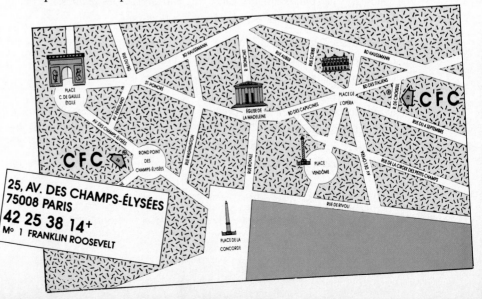

Le futur simple des verbes irréguliers   Essential

Notes: Point out the simple future in mini-dialogue 2 and its *Variations*, p. 129, and in the *Variations* for mini-dialogue 5, p. 130.

As you know, the simple future is usually formed by adding the future endings to an infinitive stem. Here are some common verbs that have special future stems.

INFINITIVE	STEM	
aller	**ir-**	Nous **irons** danser ce soir.
avoir	**aur-**	Il **aura** faim.
devoir	**devr-**	Vous **devrez** manger moins.
être	**ser-**	Je **serai** à l'heure.
faire	**fer-**	Est-ce qu'il **fera** beau demain?
falloir	**faudr-**	Il **faudra** partir bientôt.
pleuvoir	**pleuvr-**	Il **pleuvra**!
pouvoir	**pourr-**	Je ne **pourrai** pas rester longtemps.
recevoir[1]	**recevr-**	Vous **recevrez** un paquet.
savoir	**saur-**	Tu **sauras** les résultats plus tard.
venir[2]	**viendr-**	Ils ne **viendront** pas.
voir	**verr-**	Nous **verrons**!
vouloir	**voudr-**	Tu **voudras** prendre un bain.

1 Verbs like *jeter* and *acheter* that have a stem change in the present tense keep this change throughout the simple future.

jeter[3] (je jette)	**jetter-**	Nous **jetterons** les pinceaux.
acheter[4] (j'achète)	**achèter-**	Nous **achèterons** de la farine, n'est-ce pas?

Verbs like *répéter*[5] add the future endings to the infinitive without changes.

Je **répéterai** la question.

2 Most verbs that end in *-yer* have an *i* in their future stem instead of a *y*.

essayer	**essaier-**	Vous **essaierez** d'être à l'heure.
s'ennuyer	**s'ennuier-**	Je ne m'**ennuierai** pas.

The future stem of *envoyer*, however, is like *voir*.

envoyer	**enverr-**	Tu m'**enverras** la recette?

[1]*Like recevoir: s'apercevoir, décevoir.*
[2]*Like venir: devenir, revenir, tenir.*
[3]*Like jeter: (s')appeler.*
[4]*Like acheter: emmener, enlever, geler, (se) lever, mener, peser, (se) promener, ramener.*
[5]*Like répéter: accélérer, espérer, s'inquiéter, préférer, rouspéter, (se) sécher.*

◆ **OBJECTIVES:**

TO DESCRIBE POSSIBLE OR LIKELY FUTURE EVENTS

TO TELL SOMEONE WHAT (NOT) TO DO

TO GIVE OR GET ADVANCE INFORMATION

TO MAKE PLANS

Reteach/Extra Help: You may want to do pattern practice with these sentences by changing subject pronouns. Can students personalize the sentences? How many variations can they do in one minute?

Reteach/Review: What else will students buy or throw away? Whom will they call to ask if they want the throw-away items?

Reteach/Review: What will students try to do differently in the future? What will they send as a gift to (name of person) for a birthday or Christmas?

Exercice A
1. Elle fera sa toilette ...
2. Elle ira chercher ...
3. Elle essaiera ...
4. Elle achètera ... et le lira ...
5. Elle sera ...
6. Elle appellera ...
7. Elles déjeuneront et se promèneront ...
8. Elle nettoiera ...
9. Elle reviendra ...

Enrichment: You may want to personalize Ex. A by asking students to predict their day tomorrow.

Exercice B
1. Vous nettoierez ...
2. Vous essuierez ...
3. Vous emploierez ...
4. Vous ferez ...
5. Vous m'appellerez ...
6. Vous devrez ...
7. Vous ne rouspéterez pas.
8. Vous ne vous plaindrez pas ...

Reteach/Extra Help: Have students retell Ex. B in 3 pl. or restate as if Thérèse and Jean-Paul were retelling it from their point of view (1 pl.).

Enrichment: You may want to ask students to give similar instructions on how to get a car ready for a trip or on how to make or repair something.

A La routine quotidienne. Denise Lafleur a une vie très régulière. Chaque jour de la semaine elle fait la même chose. C'est un jeudi. Dites ce qu'elle fera.

> se lever à 7h
> *Elle se lèvera à sept heures.*

1. faire sa toilette avant de prendre le petit déjeuner
2. aller chercher du pain à la boulangerie
3. essayer d'attraper le train de 8h15
4. acheter le journal et le lire dans le train
5. être au bureau la première
6. appeler son amie Marie-France pendant l'heure du déjeuner
7. déjeuner et se promener ensemble
8. nettoyer son bureau vers 6h
9. revenir chez elle à 7h

B Dans la cuisine. Thérèse et Jean-Paul apprennent le métier de chef de cuisine. Mais avant d'apprendre à faire des bons plats, ils devront faire des choses moins agréables. Le chef de cuisine leur explique ce qu'ils devront faire.

> essuyer les assiettes   *Vous essuierez les assiettes.*

1. nettoyer les casseroles
2. essuyer la cuisinière
3. employer des serviettes propres pour essuyer les assiettes
4. faire attention de ne pas casser les assiettes
5. m'appeler si vous avez des questions
6. devoir travailler vite
7. ne pas rouspéter
8. ne pas se plaindre

En France

C La lettre de Mathieu. Mathieu attend avec impatience la visite de ses amis américains. Voici la lettre qu'il leur écrit. Mettez chaque verbe entre parenthèses à la forme qui convient.

> Mes très chers Julie et Thomas,
> Encore deux semaines avant votre arrivée à Paris!
> J'*(arriver)* à l'aéroport avant 8h. Si l'avion est en retard, ne vous inquiétez pas. Je *(être)* toujours là. Voici ce que vous
> 5 *(devoir)* faire. Vous *(prendre)* vos bagages et vous *(passer)* la douane où l'on *(vérifier)* vos passeports et peut-être vos bagages aussi.
> Je vous *(attendre)* dans la salle d'attente. Vous me *(trouver)* facilement. Je *(porter)* un manteau rouge et des
> 10 lunettes de soleil. J'*(avoir)* ma voiture et, s'il n'y a pas trop de circulation, nous *(mettre)* un peu plus d'une heure pour arriver à la maison. Vous *(être)* certainement fatigués et nous ne *(faire)* pas de projets pour le jour de votre arrivée.
> 15 Je vous embrasse,
> *Mathieu*

D La réponse de Thomas. Voici la lettre que Thomas a écrite en réponse à celle de Mathieu. Complétez-la en employant les verbes ci-dessous. Utilisez la forme correcte du verbe.

arriver	s'endormir	faire	prendre
avoir	essayer	s'inquiéter	reconnaître
devoir	être	pouvoir	voir

> Mon cher Mathieu,
> Je te remercie de ta lettre. Maintenant que l'on sait que tu _____ là, on ne _____ plus. Je suis certain que nous te _____ à ton manteau rouge et tes lunettes. J'espère quand même
> 5 que nous _____ à l'heure.
> Je sais que nous _____ passer la douane, mais nous n'_____ que peu de bagages et ça ne _____ pas beaucoup de temps.
> Julie _____ dans la voiture, j'en suis sûr. Mais j' _____ de ne pas dormir. Comme ça, je _____ la ville dont je rêve depuis si
> 10 longtemps. Nous sommes très heureux de faire ce voyage. L'été prochain, tu nous _____ une visite, n'est-ce pas? Comme ça tu _____ approfondir tes connaissances en anglais.
> A bientôt,
> *Thomas*

Exercice C
J'arriverai
serai
devrez; prendrez; passerez
vérifiera; attendrai
trouverez; porterai
J'aurai
mettrons
serez
ferons

Enrichment: You may want students to write a note or letter in which they give similar information to someone they will meet in a given place at a certain time.

Exercice D
seras; s'inquiétera; reconnaîtrons
arriverons
devrons; aurons
prendra
s'endormira; essaierai
verrai
feras
pourras

Enrichment: If students wrote notes based on Ex. C, ask them to exchange letters and write a response.

L'équipe de France joue à
Mexico.

E Un appel transatlantique. Le cousin canadien de Marie-Paule va
lui faire une visite. Ils ont tous les deux beaucoup de questions à se
poser. Alors, quinze jours avant l'arrivée de son cousin, Marie-Paule
lui passe un coup de fil. Conversez selon le modèle.

> l'heure à laquelle son cousin / arriver
> ÉLÈVE 1 *A quelle heure est-ce que tu arriveras?*
> ÉLÈVE 2 *J'arriverai à …*

1. si le voyage / être long
2. si son cousin / avoir beaucoup de bagages
3. combien de temps son cousin / pouvoir rester chez eux
4. s'il y a des choses que son cousin / vouloir surtout voir
5. si son cousin / acheter beaucoup de souvenirs pour ses amis

Et voici quelques-unes des questions que son cousin pose à
Marie-Paule.

6. si on / aller au théâtre
7. le temps qu'il / faire
8. s'ils / aller voir des matchs de football
9. si sa cousine / venir le chercher à l'aéroport ou s'il / devoir
   prendre un taxi
10. s'il / pouvoir la reconnaître
11. si elle lui / envoyer une photo quand même

F Parlons de toi.

1. Qu'est-ce que tu comptes faire ce week-end? Tu verras un film, par exemple? Tu feras des courses?
2. Qu'est-ce que tu comptes faire l'été prochain? Tu auras un emploi *(job)?* Si oui, qu'est-ce que tu feras? Où est-ce que tu travailleras? Tu feras un voyage peut-être? Où est-ce que tu voyageras? Avec qui?
3. Où est-ce que tu seras dans cinq ans? Dans dix ans? Qu'est-ce que tu feras comme métier? Tu te marieras? Tu auras des enfants? Si oui, comment seront-ils?
4. Comment sera le monde dans dix ans? Est-ce que tu t'inquiètes à ce sujet ou est-ce que tu penses que tout ira bien?

Exercice F
Answers will vary.

Practice Sheets 4–6, 4–7

Workbook Exs. G–H

9 Tape Manual Exs. 6–7

Activity Masters pp. 18–19

Quiz 4–5

ACTIVITÉ   Discretionary

La boule de cristal.   Dans un petit groupe de trois ou quatre personnes, discutez du monde de l'an 2020. Comment sera-t-il? Comment seront, par exemple:

les machines
les emplois
les loisirs
les villes
les transports en commun
vos familles
vos métiers ou professions
vos maisons ou appartements
vos vêtements
vos vacances

Après, choisissez un de ces sujets et écrivez ce que votre groupe a imaginé. S'il y a un artiste parmi vous, il / elle peut y ajouter des dessins.

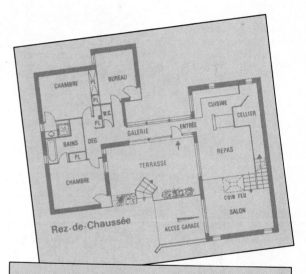

APPLICATIONS Discretionary

RÉVISION

Transparency 12

Notes: Review of:
1. causative *faire*
   possessive adjectives
2. conditional of
   vouloir and *pouvoir*
   disjunctive pronouns
   direct object pronouns
3. *futur simple*
   causative *faire*
4. *apprendre*
5. indirect object pronouns
   disjunctive pronouns
6. *futur simple*

Lisez la bande dessinée.

1. Mes grands-parents veulent faire peindre leur maison.

2. Grand-papa voudrait le faire lui-même mais il n'a pas envie de monter sur une échelle.

3. Grand-maman fera venir un peintre.

4. Quand papa apprend ça, il pense que ce n'est pas croyable.

5. Il leur dit de compter sur lui.

6. Tu parles! C'est papa et moi qui le ferons samedi!

Bardeaux Toisite, des toits du tonnerre de Zeus!

Maintenant imaginez que vos parents veulent faire réparer un robinet chez vous. Inventez une suite à cette histoire en vous servant de la Révision comme modèle.

THÈME

Transparency 13

Notes: Answers to the
Thème appear in the teacher
pages at the front of the book.

Trouvez les expressions françaises qui correspondent à l'anglais et
rédigez un paragraphe.

1. Our neighbor wants to have a garage built.

2. He could build it himself, but he's afraid he'll fall off the ladder.

3. They'll have a carpenter come.

4. When their children learn that, they think it's unnecessary.

5. They tell them to count on <u>them</u>.

6. Look! It's the whole family who will do it together.

RÉDACTION

Maintenant, choisissez un de ces sujets.

1. Quelle est la dernière chose que vous avez fait réparer chez vous?
   Pourquoi est-ce que vous ne l'avez pas réparée vous-même?

2. Imaginez la conversation entre le voisin, sa femme et leurs enfants.

3. Complétez les phrases suivantes comme vous voulez en vous servant
   des phrases de la Révision et du Thème comme modèles.

   a. Je voudrais ....   d. Quand mon frère ... il pense que ....
   b. Je pourrais ... mais .... e. Il me dit ....
   c. Je ferai ....   f. Voilà! C'est mon frère et moi ....

CONTRÔLE DE RÉVISION CHAPITRE 4 Discretionary

Notes: Answers to the *Contrôle* appear in the teacher pages at the front of the book.

A Le bricolage.

Dites ce dont vous avez besoin pour faire les travaux suivants. Choisissez de la liste au-dessous.

un arrosoir
le papier peint
un pinceau et une échelle
les pinces

la poussière
une recette
une scie et un marteau
une tondeuse

réparer ma voiture
Pour réparer ma voiture, j'ai besoin de pinces.

1. tondre le gazon
2. peindre le plafond
3. arroser le jardin
4. préparer le coq au vin
5. tapisser un mur
6. construire une étagère

B D'habitude.

Complétez chaque phrase en mettant les verbes soit au présent, soit au passé composé, soit au futur simple.

1. *(éteindre)* D'habitude, j'_____ la lumière du garage quand je sors le soir, mais hier je ne l'ai pas _____. Bien sûr, je l'_____ ce soir.
2. *(se plaindre)* Ma sœur _____ toujours que je fais trop de bruit. Hier elle _____ à ma mère et demain elle _____ à mon père.
3. *(peindre)* Tous les ans mes voisins _____ leur maison. L'année dernière ils _____ l'extérieur et l'été prochain ils _____ l'intérieur.

C C'est aux autres de le faire!

Répondez aux questions suivantes en employant *faire* causatif.

Jean, tu as réparé la tondeuse toi-même?
Mais non! Je l'ai fait réparer.

1. C'est vrai que tu peins la voiture toi-même?
2. Ta mère réparera la cuisinière elle-même?
3. Tes frères ont construit ce garage eux-mêmes?
4. Vous laverez toutes les fenêtres de la maison vous-mêmes?
5. Ton amie va enlever les feuilles elle-même?
6. Ton père veut que nous le tapissions nous-mêmes?

D Les rêves.

Mettez les phrases suivantes au futur simple.

1. Tu *(conduire)* la voiture de tes rêves.
2. Ma nièce *(devenir)* une danseuse célèbre.
3. J'*(aller)* autour du monde en bateau.
4. Mes cousines *(travailler et voyager)* en Europe.
5. Vous *(avoir)* beaucoup d'argent et vous *(acheter)* une maison au sud de la France.
6. Nous *(faire)* tout ce que nous *(vouloir)*.

VOCABULAIRE DU CHAPITRE 4

Noms

l'aide *(f.)*
l'ampoule *(f.)*
l'arrosoir *(m.)*
la boîte à outils
le bricolage
le charpentier
le clou
le désordre
l'échelle *(f.)*
l'électricien, l'électricienne
l'état *(m.)*
le fil (électrique)
le gazon
le marteau
la mauvaise herbe
les outils *(m.pl.)*
le papier peint
le peintre
la peinture *(paint)*
le pinceau
les pinces *(f.pl.)*
le plombier
la poubelle
la poussière
la recette
le réparateur, la réparatrice
le robinet
la scie
la tondeuse
le tournevis
le tuyau
le tuyau d'arrosage
la vis

Verbes

arroser
battre
bouger
bricoler
compter + *inf.*
compter sur
cuire
enlever
fonctionner
fuir *(to avoid; to leak)*
mélanger
peindre
se plaindre (de)
planter
tapisser (de papier peint)
tenir

Adjectifs

bouché, -e
compliqué, -e
inutile
simple
utile

Expressions

à deux
avoir horreur de
laisser + *inf.*
pas la peine de + *inf.*
puis-je …?
tondre le gazon

CHAPITRE 5

PRÉLUDE CULTUREL | UN COIN DE FRANCE EN AMÉRIQUE

La plupart des Québécois sont d'origine française et les 250 000 touristes qui viennent assister au Carnaval de Québec entendent souvent le français pendant leur séjour. Le Carnaval dure presque deux semaines et on peut y voir des sculptures de glace, des gens qui dansent dans les rues et un énorme bonhomme de neige (*snowman*) qui, lui aussi, parle français!

MONTMORENCY

(en haut) On a construit la Basilique Notre-Dame de Montréal entre 1824 et 1829. Il faut remarquer à l'intérieur les vitraux (stained-glass windows) faits en France, l'orgue (organ) et «le Gros Bourdon», l'une des plus grosses cloches d'Amérique du Nord.

(en bas) Au dix-huitième siècle, la plupart des Acadiens ont été chassés par les Anglais et sont finalement venus s'installer en Louisiane. On y trouve encore aujourd'hui l'influence française. Voilà un village touristique acadien à Lafayette, en Louisiane.

MOTS NOUVEAUX Essential

Transparency 14

**CONTEXTE
VISUEL**

Quelle est ta langue maternelle?

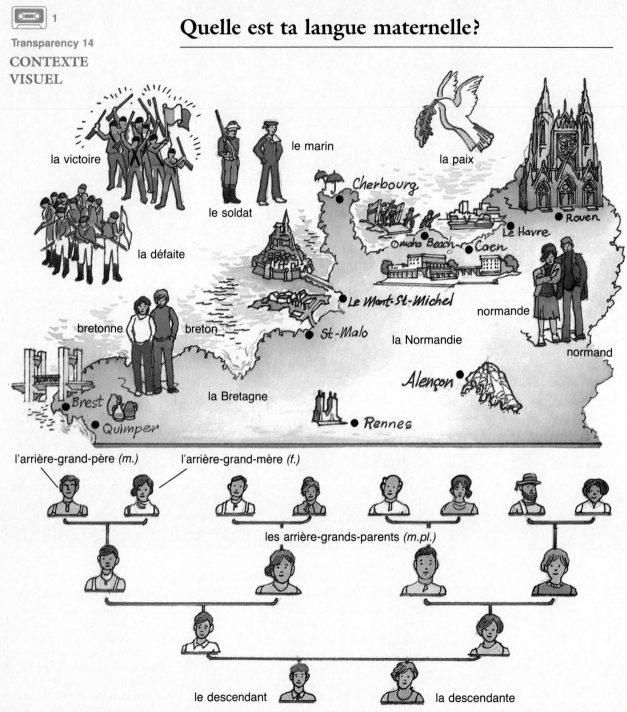

la victoire

le marin

la paix

le soldat

la défaite

Cherbourg

Rouen

Le Havre

Omaha Beach — Caen

Le Mont-St-Michel

bretonne   breton

St-Malo

la Normandie

normande

normand

la Bretagne

Alençon

Brest

Quimper

Rennes

l'arrière-grand-père (m.)   l'arrière-grand-mère (f.)

les arrière-grands-parents (m.pl.)

le descendant   la descendante

164   Chapitre 5

1   Sophie a fait la connaissance d'un jeune Américain.

SOPHIE   Tu parles **drôlement** bien le français.

JOHN   Ma famille est **d'origine** française.

SOPHIE   C'est **rare** ça aux Etats-Unis, non?

JOHN   Non, en Louisiane où j'habite, il y a beaucoup
            de descendants d'**Acadiens** qui sont très **fiers** de
            leur **héritage** français. Nous nous appelons
            «cadiens» de notre prononciation du mot
            «acadien».

drôlement = très

d'origine (f.) + adj.   *of...origin*

rare   *rare, unusual*

acadien, -enne   *Acadian*

fier, fière   *proud*

l'héritage (m.)   *heritage*

Variations:

■ tu parles → tu **t'exprimes**
   le français → en français
   fiers de → **fidèles** à

■ sont très fiers de → **tiennent à**
   leur héritage français → leur **culture** française

Enrichment: Can students
mention things that are a
source of family or city or
regional pride? *(Nous sommes
fiers de / Nous tenons à ...)*

s'exprimer   *to express oneself*

fidèle   *faithful, loyal*

tenir à   *to value*

la culture   *culture*

2   Eric fait un exposé sur le Québec.

Les Québécois sont très **attachés à** tout ce qui leur rappelle
leur héritage **culturel** français. Ils **se sont** toujours **battus**
pour **conserver** leur langue et leurs **traditions** dans un pays
qui est pour la plupart **anglophone**. Ils ont réussi, et
maintenant Montréal est la plus grande ville francophone **en
dehors de** la France.

attaché, -e à   *fond of*

culturel, -le   *cultural*

se battre   *to fight*

conserver   *to preserve*

la tradition   *tradition*

anglophone   *English-speaking*

en dehors de   *outside of*

3   Véronique discute avec un copain québécois.

VÉRONIQUE   Ta famille a toujours habité au Canada?

PIERRE   Non, c'est mon arrière-grand-père qui a **émigré**
            de France.

VÉRONIQUE   D'où était-il en France?

PIERRE   Il était breton.

émigrer   *to emigrate*

Enrichment: Have students
tell where their ancestors
emigrated from and where they
first settled.

Notes: Verify that students
know the difference in English
between *emigrate* and
immigrate.

■ a émigré de France → **s'est établi** au Canada
   d'où était-il en France → qu'est-ce qu'il faisait
   breton → marin

s'établir   *to settle*

Mots Nouveaux   **165**

4 VÉRONIQUE Tout le monde est **bilingue** au Québec?

PIERRE Non, mais c'est difficile de vivre là-bas si on ne connaît pas les deux langues. Nous parlons anglais, mais **en famille** nous parlons uniquement le français. C'est notre **langue maternelle.**

- bilingue → francophone
  non, mais → non, et
  en famille → avec nos amis
- en famille → dans notre **communauté**

Enrichment: Can students name cities, areas of the U.S., or other countries where people are bilingual and in what languages? Can students think of a synonym for *uniquement?* *(seulement / ne ... que).*

5 Albert fait visiter une petite ville **dans les environs** de Québec à sa cousine française.

ALBERT Ici nous visitons ce qu'on appelle les vieux quartiers.

JOCELYNE **On se croirait** dans une petite ville **de province** en France.

- dans les environs de → pas loin de
  on se croirait dans une → ça me fait penser à une
- on se croirait dans → ça me **rappelle**

Reteach/Review: Call students' attention to *faire visiter ... à* in the introduction to this dialogue.

bilingue *bilingual*

en famille *at home*
la langue maternelle *mother tongue*

la communauté *community*

dans les environs *on the outskirts*

on se croirait *it's like being*
de province *provincial*

rappeler here: *to remind*

Dans le Quartier Petit Champlain, à Québec

6 Jocelyne lit un guide sur le Québec.

C'est Jacques Cartier qui donna* le nom Canada au pays.
C'est Samuel de Champlain qui **fonda** la ville de Québec. Il
s'y installa avec quelques **colons** français dont la plupart
étaient normands.

Les Français fondèrent aussi une colonie en Acadie,
une région du Canada qui s'appelle aujourd'hui **la
Nouvelle-Ecosse.** La France dut **céder** l'Acadie à
l'Angleterre en 1713. (A cette **époque,** la France et
l'Angleterre étaient **ennemis.**) Plus tard, les Anglais
chassèrent les Acadiens. Beaucoup d'entre eux s'établirent
finalement en Louisiane.

fonder *to found*
le colon *settler, colonist*

la Nouvelle-Ecosse *Nova Scotia*
céder *to give up, to relinquish*
l'époque (f.) *time, era*
l'ennemi, -e *enemy*
chasser *to drive out*
finalement *eventually*

7 Jocelyne est rentrée de son voyage au Québec.
ANTOINE   Raconte-nous ce que tu as vu.
JOCELYNE   C'est un pays **merveilleux.**
ANTOINE   Et les Québécois?
JOCELYNE   Ce sont des gens formidables. Et **la façon** dont
      ils parlent français m'a beaucoup intéressée.

■ ce que tu as vu → ce qui t'a plu
  ce sont des gens → ils sont

merveilleux, -euse *marvelous*

la façon *way*

*The verbs in this paragraph are in a past tense called the *passé simple.* Their English
equivalent is like that of the passé composé: *donna = a donné* ("gave"), *dut = a dû,* and so
on. Simply note the stem and you will understand all of these verbs.

AUTREMENT DIT

TO COMPLIMENT SOMEONE ...
   Bravo!
   Très bien!
   Tu te débrouilles très bien!
   Mais c'est bien ça!
   Dis donc, c'est pas mal du tout!

TO ACCEPT A COMPLIMENT ...
   Tu trouves?
   Vraiment?
   Ça te plaît vraiment?
   Tu es sincère?
   Tu es gentil(le) de me dire ça.
   Je suis content(e) que ça te plaise.

A   Définitions.   Définissez ou donnez un synonyme pour chacun des mots suivants. Ensuite, utilisez chaque mot dans une phrase.

1. anglophone
2. l'ennemi
3. le colon
4. Bretonne

5. s'exprimer
6. merveilleux
7. normand
8. drôlement

9. la langue maternelle
10. bilingue
11. l'arrière-grand-mère
12. émigrer de

B   On se croirait au Québec.   Lucie, une jeune fille canadienne d'origine française, visite la France pour la première fois. Choisissez les mots pour compléter les paragraphes. Quelques-uns ne seront pas utilisés.

ancêtres	époque	se sont établis
communauté	fidèles	marins
émigré	fiers	paix

Me voici à Poitiers. Je me sens vraiment à l'aise, car ceci est la ville d'où mes _____ ont _____ il y a trois siècles. Ils _____ en Nouvelle-Ecosse (anciennement Acadie), dans l'est du Canada, où ils vivaient dans un village sur l'Océan Atlantique. A cette _____
5 tous les hommes de ma famille étaient _____ et ils habitaient près de la mer.
Ils ont vécu longtemps en _____ dans cette petite _____ francophone, conservant la culture et les traditions dont ils étaient vraiment _____.

bilingues	environs	francophones
chassés	famille	héritage
colonie	fidèles	soldats
défaite	finalement	tenons à
drôlement	fondons	victoire

_____, cependant, la France a dû céder l'Acadie à l'Angleterre.
10 Quand l'Acadie française est devenue la Nouvelle-Ecosse anglaise, mes ancêtres ont été _____ de la région. Ils étaient, après tout, des colons français dans une _____ anglaise. Alors ils sont allés au Québec, dans les _____ de Montréal. (Cela s'est passé quelques années avant la _____ du général Montcalm à Québec, après laquelle
15 la France a dû quitter le Canada une fois pour toutes.) Ma famille y habite encore. En _____ nous parlons français, mais nous sommes _____, bien sûr. Nous _____ notre _____ culturel et à nos traditions et nous y sommes toujours _____.

Enrichment: You may wish to ask students to imagine and write about a trip back to an ancestral home or to give a brief history of their family back two or three generations.

C Parlons de toi.

1. Ta famille est de quelle origine? Tu sais où sont nés tes
   arrière-grands-parents? Quelle était leur langue maternelle?
2. Dans ta ville, il y a des quartiers où on parle une autre langue?
   Laquelle? Il y a beaucoup de gens francophones? Quelles cultures
   différentes se trouvent dans les environs? Tu sais quelques-unes
   des traditions qui ont été conservées parmi ces gens?
3. De quelle origine étaient les gens qui ont fondé ta ville? Quand
   est-ce que ta famille s'est établie là-bas?
4. Dans quelles villes ou régions des Etats-Unis est-ce qu'il y a des
   communautés où les gens parlent la langue maternelle de leurs
   ancêtres qui ont émigré? Est-ce qu'ils sont bilingues? Tu connais
   des personnes bilingues? Quels en sont quelques-uns des
   avantages?

Exercice C
Answers will vary.

Practice Sheet 5-1
Workbook Exs. A–B

 3 Tape Manual
   Ex. 1

Activity Masters pp. 20–21
Quiz 5-1

Enrichment: Students may
enjoy doing a study on a
community that retains strong
links with its cultural heritage or
on the cultural diversity within
their own community/town/
area.

ACTIVITÉ Discretionary

L'arbre généalogique. Dessinez un
arbre généalogique de votre famille
jusqu'à vos arrière-grands-parents. Si
possible, indiquez le nom, la date et le
lieu de naissance et la date de mort de
chaque personne. Combien de pays
différents sont représentés dans votre
arbre généalogique? De combien de pays
différents sont venus les ancêtres de vos
camarades de classe?

Mots Nouveaux **169**

APPLICATIONS

Hot dogs ou chiens chauds?  4

Pierre, un jeune Québécois, est en vacances chez les Dumont, ses cousins français.

	ANNIE	Alors, tu te plais en France?
	PIERRE	Oh oui, j'adore ce pays.
5	ANNIE	Qu'est-ce que tu as fait aujourd'hui?
	PIERRE	J'ai magasiné.
	ANNIE	Pardon? Tu as fait quoi?
	PIERRE	J'ai magasiné.
	ANNIE	Je regrette, mais je ne t'ai pas bien compris.
10	PIERRE	J'ai fait des courses. Dans les magasins.
	ANNIE	Ah, tu as fait du shopping!
	PIERRE	Du shopping? Ce n'est pas du français, ça!
	ANNIE	Tu as raison. Les Québécois parlent mieux que nous.
15	MME DUMONT	Allez, venez à table. Pierre va être content. Pour le dîner, j'ai fait des hot dogs. Ça lui rappellera son pays!

A Montmartre, Paris

Questionnaire

1. Il a magasiné / fait des courses. De «magasin».
2. De l'anglais.
3. Parce qu'il se sert d'un mot qui vient du français et elle d'un mot anglais.
4. Chien chaud.
5. Answers will vary. Examples given: "lift" and "lorry." Other examples might be "jelly" (a gelatine dessert; "jam" would be used where we use "jelly"); "tart" for U.S. "pie," which in England is most often a meat pie; "bonnet" and "boot" (hood and trunk of a car), etc.

Questionnaire

1. Qu'est-ce que Pierre a fait aujourd'hui? D'où vient le mot dont il se sert pour décrire ce qu'il a fait?   2. D'où vient le mot dont se sert Annie?   3. Pourquoi est-ce qu'elle dit qu'il parle mieux le français? 4. Vous pouvez deviner comment on dit *hot dog* au Québec?   5. Vous pouvez indiquer quelques mots anglais qui sont différents en Amérique et en Angleterre? Par exemple, comment dit-on *elevator* et *truck* en Angleterre?

Un supermarché en France

Situation

Il y a dix villes aux Etats-Unis qui s'appellent Paris (dans les états d'Arkansas, Idaho, Illinois, Kentucky, Maine, Missouri, Ohio, Pennsylvanie, Tennessee et Texas). Avec un(e) camarade de classe, inventez un dialogue entre un(e) de ces Parisien(ne)s américain(e)s et un(e) Parisien(ne) français(e).

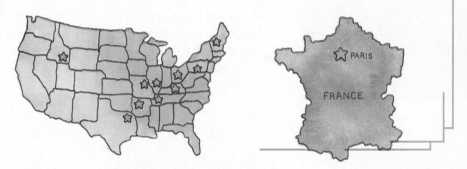

Notes: For uses of *c'est/il est*, see mini-dialogues 1, 3–4, and 6–7, pp. 165–167.

C'est et il est

◆ **OBJECTIVES:**

TO IDENTIFY AND DESCRIBE PEOPLE AND THINGS

TO REFER TO GENERAL IDEAS

TO REFER TO SOMEONE'S NATIONALITY OR PROFESSION

Reteach/Extra Help: You may want to practice identifying people or defining things known to students in the classroom.

1 To identify people or things in answer to the questions *Qu'est-ce que c'est?* or *Qui est-ce?*, use *c'est.*

> Le cadien? Qu'est-ce que c'est? **C'est** une forme de français.
> Cet outil? **C'est** un tournevis.
> Quelqu'un est à la porte. Qui est-ce? **C'est** sans doute la voisine.
> Qui est ce monsieur sur la photo? **C'est** mon oncle.

2 To refer to a general idea rather than specific people or things, use *c'est.*

> Il faut se dépêcher. **C'est** vrai, ça.
> Ils vont nous parler de leurs ancêtres. **Ce n'est pas** intéressant.

3 Before an adjective that describes people or things already mentioned or identified, use *il / elle est* or *ils / elles sont.*

> Mathilde est canadienne. **Elle est** énergique et très sportive.
> Vous connaissez ces livres? **Ils sont** très rares.

4 To state nationality or profession, you can use either *c'est* + indefinite article or *il / elle est* and *ils / elles sont* without the indefinite article. But if you want to use an adjective with the noun, you must use *c'est* or *ce sont.*

> Gilles? **Il est** canadien. / **C'est un** Canadien.
> Son père? **Il est** électricien. / **C'est un** électricien.
> **C'est un** excellent électricien.
> **Ce sont** les meilleurs commerçants de ce quartier.

Note that with *il(s) / elle(s)* the term referring to nationality is an adjective, but with *c'est* it is a noun. This is shown by the use of the capital letter. We always use *c'est / ce sont* before a proper noun, a disjunctive pronoun, a definite or indefinite article, or a possessive adjective.

Un restaurant à Québec

Enrichment: Ask students to mention a person or object in the classroom, then make a descriptive statement.

Enrichment: Ask a student to make a judgment or observation. Ask others to respond by agreeing or disagreeing and perhaps continuing with a reaction of their own.

5 *C'est* is also used in emphatic sentences.

Julien est notre meilleur joueur.	Julien, **c'est** notre meilleur joueur.
La Bretagne est la province de mes ancêtres.	La Bretagne, **c'est** la province de mes ancêtres.
La plus grande ville de la région est la Nouvelle-Orléans.	La plus grande ville de la région, **c'est** la Nouvelle-Orléans.

6 *C'est* is also used to change from description to identification. In that case there is no agreement for gender or number. Compare:

Le gazon est joli.	*The lawn is nice.*
Le gazon, c'est joli.	*(Having a) lawn is nice.*
La farine est blanche.	*The flour is white.*
La farine, c'est blanc.	*Flour is white.*

7 In more formal spoken styles and in writing, *il est* rather than *c'est* is used to introduce an infinitive phrase.

INFORMAL / SPOKEN	FORMAL / WRITTEN
Nager ici, c'est défendu.	Il est défendu de nager ici.
Patiner sur ce lac, c'était dangereux.	Il était dangereux de patiner sur ce lac.

OFFICIAL SCHEDULE

Festival INTERNATIONAL de LOUISIANE

JULY 2-5 1987
DOWNTOWN
LAFAYETTE, LOUISIANA

DU 2 au 5 JUILLET 1987
CENTRE-VILLE
LAFAYETTE, LOUISIANE

EXERCICES   Essential

A Quelle sorte d'ouvriers?   Indiquez le métier des gens décrits et dites comment ils travaillent.

> M. Lemoël répare les tuyaux qui fuient. Il travaille bien.
> *Il est plombier. C'est un bon plombier.*

1. Mme Leduc répare les voitures. Elle travaille bien.
2. M. Lemieux a réparé ma lampe. Il travaille bien.
3. Yvon a essayé de réparer les portes de notre maison mais il n'a pas fait un bon travail.
4. Ma tante soigne les malades. Elle est très sympa.
5. Mes cousins enseignent dans un lycée. Leurs élèves trouvent qu'ils sont excellents.
6. M. Renouard prend beaucoup de photos mais elles ne sont jamais bonnes.
7. Notre voisin fait des gâteaux qui sont toujours excellents.

Exercice A
1. Elle est mécanicienne. C'est une bonne mécanicienne.
2. Il est électricien. C'est un bon électricien.
3. Il est charpentier. C'est un mauvais charpentier.
4. Elle est médecin (*or:* infirmière). C'est un bon médecin/une bonne infirmière.
5. Ils sont professeurs. Ce sont des professeurs excellents.
6. Il est photographe. C'est un mauvais photographe.
7. Il est cuisinier. C'est un cuisinier excellent.

Exercice B

1. Ce sont mes arrière-grands-parents. Ils étaient normands.
2. C'est ma cousine du Québec. / Elle est bilingue.
3. Ce sont mes oncles. / Ce sont ...
4. Ce sont mon frère et un de ses copains. / Ils sont ...
5. Ce sont les filles ... / Elles sont ...
6. C'est la fille ... / C'est une journaliste.
7. C'est mon oncle ... / Il est ...
8. C'est une ancienne voisine. / C'est une Suédoise.

B L'album de photos.   Caroline montre l'album de photos de sa famille à sa copine. Elle identifie les personnes sur les photos, puis elle les décrit. Suivez le modèle.

> ma tante / très fière
> *C'est ma tante. Elle est très fière.*
>
> ma tante / une femme très fière
> *C'est ma tante. C'est une femme très fière.*

1. mes arrière-grands-parents / normands
2. ma cousine du Québec / bilingue
3. mes oncles / des chauffeurs de camion
4. mon frère et un de ses copains / soldats à Nancy
5. les filles de ma cousine québécoise / insupportables
6. la fille de notre voisine / une journaliste
7. mon oncle de la Nouvelle-Ecosse / anglophone
8. une ancienne voisine / une Suédoise

La pêche en Nouvelle-Ecosse; à Terre-Neuve

C Le bavard. Grégoire donne toujours son opinion. Conversez selon le modèle.

> mon frère qui a enregistré le film / { pas compliqué, tu sais
> très jeune, non? }

> ÉLÈVE 1 *C'est mon frère qui a enregistré le film.*
> ÉLÈVE 2 *C'est pas compliqué, tu sais.*
> OU: *Il est très jeune, non?*

1. lui qui m'a invité au restaurant / pas possible
2. la maison où nous habitions / la maison la moins pittoresque de la rue
3. mon père qui a fait cuire le bœuf bourguignon / pas très difficile
4. Annick qui a préparé les crêpes / bretonne, non?
5. maman qui a planté toutes ces fleurs / une assez bonne jardinière
6. l'acteur de cinéma que je connais / pas très célèbre
7. mon nouveau vélo / plus beau que celui que tu avais l'année dernière
8. les boucles d'oreilles que j'ai achetées / une bonne affaire, tu crois?
9. toi qui me fatigues / la meilleure

D De quelle couleur est-ce? Donnez la couleur des aliments suivants.

> les épinards *Les épinards, c'est vert.*

1. la laitue	3. le beurre	5. les citrons	7. les carottes
2. les oignons	4. les fraises	6. le lait	8. les tomates

E Opinions. Evaluez les actions suivantes en utilisant l'un des adjectifs donnés. Donnez les deux formes possibles.

> faire du ski
> *Faire du ski, c'est dangereux.*
> *Il est dangereux de faire du ski.*

amusant	ennuyeux	intéressant
dangereux	facile	inutile
défendu	important	utile
difficile		

1. faire de l'alpinisme
2. apprendre à nager
3. bachoter
4. bricoler
5. conduire une voiture sur la glace
6. faire réparer un vieil aspirateur
7. trouver des cadeaux pour ses amis
8. jouer dans la rue

Exercice C
1. C'est lui ... / C'est (*or:* Ce n'est) pas possible.
2. C'est la maison ... / C'est la maison ...
3. C'est mon père ... / C'est (*or:* Ce n'est) pas très difficile.
4. C'est Annick ... / Elle est bretonne, non?
5. C'est maman ... / C'est une assez bonne jardinière.
6. C'est l'acteur ... / Il n'est pas très célèbre.
7. C'est mon ... / Il est plus beau ...
8. Ce sont les boucles ... / C'est une bonne affaire ...
9. C'est toi ... / C'est la meilleure!

Exercice D
1. La laitue, c'est vert.
2. Les oignons, c'est blanc.
3. Le beurre, c'est jaune.
4. Les fraises, c'est rouge.
5. Les citrons, c'est jaune.
6. Le lait, c'est blanc.
7. Les carottes, c'est orange.
8. Les tomates, c'est rouge.

Exercice E
Answers will vary but all should follow the patterns shown in the model.

Practice Sheet 5-2

Workbook Ex. C

  **5 Tape Manual Ex. 2**

Activity Masters p. 22

Quiz 5-2

Les pronoms relatifs *qui* et *que* Essential

You know that we use relative pronouns to combine two sentences or to give additional, clarifying information. Remember that we use *qui* + verb to tell what people or things are or do. We use *que* + noun (or subject pronoun) + verb to tell what is done to them. Both *qui* and *que* can be used for both people and things.

Les Acadiens, **qui** ont été chassés par les Anglais, se sont établis en Louisiane.	*The Acadians, **who** were driven out by the British, settled in Louisiana.*
C'est une région **qui** se modernise rapidement, mais **qui** conserve son héritage culturel.	*It's a region **that** is modernizing rapidly but (**that**) is preserving its cultural heritage.*
J'ai rencontré le charpentier **que** vous vouliez voir hier.	*I met the carpenter (**whom**) you wanted to see yesterday.*
Mon amie n'a pas répondu aux lettres **que** je lui ai envoyées.	*My friend didn't answer the letters (**that**) I sent her.*

Note the agreement of the past participle and the preceding direct object. Note also that, unlike the English "that" or "whom," *qui* and *que* are never omitted.

EXERCICE Essential

Mon voyage. Catherine et Roger ont fait un voyage en Louisiane. Ils parlent avec un ami en regardant les photos de leur voyage. Combinez les phrases selon le modèle.

Ce sont les photos du voyage. Nous l'avons fait l'été dernier.
Ce sont les photos du voyage que nous avons fait l'été dernier.

1. La Louisiane est un état des Etats-Unis. C'était une colonie française il y a deux siècles.
2. En Louisiane il y a toujours beaucoup de descendants des Acadiens. Ils sont très fiers de leur héritage.
3. Ils sont très attachés à leur culture. Elle est différente de celle de la plupart des Américains.
4. Voici des photos. Je les ai prises à la Nouvelle-Orléans.
5. Sur celle-ci tu vois un vieux monsieur. Je l'ai rencontré dans le quartier français.
6. Ses ancêtres étaient des Acadiens. Ils se sont établis en Louisiane.
7. Voici une carte postale. Catherine l'a reçue d'une amie américaine.
8. Nous avons fait beaucoup d'amis. J'espère les revoir un jour.

Le pronom relatif *dont*

Notes: For uses of *dont*, see mini-dialogues 6–7, p. 167.

We use *dont* instead of *qui* or *que* if the verb or verb phrase is followed by *de*. Such phrases include *avoir besoin de, parler de, avoir peur de, être fier de, se servir de,* and so forth.

La défaite **dont** le professeur parlait était celle des Français au Canada.	*The defeat **(that)** the professor was talking **about** was that of the French in Canada.*
Les outils **dont** le réparateur a besoin coûtent cher.	*The tools **(that)** the repairman needs cost a lot.*
Mon arrière-grand-mère, **dont** je conserve un bon souvenir, est morte à 85 ans.	*My great-grandmother, **of whom** I have fond memories, died at 85.*

Like all other relative pronouns in French, you must never omit *dont*, even when in English we can.

We also use *dont* to express possession. The English equivalent is "whose."

Mon ami **dont** le père est mort vit dans les environs de Montréal.	*My friend **whose** father died lives on the outskirts of Montreal.*

EXERCICE

Une grande famille.   Le père de Patrick lui montre son arbre généalogique. Combinez les phrases selon le modèle.

> Ça, c'est mon arrière-grand-père. Son portrait est dans la salle à manger.
> *Ça, c'est mon arrière-grand-père dont le portrait est dans la salle à manger.*

1. C'était un homme très strict. Tous ses enfants avaient peur de lui.
2. Ça, c'est mon grand-père. On parlait de lui hier soir.
3. C'était un avocat. Toute la famille était très fière de lui.
4. A côté de lui on voit sa femme, ma grand-mère. Je me souviens bien d'elle.
5. Je me souviens surtout de ses histoires. Il y en avait beaucoup au sujet de ses frères, qui étaient tous marins.
6. Elle avait une grande voiture ancienne. Elle s'en servait seulement pour aller à l'église.
7. C'était elle qui m'a donné cet arbre généalogique. J'en avais très envie.
8. C'est une bonne famille. Tu peux en être fier.

Le pronom relatif *où* Essential

◆ **OBJECTIVE:**

TO CLARIFY OR GIVE ADDITIONAL INFORMATION ABOUT A PLACE OR TIME

The relative pronoun *où* introduces a clause that gives information about a place or a time. Its English equivalent can be "where," "in which," "on which," or "when."

La Normandie est la province **où** je suis né.	*Normandy is the province **where** I was born.*
Voilà le lac **où** j'ai appris à faire du ski nautique.	*There's the lake **on which** I learned to water-ski.*
Le train partait au moment **où** je suis arrivé à la gare.	*The train was leaving at the moment **(when)** I arrived at the station.*
1608? C'est l'année **où** Champlain a fondé la ville de Québec.	*1608? That's the year **(when)** Champlain founded the city of Québec.*

Exercice

1. dont
2. où
3. où
4. dont
5. où
6. dont / où
7. où
8. dont

Reteach/Extra Help: You may want to ask students to restate these as simple sentences so that they can begin to appreciate how use of relative pronouns encourages a more fluid style.

Le Château Frontenac à Québec

EXERCICE Essential

L'influence de la France en Amérique. Qu'est-ce que vous savez de l'héritage français en Amérique? Complétez les phrases en employant le mot qui convient: *dont* ou *où*.

1. Les habitants du Québec, _____ beaucoup sont descendants des colons normands, tiennent à leur héritage.
2. A Montréal, _____ beaucoup de gens sont bilingues, on peut se débrouiller bien si on ne parle que le français.
3. Le Stade Olympique, _____ jouent les Expos, a été construit pour les Jeux Olympiques de 1976.
4. Il y a plus de 300 églises à Montréal, _____ l'une, Notre-Dame-de-Bon-Secours, s'appelle «l'église des marins».
5. 1713, c'est l'année _____ la France a dû céder l'Acadie à l'Angleterre.
6. La culture francophone, _____ l'héritage est si riche, se trouve aussi aux Etats-Unis. Cela est vrai surtout en Louisiane, _____ les Acadiens se sont établis.
7. La Caroline du Sud, la Virginie, le Massachusetts et le New York ont aussi beaucoup d'habitants d'origine française. C'était dans ces états-là _____ se sont établis beaucoup d'Huguenots (protestants français) quand ils ont été chassés de France.
8. Paul Revere, par exemple, _____ vous connaissez sans doute le nom, était d'origine huguenote.

Enrichment: After completing the grammar exercise, ask students to read it as a paragraph. Encourage them to make up comprehension questions or true/false statements.

Les pronoms relatifs avec *ce*   Essential

Notes: For uses of *ce qui/ce que*, see mini-dialogues 2, 5, and 7, pp. 165–166.

The relative pronouns *qui, que, où,* and *dont* all refer to a noun in the main clause. In fact they replace that noun in the relative clause.

> Je cherche la machine. La machine ne marche pas. → Je cherche **la machine qui** ne marche pas.

When the thing being referred to is unknown or is not specific, the pronoun *ce* is used with the relative pronoun.

Je veux savoir **ce qui** ne marche pas.	*I want to know **what** isn't working.*
Je ne comprends pas **ce qu'**ils disaient.	*I don't understand **what** they were saying.*
Je n'ai pas du tout compris **ce dont** vous parliez.	*I didn't understand at all **what** you were talking about.*

1 *Ce qui* and *ce que* are also used in indirect questions.

Qu'est-ce qui se passait à cette époque?	*What was happening at that time?*
Dites-moi **ce qui** se passait à cette époque.	*Tell me **what** was happening at that time.*
Qu'est-ce qu'il y a dans la boîte?	*What's in the box?*
Il veut savoir **ce qu'**il y a dans la boîte.	*He wants to know **what's** in the box.*

♦ **OBJECTIVES:**

TO REFER TO SOMETHING THAT IS UNKNOWN OR NOT SPECIFIC

TO CLARIFY

TO ASK AN INDIRECT QUESTION

TO PARAPHRASE

TO EMPHASIZE

A Montréal

2 To emphasize the indefinite pronouns *ce* and *ça*, use *c'est* + *ce que, ce qui,* or *ce dont*.

> Je sais ça. → **C'est ce que** je sais.
> C'est difficile. → **C'est ce qui** est difficile.
> C'est de ça que nous parlons. → **C'est ce dont** nous parlons.

3 These combinations are also used to emphasize any noun.

> Cet accident est arrivé hier. → Cet accident, **c'est ce qui** est arrivé hier.
> Il nous a envoyé ces disques. → Ces disques, **c'est ce qu'**il nous a envoyé.
> On a besoin de la tradition. → La tradition, **c'est ce dont** on a besoin.

Notice in the second example that, even when the thing being referred to is known, the past participle does not agree when *ce que* is used.

4 We can also use *ce qui, ce que,* and *ce dont* at the beginning of a sentence to add emphasis to what follows. The second clause often begins with *c'est* or *ce sont*.

> **Ce qui** est arrivé ensuite a mené finalement à leur défaite.
>
> *What happened then led eventually to their defeat.*
>
> **Ce que** nous voulons tous, c'est la paix.
>
> *What we all want is peace.*
>
> **Ce dont** nous nous sommes rendu compte, c'était que les garçons refusaient de danser.
>
> *What we noticed was that the boys were refusing to dance.*

Une boutique à Montréal

On est bilingue au Québec.

EXERCICES Essential

A Préparons une interview. Avec un(e) camarade de classe vous préparez des questions que vous aimeriez poser à un étudiant qui est récemment venu du Québec. Vous faites des suggestions.

> Qu'est-ce qu'il aime faire pendant le week-end?
> *On pourrait lui demander ce qu'il aime faire pendant le week-end.*

1. Qu'est-ce qui l'intéresse le plus?
2. Qu'est-ce qu'il suit comme cours?
3. De quoi est-ce que lui et ses camarades parlent le plus souvent?
4. Qu'est-ce qu'il y a d'intéressant à faire à Québec?
5. Qu'est-ce qui lui plaît aux Etats-Unis?
6. Qu'est-ce qu'il voudrait faire pendant son séjour?
7. Qu'est-ce qu'il y a ici qui lui rappelle son propre pays?
8. Qu'est-ce que les jeunes gens québécois aiment faire?
9. De quoi est-ce qu'ils se plaignent?

Exercice A
1. On pourrait lui demander ce qui l'intéresse le plus.
2. On pourrait lui demander ce qu'il suit comme cours.
3. ... lui demander ce dont lui et ses camarades parlent ...
4. ... ce qu'il y a d'intéressant ...
5. ... ce qui lui plaît ...
6. ... ce qu'il voudrait faire ...
7. ... ce qu'il y a ici ...
8. ... ce que les jeunes gens ...
9. ... ce dont ils se plaignent.

Enrichment: You may want to ask pairs of students to carry out an interview. The students playing the role of the *Québécois* should be encouraged to apply what they have learned about relative pronouns and *c'est* (i.e., *Ce qui m'intéresse le plus ici? C'est le ...*)

Il est facile de tondre le gazon avec le bon outil.

Exercice B
1. Un tuyau d'arrosage, c'est ce qu'il faut pour arroser le gazon.
2. Une tondeuse, c'est ce qu'il faut pour tondre le gazon.
3. Un pinceau, c'est ...
4. Des pinces, c'est ...
5. Une serviette, c'est ...
6. Un tournevis, c'est ...
7. Un marteau, c'est ...
8. Un aspirateur, c'est ...

Reteach/Review: You may want to ask students to reverse the order of the sentence: *Ce qu'il faut pour faire cuire des gâteaux? C'est un four, bien sûr.*

Exercice C
1. qui
2. Ce qui
3. ce qu' (*or:* ce dont)

B   Le bon outil.   Choisissez ce qu'il faut pour faire les choses suivantes. Vous n'emploierez que huit des noms donnés.

faire cuire des gâteaux
Un four, c'est ce qu'il faut pour faire cuire des gâteaux.

un arrosoir	un marteau	une serviette
un aspirateur	un pinceau	une tondeuse
un four	des pinces	un tournevis
un lave-vaisselle	une scie	un tuyau d'arrosage

1. arroser le gazon
2. tondre le gazon
3. peindre le garage
4. réparer un fil électrique
5. sécher les assiettes
6. mettre des vis
7. mettre des clous
8. nettoyer un tapis

C   La Louisiane.   Complétez les phrases suivantes en employant *qui, que, dont, où, ce qui, ce que* ou *ce dont*.

1. Nous avons passé quinze jours dans une petite ville _____ est près de Lafayette.
2. _____ nous intéressait, c'était la culture de la population d'origine française.
3. Nous voulions savoir _____ on parle en Louisiane.

4. Nous ne pouvions pas toujours comprendre _____ les gens nous disaient.
5. Nous avons vu la façon _____ ils font la cuisine.
6. Nous ne savions pas _____ ils se servent de tant de fruits de mer dans leur cuisine.
7. _____ les Cadiens sont fiers, c'est leur héritage acadien.
8. Les traditions françaises, voilà _____ est important pour eux.

D Parlons de toi.
1. Qu'est-ce qui te plaît le plus au lycée? Et le moins? De quoi est-ce que vous vous plaignez, toi et tes amis?
2. Quel est le cours où tu t'amuses le plus? Et le moins? Pourquoi?
3. De tout ce que tu as dû faire et apprendre au lycée cette année, qu'est-ce qui sera le plus utile dans la vie? Et le moins utile?
4. Est-ce qu'on doit toujours dire ce qu'on pense? Pourquoi? Tu crois qu'il est important de ne pas froisser les autres *(to hurt others' feelings)*? Pourquoi?
5. Est-ce que tu tiens à la tradition? Pourquoi? A quelles traditions est-ce que tu tiens le plus? Il y en a que tu trouves bêtes, inutiles ou même dangereuses? Lesquelles?
6. De tout ce dont tu te souviens de l'époque où tu étais très jeune, quel est le souvenir le plus agréable? Il y a des souvenirs qui te font rire? Tu peux en raconter un?

ACTIVITÉ   Discretionary

Sujets de conversation.   Dans un groupe de trois ou quatre personnes, choisissez deux ou trois des sujets suivants et discutez-les. Est-ce que vous êtes du même avis?

ce dont on ne doit pas se plaindre
ce dont on a le plus grand besoin au lycée
ce dont on a le plus grand besoin dans le monde
ce qui m'ennuie le plus
ce qui me plaît le plus au lycée
ce qui me déplaît le plus au lycée
ce que nos villes peuvent faire pour se moderniser
ce que nos villes doivent faire pour conserver ce qu'elles ont de beau
ce qu'on peut faire pour aider les sans-abri *(homeless)*

APPLICATIONS Discretionary

Une abominable feuille d'érable sur la glace
ROCH CARRIER 🎞 10

AVANT DE LIRE

Avant de lire
Answers will vary.
1. Maple leaf.
2. Montreal Canadiens / Toronto Maple Leafs
3–5. Answers will vary.
6. patiner (skating rink)
se reposer (rest)
emballer (wrapping)
to appear / despairing (*or:* hopeless)
to bleed / disappointment
to leaf through
7. to punish / punishment
8. prayer
manner (*or:* way)
hair oil (some may say "mousse")
to cut out
included
tear
to approach
to break
to get up again
vicar (priest)
to devour

1. Vous ne connaissez pas peut-être le mot *érable*, mais est-ce que vous pouvez deviner ce que veut dire le titre de cette histoire en anglais? Si vous saviez que l'histoire a lieu au Canada, vous pourriez deviner ce que c'est qu'une «feuille d'érable»?

2. Vous savez comment s'appellent les équipes de hockey de Montréal et de Toronto?

3. Quand vous aviez dix ans, est-ce que vous aviez quelque chose de vieux qui était très important pour vous et que personne ne pouvait vous faire jeter? Un jouet, par exemple, ou un vêtement? Vous vous rappelez pourquoi cet objet était si important pour vous?

4. A certains âges il nous est très important de nous habiller et d'agir *(to act)* comme nos amis. Pourquoi est-il si important de ne pas être différent des autres?

5. Est-ce que vos parents vous ont déjà fait faire quelque chose que vous croyiez que personne d'autre ne faisait? Ils vous ont empêché de faire quelque chose que tous les autres faisaient? Vous étiez drôlement gêné(e) *(embarrassed)*?

6. Dans cette histoire vous trouverez plusieurs mots que vous pourrez comprendre en pensant à des mots associés. Par exemple, à quels verbes les noms suivants sont-ils associés: *la patinoire, le repos, l'emballage?* Vous connaissez les verbes *disparaître* et *espérer.* Alors, que veulent dire le verbe *apparaître* et l'adjectif *désespéré? Saigner* est associé au nom *le sang* et *la déception* au verbe *décevoir.* Vous les comprenez? Que veut dire *feuilleter un catalogue?*

7. Que veulent dire *finir* et *établir* en anglais? Alors, vous comprenez *punir* et *la punition?*

8. En lisant, même dans notre langue maternelle, il y a souvent des mots que nous ne connaissons pas, mais que nous pouvons comprendre en faisant attention au contexte. Vous comprendrez probablement ces mots-ci d'après le contexte: *la prière* (ligne 11), *la manière* (l. 15), *la colle* (l. 16—pensez à *collant*), *découper* (l. 19), *incluses* (l. 34—le participe passé du verbe *inclure*), *la larme* (l. 55), *s'approcher* (l. 81), *se briser* (l. 93), *se relever* (l. 94), *le vicaire* (l. 94—vous savez ce que veut dire *vicar* en anglais?), *dévorer* (l. 101).

9. Notez aussi les illustrations. Elles vous aideront à comprendre quelques autres mots que vous ne connaissez pas.

10. L'auteur *(author)* emploie le passé simple dans cette histoire. Faites attention au radical *(stem)* et vous les comprendrez tous. Il y en a, cependant, qui sont irréguliers: *fit = a fait, j'eus = j'ai eu, eut = a eu, je fus = j'ai été, je vis = j'ai vu.*

Les hivers de mon enfance étaient des saisons longues, longues. Nous vivions en trois lieux: l'école, l'église et la patinoire; mais la vraie vie était sur la patinoire. Les vrais combats se gagnaient sur la patinoire. La vraie force apparaissait sur la patinoire. Les vrais chefs[1] se manifestaient sur la
5 patinoire. L'école était une sorte de punition. Les parents ont toujours envie de punir les enfants et l'école était leur façon la plus naturelle de nous punir. De plus,[2] l'école était un endroit tranquille où l'on pouvait préparer les prochaines parties de hockey, dessiner les prochaines straté-gies. Quant à[3] l'église, nous trouvions là le repos de Dieu: on y oubliait
10 l'école et l'on rêvait à la prochaine partie de hockey. A travers[4] nos rêveries, il nous arrivait de réciter une prière: c'était pour demander à Dieu de nous aider à jouer aussi bien que Maurice Richard.*

Tous, nous portions le même costume que lui, ce costume rouge, blanc, bleu des Canadiens de Montréal, la meilleure équipe de hockey au monde;
15 tous, nous peignions nos cheveux à la manière de Maurice Richard et, pour les tenir en place, nous utilisions une sorte de colle, beaucoup de colle. Nous lacions nos patins à la manière de Maurice Richard, nous mettions le ruban gommé[5] sur nos bâtons à la manière de Maurice Richard. Nous découpions dans les journaux toutes ses photographies. Vraiment
20 nous savions tout à son sujet.

Sur la glace, au coup de sifflet de l'arbitre, les deux équipes s'élançaient sur[6] le disque de caoutchouc;[7] nous étions cinq Maurice Richard contre cinq autres Maurice Richard à qui nous arrachions[8] le disque; nous étions dix joueurs qui portions, avec le même brûlant enthousiasme, l'uniforme
25 des Canadiens de Montréal. Tous nous arborions[9] au dos le très célèbre numéro 9.

Un jour, mon chandail des Canadiens de Montréal était devenu trop étroit; puis il était déchiré ici et là, troué. Ma mère me dit: «Avec ce vieux chandail, tu vas nous faire passer pour pauvres!» Elle fit ce qu'elle faisait
30 chaque fois que nous avions besoin de vêtements. Elle commença de feuil-leter le catalogue que la compagnie Eaton nous envoyait par la poste cha-que année. Ma mère était fière. Elle n'a jamais voulu nous habiller au magasin général; seule pouvait nous convenir la dernière mode du cata-logue Eaton. Ma mère n'aimait pas les formules de commande[10] incluses
35 dans le catalogue; elles étaient écrites en anglais et elle n'y comprenait rien. Pour commander mon chandail de hockey, elle fit ce qu'elle faisait

---

[1]**le chef** *leader*   [2]**de plus** *what's more*   [3]**quant à** *as for*   [4]**à travers** *through*
[5]**le ruban gommé** *adhesive tape*   [6]**s'élancer sur** *to rush at*   [7]**le caoutchouc** *rubber*   [8]**arracher à** *to snatch away from*   [9]**arborer** *to display*   [10]**la formule de commande** *order form*

*Maurice Richard était un joueur de hockey très célèbre. Il a joué pour les Canadiens de Montréal (1942–1960) et, pendant sa carrière, a marqué 626 buts (dont 82 en compétition pour la Coupe Stanley).

Roch Carrier, «Une abominable feuille d'érable sur la glace», extrait des *Enfants du bonhomme dans la lune*. Copyright © Editions Stanké, 1979. Reproduit avec permission.

Notes: Do students notice the Canadian usage of *au* rather than *du* after the superlative (l. 14) and *commencer de* (rather than *à*) + inf. (l. 30)?

Notes: Various compound tenses are used which, though as yet not presented, should pose no problems for the students.

See mini-dialogue 6 (and the footnote), p. 167, as well as point 10 under *Avant de lire* for preliminary discussion of the passé simple.

This paragraph (as well as the story as a whole) offers an excellent study of the imperfect tense equivalent of "used to." Note, too, the imperfect/passé simple comparison in *Elle fit ce qu'elle faisait* (ll. 29, 36) and *Elle commença de feuilleter ... Eaton nous envoyait* (ll. 30–31).

d'habitude; elle prit son papier à lettres et elle écrivit de sa douce calligra-phie d'institutrice:[11] «Cher Monsieur Eaton, auriez-vous l'amabilité de m'envoyer un chandail de hockey des Canadiens pour mon garçon qui a
40 dix ans et qui est un peu trop grand pour son âge, et que le docteur Robitaille trouve un peu trop maigre? Je vous envoie trois piastres[12] et retournez-moi le reste s'il en reste.[13] J'espère que votre emballage va être mieux fait que la dernière fois.»

Monsieur Eaton répondit rapidement à la lettre de ma mère. Deux se-
45 maines plus tard, nous recevions le chandail. Ce jour-là, j'eus l'une des plus grandes déceptions de ma vie! Je puis dire que j'ai, ce jour-là, connu une très grande tristesse. Au lieu du chandail bleu, blanc, rouge des Cana-diens de Montréal, M. Eaton nous avait envoyé un chandail bleu et blanc, avec la feuille d'érable au devant, le chandail des Maple Leafs de Toronto.
50 J'avais toujours porté le chandail bleu, blanc, rouge des Canadiens de Montréal; tous mes amis portaient le chandail bleu, blanc, rouge; jamais, dans mon village, quelqu'un n'avait porté le chandail de Toronto, jamais on n'y avait vu un chandail des Maple Leafs de Toronto. De plus, l'équipe de Toronto se faisait terrasser[14] régulièrement par les triomphants Cana-
55 diens. Les larmes aux yeux, je trouvai assez de force pour dire:

—J'porterai jamais cet uniforme-là.

—Mon garçon, tu vas d'abord l'essayer! Si tu te fais une idée sur les choses avant de les essayer, mon garçon, tu n'iras pas loin dans la vie …

Ma mère m'avait enfoncé[15] sur les épaules le chandail bleu et blanc des
60 Maple Leafs de Toronto et, déjà, j'avais les bras enfilés dans les manches. Elle tira[16] le chandail sur moi et s'appliqua à aplatir tous les plis[17] de cette abominable feuille d'érable sur laquelle, en pleine poitrine, étaient écrits les mots Toronto Maple Leafs. Je pleurais.

—J'pourrai jamais porter ça.

—Pourquoi? Ce chandail-là te va bien … Comme un gant …
65
—Maurice Richard se mettrait jamais ça sur le dos …

—T'es pas Maurice Richard. Puis, c'est pas ce qu'on se met sur le dos qui compte, c'est ce qu'on se met dans la tête …

—Vous me mettrez pas dans la tête de porter le chandail des Maple
70 Leafs de Toronto.

Ma mère eut un gros soupir[18] désespéré et elle m'expliqua:

—Si tu gardes[19] pas ce chandail qui te fait bien, il va falloir que j'écrive à M. Eaton pour lui expliquer que tu veux pas porter le chandail de To-ronto. M. Eaton, c'est un Anglais; il va être insulté parce que lui, il aime
75 les Maple Leafs de Toronto. S'il est insulté, penses-tu qu'il va nous ré-

---

[11]**l'institutrice** *primary-school teacher* [12]**le piastre** *dollar* [13]**s'il en reste** *if anything is left over* [14]**se faire terrasser** *to let oneself be crushed* [15]**enfoncer** *to jam down* [16]**tirer** *to pull* [17]**s'appliqua à aplatir les plis** *set about smoothing out the wrinkles* [18]**le soupir** *sigh* [19]**garder** *to keep*

pondre très vite? Le printemps va arriver et tu auras pas joué une seule partie parce que tu auras pas voulu porter le beau chandail bleu que tu as sur le dos.

Je fus donc obligé de porter le chandail des Maple Leafs. Quand j'arrivai
80 à la patinoire avec ce chandail, tous les Maurice Richard en bleu, blanc, rouge s'approchèrent un à un pour regarder ça. Au coup de sifflet de l'arbitre, je partis prendre mon poste habituel. Le chef d'équipe vint me prévenir[20] que je ferais plutôt partie de la deuxième ligne d'attaque. Quelques minutes plus tard, la deuxième ligne fut appelée: je sautai sur
85 la glace. Le chandail des Maple Leafs pesait sur mes épaules comme une montagne. Le chef d'équipe vint me dire d'attendre; il aurait besoin de moi à la défense, plus tard. A la troisième période, je n'avais pas encore joué; un des joueurs de défense reçut un coup de bâton sur le nez, il saignait; je sautai sur la glace: mon heure était venue! L'arbitre siffla; il
90 m'infligea une punition.[21] Il prétendait que j'avais sauté sur la glace quand il y avait encore cinq joueurs. C'en était trop! C'était trop injuste!

C'est de la persécution! C'est à cause de mon chandail bleu! Je frappai mon bâton sur la glace si fort qu'il se brisa. Soulagé, je me penchai pour ramasser[22] les débris. Me relevant, je vis le jeune vicaire, devant moi:

95 —Mon enfant, ce n'est pas parce que tu as un petit chandail neuf des Maple Leafs de Toronto, au contraire des autres, que tu vas nous faire la loi.[23] Un bon jeune homme ne se met pas en colère. Enlève tes patins et va à l'église demander pardon à Dieu.

Avec mon chandail des Maple Leafs de Toronto, je me rendis à[24] l'église,
100 je priai Dieu; je lui demandai qu'il envoie au plus vite des mites[25] qui viendraient dévorer mon chandail des Maple Leafs de Toronto.

---

[20]**prévenir** *to warn*   [21]**infliger une punition** *to impose a penalty*   [22]**soulagé, je me penchai pour ramasser** *relieved, I bent down to pick up*   [23]**faire la loi** *to make the rules*   [24]**se rendre à** = aller à   [25]**la mite** *moth*

Notes: You may want to point out that only the vicar uses *ne* in negative sentences, a subtle expression of his better educational background.

Questionnaire

1. Est-ce que vous croyez que cet incident a eu lieu ou non? Pourquoi est-ce que vous croyez que oui / que non? Si non, le croyez-vous vraisemblable *(true-to-life)*?
2. Qui était votre héros (héroïne) quand vous aviez dix ans? Evidemment, Maurice Richard était un grand héros sportif pour les garçons francophones canadiens des années quarante et cinquante. Il y a un héros ou une héroïne comme lui pour les enfants des Etats-Unis de nos jours?
3. Est-ce que vous croyez que les familles des garçons dans cette histoire avaient des télévisions? Si non, comment se renseignaient-ils sur les exploits de Richard? Qu'est-ce qu'ils faisaient pour lui ressembler?

Questionnaire
Answers will vary.
1. Probablement oui. L'auteur emploie *je/moi/nous* et on emploie d'habitude la troisième personne dans une histoire de cette sorte.
2. Answers will vary.
3. Non. Il n'y avait pas de télévision pendant les années quarante et elles coûtaient très cher pendant la plupart des années cinquante. (See footnote, p. 185, for the years when Richard played.) / Ils écoutaient la radio et lisaient les journaux et les magazines. / Ils se peignaient comme lui et utilisaient une sorte de colle pour tenir leurs cheveux en place; ils laçaient leurs patins comme lui et mettaient le ruban gommé sur leurs bâtons comme il le faisait. Ils portaient tous le numéro neuf.

4. Elle était simple (elle écrit à M. Eaton lui-même, lui disant tout ce qu'a dit le docteur Robitaille; elle croit qu'il emballe les paquets, etc.), pauvre (elle envoie 3 piastres et demande qu'il lui retourne le reste «s'il en reste»), très fière (elle ne veut pas passer pour pauvre). Elle n'est probablement pas allée au lycée parce qu'elle a encore la «douce calligraphie» que l'institutrice lui a enseignée.

5. See answer to Question 4.

6. On ne sait pas, mais il est tout à fait possible qu'elle croie ce qu'elle dit.

7. Answers will vary.

8. Parce que le garçon ne portait plus le chandail des Canadiens. / L'arbitre a dit que le garçon avait sauté sur la glace quand il y avait encore cinq joueurs. / Le vicaire a dit qu'il le punissait parce qu'un «bon jeune homme ne se met pas en colère».

9. Ce sont les anglophones qui faisaient la loi et la feuille d'érable était leur symbole à eux. Mais le garçon ne pourrait pas devenir le chef (faire la loi) grâce à ce symbole. (NOTE: Help students see how the depth of the vicar's and the others' feelings led to a serious injustice.) / Les francophones adoraient les Canadiens de Montréal parce qu'ils terrassaient régulièrement les Maple Leafs de Toronto, ce qui représentait pour eux la victoire sur les anglophones.

10. Answers will vary. For example: le drapeau, la swastika, la croix, l'étoile de David, etc.

4. L'auteur ne décrit pas sa mère, mais il nous donne quand même un assez bon portrait d'elle. D'après ce que vous avez lu, comment était-elle? C'était une personne simple ou compliquée? Riche ou pauvre?

5. Qu'est-ce que vous pensez de la lettre qu'elle a écrite à la compagnie Eaton? Vous croyez que M. Eaton y a répondu lui-même? (Eaton est le plus grand magasin de Montréal.)

6. Qu'est-ce que vous pensez de la raison que donne la mère pour ne pas vouloir renvoyer le chandail? Elle invente peut-être une excuse, tout en croyant qu'un chandail, c'est un chandail et que ça ne vaut pas la peine de le renvoyer?

7. Est-ce que vos parents vous ont fait porter un vêtement que vous détestiez? Si oui, parlez-en un peu. Pourquoi les vêtements peuvent-ils être si importants pour les adultes et pour les enfants? Pourquoi les adultes croient-ils souvent que les sentiments (*feelings*) des enfants ont si peu d'importance?

8. Pourquoi le chef de l'équipe n'a-t-il pas laissé jouer le garçon? D'après l'arbitre, pourquoi est-ce qu'il lui a infligé une punition? Et d'après le vicaire, pourquoi le punissait-il?

9. Vous savez que les Français et les Anglais étaient ennemis il y a deux cents ans. Et depuis, les Canadiens anglophones et francophones ne se sont pas toujours entendus les uns avec les autres. Le vicaire nous révèle (montre) ses sentiments quand il dit que le chandail des Maple Leafs ne permet pas au garçon de faire la loi. Qu'est-ce qu'il veut dire et de quoi est-elle le symbole, cette «abominable feuille d'érable»? Et pourquoi les Canadiens de Montréal étaient-ils si importants pour les francophones du pays?

10. Les symboles sont très puissants (*powerful*). Les gens les suivront jusqu'à la victoire ou à la défaite totale. Quels symboles puissants est-ce que vous connaissez?

EXPLICATIONS II Essential

Le passé simple

You know that we use the passé composé to express an action that began and ended in the past. The passé simple is another past tense that describes completed action. You will find the passé simple in written texts, such as newspaper articles, stories and novels, and historical accounts. We do not use it in conversation.

Samuel de Champlain **fonda** la ville de Quebec en 1608.
Les Français **cédèrent** l'Acadie aux Anglais en 1713.

*Samuel de Champlain **founded** the city of Quebec in 1608.*
*The French **turned** Acadia **over** to the English in 1713.*

1 The passé simple of regular -er verbs is formed by dropping the -er of the infinitive and adding the endings -ai, -as, -a; -âmes, -âtes, and -èrent.

INFINITIF **marcher**

	SINGULIER		PLURIEL
1	je **marchai**	nous	**marchâmes**
2	tu **marchas**	vous	**marchâtes**
3	il, elle, on **marcha**	ils, elles	**marchèrent**

2 Regular -ir, -ir / -iss-, and -re verbs all follow the same pattern in the passé simple. The infinitive ending is dropped, and the endings -is, -is, -it; -îmes, -îtes, -irent are added.

INFINITIF	finir	dormir	répondre
je	fin**is**	dorm**is**	répond**is**
tu	fin**is**	dorm**is**	répond**is**
il, elle, on	fin**it**	dorm**it**	répond**it**
nous	fin**îmes**	dorm**îmes**	répond**îmes**
vous	fin**îtes**	dorm**îtes**	répond**îtes**
ils, elles	fin**irent**	dorm**irent**	répond**irent**

LES ÉMISSIONS CULTURELLES DU RÉSEAU FM DE RADIO-CANADA SONT-ELLES POUR VOUS?
OUI!

SAISON 1988/1989

3 Some irregular verbs form the passé simple like *-ir* and *-re* verbs.

INFINITIVE	PASSÉ SIMPLE STEM	PASSÉ SIMPLE
conduire	conduis-	je conduisis
dire	d-	tu dis
écrire	écriv-	il écrivit
faire	f-	nous fîmes
mettre	m-	vous mîtes
peindre	peign-	ils peignirent
prendre	pr-	nous prîmes
rire	r-	vous rîtes
voir	v-	ils virent

4 Most irregular verbs whose past participle ends in *u* use the past participle as the passé simple stem. The endings: *-s, -s, -t, -ˆmes, -ˆtes, -rent* are then added.

INFINITIVE	PAST PARTICIPLE	PASSÉ SIMPLE
avoir	eu	j'eus
boire	bu	tu bus
connaître	connu	il connut
croire	cru	elle crut
devoir	dû	nous dûmes
falloir	fallu	il fallut
lire	lu	elle lut
pleuvoir	plu	il plut
pouvoir	pu	nous pûmes
recevoir	reçu	vous reçûtes
savoir	su	ils surent
valoir	valu	il valut
vivre	vécu	nous vécûmes
vouloir	voulu	vous voulûtes

5 Some verbs have special forms in the passé simple: *être: je fus / nous fûmes; mourir: il mourut / ils moururent; naître: elle naquit / ils naquirent,* and verbs like *tenir* and *venir: je tins / nous tînmes; il vint / elles vinrent.*

Dans la rue Royale, à la Nouvelle-Orléans

Exercice A (on p.191)
 1. ils ont regardé
 2. nous avons choisi
 3. elle est morte
 4. je suis né(e)
 5. tu as construit
 6. vous avez pris
 7. il a valu
 8. vous êtes allé(e)(s)
 9. elles ont dit
10. vous avez vu
11. nous sommes retourné(e)s
12. j'ai reconnu
13. nous avons cru
14. il a fallu
15. nous nous sommes plaint(e)s
16. tu as su

Dans le Vieux Carré *(French Quarter)* à la Nouvelle-Orléans

A   Le passé composé.   Donnez la forme du passé composé qui correspond.

1. ils regardèrent
2. nous choisîmes
3. elle mourut
4. je naquis
5. tu construisis
6. vous prîtes
7. il valut
8. vous allâtes
9. elles dirent
10. vous vîtes
11. nous retournâmes
12. je reconnus
13. nous crûmes
14. il fallut
15. nous nous plaignîmes
16. tu sus

B   L'infinitif.   Donnez l'infinitif des verbes suivants.

1. elles lurent
2. ils devinrent
3. nous eûmes
4. ils purent
5. vous fûtes
6. vous rejoignîtes
7. nous rîmes
8. ils firent
9. elles promirent
10. elles déçurent
11. vous naquîtes
12. il plut
13. elle décrivit
14. je vécus
15. elles burent
16. nous dîmes

C   Un vol *(theft)* **à la station-service.**   Racontez cette histoire en employant le passé composé au lieu du passé simple. Autrement dit, changez-la de la forme narrative écrite à la forme orale.

Hier à 15h30, un automobiliste se gara devant une station-service. L'homme, qui portait un imperméable et un chapeau, n'éteignit pas le moteur mais descendit de la voiture. C'était une petite Renault grise, selon un passant qui vit le monsieur mais qui ne put ajouter
5 rien de plus à sa description.

   L'homme entra dans la station-service et se dirigea vers la caissière. Il ne dit rien et quand elle lui demanda ce qu'il voulait il ne répondit pas. Il regarda autour de lui et sortit un couteau qu'il montra à la caissière. Il exigea de l'argent et les clés de sa voiture, ce
10 qu'elle lui donna tout de suite. L'inconnu coupa le fil du téléphone et disparut avec la voiture volée. On retrouva la voiture quelques heures plus tard près d'un camping à une cinquantaine de kilomètres de la ville.

   On pense que pendant ce temps-là, quelqu'un monta dans la
15 Renault grise et s'en alla, car elle n'y était plus quand la caissière téléphona à la police.

Practice Sheet 5-7   Workbook Ex. H   11 Tape Manual Ex. 7   Quiz 5-7

Exercice B
1. lire
2. devenir
3. avoir
4. pouvoir
5. être
6. rejoindre
7. rire
8. faire
9. promettre
10. décevoir
11. naître
12. pleuvoir
13. décrire
14. vivre
15. boire
16. dire

Exercice C
s'est garé
n'a pas éteint
est descendu
a vu; n'a pu
est entré; s'est dirigé
n'a rien dit; a demandé
n'a pas répondu; a regardé;
    a sorti
a montré; a exigé
a donné; a coupé
a disparu; a retrouvé
est monté
s'en est allé
a téléphoné

Enrichment: You may want to ask students to prepare comprehension questions, true/false, or multiple choice sentences for Ex. C. You might ask inference questions: *Qu'est-ce qu'il y a de mystérieux dans le premier paragraphe? Pourquoi est-ce que l'on peut penser que c'est un homme dangereux?* Students might treat this as a scenario, adding dialogue and acting it out.

APPLICATIONS

Notes: Review of:
1. relative pronoun *qui*
   professions
   adjectives of nationality
2. prepositions with countries, cities
   numbers
3. relative pronouns *ce qui, que*
   adjectives of nationality
4. disjunctive pronouns
5. *quelques-uns, la plupart de*
   possessive adjectives
6. *être fier de*
   possessive adjectives
   c'est + adj.

Lisez la bande dessinée.

1. Mon grand-père, qui est d'origine bretonne, était marin.

2. Il a émigré au Canada à l'âge de trente ans.

3. Ce qui est merveilleux c'est qu'il tient toujours à ses traditions bretonnes.

4. En effet, ses enfants parlent toujours français chez lui.

5. Malheureusement, quelques-uns de ses petits-enfants ont perdu la langue de leurs ancêtres.

6. Ils ne s'intéressent pas au pays où sont nés leurs grands-parents. C'est dommage.

SHOPPEZ LES IDEES!

Maintenant imaginez que vous avez un(e) ami(e) qui n'est pas d'origine américaine. D'où vient-il (elle)? Quand est-ce qu'il (elle) est venu(e) aux Etats-Unis? Pourquoi? Est-ce qu'il (elle) conserve toujours quelques-unes de ses traditions? Inventez une suite à cette histoire en vous servant de la Révision comme modèle.

THÈME

Transparency 16

Notes: Answers to the *Thème* appear in the teacher pages at the front of the book.

Trouvez les expressions françaises qui correspondent à l'anglais et rédigez un paragraphe.

1. My aunt and uncle, who are originally from the Netherlands, are professors.

2. They came to Chicago at the age of eighteen.

3. What's incredible is that they still maintain their Dutch culture.

4. In fact, I always speak Dutch with them.

5. Fortunately, most of their children have maintained the language of their parents.

6. They're very proud of the language their parents speak. That's wonderful!

RÉDACTION

Maintenant, choisissez un de ces sujets.

1. Expliquez brièvement d'où viennent vos grands-parents ou vos arrière-grands-parents. Quelles langues est-ce qu'ils parlaient quand ils étaient jeunes? Quand est-ce qu'ils sont venus aux Etats-Unis? Pourquoi est-ce qu'ils ont quitté leur pays d'origine?

2. Est-ce que votre famille a des traditions? Lesquelles? Est-ce que ces traditions sont importantes? Pourquoi?

3. Complétez les phrases suivantes comme vous voulez en vous servant des phrases de la Révision et du Thème comme modèles.

a. Ma ... qui ....
b. Elle ... a ...
c. Ce qui ... c'est qu'elle ....
d. En effet, on ....
e. Heureusement/malheureusement ....
f. Elle est ... que ... C'est ....

CONTRÔLE DE RÉVISION CHAPITRE 5 Discretionary

Notes: Answers to the *Contrôle* appear in the teacher pages at the front of the book.

A Vrai ou faux?

Dites si les phrases suivantes sont vraies ou fausses. Si elles sont fausses, corrigez-les.

1. Le père de mon père c'est mon arrière-grand-père.
2. Quelqu'un qui est né en Bretagne est d'origine canadienne.
3. Les parents de Guy ne parlent que français. Alors, il sont bilingues.
4. La plupart du Canada est anglophone.
5. Un francophone est une personne qui parle anglais.
6. Québec est la plus grande ville française en dehors de la France.
7. Les Acadiens de la Louisiane sont restés fidèles à leur héritage français.

B Photos de ma famille.

Complétez chaque phrase avec *qui, que, dont, ce qui, ce que, ce dont* ou *où*.

1. Mes arrière-grands-parents étaient des Acadiens _____ se sont établis en Louisiane.
2. La Bretagne est la province _____ ma tante Hélène est née.
3. Voici une carte postale _____ j'ai reçue de mon grand-père.
4. Les photos de ma famille _____ maman a besoin sont dans le tiroir.
5. Je ne sais pas _____ est arrivé quand ma grand-mère a quitté la France.
6. Dites-moi _____ vous avez besoin.

C Les Leblond.

Complétez chaque phrase avec *c'est, ce sont, il (elle) est* ou *ils (elles) sont*.

Monsieur Leblond est né à Rouen. _____ français. A dix-huit ans il a quitté la France pour s'installer à San Francisco. _____ à San Francisco qu'il s'est marié avec Mme Leblond. _____ une Américaine. Monsieur Leblond travaille dans un lycée. _____ un professeur de musique. Sa femme travaille dans un hôpital. _____ comptable. Les Leblond ont deux enfants, Joan et Roger. Joan a vingt-deux ans. _____ danseuse. Pour elle, la danse classique, _____ le bonheur. Roger a dix-neuf ans. _____ étudiant à l'université. Joan et Roger habitent avec leurs parents à San Francisco. _____ des jeunes gens travailleurs et sympathiques.

D A Rouen.

Les Leblond visitent Rouen. Grand-père raconte l'histoire de leur père à Roger et à Joan. Changez les verbes du passé simple au passé composé.

Votre père naquit dans cette belle ville. Il alla à l'école au coin de la rue, puis au lycée. Au lycée il apprit à jouer du piano, à chanter et à danser. Un jour le prof de musique lui demanda de jouer dans la pièce du lycée. Votre père accepta parce qu'il pensait qu'il allait chanter. Mais non, il dut jouer du piano. Le soir du grand spectacle, grand-maman et moi, nous étions très fiers. Là sur la scène nous vîmes notre petit Yves. Il reçut les applaudissements *(applause)* de tout le monde. Depuis ce temps-là, votre père aime jouer du piano.

 Listening Comprehension Test   Chapter 5 Test

VOCABULAIRE DU CHAPITRE 5

Noms
l'arrière-grand-mère *(f.)*
l'arrière-grand-père *(m.)*
les arrière-grands-parents
    (m.pl.)
la Bretagne
le colon
la communauté
la culture
la défaite
le descendant, la descendante
l'ennemi, l'ennemie
l'époque *(f.)*
la façon
l'héritage *(m.)*
la langue maternelle
le marin
la Normandie
la Nouvelle-Ecosse
la paix
le soldat
la tradition
la victoire

Verbes
se battre
céder
chasser
conserver
émigrer
s'établir
s'exprimer
fonder
rappeler *(to remind)*
tenir à

Adjectifs
acadien, -ne
anglophone
attaché, -e
bilingue
breton, -ne
culturel, -le
fidèle
fier, fière
merveilleux, -euse
normand, -e
rare

Adverbes
drôlement
finalement

Préposition
en dehors de

Expressions
dans les environs
de province
d'origine + *adj.*
en famille
on se croirait

CHAPITRE 6

UNE JOURNÉE AU CIRQUE

LE MATIN
ON S'ENTRAÎNE AVEC LES ARTISTES

À MIDI
ON DÉJEUNE AVEC LES ARTISTES

L'APRÈS MIDI
ON APPLAUDIT LES ARTISTES

LE CIRQUE DE PARIS

PRÉLUDE CULTUREL | L'ART DU SPECTACLE

En France, on aime beaucoup le cirque. Cette publicité vous invite à venir passer une journée au cirque de Paris. On n'y va pas seulement pour regarder des clowns et des jongleurs, mais aussi pour déjeuner avec les artistes ou même s'entraîner avec eux.

Pendant l'été il y a beaucoup de festivals artistiques, dramatiques et musicaux partout en France. Cette affiche présente un festival de théâtre et de musique à Dijon.

Ici on voit un mime qui amuse les gens dans une rue piétonne à Chalon-sur-Saône, près de Lyon. Les artistes comme celui-ci mettent souvent un chapeau par terre dans lequel ils espèrent retrouver quelques pièces de monnaie ou même des billets.

Notes: Use mime or TPR techniques to quiz or reinforce visualized vocabulary.

Transparency 17
CONTEXTE
VISUEL

MOTS NOUVEAUX

Essential

Ça te dirait d'aller au théâtre?

les coulisses *(f.pl.)*

frapper

la compositrice

le compositeur

la comédie

le costume

la tragédie

le héros

l'héroïne *(f.)*

le musicien

le chef d'orchestre

la musicienne

saluer*

le public

le / la critique

le programme

Le Bourgeois gentilhomme

Saluer means "to bow" or "to bow to": *Elle salue le public.*

CONTEXTE
COMMUNICATIF 2

1 On répète au club-théâtre du lycée.

BENOÎT   Tu as appris la première **scène?**
ANNE-MARIE   Oui, je la sais par cœur.
BENOÎT   Tu me la **récites?**
ANNE-MARIE   D'accord.

Variations:
- la première scène → le premier **acte**
  je la sais → je le sais
  me la → me le
- la première scène → les paroles de cette chanson
  je la sais → je les sais
  me la récites → me les chantes

2 Le club-théâtre organise **un spectacle.** Il y a des tas de **détails** à **régler.**

CHARLES   Les costumes sont prêts?
NATHALIE   Oui, je les ai apportés. Je vais te les montrer.
CHARLES   Il faut maintenant que les acteurs les essaient.

- les costumes → les décors
  apportés → peints
  les acteurs → le metteur en scène
  essaient → **approuve**

3 Le soir de **la première,** dans les coulisses, le metteur en scène **encourage** les acteurs.

M. MARTIN   On va frapper les trois **coups.*** Il faut que tu te prépares, Jeanne.
JEANNE   **J'ai le trac.**
M. MARTIN   Allez, c'est **à ton tour** d'entrer en scène.

- tu te prépares → tu te maquilles
  d'entrer en scène → de te préparer

Reteach/Review: Remind students of other meaning of *scène.*

la scène   here: *scene*

réciter   *to recite*

l'acte (m.)   *act*

Enrichment: What other things have students memorized or do they know by heart (poems, song lyrics, sports statistics, presidents of the U.S., capitals of states, etc.)?

le spectacle   *show*
le détail   *detail*
régler   *to arrange*

approuver   *to approve, to OK*

la première   *opening night*
encourager   *to encourage*

le coup   *knock, blow*

avoir le trac = avoir peur
à ton tour   *your turn*

Enrichment: Ask students when they have stage fright.

---

*Dans un théâtre français, juste avant de lever le rideau, on frappe trois coups avec un bâton lourd pour annoncer que le spectacle commence.

4 M. CHARRIER   Il faut qu'on aille voir la pièce qui joue en ce moment au Théâtre des Champs-Elysées. D'après les critiques, elle est très bonne.

MME CHARRIER   Oui, elle **fait salle comble** tous les soirs. Il vaut mieux que tu **loues** les places rapidement, alors.

   ■ les critiques → ce qu'on dit
     loues les places → achètes les billets

faire salle comble   *to play to packed houses*
louer   here: *to reserve*

Reteach/Review: Remind students that the word for "to reserve" depends on the thing being reserved; e.g., *réserver une chambre.*

5 MME VIVIEN   Il y a une nouvelle pièce au Théâtre St-Jacques. Ça te dirait d'aller la voir?

M. VIVIEN   C'est quel **genre** de pièce?

MME VIVIEN   Une comédie d'un jeune **dramaturge** suédois.

M. VIVIEN   Il y a des **comédiens** connus?

MME VIVIEN   Oui, c'est **une troupe** célèbre.

   ■ ça te dirait d'aller → tu voudrais aller
     une comédie → une tragédie
     d'un jeune dramaturge → d'un jeune **auteur**

le genre   *type, kind*
le / la dramaturge   *playwright*
le comédien, la comédienne = l'acteur, l'actrice
la troupe   *cast*

l'auteur (m.)   *author*

6 Nous sommes dans la salle de concert, à **l'entracte.**

VALÉRIE   Qui est le chef d'orchestre?

LIONEL   Attends, je vais te le dire. Je regarde le programme.

VALÉRIE   En tout cas, les musiciens ont beaucoup de **talent.**

   ■ le chef d'orchestre → le compositeur
   ■ les musiciens ont → **la compositrice de chansons** a

l'entracte (m.)   *intermission*

le talent   *talent*

le compositeur / la compositrice de chansons   *songwriter*

7 La vie de vedette n'est pas toujours drôle. M. Dupont, le metteur en scène, parle.

M. DUPONT   Il faut que tu apprennes mieux ton **texte.**

LA VEDETTE   Qu'est-ce que tu veux que je fasse? Je n'arrive pas à **me rappeler** toutes **les répliques.**

M. DUPONT   Ne **te décourage** pas! Il faut juste que tu fasses un petit effort.

   ■ tu veux que je fasse → je dois faire
     un petit effort → un peu plus d'efforts

le texte   *script*

se rappeler   *to recall*
la réplique   *line (of a script); reply*

se décourager   *to get discouraged*

Notes: Do students see the relationship between *se rappeler* ("to recall") and *rappeler* ("to call back")? Although *de* is often used after *se rappeler* by analogy with *se souvenir de*, we are not using it in the text. Though strict grammarians frown on its use, it is not incorrect and students should not be held wrong if they use *se rappeler de*.

8 Quand la pièce **a du succès,** les spectateurs **acclament** les comédiens. **Parfois,** après un spectacle, le public crie «**Bis!**» Il faut alors que les artistes reviennent sur scène pour saluer.

- acclament les comédiens → n'arrêtent pas d'applaudir
- a du succès → est **un four**
  acclament → **sifflent***
  parfois → mais parfois

avoir du succès   *to be successful*
acclamer   *to praise*
parfois = quelquefois
bis!   *encore!*

le four   *flop*
siffler   *to whistle; to boo*

Culture: Compare how French and Americans show approval or disapproval at the theater. Can students think of the possibility of serious misunderstandings?

9 Pour son cours de français, Roland doit **résumer** une pièce de théâtre. Voici tout ce qu'il écrit: «**L'action se déroule** en France **de nos jours.** Il y a deux **personnages** principaux et la pièce raconte ce qu'ils font.»

- résumer → décrire
  tout ce qu'il écrit → tout ce qu'il peut dire
  deux personnages principaux → un héros et une héroïne
  ce qu'ils font → leurs **aventures**

résumer   *to summarize*
l'action (f.)   *action*
se dérouler   *to take place*
de nos jours = actuellement
le personnage   *character*

l'aventure (f.)   *adventure*

*En Europe, les spectateurs sifflent pour montrer que quelque chose leur déplaît.

Enrichment: Ask students to write a brief summary of a story known to all, and then read it aloud as others guess. (Reward quick identification to encourage clarity of expression.)

A l'Opéra-Comique, à Paris

AUTREMENT DIT

TO EXPRESS ENTHUSIASM …

> C'est pas mal!
> C'est bien!
> C'est vraiment très bien!
> C'est formidable!
> C'est **extraordinaire!**
> C'est **fantastique!**
> J'adore … !
> Je n'ai jamais rien vu (entendu)
>   d'aussi + *adj.*

TO EXPRESS DISINTEREST …

> Bof!
> C'est pas terrible.
> C'est vraiment mauvais(e).
> Quel four!
> **Quel navet!**
> Ça m'a plutôt déçu.
> Je n'ai jamais rien vu (entendu)
>   d'aussi + *adj.*

extraordinaire *extraordinary*
fantastique *fantastic*

Enrichment: Mention plays, films, songs and let students react enthusiastically or disinterestedly.

Enrichment: Students may be interested to know that *navet* literally means "turnip." What might we call a flop? (A turkey.)

quel navet! *what a lousy (film! novel!, etc.)*

Le Moulin Rouge à
Montmartre, à Paris

A La première. Jacqueline Dufour fait ses débuts au Théâtre Marivaux. Elle est très nerveuse. Choisissez les mots pour compléter ce qu'elle pense. Tous les mots ne seront pas utilisés.

acclamés	grâce	saluer
comédienne	me rappelle	scène
coulisses	metteur en scène	sifflé
coups	réglés	succès
critiques	répliques	tour
four	salle comble	trac

On frappe les trois _____ *et le rideau se lève.* Qu'est-ce que je fais ici dans les _____? C'est à mon _____ d'entrer en _____! Non, non! Pas encore. Oh là là! J'ai beaucoup répété et maintenant je ne _____ rien. Hier je savais toutes mes _____ par cœur, et ce soir, quand tous les
5 autres comptent sur moi, je ne me souviens de rien! Chut, Jacqueline! Ne panique pas! ... Oui, je sais que c'est tout à fait normal d'avoir le _____. Mais quel _____ ça sera si j'oublie tout.

A l'entracte. Je me suis débrouillée et le _____ dit que tout va bien. C'est _____ à lui que je me débrouille bien. Il dit que nous faisons
10 _____ —et que personne n'est parti! Le public n'a pas beaucoup applaudi, mais personne n'a _____ non plus.

Après la pièce. Qu'est-ce que je suis contente! Les spectateurs nous ont _____. Et quand je suis revenue sur scène pour _____, quelques-uns ont crié «Bravo!» Oh, comme j'adore la vie de _____!

B Catégories. Quel mot ne convient pas? Expliquez votre choix.

1. les costumes / les critiques / le décor / la scène
2. le comédien / le dramaturge / le personnage / le metteur en scène
3. l'action / le programme / les répliques / le texte
4. la comédie / le costume / la pièce historique / la tragédie
5. le chef d'orchestre / la compositrice / les coulisses / les musiciennes
6. l'auteur / le dramaturge / l'écrivain / la troupe
7. l'acte / l'entracte / l'héroïne / le personnage
8. les coups / les critiques / le public / les spectateurs
9. acclamer / applaudir / approuver / saluer
10. actuellement / de temps en temps / parfois / quelquefois

Exercice A
coups
coulisses; tour;
   scène
me rappelle
répliques
trac; four
metteur en scène
grâce
salle comble
sifflé
acclamés; saluer
comédienne

Exercice B
Explanations will vary.
1. les critiques / Ils ne sont pas sur scène.
2. le personnage / Les autres sont des vraies personnes.
3. le programme / Les autres font partie de la pièce elle-même.
4. le costume / Les autres parlent de genres de pièces.
5. les coulisses / Les autres parlent de la musique.
6. la troupe / Les autres écrivent; une troupe monte une pièce.
7. l'entracte / Les autres font partie de la pièce elle-même.
8. les coups / Les autres parlent de ceux qui assistent à une pièce.
9. saluer / Les autres parlent de la réaction du public.
10. actuellement / Ce mot parle de ce moment-ci et les autres parlent de moments différents.

C Que dites-vous? Choisissez une ou deux réponses qui conviennent et expliquez pourquoi vous les avez choisies.

1. Quand vous voulez inviter quelqu'un à vous accompagner au cinéma, vous dites: (*Ça te dirait d'aller au cinéma ce soir? / Tu voudrais sortir ce soir? / Moi, je n'ai rien à faire ce soir. Et toi?*)
2. Quand quelqu'un vous invite à l'accompagner, vous dites: (*Avec plaisir. / Ça ne me dit rien. / Donne-moi les détails, s'il te plaît.*)
3. Quand vous avez beaucoup aimé un film, vous dites: (*C'était pas mal. / Je n'ai jamais rien vu d'aussi extraordinaire. / Quel navet!*)
4. Quand votre ami(e) a peur de rater un examen, vous dites: (*Ne te décourage pas. / Ne t'énerve pas. / On se décourage parfois, non?*)
5. Quand quelqu'un vous encourage avant un examen, vous dites: (*Oui, mais j'ai le trac quand même. / C'est toi qui as besoin de chance. / Merci, et bon courage à toi!*)
6. Quand quelqu'un vous demande quel genre de film vous avez vu, vous dites: (*C'était une tragédie. / Je ne me rappelle pas tous les détails. / C'était un film d'aventures.*)
7. Quand vous avez admiré le comédien qui a joué le héros, vous dites: (*Il a du talent, celui-là. / Il s'est rappelé ses répliques. / Ça m'a plutôt déçu. Et toi?*)
8. Quand vous prenez rendez-vous pour aller au théâtre, vous dites: (*Tu veux que je loue les places? / Attends! Laisse-moi te résumer l'action! / On doit acheter les billets bientôt, parce qu'on dit qu'on fait salle comble tous les soirs.*)
9. Quand vous répétez un rôle dans une pièce et quelqu'un vous acclame, vous dites: (*Tu trouves? / C'était pas mal du tout, hein? / Je suis content(e) que ça te plaise.*)

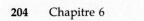

D Parlons de toi.

1. Est-ce que tu as joué dans une pièce? Parles-en un peu. Par exemple, qui en était le dramaturge? Où s'est déroulée l'action? Combien de personnages est-ce qu'il y avait? Quel rôle est-ce que tu as joué, celui du héros ou de l'héroïne?

2. Décris le soir de la première. Tu avais le trac? Vous avez fait salle comble? Quelle était la réaction des spectateurs? Est-ce qu'il y avait des critiques qui y ont assisté? Qu'est-ce qu'ils ont dit?

3. Tu vas souvent au théâtre? Quels genres de pièces est-ce que tu aimes le mieux voir ou lire? Pourquoi? Tu peux résumer une pièce que tu as vue ou lue et que tu as beaucoup aimée?

4. Tu as vu une pièce ou un film récemment? Quels comédiens jouaient les rôles principaux? Tu peux décrire les personnages, l'action, les décors et les costumes?

5. Tu vas souvent aux concerts? Tu vas parfois aux concerts de musique classique? Quels compositeurs de musique classique t'intéressent surtout? Quels compositeurs ou compositrices de chansons est-ce que tu préfères? Pourquoi?

Exercice D
Answers will vary.

Practice Sheet 6-1

Workbook Exs. A–B

 3 Tape Manual
Ex. 1

Activity Masters pp. 25–28

Quiz 6-1

ACTIVITÉ   Discretionary

Mot de passe.   Il y aura deux équipes. Deux par deux les joueurs de chaque équipe feront leur tour. Un(e) des deux partenaires de chaque équipe a le mot secret; par exemple, «applaudir». Chacun(e) à son tour dira des mots associés pour aider son (sa) partenaire à deviner le mot secret. Par exemple:

ÉQUIPE A
    ÉLÈVE 1   Acclamer.
    ÉLÈVE 2   Le critique.

ÉQUIPE B
    ÉLÈVE 1   Le public.
    ÉLÈVE 2   Les spectateurs.

ÉQUIPE A
    ÉLÈVE 1   Les mains.
    ÉLÈVE 2   Applaudir.

L'équipe qui peut deviner le mot secret avant la limite d'une minute marque *(scores)* un point.

APPLAUDIR

APPLICATIONS

Discretionary

C'est dur, la vie d'artiste 4

Pour fêter la fin de l'année scolaire, le club-théâtre monte une
pièce au lycée.

    ALBAN   Elise, il faut que tu répètes le premier acte avec Georges
           tout de suite.
5 ÉLISE   Mais je ne sais pas tout le texte.
    ALBAN   Tu plaisantes! Le spectacle est dans trois jours!
    ÉLISE   Bon, je vais essayer de l'apprendre ce soir.
    ALBAN   D'accord. Luc, tu te charges de mettre les décors sur la
           scène demain matin.
10 LUC   Mais demain matin, c'est samedi, tu sais. Moi, je fais la
           grasse matinée.
    ALBAN   Mais ce n'est pas possible! Vous n'êtes pas sérieux! Rien
           n'est prêt!
    LUC   Oh là là, ne te fâche pas! J'y serai.
15 ALBAN   Eh bien, dis donc. Je préfère encore suivre les cours.
           C'est moins de travail que de monter une pièce avec
           vous.

Dom Juan de Molière à la
Comédie-Française, Paris

Questionnaire Discretionary

1. Pendant quel mois est-ce que vous croyez que le club-théâtre monte la pièce? Pourquoi?   2. Pourquoi Elise n'est-elle pas prête?   3. Quel jour sommes-nous? Quel jour est-ce qu'ils vont monter la pièce devant le public?   4. Est-ce que vous croyez que Luc compte faire la grasse matinée demain ou est-ce qu'il plaisante?   5. Vous croyez qu'Alban est trop sérieux ou que les autres ne sont pas assez sérieux?   6. Est-ce que vous vous êtes déjà chargé(e) d'une activité comme celle-ci? C'était difficile ou non? Pourquoi? Est-ce que tout le monde a fait de son mieux pour vous aider? Qu'est-ce que vous avez fait pour les encourager?
7. Est-ce que vous avez déjà réglé les détails pour une fête? Racontez ce que vous avez dû faire?

Questionnaire
1. mai (ou juin); parce que c'est pour fêter la fin de l'année scolaire.
2. Elle ne sait pas tout le texte *(or:* toutes ses répliques).
3. vendredi (parce que demain, c'est samedi); lundi (parce que le spectacle est dans 3 jours).
4–7. Answers will vary.

Un comédien se maquille au théâtre de l'Opéra, à Paris.

Notes: Students should be able to understand *le comité* from context, as well as the meaning "chairperson" for *président(e).*

Situation

Votre classe organise un repas français et votre comité de trois personnes se charge du menu. Mais il n'y a que le (la) président(e) du comité qui essaie vraiment de régler les détails. Les autres ne l'aident pas du tout. Finalement il (elle) commence à se fâcher et les autres décident de l'aider. Avec deux camarades de classe, choisissez le (la) président(e) et puis jouez les rôles.

EXPLICATIONS I

Notes: For uses of double object pronouns, see mini-dialogues 1, 2, and 6, pp. 199–200.

♦ **OBJECTIVE:**

TO DESCRIBE DOING THINGS FOR OTHERS

Les combinaisons de pronoms compléments d'objet

You know that object pronouns are placed before the verb.

Elle ne résume pas **le texte?**	Non, elle ne **le** résume pas.
Il a vu **la pièce?**	Oui, il **l'**a vu**e.**

1 When we use two object pronouns together we place them both before the verb. We put them in this order.

$$subject + \begin{Bmatrix} me \\ te \\ se \\ nous \\ vous \end{Bmatrix} before \begin{Bmatrix} le \\ la \\ les \end{Bmatrix} before \begin{Bmatrix} lui \\ leur \end{Bmatrix} before\ y\ before\ en + verb$$

Reteach/Extra Help: You may want to conduct a brief pattern practice. Hold four objects (2 masc., 2 fem.). Offer one or some combination of them to a student: *Je te donne le livre?* Student then responds: *Oui, vous me le donnez.* Vary appropriately with other pronouns *(lui, leur, vous, y)*, other tenses. *(Je mets le livre sur le bureau? Oui, vous l'y mettez.)*

Tu **m'**achètes **le programme?**	Oui, je **te l'**achète.
Vous avez envoyé **les billets aux Martin?**	Oui, nous **les leur** avons envoyé**s.**
Tu as vu **Pierre au théâtre?**	Oui, je **l'y** ai vu.
Est-ce que tu as décrit **l'action à Marie?**	Oui, je **la lui** ai décrit**e.**
Tu veux que j'offre **du gâteau à tes amis?**	Oui, je voudrais que tu **leur en** offres.

Remember that in the passé composé the past participle must agree in gender and number with the preceding direct object pronoun.

Reteach/Extra Help: You might vary patterns by offering one thing *(la feuille)* but asking about another, in order to elicit a negative response. *(Je vous donne la feuille? Non, vous ne me la donnez pas. Vous me donnez le livre.)* Vary tenses appropriately.

2 In a negative sentence we put the object pronouns between *ne (n')* and the verb or, in the passé composé, before the form of *avoir* or *être*.

Elle n'a pas offert **sa place à la dame?**	Non, elle **ne la lui** a **pas** offerte.
Il n'a pas laissé **les billets à la caisse?**	Non, il **ne les y** a **pas** laissés.
Je ne **me** suis pas plaint **du chef d'orchestre.**	Tu **ne t'en** es **pas** plaint non plus.

3 In verb groups containing an infinitive, we put the object pronoun before the infinitive, except with causative *faire*.

Tu as mon programme?	Oui, je vais **te le rendre**.
Je voudrais entendre la chanson.	Je ne veux pas **te la chanter** maintenant.
M. Duclos pourrait réparer ce rideau.	On **le lui fait réparer**.

EXERCICES   Essential

A Allons au théâtre!   Une amie de Pierre est comédienne. Elle va jouer un rôle important avec une troupe célèbre. Il parle de son amie avec quelques-uns de ses camarades. Conversez selon le modèle.

> offrir des billets gratuits
> ÉLÈVE 1 *Est-ce qu'elle t'offrira des billets gratuits?*
> ÉLÈVE 2 *J'espère qu'elle m'en offrira.*

1. inviter à la première
2. réserver des bonnes places
3. faire visiter les coulisses pendant l'entracte
4. montrer son costume
5. signer ton programme
6. faire connaître le dramaturge
7. présenter les autres acteurs

Reteach/Extra Help: You may want to redo Ex. A in the passé composé. (Answer: *Elle m'en a déjà offert.*)

B Générosité.   Dites si vous avez ou si vous n'avez pas fait les choses suivantes cette année.

> offert des fleurs à votre mère
> *Oui, je lui en ai offert.*
> OU: *Non, je ne lui en ai pas offert.*

1. envoyé des lettres à vos grands-parents
2. acheté un cadeau pour votre petit(e) ami(e)
3. prêté de l'argent à votre meilleur(e) ami(e)
4. demandé de l'argent à vos parents
5. emprunté une cassette-vidéo à la bibliothèque
6. demandé des conseils à votre prof de français
7. offert des conseils à vos amis
8. emmené votre frère ou votre sœur au musée
9. prêté des notes de cours à vos copains
10. lu des histoires aux enfants que vous gardiez

C **Avant la répétition.**   Une classe prépare une pièce de théâtre et la première aura lieu la semaine prochaine. Ils ont encore beaucoup à faire et c'est le chaos. Complétez la scène suivante en employant les combinaisons de pronoms compléments d'objet qui conviennent.

m'en	me la	nous en	t'en	te le
lui en	me les	nous les	te la	te les (2 fois)

JEAN   Nous avons besoin de peinture verte pour le décor. Qui peut _____ acheter?

MARIE   Je _____ chargerai. Tu as de l'argent?

JEAN   Non. Françoise _____ prêtera.

5 CHRISTINE   Pour les costumes, c'est enfin réglé. La mère de Françoise va _____ préparer.

FRANÇOISE   J'adore la robe qu'elle m'a choisie pour le deuxième acte. Tu l'as vue?

CHRISTINE   Non, fais voir.

10 FRANÇOISE   Attends un peu. Je vais _____ montrer.

MARIE   Après, Françoise! On n'a pas le temps maintenant. Il faut commencer la répétition.

JEAN   Daniel a oublié son texte. Qui peut _____ prêter un?

MARIE   Voici celui de Paul. Il ne sera pas là cet après-midi.

15 DANIEL   Merci. Je _____ rendrai après.

MARIE   D'accord. Mais je ne sais pas pourquoi tu as besoin d'un texte. Nous devons tous savoir toutes nos répliques. La première a lieu vendredi prochain.

DANIEL   Oh, je les ai apprises, mais je ne peux pas _____
20   rappeler.

MARIE   J'espère que tu pourras _____ rappeler vendredi prochain!

FRANÇOISE   Moi, je connais déjà toutes mes répliques, Marie. Tu veux que je _____ récite?

25 DANIEL   Tu n'en as qu'une dizaine, Françoise. Si, comme moi, tu avais un plus grand rôle …

JEAN   Marie! Où est la peinture verte? Tu peux aller _____ chercher?

FRANÇOISE   Oui, Marie, presse-toi! On pourra peindre Daniel en
30   vert, la couleur de la jalousie.

D **Rien n'est fait!**   Nous sommes quelques heures avant la première. Le metteur en scène veut être sûr que tous les détails ont été réglés et que la pièce ne sera pas un four. Mais on a oublié beaucoup de choses! Dites ce qu'on a oublié. Suivez le modèle.

> Où est le costume de Marie? *(apporter)*
> *Je ne le lui ai pas apporté.*

1. Les acteurs aimaient le programme? *(montrer)*
2. Les critiques ont reçu leurs invitations? *(envoyer)*
3. Le héros a ses bottes? *(donner)*
4. Les billets pour mes amis sont à la caisse? *(laisser)*
5. Où est le chapeau de Mme Sevrin? *(apporter)*
6. Tu as des fleurs pour les comédiennes? *(acheter)*
7. L'eau minérale est sur scène? *(mettre)*
8. Les musiciens ont la musique? *(apporter)*

E **Parlons de toi.**
1. Quelles pièces est-ce que tu as lues dans tes cours? Laquelle est-ce que tu as aimée le mieux? Pourquoi? Il y en avait que tu n'as pas du tout aimé? Lesquelles? Pourquoi est-ce que tu ne les as pas aimées?
2. Tu préfères lire les pièces ou les voir sur scène? Pourquoi?
3. Tu préfères voir un film au cinéma ou à la télé? Pourquoi? Tu ris beaucoup, par exemple, quand tu vois une comédie tout(e) seul(e) chez toi? Il n'est pas plus facile de rire quand on fait partie d'un grand public?
4. Choisis une pièce que tu as vue mais que les autres ne connaissent pas. Tu peux leur en parler un peu? Tu peux leur en raconter l'action? Comment étaient les décors, par exemple? Tu t'en souviens? Tu peux les décrire aux autres?
5. Quand tu vas au cinéma et que les spectateurs qui sont assis près de toi parlent ou plaisantent pendant le film, qu'est-ce que tu fais? Tu t'en plains? Tu changes de place? Tu essaies de ne pas y faire attention?
6. Beaucoup de comédiens disent qu'il est beaucoup plus difficile de jouer des comédies que de jouer des tragédies. Pourquoi diraient-ils cela? Tu penses que c'est vrai? Tu crois qu'il est plus facile de faire rire ou de faire pleurer les autres? Pourquoi?

Practice Sheets 6-2, 6-3   Workbook Exs. C–D

5 Tape Manual Ex. 2–3   Quiz 6-2

LECTURE

La Leçon 6

EUGÈNE IONESCO

Avant de lire

Answers will vary.

4. subtraction, to subtract, to add, unit, product (of multiplication), result

6. astonished / stupefied

7. to put someone in charge (of doing something)

8. there remain(s) / you still have

AVANT DE LIRE

Eugène Ionesco est né en Roumanie en 1912 d'un père roumain et d'une mère française. Quand il était encore très jeune, sa famille s'est installée à Paris, ce qui explique pourquoi le français est sa première langue. Sa famille est retournée en Roumanie en 1926 et Ionesco y a fait ses études. Pendant plusieurs années il a enseigné le français dans un lycée à Bucarest, la capitale. Il habite en France depuis 1938. Il a écrit plusieurs pièces, dont les plus connues sont *La Cantatrice chauve* (qui joue dans le même théâtre à Paris depuis 1957!), *La Leçon* (1951), *Les Chaises* (1952) et *Rhinocéros* (1960).

1. Est-ce que vous avez lu *Alice au pays des merveilles* de Lewis Carroll? Qu'est-ce que vous vous en souvenez? Vous pouvez raconter un ou deux épisodes de cette histoire?

2. Lewis Carroll était mathématicien et logicien. Dans *Alice au pays des merveilles* il nous fait voir comment la logique peut être illogique. Par exemple, est-ce que vous savez ce que c'est qu'un syllogisme? En voici un: Une balle est ronde. Un ballon est rond. Donc, une balle est un ballon. Vous pouvez en inventer quelques autres?

3. Les pièces d'Eugène Ionesco font partie de ce qu'on appelle «le Théâtre de l'Absurde», où l'on nous présente un monde sans logique ou dans lequel la logique est illogique. Pensez aux dessins humoristiques de Gary Larson («The Far Side») ou à quelques-uns des «stand-up comedians» que vous connaissez. Vous y trouvez des exemples d'une logique qui n'est pas comme d'habitude?

4. Dans cette scène de *La Leçon* vous trouverez des termes d'arithmétique. Par exemple, que veulent dire *la soustraction, soustraire, additionner, l'unité, le produit, le résultat*?

5. Il y a plusieurs mots en français pour ce qu'on appelle en anglais «number». *Le nombre* est le terme général et abstrait *(abstract)*; par exemple, *le nombre 1, le nombre 2, les nombres positifs et négatifs, les nombres cardinaux et ordinaux*. On emploie le mot *le numéro* pour parler du nombre donné à une chose pour l'identifier parmi des choses semblables *(similar)*; par exemple, un numéro de téléphone, d'une maison, d'une carte de crédit, d'une place dans un théâtre. *Un chiffre* est un nombre écrit; par exemple, un nombre arabe ou romain.

6. Il y a, comme vous savez, beaucoup de degrés de surprise. Que veulent dire *étonné* (l. 93) et *stupéfait* (l. 101)?

7. Vous savez ce que veut dire *se charger de*. Alors vous comprenez *charger quelqu'un de (faire quelque chose)* (l. 81)?

8. Vous savez ce que veut dire *rester*. Vous pouvez deviner ce que veut dire *il reste (quelque chose à quelqu'un)* (ll. 7, 12)?

53 HUCHETTE (85 places) 23, rue de la Huchette (5ᵉ). 43.26.38.99. Mᵒ St-Michel. Location 17h à 22h sf Dim. Sur place et par téléphone. Tarifs dégressifs pour plusieurs spectacles le même soir. Pl: 80 F. Etud. sf Sam: 60 F. **Accessible aux handicapés.** Relâche Dim. A 19h30. Fin de spectacle 20h30, pas d'entracte:

La Leçon d' Eugène Ionesco. Mise en scène Marcel Cuvelier. Avec les comédiens de la Huchette. Un professeur timide, une élève insolente. Mais les rôles vont changer, la situation se renverser. Lui tyrannique, elle soumise, ce nouveau rapport de forces se résoudra par un crime. A 21h30. Pl: 100 F. Etud. sf Sam: 60 F. Jusqu'au 19 novembre:

LE PROFESSEUR: Supposez que vous n'avez qu'une seule oreille.

L'ÉLÈVE: Oui, après?

LE PROFESSEUR: Je vous en ajoute une, combien en auriez-vous?

L'ÉLÈVE: Deux.

5 LE PROFESSEUR: Bon. Je vous en ajoute encore une. Combien en auriez-vous?

L'ÉLÈVE: Trois oreilles.

LE PROFESSEUR: J'en enlève une ... Il vous reste ... combien d'oreilles?

L'ÉLÈVE: Deux.

LE PROFESSEUR: Bon. J'en enlève encore une, combien vous en reste-t-il?

10 L'ÉLÈVE: Deux.

LE PROFESSEUR: Non. Vous en avez deux, j'en prends une, je vous en mange une, combien vous en reste-t-il?

L'ÉLÈVE: Deux.

LE PROFESSEUR: J'en mange une ... une.

15 L'ÉLÈVE: Deux.

LE PROFESSEUR: Une.

L'ÉLÈVE: Deux.

LE PROFESSEUR: Une.

L'ÉLÈVE: Deux.

20 LE PROFESSEUR: Une!

L'ÉLÈVE: Deux!

LE PROFESSEUR: Une!!!

L'ÉLÈVE: Deux!!!

LE PROFESSEUR: Une!!!

25 L'ÉLÈVE: Deux!!!

LE PROFESSEUR: Une!!!

L'ÉLÈVE: Deux!!!

LE PROFESSEUR: Non. Non. Ce n'est pas ça. L'exemple n'est pas, n'est pas convaincant.[1] Ecoutez-moi.

L'élève et le professeur

30 L'ÉLÈVE: Oui, monsieur.

LE PROFESSEUR: Vous avez ... , vous avez ... , vous avez ...

L'ÉLÈVE: Dix doigts! ...

LE PROFESSEUR: Si vous voulez. Parfait. Bon. Vous avez donc dix doigts.

L'ÉLÈVE: Oui, monsieur.

35 LE PROFESSEUR: Combien en auriez-vous, si vous en aviez cinq?

L'ÉLÈVE: Dix, monsieur.

LE PROFESSEUR: Ce n'est pas ça!

L'ÉLÈVE: Si, monsieur.

LE PROFESSEUR: Je vous dis que non!

40 L'ÉLÈVE: Vous venez de me dire que j'en ai dix ...

---

[1]**convaincant, -e** *convincing*

«Mathématiques de l'absurde», extrait d'Eugène Ionesco, *La Leçon.* © Editions Gallimard. Reproduit avec permission.

LE PROFESSEUR: Je vous ai dit aussi, tout de suite après, que vous en aviez cinq!

L'ÉLÈVE: Je n'en ai pas cinq, j'en ai dix.

LE PROFESSEUR: Procédons autrement … Limitons-nous aux nombres de un
45 à cinq, pour la soustraction … Attendez, mademoiselle, vous allez voir. Je vais vous faire comprendre. *(Le Professeur se met à écrire sur un tableau noir imaginaire. Il l'approche de[2] l'élève qui se retourne[3] pour regarder.)* Voyez, mademoiselle … *(Il fait semblant de[4] dessiner au tableau noir, un bâton; il fait semblant d'écrire au-dessous le chiffre 1: puis deux bâtons sous lesquels il*
50 *fait le chiffre 2, puis en dessous le chiffre 3, puis quatre bâtons au-dessous desquels il fait le chiffre 4.)* Vous voyez …

L'ÉLÈVE: Oui, monsieur.

LE PROFESSEUR: Ce sont des bâtons, mademoiselle, des bâtons. Ici, c'est un bâton; là ce sont deux bâtons; là trois bâtons, puis quatre bâtons, puis
55 cinq bâtons. Un bâton, deux bâtons, trois bâtons, quatre et cinq bâtons, ce sont des nombres. Quand on compte des bâtons, chaque bâton est une unité, mademoiselle … Qu'est-ce que je viens de dire?

L'ÉLÈVE: «Une unité, mademoiselle! Qu'est-ce que je viens de dire?»

LE PROFESSEUR: Ou des chiffres! Ou des nombres! Un, deux, trois, quatre,
60 cinq, ce sont des éléments de la numération, mademoiselle.

L'ÉLÈVE *(hésitante):* Oui, monsieur. Des éléments, des chiffres, qui sont des bâtons, des unités et des nombres …

LE PROFESSEUR: A la fois … C'est-à-dire, en définitive,[5] toute l'arithmétique elle-même est là.

65 L'ÉLÈVE: Oui, monsieur. Bien, monsieur. Merci, monsieur.

LE PROFESSEUR: Alors, comptez, si vous voulez, en vous servant de ces éléments … additionnez et soustrayez … […]

L'ÉLÈVE: On peut soustraire deux unités de trois unités, mais peut-on soustraire deux deux de trois trois? et deux chiffres de quatre nombres?
70 et trois nombres d'une unité?

LE PROFESSEUR: Non, mademoiselle.

L'ÉLÈVE: Pourquoi, monsieur?

LE PROFESSEUR: Parce que, mademoiselle.

L'ÉLÈVE: Parce que quoi, monsieur? […]

75 LE PROFESSEUR: Il en est ainsi,[6] mademoiselle. Ça ne s'explique pas. Ça se comprend par un raisonnement mathématique intérieur. On l'a ou on ne l'a pas.

L'ÉLÈVE: Tant pis!

---

[2]**approcher (quelque chose de)** *to bring (something) near* [3]**se retourner** *to turn around* [4]**faire semblant de** *to pretend* [5]**en définitive** *in a nutshell* [6]**il en est ainsi** *that's just the way it is*

(*à gauche*) Une école maternelle à Paris (*à droite*) Bulletin (*report card*) d'une école maternelle à Sherbrooke, Québec

LE PROFESSEUR: Ecoutez-moi, mademoiselle, si vous n'arrivez pas à com-
80 prendre […] vous n'arriverez jamais à faire correctement un travail de polytechnicien.[7] Encore moins ne pourra-t-on vous charger d'un cours à l'Ecole Polytechnique, ni à la maternelle supérieure.[8] Je reconnais que ce n'est pas facile, c'est très, très abstrait … évidemment … mais comment pourriez-vous arriver […] à calculer mentalement combien font—
85 et ceci est la moindre[9] des choses pour un ingénieur moyen[10]—combien font, par exemple, trois milliards[11] sept cent cinquante-cinq millions neuf cent quatre-vingt-dix-huit mille deux cent cinquante et un, multiplié par cinq milliards cent soixante-deux millions trois cent trois mille cinq cent huit?
90 L'ÉLÈVE (*très vite*): Ça fait dix-neuf quintillions trois cent quatre-vingt-dix quadrillions deux trillions huit cent quarante-quatre milliards deux cent dix-neuf millions cent soixante-quatre mille cinq cent huit …
LE PROFESSEUR (*étonné*): Non, je ne pense pas. Ça doit faire dix-neuf quin-tillions trois cent quatre-vingt-dix quadrillions deux trillions huit cent
95 quarante-quatre milliards deux cent dix-neuf millions cent soixante-quatre mille cinq cent neuf …
L'ÉLÈVE: Non … Cinq cent huit …

---

[7]**le / la polytechnicien(ne)** = personne qui fait ses études à l'Ecole Polytechnique, où les ingénieurs civils et militaires reçoivent leur formation (*training*) [8]**ni à la maternelle supérieure** *nor at an advanced nursery school* [9]**le / la moindre** *least* [10]**moyen, -ne** = ordinaire [11]**un milliard** = mille millions

LE PROFESSEUR *(de plus en plus étonné, calcule mentalement):* Oui, vous avez raison … le produit est bien … *(Il bredouille[12] inintelligiblement.)* … quin-
100 tillions, quadrillions, trillions, milliards, millions … *(Distinctement.)* … cent soixante-quatre mille cinq cent huit … *(Stupéfait.)* Mais comment le savez-vous, si vous ne connaissez pas les principes du raisonnement arithmétique?

L'ÉLÈVE: C'est simple. Ne pouvant me fier à[13] mon raisonnement, j'ai appris
105 par cœur tous les résultats possibles de toutes les multiplications possibles …

---

[12]**bredouiller** *to jabber*   [13]**se fier à** *to trust*

Questionnaire

Questionnaire
Answers will vary.
1. Answers will vary.
2. L'élève, probablement. D'après son raisonnement elle ne peut pas avoir moins de deux oreilles. Puisqu'elles font partie de la tête on ne peut pas les enlever.
3. Il dessine des bâtons et écrit des chiffres imaginaires et puis il dit «vous voyez». Evidemment elle ne peut pas les voir. Ce qu'il écrit est aussi abstrait que les maths qu'il essaie de lui expliquer.
4. Quand on croit que l'autre personne n'écoute pas. (Remaining answers will vary.)
5. Answers will vary.
6. Ça n'explique rien. Quand on ne peut pas expliquer quelque chose on risque de donner des «explications» comme celles-là.
7. Il est probable qu'elle ne veut pas être polytechnicienne (ingénieur) ou professeur parce qu'elle ne comprend pas les maths.
8. Parce que la méthode dont on se sert montre qu'on a (ou n'a pas) compris. La méthode et le raisonnement sont plus importants que la réponse correcte.
9. L'élève ne comprend rien au sujet des nombres mais elle sait «tous les résultats possibles de toutes les multiplications possibles». Ce sont des choses comme ça que peuvent faire les idiots savants.

1. Est-ce que vous connaissez des gens qui prennent tout d'une façon littérale? Vous trouvez qu'il est difficile de leur parler—de leur faire comprendre ou même de comprendre ce qu'ils disent? Vous vous moquez d'eux?
2. Dans la première partie de cette scène, qui est plus logique, le professeur ou l'élève? Pourquoi le croyez-vous?
3. Le professeur emploie un tableau noir imaginaire pour aider l'élève à comprendre. Comment est-ce que cela contribue à l'absurdité de la scène?
4. Lisez les lignes 55 à 57. Quand est-ce qu'on pose une question comme ça? Est-ce que vous avez déjà répondu comme le fait l'élève? Quand est-ce que vous avez fait ça? Qu'est-ce que l'autre personne a fait ensuite?
5. Que faites-vous quand quelqu'un vous explique quelque chose deux ou trois fois et vous continuez à ne pas comprendre? Vous répondez peut-être comme fait l'élève à la ligne 65?
6. Lisez les lignes 75–78. Qu'est-ce que vous pensez de cette «explication»? Et de la réponse de l'élève?
7. Est-ce que vous croyez que l'élève veut être polytechnicienne ou professeur à l'Ecole Polytechnique? Pourquoi?
8. Pourquoi les profs de maths s'intéressent-ils moins au résultat correct qu'à la méthode par laquelle on y arrive?
9. Vous connaissez l'expression «idiot savant»? Si non, cherchez-la dans un dictionnaire anglais ou français ou allez à la bibliothèque pour faire des recherches à ce sujet. Comment l'élève ressemble-t-elle à une idiote savante? Qu'est-ce que vous pensez de cette aptitude bizarre? A quoi est-ce qu'elle sert?

EXPLICATIONS II Essential

Le subjonctif après les expressions de nécessité

You know that we use the subjunctive after *il faut que* to express that something must or must not be done.

> **Il faut que** nous rentr**ions** avant minuit.
> **Il ne faut pas** que vous perd**iez** votre programme.

Here are some other expressions we use to communicate advisability or necessity. We use the subjunctive following all of these.

> **Il vaut mieux que**
> **Il est important que** | nous encourag**ions** la troupe.
> **Il est nécessaire que** | vous lou**iez** des costumes.
> **Il est utile que**

Reteach/Extra Help: You may want to redo Ex. A using *on* or, by changing the context slightly, any other subject pronoun.

EXERCICES Essential

A Une opérette. Quelques jeunes gens veulent monter une opérette. Ils parlent de ce qu'ils doivent faire. Suivez le modèle.

> chercher quelques musiciens
> *Il faudra que nous cherchions quelques musiciens.*

1. choisir un bon metteur en scène
2. construire tous les décors
3. louer des beaux costumes
4. trouver un chef d'orchestre
5. vendre des boissons pendant l'entracte
6. écrire nos biographies pour le programme
7. répéter au moins deux heures par jour
8. encourager nos amis à venir nous applaudir

Reteach/Extra Help: You might contrast subjunctive with indicative by asking students to answer using *espérer (J'espère que nous chercherons quelques musiciens.).* Let them see how both future and present action can be carried in the subjunctive clause.

Le théâtre de l'Opéra à Paris

Notes: For uses of the subjunctive after expressions of necessity, see mini-dialogues 3–4, 7–8, pp. 199–201.

♦ **OBJECTIVES:**

TO EXPRESS ADVISABILITY OR NECESSITY

TO SUGGEST ALTERNATIVES

Exercice A
1. Il faudra que nous choisissions un bon metteur en scène.
2. ... que nous construisions ...
3. ... que nous louions ...
4. ... que nous trouvions ...
5. ... que nous vendions ...
6. ... que nous écrivions ...
7. ... que nous répétions ...
8. ... que nous encouragions ...

Exercice B

Choice of expression will vary.
1. ... que tu te lèves ...
2. ... que tu n'attendes pas ...
3. ... que tu choisisses ...
4. ... que tu partes ...
5. ... que tu ne perdes pas ...
6. ... que tu ne bavardes
   pas ...
7. ... que tu essaies ...
8. ... que tu ne t'endormes
   pas ...

Reteach/Extra Help: You
may want to redo Ex. B using
vous or *on*.

Exercice C
1. Je crois que je devrai
   réparer l'escalier. / Il faut
   que vous le répariez.
2. Je crois que je devrai
   construire un nouveau
   garage. / Il faut que vous en
   construisiez un.
3. ... Il faut que vous la
   peigniez.
4. ... Il faut que vous les
   tapissiez.
5. ... Il faut que vous en
   trouviez un.
6. ... Il faut que vous en
   achetiez une.
7. ... Il faut que vous les
   enleviez.
8. ... Il faut que vous vous y
   adaptiez.

Reteach/Extra Help: You
may want to redo Ex. C making
the neighbor an old friend and
using *tu*.

Exercice D
1. Il est important que je
   choisisse des rôles
   difficiles? / Il vaut mieux que
   vous acceptiez ceux qu'on
   vous offre.
2. Il est important que
   j'encourage les autres? / Il
   vaut mieux que vous ne
   vous découragiez pas.
3. ... que je sourie ... / ... que
   vous ne tombiez pas.
4. ... que je lise ... / ... que
   vous n'entendiez pas ...

B **Ce qu'il faut faire pour avoir une bonne journée.** Donnez des conseils à un(e) ami(e) qui se plaint de ne jamais pouvoir bien se débrouiller. Utilisez les expressions de nécessité données.

> il faut   il est nécessaire   il vaut mieux
> il est important   il est utile
>
> Couche-toi de bonne heure le soir.
> *Il est nécessaire que tu te couches de bonne heure le soir.*

1. Lève-toi de bonne heure!
2. N'attends pas qu'on te réveille!
3. Choisis un bon petit déjeuner!
4. Pars de ta maison avant huit heures!
5. Ne perds pas tes affaires en allant au lycée!
6. Ne bavardes pas quand le prof parle!
7. Essaie d'écouter ce qu'il dit!
8. Ne t'endors pas en classe!

C **La vieille maison.** Les Lebeau viennent d'acheter une vieille maison. M. Lebeau parle avec un nouveau voisin de ce qu'il devra faire. Conversez selon le modèle.

> changer tous les robinets
> ÉLÈVE 1   *Je crois que je devrai changer tous les robinets.*
> ÉLÈVE 2   *Il faut que vous les changiez.*

1. réparer l'escalier
2. construire un nouveau garage
3. peindre la cuisine
4. tapisser les murs du salon
5. trouver un bon électricien
6. acheter une tondeuse
7. enlever ces arbres morts
8. m'adapter à une façon de vivre tout à fait différente

Enrichment: For more practice using reflexives you might use: *me charger du travail moi-même, me lever très tôt, m'endormir tard, ne jamais m'amuser,* etc.

D **La vie de comédienne.** Hélène compte être comédienne. Un jour quelqu'un lui présente un acteur célèbre et très cynique, et elle lui pose des tas de questions. Conversez selon le modèle.

> utile de connaître les textes classiques / étudier vos répliques
> ÉLÈVE 1   *Il est utile que je connaisse les textes classiques?*
> ÉLÈVE 2   *Il vaut mieux que vous étudiiez vos répliques.*

1. important de choisir des rôles difficiles / accepter ceux qu'on vous offre
2. important d'encourager les autres / ne pas vous décourager
3. nécessaire de sourire en saluant le public / ne pas tomber
4. utile de lire ce que disent les critiques / ne pas entendre ceux qui vous sifflent

5. utile de suivre des cours de danse / connaître quelqu'un d'important
6. important de plaire au public pour devenir vedette / ne pas déplaire au metteur en scène
7. important de m'exprimer bien / vous maquiller bien
8. nécessaire de s'établir dans une bonne troupe de province avant d'aller à Paris / vous contenter d'y rester

5. ... que je suive ... / ... que vous connaissiez ...
6. ... que je plaise ... / ... que vous ne déplaisiez ...
7. ... que je m'exprime ... / ... que vous vous maquilliez ...
8. ... que je m'établisse ... / ... que vous vous contentiez ...

Practice Sheet 6-4   Workbook Exs. E–F   📼 7 Tape Manual Exs. 4–5   Quiz 6-3

Le subjonctif d'*aller, faire, prendre* et *venir*   Essential

A few verbs have irregular subjunctives. You already know the subjunctive forms of *aller* and *faire*.

INFINITIF **aller**

que j'	**aille**	que nous	**allions**
que tu	**ailles**	que vous	**alliez**
qu'il, elle, on	**aille**	qu'ils, elles	**aillent**

INFINITIF **faire**

que je	**fasse**	que nous	**fassions**
que tu	**fasses**	que vous	**fassiez**
qu'il, elle, on	**fasse**	qu'ils, elles	**fassent**

Here are the subjunctive forms of the verbs *prendre* and *venir*. Verbs that end in *prendre (apprendre / comprendre)* or *-enir (devenir / revenir / tenir)* follow the same pattern.

INFINITIF **prendre**

que je	**prenne**	que nous	**prenions**
que tu	**prennes**	que vous	**preniez**
qu'il, elle, on	**prenne**	qu'ils, elles	**prennent**

INFINITIF **venir**

que je	**vienne**	que nous	**venions**
que tu	**viennes**	que vous	**veniez**
qu'il, elle, on	**vienne**	qu'ils, elles	**viennent**

◆ **OBJECTIVES:**

TO GIVE INDIRECT COMMANDS

TO TELL SOMEONE WHAT YOU WANT HIM / HER TO DO

TO MAKE SUGGESTIONS

Notes: For uses of these irregular subjunctive forms, see mini-dialogues 4, 7–8, pp. 200–201.

Reteach/Review: You might use pattern drills derived from appropriate responses to: *Où faut-il aller après le spectacle? Que faut-il faire pour monter une pièce? Que faut-il apprendre pour bien jouer un rôle?*

Explications II   **219**

Exercice A

1. Je voudrais que tu fasses ...
2. ... que tu ailles ... / que tu prennes ...
3. ... que tu prennes ...
4. ... que tu fasses ...
5. ... que tu viennes ...
6. ... que tu prennes ...
7. ... que tu fasses ...

Reteach/Extra Help: You may want to redo Ex. A as if the note were written to two children, eliciting *vous.*

Reteach/Review: You might want students to restate the sentences: *Maman voudrait que je / nous ....*

Exercice B
Answers will vary. Possible answers:

1. Tant pis! Nous voulions que vous appreniez (l'anglais / l'espagnol / l'allemand, etc.)
2. ... que vous alliez (au concert avec nous / entendre ce chanteur, etc.)
3. ... que vous fassiez (de la chimie / de la biologie, etc.)
4. ... que vous preniez (l'autobus / le train, etc.)
5. ... que vous alliez (à la boulangerie / chez le boucher / à l'épicerie, etc.)
6. ... que vous veniez (avec nous / au musée avec nous, etc.)
7. ... que vous fassiez (vos devoirs / le ménage, etc.)
8. ... que vous reveniez (avant onze heures / de bonne heure, etc.)

EXERCICES   Essential

A **Pour ne pas s'ennuyer.**   Jacques arrive chez lui après ses cours et il veut se détendre un peu. Mais sa mère lui a laissé une longue liste de choses à faire. Regardez la liste et faites des phrases selon le modèle. Employez une expression de volonté ou de nécessité.

> Va au supermarché.
> *Je voudrais que tu ailles au supermarché.*

Jacques –
1. Fais la vaisselle.
2. Va à la boulangerie. (Prends de l'argent de mon tiroir.)
3. Prends rendez-vous avec le docteur Thibault.
4. Fais cuire le jambon pour ce soir
5. Viens me chercher à 5 h 30.
(6. Prends quelque chose avant de partir.)
7. Fais de ton mieux pour y arriver à l'heure.

B **Mais on insiste!**   Les parents de Mireille et de Roger exigent qu'ils fassent certaines choses. D'après ce que disent les jeunes gens, imaginez ce qu'exigent leurs parents. Utilisez le verbe donné. Par exemple:

> Mais nous ne voulons pas faire de l'alpinisme! *(aller)*
> *Tant pis! Nous voulons que vous alliez à la montagne avec nous.*

1. Mais nous n'aimons pas les langues! *(apprendre)*
2. Mais nous détestons la musique classique! *(aller)*
3. Mais nous ne sommes pas forts en sciences! *(faire)*
4. Mais nous aimons voyager seulement en vélo! *(prendre)*
5. Mais nous ne voulons pas faire les courses! *(aller)*
6. Mais nous préférons rester ici! *(venir)*
7. Mais il fait beau et nous voulons jouer dehors! *(faire)*
8. Mais nous comptons revenir vers minuit! *(revenir)*

C A votre avis. Quel conseil est-ce que vous donneriez à un enfant de dix ou onze ans?

>faire de l'espagnol ou du français?
>*Il vaut mieux qu'on fasse de l'espagnol.*
>OU: *du français.*

1. comprendre les idées importantes dans mon cours d'histoire ou apprendre tous les détails par cœur?
2. aller à une tragédie ou à une comédie?
3. apprendre à faire du ski ou à patiner?
4. aller au Canada ou en France?
5. devenir médecin ou avocat?
6. si on ne s'amuse pas à un concert: siffler ou ne rien faire?
7. si on habite à un kilomètre de l'école: y aller à pied ou prendre l'autobus?
8. si on est en retard: prendre l'autobus ou faire de l'auto-stop?

D Parlons de toi.
1. Tu crois que la vie de comédien(ne) te plairait? Pourquoi? Qu'est-ce qu'il faut faire pour devenir acteur (actrice)? Et pour devenir un acteur (une actrice) célèbre?
2. Qu'est-ce qui est plus important pour un(e) comédien(ne) ou musicien(ne), le talent ou le travail? Pourquoi? Et la chance, quel rôle joue-t-elle dans le succès?
3. Qu'est-ce qu'il faut que tu fasses chaque jour au lycée? Et chez toi? De tout ce que tu dois faire, le plus agréable, c'est quoi? Et le moins agréable?
4. Pourquoi nous est-il important de nous sentir approuvés? Quand tu te décourages, de quoi est-ce que tu as besoin pour t'encourager?
5. A quoi est-ce que tu tiens? Tu crois qu'il est important qu'on tienne à son héritage culturel ou familial? Pourquoi?

ACTIVITÉ Discretionary

Quinze nécessités pour être bon(ne) citoyen(ne) *(citizen).* Formez des groupes de trois ou quatre personnes. Discutez de ce que vous pensez être nécessaire pour être bon(ne) citoyen(ne) de nos jours. Parlez de ce qu'il faut que nous fassions, ce à quoi il faut que nous tenions, ce qu'il faut que nous apprenions à faire pour être bon(ne) citoyen(ne) de la communauté. Après, faites une liste de ce que vous avez décidé. Comparez votre liste avec celles des autres groupes.

Exercice C
Choices will vary. You may want to ask students to justify or explain their choices.
1. qu'on comprenne / qu'on apprenne
2. qu'on aille
3. qu'on apprenne
4. qu'on aille
5. qu'on devienne
6. qu'on siffle / qu'on ne fasse rien
7. qu'on y aille / qu'on prenne
8. qu'on prenne / qu'on fasse

Reteach/Extra Help: You may want to redo Ex. C using the *vous* form. In that case, try setting up groups of three students, with two of them asking questions such as: *Il vaut mieux que nous fassions de l'espagnol ou du français? / Que vous fassiez ... / Pourquoi? Parce que ...*

Enrichment: You might let students make this a paired practice: *Vaut-il mieux que je ... ou que je ...? / Il vaut mieux que tu ....*

Exercice D
Answers will vary.

Practice Sheet 6-5

Workbook Ex. G

 8 Tape Manual Ex. 6–7

Activity Masters p. 29

Quiz 6-4

APPLICATIONS

RÉVISION

Transparency 18

Notes: Review of:
1. *jours de fête*
   possessive adjectives
2. conditional of *-er* verbs
3. *il faut* + subjunctive
4. indirect object pronouns
   direct object pronouns
   agreement with past
   participles
5. passé composé of *avoir*
6. indirect object pronouns
   il faut + subjunctive of
   reflexive verbs

Lisez la bande dessinée.

1. Notre club-théâtre organise un spectacle pour Noël.

2. Maryse et Thierry aimeraient jouer les rôles principaux.

3. Donc il faut qu'ils apprennent bien leurs répliques.

4. Quand le metteur en scène leur a demandé de jouer la première scène, ils la lui ont bien récitée.

5. Ils n'ont pas du tout eu le trac.

6. Mais il leur a dit qu'il valait mieux qu'ils se perfectionnent encore un peu.

Maintenant imaginez que vous faites partie du club-théâtre de votre lycée. Quelle sorte de spectacle est-ce que vous organisez? Qui joue les rôles principaux? Ecrivez votre propre histoire en vous servant de la Révision comme modèle.

THÈME

Transparency 19

Notes: Answers to the *Thème* appear in the teacher pages at the front of the book.

Trouvez les expressions françaises qui correspondent à l'anglais et rédigez un paragraphe.

1. Our conductor is preparing a concert for Christmas.

2. André and I would like to play the violin at the concert.

3. So it's necessary for us to work together every afternoon.

4. When the conductor asked us to play our song, André played it very well for him.

5. He was successful right away.

6. But the conductor told me that it's better that I enroll in his course.

RÉDACTION

Maintenant, choisissez un de ces sujets.

1. Imaginez que vous venez d'assister à la pièce de théâtre de votre lycée. Ecrivez une critique pour le journal.

2. Décrivez la dernière pièce de théâtre ou le dernier concert que vous avez vu(e).

3. Complétez les phrases suivantes comme vous voulez en vous servant des phrases de la Révision et du Thème comme modèles.

    a. Le cercle français ....
    b. Je voudrais ....
    c. Donc, il faut que ....
    d. Quand on m'a demandé ....
    e. Je ....
    f. Mais on m'a dit que ....

CONTRÔLE DE RÉVISION CHAPITRE 6 Discretionary

Notes: Answers to the *Contrôle* appear in the teacher pages at the front of the book.

A Parlons du théâtre.
Choisissez une définition pour chaque mot.

1. le comédien
2. les trois coups
3. le public
4. le compositeur
5. la réplique
6. la dramaturge
7. le four
8. la troupe
9. le chef

a. celle qui écrit une pièce
b. celui qui dirige l'orchestre
c. un acteur qui veut nous faire rire
d. ce qui annonce le commencement d'une pièce
e. les acteurs et les actrices d'une pièce
f. ceux qui assistent à une pièce
g. une mauvaise pièce; une pièce que le public n'aime pas
h. une réponse
i. celui qui écrit de la musique

B On prépare la fête.
Papa demande ce qu'on a fait et ce qu'on va faire. Répondez en employant des pronoms.

Tu as emprunté les cassettes à Pierre?
Oui, je les lui ai empruntés.

1. Tu as acheté du pain à la boulangerie?
2. Tu as envoyé l'invitation à tes cousines?
3. Tu as mis la nappe sur la table?
4. Tu as emprunté le magnétophone à cassettes à ton oncle?
5. Tu as acheté les gâteaux à la pâtisserie?
6. Tu vas me donner de l'argent pour les boissons?
7. Tu vas mettre les verres et les assiettes sur la table?

C La vie d'un(e) étudiant(e).
Changez les mots soulignés en employant les expressions données.

Il faut que je …
Tous les jours à 7h30, il faut que j'aille au lycée. Il faut que je …

Tous les jours à 7h30, je vais au lycée. Je prends le bus parce que c'est trop loin pour y aller à pied. J'apprends des tas de choses. Puis je rentre chez moi et fais mes devoirs.

1. Il faut que je …
2. Il faut que nous …
3. Il faut que les étudiants …
4. Il faut que tu …
5. Il faut que vous …

D Des projets.
Mettez les verbs soit au subjonctif soit à l'indicatif.

1. Bill veut faire ses études à Paris dans deux ans. Il faut qu'il (*s'inscrire*) à des cours de français tout de suite. Il ne faut pas qu'il (*attendre*). Il est important qu'il (*apprendre*) à parler français.
2. Tu aimerais devenir actrice? Il est important que tu (*aller*) souvent au théâtre. Il sera peut-être utile que tu (*suivre*) des cours de théâtre aussi. Je crois que tu (*aller*) réussir.
3. Vous cherchez un emploi? Eh bien, il faut que vous (*répondre*) à ces questions. Il est important que vous (*expliquer*) quelle sorte d'emploi vous cherchez et que vous (*écrire*) ce que vous pouvez faire pour nous.

 Listening Comprehension Test   **Chapter 6 Test**

VOCABULAIRE DU CHAPITRE 6

Noms
l'acte (*m.*)
l'action (*f.*)
l'auteur (*m.*)
l'aventure (*f.*)
le chef d'orchestre
la comédie
le comédien, la
    comédienne
le compositeur, la
    compositrice (de
    chansons)
le costume (*costume*)
les coulisses (*f.pl.*)
le coup
le / la critique
le détail
le / la dramaturge
l'entracte (*m.*)
le four
le genre
le héros, l'héroïne
le musicien, la musicienne
le personnage
la première
le programme
le public
la réplique
le spectacle
le talent
le texte
la tragédie
la troupe

Verbes
acclamer
approuver
se décourager
se dérouler
encourager
frapper
louer (*to reserve*)
se rappeler
réciter
régler
résumer
saluer
siffler

Adjectifs
extraordinaire
fantastique

Adverbe
parfois

Expressions
à ton tour
avoir du succès
avoir le trac
bis!
de nos jours
faire salle comble
quel navet!

CHAPITRE 7

Essential

PRÉLUDE CULTUREL │ SI LOIN ET CEPENDANT SI PROCHE

La France a beaucoup emprunté à l'Amérique et l'Amérique aussi a été influencée par la France. Pensez par exemple à la musique, à la cuisine, à la mode … Certains points restent cependant propres *(particular)* à chaque pays. La bise, qu'on se fait entre amis, n'est pas une chose habituelle en Amérique. C'est, en France, la façon la plus normale de se dire bonjour et au revoir.

(en bas) Les parcs d'attraction (amusement parks) ont récemment commencé à avoir du succès en France. Cette publicité nous annonce l'ouverture d'un parc d'attraction au nord-est de la France en proposant un jeu grâce auquel on peut gagner un voyage en Floride.

FRANÇAIS LE JOURNAL • **DEUTSCH** DIE ZEITUNG • **ENGLISH** THE BULLETIN

LE NOUVEAU MONDE DES SCHTROUMPFS

BIENVENUE PRINTEMPS 89 !
WILLKOMMEN FRÜHLING 89!
WELCOME SPRING OF 1989!

Un voyage en Floride à gagner
Jeu gratuit!

Eine Reise nach Florida zu gewinnen
Spiel kostenlos!

Win a trip to Florida
Free game!

PROMENADES ET PRINCIPALES CURIOSITÉS

(en haut) De nombreux Français visitent les Etats-Unis, un pays qui les fascine. C'est pour eux que certains guides touristiques ont été créés. Vous voyez ici une carte indiquant en français les points d'intérêt de la ville de New York.

MOTS NOUVEAUX

CONTEXTE
VISUEL

Tu aimerais vivre à l'américaine, toi?

l'aînée

la cadette

le cadet

l'aîné

la liberté

se serrer la main

faire la bise

CONTEXTE
COMMUNICATIF

1 YVETTE Tu as vu les bandes dessinées que je vais
envoyer à ma correspondante?

LAURENT Non, fais voir, Yvette.

YVETTE Regarde! Tu crois que ça lui **fera plaisir?**

LAURENT Bien sûr. Elle sera **enchantée.** C'est
typiquement français.

Variations:

■ que je vais envoyer à → que j'ai achetées pour
fais voir, Yvette → montre-les-moi

faire plaisir à = plaire à
enchanté, -e *delighted*
typiquement *typically*

Enrichment: Have students
think of other souvenirs to send
a pen pal that are typically
American or French.

2 Isabelle va **faire ses études** aux Etats-Unis.

ISABELLE   Il faut que je sache couramment parler anglais pour partir là-bas.

LOÏC   Tu te débrouilles pas mal, je trouve.

ISABELLE   J'ai peur que les gens se moquent de mon accent.

LOÏC   Mais non, les Américains sont très **accueillants.**

■ se moquent de moi → ne me comprennent pas
   sont très accueillants → **accueillent*** très bien les étrangers

Enrichment: If one studies abroad or lives with another family, in what other ways must one *se débrouiller?*

3 Josiane **fait un séjour** aux Etats-Unis. Elle **admire** beaucoup **la façon de vivre** des Américains, mais il y a des choses qui la **surprennent.†** Elle écrit à une copine française.

Chère Sophie,
Les jeunes ici ont de la chance. Ils ont beaucoup plus de liberté que nous en France. Je **n'en crois pas mes yeux:** quand ils ont envie d'aller **faire un tour,** ils empruntent la voiture de leurs parents!
Grosses bises,

Josiane

■ liberté → temps libre
   empruntent → demandent
   grosses bises → **amitiés**

---

*Accueillir follows the pattern of *-er* verbs in the present tense:

j' accueille	nous accueill**ons**
tu accueill**es**	vous accueill**ez**
il / elle / on accueille	ils / elles accueill**ent**

And the *i* of the infinitive changes to *e* to form the future and conditional stem:
j'accueillerai, tu accueilleras; j'accueillerais, tu accueillerais, etc.

†*Surprendre* follows the pattern of *prendre.*

---

faire ses études = étudier

Reteach/Extra Help: You may want to do a pattern practice with *accueillir* telling whom one welcomes in an exchange group or who welcomes you.

accueillant, -e *friendly*

accueillir *to greet, to welcome*

faire un séjour *to stay (in a place)*
admirer *to admire*
la façon de vivre *way of life*
surprendre *to surprise*

ne pas en croire ses yeux *not to believe one's eyes*
faire un tour = se balader
grosses bises *love (at the end of a letter)*

Enrichment: Have students add a comment to Josiane's letter concerning American dating practices, leisure, TV, etc.

amitiés *yours (at the end of a letter)*

4 Christian vient d'arriver aux Etats-Unis.

CHRISTIAN   Il y a combien de **chaînes** de télévision?

BOB   Oh, **une vingtaine.**

CHRISTIAN   Eh bien, pour **te distraire*** tu as le choix!

■ une vingtaine → une douzaine peut-être
   te distraire → t'amuser

la chaîne   *channel*
une vingtaine (de)   *about twenty*
se distraire   *to entertain oneself*

5 Julia, une jeune Américaine, fait un séjour chez sa correspondante française.

JULIA   Chaque fois que tu rencontres des copains, tu leur fais la bise?

ÉLISE   Oui, pourquoi? **Ça ne se fait pas** aux Etats-Unis?

JULIA   Non, on ne se serre même pas la main.

ÉLISE   **Ah bon!** C'est **bizarre** ça. Je ne pourrais jamais vivre **à l'américaine.**

■ ah bon! → vraiment?

ça ne se fait pas   *it isn't done*

ah bon!   *really?*
bizarre   *strange*
à l'américaine   *the American way, like Americans*

*Here are the present-tense forms of *se distraire:*

je me distrais	nous nous distra**yons**
tu te distrais	vous vous distra**yez**
il / elle / on se distrait	ils / elles se distra**ient**

The subjunctive forms are *que je me distraie / que nous nous distrayions.* In all tenses, before a pronounced vowel the *i → y.* The past participle is *distrait, -e.*

Elles se font la bise.

6 Christine rentre d'un séjour à l'étranger.

DOMINIQUE   Tu n'as pas eu de mal à **t'habituer à** la vie là-bas?

CHRISTINE   Non, je n'étais pas **dépaysée** du tout.

- à l'étranger → en Norvège
- à l'étranger → aux Pays-Bas

s'habituer à   *to get used to*

dépaysé, -e *disoriented, not feeling at home*

If students ask: Explain that "to feel homesick" is *avoir le mal du pays* or *avoir la nostalgie de qqch.*

7 On a parfois du mal à **supporter** les enfants de ses amis.

MME DURAND   Le fils de Mme Valmont **est mal élevé.**

M. DURAND   Oui, il **se tient mal.** On devrait le dire à sa mère.

MME DURAND   Non, ne le lui dis pas. Tu risques de la **vexer.**

- on a parfois du mal à supporter → parfois on aime beaucoup
  mal élevé → bien élevé
  tient mal → tient bien
  non, ne le lui dis pas → oui, dis-le-lui
  tu risques de la vexer → elle sera **ravie**

supporter *to put up with*

être bien / mal élevé, -e *to have good / bad manners*

se tenir bien / mal *to behave well / badly*

vexer *to offend*

Enrichment: Ask students to give examples of what it means to *se tenir bien / se tenir mal.*

ravi, -e = très content

8 En France, **certains** parents sont très **stricts.**

ARNAUD   Tu veux venir chez moi samedi soir?

FANNY   Ça m'**étonnerait** que mes parents me laissent sortir.

ARNAUD   Demande-leur quand même.

FANNY   Oui, c'est dommage que je n'aie pas toujours **le droit** de voir mes copains quand j'en ai envie.

- ça m'étonnerait que → j'ai peur que
  me laissent → ne me laissent pas
  c'est dommage → c'est bête
  quand j'en ai envie → quand je veux

certain, -e *certain*

strict, -e *strict*

étonner = surprendre

le droit *right*

9 CHANTAL   Je suis étonnée que Pierre et Dominique ne soient pas encore là.

NADINE   Ils vont **probablement** téléphoner pour **s'excuser de** leur **retard.**

- je suis étonnée → ça m'inquiète
  s'excuser de → expliquer

probablement *probably*

s'excuser (de) *to apologize (for)*

le retard *lateness*

Enrichment: Ask students to think of circumstances in which *il faut s'excuser.*

Mots Nouveaux   **231**

AUTREMENT DIT

TO EXPRESS JOY …

> Super!
> Génial!
> Formidable!
> Je suis vraiment ravi(e)!
> Ça me fait très plaisir!

TO EXPRESS SURPRISE OR DISBELIEF …

> Quelle **surprise!**
> Ah bon!
> Vraiment!
> Ça alors!
> Non!
> Ça m'étonne!
> Je ne **m'**y **attendais** pas!
> Je n'en crois pas mes yeux (mes oreilles)!
> J'ai du mal à croire ça!

la surprise   *surprise*

s'attendre à   *to expect*

TO COMPLAIN ABOUT SOMEONE'S MANNERS OR BEHAVIOR …

> Qu'est-ce qu'il (qu'elle) est mal élevé(e)!
> Il (Elle) se tient vraiment mal!
> La façon dont il (elle) … ne me plaît pas du tout!
> Il (Elle) est insupportable!

EXERCICES   Essential

Exercice A
Other answers would be
acceptable if students can
defend them.
1. la cadette
2. s'habituer à
3. accueillant (*or:* bien élevé)
4. se distraire
5. s'excuser
6. faire la bise
7. faire un tour
8. dépaysé
9. l'aîné
10. s'attendre à
11. supporter
12. ne pas en croire ses yeux

A **En un mot.**   Quelle est l'expression ou quel est le mot décrit par la définition donnée? Donnez la réponse et puis posez une question à un(e) camarade de classe en utilisant ce mot ou cette expression.

1. La fille la plus jeune de la famille.
2. S'adapter à; se trouver finalement à l'aise.
3. Gentil, aimable en faisant la connaissance de quelqu'un.
4. S'amuser, se plaire en faisant quelque chose.
5. Demander pardon à quelqu'un.
6. S'embrasser sur les deux joues quand on se rencontre.
7. Se promener soit à pied soit en voiture soit en car.
8. Mal à l'aise dans un pays étranger ou dans une ville que l'on ne connaît pas.
9. Le premier-né d'une famille.
10. Compter sur; penser que quelque chose va arriver.
11. Accepter quelque chose même si on le trouve difficile ou désagréable.
12. Etre étonné; trouver quelque chose difficile à croire.

B Que dites-vous? Choisissez une ou deux réponses qui conviennent dans les situations suivantes.

1. Quand un copain vient d'acheter une moto très chère, vous dites: (*Ah bon? / Fais voir. / J'aimerais bien faire un tour avec toi.*)

2. Quand vous avez reçu un très beau cadeau, vous dites: (*Je suis vraiment ravi(e)! / C'est insupportable! / Ça, c'est super!*)

3. Quand un nouvel élève arrive en retard dans la classe d'un prof très strict, vous dites: (*Attention! Tu risques de déplaire au prof. / Ça ne se fait pas, tu sais. / Le prof s'attendait probablement à ton retard.*)

4. Quand quelqu'un que vous ne connaissez pas très bien vous invite à faire un tour, vous dites: (*Grosses bises. / Ça me ferait grand plaisir. / Je n'ai pas le droit de sortir, tu sais.*)

5. Quand vous voyez deux copains qui se battent dans le couloir du lycée, vous dites: (*Je n'en crois pas mes yeux! / Comme vous êtes mal élevés. / Qu'est-ce que vous êtes accueillants!*)

6. Quand un Français est en Espagne et ne peut pas s'habituer à dîner à 10 heures du soir, il dit: (*Pardon, mais je suis un peu bizarre. / Pardon, mais je suis un peu dépaysé. / Pardon, mais je me tiens mal.*)

7. Quand un Français accueille un(e) ami(e) qu'il n'a pas vu(e) depuis longtemps, il dit: (*Je suis enchanté! / Serre-moi la main! / Je suis vraiment ravi de te voir.*)

8. Quand on dit à un Français que beaucoup de jeunes Américains ont leur propre voiture, il dit: (*Ils ont trop de liberté ces jeunes gens. / Quelle façon de vivre bizarre! / La façon dont ils conduisent me fait très plaisir.*)

Des copines à Aix-en-Provence

Beaucoup de jeunes Américains ont leur propre voiture.

Mots Nouveaux 233

Une famille parisienne au dîner.

C **C'est à votre tour.** Avec un(e) partenaire, choisissez deux des situations de l'Exercice B et jouez les rôles.

D **Parlons de toi.**

1. Est-ce que tu as déjà fait un séjour dans un pays étranger? Dans quel pays? Pour combien de temps? Qu'est-ce qui t'a surpris(e) là-bas? Tu trouvais leur façon de vivre plus ou moins comme celle des Américains? Il y avait des choses qui se faisaient là-bas qui ne se font pas aux Etats-Unis? Donne des exemples. Les habitants étaient accueillants? Quand vous ne vous compreniez pas, comment est-ce que tu te débrouillais?

2. Si tu n'as pas fait de séjour dans un pays étranger, est-ce que tu en as fait dans une partie des Etats-Unis que tu as trouvée un peu bizarre, où la façon de vivre était différente de celle où tu habites?

3. Si un(e) Français(e) venait visiter les Etats-Unis, à quelles choses devrait-il (elle) s'habituer? A ton avis, qu'est-ce qui l'étonnerait le plus?

4. Tu connais peut-être des élèves étrangers qui ont passé quelques semaines aux Etats-Unis? Qu'est-ce qu'ils en ont pensé? Qu'est-ce qu'ils ont admiré? Qu'est-ce qui leur a fait plaisir?

5. Est-ce que tu penses que tes parents sont stricts? Donne des exemples. Par exemple, tu as le droit de sortir quand tu en as envie, de leur emprunter la voiture pour faire un tour, etc.?
6. Qu'est-ce qui te vexe le plus souvent à l'école? A la maison? Qu'est-ce que tu as du mal à supporter?
7. Qu'est-ce que tu fais quand tu te trouves dans une situation où les gens ne se tiennent pas bien? Et si ce sont tes copains qui se tiennent mal? Donne des exemples de ce que font les gens bien et mal élevés.
8. Qu'est-ce que tu fais pour te distraire le samedi après-midi quand il pleut? Comment est-ce que tu te distrais quand tu es malade?

Practice Sheet 7-1

Workbook Exs. A–B

 3 Tape Manual Ex. 1

Activity Masters p. 30

Quiz 7-1

ACTIVITÉ   Discretionary

Répliques finales.   Avec un(e) partenaire, écrivez un dialogue ou un paragraphe dont la dernière réplique serait une des phrases suivantes.

Je n'en crois pas mes oreilles!
Ne te moque pas de moi!
Débrouille-toi!
J'en suis ravi(e)!
Tiens-toi bien alors!

Ça ne se fait pas, tu sais.
Et maintenant accueillons nos invités!
J'en suis étonné(e)!
Ça ne me surprend pas du tout!

A Nîmes, au sud de la France

DIALOGUE

APPLICATIONS

Discretionary

Comme dans un film américain

4

Jean-François vient d'arriver chez son correspondant américain.

JEAN-FRANÇOIS Tes parents ont deux voitures?

TOM Oui, et moi, j'en ai une aussi.

JEAN-FRANÇOIS Je n'en crois pas mes oreilles! Tu as ta propre voiture?

TOM Bien sûr! C'est utile pour aller au lycée ou pour sortir avec les copains.

JEAN-FRANÇOIS Ta maison est immense.

TOM Tu trouves? Viens, voici ta chambre.

JEAN-FRANÇOIS Mais il y a une télé dans ma chambre.

TOM Oui, elle est à moi, mais je te la prête pendant ton séjour ici.

JEAN-FRANÇOIS Merci. C'est gentil. Tu sais, ici vous vivez vraiment comme dans les films américains qu'on voit à la télé.

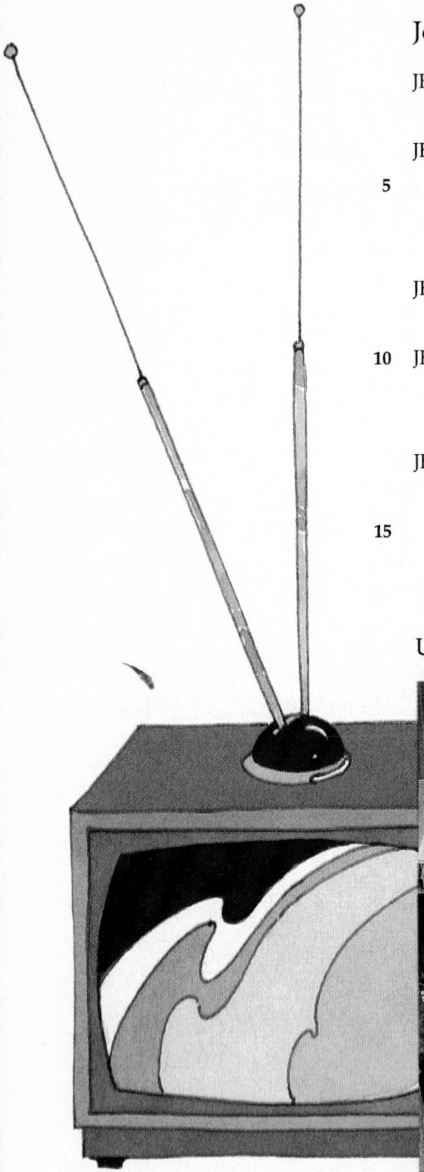

Une famille française regarde la télévision au salon.

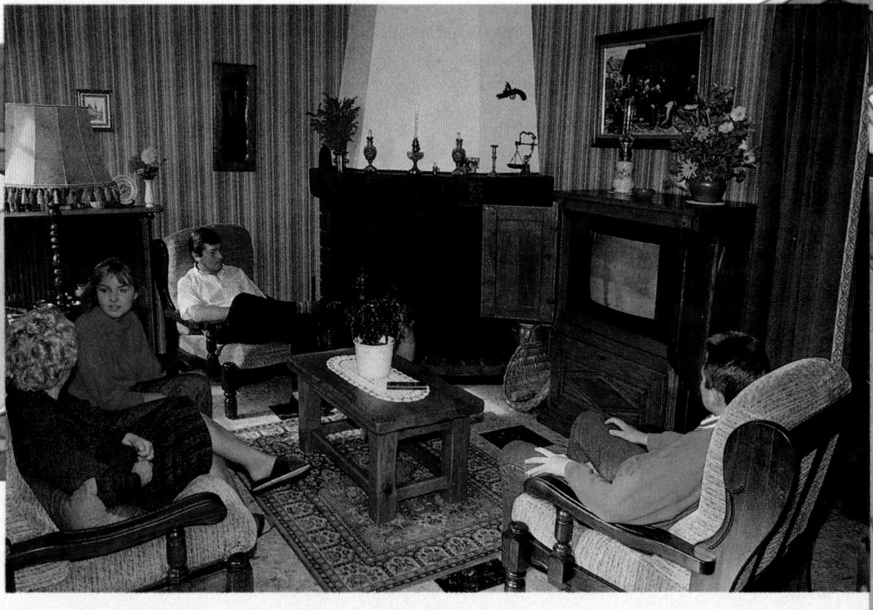

Questionnaire

1. Comment ça se fait que Tom et Jean-François se connaissent?
2. Qu'est-ce que vous pensez qu'ils ont fait quand ils se sont vus pour la première fois? 3. Vous pensez que la famille de Tom est assez riche ou pauvre? Pourquoi? 4. Qu'est-ce qui étonne Jean-François?
5. Comment est-ce que Tom nous montre qu'il est très accueillant et qu'il veut que son ami se distraie? 6. Beaucoup de gens étrangers ont une certaine vue des Américains. D'où vient-elle? A votre avis, est-ce que cette vue est correcte? Pourquoi?

Questionnaire
Answers will vary. Probable answers:
1. Ils sont correspondants.
2. Ils se sont serré la main.
3. Ils sont assez riches (ils ont trois voitures et Tom a sa propre télé).
4. Que Tom a sa propre voiture et sa propre télé.
5. Il lui prête sa télé.
6. Des films et de la télé.

DIMANCHE 20 DECEMBRE

Du merveilleux : français, avec un récital du jeune Charles Trenet
(« Chapeau Monsieur Trenet », FR3, 20.35) et anglo-saxon avec deux films, sur C +, qui sont des modèles du genre
(« Alice au pays des merveilles » de Walt Disney, 18 h., et « Legend », 20.30).

7. BONJOUR LA FRANCE, BONJOUR L'EUROPE.
9. DOROTHEE DIMANCHE.
10. TARZAN. Série.
11. LES ANIMAUX DU MONDE. La loutre.
11.30 AUTO-MOTO.
12. TELE-FOOT.
13. JOURNAL.
13.20 STARSKY ET HUTCH. Série.
14.20 LE JUSTE PRIX. Jeu.
15.25 TIERCE A VINCENNES.
15.40 USHUAIA. Invités : Paul-Emile Victor et le spéléologue Francis Le Guen.
16.10 A LA FOLIE. Invités : Claude Nougaro, Arletty, Carole Bouquet.
17.30 POUR L'AMOUR DU RISQUE. Série.
18.30 LA CALANQUE. Série.
19. 7/7. Alain Decaux.
20. JOURNAL.

20.30 TESS.

9. EMISSIONS RELIGIEUSES.
12.5 COMME SUR UN PLATEAU. Magazine des spectacles.
13. JOURNAL.
13.20 LE MONDE EST A VOUS. Jeu.
15. L'HOMME QUI TOMBE A PIC. Série.

Heather Thomas

15.50 L'ECOLE DES FANS.
16.35 THE TANGO. Variétés.
17.15 HOTEL DE POLICE. Série.
18.20 STADE 2.
19.30 MAGUY. Série.
20. JOURNAL.

20.30 PETITS

8.30 AMUSE 3.
10. ENSEMBLE AUJOURD'HUI. Spécial Enrico Macias.
11.30 LATITUDE. Magazine de l'outre-mer.
13. D'UN SOLEIL A L'AUTRE. Magazine des agriculteurs.
13.30 FORUM RMC/FR3.
14.30 SPORTS LOISIRS. Fun, natation, hand-ball : Gagny/Amiens, jumping à Grenoble (clôture de la saison).
17.5 MONTAGNE. Spéléo dans les Andes.
17.35 AMUSE 3.
19. Mr. PYE. Feuilleton.
20.5 BENNY HILL. Divertissement.

20.35 CHAPEAU

En clair jusqu'à 8 h.
7. TOP 50.
8. CABOU CADIN.
9.10 DRESSE POUR TUER. Film.
10.35 LA FORET D'EMERAUDE. Film.
En clair jusqu'à 14 h.
12.30 S.O.S. FANTOMES. Dessin animé.
13.5 MAX HEADROOM. Variétés.
13.30 SPORTQUIZZ. Jeu.
14. FOOTBALL AMERICAIN.
14.55 MEPRISE. Téléfilm.
16.40 LES ALLUMES DU SPORT.
17.10 LE CHASSEUR SILENCIEUX. Document.
18. ALICE AUX PAYS DES MERVEILLES. Film de dessins animés. En clair jusqu'à 20.30.
19.30 ÇA CARTOON SPECIAL. Disneyworld.

20.30 LEGEND.

7.5 DESSINS ANIMES.
10.20 SHERIF, FAIS-MOI PEUR. (Reprise du samedi).
11.10 WONDER WOMAN. (Reprise du samedi).
12.5 SUPERMINDS. (Reprise du samedi).
13. JOURNAL.
13.25 K 2000.
14.20 CHILDERIC. Variétés.
15.15 FACE A FRANCE. Magazine.

Herbert Léonard

16.45 MONDO DINGO. Divertissement.
17.45 AU CŒUR DE L'AFFAIRE. Magazine d'informations.
18.35 LA 5e DIMENSION.
19.10 KOJAK.
20. JOURNAL.

20.30 LE VIAGER.

9. CLIP DEDICACE.
10.30 REVENEZ QUAND VOUS VOULEZ. Invitée : Jane Birkin.
11.45 GRAFFI'6.
12.30 JOURNAL.
12.45 LE GLAIVE ET LA BALANCE. L'affaire Patrick Henry.
13.15 PORTRAITS CRACHES. (Reprise du samedi).
13.45 FAN DE... Jeu.
14.40 SPECIAL CHANSON FRANÇAISE.
15. CLAIR DE LUNE. (Reprise du samedi).
15.50 AVENTURES DANS LES ILES.
16.40 L'ILE FANTASTIQUE. Série.
17.30 PORTRAITS CRACHES. (Reprise du samedi).
18. JOURNAL.
18.20 LA PETITE MAISON DANS LA PRAIRIE.
19.5 CHER ONCLE BILL.
19.30 HAWAII POLICE D'ETAT. Série.

20.30 POKER D'AS

Situation

Un(e) correspondant(e) français(e) vous a demandé de lui expliquer ce que c'est que «la vie à l'américaine». Avec un(e) partenaire, discutez de comment vous vous attendez à lui répondre.

Notes: You might want to ask students to write the letter in response to the pen pal's question.

◆ **OBJECTIVES:**

TO EXPRESS HAPPINESS OR POSITIVE FEELINGS

TO EXPRESS UNHAPPINESS OR SORROW

TO EXPRESS ANGER OR DISAPPOINTMENT

TO EXPRESS WORRY OR FEAR

TO EXPRESS SURPRISE

Le subjonctif après les expressions d'émotion

You know that the subjunctive is used whenever the main clause of a sentence expresses an order, a wish, or a necessity. It is also used after an expression of emotion: anger, fear, happiness, surprise, and so on. Here are some of the common expressions of emotion that are followed by the subjunctive:

● to express happiness or satisfaction

admirer	Ils admirent que	
approuver	Vous approuvez que	
être content	Tu es contente que	
être enchanté	Il est enchanté que	j'**approfondisse** mes connaissances.
être fier	Elle est fière que	
être heureux	Il est heureux que	
être ravi	Il est ravi que	

● to express unhappiness or dissatisfaction

c'est dommage	C'est dommage que	
être déçu	Nous sommes déçues que	
être désolé	Elle est désolée que	
être fâché	Je suis fâchée que	
être furieux	Elles sont furieuses que	vous **vous battiez.**
être triste	Il est triste que	
être vexé	Je suis vexé que	
regretter	On regrette que	
supporter	Nous ne supportons pas que	

● to express worry or fear

avoir peur	Ils ont peur que	
être inquiet	Il est inquiet que	nous **roulions** trop vite.
s'inquiéter	Vous vous inquiétez que	

● to express surprise

être surpris	Elles sont surprises que	
être étonné	Je suis étonnée que	Maurice **s'attende** à
étonner	Ça t'étonne que	nous voir.
surprendre	Ça le surprend que	

1 Remember that we use the subjunctive only when the subjects of the two clauses are different. When they are the same, use *de* + infinitive.

> Le prof est **ravi que nous fassions un séjour** à Grenoble.
>
> *The teacher is **delighted (that) we're staying** in Grenoble.*
>
> Le prof est **ravi de faire un séjour** à Grenoble.
>
> *The teacher is **delighted to stay** in Grenoble.*

2 Any verb that conveys some emotion in a particular context may take the subjunctive.

> Je **ne comprends pas qu'il sorte** sans dire au revoir.
>
> *I **don't understand his leaving** without saying good-by.*
>
> **Il n'est pas possible que vous fassiez** une chose comme ça!
>
> *It's not possible that you **would do** a thing like that!*

Notes: You might want to explain that sometimes the intent is more important than the rule. Give some examples or ask them to explain the intent behind: *Il n'est pas possible que vous faites / fassiez une chose comme ça.*

EXERCICES   Essential

A Le voyage.   Scott arrive en France pour la première fois. Il est complètement dépaysé. Tout l'étonne. Par exemple:

> on / prendre un billet pour le métro
>
> *Il est étonné*
> *Il est surpris*
> *Ça l'étonne* ⎫ *qu'on prenne un billet pour le métro.*
> *Ça le surprend*

1. tout le monde / se faire la bise
2. tant de gens / rouler en mobylette
3. les jeunes / aller au lycée le samedi
4. on / ne pas y aller le mercredi après-midi
5. le camembert / venir de Normandie
6. les enfants / prendre du chocolat avec du pain
7. tout le monde / prendre le café si fort
8. même les enfants / se serrer la main

Ils sont ravis de se revoir.

B L'inquiet.   M. Revel est pessimiste. Avant de faire un voyage en Amérique du Sud il exprime ce qui l'inquiète et ce dont il a peur. Employez le subjonctif ou l'infinitif d'après le modèle.

> Je me lèverai en retard le jour du départ.
> *J'ai peur de me lever en retard le jour du départ.*
>
> Nous ne trouverons plus de chambre libre à l'hôtel.
> *Je m'inquiète que nous ne trouvions plus de chambre libre à l'hôtel.*

1. Nous n'emporterons pas assez de valises.
2. Nous ne trouverons pas de taxi pour aller à l'aéroport.
3. Nous perdrons nos passeports.
4. Je ne comprendrai pas ce que les gens me diront là-bas.
5. Personne ne viendra nous accueillir à l'aéroport.
6. Je ne me débrouillerai pas pour trouver notre hôtel.
7. Je ne me plairai pas.
8. Il fera trop chaud.
9. Nous n'aimerons pas la façon de vivre là-bas.
10. Jeannot se tiendra mal pendant le voyage.

C Qu'est-ce que vous en pensez?   Comment réagissez-vous dans les situations suivantes? Par exemple:

> Il fait très froid aujourd'hui.
> *C'est dommage qu'il fasse froid aujourd'hui.*

1. On ne vous permet pas de conduire.
2. On ne sert pas les boissons fraîches que vous aimez.
3. Votre meilleur(e) ami(e) ne vient pas vous voir quand vous êtes malade.
4. Vous vous inscrivez à un cours qui vous déplaît.
5. Une élève française vous fait la bise.
6. La comédie dans laquelle vous jouez un rôle principal ne fait pas salle comble.
7. Un bon ami se bat avec vous.
8. Quelqu'un dit que vous êtes mal élevé(e).
9. On va démolir le cinéma auquel vous allez le plus souvent.
10. On vous interdit de sortir pendant une semaine.

A handwritten French traffic ticket (contravention):

CONTRAVENTION le 13/1/8? à 15 h 25   8685993
Agent : 963793   Service : LU Plissy

Lieu d'infraction : Bd Rebophave- RN 19?
Commune : Plissy   Dépt. : 78

Motif : Non respect du feu rouge

Collez ici la partie du timbre amende à conserver pour justification de votre paiement.

N° CERFA 10.0058

MARQUE
RENAULT 1 CITROËN 2 PEUGEOT 3 SIMCA CHRYSLER 4
FIAT 5 OPEL 6 FORD 7 AUTRES 8
TYPE :

IMMATRICULATION
CHIFFRES   LETTRES   DÉPARTEMENT
5 1 2 1 / S M / 78
ÉTRANGER :

Pour le règlement de cette contravention, suivez les indications portées dans la notice numéro
Ce volet doit être conservé par le contrevenant.   3

VOLET A CONSERVER POUR JUSTIFICATION DE VOTRE PAIEMENT

D **Tout le monde donne des conseils au conducteur!** Les grands-parents de Paul n'aiment pas du tout sa façon de conduire. Il est venu les chercher et ils ne s'arrêtent pas de se plaindre. Choisissez des expressions de la liste pour exprimer ce qu'ils lui disent—et pour exprimer ce que Paul pense mais ne dit pas. Conversez selon le modèle.

ne pas approuver	être étonné	être inquiet
être content	étonner	s'inquiéter
être déçu	surprendre	supporter
ne pas comprendre	regretter	avoir peur

ton père / ne pas venir nous chercher / / il / faire du jardinage
ÉLÈVE 1 *Ça nous surprend que ton père ne vienne pas nous chercher.*
ÉLÈVE 2 *Je suis content qu'il fasse du jardinage.*

1. tu / conduire si vite / / vous / conduire si lentement
2. tu / doubler les voitures en ville / / vous / ne jamais doubler
3. tu / rouler si vite près d'une école / / vous / ne pas remarquer que les écoles sont fermées
4. tu / ne pas ralentir quand tu vois un feu jaune / / vous / ralentir quand il y a un feu vert
5. tu / ne pas mettre le clignotant avant de tourner / / vous / croire que je vais tourner ici
6. tu / brûler les feux rouges / / vous / dire ça à papa
7. tu / prendre la voiture de tes parents / / vous / vous plaindre tant
8. on / ne pas t'interdire de conduire / / on / mettre si longtemps à arriver chez nous

Le subjonctif des verbes irréguliers *avoir, être, pouvoir, savoir* et *vouloir*   Essential

♦ **OBJECTIVE:**

TO EXPRESS ONE'S FEELINGS

Reteach/Review: Remind students that the 2nd person and 1st person pl. subjunctive forms of *avoir* and *être* are used as imperatives: *N'ayez pas peur! Sois sage! Veuillez* is commonly used in formal situations to mean "please": *Veuillez entrer!*

Reteach/Review: You might do a pattern practice with each of these verbs: *Je suis content d'avoir des bonnes notes.→Je suis content que tu aies des bonnes notes; Je suis fâché d'être malade.→ Je suis fâché que tu sois malade; Je suis surpris de pouvoir faire cela.→Je suis surpris que tu puisses faire cela; Je suis étonné de savoir ça.→Je suis étonné que tu saches ça; Je suis fier de vouloir réussir.→Je suis fier que tu veuilles réussir.*

These five verbs have highly irregular subjunctive forms.

INFINITIF **avoir**

que j'	**aie**	que nous	**ayons**
que tu	**aies**	que vous	**ayez**
qu'il, elle, on	**ait**	qu'ils, elles	**aient**

INFINITIF **être**

que je	**sois**	que nous	**soyons**
que tu	**sois**	que vous	**soyez**
qu'il, elle, on	**soit**	qu'ils, elles	**soient**

INFINITIF **pouvoir**

que je	**puisse**	que nous	**puissions**
que tu	**puisses**	que vous	**puissiez**
qu'il, elle, on	**puisse**	qu'ils, elles	**puissent**

INFINITIF **savoir**

que je	**sache**	que nous	**sachions**
que tu	**saches**	que vous	**sachiez**
qu'il, elle, on	**sache**	qu'ils, elles	**sachent**

INFINITIF **vouloir**

que je	**veuille**	que nous	**voulions**
que tu	**veuilles**	que vous	**vouliez**
qu'il, elle, on	**veuille**	qu'ils, elles	**veuillent**

Le village de St-Pons dans la région Languedoc-Roussillon, au sud-ouest de la France

EXERCICES   Essential

A Dans un petit village français.   Sara, une Québécoise, passe l'été dans un petit village en France. Dans une lettre récente elle a écrit les observations suivantes. Imaginez la réponse que sa mère lui écrit, en choisissant parmi les expressions de la liste. Par exemple:

ça m'étonne	je suis contente	je suis heureuse
ça m'inquiète	je suis déçue	je suis ravie
c'est dommage	je suis fière	je suis surprise

Le village est typiquement français et j'apprends beaucoup sur la façon de vivre dans une ferme.
Je suis ravie que le village soit typiquement français et que tu apprennes beaucoup sur la façon de vivre dans une ferme.

1. Les gens sont très accueillants et je me fais déjà des amis.
2. Les Lebœuf ont un fils de mon âge et il est très sympa.
3. Il y a beaucoup de choses pour me distraire et je ne me sens pas du tout dépaysée.
4. Nous avons une vingtaine de poules et c'est moi qui vais chercher les œufs le matin.
5. Je n'en ai plus horreur!
6. Il y a peu de voitures, et la plupart des gens ont une bicyclette.
7. Ma bicyclette est très vieille et n'a pas de freins. Je m'en sers rarement.
8. La ville la plus proche est à une centaine de kilomètres du village.
9. Les Lebœuf n'y vont jamais. Mais nous y irons au moins une fois avant la fin de l'été.
10. Je suis tout à fait à l'aise et tout me fait plaisir.

Exercice B

Choice of *il vaut mieux* / *il n'est pas nécessaire* will vary.

1. Il faut que je sache ... /
   ... que tu saches ...
2. Il faut que je sache ... /
   ... que tu saches te
   débrouiller ...
3. je puisse / que tu puisses
   t'y inscrire
4. que je puisse / que tu
   puisses
5. que je puisse / que tu
   puisses acheter ton billet
6. que je sache / que tu
   saches
7. que je puisse / que tu
   puisses ... chez toi
8. que je puisse / que tu
   puisses
9. que je puisse / que tu
   puisses
10. que je sache / que tu
    saches

B   Le programme d'échange.   Votre lycée va organiser un programme d'échange avec un lycée français. Vous demandez à votre professeur quelles sont les conditions pour y participer. Conversez selon le modèle.

> avoir des bonnes notes
> ÉLÈVE 1   *Il faut que j'aie des bonnes notes?*
> ÉLÈVE 2   *Eh bien, il vaut mieux que tu aies des bonnes notes.*
>   OU: *Non, il n'est pas nécessaire que tu aies des bonnes notes.*

1. savoir parler bien le français
2. savoir me débrouiller dans un pays étranger
3. pouvoir m'y inscrire tout de suite
4. pouvoir payer à l'avance
5. pouvoir acheter mon billet maintenant
6. savoir passer la douane
7. pouvoir recevoir un étudiant français chez moi
8. pouvoir passer des examens en français
9. pouvoir passer une année entière là-bas
10. savoir beaucoup sur la culture française

Exercice C

Answers as for Ex. B, substituting *nous puissions* / *vous puissiez* and *nous sachions* / *vous sachiez*. In questions, *me, m', moi* become *nous*; in answers, *vous*. Note particulary No. 5: *mon billet→ nos billets* / *vos billets*.

C   Nous deux.   Refaites l'Exercice B en posant les questions pour vous-même et pour un(e) ami(e). Faites tous les changements nécessaires.

> avoir des bonnes notes
> ÉLÈVE 1   *Il faut que nous ayons des bonnes notes?*
> ÉLÈVE 2   *Eh bien, il vaut mieux que vous ayez des bonnes notes.*
>   OU: *Non, il n'est pas nécessaire que vous ayez des bonnes notes.*

Exercice D

Expressions of emotion will vary. Student 1 should use positive expressions; Student 2, negative ones.

1. ... qu'ils sachent ...
2. ... qu'elle ait ...
3. ... qu'ils veuillent ...
4. ... qu'on puisse ...
5. ... qu'ils soient ...

D   Optimiste ou pessimiste?   Deux amis montent une pièce de théâtre. L'un est optimiste; l'autre, pessimiste. Comment répondent-ils aux questions suivantes? L'Elève 1 emploie *savoir* et *être certain(e)* / *sûr(e)* avec l'indicatif. L'Elève 2, le pessimiste, emploie des expressions d'émotion.

> Il y aura beaucoup de monde dans la salle?
> ÉLÈVE 1   *Je suis certain(e) qu'il y aura beaucoup de monde.*
> ÉLÈVE 2   *Je m'inquiète qu'il n'y ait pas beaucoup de monde.*
>   OU: *Ça m'étonne qu'il y ait beaucoup de monde.*

1. Les comédiens sauront toutes leurs répliques?
2. L'héroïne aura le trac?
3. Les acteurs voudront répéter tous les soirs?
4. On pourra trouver des beaux costumes?
5. Les programmes seront prêts?

6. Vous pourrez finir de peindre les décors?
7. On fera salle comble?
8. Le public voudra applaudir et crier «Bis!»?
9. Vous aurez du succès?
10. Imaginez que la pièce est un four: Vous voudrez travailler ensemble après?

6. ... que nous puissions ...
7. ... qu'on fasse ...
8. ... qu'il veuille ...
9. ... que nous ayons ...
10. ... que nous voulions ...

Enrichment: You might ask students to select an upcoming event. What would an optimist / pessimist say?

Exercice E
Answers will vary.

Practice Sheet 7-4

Workbook Exs. E–F

 6 **Tape Manual Exs. 4–5**

Activity Masters pp. 31–32

Quiz 7-3

E Parlons de toi.
Décris tes sentiments dans les circonstances suivantes:

1. Un(e) ami(e) te dit qu'il (elle) ne peut pas sortir avec toi.
2. Tu attends un(e) ami(e) à l'aéroport mais, quand l'avion atterrit, ton ami(e) n'est pas là.
3. Un(e) ami(e) ne peut pas te faire une visite parce que son père est très malade.
4. Un(e) ancien(ne) ami(e) que tu n'as pas vu(e) depuis longtemps frappe à la porte.
5. Tu as besoin d'aide pour tes devoirs, mais personne ne peut te les expliquer.
6. C'est samedi et tu n'as rien à faire, mais personne ne veut aller au cinéma.
7. Tu veux réparer ta lampe, mais personne ne sait où se trouve la boîte à outils.

ACTIVITÉ   Discretionary

Laissons voir nos sentiments! Il y a des gens qui ne nous laissent jamais voir leurs sentiments, et il y en a qui disent toujours exactement ce qu'ils pensent. Formez des groupes de trois ou quatre personnes. Pensez à cinq situations où vous pourriez exprimer ou cacher vos vrais sentiments. Pour chacune des situations, choisissez la chose la plus polie que vous pourriez dire, ce que vous diriez probablement et l'expression de vos vrais sentiments.

Par exemple, vos parents ont exigé que vous invitiez quelqu'un que vous n'aimez pas du tout à une fête que vous donnez. Vous êtes ravi(e) qu'il (elle) ne puisse pas venir.

ON POURRAIT DIRE: Je suis désolé(e) que tu ne puisses pas venir à ma fête. Mais si au dernier moment tu peux nous rejoindre, j'espère que tu le feras.
ON DIT PROBABLEMENT: Je regrette que tu ne puisses pas venir.
ON PENSE: Je suis ravi(e) que tu ne sois pas là.

APPLICATIONS
Discretionary

La Rigueur de la socialisation 7
LAURENCE WYLIE ET ARMAND BÉGUÉ

AVANT DE LIRE

1. En général, comment vous teniez-vous quand vous étiez petit(e)? On vous appelait «bien élevé(e)»?

2. Qu'est-ce que c'est qu'un enfant «bien élevé» dans notre culture?

3. Pourquoi est-il important que les enfants se tiennent bien? Comment doit-on les punir s'ils se tiennent mal? On doit les gronder? Leur donner des fessées *(spankings)*?

4. Comment est le monde pour un enfant de trois ans? De cinq ans? De dix ans? (Si vous ne vous en souvenez pas, essayez d'imaginer comment serait le monde pour un jeune enfant.) Par exemple, est-ce qu'un petit enfant comprend toujours pourquoi on le punit? Est-ce important ou non?

5. Qu'est-ce que vous faisiez quand on vous punissait?

6. Si vous comptez avoir une famille un jour, comment pensez-vous enseigner à vos enfants ce qu'ils doivent et ne doivent pas faire?

7. Dans cette lecture vous trouverez des mots que vous ne saurez pas mais que vous comprendrez sans doute. Par exemple, pensez à un mot associé à *la faiblesse*. Que veut dire «prendre quelque chose *à la légère*»? Vous savez ce que veulent dire les verbes *suivre* et *échapper*. Alors, aux lignes 16–17, vous comprendrez *il s'ensuit* et, à la ligne 63, *une échappatoire*.

8. Vous connaissez le mot *comportment* en anglais? Si non, cherchez-le dans un dictionnaire et vous comprendrez *se comporter* et *le comportement*. Et qu'est-ce que c'est qu'une *fissure* en anglais? Et un *functionary*, qu'est-ce que c'est? Vous connaissez le mot *milieu* en anglais?

9. Si *recevoir* veut dire «to receive», que veut dire *percevoir*? De la même manière: *permettre / admettre, construire / (se) conduire et la conduite.*

10. D'après le contexte, devinez ce que veulent dire ces mots et expressions: *s'y prendre* (ll. 3–4—d'abord, pensez-y littéralement!), *franchir* (l. 46), *ne regarde personne d'autre* (ll. 66–67), *refléter* (l. 99), *vestimentaire* (l. 102), *sans cesse* (l. 108)?

Une jeune famille à St-Auban, en Provence

Quelles que soient[1] les faiblesses de la famille traditionnelle, son idéal ne peut pas être pris à la légère; un idéal est toujours authentique: il faut donc s'arranger pour que la vie se conforme à l'idéal. Comment s'y prendre? D'abord, en élevant l'enfant, en le «socialisant», c'est-à-dire en prenant un ensemble de mesures qui l'amèneront[2] naturellement à se conformer à son milieu social, pour lui permettre de réussir encore mieux dans la vie que ses propres parents....

... La famille française accueille l'enfant avec enthousiasme. Elle veut avoir des enfants; elle estime[3] qu'un ménage sans enfant est incomplet; en fait, c'est souvent pour en avoir qu'on se marie, et parfois le ménage dure parce qu'on en a: les enfants donnent à la famille sa raison d'être et son unité. Toutefois,[4] il est admis que l'enfant n'est pas une fin en soi.[5] L'enfance n'est que la première étape[6] de la vie; la vie adulte est le vrai but....

Une famille française se promène en ville.

Comme les Français, nous le savons, respectent le passé, l'âge et la tradition; comme ils placent la vie adulte au-dessus de la jeunesse, il s'ensuit que le bonheur immédiat de l'enfant n'est pas essentiellement important. L'enfant doit apprendre que la vie est dure[7] et difficile, qu'il faut s'y préparer sérieusement; selon l'expression dont se servent souvent les parents: «La vie n'est pas faite pour s'amuser.» ...

Comment l'enfant apprend-il à percevoir le monde qui l'entoure?[8] Quelles impressions lui en donne-t-on?

On lui enseigne avant tout à bien distinguer les grandes divisions du monde réel où il grandit. Tout, dans la vie, peut se diviser et se subdiviser en catégories bien distinctes. A la maison et à l'école, il apprend à reconnaître ces zones différentes, leurs lignes de démarcation bien définies, ce qui les caractérise, comment s'y adapter, comment s'y conduire. L'enfant qui y réussit s'appelle un «enfant bien élevé».

Une anecdote personnelle illustrera la méthode et les résultats. Lorsque[9] j'étais professeur à Haverford College, je suis allé un jour avec ma femme et mes enfants, à Swarthmore College, faire la connaissance d'une jeune Française qui allait venir donner quelques cours dans notre établissement. Elle avait un garçon d'un an et demi, et j'avais pensé que ma femme emmènerait les trois enfants jouer dehors pendant que j'expliquerais à la jeune femme quel allait être son travail. Mme V. toutefois a déclaré qu'il était inutile[10] de faire sortir son enfant.... Mme V. a placé alors une grosse boîte dans un coin de la pièce; elle a mis son fils derrière, et elle lui a dit: «Tu vois cette boîte? Il y a une ligne qui va de là à là, et qui traverse la

Notes: Laurence Wylie is C. Douglas Dillon Professor Emeritus of the Civilization of France at Harvard. The book *Les Français* was a transcription of his course lectures translated into French by his friend and colleague, Prof. Armand Bégué of Brooklyn College. Wylie is particularly noted for his studies of French gestures, facial expressions, and body language.

[1]**quelles que soient** *whatever may be* [2]**amener** *to bring, to lead* [3]**estimer** = croire [4]**toutefois** = cependant [5]**soi** *itself, oneself* [6]**l'étape** (f.) *stage* [7]**dur, -e** *tough* [8]**entourer** *to surround* [9]**lorsque** = quand [10]**inutile** (here) = pas nécessaire

boîte. Toi, tu es de ce côté, il t'appartient,[11] et tu restes là; nous autres,
nous restons de l'autre côté de la ligne.» Fort[12] amusé, je me suis imaginé
tout de suite ce qui serait arrivé si j'avais utilisé ce stratagème avec mes
propres enfants! Mais j'ai eu la stupéfaction de constater[13] que le petit
garçon est demeuré[14] tranquillement dans son coin à jouer avec un petit
jouet pendant tout l'entretien.[15] De temps en temps, il venait s'appuyer[16]
sur la boîte; il nous regardait un instant, puis il revenait à son jouet, sans
franchir une seule fois la ligne imaginaire.

Et ce n'est pas un cas exceptionnel; car c'est ainsi qu'on élève les enfants
français. Ils apprennent qu'il y a des lignes, des frontières, qui décident
de la conduite à tenir. Les enfants «raisonnables» sont ceux qui admettent
cette explication....

Le petit Français apprend à connaître qui il est: tout d'abord, il sait qu'il
est un enfant, et non pas un adulte, et que ce qui est permis aux adultes
ne l'est pas nécessairement aux enfants. Il apprend que, «chaque chose
doit être à sa place»; ceci est très important....

---

[11]**appartenir a** *to belong to*   [12]**fort** = très   [13]**constater** = se rendre compte
[14]**demeurer** = rester   [15]**l'entretien** (m.) = l'interview   [16]**s'appuyer** *to lean*

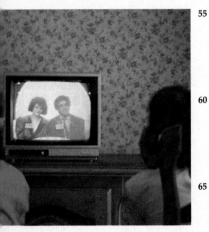

Ils regardent la télé dans le
salon.

Dans toutes les cultures, la jeunesse trouve moyen[1] d'échapper à la
rigueur de la socialisation; et comme en France, l'adaptation à la vie
dans la société est particulièrement stricte, ces moyens ont probablement
plus d'importance qu'ailleurs. L'enfant et l'adolescent parviennent ainsi à
subir leur dressage social[2] sans perdre leur individualité et leur identité;
ils deviennent progressivement des adultes avec des réactions d'adultes.
Le comportement qu'ils adoptent pour y parvenir souligne certains des
aspects de la culture française.

Le refuge en soi-même est une des échappatoires dont dispose[3] l'enfant.
... Tant qu'il agit[4] et se conduit comme on lui demande d'agir et de se
conduire, on le laisse tranquille; ce qui lui donne l'impression, à mesure
qu'il[5] grandit, que ce qu'il pense est son affaire à lui seul, et ne regarde
personne d'autre. Ceci explique pourquoi les Français sont si profondé-
ment convaincus[6] qu'il faut à tout prix préserver la liberté de pensée—la
liberté de conscience.... Ils estiment que la société ne peut absolument pas
se permettre ce contrôle des opinions; elle n'a le droit que d'imposer

---

[1]**le moyen** *means*   [2]**parviennent ainsi à subir leur dressage social** *succeed in this
way in withstanding their social training*   [3]**disposer de** = employer   [4]**agir** *to act*
[5]**à mesure que** = pendant que   [6]**convaincu, -e** *convinced*

certaines limitations à l'individu. Montaigne* l'a fort bien dit: «Il faut [nous] réserver une arrière-boutique[7] ... en laquelle nous establissons nostre vraye liberté....»

Ceci mène au sens de ce qu'il est possible de laisser connaître et de ce
75 que l'on ne peut pas révéler. En d'autres termes: «Tout n'est pas bon à dire.»

L'enfant grandit donc, certain qu'il peut toujours se réfugier dans cette «arrière-boutique» de Montaigne, où personne n'a le droit d'entrer. Il y a pour lui deux mondes: le sien,[8] et celui de la société dont il fait partie.

80 Il en résulte une fissure assez profonde entre ces deux mondes. ... Une fois de plus, c'est Montaigne que l'on peut citer; lorsqu'élu[9] maire de Bordeaux, il déclare que le maire et lui-même sont deux personnes bien différentes.

Dès lors que[10] les responsabilités du métier, de la profession, de la fonc-
85 tion, sont clairement spécifiées, l'individu n'accepte de remplir professionnellement que ses responsabilités professionnelles. C'est ainsi que l'attitude des fonctionnaires français, par exemple, surprend parfois les Américains, qui ont coutume,[11] aux Etats-Unis, en entrant dans un bureau, de s'adresser d'une manière amicale et personnelle à l'employé qui est
90 derrière le guichet.

Dans un bureau qui ferme à midi, après avoir fait longtemps la queue, s'il ne reste plus qu'une personne devant moi, et qu'il soit 11 h. 58, lorsque mon tour arrive enfin, à midi et douze secondes, le guichet se ferme plus ou moins brutalement à mon nez, ce qui me rend furieux. Mais c'est un
95 fait que les devoirs du fonctionnaire s'arrêtent là, et que cette conception limitée de ses fonctions est en général comprise et admise par le public français....

Puisque le plus précieux de soi se dissimule derrière une muraille,[12] l'expression et le style individuels, qui reflètent en quelque sorte la partie
100 cachée de la personnalité, présentent un grand intérêt. Même dans une école où tous les élèves portent un uniforme, chacun d'entre eux cepen-

Une jeune guitariste et son public à Paris

---

[7]**l'arrière-boutique** (f.) *back room in a shop* [8]**le sien, la sienne** *his; hers* [9]**élu, -e** *elected* [10]**dès lors que** = puisque [11]**avoir coutume (de)** *to be in the habit (of)* [12]**se dissimule derrière une muraille** = se cache derrière un mur haut

---

*Michel de Montaigne (1533–1592) a écrit trois livres d'*Essais* sur la vie et la nature humaine. Comme beaucoup d'écrivains français, il a fait partie de la vie publique de son temps et a été maire de la ville de Bordeaux. Notez qu'au seizième siècle on écrivait d'une manière assez différente de celle à laquelle nous sommes habitués. On employait des *s*, par exemple, que nous n'employons plus. Aujourd'hui ces *s* ont souvent été remplacés par un accent.

dant s'arrange pour se différencier des autres par quelque détail vestimentaire. Car personne ne veut être exactement comme tout le monde.
On est ce que l'on est. Comme le dit Jean-Jacques Rousseau:* «Je ne suis
105 fait comme aucun[13] de ceux que j'ai vus; j'ose[14] dire n'être fait comme aucun
de ceux qui existent. Si je ne vaux pas mieux, au moins je suis autre.» …

Les enfants américains ne bénéficient[15] pas de cette «voie de secours»;[16]
ils sont sans cesse poussés à s'adapter, à s'intégrer au groupe, à sentir et
à penser comme «les autres», au lieu de cultiver leur propre personnalité
110 par une introspection constante.

---

[13]**ne … aucun(e)** *not … any*   [14]**oser** *to dare*   [15]**bénéficier** *to benefit*   [16]**la voie de secours** *emergency route*

*Jean-Jacques Rousseau (1712–1778), né à Genève, est l'un des plus grands écrivains de langue française. Il a écrit des œuvres *(works)* importantes au sujet de l'enseignement et de la meilleure façon d'élever les enfants *(Emile, 1762)* et sur la société et ses origines *(Du contrat social, 1762)*. Son autobiographie, *Les Confessions,* d'où vient cette citation, a été publiée quatre ans après sa mort.

Rousseau a eu une forte influence sur son propre siècle et celui qui l'a suivi. Ses œuvres expriment parfaitement beaucoup des idées qui ont mené aux Révolutions américaine et française. Par exemple: «Vous oubliez que les fruits sont à tous et que la terre n'est à personne» et «L'homme est né libre et partout il est dans les fers *(chains)*.»

Questionnaire

1. Comment définiriez-vous le mot «socialisation»?
2. Qu'est-ce que vous pensez de l'expression dont se servent souvent les parents français: «La vie n'est pas faite pour s'amuser»? En termes pratiques, qu'est-ce que ça veut dire pour un enfant de trois à dix ans? Pour quelqu'un de votre âge? Pour un(e) adulte?
3. Vous croyez que «la vie est dure et difficile»? Donnez des exemples.
4. Qu'est-ce que vous pensez de l'anecdote personnelle que raconte M. Wylie au sujet de son interview avec la jeune Française? Vous connaissez un enfant de dix-huit mois qui se tiendrait comme celui de cette anecdote? Vous croyez que c'est une bonne manière d'élever les enfants ou préféreriez-vous que les enfants soient plus libres? Pourquoi?
5. L'auteur raconte cette histoire pour démontrer comment «le petit Français apprend à connaître qui il est». Autrement dit, il apprend très jeune ce à quoi on s'attend de lui. Quand vous étiez plus jeune, est-ce que vous saviez toujours ce que vous deviez faire et comment vous tenir dans toutes les situations? Est-ce que vous pensez que la vie est plus simple quand on sait ce à quoi les autres s'attendent?
6. Vous pouvez expliquer ce que Montaigne voulait dire en parlant d'une «arrière-boutique» qu'on doit se réserver? C'est une vraie pièce ou plutôt quelque chose dans soi-même?

On choisit une cassette-vidéo à Paris.

7. Vous pouvez donner des exemples de l'expression «Tout n'est pas bon à dire»? Quel est votre avis à ce sujet? Vous croyez qu'il y a des choses qu'on ne doit pas laisser connaître aux autres ou est-ce que vous révélez toujours ce que vous pensez?

8. Est-ce que vous croyez qu'on doit avoir une ligne distincte entre sa vie privée (private) et sa vie publique? Par exemple, est-ce que vous vous tenez d'une manière différente quand vous êtes en famille? Vous avez un côté que vous ne laissez voir qu'à vos meilleurs amis?

9. Lisez de nouveau ce qu'a écrit Jean-Jacques Rousseau au commencement de ses *Confessions* (voir la ligne 104). Vous croyez que chaque personne est différente de toutes les autres? Comment? Qu'est-ce que nous avons tous en commun?

10. Qu'est-ce que vous pensez de ce que dit M. Wylie dans le dernier paragraphe de cette lecture? Vous croyez qu'il a raison ou non? Pourquoi?

7. C'est souvent très impoli d'exprimer ce qu'on pense. On risque de vexer les autres / de les faire pleurer, etc. (Voir Ex. D, p. 241, où le garçon ne dit pas ce qu'il pense pour ne pas vexer ses grands-parents ou pour ne pas être puni.)

8–10. Answers will vary.

Enrichment: You may wish to organize a debate or more formal discussion on any topics raised by these questions that might be of special interest to your students.

EXPLICATIONS II Essential

Notes: For uses of double object pronouns with the imperative, see mini-dialogues 1 (variations) and 7, pp. 228, 231.

Combinaisons de pronoms compléments d'objet à l'impératif

The pronoun order in a negative command is the same as in a statement.

$$\text{ne} + \begin{Bmatrix} \text{me} \\ \text{te} \\ \text{nous} \\ \text{vous} \end{Bmatrix} \textit{before} \begin{Bmatrix} \text{le} \\ \text{la} \\ \text{les} \end{Bmatrix} \textit{before} \begin{Bmatrix} \text{lui} \\ \text{leur} \end{Bmatrix} \textit{before} \; \text{y} \; \textit{before} \; \text{en} + \textit{verb} + \text{pas}$$

♦ **OBJECTIVE:**

TO TELL SOMEONE (NOT) TO DO SOMETHING FOR YOU OR FOR SOMEONE ELSE

Ne vends pas **ton magnétophone à Didier.**

Ne prêtons pas **nos disques à Eric et à Sara.**

Ne **me** jette pas **la balle.**

Ne **nous** rendez pas **la monnaie.**

Ne **m'**envoie pas **de paquets** pendant que je suis ici.

Ne **le lui** vends pas.

Ne **les leur** prêtons pas.

Ne **me la** jette pas.

Ne **nous la** rendez pas.

Ne **m'en** envoie pas pendant que je suis ici.

1 In an affirmative command the object pronouns follow the verb and are connected by hyphens. They occur in this order.

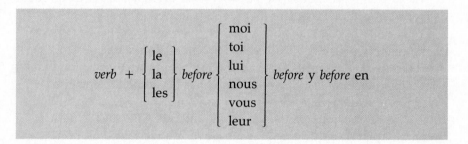

$$\textit{verb} + \begin{Bmatrix} \text{le} \\ \text{la} \\ \text{les} \end{Bmatrix} \textit{before} \begin{Bmatrix} \text{moi} \\ \text{toi} \\ \text{lui} \\ \text{nous} \\ \text{vous} \\ \text{leur} \end{Bmatrix} \textit{before} \; \text{y} \; \textit{before} \; \text{en}$$

Reteach/Extra Help: Using *donnez, mettez,* or *apportez,* how many different combinations of pronouns can students create?

Dis-**moi ton numéro de téléphone.**   Dis-**le-moi.**
Offrons **des fleurs à la cadette.**   Offrons-**lui-en.**
Montrez-**nous vos photos.**   Montrez-**les-nous.**
Servez-**vous de ces pinceaux-ci.**   Servez-**vous-en.**

Before *en*, *moi* and *toi* become *m'* and *t'*. This is also true before *y*, but it is rarely used.

Va-**t'en!**
Ne **t'en** inquiète pas!
Apportez-**m'en** une.

2   Remember the placement of an expression of quantity in commands.

Donnez-leur **un peu de gâteau.**   Donnez-leur-**en un peu.**
Achète-moi **trois paquets de**   Achète-m'**en trois!**
biscuits salés.

Reteach/Extra Help: You might practice these same sentences substituting other words of quantity.

EXERCICES   Essential

A **Avant un voyage.**   M. Amadieu demande à sa femme s'il peut l'aider à préparer ses affaires pour un voyage au Québec. Conversez selon le modèle.

ton passeport / t'apporter
ÉLÈVE 1   *Tu veux que je t'apporte ton passeport?*
ÉLÈVE 2   *Oui, apporte-le-moi, s'il te plaît.*

1. tes valises / te descendre
2. ton billet / t'acheter
3. la carte de Montréal / te chercher
4. de l'argent canadien / te trouver
5. des vêtements chauds / t'apporter
6. tes lunettes de soleil / te trouver
7. ton sac / te passer
8. des romans policiers / t'acheter

On voit la reine Elisabeth sur tous les billets d'argent canadiens. A l'envers *(back)* de ce billet d'un dollar, on voit le Parlement à Ottawa.

Exercice B

1. Ne lui en servez pas!
2. Servez-lui-en!
3. Servez-leur-en!
4. Servez-lui-en!
5. Servez-leur-en!
6. Ne lui en servez pas!
7. Servez-lui-en!
8. Ne lui en servez pas!
9. Servez-leur-en!

Exercice C

1. Oui, je les aime bien.
   Apportez-m'en! (*or*: Non, je
   ne les aime pas. Ne m'en
   apportez pas!)
2. Same as No. 1.
3. Same as No. 1, with
   addition of *un* at end of
   command.
4. Same as No. 1, with
   addition of *une* at end of
   command.
5. Oui, je l'aime bien.
   Apportez-le-moi! (*or*: Non, je
   ne l'aime pas. Ne me
   l'apportez pas!)
6. Same as No. 5.
7. Oui, je l'aime bien.
   Apportez-la-moi! (*or*: Non, je
   ne l'aime pas. Ne me
   l'apportez pas!)
8. Oui, je les aime bien.
   Apportez-les-moi! (*or*: Non,
   je ne les aime pas. Ne me
   les apportez pas!)

Exercice D

1. Vous voudriez que je vous
   serve de l'eau minérale? /
   Oui, servez-nous-en! (*or*:
   Non, ne nous en servez pas
   encore.)
2. ... que je vous dise nos
   spécialités? / Oui,
   dites-les-nous! (*or*: Non, ne
   nous les dites pas encore.)
3. ... que je vous verse du
   vin? / Oui, versez-nous-en!
   (*or*: Non, ne nous en versez
   pas encore.)
4. ... que je vous apporte ...? /
   Oui, apportez-les-nous! (*or*:
   Non, ne nous les apportez
   pas encore.)

B **Les régimes.**   Yves doit maigrir mais ses deux sœurs doivent grossir. Leur mère donne des instructions à la femme qui doit préparer leurs repas pendant son absence.

> Solange et Nadine / du beurre
> *Servez-leur-en!*

1. Yves / de la glace
2. Solange / de la salade avec vinaigrette
3. Nadine et Solange / du fromage
4. Yves / des légumes verts
5. Nadine et Solange / le poulet frit avec de la purée de pommes de terre
6. Yves / la même chose
7. Nadine / la tarte aux fraises avec de la crème
8. Yves / les petits gâteaux
9. Nadine et Solange / la quiche lorraine

C **Qu'est-ce que vous diriez?**   Si on vous offrait ces choses, est-ce que vous les accepteriez? Si oui, dites qu'on vous les apporte. Si non, refusez-les!

> des romans d'espionnage
> *Oui, je les aime bien. Apportez-m'en!*
> OU: *Non, je ne les aime pas. Ne m'en apportez pas!*

1. des romans policiers
2. des histoires d'amour
3. un disque de musique classique
4. une cassette de musique rock
5. le journal *Le Monde*
6. le magazine *Elle*
7. la page de sports du journal
8. les bandes dessinées

D **Au restaurant.**   Vous êtes avec un ami dans un restaurant et le garçon vous pose beaucoup de questions. Conversez selon le modèle.

> apporter le menu
> ÉLÈVE 1   *Vous voudriez que je vous apporte le menu?*
> ÉLÈVE 2   *Oui, apportez-le-nous.*
> OU: *Non, ne nous l'apportez pas encore.*

1. servir de l'eau minérale
2. dire nos spécialités
3. verser du vin
4. apporter les salades
5. montrer les desserts
6. apporter du café
7. faire l'addition
8. appeler un taxi

E Qu'est-ce que je devrai faire? Pierre, un Français, va faire la connaissance des parents de sa petite amie américaine, Lisa. Il lui demande ce qu'il doit faire et ne pas faire. Conversez selon le modèle.

> faire la bise à tes parents
> ÉLÈVE 1 *Est-ce que je dois faire la bise à tes parents?*
> ÉLÈVE 2 *Oui, fais-la-leur.*
> OU: *Non, ne la leur fais pas.*

1. apporter des fleurs pour ta mère
2. montrer à tes parents les photos de ma famille
3. offrir notre photo à tes parents
4. parler à ton père de mon travail
5. parler à tes parents de nos projets
6. montrer à tes parents la montre que tu m'as envoyée
7. demander à ton père de m'emmener à l'hôtel

F A votre tour. Ecrivez trois situations où l'on emploierait l'impératif avec deux pronoms compléments d'objet. Lisez-les à un(e) camarade de classe. Est-ce qu'il (elle) peut donner l'ordre que vous voulez?

G Parlons de toi.
1. Est-ce que tu as parfois l'impression que tout le monde te dit quoi faire? Quels sont quelques-uns des ordres que tu reçois le plus souvent chez toi? Et au lycée?
2. Quels ordres est-ce que tu donnes le plus souvent à tes copains? Si tu as des frères ou des sœurs, quels ordres est-ce que tu leur donnes? Est-ce que l'aîné(e) ou le cadet (la cadette) reçoit plus d'ordres?
3. Si tu dis quelque chose à un(e) ami(e) et tu veux que personne d'autre ne le sache, qu'est-ce que tu lui dis?
4. Si tu veux que tes parents te prêtent leur voiture, qu'est-ce que tu leur dis?
5. Quand quelqu'un te présente à une personne et tu n'entends pas le nom, qu'est-ce que tu dis?
6. Quand quelqu'un t'a emprunté quelque chose et tu veux qu'il (elle) te le rende, qu'est-ce que tu lui dis?
7. Si tu joues au football américain et tu veux que l'on te jette le ballon, qu'est-ce que tu cries?

5. ... que je vous montre ...? / Oui, montrez-les-nous! (*or:* Non, ne nous les montrez pas encore.)
6. ... que je vous apporte ...? / Oui, apportez-nous-en! (*or:* Non, ne nous en apportez pas encore.)
7. ... que je vous fasse ...? / Oui, faites-la-nous! (*or:* Non, ne nous la faites pas encore.)
8. ... que je vous appelle ...? / Oui, appelez-nous-en un! (*or:* Non, ne nous en appelez pas un encore.)

Exercice E
Questions will follow same pattern as model.
1. Oui, apporte-lui-en! (*or:* Non, ne lui en apporte pas.)
2. Oui, montre-les-leur! (*or:* Non, ne les leur montre pas.)
3. Oui, offre-la-leur! (*or:* Non, ne la leur offre pas.)
4. Oui, parle-lui-en! (*or:* Non, ne lui en parle pas.)
5. Oui, parle-leur-en! (*or:* Non, ne leur en parle pas.)
6. Oui, montre-la-leur! (*or:* Non, ne la leur montre pas.)
7. Oui, demande-le-lui! (*or:* Non, ne le lui demande pas.)

Exercice F
Answers will vary.

Exercice G
Answers will vary.

Practice Sheets 7-5, 7-6

Workbook Exs. G–H

 8 Tape Manual Exs. 6–7

Activity Masters pp. 33–34

Quiz 7-4

APPLICATIONS

RÉVISION

Transparency 21

Notes: Review of:
1. vocabulary
   prepositions with countries
2. vocabulary
   indirect object pronouns
3. use of the subjunctive
   with expressions of
   necessity
   irregular subjunctive forms
4. double object pronouns
   with the imperative
5. use of the subjunctive
   with expressions of
   emotion
   irregular subjunctive forms
   vocabulary

Lisez la bande dessinée.

1. Bob fait un séjour en France. Cette semaine il fait une visite à son correspondant français, Pierre.

2. Quand il fait la connaissance de Monique, la sœur de Pierre, il lui serre la main.

3. «Mais non», dit Pierre. «Il faut que tu lui fasses la bise.»

4. «Fais-la-lui.»

5. Bob est ravi que les Français soient si accueillants.

Maintenant imaginez que vous faites une visite à une famille française. Vous faites la connaissance de Georges, un lycéen, et de Françoise, une élève au collège. Qu'est-ce que vous dites? Qu'est-ce que vous faites? Etes-vous ravi(e)? Pourquoi ou pourquoi pas? Ecrivez votre histoire en vous servant de la Révision comme modèle.

THÈME

Transparency 22

Notes: Answers to the *Thème* appear in the teacher pages at the front of the book.

Trouvez les expressions françaises qui correspondent à l'anglais et rédigez un paragraphe.

1. Isabelle is staying in the United States. This month she's visiting her American pen pal, Jenny.

2. When she meets Matt, Jenny's friend, she kisses him on the cheek.

3. "Oh, no!" says Jenny. "It's better that you shake his hand."

4. "Shake it."

5. Isabelle is surprised that Americans are so strange.

RÉDACTION

Maintenant, choisissez un de ces sujets.

1. Après cinq jours, Isabelle se sent dépaysée. Elle écrit une lettre à sa famille. Ecrivez la lettre. Parlez des différences entre la façon de vivre des Français et celle des Américains.

2. Complétez les phrases suivantes comme vous voulez en vous servant des phrases de la Révision et du Thème comme modèles.

    a. Je voudrais faire un séjour …
    b. J'ai fait …
    c. Je suis surpris(e) que les Français …

    d. Je suis heureux(se) / triste que …
    e. Mais non, il faut …

3. Avez-vous passé quelques jours chez un(e) ami(e)? Décrivez l'expérience.

CONTRÔLE DE RÉVISION CHAPITRE 7 Discretionary

Notes: Answers to the *Contrôle* appear in the teacher pages at the front of the book.

A Vive la différence!

Complétez les phrases suivantes en employant les mots de la liste.

accueillent	se baladent
se font la bise	se serrent la main
font leurs études	s'habituent à
font un tour	surprennent

1. Ces deux étudiants _____ à l'université de Paris.
2. D'habitude les Américains _____ très bien les étrangers.
3. Christian et Marc font un séjour aux Etats-Unis. Ils étaient d'abord un peu dépaysés, mais maintenant ils _____ la vie américaine.
4. Jessica aime la façon de vivre des Français, mais il y a des choses qui la _____.
5. Entre amis, les Américains _____, mais les Français _____.
6. Les jeunes Français _____ à pied ou en vélo, mais les jeunes Américains _____ en voiture.

B Les émotions de maman.

Refaites chaque phrase en ajoutant l'expression qui convient.

être fier   être inquiet   être fâché   être surpris

J'écris une lettre à grand-maman.
Maman est surprise que j'écrive une lettre à grand-maman.

1. Je ne sors pas le chien.
2. Nous réussissons nos examens.
3. Je conduis trop vite.
4. Nous ne faisons pas la vaisselle.
5. Jean-Paul ne met pas le couvert.
6. Papa ne dort pas assez.
7. Je vais à l'opéra samedi.
8. Mon frère aîné devient médecin.

C Les dépaysés.

Les Johnson font un séjour en France. Ils se sentent un peu dépaysés. Mettez les verbes soit à l'indicatif, soit au subjonctif, soit à l'infinitif.

1. Les Johnson sont heureux que la cuisine française *(être)* si délicieuse.
2. Monsieur Johnson est déçu que le serveur au restaurant ne *(vouloir)* pas lui parler en anglais.
3. Il pense que la plupart des Français *(pouvoir)* parler anglais.
4. Madame Johnson est surprise que les vendeuses dans les grands magasins *(être)* très polies.
5. Elle trouve qu'il y *(avoir)* beaucoup de vêtements chics dans les magasins.
6. Les Johnson sont étonnés qu'il faut *(donner)* un pourboire à l'ouvreuse au cinéma.

D Au marché.

Répondez à chaque question en choisissant la bonne réponse à droite.

1. Vous voulez combien de bananes?
2. Vous voulez voir le poisson?
3. Le petit garçon peut avoir des bonbons?
4. Je donne ces œufs à la petite fille?
5. Madame aime ces oignons?
6. Maman, on peut avoir une glace?

a. Non, ne lui en donnez pas.
b. Non, ne m'en donnez pas.
c. Donnez-m'en une douzaine, s'il vous plaît.
d. Oui, vous pouvez en acheter une.
e. Oui, montrez-le-moi, s'il vous plaît.
f. Non, donnez-les-moi, s'il vous plaît.

Listening Comprehension Test   Chapter 7 Test

VOCABULAIRE DU CHAPITRE 7

Noms
l'aîné, l'aînée
le cadet, la cadette
la chaîne
le droit
la façon de vivre
la liberté
le retard
la surprise
une vingtaine (de)

Verbes
accueillir
admirer
s'attendre à
se distraire
étonner
s'excuser (de)
s'habituer à
supporter
surprendre
vexer

Adjectifs
accueillant, -e
bizarre
certain, -e
dépaysé, -e
enchanté, -e
ravi, -e
strict, -e

Adverbes
probablement
typiquement

Expressions
ah bon!
à l'américaine
amitiés
ça ne se fait pas
être bien / mal élevé, -e
faire la bise
faire plaisir à
faire ses études
faire un séjour
faire un tour
grosses bises
ne pas en croire ses yeux
se serrer la main
se tenir bien / mal

CHAPITRE 8

FONDE EN 1686

Le Procope

LE RENDEZ-VOUS DES ARTS ET DES LETTRES
13, Rue de l'Ancienne Comédie - 75006 PARIS - (1) 43 26 99 20

Les Restaurants du "Tout Par

"OUVERTS JOUR ET NUIT"

Parmi les cafés les plus célèbres à Paris, on trouve le Procope. Fondé en 1686,
c'est depuis des siècles l'un des endroits préférés des écrivains et des artistes.
Cette publicité vous invite à y donner rendez-vous à des amis comme l'ont fait
des grands écrivains comme Molière, Voltaire et Rousseau.

Aujourd'hui on peut trouver les
œuvres de ces grands écrivains
dans des librairies comme celle-ci.
Remarquez l'extérieur
imaginatif de la librairie Tacussel
qui ressemble à plusieurs volumes
d'encyclopédie.

C'est dans le Panthéon qu'on
trouve les tombeaux *(tombs)* de
plusieurs grands hommes de la
littérature française: Voltaire,
Rousseau, Victor Hugo et Emile
Zola, ainsi que *(as well as)* celui de
Louis Braille, inventeur de
l'alphabet pour les aveugles.

MOTS NOUVEAUX Essential

1

Transparency 23
CONTEXTE VISUEL

J'adore bouquiner, pas toi?

le poète

la strophe

J'attends une belle,
Une belle enfant.
J'appelle, j'appelle,
J'en parle au passant.
Ah! Je l'attends, je l'attends!
L'attendrai-je encor longtemps?

la rime

J'appelle, j'appelle,
J'en parle au passant.
Que suis-je sans elle?
Un agonisant.
Je vais sans semelle
Sans rien sous la dent...
Ah! Je l'attends, je l'attends!
L'attendrai-je encor longtemps?

l'introduction (f.)

Ma Vie

l'autobiographie (f.)

la conclusion

CONTEXTE COMMUNICATIF

2

Culture: This poem, «Quand viendra-t-elle?», was written in 1870 by Eugène Pottier, mayor of Paris. He also wrote «l'Internationale».

Enrichment: Ask students to name their favorite pastimes. What types of reading material do they prefer?

1 LAETITIA Tu es encore en train de lire?

JULIEN Oui, **la lecture,** c'est mon **passe-temps favori.**

LAETITIA Quel genre de bouquin tu préfères?

JULIEN J'aime bien les romans policiers.

Variations:

■ la lecture → **bouquiner**
les romans policiers → **la littérature** classique

■ les romans policiers → la littérature anglaise

■ les romans policiers → **les récits** d'aventures

la lecture *reading*
le passe-temps *pastime*
favori, -ite *favorite*

bouquiner = lire des livres
la littérature *literature*

le récit = l'histoire

262 Chapitre 8

2 PHILIPPE   J'en ai marre! Le prof de français veut que nous lisions **encore un** roman!

MME DUPUIS   Ton prof a raison. En lisant, on apprend beaucoup de choses.

■ un roman → **une nouvelle**
  beaucoup de → **des tas de**

3 LE PROF   Avant de lire un roman, renseignez-vous sur la vie du **romancier. Ne** lisez **aucun** livre sans prendre de notes. C'est très important, ça. Et puis, en discutant d'**un passage,** n'oubliez pas de parler du **style.**

■ un roman → **une œuvre**
  du romancier → de l'auteur
  d'un passage → d'**un extrait**
■ d'un passage → d'un poème
  du style → des rimes

Notes: Help students distinguish between *travail* (job/physical work) and *œuvre* (work of art).

Enrichment: What do students think of the advice given here by the teacher? What are their reasons for accepting/rejecting it?

4 JEAN-CLAUDE   Je ne sais pas faire **une explication de texte.**

AURÉLIE   C'est simple, **pourtant.** Après avoir **analysé** le texte **ligne** par ligne, tu dois **rédiger** une introduction et une conclusion.

■ analysé → **commenté**
  le texte → le poème
  ligne par ligne → **vers** par vers

Notes: Point out that *une explication de texte* is a highly detailed literary analysis of style, choice of words, themes, author's meaning, etc.

5 AGNÈS   Le roman qu'on doit lire pour le cours d'allemand est trop long.

MARTIN   Tu trouves! Moi, je n'**avais** jamais **lu** de bouquin aussi intéressant. **L'intrigue** m'a **tenu en haleine** jusqu'au bout.

AGNÈS   Tu l'as lu **en entier?**

MARTIN   Oui, **le dénouement** est tout à fait **inattendu.**

■ le roman → la nouvelle
  long → longue
  de bouquin → de récit
  tu l'as lu → tu l'as lue
■ intéressant → bizarre
  inattendu → **invraisemblable**

Notes: Point out that *haleine* does not begin with aspirate *h: l'haleine.*

Reteach/Review: Can students think of *un mot associé* for *inattendu* (*s'attendre à*)?

---

encore un(e) + noun *another, still another*

la nouvelle *short story*

Reteach/Extra Help: Remind students not to confuse *la nouvelle* with *le roman.*

le romancier, la romancière = auteur de romans
ne ... aucun(e) *not ... any*
le passage *passage*
le style *style*
l'œuvre (f.) *work*

l'extrait (m.) *excerpt*

l'explication de texte (f.) *analysis of a passage*
pourtant = cependant
analyser *to analyze*
la ligne *line*
rédiger = écrire un article, une composition, etc.
commenter *to comment on*
le vers *line of poetry*

j'avais + past participle *had (done something)*
l'intrigue (f.) *plot*
tenir en haleine *to keep in suspense*
en entier *in its entirety, the whole thing*
le dénouement *outcome, ending*
inattendu, -e *unexpected*

invraisemblable *unlikely*

6 RICHARD **De quoi parle** le livre que tu es en train de lire?

MARIE C'est la biographie d'**un personnage** célèbre.

RICHARD Ça se déroule **à notre époque?**

MARIE Oui, et c'est passionnant.

- la biographie → l'autobiographie
  célèbre → peu connu
  passionnant → très **humoristique**

de quoi parle … ? *what's … about?*

le personnage here: *important person*

à notre époque = de nos jours

humoristique *humorous*

7 Les élèves du club de français répètent un spectacle. Stéphane est sur scène.

STÉPHANE Et maintenant, je vais vous réciter un poème.

MURIELLE N'oublie pas, Stéphane! Salue le public en arrivant, parle **à voix haute** et ne pars pas sans avoir **cité** le nom du poète.

- un poème → deux strophes de mon poème favori
  parle à voix haute → ne parle pas **à voix basse**

à voix haute *out loud, loudly*
citer *to quote; to mention*

à voix basse *softly*

8 Au lycée.

SÉBASTIEN Dis donc, tu as eu une bonne note à ton contrôle de français.

SANDRINE Je la **méritais,** tu sais. Je **m'étais** bien **préparée.** J'avais révisé mes cours et appris des tas de **citations.**

- contrôle → examen
  révisé mes cours → bûché comme une dingue
  citations → mots que je ne connaissais pas avant

mériter *to deserve*
je m'étais + past participle *had (done something)*
la citation *quote, quotation*

AUTREMENT DIT

TO INSTRUCT SOMEONE HOW TO DO SOMETHING ...

> Voilà comment on ...
> Tu vois, ce n'est pas difficile (compliqué).
> Pour + *inf.*, il (ne) faut (pas) ...
> *Any verb in the imperative*

TO WARN SOMEONE ...

> Attention! (+ *imperative*)
> Fais bien attention à (ne pas) + *inf.*
> Fais bien attention en + *present participle*
> Surtout ne + *imperative*
> *Imperatives such as*
> > Vas-y doucement!
> > Prends ton temps!
> > Ne te dépêche (presse) pas!

EXERCICES   Essential

A   Le cours de littérature.   Christine parle à quelques amies de son cours de littérature à l'université. Choisissez les mots pour compléter les paragraphes. Tous les mots ne seront pas utilisés, mais il y en a un qui sera utilisé deux fois.

analyser	en entier	lecture	récit
aucun	explication	ligne	romancier
bouquiner	de texte	passe-temps	style
commenter	intrigue	personnage	vers

J'adore mon cours de littérature! Faire mes devoirs n'est jamais ennuyeux parce que la ____, c'est mon ____ favori. Il n'y a ____ genre de littérature qui ne me passionne pas. En lisant un roman, je m'intéresse surtout à l'____, bien sûr. Ça me fait

5   beaucoup plaisir de voir comment un bon ____ la fait dérouler. Quand je lis une biographie ou une autobiographie c'est le ____ lui-même—le héros ou l'héroïne de l'œuvre—qui m'intéresse. Et quand je lis un poème, je me mets tout de suite à ____ les rimes et le ____ du poète. Parfois, si je l'aime beaucoup, je trouve que j'ai

10   appris quelques ____ par cœur sans même essayer.
   Chaque semaine il faut que nous fassions une ____. Pour cet exercice, au lieu de discuter une œuvre ____, il faut ____ un passage court ____ par ____. Ce n'est pas toujours facile, mais après avoir fait ça, on ne lit jamais une œuvre importante sans

15   l'analyser.
   Je n'ai jamais suivi de cours si intéressant. Vous devez vous y inscrire l'année prochaine.

B Définitions. Définissez les mots suivants. Ensuite, posez des questions à un(e) camarade de classe en utilisant ces mots.

1. le dénouement
2. l'extrait
3. l'autobiographie
4. bouquiner
5. le passe-temps
6. la conclusion
7. l'introduction
8. le récit
9. humoristique
10. favori
11. inattendu
12. rédiger

C Que dites-vous? Choisissez la réponse qui convient dans chacune des situations suivantes.

1. Quand le prof vous demande d'expliquer la différence entre un vers et une strophe, vous dites: *(Il y a plusieurs vers dans une strophe. / Il y a plusieurs strophes dans un vers.)*
2. Quand quelqu'un vous demande comment était un film policier que vous avez vu, vous dites: *(Ça me tenait en haleine jusqu'au dénouement. / Je l'ai vu en entier.)*
3. Quand vous avez reçu une bonne note à un examen où vous ne compreniez vraiment aucune des questions, vous dites: *(Je la méritais, tu sais. / Ça, c'est tout à fait inattendu.)*
4. Quand un copain vous dit qu'un certain poème est excellent mais vous ne l'avez pas aimé du tout, vous dites: *(Tu trouves? / Voilà comment on écrit un poème.)*
5. Quand une amie dit que vous devez lire une nouvelle qu'elle a beaucoup aimée, vous dites: *(Tu l'as rédigée? / Quelle en est l'intrigue?)*
6. Quand vous n'entendez pas ce que dit un(e) ami(e), vous dites: *(Il faut parler à voix basse. / Qu'est-ce que tu dis là?)*
7. Quand une prof dit que vous devez lire une œuvre en entier et non seulement des extraits, vous dites: *(Oui, madame. Pourtant je me suis servi d'un tas de citations. / Oui, madame, je le sais. Mais je trouve la lecture en français très difficile.)*
8. Pour dire que certains récits sont excellents, vous dites: *(Je n'ai jamais lu d'histoires aussi humoristiques. / Encore une intrigue comme celles-là et je m'arrêterai de lire.)*

D Parlons de toi.
1. Tu aimes la lecture? Est-ce ton passe-temps favori? Quel genre de littérature est-ce que tu aimes le mieux? Pourquoi?
2. Tu préfères lire des œuvres en entier ou seulement des extraits? Pourquoi?
3. Quelles œuvres est-ce que tu as lues récemment dans ton cours d'anglais? Tu les as aimées? Pourquoi? Tu peux en choisir une et raconter l'intrigue?

4. Est-ce que tu as lu un récit ou vu un film dont l'intrigue te tenait en haleine mais dont le dénouement t'a déçu(e)? Lequel? Pourquoi est-ce que tu as été déçu(e)? Le dénouement était invraisemblable? Inattendu?

5. Tu es en train de lire un roman maintenant? Quel en est le sujet? Qui en est l'auteur? Tu peux décrire les personnages principaux?

6. De tous les romanciers que tu connais, lequel est-ce que tu aimes le mieux? Pourquoi? De tous les romans que tu as lus, lequel est-ce que tu aimes le mieux? Tu l'as lu seulement une fois? A ton avis, est-ce qu'il y a des livres qui méritent d'être lus plusieurs fois?

7. Tu peux citer deux ou trois vers d'un poème français que tu as lu? D'un poème en anglais?

8. Pourquoi est-ce qu'on analyse une œuvre? Est-ce que tu trouves que tu aimes mieux un livre après l'avoir analysé et commenté?

Practice Sheet 8-1

Workbook Exs. A–B

3 Tape Manual
   Ex. 1

Quiz 8-1

ACTIVITÉ   Discretionary

Questions de banalité *(Trivial Pursuit).*   Avec un(e) camarade de classe, préparez cinq questions (avec leurs réponses) au sujet de la littérature. Par exemple: «Qui est le héros des *Misérables?*» «Quelle lettre de l'alphabet était la *Lettre écarlate* de Nathaniel Hawthorne?» «Combien de vers est-ce qu'il y a dans un sonnet?» Signez vos noms.

Ensuite, formez deux équipes. Votre prof posera toutes les questions aux membres de chaque équipe, chacune à son tour. Une réponse correcte vaut cinq points.

Activité
Jean Valjean
La lettre «A»
Quatorze

APPLICATIONS

Personne ne comprend un génie[1]

Ludovic entre dans la chambre de sa sœur.

LUDOVIC	Tu viens faire la vaisselle avec moi?
MARIANNE	Tu ne vois pas que je suis occupée?
LUDOVIC	Mais qu'est-ce que tu fais?
5 MARIANNE	J'écris.
LUDOVIC	A qui tu écris?
MARIANNE	A personne, idiot! J'écris mes mémoires.
LUDOVIC	Tes mémoires! Ça alors, c'est la meilleure!
MARIANNE	Ah, ça suffit! Sors et laisse-moi travailler!

10 (Leur mère entre.)

MME BORDE	Arrêtez de vous disputer tous les deux et venez m'aider.
MARIANNE	Bon, d'accord, j'arrive. Mais vraiment, ici personne ne me comprend!
15 LUDOVIC	Ma pauvre, tu vois, tu es mécomprise[2] comme tous les génies de la littérature.

---

[1] **le génie** *genius*   [2] **mécompris, -e** *misunderstood*

Questionnaire

1. Pourquoi est-ce que Ludovic veut parler avec sa sœur?   2. Que faisait Marianne quand il est entré?   3. A votre avis, comment seraient les mémoires d'une jeune fille comme Marianne? Vous croyez qu'elle a mené une vie intéressante?   4. Comment est Mme Borde? Vous pensez qu'elle comprend ses enfants ou qu'elle ne croit pas que cela soit important? A votre avis, est-ce qu'elle fait ce qu'elle doit faire dans cette situation? A sa place, qu'est-ce que vous feriez?   5. Comment est-ce que Ludovic se moque de sa sœur?   6. Pourquoi est-ce qu'on dit que les génies sont mécompris? Vous le croyez aussi?

Questionnaire
Answers will vary.
1. Il veut qu'elle l'aide à faire la vaisselle.
2. Elle écrivait ses mémoires.
3. Answers will vary.
4. Answers will vary. May include: *impatiente*, *stricte*, *gênée*, *fâchée*. Remainder of answers will vary.
5. Il l'appelle un génie mécompris.
6. Answers will vary.

Situation

Ce soir-là, Marianne revient à ses mémoires. Elle prend son stylo, sourit doucement et commence un nouveau chapitre dont le titre est «On m'a appelée un génie!» Dans ce chapitre elle écrit sa version de ce qui s'est passé dans sa chambre quand Ludovic et sa mère sont entrés. Ecrivez ce chapitre.

EXPLICATIONS I

Notes: For uses of the pluperfect, see mini-dialogues 5 and 8, pp. 263, 264.

◆ **OBJECTIVES:**

TO TELL WHAT HAD ALREADY HAPPENED WHEN SOMETHING OCCURRED

TO ORDER THINGS CHRONOLOGICALLY

TO REPORT WHAT SOMEONE SAID

TO MAKE EXCUSES OR GIVE EXPLANATIONS

Reteach/Extra Help: You might do a substitution drill (passé composé to plus-que-parfait) to familiarize students with forms.

Le plus-que-parfait

To describe an action in the past that occurred *before* another action in the past, we use the *plus-que-parfait*. The English equivalent is "had" + past participle.

Je les ai appelés mais ils **étaient** déjà **partis.**

*I called them but they **had** already **left.***

Nous **avions** beaucoup **travaillé** sur le récit avant de vous le donner.

*We **had worked** hard on the story before giving it to you.*

1 To form the plus-que-parfait, use the imperfect of *avoir* or *être* + the past participle.

INFINITIF **étudier**

	SINGULIER		PLURIEL	
1	j'	avais étudié	nous	avions étudié
2	tu	avais étudié	vous	aviez étudié
3	il elle } avait étudié on		ils elles } avaient étudié	

INFINITIF **aller**

	SINGULIER		PLURIEL	
1	j'	étais allé(e)	nous	étions allé(e)s
2	tu	étais allé(e)	vous	étiez { allé(s) allée(s)
3	il	était allé	ils	étaient allés
	elle	était allée	elles	étaient allées
	on	était allé		

2 In the plus-que-parfait the rules for agreement of the past participle are the same as in the passé composé.

> **La nouvelle** que j'avais **lue** était humoristique.
> **Nous étions** déjà **sortis** quand ils nous ont téléphoné.

3 The plus-que-parfait is often used to report what someone said.

«Elles sont parties», il a dit.	*"They've left," he said.*
Il **a dit qu**'elles **étaient parties.**	*He **said that** they'd left.*
«Tu as réussi haut la main», m'a dit le prof.	*"You passed with no difficulty," the teacher told me.*
Le prof **m'a dit que** j'**avais réussi** haut la main.	*The teacher **told me** I **had passed** with no difficulty.*

La vitrine d'une librairie à Québec

EXERCICES   Essential

A L'ordre chronologique. Dans chaque groupe, les phrases sont mélangées. Mettez-les dans l'ordre chronologique correct. Par exemple:

> (a) Quand je suis arrivée en classe, mes mains étaient sales.
> (b) Le pneu de mon vélo était à plat.
> (c) J'avais essayé de le réparer.
>
> *Le pneu de mon vélo était à plat. J'avais essayé de le réparer. Quand je suis arrivée en classe, mes mains étaient sales.*

1. (a) L'employé de la poste a refusé de le prendre.
   (b) Louis-Jean n'a pas pu envoyer le paquet.
   (c) Il avait oublié de mettre le code postal.
2. (a) Je ne me suis pas rappelé l'intrigue.
   (b) Je n'avais pas pris de notes.
   (c) J'ai paniqué pendant l'interro.
3. (a) Ma moto a glissé et je me suis cassé le genou.
   (b) La route était humide parce qu'il avait plu le matin.
   (c) J'étais très en retard.
4. (a) Mon petit frère avait essayé d'utiliser la scie.
   (b) Mon père n'a pas pu réparer le toit du garage.
   (c) Elle s'était cassée.
5. (a) Nous avions trouvé des vieux bouquins en nous promenant sur les bords de la Seine.
   (b) Il nous a dit que c'étaient des livres très anciens.
   (c) Nous les avons montrés au prof d'histoire.

Exercice B

1. Où étaient Elisabeth et Juliette? / Elles étaient allées ...
2. Où étaient ... / Elles s'étaient couchées ...
3. Où était ... / Il était descendu ...
4. Où était ... / Il était déjà parti ...
5. Où était ... / Il s'était endormi ...
6. Où était ... / Elle était montée ...
7. Où étaient ... / Ils étaient déjà rentrés ...
8. Answers will vary.

Enrichment: You might ask students to write three events in the order in which they occurred, then recombine them into one sentence using the passé composé and plus-que-parfait to show time relationships.

Enrichment: You might ask students to think of a specific moment or event and tell what had already happened before that.

Exercice C

1. Impossible! J'avais pris un comprimé pour m'endormir.
2. ... Je n'avais jamais fait ...
3. ... J'étais tombée ...
4. ... Je n'avais pas vu ...
5. ... Nous n'avions pas été invités ...
6. ... Nous étions allées ...
7. ... Je n'étais pas descendue ...
8. Answers will vary.

Exercice D

1. Mlle Delphine a dit qu'elle avait pris ...
2. Le chef d'orchestre a dit qu'il n'avait jamais fait ...
3. Mlle Danièle a dit qu'elle était tombée et qu'elle changeait ...
4. La cuisinière a dit qu'elle n'avait pas vu ...

B   L'invitation au château.   M. le Marquis de Mauvaiseherbe donnait un bal masqué quand on l'a tué *(killed)* dans sa chambre. Le célèbre détective Apollon Poirier interroge les invités et les membres de la famille. Conversez selon le modèle.

> Mlle Danièle / sortir pour chercher Elisabeth et Juliette
> ÉLÈVE 1   *Où était Mlle Danièle?*
> ÉLÈVE 2   *Elle était sortie pour chercher Elisabeth et Juliette.*

1. Elisabeth et Juliette / aller dans le jardin avec leurs petits amis
2. les tantes Delphine et Huguette / se coucher de bonne heure
3. le frère de M. le Duc / descendre chercher du vin
4. M. Bruno / déjà partir pour Paris
5. le Colonel Beaufort / s'endormir dans la bibliothèque
6. la Duchesse de Lestain / monter au troisième étage
7. M. et Mme Delavigne / déjà rentrer chez eux
8. Et vous? Où est-ce que vous étiez?

C   J'accuse!   Un à un, les gens nerveux s'accusent du meurtre *(murder)*. Mais tout le monde a un alibi. Conversez selon le modèle.

> le Colonel Beaufort / ne pas quitter la bibliothèque
> ÉLÈVE 1   *C'est le Colonel Beaufort. J'en suis sûr!*
> ÉLÈVE 2   *Impossible! Je n'avais pas quitté la bibliothèque!*

1. Mlle Delphine / prendre un comprimé pour m'endormir
2. le chef d'orchestre / ne jamais faire sa connaissance
3. Mlle Danièle / tomber dans le jardin et je changeais de vêtements
4. la cuisinière / ne pas voir M. le Marquis depuis le commencement de la fête
5. le Baron et la Baronne / ne pas être invités à la fête
6. Elisabeth et Juliette / aller dans le jardin
7. la Duchesse de Lestain / ne pas descendre du troisième étage
8. Et vous? Qu'est-ce que vous aviez fait qui vous a empêché de tuer le marquis?

D   Renseignements de seconde main.   Répétez ce qu'ont répondu les gens accusés de l'Exercice C. Suivez le modèle.

> *Le Colonel Beaufort a dit qu'il n'avait pas quitté la bibliothèque.*

Enrichment: You might have the class develop a scenario for a mystery story. Each class member is a person in the story and develops an alibi. If you have students develop the scenario, then select narrators to restate what each one said his/her alibi was.

E **Les suspects.**   Voici trois des suspects importants. Choisissez cinq autres personnes des Exercices B et C et imaginez les raisons qu'ils avaient pour tuer le marquis.

1. M. Bruno était venu à la fête pour exiger que le marquis lui rende l'argent qu'il lui avait perdu en jouant aux cartes. Le marquis avait refusé. Alors, M. Bruno est parti tout de suite pour Paris *ou* il l'a tué.
2. Mlle Danièle voulait le tuer parce qu'il avait refusé de la laisser se marier avec un pauvre poète. Elle avait changé de vêtements parce qu'elle était tombée dans le jardin et ils étaient couverts de poussière *ou* parce qu'elle avait tué son père et ils étaient couverts de sang.
3. Le marquis s'était plaint de la musique que le chef d'orchestre avait choisie. Voilà pourquoi il voulait le tuer.

4–8. A votre tour.

F **Parlons de toi.**
1. Avant d'étudier le français, est-ce que tu t'étais intéressé(e) à voyager en France? Tu avais déjà visité un pays francophone? Lequel?
2. Pendant cette année est-ce que tu as fait la connaissance de quelques camarades de classe que tu n'avais pas rencontrés avant? Comment se fait-il que vous ne vous étiez pas rencontrés avant? L'un ou l'autre vous habitiez ailleurs peut-être ou alliez à un lycée différent?
3. Quelles œuvres de la littérature est-ce que tu as lues cette année que tu ne connaissais pas? Elles t'ont fait plaisir? Pourquoi? Laquelle était ta favorite?
4. Qu'est-ce que tu as appris à faire cette année que tu ne savais pas il y a un an?

5. Le Baron et la Baronne ont dit qu'ils n'avaient pas été invités ...
6. Elisabeth et Juliette ont dit qu'elles étaient allées ...
7. La Duchesse de Lestain a dit qu'elle n'était pas descendue ...
8. J'ai dit que ... (étais / avais) (Answers will vary.)

Exercice E
Answers will vary.

Exercice F
Answers will vary.

Practice Sheets 8-2, 8-3

Workbook Exs. C–D

 5 Tape Manual
Exs. 2–3

Activity Masters p. 37

Quiz 8-2

Un des cafés préférés des artistes et des intellectuels à Paris

APPLICATIONS Discretionary

Les Confessions *(extrait)* 6

JEAN-JACQUES ROUSSEAU

AVANT DE LIRE

Pour vous renseigner sur Jean-Jacques Rousseau, voir la page 250 et dans l'encyclopédie de votre choix.

1. Si vous écriviez votre autobiographie, comment commenceriez-vous? Qu'est-ce que vous mettriez dans le premier paragraphe?
2. Avez-vous lu des autobiographies ou des mémoires? De qui? Qu'est-ce que vous en pensiez?
3. Quelle est la différence entre une biographie et une autobiographie? Laquelle serait plus objective et laquelle plus subjective? Pourquoi? Vous croiriez plutôt ce que vous lisiez dans une biographie ou dans une autobiographie?
4. Est-ce que vous pensez qu'un personnage célèbre doit rédiger ses mémoires ou non? Pourquoi?
5. Lisez les trois premiers paragraphes de cet extrait des *Confessions* de Rousseau. A votre avis, pourquoi est-ce qu'il les a commencées ainsi? Est-ce que vous croyez qu'il ne dira que la vérité ou est-ce que cela sera sa propre version de la vérité?
6. Comprenez-vous ces mots associés à d'autres que vous connaissez déjà: *le semblable (ressembler / invraisemblable)* (l. 2), *le vide (pensez à l'adjectif vide)* (ll. 14, 51), *l'être* (l. 18), *innombrable (nombreux)* (l. 19), *amoureux, -euse de (aimer / l'amour)* (l. 35), *la naissance (naître)* (l. 44), *la perte (perdre)* (l. 46), *le soin (soigner)* (l. 56)?
7. D'après le contexte, que veulent dire *jeter* (l. 7), *hautement* (l. 11), *indifférent* (l. 13), *le souper* (l. 68)?

Le Rhône, le plus puissant *(powerful)* des fleuves français, traverse le lac Léman à Genève.

J e forme une entreprise qui n'eut jamais d'exemple et dont l'exécution n'aura point[1] d'imitateur. Je veux montrer à mes semblables un homme dans toute la vérité de la nature; et cet homme ce sera moi.

Moi seul. Je sens mon cœur et je connais les hommes. Je ne suis fait
5 comme aucun de ceux que j'ai vus; j'ose[2] croire n'être fait comme aucun de ceux qui existent. Si je ne vaux pas mieux, au moins je suis autre. Si la nature a bien ou mal fait de briser le moule[3] dans lequel elle m'a jeté, c'est ce dont on ne peut juger qu'après m'avoir lu.

Que la trompette du jugement dernier sonne quand elle voudra, je vien-
10 drai, ce livre à la main, me présenter devant le souverain juge. Je dirai hautement: Voilà ce que j'ai fait, ce que j'ai pensé, ce que je fus. J'ai dit le bien et le mal avec la même franchise.[4] Je n'ai rien tu[5] de mauvais, rien ajouté de bon, et s'il m'est arrivé d'employer quelque ornement indiffé-rent, ce n'a jamais été que pour remplir un vide occasionné par mon
15 défaut[6] de mémoire; j'ai pu supposer vrai ce que je savais avoir pu l'être, jamais ce que je savais être faux. Je me suis montré tel que[7] je fus; méprisable[8] et vil quand je l'ai été, bon, généreux, sublime, quand je l'ai été: j'ai dévoilé[9] mon intérieur tel que tu l'as vu toi-même. Etre éternel, rassemble autour de moi l'innombrable foule de mes semblables; qu'ils
20 écoutent mes confessions, qu'ils gémissent[10] de mes indignités, qu'ils rou-gissent de mes misères. Que chacun d'eux découvre[11] à son tour son cœur aux pieds de ton trône avec la même sincérité; et puis qu'un seul te dise, s'il l'ose: *Je fus meilleur que cet homme-là.*

Je suis né à Genève en 1712, d'Isaac Rousseau, citoyen,[12] et de Suzanne
25 Bernard, citoyenne. Un bien fort médiocre à partager[13] entre quinze enfants ayant réduit[14] presque à rien la portion de mon père, il n'avait pour sub-sister que son métier d'horloger, dans lequel il était à la vérité fort habile.[15] Ma mère, fille du ministre Bernard, était plus riche; elle avait de la sagesse et de la beauté.... Leurs amours avaient commencé presque avec leur vie:
30 dès[16] l'âge de huit à neuf ans ils se promenaient ensemble tous les soirs ...; à dix ans ils ne pouvaient plus se quitter. La sympathie, l'accord des âmes affermit[17] en eux le sentiment qu'avait produit l'habitude. Tous deux, nés tendres et sensibles, n'attendaient que le moment de trouver dans un autre la même disposition....

Buste de Jean-Jacques Rousseau par le célèbre sculpteur Jean-Antoine Houdon

---

[1]**point** = pas   [2]**oser** *to dare*   [3]**briser le moule** *to break the mold*   [4]**la franchise** *frankness*   [5]**tu** past participle of **taire** *to keep quiet*   [6]**le défaut** *failure*   [7]**tel que** *such as*   [8]**méprisable** *contemptible*   [9]**dévoiler** *to reveal*   [10]**gémir** *to moan* [11]**découvrir** *to uncover*   [12]**le citoyen, la citoyenne** *citizen*   [13]**un bien fort médiocre à partager** *a very mediocre inheritance to divide*   [14]**ayant réduit** *having reduced*   [15]**habile** *clever*   [16]**dès** *from*   [17]**l'accord des âmes affermit** *the harmony of souls confirmed*

35   Gabriel Bernard, frère de ma mère, devint amoureux d'une des sœurs
de mon père; mais elle ne consentit à épouser[18] le frère qu'à condition que
son frère épouserait la sœur. L'amour arrangea tout, et les deux mariages
se firent le même jour. Ainsi mon oncle était le mari de ma tante, et leurs
enfants furent doublement mes cousins....

40   Mon père, après la naissance de mon frère unique, partit pour Constan-
tinople, où il était appelé, et devint horloger du sérail.[19]... Ma mère ...
aimait tendrement son mari, elle le pressa de revenir: il quitta tout et
revint. Je fus le triste fruit de ce retour. Dix mois après, je naquis infirme
et malade; je coûtai la vie à ma mère, et ma naissance fut le premier de
45 mes malheurs.

    Je n'ai pas su comment mon père supporta cette perte, mais je sais qu'il
ne s'en consola jamais. Il croyait la revoir en moi, sans pouvoir oublier
que je la lui avais ôtée.[20] ... Quand il me disait: Jean-Jacques, parlons de
ta mère, je lui disais: Hé bien! mon père, nous allons donc pleurer, et ce
50 mot seul lui tirait déjà des larmes.[21] Ah! disait-il en gémissant, rends-la-
moi, console-moi d'elle, remplis le vide qu'elle a laissé dans mon âme.
T'aimerais-je ainsi si tu n'étais que mon fils? Quarante ans après l'avoir
perdue, il est mort dans les bras d'une seconde femme, mais le nom de la
première à la bouche, et son image au fond du cœur....

55   J'étais né presque mourant; on espérait peu de me conserver.... Une
sœur de mon père, fille aimable et sage, prit si grand soin de moi, qu'elle
me sauva. Au moment où j'écris ceci, elle est encore en vie, soignant, à
l'âge de quatre-vingts ans, un mari plus jeune qu'elle.... Chère tante, je
vous pardonne de m'avoir fait vivre, et je m'afflige[22] de ne pouvoir vous
60 rendre à la fin de vos jours les tendres soins que vous m'avez prodigués[23]
au commencement des miens.[24] ... Les mains qui m'ouvrirent les yeux à
ma naissance pourront me les fermer à ma mort.

---

[18]**épouser** = se marier avec   [19]**le sérail** = le palais du sultan   [20]**ôter** *to take away*
[21]**lui tirait déjà des larmes** *was already drawing tears from him*   [22]**s'affliger** *to be*
distressed   [23]**prodiguer** *to lavish*   [24]**les miens, les miennes** *mine*

Je sentis avant de penser: c'est le sort[25] commun de l'humanité.... J'ignore[26] ce que je fis jusqu'à cinq ou six ans; je ne sais comment j'appris
65 à lire; je ne me souviens que de mes premières lectures et de leur effet sur moi: c'est le temps d'où je date sans interruption la conscience de moi-même.[27] Ma mère avait laissé des romans. Nous nous mîmes à les lire après souper, mon père et moi. Il n'était question d'abord que de m'exercer à la lecture par des livres amusants; mais bientôt l'intérêt devint si vif, que
70 nous lisions tour à tour sans relâche,[28] et passions les nuits à cette occupation. Nous ne pouvions jamais quitter qu'à la fin du volume. Quelquefois mon père, entendant le matin les hirondelles,[29] disait tout honteux:[30] Allons nous coucher; je suis plus enfant que toi.

_____

[25]**le sort** _fate_   [26]**ignorer** = ne pas savoir   [27]**la conscience de moi-même**
my self-awareness   [28]**sans relâche** _without a break_   [29]**l'hirondelle** (f.) _swallow_
[30]**honteux, -euse** _ashamed_

Questionnaire

1. D'après les trois premiers paragraphes, qu'est-ce que Rousseau se met à faire?
2. A votre avis, est-ce qu'il dira «le bien et le mal avec la même franchise»? Pourquoi?
3. Dans les lignes 11–23, à qui est-ce que Rousseau s'adresse? Vous croyez qu'il s'adresse vraiment à l'«Etre éternel» ou plutôt à ces «semblables» dont il parle?
4. De quelle origine était Rousseau? Que faisait son père comme métier? Combien de frères et de sœurs avait son père?
5. Rousseau dit que ses parents avaient été amis presque dès leur naissance et qu'ils s'aimaient bien. D'après sa description, on pourrait dire qu'ils étaient inséparables. Pourtant ils s'attendaient à «trouver dans un autre la même disposition». Vous pouvez expliquer pourquoi ils n'ont pas pensé à se marier?
6. Pourquoi les parents de Rousseau se sont-ils mariés enfin?
7. Pourquoi Rousseau dit-il que sa naissance «fut le premier de (ses) malheurs»?
8. D'après Rousseau, pourquoi est-ce que son père l'a tant aimé? Vous croyez que c'était peut-être le sentiment de l'enfant lui-même plutôt que celui de son père?
9. Est-ce que Rousseau était un homme heureux ou malheureux? Qu'est-ce qu'il dit dans le huitième paragraphe (ll. 55–62) qui nous le montre?
10. D'où sont venus les livres que Rousseau et son père lisaient? Décrivez comment le jeune Jean-Jacques a appris à lire.
11. Rousseau était une personne très sensible. Citez une ou deux choses qui expriment son extrême sensibilité.

Le participe présent

Notes: For uses of present participle, see mini-dialogues 2–3, 7, pp. 263, 264.

◆ **OBJECTIVES:**

TO DESCRIBE SIMULTANEOUS ACTIONS OR EVENTS

TO EXPLAIN HOW TO DO SOMETHING

TO DESCRIBE PEOPLE OR THINGS

Reteach/Review: You might want to select verbs from all major categories (*-ir, -re, -cer, -ger, -yer,* etc.) and irregular verbs that form the present participle regularly. Do a pattern drill from 1 pl. present tense to present participle: *nous finissons→en finissant; nous mangeons→en mangeant; nous venons→en venant ...*

Enrichment: You might ask students to think of things they do simultaneously: *Je lave la voiture en écoutant la radio; Je pense à mon (ma) petit(e) ami(e) en faisant mes devoirs ...*

Enrichment: You may want to ask students to give other simple "recipes" for success: *On apprend à skier en skiant ..., à nager en nageant ..., à faire la cuisine en faisant la cuisine, etc.*

To express that an action or event is taking place at the same time as that of the main verb of a sentence, use the present participle. The present participle is equivalent to the "-ing" form in English. It is formed by dropping the *-ons* from the *nous* form of a verb and adding *-ant*.

Only three verbs have irregular present participles:

avoir→ayant, être→étant, savoir→sachant.

Notes: See *Lecture,* l. 26, for use of *ayant.* See also ll. 50, 72.

1 The present participle, used with the preposition *en*, is used to express an action or an event taking place at the same time as the main one. *Tout* may be added for stress.

Elle boit du café **pendant qu'elle lit** le journal.
Elle boit du café **en lisant** le journal.

Nous rédigeons la conclusion **et nous regardons** la télé.
Nous rédigeons la conclusion **en regardant** la télé.

Il nous parlait. Il avait réparé le clignotant.
Tout en nous parlant, il avait réparé le clignotant.

2 *En* + present participle is also used to express how or by what means an action is done.

Pour faire une explication de texte **il faut analyser** l'œuvre.
On fait une explication de texte **en analysant** une œuvre.

Comment est-ce qu'**on apprend** à écrire? **On écrit.**
On apprend à écrire **en écrivant.**

3 The present participle can also be used as an adjective. In that case, it is equivalent to a clause introduced by *qui*.

la page qui suit = la page **suivante**
the following page

un dénouement qui étonne = un dénouement **étonnant**
an astonishing ending

Reteach/Review: Can students think of other adjectives that end in *-ant* that might be derived from a verb (*charmant, passionnant,* etc.)?

4 The present participle can also be used as a synonym for *être en train de* + infinitive. In that case it is a verb, not an adjective, and there is no agreement.

> Nous les avons trouvés qui mouraient de faim (qui étaient en train de mourir de faim).
>
> Nous les avons trouvés **mourant** de faim.
>
> Je les ai vues. Elles étaient en train de s'habiller en blanc.
>
> Je les ai vues **s'habillant** en blanc.

Notes: See *Lecture*, l. 57.

EXERCICES   Essential

A **Un sujet sérieux.**   M. Jardinier est un prof sérieux et très strict. Chaque année il donne des conseils à ses élèves. Suivez le modèle.

> ne pas étudier / écouter la musique rock
> *On ne doit pas étudier en écoutant la musique rock.*

1. ne pas rédiger des compositions / regarder la télé
2. ne pas commenter chaque mot / faire une explication de texte
3. ne pas se décourager / analyser un texte difficile
4. ne pas paniquer / passer des examens
5. parler à voix haute / réciter
6. se mettre debout / répondre à des questions
7. ne pas faire de bruit / entrer dans la salle de classe

Enrichment: You might let students give advice to a friend or sibling.

B **Comment se faire des amis et des ennemis.**   Employez les verbes et les expressions ci-dessous pour exprimer sept règles *(rules)* pour se faire des amis et sept règles pour se faire des ennemis. Par exemple:

> *En ne disant jamais bonjour on se fait des ennemis.*

acclamer	décourager	se moquer de
admirer	déplaire à	se plaindre (de)
aider (à)	dire bonjour	respecter les droits
avoir l'air	encourager	savoir se tenir
agréable	être accueillant	sourire
avoir l'air snob	faire plaisir à	se souvenir des noms
se battre contre	gêner	vexer
conserver la paix		

Des grands auteurs et des grands philosophes ont dîné ici, à Paris.

06 **PROCOPE (LE)**, 13, rue de l'Ancienne-Comédie, 43.26.99.20. Tlj. Sce jsq 2h du matin. Ce célèbre café-restaurant littéraire fondé en 1686, est en train de renaître, avec une belle cuisine de tradition et des fruits de mer. Carte env. 200 F. t.c. Formule à 69 F (de 11h30 à 18h).

C   Montrons que nous sommes d'accord.   Indiquez votre accord en employant un participe présent comme adjectif. Choisissez le verbe de la liste qui convient le mieux. Suivez le modèle.

accueillir	étonner	inquiéter
brûler	fatiguer	passionner
embêter	gêner	plaire

C'est une maison très agréable.
En effet, c'est une maison plaisante.

1. Cette assiette est très chaude.
2. Ces gens sont drôlement gentils.
3. Le cadet est un garçon dont je m'inquiète beaucoup.
4. Ce travail est vraiment très difficile.
5. Ces enfants ne me laissent jamais tranquille.
6. Cette solution pose encore des problèmes.
7. Cette intrigue est très intéressante.
8. Cette machine fait des choses formidables.

D   Des conseils.   Donnez des conseils pour faire les choses suivantes. Suivez le modèle.

trouver un emploi
On trouve un emploi en regardant les petites annonces dans le journal.

1. apprendre à bien parler une langue étrangère
2. devenir riche
3. maigrir
4. mériter des bonnes notes
5. faire une explication de texte
6. apprendre à conduire une voiture
7. devenir romancier (romancière)
8. se tenir bien
9. approfondir ses connaissances en littérature
10. se perdre

A Québec

L'emploi de l'infinitif Essential

You know that the infinitive is the basic, or "dictionary," form of a verb and that it is used much as we use the "to" form in English.

J'adore **bouquiner.**	*I love **to read.***
Comment dit-on «**se serrer la main**» en italien?	*How do you say "**to shake hands**" in Italian?*

1 You also know the meaning of *faire* or *laisser* + infinitive.

Elles **font analyser** le récit par les élèves.	*They're **having** the students **analyze** the story.*
Il le **laisse citer** trop de vers.	*He's **letting** him **quote** too many lines.*

For this type of construction, other English equivalents are also possible. It is often used with *entendre, voir,* and other sense verbs.

Je vous **entends frapper.**	*I **hear** you **knocking.***
Elle nous **voit venir.**	*She **sees** us **coming.***

2 We also use the infinitive after adjectives + *de.*

Je serai **contente de commenter** cela.	*I'll be **happy to comment on** that.*
Nous sommes **désolés de partir** si tôt.	*We are **sorry to leave** so early.*

3 We use the infinitive after the prepositions *sans* and *avant de.* Note that in English we use the "-ing" form of the verb.

Elle est entrée **sans payer.**	*She went in **without paying.***
Ils lisent toujours le dénouement **avant de commencer** un livre.	*They always read the ending **before beginning** a book.*

We also use the infinitive after *pour.*

Il va à la bibliothèque **pour rédiger** son explication de texte.	*He's going to the library **(in order) to write** his explication de texte.*

♦ **OBJECTIVES:**

TO EXPRESS YOUR FEELINGS ABOUT DOING SOMETHING

TO ORDER THINGS CHRONOLOGICALLY

TO EXPRESS INTENTION

Notes: For uses of the infinitive after prepositions, see mini-dialogues 1,3,6 pp. 262–264. See also the *Lecture*, ll. 59, 71 (negative); 63 *(avant de);* 8 *(après);* 47 *(sans);* 14, 26 *(pour);* 36, 67 (after verbs requiring à); 42, 59, 68 (after verbs requiring *de).*

A Paris, dans un café près de la Sorbonne

4 There is also a past infinitive. We form it by using the infinitive of *avoir* or *être* + the past participle. With a verb that takes *être,* the past participle agrees with the subject of the sentence.

> **Après avoir salué,** elles ont quitté la scène.
> *After bowing (After having bowed), they left the stage.*
> **Après nous être battus,** nous nous sommes serré la main.
> *After fighting (After having fought), we shook hands.*

The past infinitive is always used after *après,* and it can also be used after other prepositions (*sans, de,* etc.).

> Je regrette **de** vous **avoir fait attendre**.
> *I'm sorry **to have kept** you **waiting**.*
> Elle avait passé l'oral **sans s'être préparée**.
> *She'd taken the oral exam **without preparing** (without having prepared).*

5 Before an infinitive, most negative words come right after *ne.*

> **N'**écrivez **rien**!
> Je vous dis de **ne rien écrire.**
> Elle **ne** déjeune **jamais** au lit.
> Elle préfère **ne jamais déjeuner** au lit.

The negative words *aucun(e), personne,* and *que* follow the infinitive.

> Il **ne** pourrait vérifier **aucune** des réponses.
> *He could**n't** check **any** of the answers.*
> Je **ne** veux voir **personne**.
> *I do**n't** want to see **anyone**.*
> Elle **ne** veut parler **que** de son petit ami.
> *She **only** wants to talk about her boyfriend.*

EXERCICES   Essential

A Je suis content ...   Dites votre réaction dans ces situations. Choisissez un adjectif de la liste pour répondre. Par exemple:

content(e)	désolé(e)	fier (fière)	ravi(e)
déçu(e)	fâché(e)	heureux (-euse)	triste

rencontrer ce romancier
Je suis content(e) d'avoir rencontré ce romancier.

1. écrire un dénouement si inattendu
2. rédiger un récit que vous trouvez si humoristique
3. vous tenir en haleine
4. deviner comment se déroulerait l'intrigue
5. ne pas faire salle comble

6. pouvoir citer le poème en entier
7. perdre la nouvelle que j'avais écrite
8. monter un four comme ça
9. oublier de commenter la rime

B Jamais!   La mère de Jean-Pierre s'étonne qu'il fasse les choses suivantes. Il lui explique qu'il n'a aucune intention de les faire. Conversez selon le modèle.

> aller au lycée / prendre le petit déjeuner
>
> ÉLÈVE 1 *Tu vas au lycée avant de prendre le petit déjeuner?*
>
> ÉLÈVE 2 *Mais tu sais que je ne vais jamais au lycée sans prendre le petit déjeuner!*

1. s'habiller / écouter la météo
2. partir / donner à manger au chien
3. sortir / se brosser les dents
4. quitter la table / finir ton café au lait
5. se mettre en route / faire la vaisselle
6. ranger la vaisselle / la sécher
7. partir / fermer ta fenêtre

Reteach/Extra Help: You may wish to do a pattern drill going from *avant de* (*finir/perdre*, etc.) to *après avoir* (*fini/perdu*, etc.).

C Des accusations.   Le soir, quand elle rentre de son travail, la mère d'Hélène l'accuse d'avoir fait ces mêmes choses. Elle répond qu'elle ne les a pas faites. Refaites l'Exercice B en conversant selon le nouveau modèle.

> aller au lycée / prendre le petit déjeuner
>
> ÉLÈVE 1 *Tu es allée au lycée avant d'avoir pris le petit déjeuner?*
>
> ÉLÈVE 2 *Je ne suis jamais allée au lycée sans avoir pris le petit déjeuner!*

2. Tu pars avant de donner à manger au chien? / ... que je ne pars jamais sans donner ...
3. Tu sors avant de te brosser les dents? / ... que je ne sors jamais sans me brosser les dents.
4. Tu quittes la table avant de finir ...? / ... que je ne quitte jamais la table sans finir ...
5. Tu te mets en route avant de faire ...? / ... que je ne me mets jamais en route sans faire ...
6. Tu ranges la vaisselle avant de la sécher? / ...que je ne range jamais la vaisselle sans la sécher.
7. Tu pars avant de fermer ... ? / ... que je ne pars jamais sans fermer ...

Exercice C
1. Tu t'es habillée avant d'avoir écouté ...? / Je ne me suis jamais habillée sans avoir écouté ...
2. Tu es partie sans avoir donné ... / ... Je ne suis jamais partie sans avoir donné ...
3. Tu es sortie avant de t'être brossé ... / Je ne suis jamais sortie sans m'être brossé ...
4. Tu as quitté la table avant d'avoir fini ... / Je n'ai jamais quitté la table sans avoir fini ...
5. Tu t'es mise en route avant d'avoir fait la vaisselle? / Je ne me suis jamais mise en route sans avoir fait ...
6. Tu as rangé la vaisselle avant de l'avoir séchée? / Je n'ai jamais rangé la vaisselle sans l'avoir séchée.
7. Tu es partie avant d'avoir fermé ... / Je ne suis jamais partie sans avoir fermé ...

Les tombes de Molière et de La Fontaine, au cimetière du Père-Lachaise, Paris

Explications II   **283**

D La matinée de Marie-Laure. Indiquez dans quel ordre
Marie-Laure fait les choses suivantes. Suivez le modèle.

Exercice D
Choice of verbs or verbal
phrases may vary. Probable
answers:
1. Après avoir déjeuné (*or:* pris
   le déjeuner), elle s'est
   brossé les dents.
2. Après s'être maquillée, elle
   s'est brossé les cheveux.
3. Après être partie (*or:* sortie
   de la maison / après avoir
   quitté la maison), elle a
   acheté un journal.
4. Après être montée dans
   l'autobus, elle a lu le
   journal.
5. Après être arrivée au
   bureau, elle a ouvert le
   courrier.
6. Après avoir lu le courrier,
   elle a parlé au téléphone.
7. Après avoir parlé au
   téléphone, elle a arrosé les
   plantes.
8. Après s'être séché les
   mains, elle a tapé à la
   machine.

Après s'être réveillée, elle prend une douche.

1.  2.

3.  4.

5.  6.

7. 8.

Exercice E
Answers will vary.

E Parlons de toi.
1. Qu'est-ce que tu fais d'habitude après être rentré(e) chez toi
   l'après-midi? Après avoir dîné?
2. Tu regardes la télé le soir? Tu le fais avant de faire tes devoirs ou
   après les avoir faits? Tu la regardes en les faisant?
3. Tu prends quelque chose avant de te coucher? Qu'est-ce que tu
   prends d'habitude?

4. Tu fais ta toilette le matin avant de prendre le petit déjeuner ou après l'avoir pris? Raconte ce que tu fais le matin après t'être réveillé(e).

5. Quel est ton passe-temps favori le samedi matin? Tu t'en occupes avant de déjeuner ou après? Est-ce que tu fais toujours la même chose le samedi matin? Qu'est-ce que tu fais quand il arrive quelque chose d'inattendu?

6. Tu passes la plupart des samedis sans étudier? Si oui, quand est-ce que tu prépares tes devoirs pour lundi?

Practice Sheets 8-5, 8-6

Workbook Exs. F–G

8 Tape Manual Ex. 5–6

Quiz 8-4

ACTIVITÉ   Discretionary

Avant et après.   Plusieurs étapes *(steps)* sont nécessaires pour bien faire certaines choses.

Formez des équipes de quatre personnes. Quand le premier membre de l'équipe a décidé de ce qu'il va faire, le deuxième membre doit nommer une chose que l'on fait généralement ou qu'il faut faire avant. La troisième personne doit nommer une chose que l'on fait généralement ou qu'il faut faire après. Ensuite, la dernière personne doit proposer une chose sans laquelle on ne peut pas compléter cette activité. Par exemple:

ÉLÈVE 1   *Je vais faire une explication de texte.*

ÉLÈVE 2   *Avant de faire une explication de texte, il faut que tu comprennes l'œuvre.*

ÉLÈVE 3   *Après avoir fait une explication de texte, il faut que tu la vérifies.*

ÉLÈVE 4   *Tu ne peux pas faire une explication de texte sans commenter le style.*

Des notes sur Sartre

RÉVISION

Transparency 24

Notes: Review of:
1. uses of the infinitive
   plus-que-parfait
2. vocabulary
   imperfect
3. indirect object pronouns
   possessive adjectives
4. present participle
   direct object pronouns
5. professions

Lisez la bande dessinée.

1. Avant de lire ce roman, Jean-Paul n'avait jamais lu de science-fiction.

2. Il préférait lire les récits d'aventures.

3. Mais un jour, son prof de littérature lui a donné un passage de Jules Verne.

4. En l'analysant ligne par ligne, il l'a trouvé passionnant.

5. Maintenant il veut devenir auteur de science-fiction.

Maintenant imaginez que Jean-Paul n'avait jamais lu de biographies et qu'il préférait les romans policiers. Son prof lui a donné une biographie. Écrivez une histoire en vous servant de la Révision comme modèle.

THÈME

Trouvez les expressions françaises qui correspondent à l'anglais et rédigez un paragraphe.

1. Before writing this poem, Nicole and Nadine had never written poems.

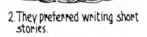

2. They preferred writing short stories.

3. But one day their literature teacher explained a stanza of Verlaine's to them.

4. While listening to it line by line, they found it very interesting.

5. Now they want to become poets.

RÉDACTION

Maintenant, choisissez un de ces sujets.

1. Qui est votre romancier préféré? Décrivez son style.

2. Est-ce que vous voudriez lire des romans, des pièces ou des poèmes d'écrivains français? Lesquels? Pourquoi?

3. Ecrivez un poème en suivant ce modèle:

   a. *un nom*   le ciel
   b. *deux adjectifs*   bleu   beau
   c. *trois verbes*   regarder   admirer   sentir
   d. *une phrase complète*   Qu'ils sont calmes les nuages de coton!
   e. *un nom*   la paix

CONTRÔLE DE RÉVISION   CHAPITRE 8   Discretionary

Notes: Answers to the *Contrôle* appear in the teacher pages at the front of the book.

A   Des synonymes.

Refaites les phrases suivantes en remplaçant les mots en italique par des synonymes.

1. J'ai presque fini cette explication de texte. Je dois seulement *écrire* la conclusion.
2. Quel est ton passe-temps *préféré*? J'aime *lire des livres*.
3. Ces devoirs n'étaient pas difficiles; *cependant*, j'ai passé beaucoup de temps en les faisant.
4. *La femme qui a écrit ce poème* a beaucoup de talent, n'est-ce pas?
5. Quelle sorte de littérature est-ce que Jean aime? *Les histoires* d'aventures, je crois.
6. Cette semaine nous lisons *une histoire de la vie* de Charles de Gaulle.
7. Avant de lire ce roman, il faut se renseigner sur *l'auteur du roman.*

B   Qu'est-ce qu'on a dit?

Lisez chaque conversation, puis expliquez ce qu'on a dit.

> —Jean-Claude, tu vas au théâtre voir *La Leçon* avec nous?
> —Non, merci. Je l'ai vue la semaine dernière.
> *Jean-Claude n'est pas allé au théâtre voir* La Leçon *parce qu'il l'avait déjà vue.*

1. —Dominique, tu peux nous parler du film?
   —Non, je ne l'ai pas vu.
2. —Philippe, tu peux réciter le poème par cœur?
   —Je regrette, madame. Je ne l'ai pas appris.
3. —Paul, écris à ton oncle pour le remercier pour son cadeau.
   —Mais maman, je l'ai déjà remercié.
4. —Solange et Nicole, vous ne donnez pas vos compositions au professeur aujourd'hui?
   —Non, nous les lui avons données vendredi au début de la classe.
5. —Jean, dis à ta sœur de se coucher.
   —Mais papa, elle s'est couchée à neuf heures.
6. —Juliette, tu vas au match avec nous?
   —Non, je n'ai pas fini l'explication de texte.

C   On apprend en bouquinant.

Répondez aux questions en employant le participe présent.

> Comment est-ce qu'on apprend? (Il faut bouquiner.) *On apprend en bouquinant.*

1. Comment est-ce qu'on fait une explication de texte? (Il faut analyser l'œuvre.)
2. Comment est-ce qu'on fait plaisir aux parents? (Il faut se tenir bien.)
3. Comment est-ce qu'on se fait des ennemis? (Il faut avoir l'air snob.)
4. Comment est-ce qu'on s'endort facilement? (Il faut se détendre avant de se coucher.)
5. Comment est-ce qu'on trouve un bon emploi? (Il faut lire les petites annonces.)

D   Scènes de la vie.

Complétez chaque paragraphe en employant les phrases de la liste.

> après l'avoir faite   la faire
> avant de faire   ne jamais la faire

1. Il faut que je fasse cette explication de texte ce soir, mais je ne veux pas _____. J'aimerais mieux écouter des disques. Mais papa m'a dit que je ne peux pas écouter de disques _____ l'explication. Heureusement, je pourrais en écouter _____. J'aimerais mieux _____.

> accepter   l'avoir acceptée
> avant d'accepter

2. J'ai accepté une invitation pour aller au cinéma ce soir, mais je ne suis pas content de _____. Je ne savais pas _____ qu'il y aurait un grand match de tennis à la télé. Je ne devrais pas _____ d'invitations sans penser.

> avant de se battre   sans se battre
> ne pas se battre

3. Les deux garçons se battent dans la cour de l'école. La directrice leur a souvent dit de _____. _____ ils savent qu'elle les punira, mais ils se battent quand même. Il faut qu'ils apprennent à jouer _____.

 Listening Comprehension Test   Chapter 8 Test

VOCABULAIRE DU CHAPITRE 8

Noms
l'autobiographie *(f.)*
la citation
la conclusion
le dénouement
l'explication de texte *(f.)*
l'extrait *(m.)*
l'intrigue *(f.)*
l'introduction *(f.)*
la lecture
la ligne
la littérature
la nouvelle
l'œuvre *(f.)*
le passage
le passe-temps
le personnage *(important person)*
le poète
le récit
la rime
le romancier, la romancière
la strophe
le style
le vers

Verbes
analyser
bouquiner
citer
commenter
mériter
rédiger

Adjectifs
favori, -ite
humoristique
inattendu, -e
invraisemblable

Adverbe
pourtant

Question
de quoi parle …?

Expressions
à notre époque
à voix basse / haute
encore un(e)
en entier
ne … aucun(e)
tenir en haleine

CHAPITRE 9

PRÉLUDE CULTUREL │ AU TRAVAIL!

La Bourse *(Stock Exchange)* est un endroit prestigieux où travaillent des spécialistes de la finance nommés par le ministre de l'Economie. L'animation des agents de change *(brokers)* et le nombre de transactions quotidiennes illustrent très bien l'importance de la Bourse dans l'économie moderne.

OUVERTURE · + 0.09%
SEANCE − 0.75%
LIQUIDATION + 7.68%
INDICE (100 AU 31.12) 123.2

l'efficacité en plus

TRAVAIL
TEMPORAIRE
SECRETARIAT
BUREAUTIQUE
COMPTABILITE
HOTESSES

45.62.55.33

COLISEE INTERIM

mairie de paris
informations 42.76.47.47

LA MAIRIE DE PARIS
RECRUTE
DES AUXILIAIRES
DE PUERICULTURE
DIPLOMEES
RENSEIGNEMENTS
AU: 42-76-51-27

Réalisation JCDecaux

(en haut) On trouve beaucoup d'affiches dans le métro. Celle-ci fait de la publicité pour une société qui permet à diverses entreprises d'embaucher, entre autres, des secrétaires et des comptables à temps partiel.

(en bas) Les villes font un effort pour tenir les habitants au courant des offres d'emploi. On voit ici un panneau *(information board)* indiquant qu'on cherche une infirmière spécialisée dans la santé des jeunes enfants.

MOTS NOUVEAUX

CONTEXTE
VISUEL

Quelles professions t'intéressent?

le / la standardiste

le patron   la patronne

le / la secrétaire

CONTEXTE
COMMUNICATIF

1 Au lycée, Luc parle avec **la conseillère d'orientation.**

LA CONSEILLÈRE	Quelles **professions** t'intéressent?
LUC	Comme je suis bon en langues et en maths, ça me plairait de travailler dans **les affaires.**
LA CONSEILLÈRE	Pour cela, il faut que tu aies **une formation.** Il est donc **préférable** que tu continues tes études.

Variations:

- en langues et en maths → en maths
  travailler → **faire carrière**
  les affaires → **la comptabilité**
- en langues et en maths → en langues
  travailler dans les affaires → devenir **rédacteur**
  une formation → des **qualifications**
  il est donc préférable → il vaut mieux

Reteach/Review: Can students give *un mot associé* for *rédacteur (rédiger / rédaction)*?

le conseiller / la conseillère d'orientation *guidance counselor*

la profession *profession*
les affaires (f.pl.) *business*

la formation *training*
préférable *preferable*

Enrichment: Ask students to personalize *Quelles professions t'intéressent? / Je suis bon en ...*

faire carrière (f.) *to have a career*

la comptabilité *accounting*

le rédacteur, la rédactrice *editor; copywriter*

la qualification *qualification*

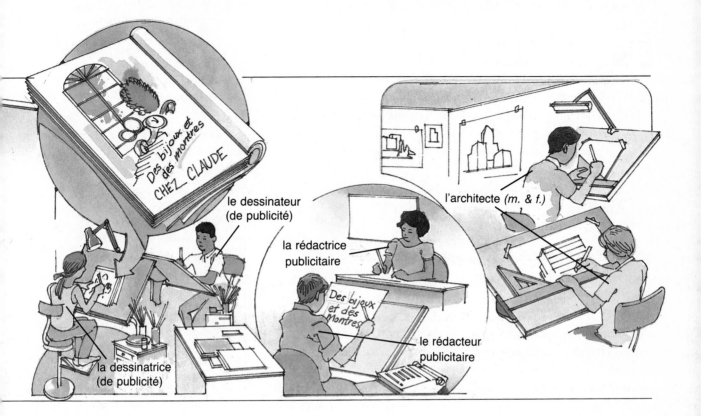

le dessinateur
(de publicité)

l'architecte *(m. & f.)*

la rédactrice
publicitaire

le rédacteur
publicitaire

la dessinatrice
(de publicité)

Des bijoux et des montres

CHEZ CLAUDE

Des bijoux et des montres

---

2 Xavier rédige une lettre de **candidature** pour **un emploi**.

> Monsieur,
>
> **Je vous prie de** trouver **ci-joint** mon **curriculum vitae.**
>
> *[handwritten text]*
>
> **Veuillez agréer, Monsieur, mes sincères salutations.**
>
> *Xavier Dupont*
> Xavier Dupont

la candidature *application*
l'emploi (m.) *job*

je vous prie de + inf. formal: *please*
ci-joint, -e *enclosed*
le curriculum vitæ *job résumé*

Veuillez ... *Sincerely*

Enrichment: Ask students what types of information might be included in *un curriculum vitæ.* Point out the pronunciation: [kyrikyləmvite].

Mots Nouveaux **293**

3 Josiane a **posé sa candidature à** un emploi dans un hôtel. Aujourd'hui elle a **un entretien** avec **le gérant.**

LE GÉRANT   Nous cherchons quelqu'un qui soit **disponible** cet été jusqu'au commencement de septembre.

JOSIANE   Je suis libre en juillet et en août. **En** quoi **consiste** le travail?

LE GÉRANT   Nous avons besoin d'une personne qui reçoive les clients, les **mette à l'aise,** leur donne des renseignements, etc.

■ reçoive → accueille

    leur donne des renseignements → réponde à leurs questions

poser sa candidature à *to apply for (a job)*

l'entretien (m.) *formal: interview*

le gérant, la gérante *manager (of a business)*

disponible *available*

consister en *to consist of*

mettre (qqn.) à l'aise *to make someone feel comfortable*

4 Après son entretien, Josiane **a rempli ce formulaire.**

NOM *Pacard*
PRÉNOMS *Josiane Marie*
DATE DE **NAISSANCE** *20.7.72*
ADRESSE *3, rue Balzac. 47000 Agen.*
TÉLÉPHONE *75.49.18.16*
ÉTUDES *Université de Toulouse, 1ère année (anglais)*
DIPLÔMES *Baccalauréat*
QUALIFICATIONS *anglais et espagnol parlés couramment*
EMPLOIS **PRÉCÉDENTS** *standardiste (Banque du Commerce), été 1990*

■ ce formulaire → cette fiche de renseignements

remplir *here: to fill out*
le formulaire *form*

la naissance *birth*

le diplôme *diploma, degree*

précédent, -e *previous*

5   JEANNE   Il est probable que je **ferai un stage** dans **une entreprise** d'informatique cet été.

      MATHIEU   C'est une bonne idée. Cela te permettra d'avoir de **l'expérience** pratique.

■ il est probable → **il y a des chances**

    que je ferai un stage → que je serai **stagiaire**

    une entreprise → **une société**

■ il est probable que je ferai → **il se peut** que je fasse

    d'avoir → **d'obtenir***

(faire) un stage *(to have) on-the-job training, internship*

l'entreprise (f.) *firm*

l'expérience (f.) *experience*

il y a des chances *there's a good chance*

le / la stagiaire *trainee*

la société *company*

il se peut = il est possible

obtenir *to get, to obtain*

*Obtenir follows the pattern of *venir* and *tenir* and forms the passé composé with *avoir.*

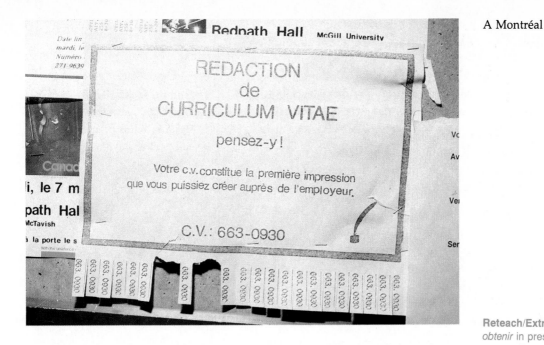

6 Gilles discute avec son patron.

GILLES   Cela vous dérangerait que je prenne **un jour de congé** cette semaine?

LE PATRON   Je suis désolé mais il n'y a personne qui puisse vous **remplacer.**

le jour de congé   *day off*

remplacer   *to replace*

■ cela vous dérangerait → vous permettez
un jour de congé → **mes congés**
il n'y a personne → il n'y a pas d'autre **ouvrier**
vous remplacer → **faire des heures supplémentaires**
■ il n'y a personne → il n'y a pas d'autre rédacteur

prendre ses congés   *to take time off*

l'ouvrier, l'ouvrière   *(manual) worker*

faire des heures supplémentaires   *to work overtime*

7 Céline téléphone pour avoir un entretien avec le patron d'une grande entreprise.

CÉLINE   Serait-il possible que je voie **le directeur en personne?**

LA SECRÉTAIRE   Je **doute** que le directeur lui-même vous reçoive. Il est très occupé. Il vaut mieux que vous veniez voir **le chef du personnel.**

le directeur, la directrice   *head, manager (of a department)*

en personne   *in person*

douter   *to doubt*

le chef du personnel   *head of personnel*

■ je doute → je ne crois pas
■ je doute → il est **peu probable**
veniez voir → preniez rendez-vous avec
■ veniez voir le chef → écriviez au chef

peu probable   *unlikely*

8 ARNAUD   Il y a beaucoup de **chômage.**

MARION   Oui, et les entreprises **licencient** de plus en plus de monde.

ARNAUD   Beaucoup d'entreprises demandent à leurs employés de **prendre leur retraite** plus tôt.

MARION   Moi, je ne voudrais pas **être à la retraite.**

■ licencient → **embauchent**
de plus en plus → **de moins en moins**
beaucoup d'entreprises → beaucoup de grandes sociétés
■ il y a → **il me semble** qu'il y a

9 JULIEN   J'aimerais bien trouver un emploi qui soit **bien payé** pour gagner de l'argent de poche.

ÉMILIE   Cela m'étonnerait que tu puisses travailler en **poursuivant*** tes études.

JULIEN   Mais je vais chercher un emploi **à temps partiel.**

■ soit bien payé → ne soit pas trop **mal payé**
je vais → je ne vais pas
à temps partiel → **à temps complet**

*Poursuivre follows the pattern of *suivre* in all its forms.

---

le chômage *unemployment*
licencier *to fire*

prendre sa retraite *to retire*
la retraite *retirement*
être à la retraite *to be retired*
embaucher *to hire*

sembler (à) *to seem*
Enrichment: Ask students to think of reasons (general or specific) for hiring and firing.

bien payé, -e *well-paid*

poursuivre *to pursue, to continue*
à temps partiel *part-time*

mal payé, -e *badly paid*

à temps complet *full-time*

Enrichment: Ask students to provide personalized completions to *J'aimerais bien trouver un emploi qui soit ...*

Reteach/Extra Help: Practice *poursuivre:* (name of person / *poursuivre* / *études de* ...) in present, passé composé, and future.

La Bourse à Paris

AUTREMENT DIT

TO REQUEST PERMISSION …

> Puis-je …?
> Pourrais-je …?
> Vous permettez que je …?
> Cela vous dérangerait que je …?
> Je peux …?
> Vous voulez bien que je …?

Enrichment: Have students role-play asking a boss / principal / teacher for permission to do something.

EXERCICES   Essential

A Les catégories.   Quel mot ou quelle expression ne convient pas à chacun des groupes suivants? Expliquez votre choix.

1. des études / une formation / des qualifications / un stage
2. avoir un entretien / chercher un emploi / faire des heures supplémentaires / poser sa candidature
3. la directrice / la gérante / le patron / l'ouvrier
4. l'agence / l'entreprise / la retraite / la société
5. une carrière / une fiche / une profession / un métier
6. avoir un emploi à temps partiel / prendre des vacances / prendre ses congés / être à la retraite
7. accueillir / déranger / mettre à l'aise / sourire
8. le chômage / embaucher / licencier / sans emploi
9. la comptabilité / le curriculum vitæ / l'expérience / la qualification

Enrichment: To illustrate these words and expressions ask students to use them in sentences or to dramatize them.

B A votre tour.   Avec un(e) partenaire, inventez trois ou quatre catégories où un seul mot ou une seule expression ne convient pas. Ensuite demandez à vos camarades de classe d'expliquer ce qui ne convient pas dans vos catégories.

C   L'entretien.   Jean-Luc n'a pas eu de chance en cherchant un emploi. Complétez sa lettre à son ami Julien en utilisant les mots suivants. Tous les mots ne seront pas utilisés.

à temps complet	poursuivre
à temps partiel	précédent
candidature	préférable
carrière	qualifications
chef du personnel	remplacer
congé	rendez-vous
disponible	stage
formulaire	stagiaire
obtenir	standardistes

Cher Julien:

Tu m'as demandé des nouvelles au sujet de mon entretien. Quel désastre! J'avais écrit une lettre de _____ et, après une semaine, j'ai téléphoné pour prendre _____ avec le _____. Mais, quand je
5 suis arrivé, il n'était pas _____ pour me voir. Donc, j'ai dû attendre pendant presqu'une heure. Son secrétaire m'a donné un _____ à remplir où j'ai indiqué mes _____. (Il n'y en avait pas beaucoup, bien sûr!) Ensuite, pendant l'interview, j'ai appris qu'ils cherchaient quelqu'un avec de l'expérience dans la
10 comptabilité, et moi, je n'ai eu aucun emploi _____, comme tu le sais. D'ailleurs, ils avaient besoin de quelqu'un qui puisse travailler _____. Puisque je dois _____ mes études en même temps, il faut que je trouve un emploi _____. Le chef du personnel m'a dit que je devrais faire un _____ dans une entreprise de comptabilité
15 et de revenir le voir après. Bon conseil, j'en suis sûr, mais ….

Pour le moment, j'espère _____ un emploi dans l'agence de publicité où travaille ma mère. Ils cherchent quelqu'un qui puisse _____ les _____ pendant qu'elles prennent leurs vacances. Cela ne m'aidera pas à faire _____ dans la comptabilité, mais je
20 pourrai au moins gagner un peu d'argent.
                                          Amitiés,

                                          Jean-Luc

D Parlons de toi.

1. Que font tes parents comme métier? Ça t'intéresse aussi? Qu'est-ce que tu penses choisir comme carrière? Tu t'intéresses peut-être à la profession d'architecte? De dessinateur ou de dessinateur de publicité? De rédacteur ou de rédacteur publicitaire? Pourquoi?

2. Quelle serait la profession parfaite pour toi? Quelles en sont les qualifications? Tu sais quelle sorte de stage ou de formation il te faudrait?

3. Est-ce que tu as un emploi à temps partiel? Est-ce que tu travailles à temps complet en été? Où est-ce que tu travailles? Qu'est-ce que tu fais? Tu es ouvrier (ouvrière)? Raconte ce que tu as dû faire pour obtenir cet emploi.

4. Si tu as un emploi, comment sont les autres employés? Comment est ton (ta) patron(ne)? Vous vous entendez bien? Tu dois faire des heures supplémentaires de temps en temps? C'est un emploi bien payé ou non?

5. Tu voudrais être conseiller (conseillère) d'orientation? Quelles sont les qualifications pour cet emploi? Quels conseils est-ce que tu donnerais à quelqu'un qui cherche un emploi? Qu'est-ce qu'il faut faire, par exemple, pour faire une bonne impression pendant un entretien?

Exercice D
Answers will vary.

Practice Sheet 9-1

Workbook Ex. A

3 Tape Manual
Ex. 1

Quiz 9-1

ACTIVITÉ   Discretionary

L'emploi parfait. Ecrivez une description de l'emploi parfait. Vous voudriez travailler dans une grande société ou non? Pourquoi? Comment devraient être le (la) patron(ne) et les autres employés? Parlez un peu des heures de travail, du lieu où vous travailleriez, du salaire et, bien sûr, de ce qu'exigerait l'emploi. Après, comparez vos idées à celles de vos camarades de classe. Sur quels détails est-ce que vous êtes d'accord?

GAM CONSEIL EN MARKETING

RECHERCHE **STAGIAIRE MARKETING**

Un ou une étudiante en sciences économiques libre de suite. N'hésitez plus ! Envoyez nous votre candidature avec CV + lettre de motivation sous ré... à :
...Michel

KID SERVICES, BABY-SITTING RECHERCHE

Jeunes gens et jeunes filles minimum 19 ans, domiciliés à Paris ou proche banlieue (possédant moyen de locomotion), téléphone indispensable, libre au minimum pour une année scolaire (temps partiel), maîtrise parfaite de la langue française, excellente présentation exigée. Si vous êtes intéressé envoyez votre candidature sous réf. KI à :
...OSE, 85 bd St Michel
...'5005 Paris

LE CHAUFFEUR A VOTRE SERVICE 24h SUR 24 RECHERCHE

Chauffeurs livreurs dont poids-lourds. Permis souhaité. Du lundi au vendredi. 9 heures 12 heures, 14 heures - 18 heures. Libre de suite. Base SMIC. Si vous êtes intéressé, envoyez votre candidature sous réf. 25 CH à :
...85 bd St Michel

APPLICATIONS

Un premier emploi  4

Lionel a vu une petite annonce dans le journal: «Hôtel cherche personnel pour cet été.» Il se présente à un entretien avec la gérante.

	LA GÉRANTE	Bonjour. Vous désirez donc travailler cet été?
5	LIONEL	Oui, madame. Et je suis disponible en juillet et en août.
	LA GÉRANTE	Parfait. Et qu'est-ce que vous savez faire?
	LIONEL	Eh bien, je parle couramment anglais et allemand. Je sais taper à la machine, me servir d'un
10		ordinateur et j'adore le contact avec le public.
	LA GÉRANTE	C'est très bien tout ça. Mais savez-vous faire cuire des œufs et préparer le café?
	LIONEL	Euh … Oui, ça n'est pas trop difficile. Mais pourquoi me posez-vous cette question?
15	LA GÉRANTE	Nous avons déjà embauché un réceptionniste et je crois que nous avons trouvé une secrétaire. Mais nous cherchons toujours un cuisinier qui puisse préparer les petits déjeuners le matin. Je vous propose donc un salaire mensuel[1] de 6.000 francs
20		pour des journées de 5 à 13 heures. Est-ce que cela vous convient?[2]
	LIONEL	Oui, et ça me fera une première expérience dans le monde du travail.
	LA GÉRANTE	Vous avez raison. Alors, à lundi prochain. Le chef
25		vous expliquera votre travail.
	LIONEL	Je vous remercie. Au revoir, madame.

---

[1]**mensuel, -le** *monthly*   [2]**convenir à**   *to be agreeable to*

Une secrétaire travaille à Rennes, France.

Questionnaire

1. Quelles sont les qualifications de Lionel?   2. Quelle sorte d'emploi est-ce que vous croyez qu'il cherche?   3. Combien d'expérience est-ce qu'il a dans le monde du travail?   4. Décrivez le travail que la gérante lui propose.   5. Combien d'heures par jour est-ce qu'il travaillera? 6. Vers quelle heure du matin devra-t-il se lever? Cela vous conviendrait? A votre avis, quelles seraient les heures idéales pour un emploi? Pourquoi?

Questionnaire

1. Il parle couramment anglais et allemand, sait taper à la machine et se servir d'un ordinateur, et il adore le contact avec le public.
2. Answers will vary. Likely answer: Réceptionniste.
3. Il n'en a aucune.
4. Elle lui propose qu'il travaille comme cuisinier préparant les petits déjeuners.
5. Huit heures.
6. Answers will vary. Possible answer to first question: Vers 4h.

Situation

Dans votre journal local, cherchez une petite annonce pour un emploi et apportez-la en classe. Préparez aussi un curriculum vitæ qui montrera les renseignements suivants: nom et prénom, adresse, téléphone, date de naissance, études, qualifications et emplois précédents. Avec un(e) partenaire, posez votre candidature à cet emploi. Votre partenaire jouera le rôle du (de la) gérant(e) ou, si c'est une grande société, du chef du personnel.

EXPLICATIONS I Essential

Le subjonctif des verbes qui se terminent en *-oir(e)*

Notes: For uses of these irregular subjunctives, see mini-dialogues 3 and 7, pp. 294, 295.

◆ **OBJECTIVES:**

TO EXPRESS EMOTIONS

TO INSIST

TO EXPRESS A PESSIMISTIC VIEW

Reteach/Review: You may want to point out that verbs like *prendre, venir,* and *tenir* follow this same two-stem pattern with *nous/vous* forms identical to the imperfect.

Reteach/Extra Help: You may want to practice all persons of these verbs by a substitution pattern practice: *Je voudrais que tu / il / vous,* etc. *(croire ces histoires) / (recevoir ce journal) / (voir ce film).*

Verbs whose infinitives end in *-oir* or *-oire* have two subjunctive stems. Remember that the subjunctive of regular verbs is formed by dropping the *-ent* ending from the third-person plural indicative form. These verbs follow that pattern except for the *nous* and *vous* forms which, in the subjunctive, are the same as the imperfect forms.

voir	que je voie	que nous voyions
		que vous voyiez
recevoir	que je reçoive	que nous recevions
		que vous receviez
boire	que je boive	que nous buvions
		que vous buviez
croire	que je croie	que nous croyions
		que vous croyiez
devoir	que je doive	que nous devions
		que vous deviez
s'apercevoir	que je m'aperçoive	que nous nous apercevions
		que vous vous aperceviez

EXERCICE Essential

Exercice
1. Je suis désolé qu'on ne me croie pas. Je voudrais leur dire: «Il faut que vous me croyiez.»
2. Je suis désolé qu'on ne s'aperçoive pas de mes qualifications. Je voudrais leur dire: «Il faut que vous vous aperceviez de mes qualifications.»
3. ... qu'on ne voie pas ... que vous voyiez ...
4. ... que le gérant ne me reçoive pas .... que vous me receviez.
5. ... que le patron ne me voie pas .... que vous me voyiez.

Vous vous inquiétez trop.   M. Leblanc voit tout en noir. Il essaie d'obtenir du travail à temps partiel, mais il n'est pas très optimiste. Qu'est-ce qu'il se dit? Suivez le modèle.

> Si je demande un entretien, on ne me recevra pas.
> *Je suis désolé qu'on ne me reçoive pas. Je voudrais leur dire: «Il faut que vous me receviez.»*

1. Si je dis que j'ai beaucoup d'expérience, on ne me croira pas.
2. Si je leur montre mon curriculum vitæ, on ne s'apercevra pas de mes qualifications.
3. Si nous ne parlons que pendant un quart d'heure, on ne verra pas que j'ai du talent.
4. Si le chef du personnel n'est pas là, le gérant ne me recevra pas.
5. Si je ne veux pas d'emploi à temps complet, le patron ne me verra pas.

Enrichment: Ask students to imagine what the interviewer might say to M. Leblanc to put him at ease or to imagine a response opposite to what M. Leblanc expects *(je suis heureux / enchanté de vous voir: Je vois que vous avez beaucoup d'expérience).*

6. Si je leur dis que je poursuis encore mes études, on ne croira pas que je sois sérieux.
7. Si je leur montre les dessins que j'ai faits, on ne s'apercevra pas de tous les petits détails.

Practice Sheet 9-2   Workbook Ex. B   [🔲] 5 Tape Manual Ex. 2   Quiz 9-2

Le subjonctif: les expressions de possibilité, de doute et d'opinion   Essential

The indicative tenses (present indicative, future) express actual facts or events that are likely to occur. The present subjunctive is used whenever the main clause expresses doubt or questions the possibility or likelihood of something.

1   We use the subjunctive after these six common expressions of doubt or uncertainty.

Je doute
Il se peut
Il est possible
Il est impossible
Il est peu probable
Il semble

} **que nous poursuivions** le même but.

2   To express an affirmative belief or opinion we use the indicative.

Je crois
Elle pense
Il est certain
Il est évident
Il est probable
Je suis sûr(e)
Il me semble*

} **qu'il fait** bien son travail.
que nous devons remplir ce formulaire.
qu'elle recevra son diplôme.

But when we use these in negative statements or in questions, they express doubt or uncertainty, so they require the subjunctive.

Je ne crois pas
Elle ne pense pas
Il n'est pas certain
Il n'est pas évident
Je ne suis pas sûr(e)
Est-il probable
Te semble-t-il

} **qu'il fasse** bien son travail./?
que nous devions remplir ce formulaire./?
qu'elle reçoive son diplôme./?

*Notice that *il semble* expresses some doubt, so it requires the subjunctive. But *il me semble* is a positive statement of opinion, so it is followed by the indicative.

6. ...qu'on ne croie pas que je sois sérieux .... que vous croyiez que je suis sérieux.
7. ...qu'on ne s'aperçoive pas ...que vous vous aperceviez ...

Notes: For uses of the subjunctive after expressions of doubt or opinion, see mini-dialogues 5 and 7, pp. 294, 295.

♦ **OBJECTIVES:**

TO EXPRESS DOUBT OR UNCERTAINTY

TO ASK SOMEONE'S OPINION

Reteach/Review: You might do a pattern practice of all persons in present and future tenses, then in subjunctive with doubt and uncertainty.

A Paris

Explications I   **303**

Reteach/Extra Help: It might
be helpful to do a short
question-and-answer drill in
which you ask and students
alternate answers with *Je doute
que* and *Je ne doute pas que.*

3 We use the subjunctive with the verb *douter* in the affirmative but not in the negative, because then it is no longer a statement of doubt.

Je doute qu'il vienne ce soir.	*I doubt that he'll come* this evening.
Je ne doute pas qu'il viendra ce soir.	*I don't doubt* (I'm sure) *that he'll come* this evening.

Exercice A
1. Je crois que tous les
   lycéens ont une voiture.
   Crois-tu qu'ils aient tous une
   voiture? / Non, je ne crois
   pas qu'ils aient tous une
   voiture.
2. Je crois qu'ils vont tous au
   lycée en voiture. Crois-tu
   qu'ils aillent tous au lycée
   en voiture? / Non, je ne
   crois pas qu'ils aillent tous
   au lycée en voiture.
3. Je crois qu'ils peuvent
   tous ... Crois-tu qu'ils
   puissent tous ...? / Non, je
   ne crois pas qu'ils puissent
   tous ...
4. Je crois que tous les
   enfants veulent ... Crois-tu
   qu'ils veuillent tous ...? /
   Non, je ne crois pas qu'ils
   veuillent tous ...
5. Je crois que tous les
   Américains savent ... Crois-
   tu qu'ils sachent tous ...? /
   Non, je ne crois pas qu'ils
   sachent tous ...
6. Je crois qu'il n'y a
   pas ... Crois-tu qu'il n'y ait
   pas ...? / Non, je ne crois
   pas qu'il n'y ait pas (or: Si,
   je crois qu'il y a ...)
7. Je crois qu'ils peuvent
   tous ... Crois-tu qu'ils
   puissent tous ...? / Non, je
   ne crois pas qu'ils puissent
   tous ...
8. Je crois qu'ils veulent
   tous ...Crois-tu qu'ils
   veuillent tous ...? / Non, je
   ne crois pas qu'ils veuillent
   tous ...

EXERCICES   Essential

A **L'avantage de l'expérience.**   Mireille connaît l'Amérique par les films d'Hollywood. Bertrand la connaît par sa propre expérience, car il vient de rentrer d'un voyage à New York. Qu'est-ce que ces deux jeunes gens penseraient des déclarations suivantes?

> Tous les Américains sont riches.
>
> ÉLÈVE 1   *Je crois que tous les Américains sont riches. Crois-tu qu'ils soient tous riches?*
>
> ÉLÈVE 2   *Non, je ne crois pas qu'ils soient tous riches.*

1. Tous les lycéens ont une voiture.
2. Ils vont tous au lycée en voiture.
3. Ils peuvent tous prendre leur retraite à l'âge de cinquante-cinq ans.
4. Tous les enfants veulent devenir des vedettes de cinéma.
5. Tous les Américains savent monter à cheval.
6. Il n'y a pas de chômage aux Etats-Unis.
7. Ils peuvent tous s'acheter tout ce qu'ils veulent.
8. Ils veulent tous avoir une piscine.

Enrichment: You might ask
students to make their own
statements of certainty about
these opinions or to state their
own ideas about the French,
Canadians, etc., following
Mireille's pattern.

Dans un vignoble *(vineyard)* à Chablis

B **Avant l'interview.** Le chef du personnel et la gérante d'une grande société regardent la lettre de candidature et le curriculum vitæ d'un jeune homme qui voudrait être stagiaire. Mais ils ont des doutes. Posez des questions en employant les expressions à gauche et répondez avec celles à droite. Conversez selon le modèle.

Croyez-vous   Il est peu probable
Il se peut   Il ne me semble pas
Pensez-vous   Je doute
Vous semble-t-il   Je ne suis pas sûr(e)

taper à la machine / savoir taper très vite
ÉLÈVE 1 *Pensez-vous qu'il tape à la machine?*
ÉLÈVE 2 *Peut-être, mais je doute qu'il sache taper très vite.*

1. s'entendre avec les gens / se faire facilement des amis
2. s'intéresser beaucoup au travail / accepter de faire des heures supplémentaires
3. pouvoir arriver à 8h / éviter les embouteillages
4. parler anglais / connaître une langue étrangère
5. connaître les Etats-Unis / faire beaucoup de voyages
6. être disponible cet été / partir en vacances s'il nous pose sa candidature
7. vouloir avoir encore un entretien / devoir rentrer
8. pouvoir remplacer M. Dubois / avoir assez d'expérience

Exercice B
Choices of expression for questioning and responding will vary.
1. ... qu'il s'entende ... / ... qu'il se fasse ...
2. ... qu'il s'intéresse ... / ... qu'il accepte ...
3. ... qu'il puisse ... / ... qu'il évite ...
4. ... qu'il parle ... / ... qu'il connaisse ...
5. ... qu'il connaisse ... / ... qu'il fasse ...
6. ... qu'il soit ... / ... qu'il parte ...
7. ... qu'il veuille ... / ... qu'il doive ...
8. ... qu'il puisse ... / ... qu'il ait ...

Reteach/Review: You might ask students to express certainty. Encourage them to use both present and future tenses where appropriate.

C **Contrastes.** Yves aime beaucoup s'amuser, mais son frère Richard est beaucoup plus sérieux. Selon vous, quelle est la probabilité des choses suivantes? Employez les expressions de la liste et conversez selon le modèle. Attention! Quelques-unes des expressions seront suivies du subjonctif, les autres seront suivies de l'indicatif.

il est évident   il me semble   je (ne) crois (pas)
il est (im)possible   il se peut   je (ne) pense (pas)
il est (peu) probable   je doute   je suis certain(e)

sortir pendant la semaine
ÉLÈVE 1 *Il se peut qu'Yves sorte.*
ÉLÈVE 2 *Il est probable que Richard ne sortira pas.*

1. obtenir les meilleures notes de sa classe
2. prendre des leçons de piano
3. être reçu à l'université haut la main
4. écrire une rédaction au dernier moment
5. lire le journal en entier chaque jour
6. avoir un passe-temps qui lui ferait plaisir
7. avoir un emploi à temps partiel
8. travailler les jours de congé

Exercice C
Answers will vary, as will choice of expression. Encourage students to express their own thoughts and not presume stereotypes. Discussion may result. Note that students who choose the following expressions must then use the future indicative: il est évident / il est probable / il me semble / je crois / je pense / je suis certain(e). Others will require the subjunctive.
1. obtiendra or obtienne
2. prendra or prenne
3. sera or soit
4. écrira or écrive
5. lira or lise
6. aura or ait
7. aura or ait
8. travaillera or travaille

D Quel sera mon avenir? Avec un(e) partenaire, faites des phrases exprimant la certitude ou le doute sur l'avenir. Par exemple:

douter	être possible	croire	être probable	être certain
être impossible		penser		être sûr

devenir riche
Je ne pense pas que tu deviennes riche.
OU: *Je suis sûr(e) que tu deviendras riche.*

1. devenir rédacteur / rédactrice
2. être ouvrier / ouvrière
3. faire carrière dans les affaires
4. travailler dans une agence de publicité
5. devenir architecte / dessinateur (dessinatrice) / peintre
6. se marier
7. avoir trois ou quatre enfants
8. aller à l'université avant de se marier
9. poursuivre ses études après avoir reçu un diplôme
10. voyager autour du monde
11. apprendre le japonais / le russe
12. devoir trouver un emploi à temps complet l'année prochaine

E Parlons de toi.
1. On peut facilement obtenir un emploi à temps partiel? Pourquoi? Il est plus facile d'obtenir un emploi à temps complet? Te semble-t-il qu'on puisse avoir un emploi à temps complet et poursuivre ses études en même temps?
2. On peut entrer facilement dans une bonne université? Qu'est-ce qu'il faudra que tu fasses pour être reçu(e) à l'université de ton choix?
3. Penses-tu qu'on doive apprendre plusieurs langues étrangères comme les Européens? Pourquoi? A ton avis, quelles langues est-il important qu'un Américain apprenne? Combien de langues est-ce que tu as étudiées? Il se peut que tu en apprennes d'autres avant de terminer tes études? Lesquelles?
4. Qu'est-ce qu'il faudra que tu fasses pour entrer dans la carrière que tu penses poursuivre?
5. Crois-tu que le chômage soit un grand problème à notre époque? Tu as des idées pour y trouver une solution? Si oui, présente-les. Ou crois-tu qu'il soit peu probable qu'il y ait une solution à ce problème?

APPLICATIONS Discretionary

L'Enfant noir 7

CAMARA LAYE

AVANT DE LIRE

Camara Laye (1924–1980) est un des écrivains francophones africains les mieux connus. Tout dépaysé et hanté de ses souvenirs de son village natal en Guinée, il a écrit *L'Enfant noir* pendant qu'il faisait ses études d'ingénieur à Paris. L'extrait qui suit vient du dernier chapitre de cette autobiographie. Dans ce chapitre, le jeune Camara, qui avait déjà passé quatre ans loin de sa famille dans un lycée dans la capitale, Conakry, se prépare à partir de nouveau—cette fois-ci, pour Paris.

1. Est-ce que vous avez passé quelque temps loin de chez vous? Où étiez-vous? Vous étiez dépaysé(e)?
2. Est-ce que vous avez passé plusieurs mois loin de votre famille? Vous pouvez décrire vos sentiments pendant ce temps-là? Vous vous y êtes facilement habitué(e)?
3. Si vous n'avez pas passé de temps loin de votre famille, est-ce que vous pouvez vous imaginer comment ça serait? Vous semble-t-il que vous puissiez vite vous y adapter ou non? Pourquoi? Qu'est-ce qui vous aiderait à vous habituer à une situation toute neuve?
4. Si vous vous inscriviez dans une université loin de chez vous, qui aurait plus de difficulté à s'adapter, vous ou votre famille? Pourquoi? Vous pourriez décrire les émotions d'un parent qui dit au revoir à un enfant qui part?
5. Dans cet extrait vous verrez les formes *eusse* (l. 6) et *fussent* (l. 9). Ce sont des formes de l'imparfait du subjonctif. D'après ce que vous savez du passé simple, quels seraient les infinitifs de ces deux verbes?
6. Servez-vous du contexte et de ce que vous savez du français et de l'anglais pour vous aider à comprendre ces mots et expressions: *aucunement rassuré* (l. 8), *l'effusion* (vous connaissez le mot anglais «effusive»?—l. 9), *réjouissons-nous* (l. 29), *le consentement* (l. 33), *le bien* (l. 49), *le destin* (l. 58), *saisir* (l. 62), *soudain* (l. 68).
7. Vous savez ce que sont *les nouvelles*. Alors, que veut dire *la nouvelle* dans ce contexte-ci (l. 10)? Que veut dire *ravir* (l. 10)? Quel en est le participe passé?
8. Notez les temps des verbes dans le premier paragraphe. A quel point est-ce que l'auteur s'arrête de parler du passé lointain (*distant*) et commence à décrire ce qui se passait à ce moment-là?

Camara Laye

Deux jeunes filles
sénégalaises avec des
mangues

... **A**vant mon départ de Conakry, le directeur de l'école m'avait fait appeler et m'avait demandé si je voulais aller en France pour y achever[1] mes études. J'avais répondu oui d'emblée[2]—tout content, j'avais répondu oui!—mais je l'avais dit sans consulter mes
5 parents, sans consulter ma mère. Mes oncles, à Conakry, m'avaient dit que c'était une chance unique et que je n'eusse pas mérité de respirer si je ne l'avais aussitôt[3] acceptée. Mais qu'allaient dire mes parents, et ma mère plus particulièrement? Je ne me sentais aucunement rassuré. J'attendis que nos effusions se fussent un peu calmées, et puis je m'écriai,[4]—je
10 m'écriai comme si la nouvelle devait ravir tout le monde:

—Et ce n'est pas tout: le directeur se propose de m'envoyer en France!

—En France? dit ma mère.

Et je vis son visage se fermer.

—Oui. Une bourse me sera attribuée;[5] il n'y aura aucun frais[6] pour vous.

15 —Il s'agit bien de[7] frais! dit ma mère. Quoi! tu nous quitterais encore?

—Mais je ne sais pas, dis-je.

Et je vis bien—et déjà je me doutais[8] bien—que je m'étais fort avancé,[9] fort imprudemment avancé en répondant «oui» au directeur.

—Tu ne partiras pas! dit ma mère.

20 —Non, dis-je. Mais ce ne serait pas pour plus d'une année.

—Une année? dit mon père. Une année, ce n'est pas tellement long.

—Comment? dit vivement[10] ma mère. Une année, ce n'est pas long? Voilà quatre ans que notre fils n'est plus jamais près de nous, sauf pour les vacances, et toi, tu trouves qu'une année ce n'est pas long?

25 —Eh bien ... commença mon père.

—Non! non! dit ma mère. Notre fils ne partira pas! Qu'il n'en soit plus question!

—Bon, dit mon père; n'en parlons plus. Aussi bien cette journée est-elle la journée de son retour et de son succès: réjouissons-nous! On
30 parlera de tout cela plus tard. ...

Tard dans la soirée, quand tout le monde fut couché, j'allai rejoindre mon père sous la véranda de sa case:[11] le directeur m'avait dit qu'il lui fallait, avant de faire aucune démarche,[12] le consentement officiel de mon père et que ce consentement devrait lui parvenir dans le plus bref délai.[13]

---

[1]**achever** = compléter   [2]**d'emblée** = tout de suite   [3]**aussitôt** = tout de suite
[4]**s'écrier** = crier   [5]**une bourse me sera attribuée** *I'll be given a scholarship*   [6]**le frais** *expense*   [7]**s'agir de** *to be a question of*   [8]**se douter** *to suspect*   [9]**s'avancer** = aller trop loin   [10]**vivement** = rapidement   [11]**la case** *cabin*   [12]**la démarche** *step*   [13]**lui parvenir dans le plus bref délai** *get to him as soon as possible*

Extrait de Camara Laye, *L'Enfant noir.* © Librairie Plon. Reproduit avec permission.

35 —Père, dis-je, quand le directeur m'a proposé de partir en France, j'ai dit oui.

—Ah! tu avais déjà accepté?

—J'ai répondu oui spontanément. Je n'ai pas réfléchi,[14] à ce moment, à ce que mère et toi en penseriez.

40 —Tu as donc bien envie d'aller là-bas? dit-il.

—Oui, dis-je. Mon oncle Mamadou m'a dit que c'était une chance unique.

—Tu aurais pu aller à Dakar; ton oncle Mamadou est allé à Dakar.

—Ce ne serait pas la même chose.

45 —Non, ce ne serait pas la même chose … Mais comment annoncer cela à ta mère?

—Alors tu acceptes que je parte? m'écriai-je.

—Oui … oui, j'accepte. Pour toi, j'accepte. Mais tu m'entends: pour toi, pour ton bien!

50 Et il se tut[15] un moment.

—Vois-tu, reprit-il,[16] c'est une chose à laquelle j'ai souvent pensé. J'y ai pensé dans le calme de la nuit et dans le bruit de l'enclume.[17] Je savais bien qu'un jour tu nous quitterais: le jour où tu as pour la première fois mis le pied à l'école, je le savais. Je t'ai vu étudier avec tant de plaisir, tant

55 de passion … Oui, depuis ce jour-là, je sais; et petit à petit, je me suis résigné.

—Père! dis-je.

—Chacun suit son destin, mon petit; les hommes n'y peuvent rien chan-ger. Tes oncles aussi ont étudié. Moi—mais je te l'ai déjà dit: je te l'ai dit,

60 si tu te souviens quand tu es parti pour Conakry—moi, je n'ai pas eu leur chance et moins encore la tienne[18] … Mais maintenant que cette chance est devant toi, je veux que tu la saisisses; tu as su saisir la précédente, saisis celle-ci aussi, saisis-la bien! Il reste dans notre pays tant de choses à faire … Oui, je veux que tu ailles en France; je le veux aujourd'hui autant

65 que[19] toi-même: on aura besoin ici sous peu[20] d'hommes comme toi … Puisses-tu ne pas nous quitter pour trop longtemps! …

Nous demeurâmes un long bout de temps[21] sous la véranda, sans mot dire et à regarder la nuit; et puis soudain mon père dit d'une voix cassée:

—Promets-moi qu'un jour tu reviendras?

70 —Je reviendrai! dis-je.

---

[14]**réfléchir** = penser   [15]**se taire** = ne rien dire   [16]**reprendre** = recommencer
[17]**l'enclume** (f.) *anvil*   [18]**le tien, la tienne** *yours*   [19]**autant que** *as much as*
[20]**sous peu** = bientôt   [21]**nous demeurâmes un long bout de temps** = nous
restâmes longtemps

De l'île historique de Gorée, d'où sont partis tant d'esclaves africains, on peut voir actuellement la ville moderne de Dakar.

Questionnaire

Answers will vary.

1. Il s'est écrié comme si la nouvelle devait ravir tout le monde.

2. Examples: Elle s'est arrêtée de sourire. Ses yeux sont devenus froids. Son visage n'a montré aucune expression.

3. Elle refuse de lui permettre de s'en aller. Son père dit qu'on peut en parler plus tard. Il veut que l'on se réjouisse du retour et du succès de son fils.

4. Il fallait qu'il reçoive le consentement officiel du père de Camara.

5. C'est la capitale du Sénégal. (A cette époque-là, c'était la capitale de l'Afrique occidentale française.) Parce que Paris, c'est le grand centre de la culture francophone.

6. Parce que c'est une chance unique / pour le bien de son fils / parce qu'il n'avait pas eu cette chance / parce que la Guinée aura besoin d'hommes comme Camara. Il lui exige qu'il promette de revenir.

7. A blacksmith (un maréchal-ferrant) / Parce qu'il parle du «bruit de l'enclume».

8. Ils s'aiment et se respectent beaucoup. Camara appelle ses parents «père» et «mère» au lieu de «papa» et «maman». Mme Laye a déjà passé quatre ans sans son fils et ne veut pas qu'il la quitte encore une fois. Elle veut qu'il reste avec eux et qu'il n'aille pas si loin de sa famille. M. Laye ne veut pas que son fils s'en aille, mais il croit qu'il doit suivre son destin en saisissant la chance qui est devant lui. D'une voix cassée, pourtant, il lui demande de promettre qu'il reviendra.

Questionnaire

1. Comment est-ce que l'auteur a présenté sa nouvelle à ses parents? Vous semble-t-il que ce soit la meilleure méthode de faire cela? Qu'est-ce que vous feriez si vous aviez une nouvelle importante à présenter?

2. A la ligne 13 il dit de sa mère, «Et je vis son visage se fermer». Vous pouvez décrire son visage à ce moment?

3. Quelle est la première réaction de sa mère? Et de son père?

4. Qu'est-ce qu'il fallait que le directeur de l'école reçoive avant de poursuivre ce projet?

5. Dakar était le grand centre de la culture francophone en Afrique. Est-ce que vous savez où se trouve cette ville? Pourquoi une année à Dakar ne serait-elle pas «la même chose» qu'une année à Paris?

6. Pourquoi est-ce que le père de l'auteur accepte qu'il aille à Paris? Qu'est-ce qu'il exige que son fils lui promette?

7. En anglais, vous pouvez dire ce qu'était le métier du père? Comment le savez-vous?

8. L'auteur ne décrit pas ses parents dans cet extrait. Il ne donne pas de détails sur les rapports *(relationship)* qu'il avait avec eux. Résumez ce que vous savez de leurs rapports d'après ce que vous avez lu.

Enrichment: You might ask students to do a research project on the French colonial empire in Africa, African political geography before and after the rise of nationalism, or French relationships with West Africa today. (Students will learn more about francophone Africa in Ch. 14.)

Une fête au Sénégal

EXPLICATIONS II   Essential

Le subjonctif dans les propositions relatives pour exprimer le doute

Notes: For uses of subjunctive in relative clauses expressing doubt, see mini-dialogues 3, 6, and 9, pp. 294, 295, 296.

You know that we use the subjunctive with verbs and expressions of doubt. We also use the subjunctive with verbs that express wishing, wanting, or searching when we are uncertain that the person or thing can be obtained or is available. Common verbs of this type are *avoir besoin de, avoir envie de, chercher,* and *vouloir.* Compare these sentences.

◆ **OBJECTIVES:**

TO SAY WHAT OR WHAT TYPE OF PERSON YOU ARE LOOKING FOR

TO ASK FOR SOMETHING BY DESCRIBING ITS PURPOSE

TO GIVE A JOB DESCRIPTION

TO EXPRESS UNCERTAINTY

J'ai besoin d'un standardiste qui comprenne l'italien.
Je cherche un électricien qui sache réparer ces machines.

J'ai besoin du standardiste qui comprend l'italien.
Je cherche l'électricien qui sait réparer ces machines.

In the sentences on the left we use the subjunctive because we are not certain that such a person exists or is available. In the sentences on the right we use the indicative because we know that such a person exists. In general, using the indefinite article (*un / une / des*) with these verbs implies doubt.

We also use the subjunctive in negative or interrogative sentences with phrases expressing doubt that include the verbs *avoir, connaître, il y a,* and *trouver.* We also use it after such indefinite words as *quelqu'un* and *personne.*

Quel emploi vous intéresse?

Avez-vous une machine à écrire **qui ait** des accents?
Je ne connais personne qui veuille travailler pour cette agence de publicité.
Y a-t-il un stagiaire **qui sache** la comptabilité?

Do you have a typewriter that has accents?
I don't know anyone who might want to work for that ad agency.
Is there a trainee who knows accounting?

Vous êtes électromécanicien, électrotechnicien, téléphoniste, électricien auto ou électricien avec bonne notion en courant faible

Optez pour un métier passionnant, autonome, varié, devenez notre

...nteur en alarme

425 — Anglaise secrétaire 28 ans habit. Marina 3 llets, cherche job mi-temps ou plein temps pour améliorer français, Tél. 66.9...

720(bis)-JF, ch. empl. en qual. d'Aide-comptable, niv. BAC G2, 10 ans d'exp. (dont 1 an en Cabinet Comptable). Tél. 67.73.61 le lundi 24 et mardi 25

KOMET®
La filiale française du fabricant d'outils coupants recherche son:
RESPONSABLE MAGASIN
Il sera, à court terme, un interlocuteur privilégié de la clientèle
Les candidats devront justifier de la formation indispensable et/ou d'une première expérience réussie
La langue allemande parlée est indispensable
Une connaissance de la gestion informatique sera...

Explications II   **311**

Des Parisiens cherchant un emploi

EXERCICES Essential

A Offres d'emploi. Mme Durafour, le chef du personnel d'une grande société, a reçu une liste d'emplois disponibles. De quelles sortes de personnes ont-ils besoin? Suivez le modèle.

> jeune personne sans expérience précédente / connaître plusieurs langues
> *Il leur faut une jeune personne sans expérience précédente qui connaisse plusieurs langues.*

1. jeune femme / pouvoir se servir d'un ordinateur
2. comptable / lire le japonais
3. rédacteur ou rédactrice / connaître le français et le hollandais
4. cuisinier ou cuisinière de cantine / savoir faire cuire des plats français
5. dessinateur ou dessinatrice / avoir une expérience précédente
6. secrétaire bilingue / être disponible tout de suite
7. ouvriers / vouloir faire des heures supplémentaires
8. conseiller ou conseillère d'orientation / comprendre l'espagnol

B Une conversation entendue. Un monsieur et ses enfants de 17 et de 23 ans discutent des problèmes de l'emploi. Vous les entendez dire les choses suivantes. Qu'est-ce qu'ils se disent? Mettez les verbes à la forme correcte.

1. Connais-tu quelqu'un qui *(pouvoir)* m'aider à trouver un emploi comme dessinateur?
2. Il n'y a pas de patron qui *(être)* plus sympa que moi.
3. Je ne cherche personne qui *(prendre)* sa retraite dans les cinq années suivantes.
4. Je ne trouve pas de patron qui *(reconnaître)* toutes mes qualités.
5. As-tu des copains qui *(ne pas avoir)* encore leur diplôme et qui *(vouloir)* travailler le samedi?
6. Peux-tu me trouver quelqu'un de ton lycée qui *(vouloir)* travailler à temps partiel?
7. Connais-tu quelque chose qui me *(mettre)* à l'aise pendant les interviews?

C Le rêve. Il n'est pas toujours facile de trouver une situation parfaite. Complétez les phrases en décrivant votre situation idéale. Par exemple:

> J'ai envie d'habiter une maison qui *soit près de la mer.*

1. Je voudrais un travail qui _____.
2. Il me faut des amis qui _____.
3. Y a-t-il un patron qui _____?
4. J'ai besoin d'un emploi qui _____.
5. Connaissez-vous une université qui _____?
6. Je voudrais une voiture qui _____.
7. Je voudrais un mari (une femme) qui _____.
8. J'ai envie d'une façon de vivre qui _____.

D A votre tour. Imaginez que vous êtes avec votre conseiller (conseillère) d'orientation. Inventez huit phrases ou questions en vous servant des expressions suivantes et du subjonctif. Par exemple:

avoir	avoir envie de	connaître	trouver
avoir besoin de	chercher	il y a	vouloir

Je cherche une entreprise qui m'embauche pour l'été.
Connaissez-vous une société qui ait besoin d'un standardiste à temps partiel?

Le subjonctif après les verbes d'attitude subjective   Essential

Any verb that expresses a subjective attitude, as opposed to an objective fact, must be followed by the subjunctive.

1 You know that verbs expressing emotions, necessity, and doubt take the subjunctive.

> **Je suis étonné que vous** ne **sachiez** pas conduire.
> **Il faut que vous téléphoniez** au directeur.
> **Je ne crois pas que vous aimiez** ce travail.

Une conductrice d'autobus en France

♦ **OBJECTIVES:**

TO MAKE SURE SOMETHING WON'T ANNOY SOMEONE

TO ASK PERMISSION IN A ROUNDABOUT WAY

Notes: For uses of subjunctive after verbs expressing a subjective attitude, see mini-dialogue 6, p. 295.

Explications II   **313**

Reteach/Extra Help: To include another example of subjunctive after a verb expressing a subjective attitude, you might want to have students redo mini-dialogue 1, p. 292, as a counselor talking with a parent about a student: *Quelles professions l'intéressent? / Comme il (elle) est bon(ne) en langues et en maths, ça me plairait qu'il (elle) fasse carrière dans les affaires. / Pour cela il faut qu'il (elle) ait ... qu'il (elle) continue ses études.*

Exercice A
Choice of verb will vary.
1. ... que je n'aille pas avec vous?
2. ... que je fasse ...?
3. ... que je prenne ...?
4. ... que je ne fasse pas ...?
5. ... que je remplisse ...?
6. ... que je vous envoie ...?
7. ... que je n'obtienne pas ...?
8. ... que je ne sois pas ...?

A Bruxelles

Exercice B
puissent
fassent

2 There are many verbs expressing some subjective attitude on the part of the speaker that do not fall neatly in these categories. Typically, these verbs are used in impersonal constructions with *cela (ça)*. For example: *amuser, déplaire, déranger, embêter, ennuyer, gêner, plaire.*

Cela m'amuse qu'il dise ça.	*It amuses me that he says that.*
Cela ne me déplaît pas qu'il ne le **sache pas.**	*I'm not displeased that he doesn't know it.*

We often use these verbs to ask if something will bother or upset someone.

Cela te gêne que je vienne avec toi?	*Will it bother you if I come with you?*
Cela vous dérange que nous restions ici?	*Will it disturb you that we're staying here?*

EXERCICES Essential

A Un peu de politesse et de tact. Demandez de faire les choses suivantes qui pourraient ne pas plaire à la personne à qui vous parlez. Choisissez parmi les verbes donnés. Suivez le modèle.

déplaire   déranger   embêter   gêner

prendre votre voiture
Cela vous gêne que je prenne votre voiture?

1. ne pas aller avec vous
2. faire une boum ce week-end
3. prendre mes congés
4. ne pas faire des heures supplémentaires
5. remplir le formulaire au crayon
6. vous envoyer mon curriculum vitæ la semaine prochaine
7. ne pas obtenir les billets avant jeudi
8. ne pas être disponible jusqu'au premier juillet

B Au bureau du personnel. Complétez cette note que le chef du bureau du personnel écrit pour qu'on prépare une annonce d'offre d'emploi. Employez la forme correcte du verbe qui convient.

avoir   être   pouvoir
devoir   faire   savoir

Notre société cherche des lycéens qui _____ travailler à temps partiel. Cela ne nous dérange pas qu'ils _____ leur travail le samedi. Il faut

que les candidats _____ parler anglais car nos clients sont surtout des
étrangers dont la plupart se servent de cette langue dans leurs
5 affaires quotidiennes. Bien sûr, il ne nous déplaît pas qu'un candidat
_____ parler aussi l'allemand, l'italien ou l'espagnol. Mais nous ne
pensons pas qu'il _____ possible de trouver beaucoup de candidats
qui _____ une connaissance de ces langues. Aussi il sera utile qu'un
candidat _____ son permis de conduire, car nous demanderons que
10 ceux que nous embauchons _____ parfois des courses. Il est possible
que les candidats _____ se servir d'un ordinateur. Enfin il est
nécessaire que ceux qui posent leur candidature _____ au moins
dix-sept ans et qu'ils _____ disponibles le 15 février.

sachent (or: puissent)
sache (or: puisse)
soit
aient
ait
fassent
doivent
aient
soient

C Parlons de toi.

1. Crois-tu qu'il y ait un travail idéal? Décris-le.
2. Comment est le patron ou la patronne de ton père ou de ta mère?
   Ils s'entendent bien, ton père (ta mère) et son patron (sa
   patronne)? Tu doutes qu'il y ait un(e) patron(ne) parfait(e)?
   Décris-le (la).
3. Tu as un emploi? Cela t'embête que ton patron (ta patronne)
   veuille que tu fasses des heures supplémentaires? Pourquoi? Tu
   gagnes plus d'argent en faisant des heures supplémentaires?
4. Si tu étais directeur ou directrice d'une entreprise, quelles sortes
   de connaissances et quelles qualités est-ce que tu chercherais en
   interviewant quelqu'un qui a posé sa candidature? Comment
   serait l'employé(e) parfait(e)?
5. Tu t'intéresses à une carrière dans laquelle tu pourrais utiliser ton
   français? Est-il possible que tu fasses une carrière comme ça?
6. Imagine que tu viens de recevoir ton diplôme. Quelle sorte
   d'emploi est-ce que tu cherches?

Exercice C
Answers will vary.

Practice Sheet 9-7

Workbook Ex. G

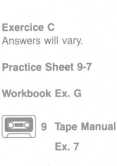
9 **Tape Manual
Ex. 7**

Quiz 9–5

ACTIVITÉ   Discretionary

Un entretien.   Avec un(e) camarade de classe, préparez une liste de
qualifications nécessaires pour un certain travail. Ensuite, préparez une
liste de questions que vous poserez à un(e) candidat(e) pour cet emploi.

Changez de partenaires. Décidez qui jouera le rôle du chef du personnel
et qui jouera le rôle de celui (celle) qui pose sa candidature. Le chef du
personnel doit décrire ce dont la société a besoin et poser des questions
au (à la) candidat(e). Celui-ci (celle-ci) doit répondre aux questions,
décrire ses qualifications et son expérience précédente, etc. (N'oubliez
pas qu'un(e) candidat(e) pour un emploi peut aussi avoir des questions
à poser. Par exemple: salaire, heures de travail, etc.)

Il faut faire attention aux
détails pour faire ce travail.

RÉVISION

Transparency 27

Notes: Review of:
1. vocabulary
2. vocabulary
3. subjunctive after
   clauses implying
   doubt
   irregular subjunctive
   forms
4. subjunctive after
   verbs of doubt /
   opinion
5. subjunctive after
   expressions of
   necessity
   irregular subjunctive forms
6. vocabulary
   indirect object pronouns

Lisez la bande dessinée.

1. Emilie et Nadine parlent avec le conseiller d'orientation du lycée.

2. Elles cherchent un emploi à temps complet pour l'été.

3. Emilie lui demande: «Connaissez-vous une entreprise qui reçoive les lycéens l'été?»

4. «Oui, bien sûr, mais sans aucune expérience je doute qu'on vous offre un emploi.»

5. «En tout cas, il vaut mieux que vous alliez voir le chef du personnel de l'entreprise.»

6. Le conseiller leur donne une fiche à remplir.

Maintenant imaginez que vous cherchez un emploi pour l'été. Vous allez voir le conseiller d'orientation de votre lycée. Quelle sorte d'emploi voudriez-vous? Quelles questions est-ce que vous posez au conseiller? Qu'est-ce que le conseiller vous dit? Ecrivez votre propre dialogue en vous servant de la Révision comme modèle.

Transparency 28

Notes: Answers to the *Thème* appear in the teacher pages at the front of the book.

Trouvez les expressions françaises qui correspondent à l'anglais et rédigez un paragraphe.

1. Gilles is phoning the manager of the St. Jacques Hotel.

2. He's looking for part-time work.

3. The secretary tells him: "We're looking for someone who wants to work evenings."

4. "Unfortunately, without previous training it's unlikely that we'll hire you this year."

5. "In any case, it's preferable that you come see the hotel advertising director."

6. The secretary sends him an application form.

RÉDACTION

Maintenant, choisissez un de ces sujets.

1. Gilles a un entretien avec la gérante de l'hôtel. Imaginez leur conversation.

2. Décrivez un emploi que vous avez eu.

3. Complétez les phrases suivantes comme vous voulez en vous servant des phrases de la Révision et du Thème comme modèles.

a. J'ai téléphoné …　　　　d. Heureusement …
b. Je cherchais …　　　　　e. Aussi, il … que …
c. Le secrétaire m'a dit …　f. Il m'a envoyé …

CONTRÔLE DE RÉVISION   CHAPITRE 9   Discretionary

Notes: Answers to the *Contrôle* appear in the teacher pages at the front of the book.

A   Chez la conseillère d'orientation.
Complétez les phrases suivantes.

1. Si tu veux un emploi, il faut préparer
2. Il faut aussi que tu rédiges
3. C'est là où tu donnes
4. Il est bon aussi de téléphoner pour obtenir
5. Quand tu arrives à l'entreprise, il faut demander
6. On te demandera de remplir
7. Si on te le demande, accepte de faire
8. Surtout ne demande pas quand sont
9. Si on t'embauche, ça te permettra d'avoir

a. des heures supplémentaires.
b. une lettre de candidature.
c. ton curriculum vitae.
d. le chef du personnel.
e. un formulaire.
f. de l'expérience.
g. les jours de congé.
h. tes qualifications.
i. un entretien.

B   J'ai peur!
Mettez les verbes entre parenthèses au subjonctif.

J'ai peur …
1. que Guy et moi, nous *(recevoir)* une mauvaise note à l'interro.
2. que maman *(ne pas croire)* que je *(être)* sérieux.
3. que papa *(ne plus vouloir)* que j'*(aller)* à la fête.
4. que nos parents *(devoir)* nous punir.
5. que nous *(devoir)* rester chez nous pour étudier samedi.
6. que nous *(ne pas voir)* le meilleur match de basket de l'année.
7. que nos amis *(s'apercevoir)* que nous ne sommes pas au match.

C   Chez le chef du personnel.
Choisissez la bonne réponse.

1. *(Je crois / Je ne crois pas)* qu'on a besoin de quelqu'un à temps partiel.
2. *(Il semble / Il me semble)* que vous avez les qualifications nécessaires.
3. *(Je doute / Je ne doute pas)* que vous serez heureux ici.
4. *(Il est certain / Il n'est pas certain)* que je sois disponible la semaine prochaine.
5. *(Il est probable / Il est peu probable)* que je puisse faire des heures supplémentaires.
6. *(Je suis sûr / Je ne suis pas sûr)* que vous ne serez pas déçu.
7. *(Il est évident / Il n'est pas évident)* que vous veuillez vraiment travailler.

D   De qui a-t-on besoin?
Mettez les verbes à l'indicatif ou au subjonctif.

1. pouvoir
   —Je cherche quelqu'un qui ____ réparer les tondeuses.
   —Dommage. Je ne connais personne qui ____ faire ça. Mais je connais deux jeunes filles qui ____ tondre le gazon.
2. savoir
   —Qui ____ le nom du président de la France? Quoi? Il n'y a pas d'étudiants qui le ____?
   —Moi, monsieur, je le ____.
   —Enfin, voilà quelqu'un qui le ____.
3. être
   —J'ai besoin des ouvriers qui ____ prêts à faire des heures supplémentaires.
   —Je suis certaine que mon frère en connaît un qui ____ disponible.

 Listening Comprehension Test   Chapter 9 Test

Workbook Review: Chs. 7–9   Cumulative Test: Chapters 7–9

Noms

les affaires (f.pl.)
  l'agence de publicité (f.)
  l'architecte (m.&f.)
la candidature
la carrière
le chef du personnel
le chômage
la comptabilité
le conseiller, la conseillère
    d'orientation
le curriculum vitæ
le dessinateur, la
    dessinatrice (de
    publicité)
le diplôme
le directeur, la directrice
  l'emploi (m.)
  l'entreprise (f.)
  l'entretien (m.)
  l'expérience (f.)
la formation
le formulaire
le gérant, la gérante
le jour de congé
la naissance
  l'ouvrier, l'ouvrière
le patron, la patronne
la profession
la qualification
le rédacteur, la rédactrice
le rédacteur, la rédactrice
    publicitaire
la retraite
le / la secrétaire
  la société
  le stage
le / la stagiaire
le / la standardiste

Verbes

consister en
douter
embaucher
licencier
obtenir
poursuivre
remplacer
remplir (to fill out)
sembler (à)

Adjectifs

ci-joint, -e
disponible
précédent, -e
préférable

Expressions

à temps complet
à temps partiel
bien / mal payé, -e
en personne
être à la retraite
faire carrière
faire des heures supplémentaires
faire un stage
il se peut
il y a des chances
je vous prie de + inf.
mettre (qqn.) à l'aise
peu probable
poser sa candidature
prendre ses congés
prendre sa retraite
Veuillez …

Certains journaux sont soit de droite soit de gauche, et les membres actifs d'un parti choisissent généralement le journal qui exprime leur opinion. La plupart des Français cependant lisent le journal pour rester au courant des événements mondiaux. Comme cette dame parisienne, ils s'arrêtent chaque matin pour acheter leur quotidien favori, avant d'aller à la boulangerie ou au travail.

Cette dame de St-Ouen, au nord de Paris, est en train de lire un hebdomadaire qui paraît tous les dimanches.

Paris est une ville très cosmopolite. Pour satisfaire les besoins des gens de différentes nationalités qui habitent ou visitent la ville, les librairies offrent un grand choix de journaux et de magazines étrangers.

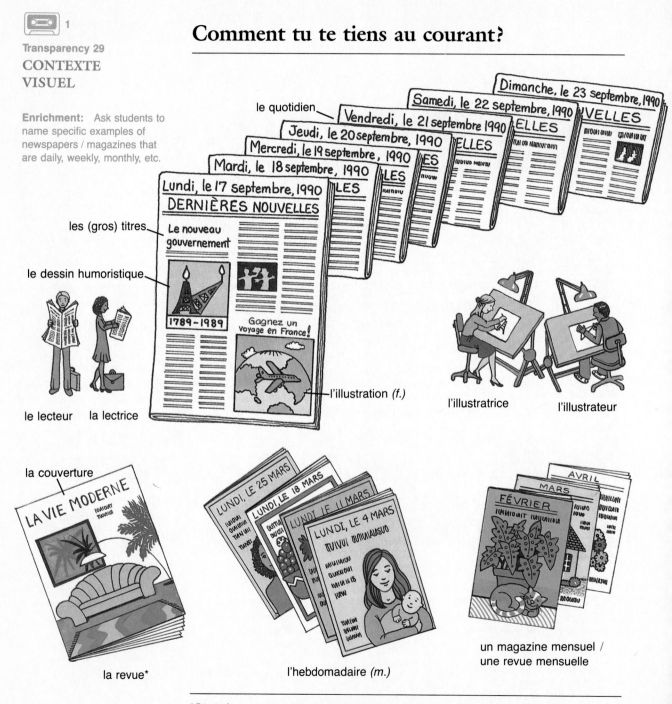

Comment tu te tiens au courant?

le quotidien

Dimanche, le 23 septembre, 1990
Samedi, le 22 septembre, 1990
Vendredi, le 21 septembre 1990
Jeudi, le 20 septembre, 1990
Mercredi, le 19 septembre, 1990
Mardi, le 18 septembre, 1990
Lundi, le 17 septembre, 1990

DERNIÈRES NOUVELLES

les (gros) titres

Le nouveau gouvernement

le dessin humoristique

1789 - 1989

Gagnez un voyage en France!

l'illustration (f.)

le lecteur   la lectrice

l'illustratrice   l'illustrateur

la couverture

LA VIE MODERNE

la revue*

LUNDI, LE 25 MARS
LUNDI, LE 18 MARS
LUNDI, LE 11 MARS
LUNDI, LE 4 MARS

l'hebdomadaire (m.)

AVRIL
MARS
FÉVRIER

un magazine mensuel / une revue mensuelle

*Généralement on se sert du mot *revue* pour parler d'un magazine spécialisé.

CONTEXTE COMMUNICATIF 2

1 FRANÇOIS   Tu lis le journal tous les jours?

NOËLLE   Bien sûr. Je **suis abonnée** à *France Matin.* Ça me permet de suivre **l'actualité.**

FRANÇOIS   Moi, je préfère regarder les informations à la télé.

NOËLLE   Mais on n'obtient pas **autant de** renseignements que dans un journal.

être abonné, -e   *to be a subscriber*

l'actualité (f.)   *current events*

autant (de / que)   *as much / many, so much / many*

Variations:

■ je suis abonnée → j'ai **un abonnement**

   suivre → **me tenir au courant de**

   regarder → écouter

   à la télé → à la radio

l'abonnement (m.)   *subscription*

se tenir au courant de   *to keep up with*

2 DANIELLE   Je n'ai pas eu le temps d'acheter le journal ce matin. Je peux **jeter un coup d'œil sur le tien?**

GÉRARD   Oui. Regarde les titres. C'est affreux. Il y a eu un accident d'avion.

DANIELLE   Encore un accident?

GÉRARD   Oui, et **il y aurait** 230 **morts.**

jeter un coup d'œil sur   *to glance at*

le tien, la tienne   *yours*

il y aurait   *there are reported to be*

■ le journal ce matin → un quotidien

   les titres → ce qu'il y a **à la une**

   accident d'avion → accident de voiture

   230 morts → 7 **blessés**

le mort, la morte   *dead (person)*

(à) la une   *(on) the front page*

le blessé, la blessée   *wounded, hurt (person)*

3 RÉMI   J'ai un exposé à faire pour le cours d'histoire et je ne sais pas où faire mes **recherches.**

AURÉLIE   Si tu allais **consulter** les revues et les journaux de la salle de documentation, tu trouverais sûrement ce dont tu as besoin.

la recherche   *research*

consulter   *to consult, to look up*

■ si tu allais → à ta place, j'irais

   tu trouverais sûrement → pour trouver

   ce dont tu as besoin → ce dont j'ai besoin

4 Au kiosque à journaux.

ANTOINE   Vous avez **le** dernier **numéro** du magazine *Bateaux*, s'il vous plaît?

LA MARCHANDE   Attendez. Je vais regarder. C'est une revue mensuelle?

ANTOINE   Non, c'est un hebdomadaire.

- un hebdomadiare → une revue qui **paraît* toutes les deux semaines**
- un hebdomadaire → une revue qui paraît tous les deux mois
- un hebdomadaire → une revue qui paraît tous les trois mois

le numéro   here: *issue*

Reteach/Extra Help: Practice *paraître* in various tenses by talking about periodicals in present, past, and future.

paraître   to appear, to come out

toutes les deux semaines   *every other week*

Enrichment: Using French magazines ask questions about cover, titles, sections, when and how often it appears, for whom it is intended, etc.

5 ÉLISE   Quelle **rubrique** t'intéresse le plus dans le journal?

PATRICK   Les nouvelles **de l'étranger**. Il est important de se tenir au courant des **événements mondiaux.**

Enrichment: Ask students to give personal answers to their favorite sections of magazines or newspapers.

- rubrique → émission
  dans le journal → à la télé
  se tenir au courant des → **s'informer des**
- les nouvelles de l'étranger → **les faits divers**
  des événements mondiaux → de l'actualité

la rubrique   *section (in a paper, magazine, etc.)*

de l'étranger   *foreign, from abroad*

l'événement (m.)   *event*

mondial, -e adj. *world*

s'informer de   *to keep informed about*

les faits divers (m.pl.)   *news briefs; minor articles*

6 Plusieurs copains vont **lancer** un magazine au lycée. Ils **se sont réunis** pour **établir** le club de **rédaction.**

SOPHIE   Il nous faut un rédacteur **en chef** qui s'occupera surtout de **l'éditorial.**

HUGUES   Jacques, tu es fort en français et en **orthographe.** Ça te dirait de t'en charger?

JACQUES   Bien sûr. Ça me passionnerait.

- rédacteur en chef → journaliste
  de l'éditorial → des articles d'actualité
- rédacteur en chef → dessinateur
  de l'éditorial → de la couverture
  en français et en orthographe → en dessin
  ça te dirait → ça te plairait

lancer   *to launch*

se réunir   *to meet*

établir   *to set up, to establish*

la rédaction   here: *editing*

en chef   *in chief*

l'éditorial (m.)   *lead article; editorial*

l'orthographe (f.)   *spelling*

Reteach/Review: Ask students how to say "spelling error" *(faute d'orthographe).*

*Paraître follows the pattern of *connaître.*

Enrichment: Have students tell what clubs there are at school and when the members meet *(se réunir).* If there is a school magazine or newspaper, ask students to talk about its staff, its organization, how often it appears, etc.

7 Chez les Lacombe. Il est 8h30 du soir.

ARNAUD   On met la cinquième chaîne? Il y a **le** dernier **épisode** de mon feuilleton préféré ce soir.

MME LACOMBE   Non, on regarde la première chaîne. Il y a une interview d'un écrivain célèbre. C'est beaucoup plus intéressant.

ARNAUD   Oh, zut! Si seulement on avait un magnétoscope, on pourrait enregistrer mon feuilleton.

MME LACOMBE   Et tu passerais ton temps à regarder des émissions débiles!

■ une interview d'un → **un reportage** sur un

8 LUCIE   J'aimerais bien être journaliste. Si je travaillais dans un grand quotidien, je voyagerais dans le monde entier.

VINCENT   Je préférerais être **animateur** à la télé. J'interviewerais des gens célèbres. Ce serait super!

■ j'interviewerais → je ferais la connaissance
■ j'interviewerais → je travaillerais avec

9 La prof de français a organisé **un débat** sur **l'importance** de **la presse.**

LA PROF   A votre avis, quel est le rôle d'un bon journaliste?

MARC   Il doit **soulever** des problèmes d'actualité pour **pousser** les gens **à** penser aux événements mondiaux.

ANNE   Moi, je dirais plutôt qu'il doit **informer** ses lecteurs de tout ce qui se passe, mais en restant tout à fait **objectif.**

MARC   C'est impossible, **la véritable objectivité.**

ANNE   Et voilà **une remarque** tout à fait **subjective!**

■ soulever des → **attirer l'attention** des gens sur les
   pousser les gens à penser → nous faire penser
   une remarque → une réponse

---

l'épisode (m.) *episode, installment*

le reportage *report*

l'animateur, l'animatrice *TV show host*

le débat *debate, discussion*
l'importance (f.) *importance*
la presse *the press*

soulever *to raise*
pousser à + inf. *to force, to make (someone do sth.)*
informer *to inform*

objectif, -ive *objective*
véritable *real, true*
l'objectivité (f.) *objectivity*
la remarque *comment, remark*
subjectif, -ive *subjective*
attirer *to attract, to draw*
l'attention (f.) *attention*

AUTREMENT DIT

TO MAKE SUGGESTIONS …

> Pourquoi ne pas + *inf.?*
> Pourquoi tu ne …?
> A ta place, je + *conditional.*
> Et si tu + *imperfect?*
> Tu devrais plutôt + *inf.*
> Tu ferais mieux de + *inf.*
> Tu ne crois pas que tu ferais
> mieux de + *inf.?*

TO AGREE TO A SUGGESTION …

> Tu as raison.
> Je suis d'accord (avec toi).
> Bien sûr.
> Tout à fait.

TO DISAGREE WITH A SUGGESTION …

> Mais non!
> Pas du tout!
> Alors là tu te trompes!
> Je ne suis pas d'accord avec
> toi du tout!

TO ASK IF SOMEONE WOULD LIKE TO DO SOMETHING …

> Ça te dirait de + *inf.?*
> Ça ne te dit rien de + *inf.?*
> Ça te plairait de + *inf.?*
> Tu n'as pas envie de + *inf.?*
> Moi, je voudrais bien …, pas toi?

TO EXPRESS INTEREST IN DOING SOMETHING …

> Oh oui, bonne idée!
> Oui, allons-y!
> D'accord, j'arrive.
> O.K.

TO EXPRESS DISINTEREST IN DOING SOMETHING …

> Non, ça ne me dit rien.
> Bof, je n'ai pas vraiment envie.
> Non, je préfère ….
> Non, moi, je + *conditional* + plutôt ….

Enrichment: Ask students to ask for and make suggestions on how to do a report, interview, research, etc.

Have students look at a Calendar of Events, identify an event, and note details about it. Then have students take turns inviting a classmate to an event. Discuss the outcomes.

EXERCICES Essential

Exercice A
Questions will vary.
1. le quotidien
2. le lecteur / la lectrice
3. l'hebdomadaire
4. la revue
5. le tien / la tienne
6. (à) la une
7. une revue mensuelle
8. le rédacteur en chef
9. l'illustratrice

A En un mot. Quelle est l'expression ou quel est le mot décrit par la définition donnée? Donnez la réponse et puis posez une question à un(e) camarade de classe en utilisant ce mot ou cette expression.

1. Un journal qui paraît tous les matins ou tous les soirs.
2. Une personne qui lit.
3. Un magazine qui paraît une fois par semaine.
4. Un magazine spécialisé (au sujet des sports, de la mode ou du jardinage, par exemple).
5. Ce qui est à toi.
6. Dans un journal, là où se trouvent les articles sur les événements les plus importants.
7. Une revue qui paraît tous les mois.
8. Celui qui se charge de la rédaction d'un journal, d'un magazine, etc.
9. Une femme qui fait les illustrations d'un magazine ou d'un journal.

10. S'informer; se renseigner chaque jour sur ce qui se passe dans le monde.
11. Faire paraître le premier numéro d'un journal, d'un magazine, etc.
12. Une seule partie d'un feuilleton.

10. se tenir au courant
11. lancer
12. un épisode

Exercice B
lecteur
s'informer
mondiaux; abonnés
reportage
éditoriaux
soulèvent
rubriques
gros titres; attirent
de l'étranger
recherches
consulter; se réunir
presse

B **Pour mieux s'informer.** Maurice s'intéresse à l'actualité, mais Jean-Paul non. Complétez leur dialogue en utilisant les mots suivants. Tous les mots ne seront pas utilisés.

abonnés	éditoriaux	recherches
attirent	établissent	reportage
blessés	gros titres	rubriques
consulter	lecteur	se réunir
couverture	mondiaux	s'informer
de l'étranger	presse	soulèvent

JEAN-PAUL Quoi! Tu as deux journaux là?

MAURICE Oui, je suis un grand _____ de journaux. Mes parents croient qu'il est très important de _____ des événements _____. Ils sont _____ à deux quotidiens et à plusieurs
5   hebdomadaires.

JEAN-PAUL Chez moi on se tient au courant en regardant les informations à la télé. C'est beaucoup plus facile.

MAURICE Là il faut faire attention! A la télé le _____ est rarement objectif. Dans les meilleurs journaux, le point de vue
10   reste assez objectif sauf dans les _____ et les dessins humoristiques. Et les journaux _____ des questions de grande importance, ce qui n'est pas possible en trente secondes à la télé.

JEAN-PAUL Peut-être. Mais je n'ai le temps de lire que les _____ qui
15   m'intéressent, comme les sports. Et les bandes dessinées, bien sûr! Et d'habitude je jette un coup d'œil sur les _____. S'ils m' _____, je lis les articles.

MAURICE Moi, je passe pas mal de temps à lire l'actualité _____.

JEAN-PAUL Ecoute, j'ai des _____ à faire pour mon exposé de demain
20   dans la classe d'histoire. Ça te dirait de m'aider à choisir les meilleures revues à _____? On pourrait _____ dans la salle de documentation.

MAURICE Oui, mais quel est le sujet de ton exposé?

JEAN-PAUL L'importance d'une _____ libre dans le monde actuel.

Ça te dirait de t'abonner à l'opéra?

L'emblème du journal *Le Monde*, à Paris

C Que dites-vous? Choisissez la réponse qui convient dans chacune des situations suivantes et expliquez pourquoi vous l'avez choisie.

1. Quand vous voulez inviter quelqu'un à sortir, vous dites: (*Et si tu sortais pour voir un film?* / *Ça te dirait de voir un film?*)
2. Quand quelqu'un vous invite à voir un film que les critiques n'ont pas du tout aimé, vous dites: (*O.K.* / *Bof, je n'ai pas vraiment envie.*)
3. Quand quelqu'un vous demande de l'aider à faire des recherches dans la salle de documentation, vous dites: (*Tu te moques de moi.* / *Ça me passionnerait.*)
4. Quand vos parents regardent une émission à la télé mais vous voulez regarder une autre chaîne, vous dites: (*Pourquoi ne pas regarder la deuxième chaîne?* / *Si je ne vois pas cet épisode de mon feuilleton, je ne comprendrai pas le dénouement.*)
5. Quand le professeur dit qu'il y aura un examen demain, vous dites: (*Encore un examen?* / *Mais j'ai un exposé à faire dans mon cours d'anglais.*)
6. Quand quelqu'un dit que le Canada est plus petit que les Etats-Unis, vous dites: (*Voilà une remarque tout à fait subjective.* / *Alors là tu te trompes.*)
7. Quand quelqu'un dit que la véritable objectivité n'est pas possible, vous dites: (*Je suis d'accord.* / *D'accord, j'arrive.*)
8. Quand quelqu'un dit qu'un animateur ne doit pas entrer dans un débat subjectif avec ses invités vous dites: (*Mais non!* / *Je suis tout à fait d'accord.*)

Enrichment: In reference to Ex. C, ask students to think of additional appropriate remarks for each of the situations.

D Parlons de toi.

1. Est-ce que tu lis un quotidien tous les jours? Quelles rubriques t'intéressent le plus? Pourquoi? Et tes parents, auxquelles est-ce qu'ils s'intéressent?
2. Tu lis des magazines ou des revues? Lesquels? Tu y es abonné(e)? Tu sais combien coûte un abonnement à ton magazine favori? Combien coûte chaque numéro? C'est un hebdomadaire ou un magazine mensuel?
3. Quelle sorte de couverture attire l'attention des gens? Tu te rappelles ce qui était sur la couverture du dernier numéro de ton magazine favori?
4. Tu t'intéresses à l'actualité? Pourquoi? Qu'est-ce qui était à la une du journal hier soir ou ce matin? Tu te rappelles quelques-uns des gros titres? Est-ce que tu lis des articles sur les événements mondiaux? Nationaux? Locaux? Ou est-ce que tu préfères lire les faits divers?

Enrichment: Encourage students to draw political cartoons or comic strips with captions in French. Or they may clip them from newspapers and make up captions for someone else's art.

5. Tu aimes regarder les dessins humoristiques dans les journaux et les magazines? Tu as un dessinateur humoristique favori?

6. Comment est le journal de ton lycée? Il paraît mensuellement? Toutes les six semaines? Qui en est le rédacteur en chef? Comment est le reportage? Tu travailles pour le journal? Si oui, qu'est-ce que tu fais? Tu écris des articles? Sur quel sujet? Tu es fort(e) en orthographe? Si non, qui corrige ce que tu écris?

7. Est-ce que tu regardes les informations à la télé? Sur quelle chaîne? Pourquoi est-ce que cette émission est ta favorite?

8. Qui est ton animateur favori? Pourquoi? Tu regardes souvent son programme?

9. Est-ce que ta famille a un magnétoscope? Quelles sortes de programmes est-ce que tu enregistres le plus souvent? Tu t'en sers le plus souvent pour regarder des films? Quels films est-ce que tu as regardés chez toi récemment?

Practice Sheet 10-1

Workbook Exs. A–B

 3 Tape Manual Ex. 1

Quiz 10-1

ACTIVITÉ   Discretionary

La nouvelle revue.   Vous allez lancer une nouvelle revue et, avec votre partenaire, vous vous chargez de la couverture. Quel sera le sujet de votre revue (les événements mondiaux? les sports? les arts?)? Comment s'appellera-t-elle? Quel en sera le prix?

Avec votre partenaire, dessinez la couverture du premier numéro. Montrez quelques-uns des titres des articles qui y paraîtront. S'il y a des rubriques spéciales, mentionnez-les. Dessinez l'illustration ou, si cela convient, le dessin humoristique pour la couverture. (Si vous n'avez aucun talent artistique, vous pouvez décrire l'illustration.) N'oubliez pas que la couverture doit pousser les gens à acheter la revue.

APPLICATIONS

L'événement de l'année  4

Le club de rédaction de *Salut,* le magazine du lycée, s'est
réunie pour discuter du prochain numéro.

BENOÎT	Moi, pour la rubrique «La vie au lycée», j'ai pensé faire un article sur la cantine.
5 VÉRONIQUE	Formidable! Si tu pouvais donner des idées au cuisinier pour améliorer¹ les menus, ce serait génial.
ROLAND	Et toi, Jocelyne, qu'est-ce que tu vas préparer comme reportage?
JOCELYNE	Je ne sais pas encore. Il faudrait trouver quelque chose qui attire l'attention des lecteurs.
10 BENOÎT	Ce sera difficile de faire mieux que ton reportage sur le bal masqué.²
ROLAND	On ne peut pas lui demander d'avoir autant d'inspiration tous les trois mois.
15 VÉRONIQUE	Si tu interviewais un prof sur sa vie en dehors du lycée?
BENOÎT	Oui, ça serait peut-être pas mal.
ROLAND	Ah, tu devrais interviewer le nouveau prof d'anglais.
20 JOCELYNE	Mister Hyde?
ROLAND	Oui, il te révélerait³ peut-être le sujet de son examen sur *1984.*
JOCELYNE	Alors, ça, ce serait l'événement de l'année!

---

¹**améliorer** *to improve*   ²**le bal masqué** *costume party*   ³**révéler** *to reveal*

Questionnaire

1. Pourquoi est-ce que ces élèves se sont réunis?   2. Qu'est-ce que
Véronique veut que Benoît mette dans son article?   3. Sur quel sujet
est-ce que Jocelyne a écrit pour le dernier numéro? D'après ce que disent
Benoît et Roland, comment était cet article?   4. Pourquoi est-ce que
Roland veut que Jocelyne interviewe Mr. Hyde?   5. Est-ce qu'elle croit
qu'il ferait ce que veut Roland?   6. Est-ce que *Salut* est un magazine
mensuel? Combien de fois par an est-ce qu'il paraît?   7. Vous avez lu
1984? Qui en était l'auteur? Vous vous rappelez le nom du héros et de
l'héroïne? Vous pouvez parler un peu de l'intrigue de ce roman célèbre?
8. Est-ce que votre lycée a un magazine? Comment s'appelle-t-il?
Combien de fois par an est-ce qu'il paraît? Vous avez écrit quelque chose
qui y a paru?

De quoi te chargerais-tu si tu faisais partie du club de rédaction d'un magazine?

Situation

Discutez de ce qui se passerait si votre classe de français voulait lancer
un magazine. De quoi est-ce que chaque personne se chargerait?
Qu'est-ce qui y paraîtrait? Qui écrirait les articles et quels en seraient les
sujets? Il y aurait des dessins humoristiques? Qui les ferait? Qui
dessinerait la couverture? Comment s'appellerait le magazine?

Après la discussion, décidez si vous voudriez essayer de lancer un
petit magazine. Si oui, formez un club de rédaction et allez-y!

Notes: For uses of the conditional (other than with *si* clauses), see mini-dialogues 2, 6, 8–9, pp. 323, 324, 325.

Notes: Point out that, unlike the future, the *e* of the conditional stem of *-er* verbs is pronounced: *je regardérai*, but *je regarderais* [ə].

Le conditionnel

As you know, the conditional is used to express what *would* happen if certain conditions existed. To form the conditional we add the imperfect endings to the future stem.

-ER	-IR/-ISS	-IR	-RE
je regarderais	je finirais	je sortirais	je répondrais
tu regarderais	tu finirais	tu sortirais	tu répondrais
il elle on } regarderait	il elle on } finirait	il elle on } sortirait	il elle on } répondrait
nous regarderions	nous finirions	nous sortirions	nous répondrions
vous regarderiez	vous finiriez	vous sortiriez	vous répondriez
ils elles } regarderaient	ils elles } finiraient	ils elles } sortiraient	ils elles } répondraient

◆ **OBJECTIVES:**

TO MAKE REQUESTS

TO MAKE SUGGESTIONS

TO MAKE POLITE COMMANDS

TO REPORT WHAT SOMEONE SAID OR THOUGHT

TO UNDERSTAND A NEWS REPORT

Remember that verbs ending in *-yer* and stem-changing verbs like *jeter* and *lever* use the changed stem in the future and conditional.

INFINITIVE	PRESENT INDICATIVE		CONDITIONAL	
essa**yer**	j'	essa**ie**	j'	essa**ierais**
emplo**yer**	tu	emplo**ies**	tu	emplo**ierais**
essu**yer**	il	ess**uie**	il	essu**ierait**
jeter	elles	je**ttent**	elles	je**tteraient**
lever	ils	l**è**vent	ils	l**è**veraient

For stem-changing verbs like *répéter,* use the infinitive as the future and conditional stem.

répéter	je	rép**è**te	je	**répéterais**
accélérer	on	accél**è**re	on	**accélérerait**

Reteach/Extra Help: You may want to do a pattern drill (subject substitution) with each of the listed verbs.

Un kiosque à journaux à Paris

1 Verbs with irregular future stems use the same stem in the conditional.

INFINITIVE	FUTURE/ CONDITIONAL STEM	
aller	**ir-**	On a dit que tu **irais** loin.
avoir	**aur-**	Il **aurait** un reportage.
devoir	**devr-**	Nous **devrions** nous réunir plus souvent.
envoyer	**enverr-**	Vous m'**enverriez** une revue?
être	**ser-**	Je crois qu'elle **serait** objective.
faire	**fer-**	Je suis sûre que tu **ferais** de ton mieux.
falloir	**faudr-**	Il **faudrait** nous en informer.
mourir	**mourr-**	Ils **mourraient** sans eau.
pleuvoir	**pleuvr-**	Je croyais qu'il **pleuvrait.**
pouvoir	**pourr-**	Vous **pourriez** faire un petit effort.
recevoir	**recevr-**	Ils **recevraient** l'hebdomadaire.
savoir	**saur-**	Elles **sauraient** lancer un hebdomadaire.
valoir	**vaudr-**	Ça ne **vaudrait** pas la peine.
venir	**viendr-**	Elle **viendrait** me consulter.
voir	**verr-**	Je **verrais** d'abord la couverture.
vouloir	**voudr-**	Nous **voudrions** lire ce numéro.

Explications I　**333**

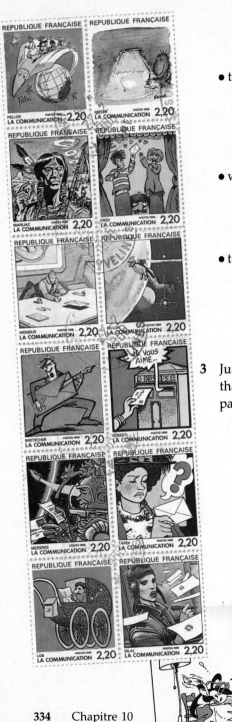

2 The conditional is used:

● to make a request

Vous me **montreriez** la couverture?	*Would* you *show* me the cover?
Tu m' **aiderais** à trouver cet article?	*Would* you *help* me find that article?

● to make suggestions

Moi, je n'**achèterais** pas cette revue.	*I wouldn't buy* that magazine.
A ta place, nous ne **ferions** pas attention à lui.	*In your place, we wouldn't pay* any attention to him.

● with verbs like *devoir, pouvoir, vouloir* to soften commands

Tu **pourrais** bien m'aider.	*You could* help me.
Vous **devriez** enregistrer cet épisode.	*You should* record that episode.

● to make a hypothetical statement

Moi, je **ferais** un meilleur reportage qu'elle.	*I would do* a better report than she.
Nous **serions** moins subjectifs que ça.	*We'd be* less subjective than that.

3 Just as in English, the conditional is also used to express something that is in the future with respect to a past event. Compare these pairs of sentences.

Je crois qu'il nous invitera.	*I think he'll invite us.*
Je croyais qu'il nous **inviterait.**	*I thought he'd invite us.*
Ils disent qu'ils attireront l'attention des lecteurs sur ce problème.	*They say they'll bring this problem to the readers' attention.*
Ils ont dit qu'ils **attireraient** l'attention des lecteurs sur ce problème.	*They said they'd bring this problem to the readers' attention.*

4 In newspaper articles, the conditional is used to stress that information has not been verified and may be a rumor.

Il y aurait beaucoup de chômage chez les jeunes.

(It is reported that) there is a lot of unemployment among young people.

On **lancerait** le nouveau quotidien le premier avril.

(It is reported that) the new daily paper will be launched April 1.

EXERCICES   Essential

A Si j'étais journaliste.   Qu'est-ce que vous feriez si vous étiez journaliste? Suivez le modèle.

> s'informer des événements mondiaux
> *Je m'informerais des événements mondiaux.*

1. se tenir au courant des nouvelles de l'étranger
2. vérifier tout ce qu'on m'a dit
3. interviewer des gens célèbres
4. faire des reportages intéressants
5. voyager dans le monde entier
6. ne rien citer sans le vérifier
7. essayer de rester objectif
8. soulever des problèmes importants

Enrichment: You might ask students to choose another profession or job (*médecin, charpentier,* etc.) and mention several things they would or would not do.

B Soyez diplomate!   Le rédacteur en chef d'un grand quotidien donne des ordres brusques. Comment pourrait-il les donner d'une manière plus polie? Suivez le modèle.

> Ne prenez pas vos congés ce mois-ci!
> *A votre place, je ne prendrais pas mes congés ce mois-ci.*

1. Renseignez-vous vite sur ce problème!
2. Faites écrire un article sur cet accident!
3. Jetez un coup d'œil sur les éditoriaux pour vous tenir plus au courant!
4. Soulevez les questions les plus importantes au début de l'article!
5. Consultez l'illustratrice tout de suite!
6. Servez-vous des gros titres pour attirer l'attention des lecteurs!
7. Réunissez-vous plus souvent avec les illustrateurs!
8. Soyez moins subjectif!
9. Poussez les autres à travailler autant que vous!
10. Citez les remarques de l'animateur!

Exercice A
1. Je me tiendrais au courant des nouvelles de l'étranger.
2. Je vérifierais tout ce qu'on m'a dit.
3. J'interviewerais ...
4. Je ferais ...
5. Je voyagerais ...
6. Je ne citerais rien ...
7. J'essaierais ...
8. Je soulèverais ...

Exercice B
1. A votre place, je me renseignerais vite sur ce problème.
2. A votre place, je ferais écrire un article sur cet accident.
3. ... je jetterais un coup d'œil sur les éditoriaux pour me tenir plus au courant.
4. ... je soulèverais ...
5. ... je consulterais ...
6. ... je me servirais ...
7. ... je me réunirais ...
8. ... je serais ...
9. ... je pousserais les autres à travailler autant que moi.
10. ... je citerais ...

Reteach/Review: You may want to continue the idea of softening commands. Redo the sentences using *devoir* (Vous ne devriez pas prendre vos congés), *pouvoir* (Pourriez-vous vous renseigner vite), *vouloir* (Voudriez-vous faire écrire un article), etc.

C Des bonnes résolutions.   Les enfants Lambert parlent des résolutions que les membres de leur famille ont faites. L'un des enfants croit qu'ils feront ce qu'ils ont promis de faire. L'autre n'en est pas certain. Conversez selon le modèle.

> Papa / se reposer plus
> ÉLÈVE 1   *Papa se reposera plus.*
> ÉLÈVE 2   *Il a promis qu'il se reposerait plus.*

1. Papa et maman / se détendre pendant le week-end
2. Louis / s'énerver moins
3. Nous / faire des randonnées à la campagne
4. Papa / ne plus fumer
5. Je / se lever plus tôt
6. Nous / ne pas bûcher comme des dingues
7. Maman / prendre les transports en commun
8. Louis / essayer de perdre quelques kilos

D A la rédaction.   Le rédacteur d'un grand quotidien prépare les titres de la prochaine édition. Un assistant lui lit les dernières nouvelles qui sortent sous forme télégraphique. Conversez selon le modèle.

> ÉLÈVE 1   7 morts dans un accident affreux sur l'autoroute
> ÉLÈVE 2   *Il y aurait sept morts dans un accident affreux sur l'autoroute.*

1. maire partir en voyage en Grande-Bretagne le mois prochain
2. sa femme l'accompagner
3. élèves d'un lycée à Lyon lancer tous seuls leur propre journal mensuel
4. ne vouloir aucune aide de leurs professeurs
5. pleuvoir sur la Côte d'Azur
6. plusieurs bateaux à voiles se perdre à cause de la pluie et du vent
7. arriver un accident affreux dans la montagne
8. 15 morts et 30 blessés graves
9. les emmener à l'hôpital de notre ville

Le Monde

Le quotidien le plus prestigieux se lit comme un vrai roman

Les phrases avec *si*   Essential

You know that a sentence with a *si* clause gives a condition. The main clause of the sentence tells what will happen if the condition is met. If the *si* clause is in the present tense, the result is in the present, future, or imperative. This tells what usually happens or what will or should happen if the condition is met.

S'il pleut, {
je prends un parapluie.
je prendrai un parapluie.
prends un parapluie!
}

1 To express what *would* happen if a condition *were* met, use the imperfect in the *si* clause and the conditional in the result.

> **Si** j'**étais** bon en orthographe, j'**écrirais** des articles.
> **Si** tu **voyageais,** tu **ferais** des reportages.
> **S'**il **se tenait** au courant, il **connaîtrait** le sujet du débat.

2 Remember that a *si* clause in the imperfect can be used by itself to express a suggestion.

> **Si nous faisions un tour** en voiture?   *Shall we take a ride in the car?*

EXERCICES   Essential

A On prépare un voyage. Les Dumesnil se préparent pour faire un grand voyage. Conversez selon le modèle.

> aller au Canada / pouvoir aller à Montréal
> ÉLÈVE 1 *Si on allait au Canada?*
> ÉLÈVE 2 *Oui, nous pourrions aller à Montréal.*

1. acheter les billets maintenant / payer beaucoup moins
2. aller de Montréal à Québec par la route / louer une voiture
3. y aller en hiver / voir le Carnaval
4. traverser la frontière américaine / vouloir visiter les Etats-Unis
5. s'arrêter à New York / se promener dans le Parc Central
6. descendre jusqu'à Washington / aller à la Maison Blanche
7. se diriger vers la Floride / s'arrêter à Disney World
8. avoir plus de jours de congé / revenir en bateau

Reteach/Review: You might change to present tense *(si tu vas au Canada)* and have students complete, using variations on present, future, or imperative.

Enrichment: You might let students work in triads. One suggests a place to go. Another responds with what they might do when they get there. The third is a recorder who makes a list of suggestions and responses. Then change speaking partners. The recorder will encourage partners to vary responses and not repeat themselves.

Notes: For uses of the conditional with *si* clauses, see mini-dialogues 3, 7–8, pp. 323, 325.

◆ **OBJECTIVES:**

TO TALK ABOUT THINGS YOU WOULD DO IF ...

TO DISCUSS HYPOTHETICAL SITUATIONS

TO MAKE SUGGESTIONS

Exercice A
1. Si on achetait les billets maintenant? / Oui, nous paierions beaucoup moins.
2. Si on allait de Montréal à Québec par la route? / Oui, nous louerions une voiture.
3. Si on y allait ... / Oui, nous verrions le Carnaval.
4. Si on traversait ... / Oui, nous voudrions ...
5. Si on s'arrêtait ... / Oui, nous nous promènerions ...
6. Si on descendait ... / Oui, nous irions ...
7. Si on se dirigeait ... / Oui, nous nous arrêterions ...
8. Si on avait ... / Oui, nous reviendrions ...

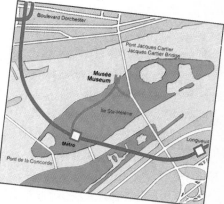

Explications I   **337**

Des journalistes de la
Radio Canada

B **Le jour de fête.** Un jour de fête, on entend ce reportage à la radio. Mettez les verbes entre parenthèses à la forme correcte du temps qui convient.

Il y *(avoir)* un grand embouteillage sur l'autoroute A6 à la sortie de Paris. D'après la police, il *(falloir)* trois heures pour faire les 50 kilomètres de Paris à Fontainebleau. La police essaie de régler le problème. Si les automobilistes *(sortir)* de l'autoroute et *(prendre)* les
5 petites routes, la situation *(être)* moins grave. Bien sûr, si tout le monde *(ne pas se mettre)* en route en même temps cela *(empêcher)* les embouteillages comme celui-ci. En tout cas, il *(valoir)* mieux éviter l'autoroute. Comme nous a dit un agent de police: «A leur place, je *(prendre)* le train, ou encore mieux je *(rester)* chez moi.»

C **Choix de profession.** Dites ce que vous feriez si vous choisissiez les professions ou métiers suivants. Par exemple:

charpentier
*Si j'étais charpentier, je construirais des maisons que tout le monde
voudrait acheter.*

1. rédacteur / rédactrice en chef d'un quotidien
2. illustrateur / illustratrice
3. romancier / romancière ou dramaturge

4. animateur / animatrice
5. architecte
6. acteur / actrice
7. chef d'orchestre
8. dessinateur / dessinatrice humoristique
9. chef du personnel d'une grande société
10. gérant(e) d'un grand magasin

Notes: Encourage imaginative and extended sentences.

Enrichment: Can students name someone who fulfills their stated expectations? Can they tell who among these groups they would be? *(Si j'étais animateur, je serais Phil Donahue.)*

Exercice D
Answers will vary.

Practice Sheet 10-4

Workbook Ex. E

 6 Tape Manual Ex. 4

Quiz 10-3

Enrichment: Here is an opportunity for students to write their own letters. Keep them anonymous, shuffle and distribute them. Let students write answers and read them aloud. Encourage originality and humor.

D Parlons de toi.
1. Nous avons tous des rêves. Si, par exemple, tu recevais un million de dollars, qu'est-ce que tu ferais?
2. Est-ce que ta ville a des problèmes qu'on n'a pas pu résoudre *(solve)*? Si tu étais maire de ta ville, qu'est-ce que tu ferais pour essayer de les résoudre?
3. Obtiens le journal d'aujourd'hui ou d'hier et regarde les gros titres à la une. Commente un des problèmes ou un des événements importants.
4. Lis le courrier du cœur dans le journal. Tu es d'accord avec les conseils donnés? Quels conseils est-ce que tu donnerais à ceux qui ont écrit les lettres?

ACTIVITÉ   Discretionary

Soyons diplomates! Formez un groupe de deux ou trois personnes. Choisissez un des problèmes suivants et décidez ce qu'on pourrait faire pour le résoudre.

la faim dans le monde
l'apartheid en Afrique du Sud
la situation au Moyen-Orient *(Middle East)*
un problème différent de la même importance mondiale

D'abord, faites une liste de termes (en anglais) dont vous aurez besoin. Cherchez-les dans un bon dictionnaire anglais-français.

Après avoir discuté du problème et décidé ce qu'on pourrait faire, faites un reportage à la classe sur ce que vous avez décidé.

Dans la salle de documentation d'un lycée français

APPLICATIONS

Discretionary

🔊 7

Qu'est-ce qui fait courir Jacqueline Gareau?

Avant de lire

Answers will vary.

4. to run / race
5. the interview was done / to involve
6. the length of my strides / well-being / it's going well / mile / a test of endurance / adult / heat / besides / carbohydrates / to suffer / to recreate / to stop / effective
7. relaxed / to push back

AVANT DE LIRE

1. Vous êtes sportif (sportive)? Quels sports vous intéressent le plus?

2. Que faites-vous pour vous détendre? Beaucoup de gens nagent ou jouent au tennis ou au basketball, par exemple, pour se détendre. Mais si vous étiez un athlète professionnel qui «jouait» pour gagner sa vie, que feriez-vous pour vous détendre?

3. A votre avis, comment serait la vie d'un(e) athlète professionnel(le)?

4. La lecture qui suit est une interview avec une coureuse de fond *(long-distance runner)*. Que veulent dire le verbe *courir* et, dans ce contexte, le nom *la course*?

5. A la ligne 8, vous pouvez deviner ce que veut dire «l'entrevue a été réalisée»? Vous comprenez le verbe *impliquer* à la ligne 7? Que veut dire «to implicate» en anglais?

6. Voici quelques autres mots que vous devez comprendre sans vous servir d'un dictionnaire. Pensez au contexte et à ce que vous savez des langues françaises et anglaises: *la longueur de mes enjambées* (l. 14), *le bien-être* (l. 22), *ça roule bien* (l. 22), *la mille* (l. 30), *une épreuve d'endurance* (l. 34), *la grande personne* (l. 46), *la chaleur* (un nom associé à l'adjectif *chaud*, l. 51), *en plus* (l. 52), *les hydrates de carbone* (l. 53), *souffrir* (l. 66), *recréer* (l. 81), *cesser* (l. 97), *efficace* (l. 99).

7. Vous comprenez ce que c'est qu'un muscle contracté. Alors, que veut dire *décontracté* à la ligne 23? Vous connaissez le verbe *pousser*. Que veut dire *repousser* (l. 71)?

Des journalistes interviewent Jacqueline Gareau.

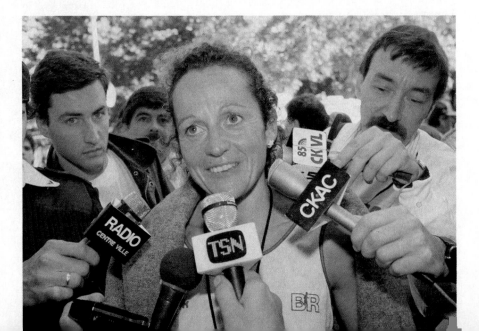

D epuis avril 1982 (marathon de Boston), Jacqueline Gareau figure sur la liste des 10 femmes les plus rapides du monde: 42 km en moins de 2 h 30.

«Un bon athlète doit savoir bien dormir, bien manger, bien vivre», dit-elle
5 aux groupes qu'elle rencontre régulièrement pour parler de santé, d'alimentation[1] et de son métier de coureuse de fond. Jacqueline Gareau considère le sport comme … une activité qui doit impliquer tout le monde tout le temps. L'entrevue a été réalisée en avril 83, à Saint-Bruno, par Georges-Hébert Germain.

10 **L'Actualité:** *A quoi pensez-vous lorsque[2] vous courez?*
J. Gareau: Ça dépend. Quand je m'entraîne, je pense un jour sur deux à mon chum, au film que j'ai vu la veille[3] ou à ce que je vais manger pour dîner. Je rêve. D'autres jours, je m'entraîne plus sérieusement: je pense à mon style, à ma respiration, à la position de mes bras ou à la longueur de
15 mes enjambées. Je pense aux conseils que m'a donnés mon entraîneur et j'essaie de les mettre en pratique. En d'autres mots, je pense à mon métier qui est de courir et d'être autant que possible au meilleur de ma forme.
L'Actualité: *Et en compétition?*
J. Gareau: Quand je suis en compétition, je me concentre plus encore sur
20 mes mouvements, sur mon moral,[4] sur la douleur[5] ou l'euphorie que je ressens.[6] Il y a des moments, pendant un marathon, où j'ai une réelle impression de bien-être. Je suis calme, ça roule bien, tous mes muscles sont décontractés. Dans ces moments-là, il m'arrive d'avoir des flashes complètement absurdes. Mais je ne les bloque pas. Au contraire, je m'en
25 sers. Je me dis par exemple: «Je suis une girafe qui court pour son plaisir dans la savane!» Et je me sens bien comme ça. Mon corps s'est habitué à l'effort. J'ai oublié que c'est dur.[7] Et je me sens libre. Même si je ne suis pas la première, j'éprouve[8] une sorte de sentiment de victoire.
L'Actualité: *Et quand ça va mal?*
30 **J. Gareau:** … Dans les derniers milles, la tête travaille autant que les jambes et que les poumons,[9] surtout si on rencontre ce que les marathoniens appellent le mur. C'est une véritable crevaison.[10] On n'a plus d'énergie et plus de force que dans sa tête…. Ceux qui sont partis trop vite ou qui sont mal préparés à une épreuve d'endurance sont à peu près[11]
35 certains de tomber sur le mur à un moment donné. La plupart abandonnent. Les têtes dures continuent.

---

[1]**l'alimentation** (f.) = ce qu'on mange   [2]**lorsque** = quand   [3]**la veille** *the night before*   [4]**le moral** *mental state*   [5]**la douleur** *pain*   [6]**ressentir** *to experience, to feel*   [7]**dur, -e** = difficile   [8]**éprouver** = ressentir   [9]**le poumon** *lung*   [10]**la crevaison** *collapse*   [11]**à peu près** = presque

Extrait de «Qu'est-ce qui fait courir Jacqueline Gareau?», *L'Actualité*, juillet 1983. Reproduit avec permission.

Un marathon, ce n'est pas seulement une épreuve physique. Ça demande également une sérieuse préparation psychologique. Et plus on s'améliore,[12] plus ça demande de la concentration....

40 **L'Actualité:** *N'est-ce pas un sport de solitaire que la course de fond?*

J. Gareau: Pas vraiment. Et ça l'est de moins en moins. Il y a 10 ans, quand j'ai commencé à courir, on était vraiment tout seul. Les gens criaient: «Une-deux-une-deux!» en nous voyant passer. Les coureurs formaient une minorité. C'est peut-être pour ça qu'il y a une sorte de complicité qui est

45 née entre eux. A l'époque, on trouvait normal de voir courir un enfant. Mais pas une grande personne. Aujourd'hui par contre,[13] j'ai parfois l'impression que les grandes personnes qui ne courent pas forment à leur tour une espèce[14] de minorité. C'est eux, au fond,[15] qui sont seuls.

L'Actualité: *Avez-vous déjà failli[16] abandonner pendant une course?*

50 **J. Gareau:** Une fois, oui. C'était pendant le Marathon de Montréal de l'été 82. C'était mon deuxième marathon à la grosse chaleur en moins de deux mois. J'avais fait Boston et je n'étais pas encore totalement reposée. En plus, j'avais fait une erreur dans mon régime: j'avais pris trop d'hydrates de carbone, en me disant que ça compenserait pour la fatigue. Résultat:

55 j'avais quelques livres[17] en trop. Dès[18] le début du marathon, j'ai senti que je n'étais pas au meilleur de ma forme.

Mais je me suis dit que la forme me reviendrait peut-être si je continuais. J'avais tort; ça ne s'est pas arrangé.[19] La forme n'est pas revenue. Mais je suis quand même contente d'avoir fini ce marathon, parce que je ne sais

60 pas trop comment je m'arrangerais avec l'idée d'un abandon.

L'Actualité: *N'est-ce pas dangereux à la longue[20] que d'exiger de son corps la totalité de ses forces et de ses énergies?*

J. Gareau: Lorsqu'on est bien entraîné et en bonne forme physique et morale, faire un marathon est une chose naturelle; ce n'est pas dangereux.

65 Par contre, si tu veux faire un marathon alors que tu n'es pas prêt, tu vas souffrir, c'est sûr ...

Avant de se lancer dans une aventure de ce genre-là, il faut avoir couru des petites distances en compétition, des courses de 5 ou 10 milles. Il faut aussi avoir couru des 15 et 20 milles à l'entraînement, pour habituer son

70 corps. L'idée, ce n'est pas d'affronter[21] de grandes douleurs et de les surmonter, c'est de repousser les limites de la douleur le plus loin possible....

L'Actualité: *Quelle importance accordez-vous à la compétition?*

J. Gareau: Pour moi, c'est essentiel. C'est motivant. C'est là qu'on apprend. J'aime mieux arriver deuxième dans un marathon où il y a de la

75 compétition que première là où il n'y en a pas.... On part tout le monde

---

[12]**(s')améliorer** *to improve (oneself)*   [13]**par contre** *on the other hand*   [14]**l'espèce** (f.)
= la sorte   [15]**au fond** = vraiment   [16]**faillir** + *inf. to almost (do something)*
[17]**la livre** *pound*   [18]**dès** *from*   [19]**s'arranger** = aller mieux; se débrouiller   [20]**à la
longue** *in the long run*   [21]**affronter** *to face*

ensemble pour courir un marathon. Les conditions sont les mêmes pour tout le monde. Pendant la première partie du parcours,[22] on garde contact, on s'étudie, on se regarde dans les yeux, on observe comment l'autre respire. Et on cache son jeu, sa stratégie. La différence entre une première
80 et une deuxième place, c'est souvent mental....

Quand je m'entraîne, j'essaie de recréer des situations de compétition afin de[23] m'y habituer. Je m'imagine par exemple qu'il y a une fille sur mes talons[24] depuis une quinzaine de minutes.... Et j'ai vraiment l'impression qu'elle est là derrière moi. J'arrive en haut[25] la première et souvent, je suis
85 tellement prise au jeu, que je lève les bras en l'air, comme quand on a gagné pour vrai....

L'Actualité: *Comment vous entraînez-vous?*

J. Gareau: Au début, il y a 10 ans, je me suis entraînée beaucoup par moi-même. Je me demande même si on peut parler d'entraînement. Je courais
90 tous les jours, sans aucune technique, pour le plaisir. Une heure par jour. J'étais capable dès le début de courir de très longues distances, mais je ne demandais jamais à mon cœur d'aller trop vite.

Dans ce temps-là, j'étais inhalothérapeute.... Chaque jour, je voyais des hommes et des femmes malades des poumons. Chaque jour, j'en voyais
95 qui se mouraient de cancer, d'emphysème, de bronchite chronique, tués par la cigarette, par l'inaction. J'avais 20 ans et pas du tout envie de mourir. J'ai cessé de fumer et je me suis mise à courir pour tout de bon.[26] Mais sans m'imaginer un instant qu'un jour je serais parmi les meilleures au monde. Je me rendais seulement compte que mon corps était plus efficace
100 et que j'améliorais mes temps à chaque course.

En 1977, j'ai participé à ma première compétition, un marathon de 42 km. C'était un peu fou, je l'avoue.[27] On ne commence pas avec de si longues distances. Mais je ne voulais pas arriver première; je voulais arriver, simplement. Je l'ai fait en 3 heures et 44 minutes, sans souffrir à
105 aucun moment. Six mois plus tard à Ottawa, j'ai fait trois heures et huit minutes. C'est là que j'ai compris que je pouvais peut-être m'y mettre sérieusement....

L'Actualité: *Mais on ne peut pas s'améliorer indéfiniment. A quel âge une marathonienne est-elle en pleine possession de ses moyens?[28]*

110 **J. Gareau:** D'après moi, ce n'est pas tellement une question d'âge, pas dans les courses d'endurance. J'ai fait cette année, à 30 ans, mon meilleur temps dans le 15 km, dans le 10 milles et dans le marathon. Ce n'est pas l'âge qui arrête les coureurs. Quand un coureur se retire de la course, c'est qu'il en a assez, qu'il veut faire autre chose.

115 A Tokyo, il y a quelques années, j'ai été battue par une femme de 43 ans. Je l'aurais probablement battue sur une courte distance, c'est-à-dire

Jacqueline Gareau

---

[22]**le parcours** *distance*   [23]**afin de** = pour   [24]**le talon** *heel*   [25]**en haut** (here) = au but   [26]**pour tout de bon** = sérieusement   [27]**avouer** *to admit*   [28]**les moyens** (m.pl.) *powers*

dans une course de vitesse qui demande plus de force et de vivacité. Mais le marathon exige beaucoup d'expérience, une force de caractère et une endurance physique qu'on a rarement à 20 ans. Ce sont des choses qui se
120 développent avec le temps et l'entraînement. Moi, je sais que je n'ai pas atteint[29] ma pleine maturité de marathonienne et que je peux encore m'améliorer....

L'Actualité: *Vous ne courez donc plus pour votre plaisir?*

J. Gareau: Mettons que ce n'est plus le même plaisir qu'il y a 10 ans. Je
125 suis en compétition. Je cours pour gagner. Je m'entraîne pour être la meilleure.

L'Actualité: *Vous ne vous entraînez plus seule?*

J. Gareau: Oui et non. Depuis trois ans, je travaille avec Guy Thibeault. Il est docteur en physiologie de l'exercice.... Avec lui, j'établis un plan de
130 travail. Mais on ne se voit pas souvent. Il m'a appris à m'entraîner toute seule, à m'observer, à me corriger. Il m'a rendue indépendante.

L'Actualité: *Aimeriez-vous parfois faire un métier moins exigeant?*

J. Gareau: Tous les métiers le sont quand on s'y donne vraiment. Moi, je suis heureuse du mien....
135 Il est bien évident qu'un jour ou l'autre, quand j'aurai fait ce que j'ai à faire, je vais me retirer de la compétition.

---

[29]**atteindre** *to reach*

Questionnaire

1. Mlle Gareau parle plusieurs fois des choses différentes auxquelles elle pense en courant. Quelles en sont quelques-unes?
2. D'après Mlle Gareau, la course de fond n'est pas un «sport de solitaire». Pourquoi?
3. Que faisaient les gens il y a dix ans en voyant courir les grandes personnes? Pourquoi?
4. Que dit Mlle Gareau au sujet de la compétition? Que fait-elle en s'entraînant pour se faire courir plus vite?
5. Que faisait Mlle Gareau comme métier? Comment cela l'a-t-il poussée à devenir coureuse de fond?
6. Pourquoi croit-elle que les coureurs de trente ans puissent faire les courses d'endurance mieux que ceux qui n'ont que vingt ans?
7. D'après ce que dit Mlle Gareau, comment rangerait-elle les déclarations suivantes en ordre de leur importance?

   a) gagner la course
   b) avoir de la compétition
   c) devenir la meilleure coureuse du monde
   d) ne pas abandonner la course
   e) s'améliorer régulièrement
   f) faire de son mieux

   Comment est-ce que vous les rangeriez, vous?

EXPLICATIONS II Essential

Les pronoms possessifs

Notes: For uses of possessive pronouns, see mini-dialogue 2, p. 323.

You know three ways to express possession: with *de*, with a possessive adjective, or with *à* + a disjunctive pronoun, a noun, or a name.

C'est l'article **de Serge.** Il est **à Serge.**
C'est la voiture **du directeur.** Elle est **au directeur.**
C'est **mon** journal. Il est **à moi.**

◆ **OBJECTIVES:**

TO IDENTIFY ONE'S POSSESSIONS

TO STRESS OR CONTRAST OWNERSHIP

TO COMPARE WHAT YOU HAVE WITH WHAT OTHERS HAVE

1 Another way of expressing possession is to use a possessive pronoun.

pour remplacer un nom au singulier		*pour remplacer un nom au pluriel*	
MASCULIN	FÉMININ	MASCULIN	FÉMININ
le mien	**la mienne**	**les miens**	**les miennes**
le tien	**la tienne**	**les tiens**	**les tiennes**
le sien	**la sienne**	**les siens**	**les siennes**
le nôtre	**la nôtre**	**les nôtres**	
le vôtre	**la vôtre**	**les vôtres**	
le leur	**la leur**	**les leurs**	

Note that the possessive pronouns *nôtre* and *vôtre* have circumflex accents.

2 The possessive pronoun agrees in gender and number with the noun it replaces, and we use the appropriate definite article. As in English, we use possessive pronouns to identify, stress, or contrast ownership.

Ces illustrations sont à vous?

Ce sont vos reportages?

Non, ce ne sont pas **les nôtres.** Ce sont celles de Guy.
Non, j'ai déjà donné **les miens** à la rédactrice. Je crois que ce sont ceux d'Anne.

Reteach/Extra Help: You might do a quick question/answer drill using objects belonging to you and to the students.

Une librairie à Dijon

Exercice A

1. Je ne trouve pas mon carnet. Tu me prêtes le tien? / Le mien? Bon, d'accord.
2. ... mes cassettes. Tu me prêtes les tiennes? / Les miennes? ...
3. ... mon micro. Tu me prêtes le tien? / Le mien? ...
4. ... mon magnétophone. Tu me prêtes le tien? / Le mien? ...
5. ... mes notes ... Tu me prêtes les tiennes? / Les miennes? ...
6. ... mon imperméable. Tu me prêtes le tien? / Le mien? ...
7. ... mes articles ... Tu me prêtes les tiens? / Les miens? ...
8. ... ma carte de presse. Tu me prêtes la tienne? / La mienne? ...

Exercice B

1. Nos numéros paraissent tous les deux mois. Et les vôtres? / Les nôtres aussi.
2. Notre rubrique de faits divers exige des tas de recherches. Et la vôtre? / La nôtre aussi.
3. Nos journalistes essaient toujours d'être objectifs. Et les vôtres? / Les nôtres aussi.
4. Nos reportages sont acclamés par tout le monde. Et les vôtres? / Les nôtres aussi.
5. Nos illustrations sont toutes en couleurs. Et les vôtres? / Les nôtres aussi.
6. Notre style attire beaucoup de jeunes lecteurs. Et le vôtre? / Le nôtre aussi.
7. Notre société lance une nouvelle revue bientôt. Et la vôtre? / La nôtre aussi.
8. Nos citations sont toujours vérifiées plusieurs fois. Et les vôtres? / Les nôtres aussi.
9. Notre liste d'abonnements devient très grande. Et la vôtre? / La nôtre aussi.

EXERCICES   Essential

A Un journaliste pressé. Un jeune journaliste doit interviewer le maire pour son journal. Mais avant de quitter son bureau, il ne peut pas trouver ses affaires. Il demande à son collègue de lui prêter les siennes. Conversez selon le modèle.

> stylo
> ÉLÈVE 1 *Je ne trouve pas mon stylo. Tu me prêtes le tien?*
> ÉLÈVE 2 *Le mien? Bon, d'accord.*

1. carnet
2. cassettes
3. micro
4. magnétophone
5. notes sur le débat d'hier soir
6. imperméable
7. articles sur le chômage
8. carte de presse

Enrichment: You might let students personalize Ex. A by borrowing items from classmates.

B Les nôtres aussi! Deux jeunes rédacteurs se sont réunis. Maintenant ils comparent leurs magazines. Conversez selon le modèle.

> couvertures / être / extraordinaires
> ÉLÈVE 1 *Nos couvertures sont extraordinaires. Et les vôtres?*
> ÉLÈVE 2 *Les nôtres aussi!*

1. numéros / paraître / tous les deux mois
2. rubrique de faits divers / exiger / des tas de recherches
3. journalistes / essayer / toujours d'être objectifs
4. reportages / être / acclamés par tout le monde
5. illustrations / être / toutes en couleurs
6. style / attirer / beaucoup de jeunes lecteurs
7. société / lancer / une nouvelle revue bientôt
8. citations / être / toujours vérifiées plusieurs fois
9. liste d'abonnements / devenir / très grande
10. rédacteur en chef / nous consulter / au moins une fois par semaine

C Et les leurs? Les deux mêmes rédacteurs parlent maintenant de quelques autres magazines. Refaites l'Exercice B en conversant selon le nouveau modèle.

> couvertures / être / extraordinaires
> ÉLÈVE 1 *Nos couvertures sont extraordinaires. Et les leurs?*
> ÉLÈVE 2 *Je ne crois pas que les leurs soient extraordinaires.*

10. Notre rédacteur en chef nous consulte au moins une fois par semaine. Et le vôtre? / Le nôtre aussi.

D **Une petite biographie.** Voilà la biographie d'une élève guadeloupéenne. Lisez-la et ensuite répondez aux questions selon le modèle.

Laure habite en Guadeloupe. Elle est née dans la petite ville de Capesterre mais maintenant elle habite la ville principale, Pointe-à-Pitre. Elle va au lycée Schœlcher. Elle aime les sciences, surtout la chimie, et voudrait devenir médecin. Elle aime aussi les langues

5 étrangères. Elle suit des cours d'anglais et d'espagnol. Bien sûr, comme tous les Guadeloupéens, elle parle français et créole. Pour se distraire elle joue de la guitare, mais elle aime aussi faire du théâtre. Elle fait partie d'une petite troupe dramatique qui joue des pièces comiques de temps en temps. Elle aime aussi lire. Ses auteurs

10 favoris sont Aimé Césaire, un écrivain martiniquais, et Colette, une romancière française.

la ville natale?
La sienne est Capesterre. La mienne est ...

1. La ville où elle habite?
2. Son lycée?
3. Ses matières préférées?
4. Son choix de profession?
5. Ses passe-temps?
6. Les autres langues qu'elle connaît?
7. Les langues qu'elle parle couramment?
8. Ses auteurs favoris?

Enrichment: Let pairs of students compare their own personal answers (mine and yours) to questions 3–8.

E **Parlons de toi.**

Exercice E
Answers will vary.

1. Dans certains lycées américains, il y a beaucoup d'élèves étrangers. Il y en a dans le tien? D'où viennent-ils? Tu parles quelquefois de l'actualité mondiale avec eux? Si oui, est-ce que tu es souvent d'accord avec eux sur ce qui se passe dans le monde? Ils s'intéressent probablement à ce qui se passe dans notre pays. Tu t'intéresses à ce qui se passe dans le leur?

2. Comment cela serait-il d'être dans un pays étranger où on ne parlait pas très bien la langue? Qu'est-ce que tu ferais dans cette situation si tu ne te sentais pas bien ou si tu étais blessé(e)? Et si tu pouvais comprendre que quelque chose d'important avait eu lieu, mais que tu ne pouvais pas lire le journal ni *(nor)* comprendre ce dont on parlait à la télé, qu'est-ce que tu ferais?

3. Comment est-ce que tu t'informes de l'actualité? Comment est-ce que tu te tiendrais au courant dans la situation décrite ci-dessus?

4. Crois-tu que ton pays soit le meilleur du monde? Pourquoi? Pourquoi presque tous les gens croient-ils que le leur soit le meilleur? Pourquoi n'est-il pas possible d'être moins subjectif à ce sujet?

Exercice C

1. Nos numéros paraissent tous les deux mois. Et les leurs? / Je ne crois pas que les leurs paraissent ...
2. Notre rubrique de faits divers exige des tas de recherches. Et la leur? / Je ne crois pas que la leur exige ...
3. Nos journalistes essaient toujours d'être objectifs. Et les leurs? / Je ne crois pas que les leurs essaient ...
4. ... Et les leurs? / Je ne crois pas que les leurs soient ...
5. ... Et les leurs? / Je ne crois pas que les leurs soient ...
6. ... Et le leur? / Je ne crois pas que le leur attire ...
7. ... Et la leur? / Je ne crois pas que la leur lance ...
8. ... Et les leurs? / Je ne crois pas que les leurs soient ...
9. ... Et la leur? / Je ne crois pas que la leur devienne ...
10. ... Et le leur? / Je ne crois pas que le leur les consulte ...

Exercice D

1. La sienne est Point-à-Pitre. La mienne est ...
2. Le sien est le lycée Schœlcher. Le mien est ...
3. Les siennes sont les sciences (surtout la chimie) et les langues. Les miennes sont ...
4. Le sien est d'être médecin. Le mien est ...
5. Les siens sont jouer de la guitare, faire du théâtre et lire. Les miens sont ...
6. Les siennes sont l'anglais et l'espagnol. La mienne est le français.
7. Les siennes sont le français et le créole. La mienne est l'anglais.
8. Les siens sont Aimé Césaire et Colette. Les miens sont ...

RÉVISION

Transparency 30

Notes: Review of:
1. vocabulary
2. conditional
   vocabulary
3. conditional with *si*
   clauses
   vocabulary
4. conditional
   vocabulary
5. conditional
   vocabulary
6. conditional
   possessive pronouns

Lisez la bande dessinée.

1. Arnaud n'est pas heureux parce qu'il n'y a pas de club de débat au lycée.

2. Ce matin il a voulu demander aux profs d'anglais s'ils l'aideraient à en établir un.

3. S'ils disaient oui, Arnaud pourrait organiser le club.

4. Le club se réunirait une fois par semaine.

5. Les lycéens regarderaient les journaux pour trouver un sujet pour le premier débat.

6. Ça plairait à Arnaud si on choisissait le sien: «Pour ou contre la liberté de la presse».

Maintenant imaginez que vous organisez un club de débat à votre lycée. Qu'est-ce qu'il faut faire pour lancer le club? Ecrivez votre propre histoire en vous servant de la Révision comme modèle.

THÈME

Transparency 31

Trouvez les expressions françaises qui correspondent à l'anglais et rédigez un paragraphe.

1. Jacques and Sophie are unhappy because there is no current events magazine at school.

2. Yesterday they tried to ask the French teacher if she would help them launch one.

3. If she said yes, Sophie could be an editor and Jacques could be an illustrator.

4. The magazine would appear four times a year.

5. The editors would consult the French students to find a name for the magazine.

6. It would please Jacques and Sophie if they accepted theirs: le Petit Echo du lycée.

RÉDACTION

Maintenant, choisissez un de ces sujets.

1. Quelle rubrique vous intéresse le plus dans le journal? Expliquez votre réponse.

2. Pourquoi est-il important de se tenir au courant de l'actualité?

3. Que feriez-vous …

   a. si on vous demandait d'être le président (la présidente) de votre classe?
   b. si on vous permettait de changer une chose au lycée?
   c. si on vous demandait d'interviewer la personne de votre choix?

CONTRÔLE DE RÉVISION   CHAPITRE 10   Discretionary

Notes: Answers to the *Contrôle* appear in the teacher pages at the front of the book.

A   Les analogies.
Faites des analogies.

1. la radio: écouter / le journal: _____
2. tous les jours: quotidien / tous les mois: _____
3. la télévision: une émission / la revue: _____
4. l'article écrit: le journaliste / l'interview oral: _____
5. le chapitre: le livre / l'épisode: _____
6. le dessin: l'illustrateur / l'éditorial: _____
7. le grand magasin: le rayon / le journal: _____

B   Le lycée a 50 ans.
Monsieur Van Kote parle de ce qu'on prépare pour la grande fête du lycée. Refaites le paragraphe en ajoutant *Monsieur Van Kote a dit que …* et en mettant les verbes au conditionnel.

Monsieur Van Kote a dit que …

«D'abord, on invitera tous les anciens profs et lycéens. Le matin, il y aura des programmes différents dans les salles de classe. Puis, tout le monde prendra le déjeuner à la cantine. L'après-midi, on fera du volley et du basket. A 6h, les invités iront au gymnase. Là, ils mangeront et danseront jusqu'à minuit. Tout le monde partira fatigué mais content.»

C   Les conditions nécessaires.
Mettez les verbes entre parenthèses aux temps convenables.

1. Si j'*(avoir)* faim, je mangerais un sandwich.
2. Si l'enfant était fatigué, il *(se coucher)*.
3. Si nous *(vouloir)* le faire, nous le ferions.
4. Si vous pouviez le lui expliquer, elle *(être)* contente.
5. S'ils avaient assez d'argent, ils l'*(acheter)*.
6. Si tu le lui demandais, il te l'*(envoyer)*.
7. Si nous l'avions, nous te l'*(offrir)*.

D   Les objets perdus.
Mettez les pronoms possessifs. Suivez le modèle.

C'est ton marteau?   *Oui, c'est le mien.*

1. C'est la boîte à outils de Serge?
2. Ce sont vos outils?
3. Ce sont les pinces de ton voisin?
4. C'est ta scie?
5. C'est la poubelle de tes parents?
6. Ce sont mes pinceaux?
7. C'est notre échelle?

 Listening Comprehension Test   Chapter 10 Test

Noms

l'abonnement *(m.)*
l'actualité *(f.)*
l'animateur, l'animatrice
l'attention *(f.)*
le blessé, la blessée
la couverture
le débat
le dessin humoristique
l'éditorial *(m.)*
l'épisode *(m.)*
l'événement *(m.)*
les faits divers *(m.pl.)*
l'hebdomadaire *(m.)*
l'illustrateur, l'illustratrice
l'illustration *(f.)*
l'importance *(f.)*
le lecteur, la lectrice
le mort, la morte
le numéro *(issue)*
l'objectivité *(f.)*
l'orthographe *(f.)*
la presse
le quotidien
la recherche
la rédaction *(editing)*
la remarque
le reportage
la revue
la rubrique
les (gros) titres

Verbes

attirer
consulter
établir
(s') informer (de)
lancer
paraître
pousser (qqn. à + *inf.*)
se réunir
soulever

Adjectifs

mensuel, -le
mondial, -e
objectif, -ve
subjectif, -ve
véritable

Pronoms possessifs

le mien, la mienne
le tien, la tienne
le sien, la sienne
le nôtre, la nôtre
le vôtre, la vôtre
le leur, la leur

Expressions

à la une
autant (de / que)
de l'étranger
en chef
être abonné, -e
jeter un coup d'œil sur
se tenir au courant de
tou(te)s les deux jours / mois
(semaines / années)

CHAPITRE 11

PRÉLUDE CULTUREL │ L'HISTOIRE ET LES TRADITIONS

L'anniversaire de la Révolution de 1789, qui a mis fin à la monarchie et qui a introduit les concepts de liberté et d'égalité, est une grande fête en France. Le 14 juillet, il y a des défilés, des gens qui dansent dans les rues et des feux d'artifice. Ici, on voit la silhouette de la tour Eiffel au milieu des illuminations multicolores.

(en haut) La France est divisée en régions, chacune avec sa propre histoire, ses propres traditions et même son propre costume. A Antibes, sur la Côte d'Azur, ces adolescents portent le costume régional à l'occasion d'une danse folklorique.

(en bas) St-Jean-de-Luz est un port au sud-ouest de la France, spécialisé dans la pêche au thon *(tuna)*. Cette industrie donnent du travail aux gens qui habitent sur la côte basque. On célèbre l'industrie pendant le festival du thon.

MOTS NOUVEAUX

Transparency 32
CONTEXTE
VISUEL

1

Connais-tu bien l'histoire de France?

l'hymne national *(m.)*

tricolore

le drapeau tricolore

l'uniforme *(m.)*

le défilé

la liberté

l'égalité *(f.)*

la fraternité

le feu d'artifice

le roi

la reine

l'hymne *(m.)*

Ave Maria

la Lorraine

Verdun ○   Metz ○

l'Alsace *(f.)*

Nancy ○

Strasbourg ○

Colmar ○

Mulhouse ○

Biarritz ○ Bayonne
○ St-Jean-de-Luz ○ Pau

le Pays Basque   le Roussillon

Perpignan ○

la Provence

Avignon ○   Nice ○

Grasse ○

Arles ○   Cannes ○ ○ Antibes

○ Marseille

○ Toulon

CONTEXTE COMMUNICATIF

 2

1 Charlotte et Serge jouent au Trivial Pursuit.

SERGE   Depuis quand **la devise** de la France
                    est-elle «Liberté, Egalité, Fraternité»?

CHARLOTTE Depuis deux cents ans.

SERGE   Bravo!

Variations:

■ la devise → l'hymne national
   «Liberté, Egalité, Fraternité» → «La Marseillaise»
   depuis deux cents ans → ça fait deux cents ans

la devise *motto*

> **Reteach/Review:** Review *depuis quand* by asking questions relating to history, contemporary events or personal situations.

2   M. Dufour regarde des vieilles photos avec sa fille.

SYLVIE	Cette photo **date de** quand?
M. DUFOUR	De **la** Première **Guerre** mondiale. Tu vois le monsieur là, en uniforme de **l'armée** française, c'est ton arrière-grand-père.
SYLVIE	Tu l'as connu, toi?
M. DUFOUR	**Non, hélas.** Quand je suis né, ça faisait déjà longtemps qu'il était mort.

■ la Première Guerre mondiale → la guerre de 14*
  le monsieur → le soldat
  ça faisait → il y avait

dater de   *to date back to*
la guerre   *war*
l'armée (f.)   *army*

non (oui), hélas   *I'm afraid not (so)*

  Enrichment: Using either old family photos or black and white stills from old movies, ask questions about dates and individuals. *(dater de / en).*

3   Demain, c'est le 14 juillet. En France, c'est une grande fête qui **commémore la révolution** de 1789.

M. LEGRAND	Demain, c'est **jour férié.** On ne travaille pas.
MME LEGRAND	Tu **fais le pont?**
M. LEGRAND	Oui, on pourrait peut-être partir à la campagne?
MME LEGRAND	Non, j'ai promis d'emmener les enfants voir le feu d'artifice.

■ ne travaille pas → va **célébrer**†
  le feu d'artifice → le défilé

commémorer   *to commemorate*
la révolution   *revolution*
le jour férié   *official holiday*
faire le pont   *to take an extra day off between a holiday and a weekend*

célébrer   *to celebrate*

Notes: Note that *un jour férié* is an official holiday. *Un jour de congé* is a day off or a vacation day.

4   Un jeune Allemand vient d'arriver au lycée.

CHRISTINE	Depuis quand es-tu en France?
HANS	Ça fait deux mois.
CHRISTINE	Tu parles vraiment bien le français.
HANS	J'ai toujours habité près de la frontière française. C'est une région où il y a beaucoup d'**échanges** entre nos deux pays, tu sais.

■ de la frontière française → de l'Alsace
■ Allemand → Espagnol
  de la frontière française → du Roussillon
■ Allemand → Italien
  de la frontière française → de la Provence

l'échange (m.)   *exchange*

Enrichment: You may want to do map practice showing borders, location, etc.

---

*La Première Guerre mondiale a commencé en août 1914 et s'est terminée le 11 novembre 1918. Les Etats-Unis n'y sont entrés qu'en avril 1917.

†*Célébrer* is a stem-changing verb that follows the pattern of *répéter: je célèbre; nous célébrons.*

5 LUCIEN   Ton frère aîné fait son **service militaire*** dans l'armée?

ODETTE   Non, il **s'est engagé** dans **la marine.**

LUCIEN   Tiens, c'est une bonne idée. Quand je ferai mon service militaire, je le ferai dans la marine. Comme ça je verrai le monde.

■ l'armée → **l'armée de l'air**

le service militaire *military service*

s'engager *to enlist*

la marine *navy*
    Culture: Point out that there is no French equivalent of the U.S. Marines.

l'armée de l'air (f.) *air force*

6 Le prof d'histoire **fait un cours** sur la révolution de 1789.

LE PROF   Pouvez-vous expliquer pourquoi la révolution a eu lieu?

FRANÇOIS   Il y avait longtemps que **le peuple** était **malheureux.**

NADINE   Et le roi était trop **puissant.**

■ il y avait → ça faisait

faire un cours = donner un cours

le peuple *the people*

malheureux, -euse *unhappy*

puissant, -e *powerful*
    Reteach/Review: Ask students to distinguish between *ils ont souvent été / ils étaient souvent en désaccord.*

Notes: Distinguish carefully between the meaning of *le peuple* and *les gens.*

7 Si tu regardes une carte d'Europe, tu verras que la France est **entourée de** nombreux autres pays. Au cours des siècles, ils ont souvent **été en désaccord,** mais maintenant ils ont décidé de **s'unir** pour **former** la C.E.E.†

■ au cours des siècles → **jadis**

■ au cours des siècles → **autrefois**
    ils ont souvent été → ils étaient souvent

Enrichment: Can students name the other countries that surround France?

entouré (de) *surrounded (by)*

être en désaccord *to disagree*

le désaccord *disagreement*

s'unir *to unite*

former *to form*

jadis *formerly*

8 Une journaliste interviewe **un écologiste** célèbre.

LA JOURNALISTE   Quels sont, à votre avis, **les dangers** qui vont nous **menacer** dans l'avenir?

L'ÉCOLOGISTE   En un mot, **la technologie.**

LA JOURNALISTE   La technologie?

L'ÉCOLOGISTE   Oui, c'est la technologie qui **crée** la pollution. **Dès que** nous **parviendrons**†† à trouver une solution à ce problème, nous vivrons dans un monde meilleur.

■ dès que → **aussitôt que**
    trouver → **découvrir****

■ dès que → **lorsque**
    nous parviendrons à trouver → nous trouverons

l'écologiste (m. & f.) *ecologist*

le danger *danger*

menacer *to threaten*

la technologie *technology*

créer *to create*

dès que *as soon as*

parvenir à + inf. = arriver à + *inf.*

aussitôt que = dès que

découvrir *to discover*

lorsque = quand

Reteach/Extra Help: Practice *parvenir* in present, past, future: Greenpeace (*parvenir à*) attirer l'attention des gens à l'écologie; Jacques Cousteau (*découvrir*) ..., etc.

*Tous les Français dòivent faire le service militaire pendant un an.

†La C.E.E. = la Communauté Economique Européenne (''Common Market''). Les douze membres sont l'Allemagne, la Belgique, le Danemark, l'Espagne, la France, la Grande-Bretagne, la Grèce, l'Irlande, l'Italie, le Luxembourg, les Pays-Bas et le Portugal.

††*Parvenir* follows the pattern of *venir* in all tenses.

**Découvrir follows the pattern of *ouvrir*. Its past participle is *découvert.*

AUTREMENT DIT

TO ASK FOR AN EXPLANATION ...

> Comment ça se fait que ...?
> Tu peux m'expliquer pourquoi ...?
> Tu peux me dire pourquoi ...?
> Tu sais pourquoi ...?

TO CONGRATULATE ...

> Félicitations!
> Bravo!
> C'est toi le meilleur!
> Tu es un chef!

Enrichment: Ask students to think of something they have recently learned in a class, in a documentary, etc., and to ask for more information or an explanation. Ask students to mention a recent success or bit of good luck and to take turns congratulating each other.

Exercice A
Questions will vary.
1. découvrir
2. détruire
3. puissant / fort
4. la guerre
5. malheureux
6. entouré (de)
7. le jour férié / le jour de congé
8. être en désaccord

Exercice B
Questions will vary.
1. parvenir à + inf.
2. jadis
3. aussitôt que
4. le drapeau tricolore
5. le peuple
6. menacer
7. lorsque
8. commémorer / se rappeler

Enrichment: Ask students to dramatize or role–play these antonyms.

Exercice C
Most answers will vary.
3. le 19 avril 1775 à Lexington et Concord

EXERCICES   Essential

A Au contraire.   Donnez le contraire de chaque mot ou de chaque expression. Ensuite posez une question à un(e) camarade de classe en utilisant l'antonyme que vous avez choisi.

1. cacher   3. faible   5. heureux   7. le jour de travail
2. créer   4. la paix   6. tout seul   8. être d'accord

B D'accord.   Maintenant donnez un synonyme pour chaque mot ou pour chaque expression. Ensuite posez une question en utilisant le mot ou l'expression que vous avez choisi.

1. arriver à + inf.   5. les gens d'un pays
2. autrefois   6. mettre en danger
3. dès que   7. quand
4. le drapeau français   8. se souvenir de

C Parlons de toi.

1. Comment est-ce qu'on commémore le 4 juillet chez toi, en famille et dans la communauté où tu vis? Comment est-ce que tu expliquerais l'importance de cette date?
2. Quels autres jours fériés est-ce qu'on célèbre aux Etats-Unis? Comment est-ce qu'on les célèbre? Tu sais quels événements ces fêtes commémorent?
3. La Déclaration d'Indépendance n'était pas le véritable commencement de la Révolution américaine. Tu peux citer la date où l'armée anglaise et les Américains se sont battus vraiment pour la première fois? Tu sais où a eu lieu cet événement?

4. Qu'est-ce que tu sais de l'hymne national des Etats-Unis? Pendant quelle guerre est-ce qu'il a été écrit? Est-ce que tu penses que c'est le meilleur hymne national possible pour ce pays? Si non, qu'est-ce que tu préférerais et pourquoi?

5. De nos jours, il y a quelques pays qui ont encore un roi ou une reine. Tu peux en citer quelques-uns? Est-ce que tu voudrais vivre dans un pays où il y avait un roi ou une reine? Pourquoi?

6. Tu peux expliquer la devise de la France? A ton avis, qu'est-ce qu'elle veut dire? Tu sais la devise des Etats-Unis? Qu'est-ce que tu en penses?

7. Est-ce que tu comptes t'engager dans les forces armées? Pourquoi? Si tu t'engageais, est-ce que tu choisirais l'armée, la marine ou l'armée de l'air? Pourquoi?

8. Est-ce que tu crois qu'aux Etats-Unis on devrait avoir le service militaire comme en France? Est-ce que tu t'engagerais si une armée étrangère menaçait nos frontières?

9. S'il fallait que les hommes fassent le service militaire, est-ce que les femmes devraient le faire aussi? Pourquoi?

10. Est-ce que tu penses que tout le monde doit rendre quelque service à l'état ou à la communauté? Si oui, quelle sorte de service?

11. Est-ce que tu voudrais être écologiste? Pourquoi? Qu'est-ce qu'on peut faire pour se débarrasser de la pollution de l'air, de la terre et des mers?

4. L'hymne national des Etats-Unis a été écrit par F.S. Key le 13–14 septembre 1814 pendant la Guerre de 1812. Il se trouvait sur un bateau pendant le bombardement du Fort McHenry à Baltimore.
5. l'Angleterre (la reine Elizabeth), le Danemark (la reine Margrethe), les Pays-Bas (la reine Beatrix); l'Espagne (le roi Juan Carlos), la Suède (le roi Carl XVI Gustaf), la Norvège (le roi Olav V)
6. "In God We Trust"

Practice Sheet 11-1

Workbook Exs. A–B

 3 **Tape Manual Ex. 1**

Quiz 11-1

ACTIVITÉ   Discretionary

La meilleure devise.   Avec un(e) partenaire, créez des devises en français pour:

a) les Etats-Unis
b) votre état
c) votre ville
d) votre lycée
e) votre classe de français
f) vous-mêmes

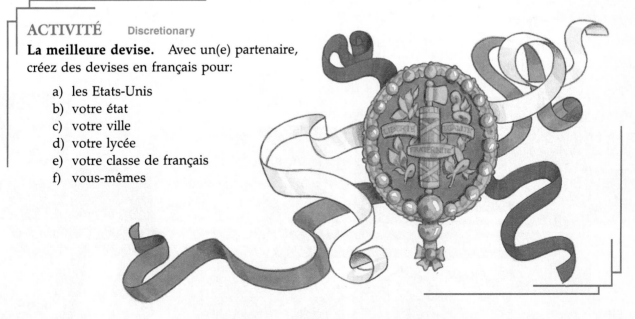

APPLICATIONS

Les avantages de la C.E.E. 4

Juliette discute avec son père.

JULIETTE   Ce sera chouette quand il n'y aura plus de frontières
en Europe.

M. HERAN   Tu t'intéresses à la politique[1] internationale, toi,
5   maintenant?

JULIETTE   Oui, je trouve ça passionnant.

M. HERAN   Et pourquoi?

JULIETTE   Ecoute. D'après mon prof d'éco,[2] quand les frontières
économiques disparaîtront, tout ce qui vient des
10   autres pays de la C.E.E. sera bien moins cher.

M. HERAN   Et alors?

JULIETTE   Eh bien, je pourrai m'acheter tous les disques de rock
anglais sans dépenser trop d'argent!

M. HERAN   Ah, ça alors, c'est vraiment un avantage très
15   important!

JULIETTE   Ne te moque pas de moi, papa. Rends-toi compte: la
petite Jaguar blanche dont tu rêves depuis si
longtemps, elle aussi coûtera bien moins cher.

M. HERAN   Tiens, c'est vrai, ça!

---

[1] **la politique** *politics*   [2] **l'éco** = les sciences économiques

Questionnaire

1. Pourquoi est-ce que Juliette veut que les frontières économiques entre les pays européens disparaissent? Son père pense que c'est un véritable avantage?   2. Qu'est-ce qu'elle dit pour le convaincre *(convince)?* Vous croyez qu'elle y parvient?   3. Quels avantages est-ce que vous voyez dans une organisation internationale comme la C.E.E.?   4. Vous croyez que c'est possible qu'un jour il n'y ait plus de frontières du tout en Europe? Qu'est-ce qui risque d'empêcher que toutes les frontières disparaissent?   5. Vous croyez qu'un jour il n'y aura plus de frontières entre les Etats-Unis et le Canada? Entre les Etats-Unis et le Mexique? Pourquoi?

Situation

Organisez un débat sur les avantages et les désavantages de faire disparaître les frontières économiques entre les Etats-Unis et le Canada ou entre les Etats-Unis et le Mexique. Formez deux équipes qui prépareront leurs arguments et qui choisiront deux ou trois personnes pour participer au débat.

EXPLICATIONS I Essential

Notes: For uses of *il y a* / *ça fait* + time, see mini-dialogues 2, 4, 6, pp. 356, 357.

◆ **OBJECTIVES:**

TO SAY HOW LONG IT HAS BEEN SINCE SOMETHING HAPPENED

TO TELL HOW LONG SOMETHING HAS BEEN GOING ON

TO TALK ABOUT PAST EVENTS IN RELATION TO THE PRESENT

Un feu d'artifice le 14 juillet, Paris

Il y a et *ça fait* avec le temps

You know that *il y a* + an expression of time + passé composé is the equivalent of "ago."

> Le feu d'artifice **s'est terminé il y a deux heures.**

> *The fireworks **ended two hours ago.***

1 *Il y a* or *ça fait* + an expression of time + *que* is the equivalent of "since" or "for." With the passé composé, this construction expresses how long it has been since an event took place.

> **Ça fait deux siècles que** la révolution **a eu lieu.**
> **Il y a presque 200 ans que** Rouget de Lisle **a écrit** «la Marseillaise».
> **Ça fait plus de quarante ans qu'il n'y a pas eu** de guerre en France.

> *It's been two centuries since the revolution **took place.***
> *It's been almost 200 years since Rouget de Lisle **wrote** the "Marseillaise."*
> *It's been over forty years since there was a war in France.*
> OR: *There hasn't been a war in France for over forty years.*

2 With the present tense, *il y a* and *ça fait* + an expression of time + *que* is always equivalent to "for." It tells how long something has been going on.

> **Ça fait trois heures que** le défilé **dure.**
> **Il y a une semaine que** le patron **menace** de le licencier.

> *The parade **has lasted for three hours.***
> *The boss **has been threatening to fire him** for a week.*

3 *Il y a* and *ça fait* can also be used with the imperfect to tell how long something *had* been going on when another event occurred. This construction is the equivalent of "for."

> **Il y avait une heure que** le défilé **passait** quand il a commencé à pleuvoir.
> **Ça** ne **faisait** qu'**une semaine que j'avais** la bague quand je l'ai perdue.

> *The parade **had been passing by for an hour** when it started to rain.*
> *I **had had** the ring **for** only **a week** when I lost it.*

EXERCICES Essential

A Quelques dates dans l'histoire de France. Il y a combien de temps que ces événements ont eu lieu? Répondez selon le modèle. Employez *plus de, moins de, presque* ou *et demi* s'il le faut. Pour les deux dernières questions, dites exactement combien d'années sont passées depuis l'événement.

> 732: Charles Martel bat les Arabes à Poitiers
> *Il y a (Ça fait) plus de douze siècles et demi que Charles Martel a battu les Arabes à Poitiers.*

1. 987: Hugues Capet devient roi de France
2. 1066: Guillaume, duc de Normandie, gagne la bataille de Hastings et devient roi d'Angleterre
3. 1214: Naissance de Louis IX (saint Louis)
4. 1257: Robert de Sorbon fonde la Sorbonne
5. 1431: Jeanne d'Arc est brûlée vive à Rouen
6. 1673: Le père Marquette et Louis Joliet découvrent le Mississippi
7. 1715: Mort de Louis XIV (le Roi-Soleil)
8. 1789: La Révolution française a lieu
9. 1815: Napoléon perd la bataille de Waterloo
10. 1871: La France doit céder l'Alsace et une partie de la Lorraine à l'Allemagne
11. 1918: La France reprend l'Alsace et la Lorraine après la Première Guerre mondiale
12. 1959: Charles de Gaulle crée la Ve République

Exercice A
Students may use either *il y a* or *ça fait.* Choices of *plus de, moins de, presque* may vary somewhat.
1. Il y a (Ça fait) dix siècles que Hugues Capet est devenu roi de France.
2. ... plus de neuf siècles que Guillaume ... a gagné ... et est devenu ...
3. ... presque huit siècles (plus de sept siècles et demi) que Louis IX est né.
4. ... presque sept siècles et demi que Robert de Sorbon a fondé ...
5. ... plus de cinq siècles et demi que Jeanne d'Arc a été brûlée ...
6. ... plus de trois siècles que ... ont découvert ...
7. ... presque trois siècles que Louis XIV est mort.
8. ... deux siècles que la Révolution française a eu lieu.
9. ... presque deux siècles que Napoléon a perdu ...
10. ... plus d'un siècle que la France a dû céder ...
11. ... soixante-douze (-treize / -quatorze, etc.) ans que la France a repris ...
12. ... trente et un (-deux, -trois, etc.) ans que Charles de Gaulle a créé ...

Enrichment: You might want to ask students to adapt Ex. A to events in U.S. history.

Explications I **363**

B **La meilleure candidate.** Le gérant d'une grande entreprise internationale a besoin d'une secrétaire. Deux jeunes femmes ont posé leur candidature. Dites quelle est l'experience des deux candidates. Suivez le modèle.

> étudier l'allemand   ANNE: 3 ans   JULIE: ___
> ÉLÈVE 1 *Il y a combien de temps qu'elles étudient l'allemand?*
> ÉLÈVE 2 *Il y a (Ça fait) trois ans qu'Anne l'étudie. Julie ne l'a pas étudié.*

	ANNE	JULIE
1. taper à la machine	5 ans	3 ans
2. utiliser un ordinateur	3 ans	3 ans
3. étudier la comptabilité	—	2 semaines
4. rédiger des lettres d'affaires	1 an	1 an
5. travailler comme standardiste	8 mois	—
6. suivre des cours d'anglais	3 ans	5 ans

Alors, laquelle des deux candidates est-ce que vous choisiriez? Pourquoi?

C **Grosses bises.** Nous sommes en juillet et Jim voyage en France avec sa famille. Voici des cartes postales qu'il écrit à sa petite amie, Amy, et, après son retour aux Etats-Unis, à son correspondant Georges. Complétez-les selon son itinéraire.

Chère Amy, le 14 juillet

Aujourd'hui on commémore la Révolution. Il y a des défilés et des feux d'artifice partout. On est maintenant à Strasbourg, en _____. _____ deux jours que nous (*être*) ici. Nous (*quitter*) la Lorraine _____ trois jours. On se verra dans deux semaines.

Grosses bises,

Jim

Exercice C
Alsace; Il y a (*or:* Ça fait)
sommes; avons quitté
il y a

Il y a (*or:* Ça fait); suis
ne nous sommes pas vus
Il y a (*or:* Ça fait)
sommes arrivés
Pays Basque

Il y a (*or:* Ça fait)
a quitté
Il y a (*or:* Ça fait)
suis rentré

Chère Amy, le 22 juillet

_____ trois semaines que je (*être*) en France—et trois semaines que nous (*ne pas se voir*), hélas! _____ deux jours que nous (*arriver*) au Roussillon. Le 24, nous allons au _____. Tu viens me chercher à l'aéroport?

A bientôt!
Grosses bises,

Jim

Cher Georges, le 15 septembre

_____ plus d'un mois qu'on (*quitter*) la France, mais le temps passe vite. _____ une semaine que je (*rentrer*) au lycée. Je suis le plus fort en français maintenant! Il se peut que tu viennes aux Etats-Unis pour les vacances de Noël?

A bientôt,

Jim

Enrichment: You might ask students to create a similar calendar in which they may substitute other regions of France. They can then write a series of cards to friends telling where they are, how long they have been there, what they've seen and done, etc.

Exercice D

Students may use *il y avait or ça faisait*.

1. Il y avait (*or:* Ça faisait) 382 ans que les rois habitaient le Louvre quand Louis XIV a déménagé à Versailles.
2. ... 127 ans que la Bretagne faisait partie de la France quand le Roussillon s'est uni à la France.
3. ... douze ans que ... se battaient quand ... a eu lieu.
4. ... dix-neuf ans qu'Henri IV était roi quand Champlain a fondé Québec.
5. ... onze ans que Victor Hugo habitait ... quand *Les Misérables* a paru.
6. ... quatre ans que l'affaire Dreyfus se déroulait quand Emile Zola a écrit ...
7. ... dix-huit mois que la Première Guerre mondiale avait lieu quand la bataille de Verdun a commencé.
8. ... vingt et un ans de la paix en Europe quand la guerre a commencé.
9. ... neuf mois que ... avait lieu quand l'armée allemande est entrée ...

Practice Sheets 11-2, 11-3

Workbook Exs. C–D

 5 Tape Manual Exs. 2–3

Quiz 11-2

D **Un peu plus d'histoire.** Dites quel était l'intervalle entre les événements donnés. Suivez le modèle.

1494	1534	1547
François Ier est roi	Jacques Cartier arrive au Canada	

Il y avait (Ça faisait) quarante ans que François Ier était roi quand Jacques Cartier est arrivé au Canada.

1.
vers 1300	1682
Les rois habitent le Louvre	Louis XIV déménage à Versailles

2.
1532	1659
La Bretagne fait partie de la France	Le Roussillon s'unit à la France

3.
1560	1572	1576
Les Protestants et les Catholiques se battent	Le massacre de la Saint-Barthélemy a lieu	

4.
1589	1608	1610
Henri IV est roi	Champlain fonde Québec	

5.
1851	1862	1870
Victor Hugo habite dans les îles anglaises de Jersey et de Guernsey	*Les Misérables* paraît	

6.
1894	1898	1906
L'affaire Dreyfus se déroule	Emile Zola écrit sa lettre célèbre à la presse, *J'accuse*	

7.
août 1914	fév. 1916	nov. 1918
La Première Guerre mondiale a lieu	La bataille de Verdun commence	

8.
1918	1939
Il y a la paix en Europe	La guerre commence

9.
sept. 1939	juin 1940	mai 1945
La Deuxième Guerre mondiale a lieu	L'armée allemande entre dans Paris	

Depuis, depuis quand et *depuis combien de temps*   Essential

Notes: For uses of *depuis (quand)*, see mini-dialogues 1, 4, pp. 355, 356.

◆ **OBJECTIVES:**
TO SAY HOW LONG SOMETHING HAS BEEN GOING ON

TO TALK ABOUT PAST EVENTS IN RELATION TO THE PRESENT

You know that we use the present tense + *depuis* + an expression of time to tell how long something has been going on. It is the equivalent of "for" (a length of time) or "since" (a point in time).

Elles **habitent** la Lorraine **depuis quinze ans.**	*They've been living in Lorraine for fifteen years.*
Il **habite** la Provence **depuis 1983.**	*He's been living in Provence since 1983.*

In the first example, we can also use *il y a* or *ça fait: Il y a (Ça fait) quinze ans qu'elles habitent la Lorraine.* But only *depuis* can be used with a specific date or time.

1 We use *depuis* with the imperfect to tell how long something *had* been going on when another event occurred.

J'habitais l'Alsace **depuis cinq ans lorsque** la guerre **a commencé.**	*I had been living in Alsace for five years when the war started.*
Elle cherchait son uniforme **depuis midi lorsqu'**elle l'**a découvert** dans la machine à laver.	*She'd been looking for her uniform since noon when she found it in the washing machine.*

2 You know that you can use *depuis quand* to ask *when* an action started. It is the equivalent of "since when." To ask "how long," use *depuis combien de temps.*

Depuis quand est-ce qu'ils habitent le Pays Basque? Depuis 1978.	*Since when have they lived in the Basque country? Since 1978.*
Depuis combien de temps est-ce que vous êtes écologiste? Je le suis depuis huit ans.	*How long have you been an ecologist?* *I've been one for eight years.*

3 Before a noun or pronoun + verb, we use *depuis que.*

Il n'est pas rentré chez lui **depuis qu'il s'est engagé** dans l'armée de l'air.	*He hasn't been home **since he enlisted** in the air force.*

Les arènes d Arles, en Provence

EXERCICES   Essential

A   Depuis combien de temps ...?   Imaginez qu'il y a un(e) élève français(e) qui fait partie d'un programme d'échange à votre lycée et qui veut mieux vous connaître. Conversez selon le modèle, en employant *depuis combien de temps*.

> habiter à *(nom de votre ville)*
> ÉLÈVE 1   *Depuis combien de temps est-ce que tu habites à* (nom de votre ville)?
> ÉLÈVE 2   *J'habite ici depuis cinq ans (quinze ans, etc.).*

1. jouer à *(nom d'un sport)*
2. savoir nager
3. étudier le français
4. utiliser un ordinateur
5. avoir votre permis de conduire
6. avoir un(e) petit(e) ami(e)
7. connaître *(nom d'une personne)*
8. aller aux concerts de rock

B   Depuis quand exactement ...?   Cette fois votre nouvel(le) ami(e) demande des renseignements plus précis. Conversez selon le modèle, en employant *depuis quand*.

> habiter à *(nom de votre ville)*
> ÉLÈVE 1   *Depuis quand est-ce que tu habites à* (nom de votre ville)?
> ÉLÈVE 2   *J'habite ici depuis 1988 (le premier septembre / ma naissance / que je suis né(e), etc.).*

C   Liberté, Egalité, Fraternité!   Dites depuis quand et depuis combien de temps chacune des situations suivantes existait en France lorsque la Révolution de 1789 a commencé. Suivez le modèle.

> il y a des rois en France / 481
> *Il y avait des rois en France depuis 481.*
> *Il y avait des rois en France depuis treize cent huit ans lorsque la Révolution a commencé.*

1. les rois / être très puissants / 15e siècle
2. les rois et les reines / habiter à Versailles / 1682
3. la France / dépenser des tas d'argent pour les guerres étrangères / 1668
4. le peuple / connaître les idées de Rousseau sur l'égalité / 1755
5. Marie Antoinette / être la femme de Louis XVI / 1770
6. le père de Louis XVI / être mort / 1765
7. son grand-père, Louis XV / être mort / 1774
8. le roi et les nobles / se menacer / 1787

D Parlons de toi.

1. Depuis combien de temps est-ce que tu étudies le français? Tu comptes continuer tes études de français à l'université? Tu voudrais faire un cours un jour? Tu penses être professeur?

2. Ça fait longtemps que tu habites ta maison ou ton appartement? Depuis quand est-ce que tu habites là-bas?

3. Depuis quand est-ce que tu connais ton (ta) meilleur(e) ami(e)? Comment est-ce que tu as fait sa connaissance? Il y avait longtemps que vous alliez à la même école sans vous connaître?

4. Tu as ton permis de conduire? Ça faisait longtemps que tu savais conduire quand tu l'as obtenu? Depuis combien de temps est-ce que tu sais conduire? Comment est-ce que tu as appris à conduire?

Enrichment: You might let students make up personal interview questions using *depuis quand / depuis combien de temps*.

Exercice D
Answers will vary.

Practice Sheet 11-4

Workbook Ex. E

6 Tape Manual
Ex. 4

Activity Masters pp. 48–49

Quiz 11-3

Le 14 juillet de nos jours

Le 14 juillet il y a deux siècles

APPLICATIONS Discretionary

Extraits du *Dictionnaire portatif* (Voltaire) et de *Stello* (Alfred de Vigny) 🔊 7

AVANT DE LIRE

Voltaire est le nom de plume de François Marie Arouet (1694–1778). Un des plus grands penseurs et écrivains du XVIIIe siècle, il est surtout connu pour ses satires et pour ses défenses de la liberté de conscience *(thought)*. Pendant trois ans (1726–1729) il a habité en Angleterre, où il a découvert une liberté politique qu'il n'avait pas connue en France. Cinq ans après son retour il a publié ses *Lettres anglaises*. Le Parlement de Paris les a fait brûler. L'extrait qui suit vient de son *Dictionnaire portatif (portable)*, qui date de 1757.

Alfred de Vigny (1797–1863) était un des poètes romantiques les plus célèbres. L'extrait que vous allez lire vient de *Stello*, une œuvre en prose. Dans ce passage, un personnage qui s'appelle le docteur Noir raconte la mort du poète André Chénier (1762–1794). Chénier, dont les poèmes ne seraient pas connus jusqu'après sa mort, était révolutionnaire, mais il s'opposait à ceux qui voulaient faire guillotiner le roi. Chénier a été mis à la prison Saint-Lazare et a été lui-même guillotiné le 20 juillet 1794, dix-huit mois après Louis XVI.

1. Une satire est une œuvre qui s'attaque à quelque chose ou à quelqu'un en se moquant. Vous avez lu des satires? Qu'est-ce que vous en avez pensé? Pourquoi croyez-vous que beaucoup de gens aient de la difficulté à comprendre une œuvre satirique?

2. A votre avis, la liberté de la presse est-elle importante? Pourquoi? Croyez-vous qu'on doive pouvoir lire ce qu'on veut? Si non, qui doit avoir le droit de décider de ce qu'on peut lire, dire ou publier?

3. Croyez-vous que la presse américaine de nos jours soit trop puissante? Expliquez votre réponse en donnant quelques exemples.

4. Dans l'extrait de Voltaire vous allez rencontrer plusieurs noms de lieu et de personnages. Vous savez qui étaient Homère, Platon, Cicéron, Virgile, Pline et Horace? Quand est-ce qu'ils ont écrit? En quelles langues?

5. Qu'est-ce que c'était que la Sainte *(holy)* Inquisition? Si vous ne savez pas, cherchez-le dans une encyclopédie.

6. Quand Voltaire parle de Rome, il ne parle pas de l'empire de l'Antiquité, mais de l'Eglise catholique. (A cette époque, l'Eglise interdisait aux gens de lire les livres qui étaient en désaccord avec ses doctrines.) Les gens dont il fait mention (le roi Henri VIII et la reine Elisabeth I d'Angleterre, le duc de Saxe et le landgrave de Hesse dans ce qui deviendra l'Allemagne au siècle suivant, les princes d'Orange qui régnaient *(ruled)* sur les Pays-Bas et les familles importantes de Condé et de Coligny en France) étaient des protestants importants qui ont menacé ou se sont battus contre l'Eglise.

7. Vous connaissez l'histoire des murs de Jéricho? Si non, lisez-la dans la Bible, Josué *(Joshua)* VI, et racontez-la en vos propres mots.

8. Dans l'extrait de Voltaire, que veut dire *détruire* (l. 7—un mot associé à *construire)?* Vous connaissez les mots anglais *approbation* et *to subsist?* Si oui, vous comprendrez les lignes 10 et 16.

9. Dans l'extrait de Vigny, d'après le contexte, que veulent dire *une longue-vue* (l. 2), *attachées* (l. 4), *l'échafaud* (l. 23), *encombré* (l. 28), *se vider* (l. 28), *plaintif* (l. 36), *saisir* (l. 43), *baisser* (l. 55—mot associé à *bas, basse), une prière désespérée* (l. 55): Vous savez ce que veut dire *recevoir.* Alors, que veut dire *concevoir?* Vous connaissez ce que veulent dire *dolorous, zephyr, retrograde* et *vociferation* en anglais? Si oui, vous comprendrez les lignes 12, 21, 27 et 35.

I   VOLTAIRE

L IBERTÉ d'IMPRIMER.[1] ... On a imprimé 5 à 6 000 brochures en Hollande contre Louis XIV; aucune n'a contribué à lui faire perdre les batailles de Blenheim, de Turin et de Ramillies.

En général, il est de droit naturel de se servir de sa plume comme de sa
5 langue, à ses périls, risques et fortunes. Je connais beaucoup de livres qui ont ennuyé; je n'en connais point[2] qui ait fait de mal réel. Des théologiens ou de prétendus politiques[3] crient: «La religion est détruite, le gouvernement est perdu, si vous imprimez certaines vérités.... Il est contre le bon ordre qu'un homme pense par soi-même. Homère, Platon, Cicéron, Vir-
10 gile, Pline, Horace n'ont jamais rien publié qu'avec l'approbation des docteurs de la Sorbonne et de la Sainte Inquisition.

«Voyez dans quelle décadence horrible la liberté de la presse a fait tomber l'Angleterre et la Hollande! Il est vrai qu'elles embrassent le commerce du[4] monde entier et que l'Angleterre est victorieuse sur terre et sur mer; mais
15 ce n'est qu'une fausse grandeur, une fausse opulence, elles marchent à grands pas[5] à leur ruine. Un peuple éclairé[6] ne peut subsister....»

Non, Rome n'a point été vaincue[7] par des livres.... Henri VIII, Elisabeth, le duc de Saxe, le landgrave de Hesse, les princes d'Orange, les Condé, les Coligny ont tout fait, et les livres rien. Les trompettes n'ont jamais
20 gagné de batailles et n'ont fait tomber de murs que ceux de Jéricho.

Vous craignez[8] les livres comme certaines bourgades[9] ont craint les violons. Laissez lire, et laissez danser, ces deux amusements ne feront jamais de mal au monde.

Buste de Voltaire par Jean-Antoine Houdon

---

[1]**imprimer**   *to print*   [2]**point** = pas   [3]**prétendus politiques**   *so-called politicians*
[4]**embrasser le commerce de** = faire des affaires avec   [5]**le pas**   *step*   [6]**éclairé**
enlightened   [7]**vaincu, -e** = battu, -e   [8]**craindre** = avoir peur de   [9]**la bourgade**
= village de province

II VIGNY

André Chénier

Avec mes yeux j'avais vu l'ensemble du tableau; pour voir le détail, je pris une longue-vue. La charrette[1] était déjà éloignée de moi, en avant. J'y reconnus pourtant un homme en habit[2] gris, les mains derrière le dos. Je ne sais si elles étaient attachées. Je ne doutai pas que ce ne fût
5 André Chénier. La voiture s'arrêta encore. On se battait. Je vis un homme en bonnet rouge monter sur les planches de la Guillotine et arranger un panier.

Ma vue se troublait:[3] je quittai[4] ma lunette pour essuyer le verre et mes yeux.

10 L'aspect général de la place changeait à mesure que[5] la lutte[6] changeait de terrain. Chaque pas que les chevaux gagnaient semblait au peuple une défaite qu'il éprouvait.[7] Les cris étaient moins furieux et plus douloureux. La foule s'accroissait[8] pourtant, et empêchait la marche, plus que jamais, par le nombre plus que par la résistance.

15 Je repris la longue-vue, et je revis les malheureux … qui dominaient, de tout le corps,[9] les têtes de la multitude. J'aurais pu les compter en ce moment. Les femmes m'étaient inconnues.... Les hommes, je les avais vus à Saint-Lazare. André causait,[10] en regardant le soleil couchant. Mon âme[11] s'unit à la sienne, et tandis que[12] mon œil suivait de loin le mouvement
20 de ses lèvres, ma bouche disait tout haut ses derniers vers:

> Comme un dernier rayon,[13] comme un dernier zéphire
> Anime la fin d'un beau jour,
> Au pied de l'échafaud, j'essaie encor ma lyre.
> Peut-être est-ce bientôt mon tour.

25 Tout à coup un mouvement violent qu'il fit me força de quitter ma lunette et de regarder toute la place où je n'entendais plus de cris.

Le mouvement de la multitude était devenu rétrograde tout à coup.

Les quais si remplis, si encombrés, se vidaient. Les masses se coupaient en groupes, les groupes en familles, les familles en individus. Aux extré-
30 mités de la place, on courait,[14] pour s'enfuir,[15] dans une grande poussière. Les femmes couvraient leurs têtes et leurs enfants de leurs robes. La colère[16] était éteinte … il pleuvait.

Qui connaît Paris comprendra ceci. Moi, je l'ai vu. Depuis encore je l'ai revu dans des circonstances graves et grandes.

35 Aux cris tumultueux, aux jurements,[17] aux longues vociférations succé-

Alfred de Vigny

---

[1]**la charrette** *tumbrel (cart for taking prisoners to the guillotine)* [2]**l'habit** (m.) = le vêtement [3]**se troubler** *to grow cloudy* [4]**quitter** *to take off* [5]**à mesure que** *as* [6]**la lutte** *fight* [7]**éprouver** = sentir [8]**s'accroître** = devenir plus grand [9]**qui dominait, de tout le corps** = *who were completely above* [10]**causer** = parler [11]**l'âme** (f.) *soul* [12]**tandis que** = pendant que [13]**le rayon** here: *ray* [14]**courir** *to run* [15]**s'enfuir** = échapper [16]**la colère** *anger* [17]**le jurement** *oath*

dèrent des murmures plaintifs qui semblaient un sinistre adieu, de lentes
et rares exclamations, dont les notes prolongées, basses et descendantes,
exprimaient l'abandon de la résistance et gémissaient[18] sur leur faiblesse.
La Nation humiliée ployait[19] le dos, et roulait par troupeaux[20] entre une
40 fausse statue, une Liberté qui n'était que l'image d'une image, et un réel
Echafaud teint[21] de son meilleur sang.

Ceux qui se pressaient voulaient voir ou voulaient s'enfuir. Nul[22] ne
voulait rien empêcher. Les bourreaux[23] saisirent le moment. La mer était
calme, et leur hideuse barque arriva à bon port. La Guillotine leva son
45 bras.

En ce moment plus aucune voix, plus aucun mouvement sur toute
l'étendue[24] de la place. Le bruit clair et monotone d'une large pluie était
le seul qui se fit entendre, comme celui d'un immense arrosoir. Les larges
rayons d'eau s'étendaient devant mes yeux et sillonnaient[25] l'espace. Mes
50 jambes tremblaient: il me fut nécessaire d'être à genoux.

Là je regardais et j'écoutais sans respirer. La pluie était encore assez
transparente pour que ma lunette me fit apercevoir la couleur du vêtement
qui s'élevait entre les poteaux.[26] … Je fermais les yeux. Un grand cri des
spectateurs m'avertissait[27] de les rouvrir.

55 Trente-deux fois je baissai la tête ainsi, disant tout haut une prière
désespérée, que nulle oreille humaine n'entendra jamais, et que moi seul
j'ai pu concevoir.

Après le trente-troisième cri, je vis l'habit gris tout debout. Cette fois je
résolus d'honorer le courage de son génie,[28] en ayant le courage de voir
60 toute sa mort; je me levai.

La tête roula, et ce qu'il *avait là*[29] s'enfuit avec le sang.

---

[18]**gémir** *to groan* [19]**ployer** *to bend* [20]**le troupeau** *herd* [21]**teint, -e**
stained [22]**nul(le)** = aucun, -e [23]**le bourreau** *executioner*
[24]**l'étendue** *extent, stretch* [25]**sillonner** = traverser [26]**le poteau** *post*
[27]**avertir** *to warn* [28]**le génie** *genius* [29]Selon la légende au moment où
le bourreau allait le saisir, Chénier se serait touché la tête et aurait dit: «Et
pourtant j'avais quelque chose là.»

Questionnaire

1. Voltaire dit que les brochures imprimées en Hollande n'ont pas
   vaincu Louis XIV dans trois batailles importantes. Qu'est-ce qu'il
   veut dire?

2. Qu'est-ce qu'il y a d'humoristique dans les lignes 9–11? (Vous savez
   ce que c'est qu'un anachronisme? Si non, cherchez ce mot dans un
   dictionnaire.)

3. Dans le troisième paragraphe, Voltaire décrit la «décadence horrible»
   dans laquelle étaient tombées la Hollande et l'Angleterre. Qu'est-ce
   qu'il y a d'ironique dans ce qu'il dit?

plus douloureux), les lignes
35–38 (murmures plaintifs /
sinistre adieu / notes
prolongées, basses et
descendantes / l'abandon
de la résistance /
gémissaient).

8. Answers will vary. Ils se
battaient pour mieux voir /
parce qu'ils étaient si
nombreux / parce qu'ils
étaient fâchés.

9. Parce que la Révolution
n'avait pas réussi et les
gens n'étaient pas libres.
Ils étaient devenus un
«troupeau» d'animaux. / A
des animaux / La liberté
est une image que nous
portons tous dans le cœur.
Ce qui se trouvait dans la
place n'était qu'une statue
(une image) de la liberté
(une image). / Il dit que «la
Guillotine leva son bras».

10. Il faut du courage pour
mourir comme Chénier
allait le faire et il faut du
courage pour regarder
quelqu'un mourir à la
guillotine. / Parce qu'elle
est si simple. Parce qu'il
cite les derniers mots du
poète. Parce qu'il nous
rappelle ce que la France
a perdu en guillotinant ses
meilleurs jeunes gens.
(Notez la juxtaposition
frappante de «je me levai»
et «la tête roula»: l'un s'est
levé pendant que l'autre
tombait.)

11. On ne peut pas exiger que
la presse ne fasse pas
mention de quelque chose
ou qu'elle mente. Les
journalistes peuvent écrire
ce qu'ils veulent et
personne ne peut nous
interdire de le lire. Tout le
monde peut se tenir au
courant des événements,
ce qui aide à empêcher le
gouvernement de faire ce
qu'il n'a aucun droit de
faire.

4. Dans la métaphore aux lignes 19–20, à quoi Voltaire compare-t-il les livres?

5. Voltaire dit que les livres peuvent ennuyer mais qu'ils ne font jamais de «mal réel»? Est-ce que vous êtes d'accord? Si les livres eux-mêmes ne font pas de mal réel, parviennent-ils parfois à pousser les gens à agir *(to act)*? Donnez des exemples des livres qui de cette façon ont fait soit du mal soit du bien.

6. Dans le deuxième extrait, croyez-vous que Vigny peigne un bon tableau de ce qui s'est passé ce jour-là? Décrivez la scène en trois ou quatre phrases.

7. Est-ce que la plupart des gens qui étaient là voulaient que l'exécution ait lieu ou non? Servez-vous des citations pour justifier votre réponse.

8. A votre avis, pourquoi les gens se battaient-ils? Qu'est-ce qui a «éteint» leur colère?

9. Discutez des lignes 39–41. Pourquoi Vigny dit-il que la Nation était humiliée? A quoi est-ce qu'il compare le peuple en parlant d'un «troupeau»? Il parle d'une «fausse» statue de la Liberté et dit qu'elle n'était que «l'image d'une image». Vous pouvez expliquer ça? Il contraste la fausse Liberté à l'Echafaud réel. Qu'est-ce qu'il dit un peu plus tard qui crée une image même plus réelle, brutale et humaine de l'échafaud?

10. Qu'est-ce que vous pensez du dénouement? Pourquoi le narrateur dit-il qu'il honore le courage de Chénier «en ayant le courage de voir toute sa mort»? Pourquoi la dernière phrase est-elle tellement frappante *(striking)* et triste?

11. André Chénier n'avait rien fait, mais il avait trop parlé. Voilà pourquoi on l'a mis à mort. (Souvenez-vous qu'à cette époque on ne savait pas qu'il écrivait aussi et que c'était un poète extraordinaire.) Cela se passe de nos jours dans certains pays. Cela pourrait se passer un jour aux Etats-Unis? Quel rôle joue la liberté de la presse en empêchant qu'on soit puni pour être en désaccord avec le gouvernement?

EXPLICATIONS II Essential

Le futur après *quand, lorsque, dès que, aussitôt que*

Notes: For use of the future after these conjunctions, see mini-dialogue 8, p. 357.

In French we always use the future tense after *quand, lorsque, aussitôt que*, and *dès que* when it is implied that the action is in the future. In English we would use the present tense.

◆ **OBJECTIVE:**

TO DESCRIBE FUTURE PLANS OR EXPECTATIONS

Quand j'obtiendrai mon diplôme, je vais m'engager dans la marine.	*When I get my diploma, I'm going to enlist in the navy.*
Lorsque la reine arrivera, on chantera l'hymne national.	*When the queen arrives, we'll sing the national anthem.*
Dès que nous parviendrons à réparer ces fours, il y aura moins de pollution.	*As soon as we succeed in repairing those ovens, there'll be less pollution.*
Je te répondrai **aussitôt que nous nous réunirons.**	*I'll answer you as soon as we meet.*

Note that in French both verbs are in the future. In English one is in the present and one is in the future.

We use the present after *quand, lorsque, dès que*, and *aussitôt que* when we are referring to a repeated or habitual action. Compare the following sentences.

Dès qu'on chantera l'hymne national, le match **commencera.**	*As soon as we sing the national anthem, the game **will begin.***
Dès qu'on chante l'hymne national, les matchs **commencent.**	*As soon as we sing the national anthem, the games **begin.***

Une célébration militaire du 14 juillet en France

Explications II **375**

Exercice A
Answers will vary.
1. Qu'est-ce que tu fais d'habitude quand tu arrives ...? / Quand j'arrive ...
2. ... lorsque tu quittes ... / Lorsque je quitte ...
3. ... dès que tu arrives ... / Dès que j'arrive ...
4. ... quand la première classe se termine? / Quand la première classe se termine ...
5. ... aussitôt que tu arrives ... / Aussitôt que j'arrive ...
6. ... lorsque tu sors ... / Lorsque je sors ...
7. ... dès que tu entres ... / Dès que j'entre ...
8. ... lorsque tu pars ... / Lorsque je pars ...
9. ... dès que tu arrives ... / Dès que j'arrive ...
10. ... quand le dîner est prêt? / Quand le dîner est prêt ...

Exercice B
Answers will vary.
1. Qu'est-ce que tu feras lundi prochain quand tu arriveras ... / Quand j'arriverai ...
2. ... lorsque tu quitteras ... / Lorsque je quitterai ...
3. ... dès que tu arriveras ... / Dès que j'arriverai ...
4. ... quand la première classe se terminera? / Quand la première classe se terminera ...
5. ... aussitôt que tu arriveras ... / Aussitôt que j'arriverai ...
6. ... lorsque tu sortiras ... / Lorsque je sortirai ...
7. ... dès que tu entreras ... / Dès que j'entrerai ...
8. ... lorsque tu partiras ... / Lorsque je partirai ...
9. ... dès que tu arriveras ... / Dès que j'arriverai ...
10. ... quand le dîner sera prêt? / Quand le dîner sera prêt ...

EXERCICES   Essential

A Qu'est-ce que tu fais?   Conversez avec un(e) camarade sur ce que vous faites d'habitude. Suivez le modèle.

> dès que / se lever
> ÉLÈVE 1 *Qu'est-ce que tu fais d'habitude dès que tu te lèves?*
> ÉLÈVE 2 *Dès que je me lève, je prends une douche.*

1. quand / arriver dans la cuisine le matin
2. lorsque / quitter la maison
3. dès que / arriver au lycée
4. quand / la première classe / se terminer
5. aussitôt que / arriver au gymnase
6. lorsque / sortir de la cantine du lycée
7. dès que / entrer dans la classe de français
8. lorsque / partir du lycée
9. dès que / arriver à la maison
10. quand / le dîner est prêt

Enrichment: You might ask students to retell what their partner said. Compare and contrast habits.

B   Et lundi prochain?   Refaites l'Exercice A en discutant de ce que vous ferez lundi prochain. Suivez le modèle.

> dès que / se lever
> ÉLÈVE 1 *Qu'est-ce que tu feras lundi prochain dès que tu te lèveras?*
> ÉLÈVE 2 *Dès que je me lèverai, je me brosserai les dents.*

Reteach/Review: You might want to encourage students to substitute other adverbs of future time for *lundi prochain.*

C   Absurdités.   Imaginez les absurdités historiques suivantes. Si elles étaient vraies, qu'est-ce que les gens se seraient dit? Employez *quand, lorsque, dès que* ou *aussitôt que.* Suivez le modèle.

> Le père Marquette a découvert le Mississippi pour faire du bateau.
> *Il s'est dit: «Quand (lorsque / dès que / aussitôt que) je découvrirai le Mississippi, je ferai du bateau.»*

1. Napoléon est entré dans l'armée pour faire dessiner un nouvel uniforme.
2. Rouget de Lisle est allé à Strasbourg pour écrire un hymne national.
3. Le peuple a pris la Bastille pour avoir un jour férié.
4. Jeanne d'Arc a appris à monter à cheval pour chasser les Anglais.
5. Louis XIV a fait construire le palais de Versailles pour attirer un peu l'attention.
6. Les Bretons se sont unis à la France pour apprendre à parler français.
7. Les Acadiens ont émigré pour s'établir en Louisiane.

8. Thomas Jefferson a lu les œuvres de Rousseau et de John Locke pour savoir écrire la Déclaration d'Indépendance.

9. Pierre et Marie Curie se sont mariés pour découvrir le radium.

D A votre tour. Choisissez cinq personnages ou événements historiques et écrivez vos propres «absurdités» d'après le modèle de l'Exercice C.

Enrichment: You might ask students to invent similar statements as they might be made by famous scientists, humanitarians, national heros, etc.

E Parlons de toi.

1. Qu'est-ce que tu comptes faire dès que tu obtiendras ton diplôme au lycée? De quelle façon ta vie changera-t-elle, ou est-ce qu'elle ne changera pas du tout?

2. Comment sera la vie quand nous serons au XXIe siècle? Tu crois que la technologie sera bien différente de ce qu'elle est aujourd'hui? Qu'est-ce que tu t'attends à voir pendant le siècle prochain?

3. Où est-ce que tu risques d'être à minuit le 31 décembre 1999? Qu'est-ce que tu diras et qu'est-ce que tu feras lorsque l'horloge sonnera minuit cette nuit-là?

Exercice C
Choice of conjunctions will vary.

1. Il s'est dit: «... j'entrerai dans l'armée, je ferai dessiner un nouvel uniforme.»

2. Il s'est dit: «... j'irai à Strasbourg, j'écrirai un hymne national.»

3. «... nous prendrons la Bastille, nous aurons un jour férié.

4. «... j'apprendrai à monter à cheval, je chasserai les Anglais.»

5. «... je ferai construire ... j'attirerai un peu l'attention.»

6. «... nous nous unirons à la France, nous apprendrons ...»

7. «Quand nous émigrerons, nous nous établirons en Louisiane.»

8. «Quand je lirai ... je saurai ...»

9. «Quand nous nous marierons, nous découvrirons le radium.»

ACTIVITÉ Discretionary

La vie commence à l'âge de 40 ans. Formez des groupes de trois ou quatre personnes et discutez de ce que vous pensez de cet adage. Comment sera la vie quand vous aurez quarante ans—et comment sera votre vie à vous? Où espérez-vous habiter? Comment sera votre famille? Que ferez-vous comme métier?

Ensuite, avec la classe entière, résumez ce que tout le monde a dit et écrivez-le au tableau. Le résumé doit comprendre *(include)* ville et état (ou pays) de résidence, métier ou profession, nombre d'enfants (s'il y en aura), façon de vivre.

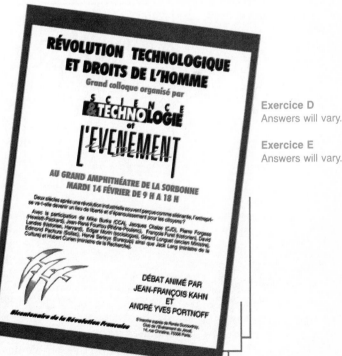

Exercice D
Answers will vary.

Exercice E
Answers will vary.

RÉVISION

Transparency 33

Notes: Review of:
1. vocabulary
2. *ça fait* + time vocabulary
3. *il y a longtemps* vocabulary
4. vocabulary infinitive after prepositions
5. reflexive verbs vocabulary
6. future after *quand*

Lisez la bande dessinée.

1. C'est un jour férié qui commémore la Révolution française.

2. Ça fait deux siècles que la Révolution française a eu lieu.

3. Il y a longtemps que Sylvie étudie l'histoire de France.

4. Elle est très contente de vivre dans un pays si tranquille.

5. Mais quelquefois elle se demande pourquoi il y a toujours des gens pauvres dans un pays si riche.

6. Elle sera vraiment heureuse quand le gouvernement aidera ces gens à gagner leur vie.

Maintenant imaginez que vous êtes en cours d'histoire américaine et qu'on parle des problèmes des Etats-Unis aujourd'hui. Ecrivez une histoire en vous servant de la Révision comme modèle.

THÈME

Transparency 34

Notes: Answers to the *Thème* appear in the teacher pages at the front of the book.

Trouvez les expressions françaises qui correspondent à l'anglais et rédigez un paragraphe.

1. It's twelve countries of Europe that form the C.E.E.

2. It's been more than thirty years since the C.E.E. was founded.

3. They have been thinking about economic exchanges for a long time.

4. They are proud to live in such a powerful community.

5. But from time to time they become angry because there is still unemployment in such modern countries.

6. They will be very happy when their governments find a real solution to this problem.

RÉDACTION

Maintenant, choisissez un de ces sujets.

1. Nommez quelques différences entre la Révolution française et la Révolution américaine.

2. Que faut-il faire pour être patriote?

3. Racontez l'histoire du drapeau américain.

Notes: Answers to the *Contrôle* appear in the teacher pages at the front of the book.

A   Une leçon d'histoire.
Complétez chaque phrase en choisissant une expression de la liste à droite.

1. La devise de la France c'est _____.
2. On commémore la Révolution de 1789 _____.
3. On célèbre des fêtes avec _____.
4. La Révolution française a eu lieu à cause de (d') _____.
5. Tous les Français doivent faire _____.
6. On ne travaille pas le 14 juillet. C'est _____.
7. Le drapeau français s'appelle _____.

a. le 14 juillet
b. «Liberté, Egalité, Fraternité»
c. un roi trop puissant et un peuple malheureux
d. le drapeau tricolore
e. les défilés et les feux d'artifice
f. jour férié
g. le service militaire

B   Le chat Minou.
Dites ce que Minou fait d'habitude.

dès que Minou / entrer dans la maison / vouloir manger
Dès que Minou entre dans la maison, il veut manger.

1. quand / faire froid / ne pas sortir
2. aussitôt que papa / être assis / se mettre sur ses genoux
3. lorsque je / se coucher / monter sur le lit
4. dès que / voir un oiseau / essayer de l'attraper

Maintenant dites ce qu'il fera dans les situations suivantes.

dès que je / ouvrir la porte / sortir
Dès que j'ouvrirai la porte, il sortira.

5. aussitôt que / entendre un chien / se cacher sous le lit
6. lorsque / finir de manger / dormir
7. quand je / aller dans la cuisine / me suivre
8. aussitôt que maman / l'appeler / venir

C   Le petit village.
Lisez le passage et répondez aux questions.

Mes grands-parents ont quitté leur petit village québécois pour venir s'installer à Hartford, Connecticut, en 1932. Mon père, qui est né six ans avant leur départ, se considère tout à fait américain parce qu'il a passé la plupart de sa vie aux Etats-Unis. Grand-père est mort en 1952. Trois ans après, papa a décidé de visiter le petit village où ses parents sont nés. Il avait 29 ans au moment de sa première visite. Cinq ans plus tard, en 1960, il y a passé sa lune de miel. Moi, je suis né en 1962 et depuis ma naissance je visite ce village tous les trois ans.

1. Depuis combien de temps est-ce que mon père habite aux Etats-Unis?
2. Quand grand-père est mort, ça faisait combien de temps qu'il habitait aux Etats-Unis?
3. Quand je suis né, il y avait combien d'années que mes parents étaient mariés?
4. Depuis combien de temps est-ce que grand-père était mort quand mon père a fait sa première visite à ce village?
5. Depuis quand est-ce que je visite ce village?
6. Il y avait combien d'années que mon père est né quand il a quitté le Canada?
7. Quand je suis né, ça faisait combien de temps que mon grand-père avait quitté son village?
8. Depuis combien de temps est-ce que mon grand-père est mort?

Listening Comprehension Test   Chapter 11 Test

Noms

l'Alsace (f.)
l'armée (f.)
l'armée de l'air (f.)
le danger
le défilé
le désaccord
la devise
le drapeau tricolore
l'échange (m.)
l'écologiste (m.&f.)
l'égalité (f.)
le feu d'artifice
la fraternité
la guerre
l'hymne (m.)
l'hymne national
le jour férié
la liberté
la Lorraine
la marine
le Pays Basque
le peuple
la Provence
la reine
la révolution
le roi
le Roussillon
le service militaire
la technologie
l'uniforme (m.)

Verbes

célébrer
commémorer
créer
dater de
découvrir
s'engager
former
menacer
parvenir à + inf.
s'unir

Adjectifs

entouré, -e de
malheureux, -euse
puissant, -e
tricolore

Adverbes

aussitôt que
dès que
jadis
lorsque

Expressions

être en désaccord
faire le pont
faire un cours
non / oui, hélas

CHAPITRE 12

LA FRANCE UNIE
EST EN MARCHE
FRANÇOIS MITTERRAND

Essential

PRÉLUDE CULTUREL | LES FRANÇAIS ET LA POLITIQUE

Les Français s'intéressent beaucoup à la politique. Les élections présidentielles ont lieu tous les sept ans et pour gagner, il faut obtenir la majorité absolue. Si cette majorité n'est pas atteinte *(reached)* au premier tour, il y a une deuxième élection quinze jours après, entre les deux candidats qui avaient reçu le plus grand nombre de votes. Cette affiche présente le candidat socialiste François Mitterrand. Les roses rouges sont le symbole de son parti.

(en haut) Il y a aussi des élections locales où les gens de chaque canton (district) élisent un représentant au conseil général. Sur ces affiches, on voit les candidats des élections à venir.

(en bas) En France, comme aux Etats-Unis, on peut voter à l'âge de dix-huit ans. Cette électrice a le choix entre le parti communiste, le parti socialiste, les partis du centre (UDF et RPR) et le front national (l'extrême droite).

MOTS NOUVEAUX

Transparency 35
CONTEXTE VISUEL

La politique, ça t'intéresse?

le candidat

PIERRE DUVAL POUR LA FRANCE!

la candidate

CLAIRE VALLES POUR LA FRANCE!

voter

l'électrice

l'électeur

CONTEXTE COMMUNICATIF 2

1 Dimanche prochain, les Français vont **élire*** **un** nouveau **président.** Tout le monde s'intéresse à ces **élections.**

ROLAND   Pour qui tu voterais, toi?

VALÉRIE   Bof, je ne sais pas. Pendant **la campagne,** tous les candidats ont fait **les** mêmes **promesses.**

ROLAND   Oui, mais je suis **persuadé** que **certains** d'entre eux sont beaucoup plus sincères que d'autres.

Variations:

■ pour qui tu voterais → qui tu élirais
persuadé → **convaincu**
certains → quelques-uns

Reteach/Extra Help: You may want to practice *élire* in present / passé composé / future.

élire   *to elect*
le président, la présidente *president*
l'élection (f.)   *election*
la campagne *campaign*
la promesse *promise*
persuadé, -e *persuaded*
certain(e)s = quelques-un(e)s

convaincu, -e = persuadé

---

*Elire follows the pattern of *lire* in all tenses. Its past participle is *élu.*

2 Après les élections, le Président de **la République** choisit un nouveau **premier ministre.**

> ROBERT Tu as écouté l'interview du premier ministre hier soir à la télé?
>
> SANDRINE Oui, il a dit qu'il donnerait le nom des autres **membres** du nouveau **gouvernement** aujourd'hui.

- donnerait → annoncerait
  membres → ministres

la république	*republic*
le premier ministre	*prime minister*
le membre	*member*
le gouvernement	*government*

3 Tous les cinq ans, les Français élisent leurs **députés.**

> SOPHIE Quel **parti** va gagner, tu crois?
>
> ÉTIENNE D'après **les sondages, la gauche** devrait avoir **la majorité.**
>
> SOPHIE **Quant à** moi, j'espère bien que Mme Gilbert va **vaincre** son **adversaire.**

- les sondages → les reportages
- les sondages → les informations
  la gauche → la droite
  avoir la majorité → gagner sans **difficulté**

le/la député	*deputy, representative*
le parti	*party, side*
le sondage	*poll*
la gauche / droite	*the left / the right*
la majorité	*majority*
quant à	*as for*
vaincre	*to defeat*
l'adversaire (m. & f.)	*opponent, adversary*
la difficulté	*difficulty*

4 Une journaliste fait un reportage **en direct** de l'Elysée.* Voici ce qu'elle dit:

Quand on a annoncé que le Président se préparait à sortir, la foule autour de moi s'est **aussitôt** mise à **hurler:** «**Vive** le Président!»

en direct *live*

- on a annoncé → on a **déclaré**
  sortir → quitter la ville
  la foule → certains **individus**
  s'est aussitôt mise → se sont aussitôt mis
  vive → **à bas**

aussitôt	= tout de suite
hurler	= crier
vive	*hurray for, long live*
déclarer	*to state*
l'individu (m.)	*individual*
à bas	*down with*

*Le Palais de l'Elysée est la résidence officielle du Président de la République Française.

5 PIERRE   Tu as lu **les déclarations** du maire dans le journal?

AURORE   Non, pourquoi? Il a dit quelque chose d'intéressant?*

PIERRE   Oui, il a expliqué qu'il avait décidé de proposer **une loi** interdisant la circulation au centre-ville.

AURORE   Ça serait une bonne idée!

■ les déclarations → **le discours**
d'intéressant → d'important

6 HERVÉ   Tu t'intéresses à **la politique,** toi?

SOLANGE   Oui, beaucoup. Je pense qu'il est important de se tenir au courant de la vie **politique. J'ai hâte d'**avoir 18 ans pour pouvoir voter.

■ à la politique → aux élections
d'avoir 18 ans → d'**être majeur**
voter → **m'inscrire sur les listes électorales**

Enrichment: You might ask students to give personal reasons why they look forward to being 18, 21, or another age of your or their choosing.

7 NORBERT   Ecoute ces candidats. Ils nous promettent la lune!

BÉATRICE   Si tu **te présentais aux élections,** qu'est-ce que tu dirais aux électeurs pour les **convaincre de** t'élire?

NORBERT   Je promettrais de faire de mon mieux pour **réduire†** les impôts et **rendre** la vie de tous les Français plus agréable.

■ la lune → **n'importe quoi**
dirais → promettrais
convaincre → **persuader**
t'élire → voter pour toi
tous les Français → tous **les citoyens**

Reteach/Review: You may want to compare and contrast *faire* + inf. and *rendre* + adj.

*Notez que *quelque chose* prend *de* devant un adjectif.
†*Réduire* follows the pattern of *conduire* in all its forms.

---

la déclaration   *statement*

Reteach/Extra Help: You might ask students how to say "something funny, sad, easy, difficult, beautiful, pretty," etc.

la loi   *law*

le discours   *speech*

la politique   *politics*

politique   *political*
avoir hâte de + inf.   *to look forward to*

être majeur, -e   *to be of age*
s'inscrire sur les listes électorales   *to register to vote*

se présenter aux élections   *to run for office*
convaincre (de + inf.)   *to convince (of / to)*
réduire   *to reduce*
l'impôt (m.)   *tax*
rendre + adj.   *to make* + adj.
n'importe quoi   *anything*
persuader   *to persuade*

le citoyen, la citoyenne   *citizen*

ELECTIONS LEGISLATIVES · JUIN 1988   12ᵉ CIRCONSCRIPTION DES YVELIN

POUR LA FRANCE UNIE

Martine FRACHON

SUPPLEANT :

Jean MOUTON

DEPARTEMENT DES YVELINES
ELECTIONS LEGISLATIVES DU 5 JUIN 1988

Jacques MASDEU-ARUS

MAIRE DE POISSY
DEPUTE SORTANT

Dominique PAUMIER

SUPPLEANT
CONSEILLER GENERAL DE PLAISIR

CANDIDATS DE L'UNION DU RASSEMBLEMENT ET DU CENTRE
(RPR - UDF)

8 La prof d'histoire du lycée emmène ses élèves visiter le Palais Bourbon* à Paris. Elle leur a **donné rendez-vous** devant le lycée à neuf heures.

LA PROF	Bon, il est 9h15. Il faut partir.
NATHALIE	Mais tout le monde n'est pas là, madame.
LA PROF	Tant pis pour les autres. J'avais bien **insisté** sur **le fait** qu'il fallait être à l'heure.

■ insisté sur le fait → expliqué

■ j'avais bien ... fallait être → je leur avais **recommandé d**'être

donner rendez-vous *to arrange to meet*

insister *to insist*
le fait *fact*

recommander (**de** + inf.) *to recommend*

---

*Le Palais Bourbon est occupé par l'Assemblée Nationale, qui est plus ou moins comme la Chambre des Représentants *(House of Representatives)* aux Etats-Unis.

AUTREMENT DIT

TO ASK FOR OPINIONS …

A votre avis …?
Pensez-vous que …?
Croyez-vous que …?
D'après vous, …?

TO OFFER AN OPINION …

A mon avis …
Je pense / crois que …
Je suis convaincu(e) / persuadé(e) que …
Pour moi, il n'y a pas de doute que …
Quant à moi …

Enrichment: You might want to let students ask for and give opinions about an election, movie, book, celebrity, or major public issue (ecology, pollution, crime, politics, etc.).

EXERCICES   Essential

A Catégories.   Quel mot ou quelle expression ne convient pas à chacun des groupes suivants? Expliquez votre choix.

1. le président / le sondage / le premier ministre / le député
2. les nouvelles / les informations / les impôts / les interviews
3. l'élection / les candidats / les électeurs / la loi
4. la république / la déclaration / le discours / la promesse
5. le parti / la gauche / le fait / la droite
6. sincère / persuadé / convaincu / sûr
7. avoir dix-huit ans / être majeur / réduire les impôts / pouvoir voter
8. la campagne / les discours / les membres / les adversaires
9. on annonce / on hurle / on dit / on déclare
10. vaincre / recommander / gagner / avoir la majorité

Exercice A
1. le sondage
2. les impôts
3. la loi
4. la république
5. le fait
6. sincère
7. réduire les impôts
8. les membres
9. on hurle
10. recommander

Enrichment: You may want to extend the explanation of choice by asking students to use the related words in a meaningful context.

Mots Nouveaux   **387**

La façade d'un bâtiment à Paris

B **La vie politique.** Votre père vient de lire un article sur la vie politique en France. Maintenant il vous donne sa propre opinion politique. Choisissez les mots pour compléter les paragraphes. Tous les mots ne seront pas utilisés.

campagne	hurler	présenter aux élections
citoyens	impôts	promettent
convaincre	loi	rendre
déclaré	n'importe quoi	sondage
élection	persuadé	votent

Tu as lu le journal ce matin? Tous ces candidats nous _____ la lune! Comment les croire? Pour nous _____ de les élire, ils diraient _____. Par exemple, pendant la _____, le candidat Bousquet a promis de réduire les _____, mais il vient de proposer la construction d'une

5 nouvelle autoroute, ce qui coûtera très cher. Le candidat Vincent a _____ qu'il ferait de son mieux pour _____ la vie des Français plus agréable, mais il vient de voter contre une _____ interdisant la circulation dans le centre-ville.

Je m'intéresse beaucoup à cette _____, mais je ne suis pas _____ que

10 ces candidats soient sincères. Pour être sûr d'avoir un candidat sincère, je devrais peut-être me _____! Qu'est-ce que tu en penses? Si tu avais dix-huit ans, tu voterais pour moi?

C **Que dites-vous?** Choisissez la réponse qui convient dans chacune des situations suivantes et expliquez pourquoi vous l'avez choisie.

1. Quand vous discutez du discours d'un candidat pour qui vous n'allez pas voter, vous dites: (*J'ai trouvé ses déclarations très intéressantes.* / *Il nous promet la lune.* / *Il dirait n'importe quoi pour nous convaincre.*)
2. Quand on vous demande si les hommes politiques sont sincères, vous dites: (*A mon avis, ils font tous les mêmes promesses.* / *Je suis persuadé(e) que certains d'entre eux sont sincères.* / *Quant à moi, je crois tout ce qu'ils disent.*)
3. Quand on vous demande si vous allez voter aux élections, vous dites: (*J'ai hâte d'avoir dix-huit ans pour pouvoir voter.* / *La vie politique ne m'intéresse pas beaucoup.* / *Mais oui, je vais m'inscrire sur les listes électorales.*)
4. Quand on vous demande votre opinion sur une longue campagne électorale, vous dites: (*Bof, j'en ai marre.* / *Les discours étaient passionnants.* / *Les candidats ont tous fait des déclarations formidables.*)
5. Quand on vous demande si vous aimez regarder les interviews d'hommes politiques à la télé, vous dites: (*Je m'intéresse beaucoup à la politique.* / *Je ne me tiens pas au courant de la vie politique.* / *J'en ai marre de ces candidats.*)

6. Quand on vous demande votre opinion sur la politique, vous dites: *(La politique me passionne. / Je ne m'intéresse pas du tout à la politique. / J'écoute les candidats mais je ne suis pas convaincu(e) qu'ils soient sincères.)*

7. Quand on vous demande si vous vous présenteriez un jour aux élections, vous dites: *(La politique m'intéresse beaucoup. / Vous vous moquez de moi? / Je n'ai aucune envie d'être membre du gouvernement.)*

D Parlons de toi.

1. Est-ce qu'il y a des élections dans ton lycée? Quelles sortes d'élections? As-tu déjà voté à ces élections? Quelles promesses est-ce que les candidat(e)s ont faites?

2. Est-ce que tes parents s'intéressent à la politique? Quels sujets les passionnent? Est-ce que vous en parlez à la maison? Et toi, pendant les campagnes électorales, quels sujets t'intéressent le plus? les impôts? la pollution? la possibilité d'une guerre?

3. Qu'est-ce que tu penses du Président des Etats-Unis? Est-ce que tu l'as vu récemment à la télé? De quoi est-ce qu'il a parlé? Demande l'opinion d'un(e) ami(e) sur le succès du Président.

4. Comment s'appellent quelques-uns des hommes politiques de ta ville? de ton état? Tu connais leurs points de vue politiques? Parles-en un peu.

5. Tu sais quels sont les sujets politiques les plus récents dans les journaux? Apporte un article sur la politique pour en donner un résumé en classe. Apporte un éditorial pour en discuter le point de vue. A ton avis, est-ce que l'article et l'éditorial sont objectifs ou subjectifs? Explique pourquoi.

ACTIVITÉ Discretionary

Pour être élu(e). Avec un(e) camarade de classe, parlez du (de la) candidat(e) idéal(e)—de sa personnalité, de sa formation *(background)*, des promesses qu'il (qu'elle) doit et ne doit pas faire. Après, imaginez que votre candidat(e) se présente aux prochaines élections. Quels conseils lui donneriez-vous?

AGIR POUR LA FRANCE DANS LES YVELINES
Union du Rassemblement et du Centre

DOMINIQUE PAUMIER
Conseiller général de Plaisir
Candidat Suppléant
UDF

JACQUES MASDEU-ARUS
Maire de Poissy
Député sortant
RPR

DIALOGUE

APPLICATIONS

Discretionary

Le candidat idéal

4

Il est huit heures du matin chez les Francart. La famille prend le petit déjeuner. Le fils aîné, Vincent, arrive.

VINCENT Bonjour, tout le monde!

MME FRANCART Mais, mais … Tu vas au lycée habillé comme ça, avec un costume et une cravate?

VINCENT Oui, pourquoi? Je n'ai pas l'air sérieux?

M. FRANCART Si, au contraire. Mais on a plutôt l'habitude de[1] te voir en jean.

VINCENT Oui, mais aujourd'hui les élèves de mon lycée élisent leurs délégués de classe* et j'ai décidé de me présenter aux élections.

CORALIE Et tu espères les convaincre de voter pour toi en portant une cravate?

VINCENT Parfaitement, mademoiselle! D'après les sondages, l'image d'un candidat est aussi importante que ses idées.

CORALIE Heureusement pour toi, parce que tes idées …

M. FRANCART Allons, ne sois pas méchante avec ton frère!

MME FRANCART Eh bien, bonne chance, mon grand. Moi, je trouve que tu as l'air du candidat idéal.

---

[1]**avoir l'habitude de** *to be used to*

*Au commencement de l'année scolaire, chaque classe élit deux délégués *(representatives)* qui doivent servir de *(as)* liaison entre les élèves et les professeurs ou l'administration du lycée. Ils s'occupent du cahier de texte, dans lequel les professeurs écrivent les devoirs qu'ils donnent aux élèves, et ils doivent aussi assister à des conseils de classe tous les trimestres. Pendant ces conseils de classe, les professeurs, les deux délégués et les deux parents qui servent de liaison entre les professeurs et les autres parents se réunissent pour discuter des résultats des élèves. Après, les professeurs décident quels élèves peuvent passer et lesquels doivent redoubler *(to repeat the grade).*

Questionnaire

1. Comment est-ce que Vincent surprend sa famille au petit déjeuner?
2. D'habitude, comment est-ce qu'il s'habille pour aller au lycée? Est-ce que sa famille aime son nouveau style? D'habitude, comment est-ce que vous vous habillez pour aller au lycée?
3. Qu'est-ce qui se passe au lycée aujourd'hui? Qu'est-ce que Vincent a décidé de faire?
4. Comment est-ce que Vincent espère convaincre les autres élèves de voter pour lui? Est-ce que vous êtes d'accord avec cette idée?
5. Est-ce que vous croyez que Vincent est sérieux quand il parle à sa sœur? Et sa sœur, quand elle lui parle? Qui est plus jeune?
6. Quand ont lieu les élections de votre lycée? Est-ce que vous vous y êtes déjà présenté(e) comme candidat(e)? Avez-vous l'intention de vous présenter aux prochaines élections? Pourquoi?

Questionnaire
1. Il porte un costume et une cravate.
2. D'habitude il s'habille en jean. Sa famille aime son nouveau style.
3. Les élèves vont élire leurs délégués de classe aujourd'hui. Vincent a décidé de se présenter aux élections.
4. Il espère les convaincre de voter pour lui en portant une cravate.
5. Answers will vary. Possible answers: Non, il n'est pas sérieux quand il lui parle. Coralie est la plus jeune.
6. Answers will vary.

Situation

Organisez une élection dans votre classe de français pour choisir un(e) président(e) et un(e) vice-président(e). Chaque candidat doit faire un discours pour essayer de convaincre les électeurs (ses camarades de classe) de l'élire. Les électeurs ont le droit de poser des questions aux candidats pour pouvoir faire leur choix. Que les meilleurs gagnent!

Des journalistes français à la convention démocrate américaine, 1980

Notes: For uses of these verbs, see mini-dialogues 3, 7, pp. 385, 386.

◆ **OBJECTIVE:**

TO TALK ABOUT ELECTIONS

Les verbes *vaincre* et *convaincre*

Here are the forms of the verb *vaincre*.

INFINITIF **vaincre**

		SINGULIER		PLURIEL
PRÉSENT	1	je **vaincs**	nous	**vainquons**
	2	tu **vaincs**	vous	**vainquez**
	3	il elle on } **vainc**	ils elles }	**vainquent**

IMPÉRATIF **vaincs! vainquons! vainquez!**

PASSÉ COMPOSÉ **j'ai vaincu**

IMPARFAIT je **vainquais**

FUTUR SIMPLE je **vaincrai**

SUBJONCTIF que je **vainque;** que nous **vainquions**

Note that, except in the past participle (*vaincu*), the *c* becomes *qu* when it is followed by a vowel. The verb *convaincre* follows the same pattern.

Les élections au lycée.   Demain ce sont les élections au lycée et Marion s'est présentée comme candidate. Tout le monde en parle. Mettez les verbes entre parenthèses à la forme qui convient.

1. Tous les jours, Marion *(convaincre)* plus d'élèves à voter pour elle.
2. Il y a un mois que je la *(convaincre)* de s'inscrire comme candidate.
3. Maintenant, je suis *(convaincre)* qu'elle va gagner.
4. L'année dernière, elle *(vaincre)* Paul jusqu'au dernier moment.
5. Beaucoup de monde souhaite qu'elle *(vaincre)* ses adversaires cette fois-ci.
6. D'après les sondages, nous sommes persuadés que Marion *(vaincre)* les autres.
7. Nous voulons que tu la *(convaincre)* de faire un discours demain.
8. Il est important que nous vous *(convaincre)* de voter pour elle.
9. A mon avis, elle pourrait nous *(convaincre)* de n'importe quoi.
10. Avec de l'énergie et du travail je suis sûr que nous *(vaincre)*!

Reteach/Extra Help: You may want to practice *convaincre* in a pattern drill using all tenses: *Le candidat X (convaincre) les citoyens de ...*

Le discours indirect   Essential

Compare the sentences on the left, where what someone said is being quoted, to the sentences on the right, where it is being reported.

On m'a dit: «**Anne-Marie récite** des poèmes.»

On m'a dit **qu'Anne-Marie récitait** des poèmes.

Elle m'a dit: «**Je me suis trompée** en récitant le dernier vers.»

Elle m'a dit **qu'elle s'était trompée** en récitant le dernier vers.

The following verbs are frequently used in reported speech: *annoncer, déclarer, demander (si), dire, expliquer, promettre, répéter, répondre.*

1   The change in tense from direct speech to reported speech is the same in French as in English.

● PRESENT → IMPERFECT

Maryse a dit: «**Je** ne **m'intéresse** pas à la campagne.»

Maryse said: "I'm not interested in the campaign."

Maryse a dit **qu'elle** ne **s'intéressait** pas à la campagne.

Maryse said that she wasn't interested in the campaign.

Exercice
1. convainc
2. l'ai convaincue
3. convaincu(e)
4. vainquait
5. vainque
6. vaincra
7. convainques
8. convainquions
9. convaincre
10. vaincrons

Practice Sheet 12-2

Workbook Ex. C

 5 Tape Manual Ex. 2

Quiz 12-2

Notes: For uses of indirect discourse, see mini-dialogues 2, 4, 5, pp. 385, 386.

♦ **OBJECTIVES:**

TO REPORT WHAT SOMEONE SAID

TO SUMMARIZE OR GIVE A REPORT

TO REPEAT FOR CLARIFICATION OR EMPHASIS

Reteach/Extra Help: You may want to use these verbs to practice going from direct to indirect discourse.
   You might ask students to make a statement, then call on another to restate what the first one said. Direct students to use tenses in the order of this presentation.

La présente carte sera indispensable pour bénéficier de l'offre d'Aldo Rosatti

"Voter pour Aldo Rosatti c'est aussi choisir le bon chemin"

This is true also of the future of *aller*, where the present tense of the verb *aller* becomes the imperfect tense in reported speech.

Elle a annoncé: «**Je vais me présenter** aux élections.»	*She announced: "**I'm going to run** for office."*
Elle a annoncé **qu'elle allait se présenter** aux élections.	*She announced **that she was going to run** for office.*

● PASSÉ COMPOSÉ → PLUPERFECT

Il a dit: «**J'ai réduit** les impôts selon ma promesse.»	*He said: "**I have reduced** taxes according to my promise."*
Il a dit **qu'il avait réduit** les impôts selon sa promesse.	*He said **that he had reduced** taxes according to his promise.*

● FUTURE → CONDITIONAL

Les journalistes lui ont demandé: «**Vous respecterez** les droits de l'individu?»	*The reporters asked him: "**Will you respect** the rights of the individual?"*
Les journalistes lui ont demandé **s'il respecterait** les droits de l'individu.	*The reporters asked him **if he would respect** the rights of the individual.*

2 When reporting commands, use *de* + infinitive.

Il nous a commandé: «**Ne parlez pas** si fort!»	Il nous a commandé **de ne pas parler** si fort.
Je vous ai dit: «**Ne votez pas** pour eux.»	Je vous ai dit **de ne pas voter** pour eux.

But note that the subjunctive does not change in reported speech.

Il a déclaré: «Il faut **que tu le fasses.**»	Il a déclaré qu'il fallait **que je le fasse.**

Un billet de la Banque de France qui commémore le bicentenaire de la Révolution française

LA FRANCE UNIE AVEC JACQUELINE PENEZ

EXERCICES   Essential

A Trop de bruit.   M. Vandermeule raconte à sa femme ce qui va se passer dans son bureau demain. Mais il y a des ouvriers qui réparent la rue, et elle a du mal à l'entendre. Il doit tout répéter.

> Le chef de bureau vient me voir demain. —Pardon?
> *J'ai dit que le chef de bureau venait me voir demain.*

1. Il veut parler de mon discours. —Quoi?
2. C'est un bon discours dont je suis fier. —C'est quoi?
3. Mais je crois qu'il va me demander de le refaire. —Pardon?
4. Le comptable part en vacances. —Je n'ai pas bien entendu.
5. Sa femme et lui vont en Suède. —Ils vont en Suisse?
6. Les hôtels sont très bon marché en cette saison. —Quelle maison?
7. Nous devons peut-être leur donner rendez-vous à Stockholm. —Leur donner quoi?
8. Tu aimes bien sa femme, non? —Tu as faim?
9. Bon, je vais jeter un coup d'œil sur mon journal. —Qu'est-ce que tu vas jeter?

B Les nouvelles.   Vous avez écouté une émission à la télévision sur les élections. Répétez ce que vous avez entendu. Suivez le modèle.

> Les X ont élu un nouveau président.
> *On a dit que les X avaient élu un nouveau président.*

1. Le parti de gauche a gagné.
2. La majorité des électeurs ont voté de bonne heure.
3. Les journalistes ont déjà commencé à écrire des articles pour analyser la situation.
4. Au début de la campagne, les candidats ont promis de travailler ensemble après l'élection.
5. Aussitôt après, les partis ont recommencé à se disputer.
6. Le nouveau président a donné un discours aux députés.
7. Il a annoncé son choix d'un nouveau premier ministre.
8. Quant à son adversaire, il a accepté avec difficulté le fait de ne pas avoir convaincu la majorité des électeurs.

C C'est promis! Vous essayez de convaincre vos amis de voter pour votre candidate. Rappelez-leur les promesses qu'elle a faites pendant la campagne. Suivez le modèle.

> «On choisira un nouveau premier ministre.»
> Elle a promis qu'on choisirait un nouveau premier ministre.

1. «Rien ne menacera la liberté de l'individu.»
2. «En travaillant ensemble, on vaincra le chômage.»
3. «Nous réduirons les impôts.»
4. «Le prix de l'essence sera réduit.»
5. «Dans le gouvernement que je formerai, la gauche et la droite s'uniront.»
6. «Des nouvelles lois plairont aux écologistes et rendront la vie plus agréable pour tous les citoyens et citoyennes.»
7. «On recommandera de construire des nouvelles routes.»
8. «Les ouvriers ne travailleront que trente-cinq heures par semaine, et l'anniversaire de chacun sera pour lui un jour de congé.»

D Un mécanicien qui n'est pas sérieux. Mme Ledoux a conduit sa voiture au garage pour la faire vérifier et réparer. Quand elle va la chercher, on n'a rien fait. Elle n'est pas contente et rappelle au garagiste ce qu'elle lui avait demandé de faire. Suivez le modèle.

> Vérifiez les freins!
> *Je vous avais demandé de vérifier les freins.*

1. Changez l'huile!
2. Jetez un coup d'œil sur les essuie-glace!
3. Mettez un nouveau pneu à la roue avant gauche!
4. Vérifiez les autres pneus!
5. Lavez la voiture!
6. Nettoyez tous les sièges!
7. Réparez le phare droit!

E Puis-je vous aider à vous faire comprendre? Refaites l'Exercice D en jouant le rôle d'une troisième personne qui dit au garagiste ce que Mme Ledoux voulait qu'il fasse. Suivez le modèle.

> Vérifiez les freins!
> *Elle voulait que vous vérifiiez les freins.*

F   Parlons de toi.

1. Pense à une élection récente. Tu te rappelles ce que les candidat(e)s ont promis de faire? Si oui, raconte-le. Si non, demande à quelqu'un s'il (elle) se rappelle?
2. Est-ce que celui (celle) qui a gagné l'élection a fait ce qu'il (elle) avait promis de faire?
3. Tu te rappelles ce qu'ont dit les journaux sur les candidat(e)s?
4. Qu'est-ce que tu promettrais de faire (ou de ne pas faire) si tu te présentais aux élections?
5. Tu as regardé les informations à la télé hier soir? Si oui, quels événements a-t-on racontés? Raconte quelques-unes des déclarations que tu as entendues.

Exercice F
Answers will vary.

Practice Sheets 12-3, 12-4

Workbook Exs. D–E

6 **Tape Manual**
   Exs. 3-4

Quiz 12-3

ACTIVITÉ   Discretionary

Résumés.   Avec un(e) partenaire, choisissez deux des sujets suivants:

a. Ce que j'ai fait le week-end dernier
b. Ce que je ferai quand j'obtiendrai mon diplôme universitaire
c. Ce que je pense du Président des Etats-Unis

Discutez un peu de ces deux sujets et prenez des notes sur ce que votre partenaire dit. Ensuite, réunissez-vous avec deux autres élèves. Chaque personne doit résumer ce que son partenaire a dit sur un des deux sujets que vous avez choisis.

RÉPUBLIQUE FRANÇAISE

LIBERTÉ · ÉGALITÉ · FRATERNITÉ

CARTE D'ÉLECTEUR

La présente carte remplace la carte précédemment délivrée qui devra être détruite

« Voter est un droit, c'est aussi un devoir civique »

MINISTÈRE DE L'INTÉRIEUR ET DE LA DÉCENTRALISATION

LIEU DE VOTE   RUE DES ACACIAS 2
TERVILLE

NOM – PRÉNOMS – ADRESSE DU TITULAIRE

0115   ME. MARION EP.DICOP LEONIE
31 RTE DE VEYNERANGE

Nº d'ordre sur la liste

19 · 02 · 18   57
Date de naissance   Département

Signature du Maire :

Cachet de la Mairie

Signature du titulaire :
L. Drof

APPLICATIONS Discretionary

Monsieur Blink 7

MICHEL TREMBLAY

AVANT DE LIRE
Dans cette histoire l'écrivain canadien Michel Tremblay (né en 1942) satirise la puissance formidable de la publicité dans la politique.

1. Est-ce que vous lisez la publicité dans les magazines et les revues? Vous la regardez à la télé ou est-ce que vous essayez de ne pas y faire attention?
2. Même si vous ne regardez pas la publicité, vous savez sans doute par cœur quelques slogans ou couplets *(jingles)* publicitaires. Lesquels est-ce que vous aimez le mieux? Il y en a qui vous gênent? Lesquels? Vous savez ce qui vous attire et ce qui vous gêne dans la publicité?
3. Quel rôle est-ce que la publicité doit jouer dans la politique? On dit, par exemple, que la publicité a joué un rôle très important dans l'élection présidentielle de 1988 aux Etats-Unis. Qu'est-ce qui doit avoir plus d'importance, ce que disent les candidat(e)s ou ce que dit leur publicité? Pourquoi?
4. Imaginez-vous ce cauchemar *(nightmare).* Vous vous trouvez dans une situation tout à fait inattendue. Vous vous apercevez que vous attirez l'attention de tout le monde. On attend que vous fassiez ou que vous disiez quelque chose, mais vous ne savez pas que faire. Vous avez déjà eu un cauchemar comme celui-ci? Vous pouvez le raconter? Comment est-ce que vous vous êtes senti(e) en vous réveillant?
5. Dans l'histoire suivante, que veulent dire ces mots dont vous connaissez déjà des mots associés: *collée* (l. 3), *s'écrier* (l. 30), *le coût* (l. 71)?
6. D'après ce que vous savez de l'anglais et du français que veulent dire: *se précipiter* (l. 29), *le chœur* (l. 36), *la boutonnière* (l. 39), *le ruban* (l. 39), *le rassemblement* (l. 42), *la marche* (l. 43), *cesser* (l. 50), *le cortège* (l. 62), *le cantique* (l. 62), *la majoration* (l. 69), *prendre la parole* (l. 72)?
7. D'après le contexte, vous pouvez deviner ce que veulent dire: *le cachet* (l. 38), *défoncer* (l. 55), *enfoncer* (l. 58), *enfiler* (l. 61), *une gigantesque banderole* (l. 76), *inscrire* (l. 76)?

Michel Tremblay

Monsieur Blink était stupéfait. Quelle était donc cette plaisanterie? Qui avait osé[1] … Devant lui, sur le mur de bois longeant[2] la rue des Cèdres, une immense affiche était collée et, au milieu de cette affiche, monsieur Blink lui-même «se» souriait. Au-dessus de sa photo, en lettres majuscules[3] grosses comme ça, une phrase renversante,[4] une phrase qui fit sursauter[5] monsieur Blink, était imprimée[6] en rouge violent: «Votez pour monsieur Blink, le candidat de l'avenir!»

Monsieur Blink enleva ses lunettes, les essuya nerveusement, les remit sur son nez et regarda l'affiche de nouveau.

La peur le prit. Il se mit à courir[7] et s'engouffra dans[8] le premier autobus qui vint à passer. «Non, c'est impossible, se disait monsieur Blink, j'ai rêvé! Il faut que j'aie rêvé! Moi, candidat?»

Depuis des semaines on parlait de ces fameuses élections. On disait que ces élections-là seraient sûrement les élections les plus importantes du siècle. Les deux grands partis du pays allaient se livrer une lutte[9] à mort, c'était certain.

Monsieur Blink tremblait. Il essaya de lire son journal, mais il ne parvint pas à fixer son esprit[10] sur les petits caractères noirs qui lui semblaient des mouches en délire[11] plutôt que des lettres.

Depuis des semaines, on parlait de ces fameuses élections. «Voyons, j'ai dû mal voir!» Les élections les plus importantes du siècle. Sûrement les élections les plus importantes du siècle. «C'est une plaisanterie.» Les élections les plus … Il cria. En page centrale, l'affiche la plus grosse qu'il eût jamais vue dans un journal, en page centrale, pleine page, il était là … Monsieur Blink était là et «se» souriait. «Votez pour monsieur Blink, le candidat de l'avenir!» Il ferma son journal et le lança[12] par la fenêtre.

Juste en face de lui, un petit garçon se pencha[13] vers sa mère et lui dit: «Maman, regarde, le monsieur de l'affiche!» En reconnaissant monsieur Blink, la mère du petit garçon se leva et se précipita sur le pauvre homme qui crut mourir de peur. «Monsieur Blink, s'écria la dame en s'emparant des[14] mains de l'homme, monsieur Blink, notre sauveur!» Elle embrassait les mains de monsieur Blink qui semblait sur le bord d'une crise de nerfs.[15] «Voyons, madame, murmura-t-il enfin, je ne suis pas votre sauveur …» Mais la femme criait comme une folle: «Vive monsieur Blink, notre sauveur! Vive monsieur Blink, le candidat de l'avenir!» Tous les gens qui se trouvaient dans l'autobus répétaient en chœur: «Vive monsieur Blink …»

Notes: If students ask, point out that *il eût jamais vue* is a pluperfect subjunctive with the same meaning as *il avait jamais vue*.

Notes: Point out that *le chœur* is pronounced the same as *le cœur*.

---

[1]**oser** *to dare*   [2]**longer** *to extend along*   [3]**majuscule** *capital*
[4]**renverser** = gêner   [5]**sursauter** *to jump*   [6]**imprimer** *to print*
[7]**courir** *to run*   [8]**s'engouffrer dans** *to dash onto*   [9]**se livrer une lutte** = se battre   [10]**l'esprit** (m.) *mind*   [11]**des mouches en délire** *delirious flies*
[12]**lancer** = jeter   [13]**se pencher** *to lean*   [14]**s'emparer de** *to grab*   [15]**sur le bord d'une crise de nerfs** *on the verge of a breakdown*

«Monsieur Blink» par Michel Tremblay. Extrait des *Contes pour buveurs attardés* (Montréal: Editions du Jour, 1966). Reproduit avec permission.

Votez pour monsieur Blink, le candidat de l'avenir.

A une pharmacie voisine de sa demeure[16] monsieur Blink acheta des cachets d'aspirine. «Alors, lui dit le pharmacien, on fait de la politique, maintenant?» A sa boutonnière, il portait un ruban bleu sur lequel était
40 écrit en rouge …

Sa concierge l'arrêta. «Monsieur Blink, lui dit-elle, vous n'auriez pas, par hasard,[17] un billet à me donner pour votre grand rassemblement de ce soir?» Monsieur Blink faillit dégringoler[18] les quelques marches qu'il avait montées. Un rassemblement? Quel rassemblement? Mais voyons, il
45 n'avait jamais été question d'un rassemblement! «Petit cachottier[19] que vous êtes! J'aurais dû me douter[20] qu'il se passait des choses importantes derrière cette caboche![21] Vous pouvez vous vanter de[22] nous avoir causé toute une surprise, à mon homme et à moi …»

Ce soir-là, monsieur Blink ne dîna pas. D'ailleurs il l'eût voulu qu'il ne
50 l'eût pu.[23] Le téléphone ne cessa de sonner. Des admirateurs qui voulaient savoir à quelle heure il arriverait au grand rassemblement. Monsieur Blink crut devenir fou. Il décrocha le récepteur, éteignit toutes les lumières de son appartement, mit son pyjama et se coucha.

La foule réclamait[24] son sauveur à grands cris. On parlait même de dé-
55 foncer la porte s'il ne répondait pas dans les dix minutes … La concierge dit alors une chose terrible, une chose qui faillit produire une émeute:[25] «Monsieur Blink est peut-être malade», dit-elle à un journaliste. Dix secondes plus tard, la porte de monsieur Blink était enfoncée et la foule portait en triomphe son sauveur en pyjama. On trouva son costume bien
60 original. Que sa publicité était donc bien faite! Quelques hommes retournèrent même chez eux pour enfiler leur pyjama. Des femmes en chemises de nuit sortirent dans la rue et suivirent le cortège en chantant des cantiques. Sidéré,[26] le pauvre monsieur Blink n'osait pas bouger, installé qu'il était sur les épaules de deux des journalistes les plus éminents du pays.

---

[16]**la demeure** = où l'on habite   [17]**par hasard** = peut-être   [18]**faillir dégringoler** *to almost fall down*   [19]**le cachottier, la cachottière** *sneak*
[20]**se douter** *to suspect*   [21]**la caboche** = la tête   [22]**se vanter de** *to brag about*
[23]**d'ailleurs … l'eût pu** = même s'il l'avait voulu, il ne l'aurait pas pu
[24]**réclamer** = demander   [25]**l'émeute** (f.)   *riot*   [26]**sidéré, -e** = étonné

Questionnaire
Answers will vary.
1. Parce que M. Blink ne se souriait pas vraiment. C'était sa photo qui lui souriait.
2. Il a eu peur / Il n'en a pas cru ses yeux. Il a essayé d'y échapper / s'est mis à courir / s'est engouffré dans un autobus. Il a lancé (*or:* jeté) le journal.
3. «Votez pour monsieur Blink, le candidat de l'avenir.»
4. Il était au lit, les lumières éteintes. Ils sont retournés chez eux pour enfiler leur pyjama ou chemise de nuit. Pour s'habiller comme M. Blink. L'auteur satirise les gens qui font n'importe quoi pour ressembler à leurs héros.

65 Le rassemblement fut un triomphe. Monsieur Blink ne parla pas.

Le nouveau parti, le parti du peuple, le parti de monsieur Blink, éclatait[27] dans la vie politique du pays comme une bombe. On hua[28] les vieux partis et on cria que l'esclavage[29] était fini, grâce à monsieur Blink. B-L-I-N-K. Blink! Blink! Hourra! Fini, les majorations d'impôt, monsieur Blink allait 70 tout arranger. Fini, le grabuge[30] politique, monsieur Blink allait tout arranger. Fini, les augmentations du coût de la vie … Blink! Blink! Blink!

Une seule fois monsieur Blink tenta de[31] se lever pour prendre la parole. Mais la foule l'acclama tellement qu'il eut peur de la contrarier et se rassit.[32]

On le gava de[33] champagne et monsieur Blink finit lui aussi par se croire 75 un grand héros. En souvenir de cette soirée mémorable, monsieur Blink rapporta chez lui une gigantesque banderole sur laquelle était inscrit en lettres de deux pieds de haut …

Le lendemain, monsieur Blink était élu premier ministre de son pays.

---

[27]**éclater** *to burst*   [28]**huer** *to boo*   [29]**l'esclavage** (m.) *slavery*   [30]**le grabuge** = la dispute   [31]**tenter de** = essayer de   [32]**se rasseoir** *to sit back down*   [33]**gaver de** = insister qu'on mange ou qu'on boive quelque chose

Questionnaire

1. Pourquoi l'auteur emploie-t-il des guillemets en écrivant «*se*» *souriait* (ll. 4 et 25)?
2. Comment s'est senti M. Blink en voyant «*sa*» publicité sur le mur et dans le journal? Qu'est-ce qu'il a fait dans les deux instances?
3. Vous pouvez terminer les phrases aux lignes 39–40 (*… était écrit en rouge …*) et 76–77 (*… était inscrit en lettres de deux pieds de haut …*)?
4. Quand la foule a enfoncé la porte de M. Blink, qu'est-ce qu'il faisait? Qu'est-ce que certains d'entre eux ont fait après l'avoir trouvé? Pourquoi? Que pensez-vous que l'auteur satirise ici?
5. Qu'est-ce qu'il y a d'humoristique dans les phrases à la ligne 65?
6. Selon ce que nous dit l'auteur aux lignes 66–71, quelles promesses la publicité de M. Blink avait-elle faites?
7. Comment l'attitude de M. Blink a-t-elle changé après le rassemblement?
8. Comment trouvez-vous cette histoire? Employez deux ou trois adjectifs pour la décrire.
9. Pourquoi une foule est-elle si puissante? Qu'est-ce que vous connaissez de la psychologie de la foule?
10. Pourquoi doit-on se douter de la publicité?
11. Formez un groupe de trois ou quatre personnes et faites un schéma (*outline*) écrit des événements de cette histoire. Le schéma doit montrer comment la publicité convainc les gens qui, à leur tour, convainquent M. Blink.

EXPLICATIONS II Essential

Notes: For uses of indefinite pronouns, see mini-dialogues 1, 4, 8, pp. 384, 385, 387.

◆ **OBJECTIVES:**

TO SPEAK IN GENERAL TERMS

TO SPEAK OF PEOPLE WITHOUT NAMING THEM

TO REFER TO UNKNOWN PEOPLE

TO COMPARE AND CONTRAST

Les pronoms indéfinis

You know several indefinite pronouns, such as *on, chacun(e),* and *quelqu'un.* An indefinite pronoun represents an unidentified person or thing or an undetermined number of people or things.

1 *Quelqu'un* means "someone." *Quelques-un(e)s* means "some," "some people," "any," or "a few."

> Pierre connaît **quelqu'un** dans le gouvernement. Moi, je connais des députés. **Quelques-uns** sont mes amis.

> Beaucoups de femmes sont persuadées qu'Alice serait une candidate formidable. **Quelques-unes** lui ont recommandé de se présenter aux élections.

Note that *quelqu'un* is always masculine, but *quelques-un(e)s* agrees with the noun it refers to.

2 *Certain(e)s* means "certain people." We often use it with *d'entre eux (elles / nous / vous)* to mean "some of them (us / you)." It, too, agrees with the noun to which it refers.

> Il y aura plusieurs candidats, j'en suis sur.
> En fait, **certains** ont déjà lancé leur campagne.

> Il faut obéir à toutes les lois même si on est en désaccord avec **certaines d'entre elles.**

3 The pronoun *autre* is used in a wide variety of expressions. Its specific meaning depends on the context.

> On ne prend pas ce bus. On en prend **un autre,** le 77. On m'a beaucoup aidé. C'est pour ça que j'aide **les autres.**

> *We aren't taking this bus. We're taking a different one, No. 77. People have helped me a lot. That's why I help others.*

A common use of *autre* is in the combinations *l'un(e) l'autre* ("each other") and *les un(e)s les autres* ("one another").

> J'ai présenté Luce et Chantal **l'une à l'autre.**
> Aidez-vous **les uns les autres!**

> *I introduced Luce and Chantal to each other.*
> *Help one another!*

4 *Les un(e)s ... les autres* means "some ... others" or "some people ... other people."

> D'après le sondage que j'ai fait, le droit de voter n'est pas important pour tous les élèves qui vont bientôt être majeurs. **Les uns** ont hâte de pouvoir le faire, **les autres** ne voteront pas n'importe quoi.

5 You know that *on* means "one," "we," "you," "they," or "people."

Pour qui voter?

Tous les ans, **on** paie des impôts.	*Every year **we** pay taxes.*
Si **on** convainc les électeurs, **on** gagne les élections.	*If **you** convince the voters, **you** win the election.*
On dit que son discours était très bon.	*They say that her speech was very good.*

It used to be that adjectives following *on* were always in the masculine singular form. You will, however, often see the plural form or even, occasionally, the feminine singular.

On s'est **levés** tard ce matin.	*We got up late this morning.*
Quand **on** est **maman** on est souvent impatient**e**.	*When **you**'re a **mother** you're often impatient.*

6 As an indefinite pronoun, *tout* means "all" or "everything." *Tous (toutes)* means "all of them" or "everyone." *Tout le monde* means "everyone" or "everybody."

Tout est perdu.	*All is lost.*
Tout est pour le mieux.	*Everything's for the best.*
Nous sommes **tous** membres du parti de la gauche.	*We're all members of the party of the left.*
Les candidates? On les a élues **toutes**.	*The candidates? We elected them all.*

7 The indefinite pronoun *n'importe quoi* means "anything." We often use it to express that something is unrealistic or irrational.

Je peux le persuader de faire **n'importe quoi**.	*I can persuade him to do **anything**.*

Exercice A

Answers will vary due to choice of impersonal pronoun.

1. Les journalistes racontent tous n'importe quoi. / Les uns racontent n'importe quoi, les autres non. (or: Certains d'entre eux (quelques-uns) racontent n'importe quoi.)
2. Les Français savent ... / Les uns savent ..., les autres non. (or: Certains d'entre eux (quelques-uns) savent ...)
3. Les députés sont ...
4. Les gens aiment ...
5. Les reportages à la cinquième chaîne sont ...
6. Les sondages insistent ...
7. Les candidats veulent ...
8. Les discours politiques sont ...
9. Les candidats font ...

Enrichment: You might ask students to apply Ex. A to discussing media, advertising, politics, personal characteristics of groups of people (adults, children, men, women, etc.).

Exercice B

Answers will vary.

A **Elle exagère!** Joëlle exagère toujours et sa sœur Gisèle la corrige. Choisissez parmi les expressions de la liste et conversez selon le modèle.

> certain(e)s d'entre eux (elles)
> les un(e)s … les autres
> quelques-un(e)s

> les citoyens / s'inscrire tous sur les listes électorales
> ÉLÈVE 1 *Les citoyens s'inscrivent tous sur les listes électorales.*
> ÉLÈVE 2 *Les uns s'inscrivent sur les listes électorales, les autres non.*
> OU: *Certains d'entre eux (quelques-uns) s'inscrivent sur les listes électorales.*

1. les journalistes / raconter tous n'importe quoi
2. les Français / savoir tous parler des langues étrangères
3. les députés / être tous intelligents
4. les gens / aimer tous discuter de la politique
5. les reportages à la cinquième chaîne / être tous en direct
6. les sondages / insister tous sur le fait que le parti de droite sera vaincu
7. les candidats / vouloir tous réduire les impôts
8. les discours politiques / être tous ennuyeux
9. les candidats / faire tous trop de promesses

B **Critique de films.** Faites une liste de dix films que vous avez vus pendant l'année passée. Ensuite, décrivez ces films en utilisant des pronoms indéfinis et les expressions ci-dessous. Par exemple:

> avoir du succès   être un four   faire salle comble
> être amusant   être fantastique   rendre triste
> être ennuyeux   faire rire   tenir en haleine

Quelques-uns ont fait salle comble: La Boum *et* Rocky III, *par exemple.*

MARTINE FRACHON

Député - Conseillère Municipale de Poissy - 51 ans - Mariée, 5 enfants, 2 petits enfants

CONTRAT POUR LA FRANCE UNIE

1. Elle donnera la priorité à la formation et à la recherche.
2. Elle modernisera l'économie dans le progrès social.
3. Elle assurera la solidarité et la cohésion sociale (revenu minimum).
4. Elle agira pour l'égalité des femmes et des hommes.
5. Elle travaillera à construire l'Europe.
6. Elle veillera sur notre environnement.
7. Elle multipliera les espaces de culture.
8. Elle garantira notre sécurité, encouragera le désarmement et agira pour la paix.
9. Elle aidera le développement du Tiers-Monde.
10. Elle refusera toutes les exclusions.

C   Les informations.   Complétez les paragraphes suivants en employant les pronoms indéfinis de la liste.

certains d'entre eux	n'importe quoi	quelqu'un
les autres	on	tous
les uns	quelques-uns	tout

Le Président a donné rendez-vous ce matin à un groupe de députés et de maires. _____ étaient venus de très loin pour entendre ce que le Président avait à dire. Ceux qui s'étaient attendus à une réunion tranquille et agréable ont quitté la salle bien déçus.

5   Avant l'arrivée du Président, _____ se parlaient doucement, _____ attendaient impatiemment, se plaignant de _____. Quand il est enfin entré, _____ à côté de moi s'est mis à hurler: «Vive le Président! Vive la République!» Ce n'était pas un des invités et on l'a fait partir aussitôt.

10   Le Président a déclaré que le gouvernement allait recommander de créer des nouveaux impôts. J'ai regardé ses adversaires de la droite, qui semblaient _____ être furieux. Même _____ des membres de son propre parti n'avaient pas l'air convaincu. Il y en avait une qui s'est mise debout et qui a crié d'une voix cassée: «Et _____ oublie les électeurs? Il faut bien se rendre compte, monsieur, que nous ne

15   pouvons pas leur demander _____. Je suis maire, c'est vrai, mais je suis plus que ça. Je suis citoyenne! Et les citoyens vous disent non! A bas les impôts! Aux armes, citoyens!»

Le Président étonné a quitté la salle. Quant à moi, je doute qu'il y
20   ait des nouveaux impôts cette année.

D   Parlons de toi.

1. De tous les événements mondiaux de l'année passée, il y en a quelques-uns que tu crois surtout importants? Lesquels? Pourquoi est-ce que tu les trouves si importants?

2. De tous tes camarades de classes, il y en a quelques-un(e)s qui risquent de choisir une carrière politique? Comment sont-ils? Tu crois que certain(e)s d'entre eux (elles) seraient des bon(ne)s candidat(e)s? Pourquoi? Tu voterais pour eux (elles)?

3. Est-ce que les élèves de ton lycée parlent de la politique? On parle de l'actualité? Il y a des sujets de conversation qui vous intéressent tous? Si oui, lesquels?

4. Si tu étais Président des Etats-Unis et si tu parlais avec le Président de France, quelles questions est-ce que tu lui poserais? Et si tu parlais au Premier Ministre de Grande-Bretagne? Qu'est-ce que tu recommanderais que les trois pays fassent pour a) empêcher le terrorisme, b) conserver la paix mondiale, c) créer un meilleur monde?

RÉVISION

Transparency 36

Notes: Review of:
1. vocabulary
2. vocabulary
   passé composé of
   pronominal verbs
3. indirect discourse
   indefinite pronouns
   conditional
4. vocabulary
5. indefinite pronouns
   vocabulary

Lisez la bande dessinée.

1. Aujourd'hui c'est le jour des élections au lycée de filles, et Nicole et Caroline ont hâte de voter.

2. Nicole et Caroline, qui viennent d'entrer en seconde, se sont présentées aux élections.

3. Quelques-unes de leurs amies ont dit qu'elles convaincraient les autres de voter.

4. Nicole croit que toutes les candidates sont sérieuses.

5. Mais leurs copines sont persuadées que certaines d'entre elles sont un peu bizarres.

Maintenant imaginez que vous pouvez choisir un lycée. Est-ce que vous voudriez assister à un lycée mixte ou est-ce que vous préféreriez un lycée de garçons (filles)? Ecrivez une histoire en vous servant de la Révision comme modèle.

THÈME

Transparency 37

Notes: Answers to the *Thème* appear in the teacher pages at the front of the book.

Trouvez les expressions françaises qui correspondent à l'anglais et rédigez un paragraphe.

1. Sunday is election day and Aurélie is looking forward to voting.

2. Aurélie, who just turned 18, has already registered to vote.

3. Some of her friends have said that they would not encourage anyone to vote.

4. They believe that all candidates are hypocritical.

5. But Aurélie is convinced some of them are truly sincere.

RÉDACTION

Maintenant, choisissez un de ces sujets.

1. Est-ce que vous allez vous inscrire sur les listes électorales dès que vous aurez 18 ans? Pourquoi ou pourquoi pas?

2. Les candidats politiques font-ils des promesses sincères ou non? Expliquez votre réponse.

3. Nicole et Caroline parlent avec leurs amis au sujet des lycées mixtes. Ecrivez leur conversation.

CONTRÔLE DE RÉVISION   CHAPITRE 12   Discretionary

Notes: Answers to the *Contrôle* appear in the teacher pages at the front of the book.

A   Le gouvernement français.
Complétez chaque phrase en choisissant l'expression qui convient.

1. Les Français élisent (*le premier ministre / le président*).
2. Pour voter, un Français doit (*avoir la majorité / être majeur*).
3. Pour voter, il faut (*s'inscrire sur les listes électorales / se présenter aux élections*).
4. La plupart des candidats promettent de (d') (*réduire / interdire*) les impôts.
5. La gauche et la droite sont des (*sondages / partis*) politiques.
6. Celui qui se présente aux élections est un (*électeur / candidat*).
7. Le Président de la République choisit (*le premier ministre / les députés*).
8. Est-ce que tu as écouté (*le discours / les lois*) de cette candidate?

B   Les adversaires.
Complétez les phrases suivantes en mettant les formes convenables des verbes *vaincre* et *convaincre* d'après le sens de l'histoire.

Jean-Luc et Michel sont amis depuis très longtemps. Ils sont _____ qu'ils le seront toujours. Pourtant, chacun se croit meilleur que l'autre en tout. Par exemple, la semaine dernière, Michel _____ Jean-Luc en tennis. Mais c'est celui-ci qui _____ Michel de se présenter aux élections du lycée. Bien sûr, Jean-Luc était candidat lui aussi. L'un et l'autre essaient de _____ leurs amis de voter pour lui. Michel est certain qu'il _____ son ami, mais Jean-Luc ne pense pas que Michel le _____. Est-ce que Michel est content d'_____ Jean-Luc au tennis? Bien sûr! Est-ce que Michel serait déçu si Jean-Luc le _____ aux élections? Bien sûr! S'ils le pouvaient, chacun _____ l'autre tous les jours. Mais ce qui est intéressant c'est que chaque victoire et chaque défaite les _____ qu'ils seront toujours amis.

C   Qu'est-ce qu'elle a dit?
Récrivez le passage suivant en employant le discours indirect. Commencez le passage par *Elle a dit qu'elle …*

Je suis très contente d'être ici. J'ai toujours voulu visiter la France. En septembre, quand mon prof nous a dit qu'il organisait un voyage à Paris, j'ai demandé à mes parents si je pouvais y aller. Maintenant que je suis ici, je verrai beaucoup de monuments, je visiterai des endroits intéressants, mais surtout j'espère faire la connaissance de plusieurs jeunes Français de mon âge. La famille chez qui j'habite est très sympa. Je suis certaine que mes quinze jours seront super.

D   A l'école.
Répondez *non* aux questions suivantes et expliquez votre réponse en employant *quelques-uns, les uns … les autres* ou *certains d'entre eux*. Suivez le modèle.

> Est-ce que tous les lycéens prennent le bus pour aller au lycée?
> *Non, tous les lycéens ne prennent pas le bus pour aller au lycée. Les uns y vont en voiture, les autres y vont à pied. Certains d'entre eux y vont en vélo.*

1. Est-ce que tous les lycéens …
   a. arrivent à l'école à l'heure?
   b. s'intéressent à tous les cours?
   c. déjeunent à la cantine?
   d. font toujours leurs devoirs?
2. Est-ce que tous les professeurs …
   a. donnent des examens faciles?
   b. expliquent bien leurs leçons?
   c. assistent à tous les matchs sportifs?
   d. donnent trop de devoirs?

Listening Comprehension Test   Chapter 12 Test

VOCABULAIRE DU CHAPITRE 12

Noms
l'adversaire *(m.&f.)*
la campagne
le candidat, la candidate
le citoyen, la citoyenne
la déclaration
le / la député
la difficulté
le discours
la droite
l'électeur, l'électrice
l'élection *(f.)*
le fait
la gauche
le gouvernement
l'impôt *(m.)*
l'individu *(m.)*
la loi
la majorité
le membre
le parti
la politique
le premier ministre
le président, la présidente
la promesse
la république
le sondage

Verbes
convaincre (de + *inf.*)
déclarer
élire
hurler
insister
persuader
recommander (de + *inf.*)
réduire
vaincre
voter

Adjectifs
convaincu, -e
majeur, -e
persuadé, -e
politique

Pronom
certain(e)s

Adverbe
aussitôt

Expressions
à bas!
avoir hâte de + *inf.*
donner rendez-vous
en direct
n'importe quoi
quant à
rendre + *adj.*
s'inscrire sur les listes
    électorales
se présenter aux élections
vive!

Le Palais du Louvre est surtout connu pour son musée dans lequel on trouve une importante collection d'antiquités, d'objets d'art, de sculptures et de peintures. On a récemment fait construire une grande pyramide de verre qui est maintenant l'entrée principale du musée.

(en haut) Les impressionnistes essaient de représenter les impressions causées par les effets de la lumière changeante. Ce tableau, qui s'appelle *Impression, soleil levant*, a été peint en 1872 par Monet, un des plus grands peintres impressionnistes. En 1985, des voleurs sont arrivés au musée Marmottan à Paris et ont pris plusieurs tableaux parmi lesquels celui-ci. On ne sait toujours pas où se trouve ce chef-d'œuvre.

(en bas) Au dix-neuvième siècle, Montmartre, à Paris, est devenu le rendez-vous des artistes. Aujourd'hui encore, à la place du Tertre, on trouve de nombreux peintres prêts à faire le portrait des gens qui passent.

411

1

Transparency 38
CONTEXTE
VISUEL

Tu aimes l'art contemporain?

le marbre

le buste

le sculpteur

le potier

la galerie

abstrait, -e   réaliste   le portrait

la copie

la palette

la toile

la peinture à l'huile

l'aquarelle *(f.)*

l'argile *(f.)*

la cathédrale

le vitrail,
pl. les vitraux

l'ombre *(f.)*

la peinture murale

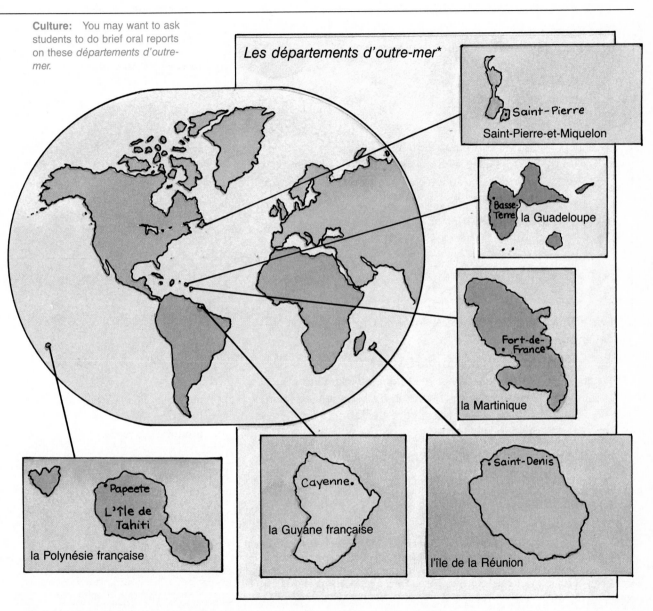

Les départements d'outre-mer*

Saint-Pierre
Saint-Pierre-et-Miquelon

Basse-Terre la Guadeloupe

Fort-de-France
la Martinique

L'île de Tahiti
Papeete
la Polynésie française

Cayenne
la Guyane française

Saint-Denis
l'île de la Réunion

*La France se compose de 102 départements, dont cinq sont des départements d'outre-mer.
La Polynésie française n'est pas un département, mais un territoire français.

1 LAURENCE   Qu'est-ce que tu penses de l'art **contemporain?**

ANTOINE   La peinture abstraite me **laisse froid** mais j'aime bien **l'architecture** moderne.

contemporain, -e	*contemporary*
laisser froid	*to leave cold*
l'architecture (f.)	*architecture*

Variations:

- la peinture abstraite → la sculpture moderne
  me laisse froid → me **fascine**
  j'aime bien → je préfère
  moderne → classique

fasciner   *to fascinate*

2 VALÉRIE   Qui est ton peintre préféré?

DOMINIQUE   Sans hésiter, je dirais Gauguin.* Ses tableaux, surtout ceux qu'il a peints en Polynésie, sont des **chefs-d'œuvre.**

le chef-d'œuvre, pl. **les chefs-d'œuvre**   *masterpiece*

- ses tableaux → ses toiles
  ceux → celles
  peints → peintes
  en Polynésie → **outre-mer**

outre-mer   *overseas*

3 Eric et Alice visitent le musée d'art moderne. Ils s'arrêtent devant une toile abstraite.

ERIC   Qu'est-ce que ça **représente?**

ALICE   On ne pose jamais cette question devant un tableau abstrait. Il vaut mieux étudier **les formes** et essayer de comprendre **l'effet** qu'a voulu **produire**† l'artiste.

représenter	*to represent, to depict*
la forme	*form, shape*
l'effet (m.)	*effect*
produire	*to produce*

- un tableau abstrait → une œuvre abstraite
  étudier → **observer**
  l'effet → **l'impression**
  produire → créer

observer	*to observe, to study*
l'impression (f.)	*impression*

---

*Paul Gauguin (1848–1903), est considéré comme un des premiers artistes vraiment modernes. Né à Paris, il est allé en Bretagne pour essayer de trouver une façon de vivre plus simple et pittoresque. Après un séjour à Arles, en Provence, avec son ami Vincent Van Gogh, il a quitté sa famille et il est parti en Polynésie, où il a passé ses dernières années et où il a peint les toiles exotiques tellement connues aujourd'hui.

† *Produire* follows the pattern of *conduire* in all its forms.

4 David **rend visite à** Sabine.

DAVID   J'aime beaucoup **la reproduction** qui est
           au-dessus de ton bureau.

SABINE   C'est une copie d'une œuvre de Renoir.*

■ la reproduction → l'aquarelle
d'une œuvre → d'**une esquisse**

5 Dans le musée d'Orsay, qui était jadis une grande gare, se
trouvent les œuvres **impressionnistes** qui **appartiennent
au†** musée du Louvre. Une guide commente les toiles:

—Et voici un des chefs-d'œuvre de l'école impressionniste.
En fait, c'est la peinture **même** qui a donné son nom à ce
mouvement artistique. Elle s'appelle *Impression: Soleil levant.*
Monet†† l'a peinte en 1874. Admirez **le contraste** entre
l'ombre et la lumière.

ANNE   Elle est vraiment belle! Dès que nous serons
           arrivés à la boutique du musée, je m'en achèterai
           une reproduction.

■ admirez → remarquez

Notes: Point out the postnominal meaning of *même* (very) compared to prenominal (same).

6 PIERRE   Qu'est-ce que tu as fait samedi dernier?

NATHALIE   Je suis allée visiter une galerie de tableaux à
           Paris.

PIERRE   C'était intéressant?

NATHALIE   Oh, oui, ça **vaut le coup d'**y aller. L'artiste qui
           expose ses œuvres est, à mon avis, **un génie.**

PIERRE   Tu aurais pu me dire que tu y allais, je serais
           venu avec toi.

■ est, à mon avis, un génie → a du talent, je trouve
tu aurais pu me dire → si tu m'avais dit

---

rendre visite à = faire une
   visite à
la reproduction   *print*

l'esquisse (f.)   *sketch*

impressionniste   *Impressionist*
appartenir à   *to belong to*

en fait   *in fact*
même   here: *very*
le mouvement   *movement*
le contraste   *contrast*

Reteach/Review: You may want to practice *appartenir* in the present tense by identifying objects and their owner (*Cette maison appartient à la famille Dufour*).

valoir le coup (de + inf.)   *to be worth it (to)*
exposer   *to exhibit*
le génie   *genius*

---

*Auguste Renoir (1841–1919) s'est spécialisé dans les scènes de la vie contemporaine. Ses
tableaux de femmes et d'enfants peints de couleurs très vives sont surtout connus.

†*Appartenir* follows the pattern of *venir* in the present, but forms the passé composé with
avoir.

††Claude Monet (1840–1926) est peut-être l'artiste le plus typique de l'école impressionniste.
Il a surtout essayé de représenter l'effet que produisent la lumière et l'ombre sur les objets.
Il a peint beaucoup de tableaux fameux de la cathédrale de Rouen, de la gare St-Lazare à
Paris, de meules de foin *(haystacks)* et de nymphéas *(water lilies),* les représentant tous à
différentes heures de la journée.

7 Les élèves sont en train de **réaliser** une peinture murale pour **décorer le hall** du lycée. Mais le métier de peintre est difficile.

THOMAS   J'**ai beau** essayer, je n'arrive pas à bien **reproduire** l'effet de la lumière.

LE PROF   Si tu avais choisi des couleurs moins **sombres,** tu aurais obtenu l'effet que tu cherchais.

- moins sombres → plus claires
- moins sombres → plus vives

réaliser = faire, produire
décorer *to decorate*
le hall *foyer, entranceway*

avoir beau + inf. *it's no use*
reproduire *to reproduce*
sombre *dark*

Reteach/Review: Help students distinguish between *réaliser* and *se rendre compte.*

8 Le prof de dessin montre **une nature morte** à ses élèves.

LE PROF   Qu'est-ce que vous remarquez **au premier coup d'œil?**

ANNE   Une tasse. Mais ce qui me **frappe,** moi, ce sont les couleurs **criardes.**

CLAUDINE   Oui, moi, je n'aurais pas pris du bleu aussi vif.

- une nature morte → **un paysage**
  au premier coup d'œil → **au premier plan**
  une tasse → un arbre
  du bleu → du vert
- une nature morte → un portrait
  au premier coup d'œil → **à l'arrière-plan**
  une tasse → un rideau
  criardes → **ternes**
  du bleu aussi vif → du rouge aussi sombre

la nature morte *still life*
au premier coup d'œil *at first glance*

frapper here: *to strike*
criard, -e *gaudy, garish*

le paysage here: *landscape*
au premier plan *in the foreground*

à l'arrière-plan *in the background*

terne *dull*

Enrichment: You may want to ask students to look at a picture or painting and comment: *Au premier coup d'œil, ce qui me frappe c'est ...* Then ask them to tell what they see in the foreground / background.

AUTREMENT DIT

TO EXPRESS HURT FEELINGS ...

    Tu aurais pu ...
    Pourquoi tu n'as pas ...
    Je regrette que tu ...
    C'est pas gentil de ...

TO EXPRESS BEING FED UP ...

    La barbe!
    Quelle barbe!
    J'en ai marre!
    Ça suffit!
    Bon, ça a assez duré!
    C'est pas bientôt fini!

Enrichment: You might let students role-play a misunderstanding, such as crossed signals (someone waits at wrong place or wrong time), or an imagined or real insult or slight.

A Une visite au musée. Paul écrit une lettre à sa copine française, Sylvie, pour lui raconter sa récente visite à l'Institut d'art de Chicago. Choisissez les mots pour compléter sa lettre. Tous les mots ne seront pas utilisés.

beau essayer   esquisse   laissent froid
ça vaut le coup   fasciné   observé
chefs-d'œuvre   formes   Polynésie
contraste   huile   portraits
effet   impressionnistes

Exercice A
Polynésie
chefs-d'œuvre
impressionnistes
huile; contraste
portraits
fasciné
laissent froid
formes
effet
beau essayer
ça vaut le coup

Chère Sylvie,

Tu sais que je n'aime pas tellement les musées, mais j'ai changé d'avis après avoir visité l'Institut d'art de Chicago avec ma classe de français. Nous avons vu l'exposition
5 temporaire de Gauguin. J'ai beaucoup admiré ses tableaux peints en Provence et aussi en _____. Ce sont des vrais _____ !

J'ai aussi apprécié les œuvres _____, comme celles de Renoir et de Monet. J'adore leurs aquarelles et leurs peintures à
10 l'_____. Il faut admirer les couleurs et le _____ entre l'ombre et la lumière dans ces tableaux. Dans la galerie d'art classique, j'ai surtout aimé les _____ des personnages importants de cette période. Leurs costumes m'ont _____.

Par contre, les tableaux abstraits me _____. Le professeur
15 nous a demandé d'étudier les _____ et les couleurs et d'essayer d'apprécier l'_____ qu'a voulu produire l'artiste. J'ai _____, je n'arriverai jamais à apprécier ce style.

La prochaine fois que tu viendras à Chicago, on ira visiter ce musée— _____ d'y aller!
20   Je t'embrasse,

     Paul

Dans ce tableau, un sculpteur fait un buste de Gauguin.

Au musée du Louvre, Paris

B Catégories. Quel mot ou quelle expression ne convient pas dans chacun des groupes suivants? Expliquez votre choix.

1. l'aquarelle / l'œuvre / l'esquisse / le peintre
2. la toile / l'argile / le marbre / la copie
3. le potier / le sculpteur / le buste / le peintre
4. réaliste / terne / abstrait / contemporain
5. la Guadeloupe / la Guyane / la Provence / la Polynésie
6. la copie / la reproduction / l'esquisse / le sculpteur
7. la toile / le tableau / le vitrail / la peinture
8. produire / observer / réaliser / peindre
9. le portrait / la nature morte / le paysage / l'aquarelle
10. la galerie / l'exposition / la cathédrale / le musée

C Comment répondre? Que dites-vous dans les situations suivantes? Choisissez une réponse et expliquez pourquoi vous l'avez choisie.

1. Quand votre petit(e) ami(e) vous demande d'aller visiter une galerie de tableaux, vous dites: *(Les galeries me laissent froid(e). / Avec plaisir, ça me passionne. / Je ne suis pas libre.)*
2. Quand on vous demande votre opinion sur une toile abstraite, vous dites: *(Laisse-moi l'étudier un peu. / Mais qu'est-ce que ça doit représenter? / Ce n'est pas très réaliste, n'est-ce pas?)*
3. Quand un copain vous montre une reproduction d'une œuvre de Renoir, vous dites: *(J'adore les peintures impressionnistes. / Je préfère les œuvres abstraites. / Tu me la prêtes pour décorer ma chambre?)*
4. Quand vos parents font des projets pour visiter un musée avec vous, vous dites: *(Vous auriez pu me dire que nous y allions—j'ai déjà fait d'autres projets. / Bonne idée—les musées me fascinent. / J'en ai marre des musées.)*
5. Quand votre prof vous demande de réaliser une peinture murale pour décorer le hall du lycée, vous dites: *(Je ne suis pas artiste, moi. / Quel sujet avez-vous choisi? / Vous préférez un style réaliste ou abstrait?)*
6. Quand une copine parle d'une visite qu'elle a faite à une galerie d'art, vous dites: *(C'est quel artiste qui expose ses œuvres? / Je n'aime pas les musées. / Si tu m'avais dit que tu y allais, je serais venu(e) avec toi.)*
7. Quand quelqu'un vous demande votre opinion sur Picasso, vous dites: *(A mon avis, c'est un génie. / J'ai beau essayer, je n'arrive pas à apprécier son style. / Moi, je préfère les artistes impressionnistes.)*
8. Quand votre prof annonce une visite au musée d'art moderne, vous dites: *(Ça alors, je préfère l'art classique. / Je n'ai pas envie d'y aller. / Bonne idée—l'art contemporain me fascine.)*

D Parlons de toi.

1. Est-ce que tu as étudié des mouvements artistiques dans le cours d'art? Lesquels? Tu peux nommer quelques peintres ou quelques œuvres de chaque mouvement?
2. Quel mouvement artistique est-ce que tu apprécies le plus? Pourquoi? Quels artistes est-ce que tu apprécies le plus? Tu peux nommer et commenter une ou deux de leurs œuvres? Comment est-ce que ces œuvres représentent le mouvement artistique?
3. Quel mouvement artistique te laisse froid(e)? Pourquoi? Est-ce que tu peux nommer quelques artistes ou quelques œuvres de ce mouvement?
4. Quels artistes est-ce que tes parents préfèrent? Est-ce que tu es d'accord avec eux? Pourquoi? Y a-t-il des reproductions artistiques chez toi? Tu peux les décrire?
5. Qu'est-ce que tu aimes surtout dans un tableau? Les couleurs? Les formes? Le sujet? Est-ce que tu peux apporter en classe la reproduction d'un tableau que tu apprécies pour le commenter?
6. Est-ce qu'il y a des reproductions dans ton école ou dans la salle de dessin? Est-ce que tu peux les nommer ou les décrire? Qu'est-ce que tu en penses?
7. Quels musées est-ce que tu as visités? Est-ce que tu préfères les galeries d'art ou de sculpture? Pourquoi?
8. Y a-t-il un musée bien connu près de chez toi? Qu'est-ce qu'on y trouve? Est-ce que ça vaut le coup de le visiter? Si tu devais visiter un musée d'art moderne ou un musée d'art classique, lequel est-ce que tu choisirais? Pourquoi?

Exercice D
Answers will vary.

Practice Sheet 13-1

Workbook Exs. A–B

 3 Tape Manual
Ex. 1

Activity Masters pp. 58-59

Quiz 13-1

ACTIVITÉ   Discretionary

Un exposé d'art.   Avec un(e) camarade de classe, choisissez un tableau d'un de vos peintres préférés. Apportez en classe une reproduction de ce tableau et expliquez pourquoi vous l'avez choisi. Parlez un peu de la vie du peintre, de son style, de son choix de couleurs, etc.

Gare St-Lazare, par Claude Monet

Mots Nouveaux   **419**

APPLICATIONS

L'art moderne 4

Céline est en train de terminer un tableau. Son père arrive.

M. DUFOUR	Qu'est-ce que ça représente?
CÉLINE	Un jardin en automne.
M. DUFOUR	Ah! Vraiment!
5 CÉLINE	Oui, je n'ai pas fini, donc tu ne peux pas bien voir l'effet que j'ai cherché à produire.
M. DUFOUR	Ah, d'accord! Tu vas mettre des couleurs?
CÉLINE	Des couleurs? Mais il y en a!
M. DUFOUR	Oui, mais je voulais dire des couleurs un peu plus vives. Moi, je ne vois que du noir.
CÉLINE	Oh, papa! Tu le fais exprès.[1]
M. DUFOUR	Ne te fâche pas. Tu sais, moi, l'art moderne, je n'y comprends rien.
CÉLINE	En tout cas, j'espère que ça te plaît.
15 M. DUFOUR	Eh bien, euh … Tu as certainement du talent avec le … avec le noir, mais …
CÉLINE	Ah, je suis contente que tu apprécies mon talent parce que ce tableau est pour toi et maman. Il sera très bien dans la salle à manger, non?

Un artiste à Montmartre,
Paris

---

[1]**faire exprès** *to do something on purpose*

Questionnaire

Answers will vary.

1. Elle est en train de terminer un tableau.
2. M. Dufour ne comprend pas l'art moderne. D'après Céline, son père ne comprend pas parce qu'elle n'a pas encore fini le tableau.
3. M. Dufour aimerait voir des couleurs.
4. Il ne comprend pas l'art moderne.
5. Oui, elle a du talent mais il ne comprend pas exactement ce qu'elle fait. / Non, il se moque d'elle (or: il plaisante). / On n'est pas certain, mais je doute qu'elle le comprenne (or: Oui, et elle se moque de lui.)
6. Non. Il n'aime pas beaucoup l'art moderne.
7. Answers will vary.

Questionnaire

1. Qu'est-ce que Céline est en train de faire quand son père arrive?
2. Pourquoi M. Dufour demande-t-il ce que représente le tableau? D'après Céline, pourquoi est-ce que son père ne sait pas ce que ça représente?
3. Qu'est-ce que M. Dufour aimerait voir sur le tableau? Vous êtes d'accord avec lui? Pourquoi?
4. Que pense M. Dufour de l'art moderne? Et vous, qu'est-ce que vous en pensez? Est-ce que vous préférez un autre style? Lequel? Pourquoi?
5. D'après M. Dufour, est-ce que sa fille a du talent? Est-ce qu'il est sérieux quand il lui parle? Est-ce que Céline comprend que son père n'aime pas beaucoup son tableau?
6. Est-ce que M. Dufour est content que sa fille lui donne le tableau pour décorer la salle à manger? Pourquoi?
7. Est-ce que vous avez un artiste préféré? Lequel? Pourquoi? Est-ce que vous avez des reproductions de ses œuvres? Lesquelles?

Situation

Il y a une exposition d'art à votre lycée et vous et votre ami(e) allez juger la compétition. L'un(e) d'entre vous préfère l'art moderne et l'autre préfère l'art classique. Imaginez votre conversation.

Beaucoup d'artistes sont inspirés par Notre-Dame de Paris.

Le passé du conditionnel

◆ **OBJECTIVES:**

TO TALK ABOUT THINGS THAT MIGHT HAVE HAPPENED

TO EXPRESS REGRET

TO SAY WHAT YOU WOULD HAVE DONE IN SOMEONE ELSE'S PLACE

TO UNDERSTAND A NEWS REPORT

The conditional refers to events that might take place in the future. The *past conditional* is used to express what might have occurred in the past if certain conditions had been present or to talk about hypothetical events that might have occurred in the past. Compare:

Il **achèterait** tous les tableaux. — *He **would buy** all the paintings.*
Il **aurait acheté** tous les tableaux. — *He **would have bought** all the paintings.*

1 The past conditional is formed by using the conditional of *avoir* or *être* + past participle. Its English equivalent is "would have" + verb.

INFINITIF **regarder**

	SINGULIER			PLURIEL	
1	j'	**aurais regardé**	nous	**aurions**	**regardé**
2	tu	**aurais regardé**	vous	**auriez**	**regardé**
3	il elle on	**aurait regardé**	ils elles	**auraient regardé**	

INFINITIF **rentrer**

	SINGULIER			PLURIEL	
1	je	**serais rentré(e)**	nous	**serions rentré(e)s**	
2	tu	**serais rentré(e)**	vous	**seriez rentré(e)(s)**	
3	il elle on	serait { **rentré rentrée rentré** }	ils elles	seraient { **rentrés rentrées** }	

Au musée du Louvre, Paris

For the past conditional the rules of agreement are the same as for the other perfect tenses: *Ils ne seraient pas venus. La statue? Nous ne l'aurions pas achetée.*

A St-Tropez

2 Like the conditional, the past conditional is often introduced by expressions such as *moi, nous, à ta (votre) place.*

> **Nous, nous** n'y **serions** pas **allés.**
>
> *We wouldn't have gone there.*
>
> **A votre place, j'aurais peint** le fleuve et les bateaux.
>
> *If I were you, I'd have painted the river and the boats.*

3 Also like the conditional, the past conditional is used in journalistic style to give an unconfirmed report. But whereas the conditional refers to a present or future event, the past conditional refers to an event that is alleged to have taken place already. Compare:

> M. Mécène **vendrait** toutes ses œuvres d'art.
>
> *It is reported that* M. Mécène *will sell (is selling) all of his works of art.*
>
> M. Mécène **aurait vendu** toutes ses œuvres d'art.
>
> *It is reported that* M. Mécène *has sold all of his works of art.*

4 The conditional and the past conditional of the verb *dire* are also used as equivalents of the verb *ressembler à.*

> Quel mauvais temps! **On dirait** l'hiver.
>
> *What awful weather!* **You'd think** *it was (= it looks like) winter.*
>
> Il peignait des beaux paysages.
>
> *He painted beautiful landscapes.*
>
> **On aurait dit** Monet.
>
> **You'd have thought** *they were (= they look like) Monets.*

5 The past conditional forms of *pouvoir* and *devoir* are equivalent to "could have" and "should have."

> **J'aurais pu** reproduire cette esquisse.
>
> *I **could have** reproduced that sketch.*
>
> Tu **aurais dû** exposer tes peintures.
>
> *You **should have** exhibited your paintings.*

6 You know that we often use the conditional with *si* clauses in the imperfect tense.

> **Si tu utilisais** des couleurs plus vives, **tu aurais** plus de succès.
>
> *If you used brighter colors, you'd have more success.*

To talk about past hypothetical events, or might-have-beens, we use the past conditional with *si* clauses in the pluperfect.

> **Si tu avais utilisé** des couleurs plus vives, **tu aurais eu** plus de succès.
>
> *If you had used brighter colors, you'd have had more success.*
>
> Nous **aurions acheté** ce papier peint **si nous avions décoré** le salon.
>
> *We **would have bought** that wallpaper **if we had decorated** the living room.*

EXERCICES   Essential

A L'exposition d'art.   Avec vos amis, vous assistez au lycée à une exposition d'art qui ne vous plaît pas. Dites ce que chacun aurait fait pour la changer. Conversez selon le modèle.

> Alice / peindre les murs en blanc / / en gris clair
> ÉLÈVE 1 *Alice aurait peint les murs en blanc.*
> ÉLÈVE 2 *Moi, je les aurais peints en gris clair.*

1. nous, nous / décorer l'affiche de couleurs criardes / / ternes
2. Yves / exposer les sculptures des élèves de troisième / / cacher
3. Jeanne et Hervé / tapisser la porte de papier rose / / ne pas la tapisser
4. nous, nous / mettre ce grand portrait du prof au premier plan / / à l'arrière-plan
5. Sylvie / exposer les bustes en marbre à l'entrée / / dans la grande salle
6. nous, nous / mettre toutes les esquisses ensemble / / jeter
7. Isabelle / rendre moins sombre le hall d'entrée / / plus sombre
8. nous, nous / réaliser les vitraux avec des papiers de différentes couleurs / / produire avec des aquarelles

Exercice A
1. Nous, nous aurions décoré l'affiche de couleurs criardes. / Moi, je l'aurais décorée de couleurs ternes.
2. Yves aurait exposé les sculptures des élèves de troisième. / Moi, je les aurais cachées.
3. Jeanne et Hervé auraient tapissé la porte de papier rose. / Moi, je ne l'aurais pas tapisée.
4. Nous, nous aurions mis ... / Moi, je l'aurais mis à l'arrière-plan.
5. Sylvie aurait exposé ... / Moi, je les aurais exposés dans la grande salle.
6. Nous, nous aurions mis ... / Moi, je les aurais jetées.
7. Isabelle aurait rendu ... / Moi, je l'aurais rendu plus sombre.
8. Nous, nous aurions réalisé ... / Moi, je les aurais produits avec des aquarelles.

Enrichment: You may want to ask students to narrate a past event (decorating the house, purchasing gifts). Ask others to tell what they would have done instead.

Reteach/Review: You might want to ask students to restate these events in the present conditional, reminding them that it refers to a future event, not a past event.

B **A ta place.** Dites ce que vous auriez fait. Suivez le modèle.

> Je suis arrivé en retard parce que je me suis levé tard.
> *A ta place, je me serais levé tôt.*

1. Je n'ai pas pu acheter l'aquarelle parce que j'avais dépensé trop d'argent au restaurant.
2. Je n'ai pas vendu mes tableaux parce que j'avais choisi d'utiliser une palette sombre.
3. Cette galerie m'a laissé froid parce que je ne savais rien sur l'art abstrait.
4. Je n'ai pas vu beaucoup d'œuvres d'art célèbres parce que j'y suis resté seulement une partie de la matinée.
5. Nous n'avons pas vu les statues contemporaines parce que nous avons fait le tour sans guide.
6. Nous n'avons pas vu les peintures à l'huile parce que nous avons passé trop de temps devant les peintures murales.
7. Je n'ai rien acheté de ce potier parce que les prix n'étaient pas réduits.
8. Nous avons beau aller voir l'exposition, le musée est fermé le lundi.

C Rumeurs.   Vous êtes le rédacteur de la rubrique des faits divers. On vous donne des nouvelles non vérifiées. Vous rédigez les articles pour l'édition du lendemain en attendant que les journalistes vérifient les rumeurs. Suivez le modèle.

> Il paraît qu'un adversaire du maire est parti avec tout l'argent de la ville.
> *Un adversaire du maire serait parti avec tout l'argent de la ville.*

1. Il paraît que l'hôtel Martinique a brûlé.
2. On dit que le premier ministre ne s'est pas présenté pour les prochaines élections.
3. On annonce que notre équipe de football a encore perdu.
4. Il paraît que quelqu'un a volé deux natures mortes du musée.
5. On dit que M. Mécène a donné une copie de son portrait à la ville.
6. La directrice du musée a annoncé qu'on avait décidé d'exposer les toiles qui appartenaient à M. Mécène.
7. Il paraît qu'un sculpteur célèbre est arrivé pour réaliser un buste du maire.
8. On a cassé deux vitraux de la cathédrale.

D Il est un peu tard pour des recommandations.   A l'exposition de la fin de l'année, les élèves du cours d'art regardent leurs œuvres et se plaignent de ce qu'ils ont produit. En groupes de trois personnes, conversez selon le modèle. Faites vos propres suggestions pour ce qu'on aurait dû faire et ce qu'on aurait pu faire.

> ne pas observer les modèles d'assez près
> ÉLÈVE 1   *Nous n'avons pas observé les modèles d'assez près.*
> ÉLÈVE 2   *Le prof aurait dû nous les faire observer de plus près.*
> ÉLÈVE 3   *Nous aurions pu faire plus d'attention.*

1. ne pas faire assez de copies de vrais chefs-d'œuvre
2. utiliser trop de couleurs criardes
3. ne pas apprendre à produire les ombres
4. ne faire la connaissance d'aucun artiste
5. passer trop de temps à étudier le mouvement impressionniste
6. ne pas étudier les artistes d'outre-mer
7. peindre trop de natures mortes
8. ne parvenir à créer aucun effet frappant dans nos tableaux

Des touristes au Louvre

E Promesses électorales.   M. Lajoie, candidat de gauche, a perdu l'élection. Mais voilà ce qu'il avait promis aux électeurs. D'après lui, qu'est-ce qui se serait passé s'il avait été élu? Composez des phrases en combinant les éléments de gauche avec ceux de la colonne de droite.

> les membres des partis de gauche
> *Les membres des partis de gauche auraient été contents.*

1. les ouvriers
2. ceux qui ont des emplois dangereux
3. les étudiants
4. les jeunes
5. les artistes
6. ses ennemis politiques
7. les journalistes
8. les dessinateurs humoristiques

ne plus s'engager dans le service militaire
vendre plus d'œuvres d'art à l'état
obtenir des interviews sans difficulté
ne pas s'inquiéter du chômage
être content
être déçu
se distraire à faire leurs esquisses
payer moins pour leurs études
pouvoir prendre leur retraite à l'âge de 50 ans

Enrichment: What might or might not have happened had an event not occurred? *(Si la Révolution française n'avait pas eu lieu ... / Si le Président Kennedy avait vécu ...)*

F Si j'avais su.   Une école d'art a organisé une grande exposition qui a fait salle comble. Après, les artistes discutent de ce qui est arrivé. Dites ce que chacun aurait fait s'il avait su les choses suivantes. Suivez le modèle.

> Il y avait trop de monde. (Jacques / inviter moins de monde)
> *Si Jacques l'avait su, il aurait invité moins de monde.*

1. Ma petite amie n'est pas venue à l'exposition. (je / lui téléphoner pour la lui rappeler)
2. Patrick n'a pas fait exposer ses peintures à l'huile. (Marie / insister plus longtemps)
3. La salle de peintures a fasciné tous les critiques. (Lise et Odile / y aller tout de suite)
4. On n'avait pas décoré les murs du hall. (nous / faire une peinture murale)
5. Le jour même de l'exposition un potier célèbre est arrivé de Rome. (on / lui envoyer une invitation)
6. Le buste en argile qu'a fait le prof m'a frappé. (nous / apporter un appareil de photo)
7. Il y avait des tas de toiles réalistes. (Simon / exposer quelques toiles abstraites)
8. La galerie était un peu sombre. (Solange / allumer plus de lumières)

Enrichment: You might ask students to think of a recent personal fact and then hypothesize: *Si je n'étais pas resté(e) chez moi hier soir, je n'aurai pas vu X à la télé.*

Exercice E
Matching choices may vary, but students should be able to justify their choices.
1. Les ouvriers ne se seraient pas inquiétés du chômage.
2. Ceux qui ont des emplois dangereux auraient pu prendre leur retraite à l'âge de cinquante ans.
3. Les étudiants auraient payé moins pour leurs études.
4. Les jeunes ne se seraient plus engagés dans le service militaire.
5. Les artistes auraient vendu plus d'œuvres d'art à l'état.
6. Ses ennemis politiques auraient été déçus.
7. Les journalistes auraient obtenu des interviews sans difficulté.
8. Les dessinateurs humoristiques se seraient distraits à faire leurs esquisses.

Exercice F
1. Si je l'avais su, je lui aurais téléphoné pour la lui rappeler.
2. Si Marie l'avait su, elle aurait insisté plus longtemps.
3. Si Lise et Odile l'avaient su, elles y seraient allées tout de suite.
4. Si nous l'avions su, nous aurions fait une peinture murale.
5. Si on l'avait su, on lui aurait envoyé une invitation.
6. Si nous l'avions su, nous aurions apporté un appareil de photo.
7. Si Simon l'avait su, il aurait exposé quelques toiles abstraites.
8. Si Solange l'avait su, elle aurait allumé plus de lumières.

G Vos vacances.   Si vous étiez partis en vacances avec votre famille dans les endroits suivants, qu'est-ce que vous auriez fait?

1. près d'une forêt
2. au bord d'un lac
3. dans les montagnes
4. à la campagne
5. à Paris
6. en Allemagne
7. au Mexique
8. au Québec
9. aux Pays-Bas

Exercice H
Answers will vary.

Practice Sheets 13-2, 13-3

Workbook Exs. C–D

5 Tape Manual
   Exs. 2–3

Quiz 13-2

H Parlons de toi.

1. Si tes ancêtres n'étaient pas venus en Amérique, comment leurs vies auraient-elles été différentes? Et la tienne?
2. Si tu avais pu mener une vie tout à fait différente, quelle sorte de vie est-ce que tu aurais choisie? Où est-ce que tu aurais vécu, par exemple, et dans quelle sorte de maison est-ce que tu aurais habité?
3. Si tu avais pu choisir un siècle, pendant lequel est-ce que tu aurais décidé de vivre? Pourquoi?

ACTIVITÉ   Discretionary

Nous autres Américains.   Si le général Montcalm avait gagné la bataille de Québec, la France n'aurait pas cédé le Canada à l'Angleterre. En fait, il est probable que l'Angleterre aurait cédé ses colonies américaines à la France. En groupes de trois ou quatre personnes, discutez de cette question: «Comment est-ce que l'histoire de ce continent aurait changé si l'Amérique du Nord était devenue une colonie française après 1763?»

Une fontaine moderne à Paris

Vahine no te tiare 6

PAUL GAUGUIN

AVANT DE LIRE

Dans cet extrait de son journal intime *Noa Noa*, Gauguin nous décrit comment il a fait son beau tableau *Vahine no te tiare* (1891).

1. Pouvez-vous définir le mot *exotique?* Qu'est-ce que vous voyez d'exotique dans le tableau *Vahine no te tiare?* (Voir à la page 430.) Décrivez-le.
2. Gauguin ne savait aucun mot de la langue polynésienne quand il est allé à Tahiti. (Et les Polynésiens ne parlaient pas français, bien sûr.) Comment Gauguin et ses voisins auraient-ils communiqué?
3. D'après ce que vous connaissez des langues françaises et anglaises, que veulent dire *m'initier* (l. 9), *le mensonge* (pensez au verbe *mentir*—l. 20), *le refus* (l. 26), *attristé, -e* (l. 26), *le caprice* (l. 28), *la souffrance* (l. 31), *hâtivement* (pensez à l'expression *avoir hâte*—l. 34)?
4. Les Maoris dont Gauguin parle sont un peuple polynésien. Beaucoup d'entre eux habitent en Nouvelle-Zélande.
5. A la ligne 30, Gauguin parle d'une «harmonie raphaélique». Vous connaissez quelques œuvres du grand peintre italien Raphaël? Les gens de ses tableaux sont élégants et détendus avec beaucoup de dignité.
6. Dans cet extrait on parle de l'*Olympia* de Manet. Edouard Manet (1832–1883) était un des peintres impressionnistes. Son *Olympia*, un tableau bien connu, nous montre une femme nue au lit, une fleur blanche à l'oreille. Une femme noire lui apporte une boîte de fleurs. Cette peinture a scandalisé les critiques de l'époque. Aujourd'hui c'est un des trésors *(treasures)* du musée d'Orsay.

Une maison coloniale sur l'île polynésienne de Moorea

Vahine no te tiare de
Gauguin et *la Joconde* de
Léonard de Vinci

J e commençais à travailler, notes, croquis[1] de toutes sortes. Tout m'a-
veuglait,[2] m'éblouissait[3] dans le paysage. Venant de l'Europe j'étais toujours incertain d'une couleur …: cela était cependant si simple de mettre
naturellement sur ma toile un rouge et un bleu. Dans les ruisseaux[4] des
5 formes en or m'enchantaient. Pourquoi hésitais-je à faire couler[5] sur ma
toile tout cet or et toute cette réjouissance[6] de soleil? Probablement de
vieilles habitudes d'Europe, toute cette timidité d'expression de nos races
….

Pour bien m'initier à ce caractère d'un visage tahitien, à tout ce charme
10 d'un sourire maori, je désirais depuis longtemps faire un portrait d'une
voisine de vraie race tahitienne.

Je le lui demandai un jour qu'elle s'était enhardie[7] à venir regarder dans
ma case[8] des images photographiques de tableaux.

Elle regardait spécialement avec intérêt la photographie de l'*Olympia* de
15 Manet. Avec le peu de mots que j'avais appris dans la langue (depuis deux
mois je ne parlais pas un mot de français) je l'interrogeais. Elle me dit que
cette *Olympia* était bien belle: je souris à cette réflexion et j'en fus ému.[9]
Elle avait le sens du beau (Ecole des Beaux-Arts qui trouve cela horrible).
Elle ajouta tout d'un coup … —C'est ta femme?
20 —Oui. Je fis ce mensonge….

---

[1]**le croquis** = l'esquisse   [2]**aveugler** = rendre incapable de voir   [3]**éblouir** *to
dazzle*   [4]**le ruisseau** *stream*   [5]**couler** *to flow*   [6]**la réjouissance** *rejoicing*
[7]**s'enhardir** *to get up the courage*   [8]**la case** *hut*   [9]**ému, -e** *moved*

Pendant qu'elle examinait avec beaucoup d'intérêt quelques tableaux religieux, des primitifs italiens, j'essayai d'esquisser quelques-uns de ses traits,[10] ce sourire surtout si énigmatique.

Je lui demandai à faire son portrait. Elle fit une moue[11] désagréable:

25 —Aita (non) dit-elle d'un ton presque courroucé[12] et elle se sauva.[13]

De ce refus j'en fus bien attristé.

Une heure après elle revint dans une belle robe. Etait-ce une lutte[14] intérieure, ou le caprice (caractère très maori) ou bien encore un mouvement de coquetterie qui ne veut se livrer[15] qu'après résistance?

30 Tous ses traits avaient une harmonie raphaélique …, la bouche modelée par un sculpteur parlant toutes les langues … de la joie et de la souffrance; cette mélancolie de l'amertume[16] mêlée au[17] plaisir, de la passivité résidant dans la domination. Toute une peur de l'inconnu.

Et je travaillai hâtivement: je me doutais[18] que cette volonté[19] n'était pas

35 fixe.[20] Portrait de femme: *Vahine no te tiare*. Je travaillai vite avec passion. Ce fut un portrait ressemblant à ce que mes yeux *voilés*[21] *par mon cœur* ont aperçu. Je crois surtout qu'il fut ressemblant à l'intérieur. Ce feu robuste d'une force contenue.[22] Elle avait une fleur à l'oreille qui écoutait son parfum. Et son front[23] dans sa majesté, par des lignes surélevées[24] rappelait

40 cette phrase de Poe: il n'y a pas de beauté parfaite sans une certaine singularité dans les proportions.

---

[10]**le trait** *feature*   [11]**la moue** *face, grimace*   [12]**courroucé, -e** = fâché   [13]**se sauver** = fuir   [14]**la lutte** = la bataille   [15]**se livrer** *to surrender*   [16]**l'amertume** (f.) *bitterness*   [17]**mêlé, -e à** = mélangé avec   [18]**se douter** *to suspect*   [19]**la volonté** *willingness*   [20]**fixe** = permanent   [21]**voiler** *to veil*   [22]**contenu, -e** *suppressed*   [23]**le front** = la partie de la figure entre les yeux et les cheveux   [24]**surélevé, -e** *heightened*

Questionnaire

1. D'après Gauguin, pourquoi hésitait-il à employer les couleurs vives qu'il voyait partout en Polynésie?
2. Dans le premier paragraphe il parle plusieurs fois du soleil. Quels mots emploie-t-il qui vous font penser au soleil?
3. A votre avis, pourquoi a-t-il menti à sa voisine en lui disant que l'*Olympia* était un portrait de sa femme?
4. A la ligne 23, Gauguin parle de son sourire énigmatique (mystérieux). Vous croyez qu'il a parvenu à le peindre? Quel tableau célèbre est-ce que ce sourire vous rappelle?
5. A votre avis, pourquoi a-t-elle refusé de lui laisser faire son portrait? Et pourquoi est-elle rentrée bientôt après?
6. Que pensez-vous de l'image de l'oreille qui écoute le parfum de la fleur (l. 38)?
7. Gauguin cite Edgar Allan Poe. Vous pouvez expliquer cette citation? Vous êtes d'accord avec cela?

Questionnaire
Answers will vary.
1. Parce qu'il était dépaysé / parce qu'il avait «toute cette timidité» des races européennes.
2. aveuglait / éblouissait / des formes en or / tout cet or / réjouissance de soleil
3. Parce qu'il ne pouvait pas lui expliquer qui cela était / parce que c'était la réponse la plus simple.
4. *La Joconde* de Léonard de Vinci
5. Parce qu'elle était nerveuse / elle avait peur de lui / c'était par caprice ou coquetterie.
6. Answers will vary.
7. Ce qui est parfait est moins intéressant que ce qui est unique ou différent.

Notes: For uses of the future perfect, see mini-dialogue 5, p. 415.

♦ **OBJECTIVES:**

TO DISCUSS FUTURE PLANS

TO MAKE PROMISES OR AGREE TO DEADLINES

TO EXPRESS ASSUMPTIONS

TO GIVE ALIBIS

Le futur antérieur

Remember that to express two simultaneous future events, we use the future tense in both clauses.

Je viendrai dès que vous me téléphonerez.	*I'll come as soon as you phone me.*
Quand j'aurai dix-huit ans je m'engagerai dans l'armée de l'air.	*When I'm 18, I'll enlist in the air force.*

To express that a future event will be completed with respect to another future event or by a certain time, we use the future perfect (*futur antérieur*).

Aussitôt que j'aurai obtenu mon bac, je m'engagerai dans la marine.	*As soon as I've gotten my bac, I'll enlist in the navy.*
Lorsque nous nous verrons la prochaine fois, **nous nous serons habitués à** la vie en banlieue.	*When we see each other the next time, **we'll have gotten used to** life in the suburbs.*
Je n'ai pas encore fini la copie, mais **je l'aurai finie** avant midi.	*I haven't finished the copy yet, but **I'll have finished it** by noon.*

Des affiches au Centre Pompidou, Paris

1 The future perfect is formed by using the future of *avoir* or *être* + past participle. Its English equivalent is "will have" + verb.

INFINITIF **regarder**

	SINGULIER		PLURIEL	
1	j'	**aurai regardé**	nous	**aurons regardé**
2	tu	**auras regardé**	vous	**aurez regardé**
3	il elle on	**aura regardé**	ils elles	**auront regardé**

INFINITIF **rentrer**

	SINGULIER		PLURIEL	
1	je	**serai rentré(e)**	nous	**serons rentré(e)s**
2	tu	**seras rentré(e)**	vous	**serez rentré(e)(s)**
3	il elle on	**sera** { **rentré** **rentrée** **rentré**	ils elles	**seront** { **rentrés** **rentrées**

For the future perfect the rules of agreement are the same as for the other perfect tenses: ***Elles** se seront levé**es**. **L'**argile? Nous **l'**aurons vite trouv**ée**.*

Enrichment: You might do a pattern practice: *J'aurai fini mes devoirs avant 8h. Je serai parti(e) avant 10h.*

2 The future perfect is often used to indicate that something has probably happened.

Mes aquarelles ne sont pas là. On les **aura prises.**	*My watercolors aren't there. Someone **must have taken them.***
Sara n'est pas encore arrivée. Elle **se sera perdue.**	*Sara hasn't arrived yet. She **must have gotten lost.***

MUSÉE D'ART MODERNE

— Créé en 1973, avec des collections qui vont de l'Impressionnisme à nos jours, la partie historique du fonds (de 1870 à 1960) donne une idée assez complète des grands mouvements qui n'ont cessé de révolutionner l'art moderne. Le musée s'enrichit continuellement d'œuvres contemporaines témoignant des courants importants de l'art actuel.

Entre autres, œuvres de Monet, Renoir, Gauguin, Rodin, Klimt, Braque, Klee, Arp, Ernst, Hartung, Immendorf, Paladino, Boltanski, Baselitz, etc.

La totalité des collections ne pouvant pas être exposée actuellement, nous n'en présentons qu'une sélection.

Adresse:
Galerie d'exposition
5, place du Château
Tél. 88 32 48 95

Explications II   **433**

Exercice A

1. ... j'aurai garé la voiture.
2. ... nous serons entrés dans l'aéroport.
3. ... vous les aurez enregistrés.
4. ... nous aurons entendu annoncer le vol.
5. ... les hôtesses seront montées dans l'avion.
6. ... vous serez montés.
7. ... vous aurez trouvé vos places.
8. ... l'avion aura atterri.

Enrichment: You might ask students to tell what they will do as soon as they have finished another task.

Exercice B

1. Tu as réglé tes affaires? / Non, mais je les réglerai dès que j'aurai fini cette nature morte.
2. Tu as produit ... / Non, mais je le produirai dès que j'aurai ajouté du gris sombre.
3. Tu as lavé ... / Non, mais je les laverai dès que j'aurai rangé ma palette.
4. Tu as jeté ... / Non, mais je la jetterai dès que j'aurai fini ce bol.
5. Tu as payé ... / Non, mais je le paierai dès que j'aurai vendu la statue.
6. Tu as reproduit ... / Non, mais je les reproduirai dès que j'aurai fini cette esquisse.
7. Tu as nettoyé ... / Non, mais je la nettoierai dès que j'aurai trouvé l'aspirateur.
8. Tu as fini ... / Non, mais je le finirai dès que j'aurai dessiné ce rideau.

Enrichment: Let pairs of students negotiate with each other, saying they will do something when / as soon as something else happens.

EXERCICES   Essential

A   A l'aéroport.   Les enfants Beaufort vont rendre visite à leurs grands-parents en Guadeloupe. Ils arrivent à l'aéroport où leur père se charge de tout. Choisissez l'expression de droite qui convient pour terminer la phrase de gauche. Suivez le modèle.

> Je garerai la voiture aussitôt que ...
> *Je garerai la voiture aussitôt que vous aurez sorti les bagages du coffre.*

1. On se rejoindra ici dès que ...
2. Vous enregistrerez vos bagages aussitôt que ...
3. Nous prendrons quelque chose au café dès que ...
4. Nous irons à la porte d'embarquement quand ...
5. On annoncera l'embarquement lorsque ...
6. Vous trouverez vos places dès que ...
7. Vous mettrez les ceintures de sécurité dès que ...
8. Vous nous téléphonerez aussitôt que ...

a. les hôtesses / monter dans l'avion
b. l'avion / atterrir
c. vous / les enregistrer
d. vous / monter
e. je / garer la voiture
f. nous / entendre annoncer le vol
g. nous / entrer dans l'aéroport
h. vous / trouver vos places
i. vous / sortir les bagages du coffre

B   Je l'aurai fait bientôt.   Les étudiants d'art répondent aux questions de leur prof. Personne n'a encore parvenu à faire la chose indiquée, mais tout le monde l'aurait faite bientôt. Conversez selon le modèle.

> observer l'architecture / après avoir enlevé mes lunettes de soleil
> ÉLÈVE 1 *Tu as observé l'architecture?*
> ÉLÈVE 2 *Non, mais je l'observerai dès que j'aurai enlevé mes lunettes de soleil.*

1. régler tes affaires / après avoir fini cette nature morte
2. produire l'effet que tu cherchais / après avoir ajouté du gris sombre
3. laver les pinceaux / après avoir rangé ma palette
4. jeter l'argile sale / après avoir fini ce bol
5. payer le marbre / après avoir vendu la statue
6. reproduire les copies / après avoir fini cette esquisse
7. nettoyer la galerie / après avoir trouvé l'aspirateur
8. finir l'arrière-plan / après avoir dessiné ce rideau

C Probabilités. Vous avez une amie qui n'est pas arrivée à un rendez-vous. Qu'est-ce qui a pu se passer? Suivez le modèle.

> oublier le rendez-vous
> *Elle aura oublié le rendez-vous.*

1. se tromper de l'heure
2. partir en retard
3. rater son train
4. se perdre
5. perdre mon adresse
6. recevoir une contravention
7. descendre au mauvais arrêt
8. se trouver dans un embouteillage
9. avoir un accident
10. être en panne d'essence

Enrichment: You may want to ask students to extend the exercise by responding to *Pourquoi le pensez-vous?*

D Où étiez-vous? Quand votre amie arrive enfin vous lui dites ce que vous pensiez. Refaites l'Exercice C selon le modèle.

> oublier le rendez-vous
> *Tu auras oublié le rendez-vous.*

E Parlons de toi.
1. Qu'est-ce que tu feras quand tu auras terminé tes études au lycée?
2. Quand samedi sera arrivé, qu'est-ce que tu feras? Et samedi soir?
3. Qu'est-ce que tu feras quand les vacances d'été seront arrivées? Tu auras un emploi à temps complet ou à temps partiel? Qu'est-ce que tu feras quand tu auras gagné un peu d'argent? Tu t'achèteras quelque chose?
4. Dès que tu auras appris à parler couramment le français, qu'est-ce que tu feras? Tu voyageras en France? Tu iras peut-être en Martinique ou en Guadeloupe? Tu es déjà allé(e) dans ces îles? Tu voudrais y aller? Qu'est-ce que tu ferais là-bas?

TOUT SIMPLEMENT LES ANTILLES

Farniente, sports et somptueux paysages... c'est aux Antilles. Laissez-vous aller au rythme d'une biguine, charmer par la richesse des couleurs et les magnifiques plages. La Guadeloupe et La Martinique vous séduiront par la chaleur de leur accueil et cette inégalable gaieté créole... C'est tout simplement les Antilles.

OFFICE DU TOURISME DES ANTILLES FRANÇAISES
12, rue Auber - 75009 PARIS - Tél. : 42.68.11.07 - Télex : 215806

Présent au Salon Mondial du Tourisme & des Voyages - Porte de Versailles - Paris - Stand K 070

APPLICATIONS

RÉVISION

Transparency 39

Notes: Review of:
1. passé composé with *être*
   vocabulary
2. vocabulary
   direct object pronouns
   agreement of past
   participle
3. *plus-que-parfait*
   passé composé of
     pronominal verbs
   vocabulary
4. direct object pronouns
   agreement of past participle
5. past conditional
   with *si* clauses
   disjunctive pronouns
   direct object pronouns
   agreement of past participle

SELECTION

■■ **Nabucco**
de Verdi
Mis en scène par René Terrasson, dirigé par Alain Lombard, ce *Nabucco* a déjà deux atouts dans son jeu. Viva Verdi ! Du 15 février au 9 mars, Opéra du Rhin.

■■ **Don Giovanni**
de Mozart
Christiane Issartel met en scène les aventures du libertin. Du 15 au 25 février, Opéra de Marseille.

■■ **Christa Ludwig**
Des lieder de jeunesse pour ouvrir le festival Mahler. Le 13 février, 20 h 30, Théâtre du Châtelet.

■■ **Gala de l'espoir**
Barbara Hendricks, Maurice André, Alexis Weissenberg, Ivry Gitlis, sous la baguette d'Emil Tchakarov, au profit des Restos du cœur. Le 15 février, 20 h 30, salle Pleyel.

■■ **Jean-Luc Viala**
Le meilleur ténor français de la nouvelle génération. Le 13 février, 18 h 30, Théâtre du Châtelet.

■ **Marc Minkowski**

Lisez la bande dessinée.

1. La semaine dernière mes parents sont allés à l'opéra pour la première fois.

2. Les bustes de marbre dans le hall les ont vraiment surpris.

3. Ils se sont demandé comment les sculpteurs avaient réussi à reproduire les détails de la figure et de la tête d'une façon si réaliste.

4. La musique, pourtant, les a rendus nerveux.

5. Si Luciano Pavarotti lui-même avait chanté, ils ne l'auraient toujours pas aimé.

Maintenant imaginez que vous êtes allé(e) à l'opéra avec vos parents. Quelle était votre réaction au théâtre, aux chanteurs, à la musique? Écrivez votre histoire en vous servant de la Révision comme modèle.

THÈME

Transparency 40

Notes: Answers to the *Thème* appear in the teacher pages at the front of the book.

Trouvez les expressions françaises qui correspondent à l'anglais et rédigez un paragraphe.

1. Last Saturday we went to the museum for the first time.

2. The impressionist paintings really fascinated us.

3. We asked ourselves how the artists could have produced the effect of light and shadow in such an extraordinary way.

4. The abstract paintings, however, left us cold.

5. If Matisse himself had explained them to us we never would have understood them.

RÉDACTION

Maintenant, choisissez un de ces sujets.

1. Expliquez pourquoi vous aimez (n'aimez pas) l'art moderne.

2. Expliquez pourquoi vous aimez (n'aimez pas) l'opéra.

3. Ecrivez la conversation que vous avez avec vos amis après avoir visité le musée.

CONTRÔLE DE RÉVISION   CHAPITRE 13   Discretionary

Notes: Answers to the *Contrôle* appear in the teacher pages at the front of the book.

A Au musée d'art.
Répondez aux questions en choisissant la réponse logique.

1. Eric admire une toile. Est-ce qu'il regarde un buste ou une peinture?
2. Il n'aime pas du tout la peinture des fruits sur une table. Qu'est-ce qu'il regarde, un vitrail ou une nature morte?
3. Ce tableau de l'artiste par lui-même le fascine. Est-ce qu'il regarde un paysage ou un portrait?
4. Il trouve les couleurs sombres de cette toile désagréables. Qu'est-ce qu'il n'aime pas, les couleurs ternes ou les couleurs criardes?
5. Il aime beaucoup voir le soleil traverser les fenêtres en couleurs. Qu'est-ce qu'il admire, les vitraux ou les peintures murales?
6. Les bustes le laissent froid. Qu'est-ce qu'il n'aime pas, l'architecture ou la sculpture?
7. Son œuvre favorite est une peinture par Monet. C'est une œuvre impressionniste ou une œuvre classique?

B Les conseils trop tard.
Dites ce qui serait arrivé en suivant le modèle.

Ils sont partis sans toi parce que tu ne leur as pas téléphoné.
Si tu leur avais téléphoné, ils ne seraient pas partis sans toi.

1. Vous n'avez pas compris cette toile abstraite parce que vous n'avez jamais suivi de cours d'art.
2. Tu as oublié ton permis de conduire parce que tu étais trop pressé.
3. On a volé son portefeuille parce qu'il l'a laissé dans la cantine.
4. Nous nous sommes perdus parce que nous n'avons pas acheté le plan de la ville.
5. Je suis tombé malade parce que j'ai trop mangé.
6. Elle ne vous a pas invités à la boum parce que vous étiez désagréables.

C Une action après l'autre.
Répondez aux questions en employant *après que*.

Paule partira à 6h. Moi, j'arriverai à 7h. Pourquoi est-ce que je ne verrai pas Paule?
Parce que tu arriveras après que Paule sera partie.

1. Annie déjeunera à midi. Nous finirons le cours à 1h. Pourquoi est-ce que nous ne pourrons pas déjeuner avec Annie?
2. Je regarderai la télé à 22h. Ma petite sœur se couchera à 20h. Pourquoi est-ce que je pourrai choisir l'émission?
3. Mes voisins vendront leur maison, puis ils déménageront. Quand est-ce qu'ils déménageront?
4. Si ma sœur obtient son permis de conduire, elle pourra conduire la voiture de maman. Quand est-ce que maman la laissera conduire sa voiture?
5. Nous sortirons à 7h. Notre sœur, Sophie, rentrera à 9h. Pourquoi est-ce que Sophie ne pourra pas sortir avec nous?

D Qu'est-ce qu'on a dit?
Mettez les phrases suivantes au discours indirect et mettez les verbes aux temps nécessaires. Commencez chaque phrase avec *Il a dit que …*

Je n'ai pas encore fait la vaisselle mais je l'aurai faite avant de partir.
Il a dit qu'il n'avait pas encore fait la vaisselle mais qu'il l'aurait faite avant de partir.

1. Nous n'avons pas encore fini l'interro, mais nous l'aurons finie avant la fin de la classe.
2. Je ne me suis pas encore inscrit au cours de biologie, mais je m'y serai inscrit avant ce week-end.
3. Coralie ne s'est pas encore adaptée à la vie américaine, mais elle s'y sera adaptée avant la fin de son séjour.
4. Ils n'ont pas encore démoli ce vieil immeuble, mais ils l'auront démoli avant la fin de juillet.
5. Je n'ai pas encore peint le salon mais je l'aurai peint avant le mariage de ma fille.

Listening Comprehension Test   Chapter 13 Test

VOCABULAIRE DU CHAPITRE 13

Noms
l'aquarelle *(f.)*
l'architecture *(f.)*
l'argile *(f.)*
le buste
la cathédrale
le chef-d'œuvre, *(pl.)* les
    chefs-d'œuvre
le contraste
la copie
l'effet *(m.)*
l'esquisse *(f.)*
la forme
la galerie
le génie
la Guadeloupe
la Guyane française
le hall
l'île de la Réunion
l'impression *(f.)*
le marbre
la Martinique
le mouvement
la nature morte
l'ombre *(f.)*
la palette
le paysage *(landscape)*
la peinture à l'huile
la peinture murale
la Polynésie française
le portrait
le potier
la reproduction
    Saint-Pierre-et-Miquelon
le sculpteur
la toile
le vitrail, *(pl.)* les vitraux

Verbes
appartenir à
décorer
exposer
fasciner
frapper *(to strike)*
observer
produire
réaliser
représenter
reproduire

Adjectifs
abstrait, -e
contemporain, -e
criard, -e
impressionniste
même *(very)*
réaliste
sombre
terne

Adverbes
outre-mer

Expressions
à l'arrière-plan
au premier coup d'œil
au premier plan
avoir beau + *inf.*
en fait
laisser froid
rendre visite à
valoir le coup (de + *inf.*)

CHAPITRE 14

Essential

PRÉLUDE CULTUREL │ L'AFRIQUE FRANCOPHONE

Le Sénégal, un pays francophone qui se trouve sur la côte ouest de l'Afrique, se modernise mais garde, en même temps, ses traditions. Les habitants de Kayar, un village près de Dakar, vivent de la pêche. La pêche, comme l'agriculture, est une industrie très importante au Sénégal. Vingt-cinq pour cent des poissons frais sont exportés.

45 VOLS PAR SEMAINE
L'AFRIQUE PAR UTA
26 ESCALES

afrique
PRESTIGE

PEUGEOT
LA VOITURE DE L'AFRIQUE

||| 505: LE PRESTIGE |||

Il y a toujours des liens économiques et culturels entre la France et certains pays d'Afrique. Voici des publicités pour la compagnie aérienne UTA, qui fait 26 escales en Afrique, et pour Peugeot, appelée ici «la voiture de l'Afrique».

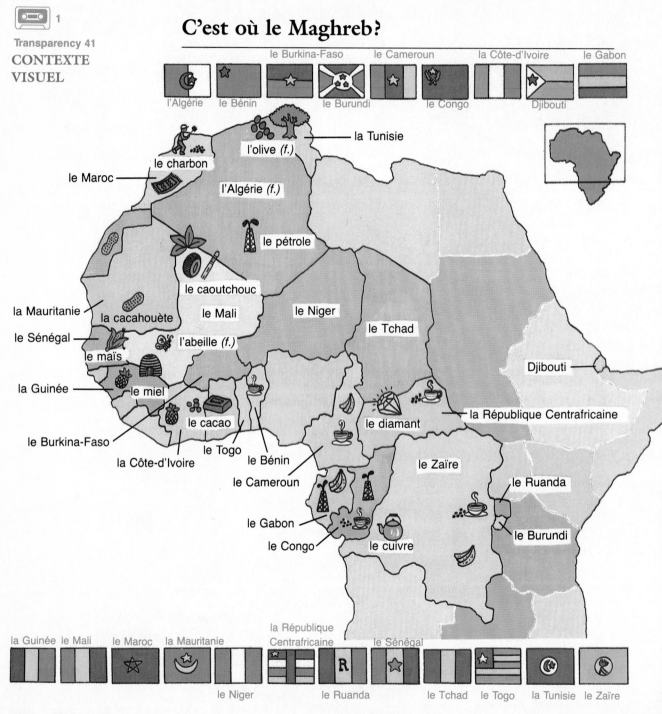

1

Transparency 41
CONTEXTE VISUEL

C'est où le Maghreb?

le Burkina-Faso   le Cameroun   la Côte-d'Ivoire   le Gabon

l'Algérie   le Bénin   le Burundi   le Congo   Djibouti

la Tunisie

l'olive *(f.)*

le charbon

le Maroc

l'Algérie *(f.)*

le pétrole

le caoutchouc

la Mauritanie   le Mali   le Niger

la cacahouète   le Tchad

le Sénégal

le maïs   l'abeille *(f.)*

la Guinée   Djibouti

le miel   la République Centrafricaine

le cacao   le diamant

le Burkina-Faso

la Côte-d'Ivoire   le Togo   le Zaïre

le Bénin

le Cameroun   le Ruanda

le Gabon   le Burundi

le Congo   le cuivre

la Guinée le Mali   le Maroc   la Mauritanie   la République Centrafricaine   le Sénégal

R

le Niger   le Ruanda   le Tchad   le Togo   la Tunisie   le Zaïre

1 Le prof de géo **interroge** les élèves.

LE PROF C'est où **le Maghreb?** Sébastien?

SÉBASTIEN Au nord de l'Afrique.

LE PROF Et quels pays s'y trouvent?

SÉBASTIEN Le Maroc, l'Algérie et la Tunisie.

LE PROF Très bien.

Variations:

■ le Maghreb → le Sénégal
au nord → dans la région **occidentale**
quels pays → quels autres pays francophones
le Maroc, etc. → le Mali et la Guinée entre autres

2 LE PROF Quel pays francophone se trouve en Afrique
orientale?

LAURE Djibouti.

■ quel pays → quel grand pays
orientale → **centrale**
Djibouti → le Zaïre

3 Cédric et Yvette discutent au lycée.

YVETTE C'est dommage que tu ne sois pas resté plus
longtemps chez moi hier soir.

CÉDRIC Pourquoi?

YVETTE Ma sœur avait invité un copain **ivoirien.** Il nous a
parlé des traditions de son pays. C'était
passionnant. Il y a seulement onze **millions**
d'habitants, mais soixante **tribus** différentes.
Chacune avec sa propre langue!

CÉDRIC Heureusement ils parlent aussi le français.

■ tu ne sois pas resté → tu n'aies pas pu rester

---

interroger *to quiz*
le Maghreb *the Maghreb*

Reteach/Review: You might
take this opportunity to review
directions, cardinal points, and
physical relationships between
countries (near / far from /
surrounded by, etc.).

occidental, -e *western*

oriental, -e *eastern*

central, -e *central*

ivoirien, -ne *from the Ivory
Coast*
un million (de + noun) *a
million (+ noun)*
la tribu *tribe*

Notes: Call attention to the use of *toujours*. Ask students to decide whether it means "always" or "still" in this context.

4 Un étudiant **sénégalais** discute avec des copains américains.

BETTY   Tu parles toujours français au Sénégal?

MOUSSA   A l'université, les cours sont enseignés en français car c'est la langue **officielle.** Mais en famille, nous parlons **wolof.**

  ■ à l'université → au lycée

sénégalais, -e *Senegalese*

officiel, -le *official*

le wolof = une langue parlée au Sénégal

Notes: Comment on reasons for an official language in multilingual countries. Explain what it means. Discuss the pros and cons of having an official language.

5 Un journaliste interviewe **un chef d'état** africain.

UN JOURNALISTE   Dans votre pays, l'agriculture a été bien **développée.** Vous **exportez** aussi des **matières premières:** du pétrole, du caoutchouc, etc. Pensez-vous que ce soit possible partout en Afrique?

LE CHEF D'ÉTAT   Bien sûr! Certaines régions **souffrent*** de **la sécheresse,** ce qui est un véritable problème. Mais nous devons **toutefois** arriver à ne plus **dépendre de** l'aide étrangère. Et il faut développer notre industrie. L'Algérie, par exemple, ne vit pas seulement de son pétrole et de ses olives. Elle **fabrique également** de l'**acier** et du plastique.

Reteach/Review:
You might practice *souffrir* in all tenses: *Le peuple de (pays / région) souffre ... / souffrait ... / a souffert de ...*

  ■ du pétrole, du caoutchouc → du cuivre, du **fer**
     nous devons toutefois → il faut quand même

le chef d'état *chief of state, head of state*
développer *to develop*
exporter *to export*
la matière première *raw material*

souffrir *to suffer*
la sécheresse *drought*
toutefois = cependant
dépendre de *to depend on*

fabriquer *to manufacture*
également *as well*
l'acier (m.) *steel*
le fer *iron*

Enrichment: You may want to ask students to select one of the francophone African nations and find out its main city, products, exports, industry, climate, etc.

6 Michel, un jeune Belge, est arrivé **récemment** en Côte-d'Ivoire. Il écrit à un copain en Belgique.

Cher Pierre,

J'ai été vraiment bien reçu ici. Les Africains sont les gens les plus accueillants que je connaisse. Je souffre beaucoup de **la chaleur.** C'est la seule chose à laquelle je ne puisse pas m'habituer. Je ne me plaindrai plus **du froid!**

  ■ que je connaisse → que j'aie rencontrés

récemment *recently*

la chaleur *heat*

le froid *the cold*

*Souffrir follows the pattern of *ouvrir* in all its forms. Its past participle is *souffert.*

7 Au 19ᵉ siècle, une grande partie de l'Afrique avait été **colonisée** par des **puissances** européennes. Bien que la France ait quitté le continent africain il y a trente ans, elle est encore très attachée à ses anciennes colonies avec lesquelles elle a beaucoup de **liens** économiques.

■ économiques → culturels

coloniser *to colonize*
la puissance *power*

le lien *tie*

8 MURIELLE   Tu as réussi ton examen de géo?
FRANÇOIS   Non, j'ai **confondu** les noms de plusieurs pays, et je n'ai pas su parler de **la situation** économique des **pays en voie de développement.**

■ plusieurs pays → plusieurs chefs d'état
de la situation économique des → **des différences** entre les

confondre *to mix up*
la situation *situation*
le pays en voie de développement *developing country*
la différence *difference*

AUTREMENT DIT

TO EXPRESS CONFUSION OR UNCERTAINTY …
   Je ne vois vraiment pas …
   Je ne suis pas sûr(e) …
   Ça dépend. / Peut-être. / C'est possible.
   Je ne pourrais pas vous dire.

Certains pays de la région occidentale de l'Afrique sont très riches en pétrole.

Exercice A
1. On peut trouver des diamants dans la République Centrafricaine.
2. ... du pétrole en Algérie.
3. ... du caoutchouc au Mali.
4. ... du miel en Guinée.
5. ... du cuivre au Zaïre.
6. ... du cacao en Côte-d'Ivoire.
7. ... des olives en Tunisie.
8. ... des cacahouètes au Sénégal.

A D'où viennent ces produits?   Thierry et Alain étudient l'Afrique et sont surpris de remarquer la diversité de chaque pays. Dites dans quel pays on peut trouver chacun des produits suivants.

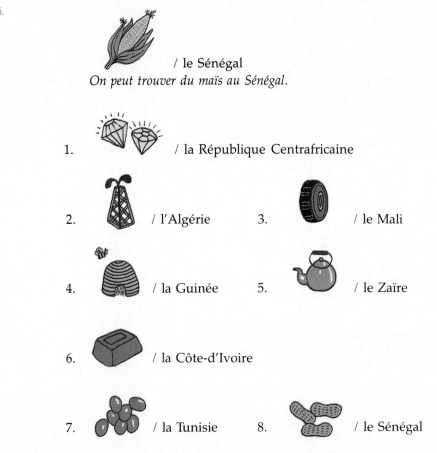

/ le Sénégal

On peut trouver du maïs au Sénégal.

1.   / la République Centrafricaine

2.   / l'Algérie   3.   / le Mali

4.   / la Guinée   5.   / le Zaïre

6.   / la Côte-d'Ivoire

7.   / la Tunisie   8.   / le Sénégal

Exercice B
1. le Maghreb
2. le plastique
3. principal
4. confondre
5. l'abeille
6. le charbon
7. la puissance
8. le maïs

B Les catégories.   Quel mot ne convient pas dans chacun des groupes suivants? Expliquez votre choix.

1. le Ruanda / le Maghreb / le Mali / le Bénin
2. le pétrole / le caoutchouc / le plastique / le cuivre
3. oriental / principal / occidental / central
4. confondre / fabriquer / produire / faire
5. le miel / l'abeille / l'olive / le cacao
6. la tribu / la tradition / le wolof / le charbon
7. la puissance / la chaleur / le froid / la sécheresse
8. l'acier / le maïs / le fer / le cuivre

C Définitions. Définissez les mots suivants. Ensuite, posez des questions à un(e) camarade de classe en utilisant ces mots.

1. le wolof
2. exporter
3. dépendre de
4. récemment
5. coloniser
6. la puissance
7. confondre
8. le lien

D Parlons de toi.

1. Est-ce que tu souffres de la chaleur ou du froid? Qu'est-ce que tu dis quand tu en souffres? En quels mois est-ce que tu te plains du froid? De la chaleur?
2. Est-ce que ton état ou ta région souffre beaucoup de la sécheresse? Pourquoi?
3. Quelles matières premières est-ce que ton état ou ta région produit? Dans quels pays est-ce qu'on exporte ces matières premières? Est-ce que l'industrie est bien développée dans ta région? Est-ce que tu peux nommer quelques produits industriels?
4. Est-ce que tu peux nommer quelques pays où il y a plus d'une langue officielle? Quelles sont les langues officielles de ces pays? Est-ce que tu sais pourquoi ces pays ont plus d'une langue officielle?
5. Est-ce que tu peux nommer quelques pays qui sont en voie de développement? Quels pays en voie de développement est-ce que les Etats-Unis ont aidés? Comment est-ce que les Etats-Unis les ont aidés?
6. Est-ce que tu sais avec quels pays les Etats-Unis ont beaucoup de liens économiques? Comment est-ce que les Etats-Unis dépendent d'autres pays?
7. Est-ce que tu peux nommer quelques pays avec lesquels les Etats-Unis ont des liens culturels? Et les pays de l'Afrique, avec quels pays ont-ils des liens culturels?

ACTIVITÉ   Discretionary

Un peu de recherche. Avec un(e) camarade de classe, choisissez un pays africain qui vous intéresse et faites des recherches sur son histoire, sa géographie, sa situation économique, etc. Changez ensuite de partenaire. Interviewez cette personne sur le pays qu'elle a étudié.

Exercice C
1. une langue parlée au Sénégal
2. envoyer et vendre dans un pays étranger
3. avoir besoin de quelqu'un ou de quelque chose pour pouvoir faire quelque chose
4. depuis peu de temps
5. faire d'un pays une colonie
6. état de celui qui ou de ce qui est fort ou qui peut faire quelque chose
7. prendre une personne ou une chose pour une autre
8. ce qui unit deux ou plusieurs choses ou personnes

Enrichment: You might ask students to weave these words into a paragraph about colonization. You could extend this to a debate about the effects of colonization on the less developed country (pros and cons). What are the motives of the more developed country?

Exercice D
Answers will vary.

Practice Sheet 14-1

Workbook Exs. A–B

 3 Tape Manual Ex. 1

Quiz 14-1

APPLICATIONS   Discretionary

Nul en géographie    4

Benoît arrive chez Aurélie.

AURÉLIE Salut. C'est dommage que tu ne sois pas arrivé un peu
plus tôt.

BENOÎT Ah, bon. Pourquoi?

5 AURÉLIE Tu aurais rencontré un copain mauritanien. Mais il
vient de partir.

BENOÎT La Mauritanie. C'est où? Je sais que c'est une île, mais
dans quel océan?

AURÉLIE Je crois que tu confonds la Mauritanie et l'île Maurice.[1]

10 BENOÎT C'est pas la même chose?

AURÉLIE Pas du tout. L'île Maurice se trouve dans l'océan Indien
et la Mauritanie en Afrique occidentale.

BENOÎT Oh, bien, ce n'est pas très loin, après tout.

AURÉLIE Plus ou moins, comme Paris et le Pakistan! Tu devrais
15 avoir honte,[2] Benoît. Et si j'étais toi, je commencerais
dès[3] aujourd'hui à apprendre mes leçons de
géographie!

---

[1] **l'île Maurice** *Mauritius* Cette petite île à l'est de l'Afrique appartenait à la France de 1715
à 1814 et à la Grande-Bretagne de 1814 à 1968. Elle est indépendante depuis 1968.
[2] **avoir honte** *to be ashamed* [3] **dès** + time *from*

Vue aérienne de
Nouakchott, Mauritanie

Questionnaire
1. Il aurait rencontré le copain
   mauritanien d'Aurélie.
2. Il vient de Mauritanie.
3. Non, Benoît n'est pas calé
   en géo. Il pense que la
   Mauritanie et l'île Maurice
   sont la même chose.
4. La Mauritanie se trouve en
   Afrique occidentale. L'île
   Maurice se trouve dans
   l'océan Indien. Non. Non.
5. Aurélie pense que Benoît
   devrait avoir honte et devrait
   commencer dès aujourd'hui
   à apprendre ses leçons de
   géographie.
6. Answers will vary.

Questionnaire
1. Pourquoi est-ce qu'Aurélie dit à Benoît que c'est dommage qu'il ne
   soit pas arrivé plus tôt?
2. D'où vient le copain d'Aurélie?
3. Est-ce que Benoît est calé en géo? Comment le savez-vous? Et vous,
   est-ce que vous aimez la géographie? Vous êtes calé en géo?
4. Où se trouve la Mauritanie? Et l'île Maurice? D'après Benoît, est-ce
   que l'île Maurice est loin de la Mauritanie? Est-ce qu'il a raison?
5. Qu'est-ce qu'Aurélie pense de Benoît? D'après elle, qu'est-ce qu'il
   devrait faire?
6. D'après toi, est-il important de savoir la géographie? Pourquoi?

Le Temple Tamile à Port Louis, à l'île Maurice

Situation

Avec un(e) camarade de classe, préparez un exposé oral sur un pays d'Afrique francophone que vous présenterez à la classe. Si possible, servez-vous d'images et d'une carte pour illustrer votre présentation.

EXPLICATIONS I Essential

Le passé du subjonctif

Notes: For uses of the past subjunctive, see mini-dialogues 3, 6, and 7, pp. 443, 444, 445.

♦ **OBJECTIVE:**

TO EXPRESS EMOTION OR DOUBT ABOUT A PAST EVENT

You have already learned the present subjunctive and some of its uses. There is also a past tense of the subjunctive which is used to express completed events after expressions that require the use of the subjunctive. Compare:

Je suis heureux qu'il **fasse** quelque chose pour régler le problème.	*I'm happy that he **is doing (will be doing)** something to settle the problem.*
Je suis heureux qu'il **ait fait** quelque chose pour régler le problème.	*I'm happy that he **has done** something to settle the problem.*

1 We form the past subjunctive by using the present subjunctive of *avoir* or *être* + past participle.

INFINITIF **finir**

SINGULIER		PLURIEL	
1	que j' **aie fini**	que nous	**ayons fini**
2	que tu **aies fini**	que vous	**ayez fini**
3	qu'il qu'elle } **ait fini** qu'on	qu'ils qu'elles } **aient fini**	

INFINITIF **arriver**

SINGULIER			PLURIEL		
1	que je	**sois arrivé(e)**	que nous	**soyons**	**arrivé(e)s**
2	que tu	**sois arrivé(e)**	que vous	**soyez**	**arrivé(e)(s)**
3	qu'il qu'elle } **soit** { **arrivé** **arrivée** qu'on { **arrivé**			qu'ils qu'elles } **soient** { **arrivés** **arrivées**		

Un village en Mauritanie

Reteach/Extra Help: You may want to do a pattern drill: *Le prof est heureux que nous (réussir, partir à l'heure, etc.)*.

Sur le Sénégal, le fleuve entre la Mauritanie et le Sénégal

2 The rules for agreement with the past participle are the same as for any other tense composed of *avoir* or *être* + past participle.

Je suis content **qu'elles soient arrivées** à l'heure.
*I am happy **that they arrived on time.***

Il est dommage **qu'ils** ne **se soient** pas **réveillés** à temps.
*It's a shame **they didn't wake up** on time.*

Marie-Claire? Je ne suis pas sûr **qu'on l'ait prévenue** du retard.
*Marie-Claire? I'm not sure **she was warned** about the delay.*

EXERCICES   Essential

A   Un voyage au Sénégal.   Honoré et sa sœur Françoise sont nés en France mais leurs parents sont sénégalais. Cet hiver, Honoré et Françoise sont allés au Sénégal pour la première fois. A leur retour, ils parlent du voyage avec des camarades. Complétez les phrases avec le passé du subjonctif du verbe entre parenthèses.

1. Nous sommes restés chez mon oncle et ma tante. Ils ont été contents que nous *(venir)* leur rendre visite.
2. Nos parents sont très contents que nous *(rencontrer)* nos cousins sénégalais.
3. J'étais étonné qu'il y *(avoir)* tant de développement au Sénégal depuis que mes parents ont quitté le pays.
4. Il n'est pas évident que tous les pays d'Afrique *(garder)* des liens aussi proches avec la France.
5. J'étais surpris que le Sénégal *(tant développer)* le tourisme.
6. Il est dommage que vous *(ne jamais visiter)* le Sénégal.
7. Je regrette que vous *(ne pas aller)* avec nous.
8. Le voyage a été super, mais mes parents sont très contents que nous *(revenir)* chez nous.

Exercice A
1. soyons venus
2. ayons rencontré
3. ait eu
4. aient gardé
5. ait tant développé
6. n'ayez jamais visité
7. ne soyez pas allés
8. soyons revenus

Enrichment: You might ask students to tell about a trip they took and express emotions about the events.

Explications I   **451**

B **Un voyage en Côte-d'Ivoire.** Les Martin et les Blanadet ont fait un voyage en Côte-d'Ivoire. A leur retour, les Martin parlent à des amis du voyage. Employez les expressions suivantes avec le passé du subjonctif. Suivez le modèle.

être content(e) que	être surpris(e) que
être déçu(e) que	il est possible que
être étonné(e) que	il est dommage que

nous / ne pas visiter Abidjan
Je suis déçu que nous n'ayons pas visité Abidjan.

1. nous / pouvoir visiter des champs d'ananas
2. Mme Blanadet / essayer le café ivoirien
3. les Blanadet / ne pas rendre visite à leurs amis sur la côte
4. nous / ne pas nager dans la mer
5. les Ivoiriens / tant parler de leur histoire
6. M. Blanadet / goûter du miel de Guinée
7. les Blanadet / rencontrer le ministre de l'Agriculture
8. nous / prendre des photos intéressantes

C **Commentaires sur le monde moderne.** Qu'est-ce que vous pensez du monde moderne? Donnez votre opinion sur les déclarations suivantes en employant le passé du subjonctif. Suivez le modèle.

On est déjà allé sur la lune.
C'est formidable qu'on soit déjà allé sur la lune.

1. Nous n'avons pas conservé nos ressources naturelles.
2. Les médecins ont découvert des nouveaux médicaments.
3. On a remplacé les chevaux par des voitures et des camions.
4. Les hommes politiques se sont décidés à ne plus faire la guerre.
5. Les jeunes gens ont choisi des métiers où ils gagneraient beaucoup d'argent.
6. Nous avons eu plus de loisirs et de temps libre l'année dernière.
7. On s'est rendu compte que les matières premières sont limitées.

D **Etes-vous d'accord?** Maintenant, comparez les opinions que vous avez exprimées dans l'Exercice C à celles d'un(e) camarade. Expliquez vos réponses.

Practice Sheets 14-2, 14-3   **Workbook Exs. C–D**   🔲 **5 Tape Manual Exs. 2–3**   **Activity Masters pp. 62–63**   **Quiz 14-2**

452   Chapitre 14

Le grand marché de
Marrakech, Maroc

Le subjonctif dans les phrases superlatives   Essential

We use the subjunctive to express an opinion with a superlative or with limiting adjectives and expressions such as *premier, dernier, seul, unique, ne ... que, ne ... personne, ne ... rien, peu de,* or *pas beaucoup de.*

C'est **la seule** question qui **puisse** confondre le chef d'état.

*That's the **only** question that **can** confuse the head of state.*

Ce sont les gens **les plus gentils** que je **connaisse.**

*They are **the nicest** people I **know.***

Le Mali, c'est **le plus beau** pays que j'**aie** jamais **vu.**

*Mali is **the most beautiful** country I'**ve** ever **seen.***

Il **n'**y a **personne** qui **puisse** m'aider?

*Isn't there **anyone** who **can** help me?*

We use the subjunctive in this case only if we are expressing an opinion. When we are stating a fact, we use the indicative. Compare:

C'est **le seul** livre qu'il **a lu.**   C'est **le seul bon** livre qu'il **ait lu.**

C'est **le dernier** examen que nous **passons** cette année.   C'est **le dernier** examen **difficile** que nous **passons** cette année.

♦ **OBJECTIVES:**

TO EXAGGERATE

TO SPEAK IN SUPERLATIVES

Notes: For use of the subjunctive in superlative phrases, see mini-dialogue 6, p. 444.

EXERCICES   Essential

A Conversations entre les cours.   Entre les cours, les élèves parlent de leurs profs et de leurs cours. Complétez leurs phrases en mettant le verbe au subjonctif ou à l'indicatif, selon le cas.

1. C'est l'examen le plus difficile que nous (*avoir*) jusqu'à présent.
2. Il y a peu d'étudiants qui (*savoir*) la réponse au problème de maths.
3. Mme Sévère est la prof la plus sympathique que je (*connaître*).
4. C'est le seul livre où il y a (*avoir*) des images.
5. L'anglais est la seule langue que je (*pouvoir*) comprendre.
6. M. Turpin est le premier prof qui (*choisir*) un examen oral.
7. Il n'y a personne qui (*être*) calme avant un examen.
8. C'est le premier examen que nous (*passer*) cette année.

B Mon amie du Togo.   Une élève du Togo vient passer une année dans votre lycée pour un échange culturel. Elle vous raconte ses opinions sur la culture africaine. Suivez le modèle.

> ville africaine / intéressante / visiter (Dakar)
> *La ville africaine la plus intéressante que j'aie jamais visitée est Dakar.*

1. fruit africain / bon / manger (l'ananas)
2. film africain / drôle / voir (*Les Dieux sont tombés sur la tête*)
3. langue africaine / utile / apprendre (le bantou)
4. écrivain africain / intéressant / lire (Camara Laye)
5. montagne / belle / visiter (le Kilimandjaro)
6. tradition / ancienne / étudier (la danse)
7. Africain / célèbre / rencontrer (Léopold Senghor)
8. musique africaine / moderne / écouter (la ju-ju)

C Le plus beau pays du monde.   Vous rentrez d'un voyage au Maroc absolument enchanté(e) de tout ce que vous y avez vu. Vous en êtes si enthousiaste que vous utilisez le superlatif dans toutes vos phrases. Suivez le modèle.

> rues / étroites / je / voir
> *C'étaient les rues les plus étroites que j'aie jamais vues.*

1. olives / bonnes / nous / manger
2. café / fort / maman / boire
3. oranges / sucrées / mon père / goûter
4. langue / difficile / je / essayer d'apprendre
5. tribu / ancienne / nous / rencontrer
6. pays / chaud / nous / visiter
7. marché / grand / mon frère / voir
8. tapis / beau / mes parents / acheter

D Parlons de toi.

1. Qui est la personne la plus fascinante que tu connaisses? La plus ennuyeuse? Décris-la.
2. Quel est le meilleur livre que tu aies jamais lu? Le meilleur film que tu aies jamais vu? Pourquoi?
3. Quel est le cours le plus difficile que tu aies jamais suivi? Le plus facile? Pourquoi?
4. Quel est le plus bel état des Etats-Unis que tu aies jamais visité? D'après ce que tu connais des Etats-Unis, quelle région est-ce que tu aimerais le plus visiter? Pourquoi?
5. Quel est le voyage le plus long que tu aies jamais fait? Quel est le voyage le plus intéressant que tu aies fait? Raconte-le.
6. Est-il possible que tu fasses un voyage en Afrique un jour? Qu'est-ce que tu ferais avant d'y aller? Dans quels pays africains est-ce que tu voudrais aller? Est-il probable que tu ailles dans un pays d'Afrique francophone? Qu'est-ce que tu voudrais faire là-bas?

5. C'était la tribu la plus ancienne que nous ayons jamais rencontrée.
6. C'était le pays le plus chaud que nous ayons jamais visité.
7. C'était le plus grand marché que mon frère ait jamais vu.
8. C'était le plus beau tapis que mes parents aient jamais acheté.

Exercice D
Answers will vary.

Practice Sheet 14-4

Workbook Ex. E

 6 Tape Manual Ex. 4

Quiz 14-3

Cet artisan fait des objets en cuivre à Nabeul, Tunisie.

Au Maroc on trouve des beaux tapis fabriqués à la main.

APPLICATIONS Discretionary

Deux poèmes antillais  7

AVANT DE LIRE

Les poèmes qui suivent sont de Guy Tirolien, né en 1917 à Pointe-à-Pitre, Guadeloupe, et de Gilbert Gratiant (1901–1985), né à Fort-de-France, Martinique. Celui de Gratiant a été écrit en créole. On reproduit ici sa traduction *(translation)* en français par Jean Loize. La traduction n'est qu'une approximation, mais elle est fidèle au message amer *(bitter)* de l'original.

1. Pourquoi est-ce qu'on exige que les jeunes aillent à l'école?
2. Croyez-vous que la plupart de ce que vous apprenez à l'école soit utile? Par exemple, quels cours suivez-vous cette année? Expliquez comment chacun d'entre eux vous aidera à l'avenir. A votre avis, est-ce que l'éducation doit être tout à fait pratique? Pourquoi?
3. A votre avis, comment seraient les écoles dans une colonie? Par exemple, quelle culture enseignerait-on, la culture indigène ou celle des colons? Croyez-vous qu'un peuple ait le droit d'obliger quelqu'un à s'adapter à une culture qui n'est pas la sienne?
4. Vous comprenez le titre du premier poème? Comment dit-on *la prière* en anglais? Alors, que veut dire *je vous en prie* (v. 6) dans ce contexte? On emploie l'expression française *comme il faut* (v. 10) en anglais. Vous la connaissez? Au vers 18, que veut dire *amoureux, -euse?*
5. Au vers 22, Zamba et compère Lapin *(Brother Rabbit)* sont des personnages importants dans les récits folkloriques de l'Afrique et des Antilles.
6. Dans le poème «Debout! Joseph!» comment dirait-on *la boutique de l'usine* (v. 5) en anglais? D'après le contexte, vous pouvez deviner ce que veulent dire *quelques sous* (v. 4), *chrétien, sauver* et *l'enfer* (v. 12), *la canne* (v. 18)?

Vue aérienne de
Pointe-à-Pitre, Guadeloupe

Prière d'un petit enfant nègre
GUY TIROLIEN

Seigneur,[1] je suis très fatigué.
Je suis né fatigué.
Et j'ai beaucoup marché depuis le chant du coq
Et le morne[2] est bien haut qui mène à leur école.
5 Seigneur, je ne veux plus aller à leur école,
Faites, je vous en prie, que je n'y aille plus …
Ils racontent qu'il faut qu'un petit nègre y aille
Pour qu'il devienne pareil[3]
Aux messieurs de la ville
10 Aux messieurs comme il faut.
Mais moi je ne veux pas
Devenir, comme ils disent,
Un monsieur de la ville,
Un monsieur comme il faut.
15 Je préfère flâner le long des sucreries[4]
Où sont les sacs repus[5]
Que gonfle[6] un sucre brun autant que ma peau brune.
Je préfère vers l'heure où la lune amoureuse
Parle bas à l'oreille des cocotiers[7] penchés[8]
20 Ecouter ce que dit dans la nuit
La voix cassée d'un vieux qui raconte en fumant
Les histoires de Zamba et de compère Lapin
Et bien d'autres[9] choses encore
Qui ne sont pas dans les livres.
25 Les nègres, vous le savez, n'ont que trop travaillé.
Pourquoi faut-il de plus apprendre dans des livres
Qui nous parlent de choses qui ne sont point[10] d'ici?
Et puis elle est vraiment trop triste leur école,
Triste comme
30 Ces messieurs de la ville,
Ces messieurs comme il faut
Qui ne savent plus danser le soir au clair de lune[11]
Qui ne savent plus marcher sur la chair[12] de leurs pieds
Qui ne savent plus conter les contes aux veillées.[13]
35 Seigneur, je ne veux plus aller à leur école.

Zamba et compère Lapin
figurent sans doute dans
ces récits sénégalais.

---

[1]**le Seigneur** *Lord*   [2]**le morne** (mot créole) = petite montagne
[3]**pareil, -le** *like*   [4]**flâner le long des sucreries** *to stroll around the sugar
refineries*   [5]**repu, -e** = plein, -e   [6]**gonfler** *to inflate*   [7]**le cocotier**
coconut palm   [8]**penché, -e** *bent*   [9]**bien de** = beaucoup de   [10]**point** =
pas   [11]**le clair de lune** *moonlight*   [12]**la chair** *flesh*   [13]**conter les
contes aux veillées** = raconter les histoires le soir

Questionnaire

Answers will vary.

1. Parce qu'il doit se lever tôt et la route vers l'école est très longue (il se met en marche quand le coq chante) et très difficile (il doit monter une petite montagne).

2. bien élevée, bien habillée, riche probablement

3. Parce qu'il semble que la lune parle bas dans l'oreille de l'arbre penché / la lune et le cocotier semblent être si proches l'un de l'autre qu'on risque de croire qu'ils s'aiment.

4. Il apprend la culture de son peuple / comment vivre avec la nature / comment vivre et se distraire sans toutes les machines dont les blancs semblent avoir besoin. A l'école il doit apprendre une culture étrangère, une langue étrangère—la culture et la langue de ceux qui ont vaincu son pays. Il doit suivre des cours qu'il ne croit pas utiles.

5. L'école est triste parce que tout ce qui se passe là-bas est sérieux / on ne s'amuse pas / on ne rit pas / on passe son temps à étudier des matières étrangères. Les messieurs sont tristes parce qu'ils ont oublié comment s'amuser. Ils ne dansent pas. Ils portent des chaussures lourdes. Ils ne racontent pas d'histoires. Les messieurs ont perdu leur liberté naturelle.

Debout! Joseph!

GILBERT GRATIANT

(Traduction de «Joseph, lève» par Jean Loize)

Joseph, voici un chapeau que Monsieur ne porte plus:
Il te fera faraud[1] quand tu descendras au bourg.[2]
    —Merci, Madame!

Joseph, voici quelques sous pour le travail que tu m'as fait
5 (Tu viendras le rendre à la boutique de l'usine).
    —Merci, mon maître![3]

—Joseph, c'est l'élection, dimanche, pour le député.
Mon rhum[4] est bon; voici une belle pièce de cinq francs;
    Les nègres ne sont pas ingrats …
    —Merci, Monsieur!

10

—Joseph, c'est une quête[5] que je fais pour la Vierge,[6]
Montre que tu es bon chrétien, je te sauverai de l'enfer.
    —Merci, mon Père!

Joseph! Joseph!
Quand te lèveras-tu?
15 La charité, c'est bon pour les chiens!
Joseph! Joseph!

Il n'y aurait pas de champs de cannes,
Il n'y aurait pas de château
Il n'y aurait pas d'auto,
20 Il n'y aurait pas de Monsieur,
Il n'y aurait pas de Madame,
Il n'y aurait pas de «Mon Père»
    S'il n'y avait Joseph!

---

[1]**faraud, -e** *boastful*   [2]**le bourg** = le village   [3]**le maître** *master*
[4]**le rhum** *rum*   [5]**la quête** *collection*   [6]**la Vierge** *the Virgin Mary*

Questionnaire

1. Lisez les quatre premiers vers de la «Prière d'un petit enfant nègre». Pourquoi l'enfant est-il tellement fatigué?

2. Comment décririez-vous une personne «comme il faut»?

3. Pourquoi le poète appelle-t-il la lune «amoureuse»? Expliquez la métaphore des vers 18–19.

4. Le poète dit que l'enfant apprend bien de choses «qui ne sont pas dans les livres». Quelles sortes de choses, par exemple? Dans les vers 26–27, quelles sortes de choses cet élève doit-il apprendre «qui ne sont point d'ici»?

5. Pourquoi l'école serait-elle «triste» (v. 28)? Et pourquoi les «messieurs» sont-ils tristes selon l'enfant?

6. Qu'est-ce que vous pensez de ce poème? Comment vous sentez-vous en le lisant?

7. Qu'est-ce qui se passe dans la première strophe de «Debout! Joseph!»? Et dans la deuxième? Est-ce que Joseph reçoit un salaire ou non? Vous pouvez expliquer la remarque entre parenthèses (v. 5)?

8. Qu'est-ce qui se passe dans la troisième strophe?

9. Les quatre premières strophes sont des dialogues. A votre avis, qui parle ensuite? Vous pouvez expliquer le message des vers 18–24?

10. Pourquoi Joseph est-il tellement vexé? Comment décririez-vous le ton *(tone)* de ce poème? Comment les deux poèmes se ressemblent-ils? Comment est-ce qu'ils ne se ressemblent pas?

6. Answers will vary.

7. Une dame donne un vieux chapeau à Joseph et le vexe en croyant qu'il en sera fier. Puis, on lui donne très peu d'argent pour un travail qu'il a fait. Non, il ne reçoit pas de salaire. On lui donne de l'argent mais il devra le rendre en achetant ce dont il a besoin à la boutique de l'usine.

8. On lui donne du rhum et de l'argent et lui, il doit, à son tour, voter pour celui qui les lui a donnés. Le monsieur achète son vote.

9. Soit le poète soit Joseph lui-même parle dans les sept derniers vers. Les blancs—le monsieur, la dame, l'Eglise—n'auraient rien sans Joseph. C'est lui qui travaille dans les champs. Il ne reçoit que de vieilles choses et un peu d'argent qu'il rend au patron à la boutique de l'usine ou à l'Eglise pour se sauver de l'enfer.

10. Parce qu'il fait tout et n'a rien. Amer / fâché / vexé. Les deux poèmes décrivent le triste état d'un peuple vaincu par un autre peuple et la difficulté qu'il y a à s'y adapter. Le premier poème, pourtant, c'est la déclaration d'un petit enfant triste. Le deuxième est plus fâché que triste. Le poète recommande-t-il la révolution? (Notez le titre et les vers 15–16.)

On vit de la pêche au Marin, Martinique.

Essential

EXPLICATIONS II   Essential

Notes: For uses of the passive, see mini-dialogues 4–7, pp. 444–445.

◆ **OBJECTIVES:**

TO EMPHASIZE ACTIONS RATHER THAN THE PEOPLE WHO DID THEM

TO DESCRIBE THINGS THAT HAVE BEEN DONE BY PEOPLE

Le passif

Usually, the subject of the sentence performs the action or is specified. We call this the active voice.

Les abeilles **fabriquent le miel.**	*Bees* **make honey.**
Mme Andrieu **vendra les diamants.**	*Mme Andrieu* **will sell the diamonds.**
Le vent **a démoli la maison.**	*The wind* **destroyed the house.**

1   In the passive voice, the subject does not perform the action. We use this construction when what causes the action is unimportant or when we want to avoid specifying it. Compare these sentences in the passive to those above.

Le miel est fabriqué par les abeilles.	*Honey is made by bees.*
Les diamants seront vendus par Mme Andrieu.	*The diamonds will be sold by Mme Andrieu.*
La maison a été démolie.	*The house was destroyed.*

Just as in English, we use a form of the verb "to be" (*être*) and a past participle. The past participle always agrees with the subject in gender and number.

2   When what causes the action is expressed, it is introduced by *par* or *de*. We generally use *par* when the verb refers to an action.

Les citoyens ont été **interrogés par les soldats.**	*The citizens were **interrogated by the soldiers.***

3   *De* is used with the following types of verbs, most of which refer to states or conditions rather than actions.

Verbs of judgment: *admirer, aimer, connaître, craindre, détester, préférer, respecter*
Verbs of sensation: *entendre, voir*
Verbs implying accompaniment or limitation: *accompagner, couvrir, entourer, remplir, suivre*

Une rue de Dakar, Sénégal

460   Chapitre 14

4 We use the passive construction less often in French than in English. Where we use the passive in English, the French often use a reflexive construction or the pronoun *on*.

> **Le vin se vend** en bouteille. ⎫
> **On vend le vin** en bouteille. ⎭   *Wine is sold in bottles.*

These two constructions are often found in set expressions or in posted signs.

> Ça ne **se dit** pas.   *That's just not **said**.*
> Ici **on parle** allemand.   *German **is spoken** here.*

EXERCICES   Essential

A   **La scène du cambriolage** *(robbery).*   Imaginez que vous êtes le (la) détective chargé(e) de l'investigation du cambriolage. Décrivez la scène du cambriolage d'après le dessin. Employez les infinitifs de la liste pour former des adjectifs. Suivez le modèle.

> remplir
> *Les verres sont remplis.*

1. ouvrir	5. casser
2. fermer	6. débrancher
3. allumer	7. ouvrir
4. mettre	8. ne pas raccrocher

Exercice B

1. L'Amérique a été
   découverte en 1492.
2. Le Canada a été découvert
   par Jacques Cartier.
3. La ville de Québec a été
   fondée en 1608.
4. Les soldats de Napoléon
   ont été battus par Toussaint
   Louverture.
5. Léopold Senghor a été élu
   le premier président du
   Sénégal.
6. L'Algérie a été colonisée par
   les Français en 1830.
7. Les Antilles ont été
   colonisées par les Français
   au 17e siècle.
8. La Louisiane a été vendue
   aux Etats-Unis par
   Napoléon en 1803.

Enrichment: You might ask
students to make up a
comparable quiz on American
history in which they use the
passive voice.

Exercice C

a été colonisée
a été développée
ont été créées
ont été construits
sont toujours utilisées
a été gardée
ont été conservés

B Un peu d'histoire.   Dites quand ou par qui les choses suivantes ont été faites. Employez le passif.

> Quand est-ce qu'on a fondé la ville de Montréal? (1642)
> *La ville de Montréal a été fondée en 1642.*

1. Quand est-ce qu'on a découvert l'Amérique? (1492)
2. Qui a découvert le Canada? (Jacques Cartier)
3. Quand est-ce qu'on a fondé la ville de Québec? (1608)
4. Qui a battu les soldats de Napoléon à Saint-Domingue? (Toussaint Louverture)
5. Qui est-ce qu'on a élu le premier président du Sénégal? (Léopold Senghor)
6. Quand est-ce que les Français ont colonisé l'Algérie? (1830)
7. Quand est-ce que les Français ont colonisé les Antilles? (au 17e siècle)
8. Quand est-ce que Napoléon a vendu la Louisiane aux Etats-Unis? (1803)

C L'Afrique francophone.   Complétez le texte suivant avec la forme passive du verbe donné entre parenthèses.

C'est vers la fin du 19e siècle que l'Afrique (*coloniser*) par les grandes puissances européennes. Par exemple, la région qui correspond aujourd'hui au Sénégal, au Mali et à la Côte-d'Ivoire (*développer*) par la France. Des grandes villes comme Dakar et Abidjan (*créer*). Des
5 ports, des routes et des chemins de fer (*construire*). Le français est devenu la langue de l'éducation et de l'administration mais les langues nationales (*toujours utiliser*) dans les villages. Vers 1950 les pays francophones d'Afrique sont devenus indépendants mais la langue française (*garder*). Après l'indépendance, des liens culturels et
10 économiques (*conserver*) entre la France et ses anciennes colonies d'Afrique.

Exercice D

1. On le boit avec du sucre. Le
   café se boit avec du sucre.
2. On les boit frais. Les jus de
   fruits se boivent frais.

D Des habitudes.   Comment se font ces choses en général? Répondez à chaque phrase deux fois en employant d'abord *on*, puis un verbe pronominal. Conversez selon le modèle.

> l'eau minérale / vendre / en bouteilles
> ÉLÈVE 1   Comment se vend l'eau minérale?
> ÉLÈVE 2   On la vend en bouteilles.
>   L'eau minérale se vend en bouteilles.

1. le café / boire / avec du sucre
2. les jus de fruits / boire / frais

3. la viande / manger / avec une fourchette
4. la salade / servir / avec une sauce
5. les tomates / manger / avec du sel
6. l'aspirine / vendre / en comprimés
7. l'aspirine / prendre / avec de l'eau
8. la vaisselle / laver / avec du savon
9. les cheveux / laver / avec du shampooing

E Parlons de toi.

1. Est-ce que tu sais par qui a été écrit l'hymne national américain? Et quand? Est-ce que tu t'intéresses à l'histoire américaine? L'histoire française? L'histoire africaine?
2. Quelles langues sont parlées par les habitants de ta région? Est-ce qu'on parle des langues orientales dans ta région?
3. Est-ce qu'on compte sur toi pour les réponses dans ton cours de français? Est-ce qu'on t'interroge souvent en classe? Est-ce que ça se fait de parler anglais en cours de français?
4. Est-ce que tu as déjà été surpris(e) par tes amis? Par tes parents? Comment? Pourquoi?

ACTIVITÉ   Discretionary

Les gros titres.   Avec un(e) partenaire, pensez à ce qui s'est passé récemment dans votre école, dans votre communauté ou dans le monde. Ecrivez quelques gros titres en employant le passif. Echangez ensuite vos titres avec un autre groupe et écrivez un court article basé sur ces titres.

EN BREF

Avalanche en Espagne quatre alpinistes français tués, deux disparus

Les corps de quatre des six alpinistes français ensevelis dimanche soir sous une avalanche, dans la Sierra Nevada (sud de l'Espagne), ont été retrouvés hier après de laborieuses recherches.

La préfecture de Grenade a indiqué que les opérations de secours reprendraient ce matin, mais a précisé qu'il y avait peu de chances de retrouver vivants les deux disparus. Les alpinistes faisaient partie d'une expédition de sept membres du Club alpin français (CAF) de Cannes, qui allait passer la nuit dans un refuge de montagne.

D'après le témoignage du seul rescapé, Nicole Issaly, quarante-deux ans, professeur domiciliée à Fayence (Var), les chiens dressés pour localiser les disparus en montagne sont arrivés tard. « *Toutefois, l'avalanche a été impressionnante et, malheureusement, je crois que tous mes compagnons doivent* »

6 millions raflés au supermarché

SIX MILLIONS de francs.. C'est le bilan du hold-up commis hier matin par les malfaiteurs qui ont attaqué des convoyeurs de fonds dans une grande surface de Fontenay-sous-Bois (Val-de-Marne).

Lundi, 8 heures. Un fourgon de la société « Unigarde-Fag », une filiale de la Brink's, se gare devant le magasin Auchan, avenue du Maréchal Joffre. Deux vigiles descendent du véhicule et se dirigent vers la salle des coffres du magasin, située au sous-sol, afin de récupérer les recettes du week-end. C'est au moment où ils se font ouvrir la grille d'accès au coffre-fort par l'agent de sécurité du centre commercial, qu'ils sont attaqués par deux hommes cagoulés et armés de pistolets. Tout va très vite. Pendant que l'un des malfaiteurs menace de son arme les trois employés, son complice remplit les sacs de sport. L'opération dure quelques minutes à peine. Déjà les bandits prennent la fuite, après avoir pris soin d'enfermer et de bâillonner leurs victimes.

Depuis hier après-midi, les enquêteurs vérifient les registres d'embauche du personnel, afin de déterminer si les malfaiteurs ont pu bénéficier de complicités internes.

463

RÉVISION

Lisez la bande dessinée.

1. Nous étudions les œuvres humoristiques de Montesquieu dans notre cours de littérature.

2. Le professeur vient de nous donner des devoirs sur les *Lettres persanes.*

3. C'est dommage que je n'aie pas travaillé le week-end dernier.

4. J'ai été invitée à décorer la chambre d'une amie.

5. Ces devoirs sont les plus amusants que le prof nous ait donnés cette année.

6. Si j'avais lu le livre, j'aurais pu faire les devoirs.

Maintenant imaginez que vous êtes dans la classe de littérature américaine et que le professeur vient d'annoncer des devoirs sur un livre que vous n'avez pas lu. Comment s'appelle l'œuvre? Pourquoi est-ce que vous ne l'avez pas lu? Qu'est-ce que vous allez faire maintenant? Ecrivez votre histoire en vous servant de la Révision comme modèle.

Trouvez les expressions françaises qui correspondent à l'anglais et rédigez un paragraphe.

Transparency 43

Notes: Answers to the *Thème* appear in the teacher pages at the front of the book.

1. Paul is studying the western region of Africa in his history class.

2. The teacher has just given them a quiz on the Ivory Coast.

3. It's too bad Paul went out last night.

4. He was persuaded to celebrate his friend's birthday.

5. This quiz is the hardest one we've had this year.

6. If Paul had studied his notes, he could have answered the questions.

RÉDACTION

Maintenant, choisissez un de ces sujets.

1. Rédigez un paragraphe sur l'Afrique.

2. Est-ce que vous avez jamais eu la même expérience que Paul? Expliquez ce qui est arrivé.

3. Complétez les phrases suivantes en vous servant des phrases de la Révision et du Thème comme modèles.

a. Nous …   d. Nous …
b. Le proviseur …   e. Et c'est … que le proviseur …
c. Nous avons peur que …   f. S'il …, nous …

CONTRÔLE DE RÉVISION   CHAPITRE 14   Discretionary

Notes: Answers to the *Contrôle* appear in the teacher pages at the front of the book.

A   Une leçon de géographie.
Complétez les phrases avec les mots de la liste qui conviennent.

de l'acier	officielle
le caoutchouc	le pétrole
centrale	du plastique
liens	puissances
occidentale	la sécheresse

1. Le Maroc se trouve sur la côte de l'Afrique, mais le Tchad est en Afrique _____.
2. Djibouti est un petit pays en Afrique orientale, mais la plupart des pays francophones se trouvent en Afrique _____.
3. Mes cousins sénégalais parlent wolof en famille, mais les cours de l'université sont enseignés en français parce que c'est la langue _____.
4. Beaucoup de pays africains exportent des matières premières comme _____ et _____.
5. L'Afrique est un continent de contrastes. Certaines régions ont beaucoup de pluie, mais d'autres souffrent de _____.
6. L'industrie joue un rôle important pour beaucoup de pays africains. L'Algérie, par exemple, fabrique _____ et _____.
7. Au 19e siècle, une grande partie de l'Afrique a été colonisée par des _____ européennes.
8. La France est toujours très attachée à ses anciennes colonies avec lesquelles elle a beaucoup de _____ économiques.

B   Réflections sur la vie.
Monsieur Vincent, qui vient de fêter ses 100 ans, a été interviewé. Voici ce qu'il a dit. Mettez les verbes au passé du subjonctif.

1. Je suis content que …
   a. vous *(venir)* me voir pour me parler.
   b. on *(faire)* tant de progrès scientifiques et technologiques.
   c. mes cinq enfants *(recevoir)* une bonne éducation et qu'ils *(réussir)* dans la vie.
   d. mes petits-enfants m'*(envoyer)* ces lettres de félicitations.
2. Il est dommage que …
   a. il y *(avoir)* tant de guerres pendant ma vie.
   b. trop de gens *(souffrir)*.
   c. nous *(ne pas découvrir)* que la paix vaut mieux que la guerre.
   d. ma femme *(mourir)* il y a 30 ans.

C   Exagérations.
Répondez aux questions en mettant l'adjectif au superlatif et le verbe au subjonctif.

Le film que tu viens de voir est bon?
Tu parles! C'est le meilleur film que j'aie jamais vu.

1. Le gâteau que tu viens de manger est délicieux?
2. La maison que vous venez de visiter est belle?
3. L'examen qu'ils viennent de passer était difficile?
4. Le roman qu'il vient de lire est mauvais?
5. La prof que nous venons de choisir est stricte?
6. Les poèmes que je viens d'écrire sont bizarres?

D   Un poème.
Mettez le paragraphe suivant à l'actif.

Hier en classe, un poème a été expliqué par le professeur. Le poème a été écrit par le poète Aimé Césaire. Chaque strophe a été lue d'abord par le prof et puis par les étudiants. Le poème a été analysé par la classe. Nous avons tous été fascinés par la sincérité *(sincerity)* du poète. Ce poème a été aimé de tous les étudiants.

Listening Comprehension Test   Chapter 14 Test

Noms

l'abeille *(f.)*
l'acier *(m.)*
l'Algérie *(f.)*
le Bénin
le Burkina-Faso
le Burundi
la cacahouète
le cacao
le Cameroun
le caoutchouc
la chaleur
le charbon
le chef d'état
le Congo
la Côte-d'Ivoire
le cuivre
le diamant
la différence
Djibouti
le fer
le froid
le Gabon
la Guinée
le lien
le Maghreb
le maïs
le Mali
le Maroc
la matière première
la Mauritanie
le miel
le Niger
l'olive *(f.)*
le pétrole
la puissance

la République Centrafricaine
le Ruanda
la sécheresse
le Sénégal
la situation
le Tchad
le Togo
la tribu
la Tunisie
le wolof
le Zaïre

Verbes

coloniser
confondre
dépendre de
développer
exporter
fabriquer
interroger
souffrir

Adjectifs

central, -e
ivoirien, -ne
occidental, -e
officiel, -le
oriental, -e
sénégalais, -e

Adverbes

également
récemment
toutefois

Expressions

un million (de + *noun*)
le pays en voie de
    développement

CHAPITRE 15

Essential

PRÉLUDE CULTUREL │ LES RESSOURCES ET L'AVENIR

Soixante-dix pour cent de l'énergie utilisée par la France est d'origine nucléaire.
Cette centrale nucléaire à Cattenom, dans le nord-est de la France, n'a pas été
accueillie d'une façon positive par tous les habitants. Dans une région qui
dépendait autrefois de ses mines de fer maintenant épuisées, la centrale de
Cattenom a cependant permis à beaucoup de gens de trouver un emploi.

(en haut) Les élèves français se sentent très concernés par l'avenir de leurs lycées. Quand ils ne sont pas d'accord avec une décision prise par le gouvernement, ils n'hésitent pas à organiser une manifestation.

UTILISEZ L'EMBALLAGE VERRE

IL SE RECYCLE

(en bas) Comme partout dans le monde, on a beaucoup gaspillé ces dernières années en France. Aujourd'hui, un mouvement écologique s'est développé et les Français sont encouragés à utiliser des produits recyclables comme le verre, au lieu du plastique.

1

Transparency 44

CONTEXTE
VISUEL

Notes: You may want to point out that *faculté* is a false cognate, referring to a professional school.

Students might enjoy knowing *manifestation* is often shortened to *manif*.

Qu'est-ce que l'avenir nous réserve?

la centrale nucléaire

la planète
l'espace *(m.)*

le / la scientifique

la faculté de droit

la faculté de médecine

NON À LA GUERRE!
NOUS VOULONS LA PAIX!
NON À GUERRE
NOUS VOULONS LA PAIX!

MEILLEURS SALAIRES!

la manifestation

la grève

l'inondation *(f.)*

1 Un journaliste interviewe une scientifique.

LE JOURNALISTE   Vous pensez que la vie au 21ᵉ siècle sera vraiment très différente? Qu'est-ce que l'avenir nous **réserve?**

LA SCIENTIFIQUE   Je suis convaincue que nous aurons plus de loisirs. La plupart des **tâches** ennuyeuses de la vie quotidienne seront **effectuées** par des machines.

Variations:

■ plus de loisirs → plus de chômage
  ennuyeuses → moins importantes

Reteach/Extra Help: You might practice *prévoir* and *prédire* by asking students to predict the future. Ask them to make both optimistic and pessimistic predictions.

2 La science **évolue** très vite de nos jours. Qui aurait pu **prévoir** que nous voyagerions dans l'espace?

■ prévoir → **prédire**
  nous voyagerions → nous **atteindrions***
  dans l'espace → la lune

Reteach/Extra Help: You might practice *atteindre* by asking students to tell what they hope to attain in life *(atteindre mes rêves).*

3 Mais la technologie n'a pas apporté que des **changements bénéfiques** et **nous** ne **nous sommes** pas **débarrassés de** tous nos problèmes. **Loin de là!** Et c'est aux jeunes maintenant d'**agir pour que** les peuples du monde ne souffrent plus de la faim.

■ pour que → pour qu'à l'avenir
  de la faim → de la guerre et des **maladies**
■ de la faim → de la sécheresse et des inondations

*Atteindre follows the pattern of *peindre* in all its forms.

Enrichment: Encourage personalized discussion of the future and what it holds for us.

réserver   here: *to have in store*

la tâche   *chore, task*
effectuer   *to carry out*

évoluer   *to evolve, to change*
prévoir   *to foresee*

prédire   *to predict*
atteindre   *to reach*

le changement   *change*
bénéfique   *beneficial*
se débarrasser de   *to get rid of*
loin de là   *far from it*
agir   *to act*
pour que   *so that*

la maladie   *sickness*

4 Le gouvernement a décidé de construire une centrale nucléaire près d'un petit village. Les habitants du village se sont réunis pour discuter du projet.

> M. DE LAROCHE On va construire cette centrale **sans que** ses dangers pour notre **environnement** soient bien connus.
>
> MME VIDOC Il faut envoyer **une pétition** tout de suite pour que le gouvernement sache que nous sommes **opposés** à ce projet.

■ ses dangers pour → ses effets sur
envoyer une pétition → **protester**
pour que → **afin que**
opposés à → contre

■ envoyer une pétition → organiser une manifestation

Enrichment: You might discuss the pros and cons of having *une centrale nucléaire* near you.

sans que *without*
l'environnement (m.) *environment*

la pétition *petition*

opposé, -e *opposed*

protester *to protest (against)*
afin que = pour que

5 Elodie lit un article sur l'histoire de la médecine: «**Bien que** nous n'arrivions pas à **guérir** toutes les maladies, la médecine fait d'**énormes** progrès. Les scientifiques font des nouvelles **découvertes** chaque jour.»

■ bien que → **quoique**
guérir → nous débarrasser de

bien que *although*
guérir *to cure*
énorme *enormous*
la découverte *discovery*

quoique = bien que

6 THOMAS D'après un article que je viens de lire, on a tellement **gaspillé les ressources** de la terre que dans quelques ans toutes **les sources d'énergie** seront **épuisées**.

> PAULINE Ça, c'est une vue bien **pessimiste** de l'avenir. Moi, je crois que **nous autres** les jeunes, nous sommes très **conscients** des problèmes de l'environnement et que nous trouverons des solutions **avant que** notre planète ne devienne **invivable**.

■ les sources d'énergie → les matières premières
bien pessimiste → bien peu **optimiste**
nous sommes très conscients → nous nous occupons

gaspiller *to waste*
la ressource *resource*
la source *source*
l'énergie (f.) *energy*
épuiser *to exhaust, to use up*
pessimiste *pessimistic*
nous autres *we (emphatic)*
conscient, -e *aware*
avant que *before*
invivable *unlivable, unbearable*

optimiste *optimistic*

Reteach/Review: You may want to ask students how to say "we Americans, we students, we women, we men, you French, you Canadians, etc." *(nous autres, vous autres).*

7 CLAUDE   Qu'est-ce que tu comptes faire l'année prochaine?

       SYLVIE   M'inscrire en fac de droit, **à moins que** je n'aie pas le bac.

- droit → médecine
  à moins que je n'aie pas → **à condition que** j'aie
- je n'aie pas le bac → je ne sois pas reçue au bac

8 Arnaud parle de ses projets d'avenir avec sa conseillère d'orientation.

     MME LAFARGE   Qu'est-ce que tu comptes faire maintenant que tu **es sur le point de** terminer tes études?

     ARNAUD   Je vais chercher du travail **jusqu'à ce que** je trouve quelque chose qui me **convienne.***

     MME LAFARGE   Je dois te **prévenir*** que ça n'est pas toujours facile.

- convienne → plaise
  je dois te prévenir → tu dois te rendre compte

9 Les parents ne sont pas toujours d'accord avec les projets d'avenir de leurs enfants. C'est ce qu'on appelle **le conflit des générations.**

     NATHALIE   Mes parents trouvent que je **manque d'ambition** parce que je n'ai aucune envie d'avoir un métier qui **rapporte** beaucoup d'argent.

     LIONEL   Qu'est-ce que tu aimerais faire?

     NATHALIE   Etre **assistante sociale.** Ça permet de gagner sa vie en aidant les autres.

     LIONEL   Je suis sûr que si tu fais quelque chose qui te plaît vraiment, tu réussiras et tes parents **admettront**[†] que tu avais raison.

- trouvent → disent
  qui rapporte beaucoup d'argent → bien payé
  admettront que tu avais raison → seront fiers de toi

Convenir and *prévenir* follow the pattern of *venir* in all of their forms but they are conjugated with *avoir*.

[†]*Admettre* follows the pattern of *mettre* in all its forms. Its past participle is *admis*.

Glossary (right column):

à moins que   *unless*

à condition que   *provided (that)*

être sur le point de + inf.   *to be about to* + inf.

jusqu'à ce que   *until*
convenir à   *to suit*
prévenir   *to warn*

le conflit des générations   *generation gap*

manquer   *to lack*
l'ambition (f.)   *ambition*
rapporter   *to bring in (money)*

l'assistant(e) social(e)   *social worker*

admettre   *to admit*

Mots Nouveaux   **473**

Une centrale nucléaire près de Valence, France

AUTREMENT DIT

TO COMPLAIN …

Oh là là …
Ça ne va pas (du tout).
Ça commence à bien faire.
Oh non, ce n'est pas possible.
Zut!

TO TELL SOMEONE NOT TO COMPLAIN …

Ça va, ça va!
Arrête de te plaindre / rouspéter!
Ne rouspète pas comme ça!
Ne t'en fais pas!

EXERCICES   Essential

A Pessimiste ou optimiste? Un pessimiste et un optimiste comparent leurs opinions sur la vie. Complétez leurs déclarations. Tous les mots ne seront pas utilisés.

avant que	énergie	guérir
bénéfiques	énormes	invivable
bien que	environnement	manifestation
centrales	épuisées	problèmes
conscients	gaspiller	protester

Le pessimiste

1. La technologie n'offre pas la solution à tous nos _____.
2. La médecine n'arrivera jamais à _____ toutes les maladies.
3. Les sources d'_____ seront bientôt _____.

4. Nous allons _____ toutes les ressources de la terre.
5. On ne peut rien faire contre les dangers des _____ nucléaires.

L'optimiste

Mais elle a apporté beaucoup de changements _____.
Mais on fait des progrès _____ en médecine.
Mais nous trouverons des solutions _____ la planète ne devienne _____.
Mais nous devenons plus _____ des problèmes de l'_____.
Mais on peut _____ en envoyant une pétition au gouvernement et en organisant une _____.

B Les catégories. Quel mot ou quelle expression ne convient pas dans chacun des groupes suivants? Expliquez votre choix.

1. la sécheresse / la médecine / l'inondation / la pollution
2. faire la grève / organiser une manifestation / être opposé / effectuer une tâche

3. les planètes / les projets / la lune / l'espace
4. épuiser / gaspiller / atteindre / consommer
5. manquer d'ambition / agir / apporter des changements / trouver des solutions
6. gagner sa vie / travailler / étudier / rapporter de l'argent
7. le bac / la technologie / la faculté / le professeur
8. prévenir / évoluer / changer / faire des progrès

3. les projets
4. atteindre
5. manquer d'ambition
6. étudier
7. la technologie
8. prévenir

C Parlons de toi.

1. Parle un peu de tes projets d'avenir. Qu'est-ce que tu comptes faire après avoir terminé tes études? Si tu décides de chercher du travail, quelle sorte de travail est-ce que tu chercheras? Tu préfères un métier qui te rapporte beaucoup d'argent? Un métier qui te permette de gagner ta vie en aidant les autres? Est-ce qu'on peut avoir les deux? Pourquoi? Si tu décides de continuer tes études, à quelle université et à quelle faculté est-ce que tu t'inscriras? Pourquoi? Qu'est-ce que tu aimerais faire dans la vie?

2. Est-ce que tes parents sont d'accord avec toi sur tes projets d'avenir? Qu'est-ce qu'ils te conseillent de faire? Tu es d'accord avec leurs idées? Est-ce qu'il y a un conflit des générations?

3. A ton avis, quels sont les plus grands dangers pour notre environnement? Tu es opposé à quels projets qui pourraient gaspiller les ressources de la terre ou les sources d'énergie? Comment est-ce qu'on pourrait protester contre ces projets?

4. Est-ce que tu es d'accord—ou pas—avec les déclarations suivantes? Explique ton opinion: Au 21e siècle, nous aurons plus de loisirs; la technologie apporte toujours des changements bénéfiques; c'est aux jeunes d'agir pour que la planète ne devienne pas invivable.

ACTIVITÉ   Discretionary

Prédictions.   Comment est-ce que la vie sera différente au 21e siècle? Avec un(e) partenaire, écrivez cinq prédictions. Changez ensuite de partenaire et comparez vos prédictions. Présentez ces prédictions à la classe et décidez lesquelles sont les plus vraisemblables.

Exercice C
Answers will vary.

Practice Sheet 15-1

Workbook Exs. A–B

 3 Tape Manual
Ex. 1

Quiz 15-1

L'astronaute français
Jean-Loup Chrétien

APPLICATIONS

Qu'est-ce que c'est, la science-fiction?

 4

Virginie et Thibaut discutent d'un film de science-fiction qu'ils viennent de voir au cinéma.

THIBAUT   Ce film était vraiment débile!

VIRGINIE   Quoi que tu en dises,[1] moi, je l'ai trouvé génial.

5   THIBAUT   Mais l'intrigue était complètement invraisemblable.

VIRGINIE   Pourquoi tu dis ça?

THIBAUT   Parce que, pour que nous arrivions à vivre sur la lune, il faudrait que la technologie ait fait des progrès énormes.

10   VIRGINIE   Peut-être, mais on peut toujours imaginer que l'avenir sera différent.

THIBAUT   Bien sûr. C'est comme ça qu'on fait des progrès. Mais ce film-là n'avait aucun rapport[2] avec la réalité scientifique.

15   VIRGINIE   C'est justement pour ça que ça ne s'appelle pas la science, mais la science-fiction!

---

[1]**quoi que tu en dises**   *no matter what you say*   [2]**le rapport**   *relationship*

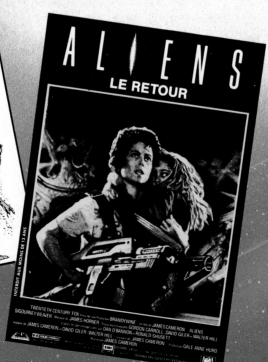

Questionnaire

1. Thibaut et Virginie sont allés au cinéma. Ils ont vu un film de science-fiction.

2. Ils discutent du film qu'ils ont vu et de la science-fiction. Non.

3. Thibaut n'a pas aimé le film parce que l'intrigue était invraisemblable. Il ne pense pas qu'on puisse vivre sur la lune.

4. Virginie l'a trouvé génial. Elle croit qu'on peut toujours imaginer que l'avenir sera différent.

5. D'après Virginie, la science-fiction s'appelle la science-fiction parce qu'elle n'a aucun rapport avec la réalité scientifique.

6. Answers will vary.

7. Answers will vary.

Questionnaire

1. Où est-ce que Thibaut et Virginie sont allés? Qu'est-ce qu'ils ont vu?
2. De quoi est-ce qu'ils discutent? Sont-ils d'accord?
3. Qu'est-ce que Thibaut a pensé du film? Pourquoi? Qu'est-ce que vous pensez de ses idées?
4. Et Virginie, qu'est-ce qu'elle a pensé du film? Pourquoi? Etes-vous d'accord avec ses idées?
5. D'après Virginie, qu'est-ce que c'est que la science-fiction?
6. Et vous, est-ce que vous aimez la science-fiction? Pourquoi? Quel était le dernier film de science-fiction que vous avez vu?
7. En général, quelles sortes de films est-ce que vous aimez? Pourquoi?

La Cité des Sciences et de l'Industrie à la Villette, Paris

Situation

Avec un(e) camarade de classe, discutez comment se passerait la vie sur la lune. Imaginez une journée typique et partagez vos idées avec le reste de la classe. Choisissez les idées qui sont pour vous les plus vraisemblables.

EXPLICATIONS I Essential

Notes: For uses of the subjunctive after *afin que* and *pour que*, see mini-dialogues 3 and 4, pp. 471–472.

L'emploi du subjonctif après *afin que* et *pour que*

♦ **OBJECTIVES:**

TO GIVE REASONS

TO EXPLAIN WHY SOMEONE IS DOING SOMETHING

You know that most conjunctions require the use of the indicative; for example: *aussitôt que, dès que, lorsque, quand,* and *parce que.* There are, however, certain conjunctions, such as *afin que* and *pour que,* that require the subjunctive.

M. et Mme Thévenet font des heures supplémentaires **afin que** leur fille **puisse** aller en faculté de droit.	*Mr. and Mrs. Thévenet work overtime **so that** their daughter **can** go to law school.*
Ils feraient n'importe quoi **pour que** leurs enfants **aient** la meilleure éducation possible.	*They would do anything **so that** their children **have (will have)** the best possible education.*

If the subject of both clauses is the same, however, we use the infinitive with *afin de* and *pour.*

La scientifique écrit un article **afin de faire** connaître sa découverte.	*The scientist is writing an article **in order to make** her discovery known.*
L'assistant prend des médicaments **pour guérir** son rhume.	*The assistant is taking medication **to cure** his cold.*

Dans une bibliothèque de droit à Paris

EXERCICES Essential

Exercice A
1. Afin qu'il s'achète une nouvelle télé.
2. ... qu'elles puissent aller ...
3. ... qu'elle devienne ...
4. ... qu'elle fasse construire ...
5. ... qu'elle prenne ...

A Les gens généreux. M. et Mme Richard viennent de gagner à la loterie. Comment est-ce qu'ils vont dépenser l'argent? Conversez selon le modèle.

> Gustave / finir ses études
> ÉLÈVE 1 *Pourquoi est-ce qu'ils donnent de l'argent à Gustave?*
> ÉLÈVE 2 *Afin qu'il finisse ses études.*

1. M. Durand / s'acheter une nouvelle télé
2. Claudine et Renée / pouvoir aller à l'université
3. Suzanne / devenir avocate
4. la bibliothèque / faire construire une nouvelle salle
5. Mme Bertrand / prendre des vacances

Pour t'informer sur l'énergie nucléaire, tu pourrais visiter une centrale nucléaire.

6. ... que vous puissiez rendre ...
7. ... qu'il obtienne ...
8. ... que nous achetions ...
9. ... que tu viennes ...
10. Answers will vary.

Reteach/Extra Help: You may want to ask students to restate their answers using *pour que.*

Reteach/Review: You might change the premise to the Richards' keeping the money for themselves. How would students make up sentences using *pour / afin de? (Ils gardent leur argent afin de voyager à l'étranger.)*

Exercice B
1. Je ferai ce que je peux pour qu'elles la connaissent.
2. ... pour qu'il en obtienne.
3. ... pour qu'elle en fasse.
4. ... pour qu'il la visite.
5. ... pour qu'ils en fassent la connaissance.
6. ... pour qu'elle en achète.
7. ... pour qu'elles le soient.
8. ... pour qu'il les revoie.
9. ... pour que nous y allions.
10. ... pour me reposer ...

Reteach/Review: You might ask students to decide what each one could do in order to attain his/her goal: *Pour connaître la ville, Véronique et Viviane pourraient se promener dans tous les quartiers.*

6. vous / pouvoir rendre visite à votre oncle
7. Gilles / obtenir son diplôme
8. nous / acheter une voiture
9. toi / venir en France
10. moi / ?

B Les visiteurs. Votre lycée reçoit la visite d'un groupe de lycéens français. Dites ce que vous allez faire pour être certain(e) que vos amis français s'amusent bien. Suivez le modèle.

> Maryse voudrait voir la faculté de médecine.
> *Je ferai ce que je peux pour qu'elle la voie.*

1. Véronique et Viviane voudraient connaître la ville.
2. Fabrice voudrait obtenir des tickets pour un match de baseball.
3. Emilie voudrait faire de la planche à voile.
4. Le prof voudrait visiter la centrale nucléaire.
5. Les visiteurs voudraient faire la connaissance des jeunes Américains.
6. Hélène voudrait acheter des disques américains.
7. Anne et Jocelyne voudraient être au courant des spectacles dans la ville.
8. Etienne voudrait revoir des amis américains qu'il a rencontrés en France.
9. Nous voudrions aller au musée d'art avec eux.
10. Je voudrais me reposer à la fin de la visite!

Exercice C
1. sache
2. ne devienne pas
3. guérir
4. ne pas gaspiller
5. ayons
6. ne souffrent plus
7. trouver
8. nous débarrasser

Practice Sheet 15-2

Workbook Exs. C–D

 5 Tape Manual
Exs. 2–3

Quiz 15-2

C Un meilleur monde.   Vous pensez à l'avenir et essayez d'imaginer un meilleur monde. Qu'est-ce qu'on fait pour rendre le monde meilleur? Employez la forme correcte du verbe entre parenthèses.

1. J'écris à ma représentante pour que le gouvernement _____ que je suis opposé(e) à ce projet. (savoir)
2. Il faut protester contre les projets qui gaspillent les ressources afin que la planète _____ invivable. (ne pas devenir)
3. Les médecins font des recherches pour _____ toutes les maladies. (guérir)
4. Il faut qu'on soit conscient afin de _____ les ressources de la terre. (ne pas gaspiller)
5. Il faut travailler moins afin que nous _____ plus de loisirs. (avoir)
6. C'est à nous d'agir pour que les peuples du monde _____ de la faim. (ne plus souffrir)
7. Il faut qu'on soit conscient des problèmes de l'environnement pour y _____ des solutions. (trouver)
8. Nous allons continuer à faire des recherches afin de _____ de tous nos problèmes. (se débarrasser)

L'emploi du subjonctif après *à moins que* et *à condition que*   Essential

Notes: For uses of the subjunctive after *à moins que* and *à condition que*, see mini-dialogue 7, p. 473.

◆ **OBJECTIVES:**

TO STATE CONDITIONS FOR DOING SOMETHING

TO THREATEN

We also use the subjunctive after the conjunctions *à moins que* and *à condition que.*

Le maire agira **à condition que** vous **cessiez** de protester.	*The mayor will act **provided that** you **stop** protesting.*
Je signerai la pétition **à moins que** le maire **(n')agisse** aujourd'hui.	*I will sign the petition **unless** the mayor **acts** today.*

1 In writing you will often see *ne* before the verb that comes after *à moins que* even though it is an affirmative statement. This is called the pleonastic *ne* and does not make the clause negative. The verb takes a full negative expression only when it is a negative statement. The pleonastic *ne* is often omitted in speaking.

La planète sera détruite **à moins que** nous **(ne) trouvions** une solution.	*The planet will be destroyed **unless** we **find** a solution.*

Une centrale solaire dans les Pyrénées

2 Remember that when the subject of the two clauses is the same, we usually use the infinitive instead of the subjunctive. In that case, *de* replaces *que*.

> Je ferai le voyage **à condition de pouvoir** trouver l'argent.
> Il atteindra son but **à moins de s'endormir.**

> *I'll make the trip **provided that I can** find the money.*
> *He'll reach his goal **unless** he falls asleep.*

EXERCICES   Essential

A Le pessimiste éternel!   Chaque fois que vous suggérez quelque chose à votre ami pessimiste, il commence sa réponse avec *A moins que* … Donnez ses réponses. Suivez le modèle.

> Allons à la plage! (pleuvoir)
> *A moins qu'il (ne) pleuve.*

1. Rendons visite à des amis! (être partis en voyage)
2. Allons nous baigner! (faire trop froid)
3. Allons danser avec André et Pascale! (vouloir se coucher de bonne heure)
4. Allons dîner au restaurant! (être fermé)
5. Allons nous promener en ville! (il y avoir encore une manifestation)
6. Allons chercher Nadine à l'aéroport! (la voiture être en panne)
7. Faisons de la planche à voile demain! (avoir un rhume)
8. Invitons nos parents à dîner! (avoir d'autres projets)

Exercice A
1. A moins qu'ils (ne) soient partis en voyage.
2. … qu'il (ne) fasse …
3. … qu'ils (ne) veuillent …
4. … qu'il (ne) soit …
5. … qu'il (n')y ait …
6. … que la voiture (ne) soit …
7. … que je (n')aie …
8. … qu'ils (n')aient …

Enrichment: You might let students work in pairs issuing invitations and accepting— barring an unforeseen event.

COMPETENCE
ET
TECHNOLOGIE

royal air maroc

B Oui, mais … Vous aimez vos amis mais vous ne faites ce qu'ils vous demandent qu'à certaines conditions. Conversez selon le modèle.

> la voiture, moi / faire le plein
> ÉLÈVE 1 *Dis, tu me prêtes ta voiture?*
> ÉLÈVE 2 *Oui, mais à condition que tu fasses le plein.*

1. ta guitare, Paul / admettre que je joue mieux que lui
2. ton magnétophone, ton cousin / me le rendre avant le week-end
3. tes disques, moi / y faire très attention
4. ta moto, ta sœur / ne pas conduire trop vite
5. ton parapluie, Sara / venir avec moi au magasin
6. ta mobylette, ton frère / ne pas aller trop vite
7. ton ordinateur, Christophe / sortir avec moi ce soir

C A condition que … Vous essayez de prévoir ce que vous et vos amis allez faire à l'avenir. Dites à quelle condition vous ferez ou ne ferez pas les choses suivantes en employant *à condition que, à moins que, à condition de* ou *à moins de.* Suivez le modèle.

> devenir scientifique
> *Je deviendrai scientifique à condition de réussir le bac.*
> OU: *Je ne deviendrai pas scientifique à moins que mes parents (ne) puissent m'aider à payer mes études.*

1. faire des études à l'université
2. me marier
3. avoir beaucoup d'enfants
4. avoir un conflit des générations
5. vivre en Europe
6. éviter de gaspiller l'énergie
7. faire des voyages en Afrique
8. me débarrasser des tâches ennuyeuses

D Complétez les phrases. Complétez les phrases en employant l'infinitif, le présent de l'indicatif, le futur ou le subjonctif selon le cas.

1. Elle continuera ses études à condition de …
2. Notre planète deviendra invivable à moins que …
3. Les cours sont enseignés en français parce que …
4. Nous faisons la grève pour ….
5. On plantera le maïs aussitôt que ….

6. Nous pourrons habiter dans la lune à condition que …
7. Il faut envoyer une pétition tout de suite pour que …
8. Les scientifiques nous montreront leur nouvelle découverte quand …
9. Il fait des heures supplémentaires afin de …
10. Nous protesterons à moins de …

6. subjunctive
7. subjunctive
8. future
9. infinitive
10. infinitive

Exercice E
Answers will vary.

Practice Sheets 15-3, 15-4

Workbook Exs. E–F

 6 Tape Manual Exs. 4–5

Quiz 15-3

E Parlons de toi.
1. Est-ce que tu as déjà signé une pétition? C'était pourquoi? Est-ce que tu as déjà participé à une manifestation? Pourquoi? Est-ce que les gens dans ta ville font souvent la grève? Qu'est-ce qu'ils protestent?
2. Pourquoi est-ce que tu vas au lycée? Afin de pouvoir aller à l'université? Afin d'apprendre le plus de choses possibles? Quelles sont les autres raisons?
3. Est-ce que tes parents te posent des conditions pour sortir le soir? Le week-end? Quelles conditions?
4. Quels sont tes projets d'avenir? Est-ce que tes parents sont d'accord avec ces projets? Pourquoi? Est-ce qu'il y a jamais un conflit des générations?

(à droite) A l'Ecole centrale de Paris

Maintenant, les machines se complètent et communiquent.

APPLICATIONS

Madame Curie 7

EVE CURIE

Avant de lire
Answers will vary.

5. treatment / to treat, to influence, to isolate, being planned (*or:* in the planning stage), peaceful, a gesture of approval, to reject, physicist

6. very / just now / to beg / lively / spirit (*or:* mind) / to take advantage

7. This is going to be a big business.

AVANT DE LIRE

Eve Curie était la fille cadette de Pierre Curie (1859–1906) et de Marie Curie (née Sklodowska) (1867–1934). Ils ont reçu le Prix Nobel de physique en 1903 pour le travail qu'ils avaient fait sur la radioactivité. (Ce mot même a été inventé par Marie.) En 1911, après la mort de son mari, Mme Curie a reçu encore un Prix Nobel—cette fois de chimie—pour avoir découvert le radium et le polonium (nommé pour son pays d'origine, la Pologne) et pour avoir isolé le radium pur.

1. A votre avis, quelles sont quelques-unes des découvertes scientifiques les plus importantes du vingtième siècle?
2. Vous pouvez imaginer le monde de la médecine avant qu'on ait découvert les rayons X? Comment aurait-il été différent du monde que nous connaissons actuellement?
3. Croyez-vous qu'un(e) scientifique doive offrir ses découvertes à l'humanité ou qu'il (elle) ait le droit d'en faire sa fortune?
4. Vous connaissez ce que veulent dire *pitchblende, savant, integral* et *scruple* en anglais? Si non, cherchez-les dans un dictionnaire.
5. D'après ce que vous connaissez des langues françaises et anglaises, que veulent dire *le traitement / traiter* (ll. 2, 28), *influer* (l. 3), *isoler* (l. 5), *en projet* (l. 8), *paisible* (qui vient du nom *la paix*—l. 17), *un geste d'approbation* (l. 24), *rejeter* (l. 46), *le physicien* (qui vient du nom *la physique*—l. 47)?
6. D'après le contexte, que veulent dire l'adverbe *fort* (l. 3), *justement* (l. 18), *prier* (l. 19), *vif* (pensez au verbe *vivre*—l. 20), *l'esprit* (l. 36), *tirer un avantage* (l. 50)?
7. Vous comprenez la ligne 17: *Son industrie va prendre une grande extension?*

Pierre et Marie Curie

Quelque temps avant que ne se développât, en France et à l'étranger, le traitement industriel du radium, les Curie ont pris une décision à laquelle ils attachent fort peu d'importance mais qui influera grandement sur le reste de leur vie.

En purifiant la pechblende, en isolant le radium, Marie a inventé une technique et créé un procédé[1] de fabrication.

Or,[2] depuis que les effets thérapeutiques du radium sont connus, l'on recherche partout les minerais[3] radioactifs. Des exploitations[4] sont en projet dans plusieurs pays, particulièrement en Belgique et en Amérique. Toutefois les usines ne pourront produire le «fabuleux métal» que lorsque leurs ingénieurs connaîtront le secret de la préparation du radium pur.

Ces choses, Pierre les expose à sa femme, un dimanche matin, dans la petite maison du boulevard Kellermann. Tout à l'heure, le facteur a apporté une lettre venant des Etats-Unis. Le savant l'a lue attentivement, l'a repliée,[5] et posée[6] sur son bureau.

—Il faut que nous parlions un peu de notre radium, dit-il d'un ton paisible. Son industrie va prendre une grande extension, c'est maintenant certain. Voici justement une lettre de Buffalo: des techniciens, désireux de créer une exploitation en Amérique, me prient de les documenter.[7]

—Alors? dit Marie, qui ne prend pas un vif intérêt à la conversation.

—Alors nous avons le choix entre deux solutions. Décrire sans aucune restriction les résultats de nos recherches, ainsi que[8] les procédés de purification …

Marie a un geste d'approbation, et elle murmure:

—Oui, naturellement.

—Ou bien, continue Pierre, nous pouvons nous considérer comme les propriétaires, les «inventeurs» du radium. Dans ce cas, avant de publier de quelle manière tu as opéré pour traiter la pechblende, il faudrait breveter[9] cette technique et nous assurer des droits sur la fabrication du radium dans le monde.

Il fait un effort pour préciser,[10] d'une façon objective, la situation. Ce n'est pas sa faute si, en prononçant des mots qui lui sont peu familiers: «breveter», «nous assurer des droits», sa voix a eu une inflexion de mépris[11] à peine[12] perceptible.

Marie réfléchit[13] pendant quelques secondes. Puis elle dit:

—C'est impossible. Ce serait contraire à l'esprit scientifique.

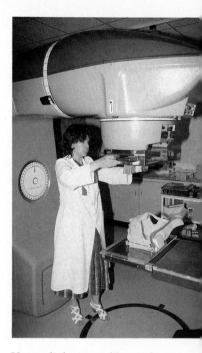

Une radiologiste à l'hôpital G. F. Leclerc, Dijon

---

[1]**le procédé** *process* [2]**or** = pourtant [3]**le minerai** *ore* [4]**l'exploitation** (f.) *mining* [5]**replier** *to refold* [6]**poser** = mettre [7]**documenter** = donner des documents à quelqu'un afin de le renseigner à un sujet [8]**ainsi que** *as well as* [9]**breveter** *to patent* [10]**préciser** = donner des détails sur [11]**le mépris** *scorn* [12]**à peine** = très peu [13]**réfléchir** = penser

Extrait d'Eve Curie, *Madame Curie*. Copyright © Editions Gallimard. Reproduit avec permission.

—Je le pense aussi, dit Pierre, mais je ne veux pas que nous prenions cette décision à la légère.[14] Notre vie est dure;[15] elle menace de l'être toujours. Et nous avons une fille … peut-être aurons-nous d'autres enfants. Pour eux, pour nous, ce brevet représenterait beaucoup d'argent, la richesse.

Il mentionne encore, avec un petit rire, la seule chose à laquelle il lui soit cruel de renoncer:

—Nous pourrions avoir aussi un beau laboratoire.

Marie considère posément[16] l'idée du gain, de la récompense matérielle. Presqu'aussitôt elle la rejette:

—Les physiciens publient toujours intégralement leurs recherches. Si notre découverte a un avenir commercial, c'est là un hasard dont nous ne saurions profiter. Et le radium va servir à guérir des malades. Il me paraît impossible d'en tirer un avantage.

Elle n'essaie nullement[17] de convaincre son mari. Elle devine qu'il n'a parlé du brevet que par scrupule. Les mots qu'elle prononce avec une entière sûreté expriment leur sentiment à tous deux, leur infaillible conception du rôle de savant.

Dans un silence, Pierre répète, comme un écho, la phrase de Marie:

—Ce serait contraire à l'esprit scientifique.

Il est soulagé.[18] Il ajoute, comme s'il réglait une question de détail:

—J'écrirai donc ce soir aux ingénieurs américains en leur donnant les renseignements qu'ils demandent.

---

[14]**à la légère** = sans y penser [15]**dur, -e** = difficile [16]**posément** = calmement
[17]**nullement** = pas du tout [18]**soulagé, -e** *relieved*

Questionnaire

1. D'où est venue la lettre que les Curie ont reçue? Qu'est-ce qu'on leur demandait?
2. Qu'est-ce qu'on cherchait partout? Qu'est-ce qui empêchait les techniciens de fabriquer le «fabuleux métal»?
3. Pourquoi faut-il breveter une invention? Qu'est-ce qui se serait passé si les Curie avaient breveté le procédé de fabrication de radium?
4. A votre avis, qui prend la décision de ne pas le breveter, Pierre, Marie ou les deux ensemble? Marie pense-t-elle que son mari veuille vraiment le breveter? Comment le savez-vous?
5. Pierre dit à Marie qu'il se peut qu'il soit une bonne idée de le breveter. Quelles raisons lui donne-t-il? Pourquoi est-ce qu'elle refuse?
6. Leur fille qui écrit cette biographie n'était pas née quand cette conversation a eu lieu. Donc, tout ce qu'elle savait de cet événement lui aurait été raconté par sa mère. Alors il est possible que cette conversation ait été tout à fait différente. Vous pouvez imaginer un scénario différent «dans la petite maison du boulevard Kellermann»?

Questionnaire
Answers will vary.
1. De Buffalo / des Etats-Unis. Des techniciens leur demandaient de les documenter / de leur expliquer leur procédé pour fabriquer le radium pur.
2. On cherchait les minerais radioactifs. Ils ne savaient pas le secret de la préparation du radium pur.
3. Pour empêcher aux autres de la voler / pour que personne ne la vole. Ils seraient devenus riches.
4. Answers will vary. Non, elle devine qu'il ne parle que «par scrupule», pour qu'ils prennent la décision ensemble. Il essaie d'être objectif (l. 31) mais sa voix a «une inflexion de mépris». Elle dit qu'il est «soulagé» (l. 57).
5. Il dit que leur vie est dure et qu'ils ont une fille—qu'ils ont et qu'ils auront besoin d'argent / qu'ils pourraient avoir un beau laboratoire. Marie refuse parce que «ce serait contraire à l'esprit scientifique» (l. 36) / parce que «les physiciens publient toujours intégralement leurs recherches» (l. 47).
6. Answers will vary. Although this account may well be accurate, encourage students to understand the tendentious nature of autobiography and biography (especially if written by a close associate or family member).

EXPLICATIONS II Essential

L'emploi du subjonctif après *jusqu'à ce que* et *avant que*

Notes: For uses of the subjunctive after *jusqu'à ce que* and *avant que,* see mini dialogues 6 and 8, pp. 472–473.

♦ **OBJECTIVES:**

TO STATE TIME CONDITIONS

TO MAKE EXCUSES OR EXPLAIN WHY SOMETHING ISN'T HAPPENING YET

TO DELAY OR PUT SOMEONE OFF

We also use the subjunctive after the conjunctions *jusqu'à ce que* and *avant que.*

Les manifestations continueront **jusqu'à ce que** les ouvriers **reçoivent** plus d'argent.	*The demonstrations will continue **until** the workers **receive** more money.*
Nous espérons signer la pétition **avant que** la centrale nucléaire **(ne) soit** ouverte.	*We hope to sign the petition **before** the nuclear power plant **is** opened.*

1   As with *à moins que,* in writing we may use the pleonastic *ne* after *avant que* in an affirmative sentence.

Nous devons conserver l'énergie **avant que** nos ressources **(ne) soient** épuisées.	*We must conserve energy **before** our resources **are** used up.*

2   We use the infinitive after *avant de* when the subject of both clauses is the same.

Le médecin avait été écrivain **avant d'aller** en faculté de médecine.	*The doctor had been a writer **before going** to medical school.*

Les infirmières manifestent en France.

Exercice A

1. Il ne fera pas de courses jusqu'à ce que nous dînions chez lui.
2. Il ne me prêtera pas ses disques jusqu'à ce qu'il en soit fatigué.
3. Il ne passera pas à la maison jusqu'à ce qu'il veuille que maman lui lave son linge.
4. Il écoutera sa stéréo jusqu'à ce que son voisin se plaigne.
5. Il sortira avec ses amis jusqu'à ce qu'il n'ait plus d'argent.
6. Il dormira le dimanche matin jusqu'à ce qu'il doive promener le chien.
7. Il restera dans son nouvel appartement jusqu'à ce que nous l'invitions à dîner chez nous.
8. Il ne m'invitera pas à lui rendre visite jusqu'à ce que je sois gentille avec lui.

Exercice B

1. Range tes affaires avant que ton grand frère (ne) vienne.
2. ... avant qu'elle (ne) se fâche.
3. ... avant qu'il (ne) pleuve.
4. ... avant qu'il (ne) fasse nuit.
5. ... avant qu'elle (ne) soit froide.
6. ... avant que nous (n')allions au cinéma.
7. ... avant que nous (ne) nous couchions.
8. ... avant que ta sœur (ne) prenne son bain.

Exercice C (on p. 489)

1. Téléphonez au bureau avant de partir pour la gare.
2. Attendez devant les guichets jusqu'à ce que nous arrivions.
3. Achetez un billet avant que toutes les places (ne) soient occupées.
4. Ne parlez pas à la femme avant (*or:* jusqu'à ce) qu'elle (ne) monte dans le train.

EXERCICES   Essential

A   Mon frère.   Pascal, le frère aîné de Charlotte, vient de louer son propre appartement. Charlotte explique les habitudes de son frère à une amie. Complétez les phrases selon le modèle.

> ne pas faire la vaisselle / il / ne plus avoir d'assiettes propres
> *Il ne fera pas la vaisselle jusqu'à ce qu'il n'ait plus d'assiettes propres!*

1. ne pas faire des courses / nous / dîner chez lui
2. ne pas me prêter ses disques / il / en être fatigué
3. ne pas passer à la maison / il / vouloir que maman lui lave ses vêtements
4. écouter sa stéréo / son voisin / se plaindre
5. sortir avec ses amis / il / ne plus avoir d'argent
6. dormir le dimanche matin / il / devoir promener le chien
7. rester dans son nouvel appartement / nous / l'inviter à dîner chez nous
8. ne pas m'inviter à lui rendre visite / je / être gentille avec lui

Enrichment: You might ask students to personalize by telling something they will not do unless another condition occurs.

B   La cadette.   Puisque Sylvie est la cadette de la famille, tout le monde lui dit ce qu'elle doit faire. Suivez le modèle.

> Finis tes devoirs, Sylvie. Ton père va arriver.
> *Finis tes devoirs avant que ton père (n')arrive.*

1. Range tes affaires. Ton grand frère va venir.
2. Ecris à ta grand-mère. Elle va se fâcher.
3. Sors le chien. Il va pleuvoir.
4. Rentre à la maison. Il va faire nuit.
5. Mange ta soupe. Elle va être froide.

Enrichment: You might let pairs of students tell each other to do something before another event occurs.

6. Prépare tes leçons. Nous allons au cinéma.

7. Aide-moi à faire la vaisselle. Nous allons nous coucher.

8. Brosse-toi les dents. Ta sœur va prendre son bain.

Reteach/Review: You might ask students to retell events in the exercise using *avant*, *avant de*, or *avant que: Sylvie a fini ses devoirs avant l'arrivée de son père.*

C Le détective.   Jeanne Grandfilou, la célèbre voleuse de bijoux (*jewel thief*), veut quitter Paris pour se cacher à l'étranger. Donnez des ordres au détective qui aide les agents de police à retrouver la criminelle. Utilisez les conjonctions *jusqu'à ce que, avant que* ou *avant de.*

> attendre à la gare / je / vous prévenir
> *Attendez à la gare jusqu'à ce que je vous prévienne.*

1. téléphoner au bureau / vous / partir pour la gare
2. attendre devant les guichets / nous / arriver
3. acheter un billet / toutes les places / être occupées
4. ne pas parler à la femme / elle / monter dans le train
5. rester dans la même voiture qu'elle / le train / partir
6. ne pas sortir de la voiture / le train / arriver à Toulouse
7. ne rien faire / la femme / descendre du train
8. lui parler / elle / comprendre que la police en sait tout
9. rester avec elle / elle / répondre à toutes nos questions
10. nous expliquer tout / vous / rentrer à la maison

Practice Sheet 15-5   Workbook Exs. G–H   [cassette] 8 Tape Manual Exs. 6–7

Quiz 15-4

L'emploi du subjonctif après *bien que, quoique, sans que*   Essential

We also use the subjunctive after the conjunctions *bien que, quoique,* and *sans que.*

La grève se termine **sans que** la police ne **fasse** rien.	*The strike is ending **without** the police **doing** anything.*
Elle a réussi **bien qu'il n'y ait pas eu** beaucoup de monde.	*It succeeded **even though there weren't** a lot of people.*
Quoique la presse **prédise** une autre grève, je suis sûre que les ouvriers sont heureux maintenant.	*Even though the press predicts another strike, I'm sure the workers are happy now.*

Remember, we use the infinitive after *sans* if both clauses have the same subject.

> Je l'ai fait **sans protester**.   *I did it **without protesting**.*

5. Restez dans la même voiture qu'elle jusqu'à ce que le train (ne) parte.
6. Ne sortez pas de la voiture avant (or: jusqu'à ce que) le train (n')arrive à Toulouse.
7. Ne faites rien avant (or: jusqu'à ce que) la femme (ne) descende du train.
8. Parlez-lui jusqu'à ce qu'elle comprenne que la police en sait tout.
9. Restez avec elle jusqu'à ce qu'elle réponde à toutes nos questions.
10. Expliquez-nous tout avant de rentrer à la maison.

LIAISONS EUROPEENNES DU FUTUR

A l'horizon 2000/2010, Paris sera au centre d'un réseau de lignes et de trains à grande vitesse, qui rapprochera capitales et grandes villes européennes.
Paris-Madrid ; 8 heures.
Paris-Rome ; 8 h 30.
Paris-Milan ; 5 h 20.
Paris-Vienne ; 8 h 20.
Paris-Turin ; 5 heures.
Paris-Florence ; 7 heures.
Paris-Munich ; 4 h 50.
Paris-Stuttgart ; 3 h 1/4.
Paris-Francfort ; 3 heures.
Paris-Bonn ; 3 h 25.
Paris-Cologne ; 3 heures.
Paris-Berlin ; 7 h 30.
Paris-Bern ; 4 h 1/4.
Paris-Rotterdam ; 2 h 1/4.
Paris-Hambourg ; 6 h 30.
Paris-Stockholm ; 12 heures.
Paris-Lisbonne ; 14 heures.
Paris-Londres ; 2 h 30.

♦ **OBJECTIVE:**

TO EXPRESS RESERVATIONS ABOUT SOMETHING

Notes: For uses of the subjunctive after *bien que, quoique,* and *sans que,* see mini-dialogues 4 and 5, p. 472.

La centrale solaire de Thémis à Targasonne en France

EXERCICES   Essential

A. Le reportage.   On regarde un reportage en direct de l'ouverture *(opening)* d'une centrale nucléaire. Faites des phrases selon le modèle.

> Une centrale nucléaire ouvre ses portes aujourd'hui …
> *Une centrale nucléaire ouvre ses portes aujourd'hui bien que beaucoup de citoyens ne l'approuvent pas.*

1. Ces citoyens pensent que l'énergie nucléaire est dangereuse …
2. L'ouverture se fait sans problèmes …
3. Il fait très beau pour l'ouverture …
4. La circulation n'est pas trop mauvaise …
5. On applaudit le maire …
6. Beaucoup de gens pensent que l'énergie nucléaire est nécessaire …
7. Mais beaucoup d'ouvriers ont peur de travailler à la centrale nucléaire …
8. Les scientifiques sont encouragés par leurs récentes découvertes …

a. le journal (dire) qu'il va pleuvoir
b. les scientifiques (insister) qu'il n'y a pas de risques
c. ils (être) au chômage
d. une manifestation (se former) aux portes de la centrale
e. il y (avoir) des gens qui ne sont pas d'accord avec lui
f. elle (être) peut-être dangereuse
g. la manifestation (empêcher) certaines voitures de passer
h. il y (avoir) encore beaucoup de problèmes
i. beaucoup de citoyens (ne pas l'approuver)

B   Il paraît que ….   Les choses ne sont pas toujours telles qu'elles paraissent l'être. Expliquez les situations suivantes en employant les conjonctions *bien que* ou *quoique*. Suivez le modèle.

> Nicole est française (être née en Italie)
> *Quoique Nicole soit née en Italie, elle est française.*
> OU: *Nicole est française bien qu'elle soit née en Italie.*

1. Olivier et Thierry parlent portugais (être nés en France)
2. Nous parlons anglais (être allemands)
3. Vous parlez français (vivre en Espagne)
4. Il a fait toutes ses études au Canada (avoir passé son enfance aux Etats-Unis)
5. Nous parlons russe chez nous (habiter en Chine)
6. Je suis parisienne (être née à Bordeaux)
7. Elles n'ont jamais vécu en Espagne (leurs parents / être espagnols)
8. Nous ne sommes pas mexicains (avoir vécu au Mexique)

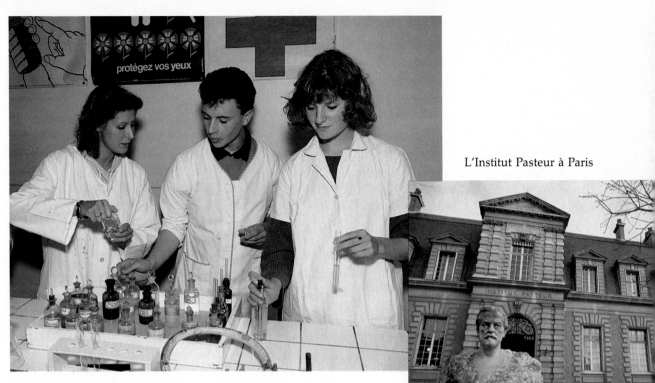

L'Institut Pasteur à Paris

Des lycéens en cours de biologie

C **Les bavards.** Votre ami connaît les histoires de tout le monde au lycée. Faites des phrases en employant *sans que*.

> Georges est parti. Ses amis ne le savent pas.
> *Georges est parti sans que ses amis le sachent.*

1. Caroline a été reçue à l'examen. Son père ne le sait pas.
2. Maryse cherche du travail. La conseillère ne l'aide pas.
3. Sébastien parle avec son cousin américain. Il ne comprend pas grand-chose.
4. Les parents d'Alexandre lui donnent de l'argent. Il ne leur en demande pas.
5. Patricia part bientôt. Frédéric ne lui dit pas au revoir.
6. Jérôme sort tard le soir. Son frère ne l'entend pas.
7. Catherine a un nouveau petit ami. Serge ne s'en rend pas compte.
8. Les élèves de français sont sérieux. Le prof n'est pas strict.

D Le savoir vivre. Qu'est-ce que vous faites dans les situations suivantes? Complétez les phrases avec les expressions qui conviennent et ensuite répondez aux questions.

avant de / que	quoique
bien que	sans
jusqu'à ce que	sans que

1. Vous aimez que vos amis viennent vous voir _____ vous prévenir?
2. Vous vous couchez de bonne heure _____ passer un examen important?
3. Dans un avion vous restez assis _____ l'avion atterrisse?
4. Vous restez assis dans un autobus _____ il y ait des personnes âgées debout?
5. A un feu vert, vous n'accélérez pas _____ tous les passants (n')aient traversé?
6. A un feu de circulation, vous traversez _____ le feu change au rouge?
7. Vous sortez tard le soir _____ vos parents le sachent?

E L'avenir de la planète. Vous parlez avec vos amis de l'avenir de la planète. Complétez les phrases suivantes avec vos propres opinions.

1. Nous devons conserver les ressources de la planète afin que …
2. La technologie apportera des changements bénéfiques à condition que …
3. Il faut choisir un travail intéressant afin de …
4. La vie au 21e siècle sera meilleure bien que …
5. Il faut agir pour préserver l'environnement avant que …
6. Notre planète deviendra invivable à moins que …
7. Nous n'arriverons pas à vaincre les frontières de l'espace sans que …
8. Les centrales nucléaires sont nécessaires quoique …
9. Pour obtenir la paix, il faut travailler jusqu'à ce que …
10. Le conflit des générations sera un problème à moins que …

F Parlons de toi.
1. Est-ce qu'il y a des choses que tes parents t'interdisent jusqu'à ce que tu aies 18 ou 20 ans? Lesquelles? Pourquoi?
2. Quelles choses est-ce que tu aimes faire bien qu'elles coûtent cher ou qu'elles soient difficiles? Pourquoi?
3. Quel grand changement est-ce que tu attends dans ta vie avant que le siècle ne change?

Des bâtiments modernes à La Défense, près de Paris

ACTIVITÉ   Discretionary

L'avenir. Avant de prendre une décision importante, il est essentiel de penser à ce que vous voulez accomplir *(accomplish)*. Avec un(e) camarade de classe, discutez de vos rêves et de vos projets d'avenir. Employez les conjonctions que vous avez apprises dans ce chapitre. Vous pouvez discuter des sujets indiqués ci-dessous ou offrir vos propres idées. Par exemple:

> Bien que je sois toujours étudiant(e), je pense souvent à l'avenir. Je continuerai mes études jusqu'à ce que je reçoive mon diplôme à l'université. Avant de finir mes études, je voudrais voyager en Europe. Je pourrai y aller à moins que mes parents ne m'aident pas à payer le voyage. Ils veulent me donner l'occasion de voir le monde avant que je ne commence à travailler.

    un travail
    l'université
    votre propre appartement
    votre propre maison
    votre mariage
    votre propre famille
    votre propre entreprise

Une maison moderne en Bretagne

RÉVISION

Transparency 45

Notes: Review of:
1. subjunctive after *à moins que* vocabulary
2. subjunctive after *quoique* vocabulary
3. vocabulary
4. subjunctive after *pour que* vocabulary future
5. subjunctive after *bien que* past subjunctive indirect object pronouns

Lisez la bande dessinée.

1. «A moins que nous ne soyons conscients du danger, les scientifiques prédisent une planète invivable dans cent ans.»

2. «Quoique nous puissions atteindre la lune, nous ne faisons presque rien pour nous débarrasser de nos problèmes terribles sur la terre.»

3. Thomas et Pauline ont horreur d'être trop pessimistes.

4. Ils espèrent qu'assez de gens voudront assister à la manifestation pour qu'ils puissent rester chez eux.

5. Bien que plusieurs de leurs amis leur aient dit d'y aller, ils n'ont aucune intention de le faire.

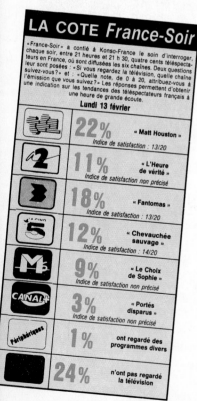

Maintenant imaginez que c'est l'an 2050. Les petits-enfants de Thomas et de Pauline parlent des problèmes de la terre avec leurs grands-parents. Qu'est-ce que les enfants disent à Thomas et à Pauline? Ecrivez votre histoire en vous servant de la Révision comme modèle.

Trouvez les expressions françaises qui correspondent à l'anglais et rédigez un paragraphe.

1. Provided that the principal is not opposed to his plan, Philippe will send a letter to his representative.

2. Although the others want to preserve the environment, they aren't doing anything at all to protect against nuclear power plants in their region.

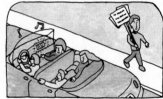

3. Philippe is afraid that they are too optimistic.

4. He believes that the young people will have to act so that the government understands the problem.

5. Although he asked most of his classmates to accompany him, they have no desire to go there.

RÉDACTION

Maintenant, choisissez un de ces sujets.

1. Ecrivez cinq phrases pessimistes, puis rendez-les optimistes.

2. Est-ce que la planète va être invivable dans cent ans? Expliquez votre réponse.

3. Complétez les phrases suivantes comme vous voulez en vous servant des phrases de la Révision et du Thème comme modèles.

    a. A moins que mes parents … je …
    b. Avant que mes amis … je …
    c. Jusqu'à ce que les candidats … je …
    d. A condition que mon prof … je …
    e. Afin que mes parents … je …
    f. Quoique mes amis … je …

CONTRÔLE DE RÉVISION   CHAPITRE 15   Discretionary

Notes: Answers to the *Contrôle* appear in the teacher pages at the front of the book.

A   La candidate.
Complétez les phrases en choisissant les réponses logiques. Mettez les verbes aux temps convenables et faites tous les changements nécessaires.

guérir / maladie   prédire / avenir
manquer / ambition   effectuer / changement
rapporter / argent   épuiser / ressource
se débarrasser / problème

Si vous votez pour moi, j'_____ des _____ bénéfiques à tous les citoyens. Je proposerai des lois pour que chaque travailleur ait un métier qui lui _____ assez d'_____ pour vivre. Je me battrai contre ceux qui veulent _____ les _____ de la planète. J'encouragerai les scientifiques qui essaient de _____ toutes les _____. Bien que je ne puisse pas _____ l'_____, je vous préviens qu'un vote pour moi c'est admettre qu'on peut _____ des _____ de la terre. Je vous promets que je ne _____ jamais d'_____.

B   Allons faire du camping!
Lisez chaque phrase, puis choisissez la phrase qui veut dire la même chose.

1. Nous ne ferons pas de camping s'il pleut.
   a. Nous ferons du camping à condition qu'il ne pleuve pas.
   b. Nous ne ferons pas de camping à moins qu'il ne pleuve.
2. On ne peut pas partir si papa ne fait pas les provisions.
   a. On ne peut pas partir à moins que papa ne fasse les provisions.
   b. On part pour que papa puisse faire les provisions.
3. On ne mangera pas si on n'attrape pas de poissons.
   a. On mangera à moins qu'on n'attappe des poissons.
   b. Il faut attraper des poissons afin de manger.

C   Un emploi.
Choisissez la bonne réponse.

1. Je cherche un emploi *(bien que / parce que)* j'ai besoin d'argent pour l'université.
2. *(Dès que / Jusqu'à ce que)* j'en ai parlé avec mes parents, ils m'ont encouragé.
3. *(Quoiqu' / Parce qu')* un emploi ne me permette pas de faire partie de l'équipe de basket, je pourrai assister aux matchs *(à condition que / quand)* je ne travaillerai pas.
4. Je trouverai certainement un emploi *(lorsqu' / à moins qu')* on ne me demande de l'expérience.
5. Comment veut-on que j'aie de l'expérience *(avant que / quoique)* j'obtienne du travail?

D   Le bricolage.
Complétez chaque phrase avec l'équivalent français de l'expression entre parenthèses.

1. Papa prend des pinces *(in order to repair)* le robinet.
2. Il me donne le marteau *(so that I can repair)* la porte.
3. Je peux réparer la lampe *(on the condition that I have)* un tournevis.
4. Maman enlève la scie à son petit fils *(before he cuts)* au doigt.
5. Nous ne pouvons pas faire la vaisselle *(unless the plumber comes)*.
6. Ils viennent d'acheter du papier peint *(in order to paper)* les murs de leur chambre.
7. J'ai mis l'échelle dans le garage *(without Dad telling me)* de le faire.

Listening Comprehension Test   Chapter 15 Test

496   Chapitre 15

Workbook Review: Chs. 13–15   Cumulative Test: Chapters 13–15

VOCABULAIRE DU CHAPITRE 15

Noms
l'ambition (f.)
l'assistant(e) social(e)
la centrale nucléaire
le changement
le conflit des générations
la découverte
l'énergie (f.)
l'environnement (m.)
l'espace (m.) (outer space)
la faculté de droit
la faculté de médecine
la grève
l'inondation (f.)
la maladie
la manifestation
la pétition
la planète
la ressource
le / la scientifique
la source
la tâche

Verbes
admettre
agir
atteindre
convenir à
se débarrasser de
effectuer
épuiser
évoluer
gaspiller
guérir
manquer
prédire
prévenir
prévoir
protester
rapporter
réserver (to have in store)

Adjectifs
bénéfique
conscient, -e
énorme
invivable
opposé, -e
optimiste
pessimiste

Pronom
nous autres

Conjonctions
à condition que
afin que
à moins que
avant que
bien que
jusqu'à ce que
pour que
quoique
sans que

Expressions
être sur le point de + inf.
loin de là

VERBES

Les verbes réguliers

regarder

je	regarde	nous	regardons
tu	regardes	vous	regardez
il, elle, on	regarde	ils, elles	regardent

IMPÉRATIF regarde! regardons! regardez!

PASSÉ COMPOSÉ j'ai regardé

IMPARFAIT je regardais

FUTUR SIMPLE je regarderai

CONDITIONNEL je regarderais

SUBJONCTIF que je regarde

PARTICIPE PRÉSENT regardant

PLUS-QUE-PARFAIT j'avais regardé

PASSÉ SIMPLE je regardai

FUTUR ANTÉRIEUR j'aurai regardé

COND. PASSÉ j'aurais regardé

SUBJ. PASSÉ que j'aie regardé

finir

je	finis	nous	finissons
tu	finis	vous	finissez
il, elle, on	finit	ils, elles	finissent

IMPÉRATIF finis! finissons! finissez!

PASSÉ COMPOSÉ j'ai fini

IMPARFAIT je finissais

FUTUR SIMPLE je finirai

CONDITIONNEL je finirais

SUBJONCTIF que je finisse

PARTICIPE PRÉSENT finissant

PLUS-QUE-PARFAIT j'avais fini

PASSÉ SIMPLE je finis

FUTUR ANTÉRIEUR j'aurai fini

COND. PASSÉ j'aurais fini

SUBJ. PASSÉ que j'aie fini

dormir

	je	dors		nous	dormons
	tu	dors		vous	dormez
	il, elle, on	dort		ils, elles	dorment

IMPÉRATIF dors! dormons! dormez!

PASSÉ COMPOSÉ j'ai dormi   PLUS-QUE-PARFAIT j'avais dormi

IMPARFAIT je dormais   PASSÉ SIMPLE je dormis

FUTUR SIMPLE je dormirai   FUTUR ANTÉRIEUR j'aurai dormi

CONDITIONNEL je dormirais   COND. PASSÉ j'aurais dormi

SUBJONCTIF que je dorme   SUBJ. PASSÉ que j'aie dormi

PARTICIPE PRÉSENT dormant

vendre

	je	vends		nous	vendons
	tu	vends		vous	vendez
	il, elle, on	vend		ils, elles	vendent

IMPÉRATIF vends! vendons! vendez!

PASSÉ COMPOSÉ j'ai vendu   PLUS-QUE-PARFAIT j'avais vendu

IMPARFAIT je vendais   PASSÉ SIMPLE je vendis

FUTUR SIMPLE je vendrai   FUTUR ANTÉRIEUR j'aurai vendu

CONDITIONNEL je vendrais   COND. PASSÉ j'aurais vendu

SUBJONCTIF que je vende   SUBJ. PASSÉ que j'aie vendu

PARTICIPE PRÉSENT vendant

Les verbes pronominaux

se laver

	je	me lave		nous	nous lavons
	tu	te laves		vous	vous lavez
	il, elle, on	se lave		ils, elles	se lavent

IMPÉRATIF lave-toi! lavons-nous! lavez-vous!

PASSÉ COMPOSÉ je me suis lavé(e)   PLUS-QUE-PARFAIT je m'étais lavé(e)

IMPARFAIT je me lavais   PASSÉ SIMPLE je me lavai

FUTUR SIMPLE je me laverai   FUTUR ANTÉRIEUR je me serai lavé(e)

CONDITIONNEL je me laverais   COND. PASSÉ je me serais lavé(e)

SUBJONCTIF que je me lave   SUBJ. PASSÉ que je me sois lavé(e)

PARTICIPE PRÉSENT me lavant

Les verbes irréguliers

acheter

j'	achète	nous	achetons
tu	achètes	vous	achetez
il, elle, on	achète	ils, elles	achètent

IMPÉRATIF achète! achetons! achetez!

PASSÉ COMPOSÉ j'ai acheté
IMPARFAIT j'achetais
FUTUR SIMPLE j'achèterai
CONDITIONNEL j'achèterais
SUBJONCTIF que j'achète
PARTICIPE PRÉSENT achetant

PLUS-QUE-PARFAIT j'avais acheté
PASSÉ SIMPLE j'achetai
FUTUR ANTÉRIEUR j'aurai acheté
COND. PASSÉ j'aurais acheté
SUBJ. PASSÉ que j'aie acheté

Verbes similaires: *emmener, enlever, geler, (se) lever, mener, peser, (se) promener, soulever*

accueillir

j'	accueille	nous	accueillons
tu	accueilles	vous	accueillez
il, elle, on	accueille	ils, elles	accueillent

IMPÉRATIF accueille! accueillons! accueillez!

PASSÉ COMPOSÉ j'ai accueilli
IMPARFAIT j'accueillais
FUTUR SIMPLE j'accueillerai
CONDITIONNEL j'accueillerais
SUBJONCTIF que j'accueille
PARTICIPE PRÉSENT accueillant

PLUS-QUE-PARFAIT j'avais accueilli
PASSÉ SIMPLE j'accueillis
FUTUR ANTÉRIEUR j'aurai accueilli
COND. PASSÉ j'aurais accueilli
SUBJ. PASSÉ que j'aie accueilli

aller

je	vais	nous	allons
tu	vas	vous	allez
il, elle, on	va	ils, elles	vont

IMPÉRATIF va! allons! allez!

PASSÉ COMPOSÉ je suis allé(e)
IMPARFAIT j'allais
FUTUR SIMPLE j'irai
CONDITIONNEL j'irais
SUBJONCTIF que j'aille   que nous allions
que tu ailles   que vous alliez
qu'il aille   qu'ils aillent
SUBJ. PASSÉ que je sois allé(e)
PARTICIPE PRÉSENT allant

PLUS-QUE-PARFAIT j'étais allé(e)
PASSÉ SIMPLE j'allai
FUTUR ANTÉRIEUR je serai allé(e)
COND. PASSÉ je serais allé(e)

avoir

j'	ai	nous	avons
tu	as	vous	avez
il, elle, on	a	ils, elles	ont

IMPÉRATIF aie! ayons! ayez!
PASSÉ COMPOSÉ j'ai eu
IMPARFAIT j'avais
FUTUR SIMPLE j'aurai
CONDITIONNEL j'aurais
SUBJONCTIF que j'aie   que nous ayons
que tu aies   que vous ayez
qu'il ait   qu'ils aient
SUBJ. PASSÉ que j'aie eu
PARTICIPE PRÉSENT ayant

PLUS-QUE-PARFAIT j'avais eu
PASSÉ SIMPLE j'eus
FUTUR ANTÉRIEUR j'aurai eu
COND. PASSÉ j'aurais eu

boire

je	bois	nous	buvons
tu	bois	vous	buvez
il, elle, on	boit	ils, elles	boivent

IMPÉRATIF bois! buvons! buvez!
PASSÉ COMPOSÉ j'ai bu
IMPARFAIT je buvais
FUTUR SIMPLE je boirai
CONDITIONNEL je boirais
SUBJONCTIF que je boive   que nous buvions
que tu boives   que vous buviez
qu'il boive   qu'ils boivent
SUBJ. PASSÉ que j'aie bu
PARTICIPE PRÉSENT buvant

PLUS-QUE-PARFAIT j'avais bu
PASSÉ SIMPLE je bus
FUTUR ANTÉRIEUR j'aurai bu
COND. PASSÉ j'aurais bu

commencer

je	commence	nous	commençons
tu	commences	vous	commencez
il, elle, on	commence	ils, elles	commencent

IMPÉRATIF commence! commençons! commencez!
PASSÉ COMPOSÉ j'ai commencé
IMPARFAIT je commençais
FUTUR SIMPLE je commencerai
CONDITIONNEL je commencerais
SUBJONCTIF que je commence
PARTICIPE PRÉSENT commençant

PLUS-QUE-PARFAIT j'avais commencé
PASSÉ SIMPLE je commençai
FUTUR ANTÉRIEUR j'aurai commencé
COND. PASSÉ j'aurais commencé
SUBJ. PASSÉ que j'aie commencé

Verbes similaires: *annoncer, (s')avancer, lancer, menacer, remplacer*

conduire

je	conduis	nous	conduisons
tu	conduis	vous	conduisez
il, elle, on	conduit	ils, elles	conduisent

IMPÉRATIF conduis! conduisons! conduisez!

PASSÉ COMPOSÉ j'ai conduit   PLUS-QUE-PARFAIT j'avais conduit

IMPARFAIT je conduisais   PASSÉ SIMPLE je conduisis

FUTUR SIMPLE je conduirai   FUTUR ANTÉRIEUR j'aurai conduit

CONDITIONNEL je conduirais   COND. PASSÉ j'aurais conduit

SUBJONCTIF que je conduise   SUBJ. PASSÉ que j'aie conduit

PARTICIPE PRÉSENT conduisant

Verbes similaires: *construire, cuire, produire, réduire, reproduire*

connaître

je	connais	nous	connaissons
tu	connais	vous	connaissez
il, elle, on	connaît	ils, elles	connaissent

IMPÉRATIF connais! connaissons! connaissez!

PASSÉ COMPOSÉ j'ai connu   PLUS-QUE-PARFAIT j'avais connu

IMPARFAIT je connaissais   PASSÉ SIMPLE je connus

FUTUR SIMPLE je connaîtrai   FUTUR ANTÉRIEUR j'aurai connu

CONDITIONNEL je connaîtrais   COND. PASSÉ j'aurais connu

SUBJONCTIF que je connaisse   SUBJ. PASSÉ que j'aie connu

PARTICIPE PRÉSENT connaissant

Verbes similaires: *apparaître, disparaître, paraître, reconnaître*

croire

je	crois	nous	croyons
tu	crois	vous	croyez
il, elle, on	croit	ils, elles	croient

IMPÉRATIF crois! croyons! croyez!

PASSÉ COMPOSÉ j'ai cru   PLUS-QUE-PARFAIT j'avais cru

IMPARFAIT je croyais   PASSÉ SIMPLE je crus

FUTUR SIMPLE je croirai   FUTUR ANTÉRIEUR j'aurai cru

CONDITIONNEL je croirais   COND. PASSÉ j'aurais cru

SUBJONCTIF que je croie   que nous croyions

que tu croies   que vous croyiez

qu'il croie   qu'ils croient

SUBJ. PASSÉ que j'aie cru

PARTICIPE PRÉSENT croyant

devoir

je	dois	nous	devons
tu	dois	vous	devez
il, elle, on	doit	ils, elles	doivent

PASSÉ COMPOSÉ j'ai dû

IMPARFAIT je devais

FUTUR SIMPLE je devrai

CONDITIONNEL je devrais

SUBJONCTIF que je doive   que nous devions
que tu doives   que vous deviez
qu'il doive   qu'ils doivent

SUBJ. PASSÉ que j'aie dû

PARTICIPE PRÉSENT devant

PLUS-QUE-PARFAIT j'avais dû

PASSÉ SIMPLE je dus

FUTUR ANTÉRIEUR j'aurai dû

COND. PASSÉ j'aurais dû

dire

je	dis	nous	disons
tu	dis	vous	dites
il, elle, on	dit	ils, elles	disent

IMPÉRATIF dis! disons! dites!

PASSÉ COMPOSÉ j'ai dit

IMPARFAIT je disais

FUTUR SIMPLE je dirai

CONDITIONNEL je dirais

SUBJONCTIF que je dise

PARTICIPE PRÉSENT disant

PLUS-QUE-PARFAIT j'avais dit

PASSÉ SIMPLE je dis

FUTUR ANTÉRIEUR j'aurai dit

COND. PASSÉ j'aurais dit

SUBJ. PASSÉ que j'aie dit

Verbes similaires: *interdire, prédire*

se distraire

je	me distrais	nous	nous distrayons
tu	te distrais	vous	vous distrayez
il, elle, on	se distrait	ils	se distraient

IMPÉRATIF distrais-toi! distrayons-nous! distrayez-vous!

PASSÉ COMPOSÉ je me suis distrait(e)

IMPARFAIT je me distrayais

FUTUR SIMPLE je me distrairai

CONDITIONNEL je me distrairais

SUBJONCTIF que je me distraie

PARTICIPE PRÉSENT me distrayant

PLUS-QUE-PARFAIT je m'étais distrait(e)

FUTUR ANTÉRIEUR je me serai distrait(e)

COND. PASSÉ je me serais distrait(e)

SUBJ. PASSÉ que je me sois distrait(e)

écrire

j'	écris	nous	écrivons
tu	écris	vous	écrivez
il, elle, on	écrit	ils, elles	écrivent

IMPÉRATIF écris! écrivons! écrivez!

PASSÉ COMPOSÉ j'ai écrit   PLUS-QUE-PARFAIT j'avais écrit

IMPARFAIT j'écrivais   PASSÉ SIMPLE j'écrivis

FUTUR SIMPLE j'écrirai   FUTUR ANTÉRIEUR j'aurai écrit

CONDITIONNEL j'écrirais   COND. PASSÉ j'aurais écrit

SUBJONCTIF que j'écrive   SUBJ. PASSÉ que j'aie écrit

PARTICIPE PRÉSENT écrivant

Verbes similaires: *décrire, s'inscrire*

envoyer

j'	envoie	nous	envoyons
tu	envoies	vous	envoyez
il, elle, on	envoie	ils, elles	envoient

IMPÉRATIF envoie! envoyons! envoyez!

PASSÉ COMPOSÉ j'ai envoyé   PLUS-QUE-PARFAIT j'avais envoyé

IMPARFAIT j'envoyais   PASSÉ SIMPLE j'envoyai

FUTUR SIMPLE j'enverrai   FUTUR ANTÉRIEUR j'aurai envoyé

CONDITIONNEL j'enverrais   COND. PASSÉ j'aurais envoyé

SUBJONCTIF que j'envoie   que nous envoyions

que tu envoies   que vous envoyiez

qu'il envoie   qu'ils envoient

SUBJ. PASSÉ que j'aie envoyé

PARTICIPE PRÉSENT envoyant

essayer

j'	essaie	nous	essayons
tu	essaies	vous	essayez
il, elle, on	essaie	ils, elles	essaient

IMPÉRATIF essaie! essayons! essayez!

PASSÉ COMPOSÉ j'ai essayé   PLUS-QUE-PARFAIT j'avais essayé

IMPARFAIT j'essayais   PASSÉ SIMPLE j'essayai

FUTUR SIMPLE j'essaierai   FUTUR ANTÉRIEUR j'aurai essayé

CONDITIONNEL j'essaierais   COND. PASSÉ j'aurais essayé

SUBJONCTIF que j'essaie   SUBJ. PASSÉ que j'aie essayé

PARTICIPE PRÉSENT essayant

Verbes similaires: *appuyer, (s')ennuyer, essuyer, nettoyer, payer*

être

je	suis	nous	sommes
tu	es	vous	êtes
il, elle, on	est	ils, elles	sont

IMPÉRATIF sois! soyons! soyez!

PASSÉ COMPOSÉ j'ai été

IMPARFAIT j'étais

FUTUR SIMPLE je serai

CONDITIONNEL je serais

SUBJONCTIF que je sois que nous soyons

que tu sois que vous soyez

qu'il soit qu'ils soient

SUBJ. PASSÉ que j'aie été

PARTICIPE PRÉSENT étant

PLUS-QUE-PARFAIT j'avais été

PASSÉ SIMPLE je fus

FUTUR ANTÉRIEUR j'aurai été

COND. PASSÉ j'aurais été

faire

je	fais	nous	faisons
tu	fais	vous	faites
il, elle, on	fait	ils, elles	font

IMPÉRATIF fais! faisons! faites!

PASSÉ COMPOSÉ j'ai fait

IMPARFAIT je faisais

FUTUR SIMPLE je ferai

CONDITIONNEL je ferais

SUBJONCTIF que je fasse

PARTICIPE PRÉSENT faisant

PLUS-QUE-PARFAIT j'avais fait

PASSÉ SIMPLE je fis

FUTUR ANTÉRIEUR j'aurai fait

COND. PASSÉ que j'aurais fait

SUBJ. PASSÉ que j'aie fait

falloir il faut

PASSÉ COMPOSÉ il a fallu

IMPARFAIT il fallait

FUTUR SIMPLE il faudra

CONDITIONNEL il faudrait

SUBJONCTIF qu'il faille

PLUS-QUE-PARFAIT il avait fallu

PASSÉ SIMPLE il fallut

FUTUR ANTÉRIEUR il aura fallu

COND. PASSÉ il aurait fallu

SUBJ. PASSÉ qu'il ait fallu

fuir

je	fuis	nous	fuyons
tu	fuis	vous	fuyez
il, elle, on	fuit	ils, elles	fuient

PASSÉ COMPOSÉ   j'ai fui

IMPARFAIT   je fuyais

FUTUR SIMPLE   je fuirai

CONDITIONNEL   je fuirais

SUBJONCTIF   que je fuie

PARTICIPE PRÉSENT   fuyant

PLUS-QUE-PARFAIT   j'avais fui

PASSÉ SIMPLE   je fuis

FUTUR ANTÉRIEUR   j'aurai fui

COND. PASSÉ   j'aurais fui

SUBJ. PASSÉ   que j'aie fui

jeter

je	jette	nous	jetons
tu	jettes	vous	jetez
il, elle, on	jette	ils, elles	jettent

IMPÉRATIF   jette! jetons! jetez!

PASSÉ COMPOSÉ   j'ai jeté

IMPARFAIT   je jetais

FUTUR SIMPLE   je jetterai

CONDITIONNEL   je jetterais

SUBJONCTIF   que je jette

PARTICIPE PRÉSENT   jetant

PLUS-QUE-PARFAIT   j'avais jeté

PASSÉ SIMPLE   je jetai

FUTUR ANTÉRIEUR   j'aurai jeté

COND. PASSÉ   j'aurais jeté

SUBJ. PASSÉ   que j'aie jeté

Verbes similaires: *(s')appeler, (se) rappeler*

lire

je	lis	nous	lisons
tu	lis	vous	lisez
il, elle, on	lit	ils, elles	lisent

IMPÉRATIF   lis! lisons! lisez!

PASSÉ COMPOSÉ   j'ai lu

IMPARFAIT   je lisais

FUTUR SIMPLE   je lirai

CONDITIONNEL   je lirais

SUBJONCTIF   que je lise

PARTICIPE PRÉSENT   lisant

PLUS-QUE-PARFAIT   j'avais lu

PASSÉ SIMPLE   je lus

FUTUR ANTÉRIEUR   j'aurai lu

COND. PASSÉ   j'aurais lu

SUBJ. PASSÉ   que j'aie lu

Verbe similaire: *élire*

manger

je	mange		nous	mangeons
tu	manges		vous	mangez
il, elle, on	mange		ils, elles	mangent

IMPÉRATIF mange! mangeons! mangez!

PASSÉ COMPOSÉ j'ai mangé

IMPARFAIT je mangeais

FUTUR SIMPLE je mangerai

CONDITIONNEL je mangerais

SUBJONCTIF que je mange

PARTICIPE PRÉSENT mangeant

PLUS-QUE-PARFAIT j'avais mangé

PASSÉ SIMPLE je mangeai

FUTUR ANTÉRIEUR j'aurai mangé

COND. PASSÉ j'aurais mangé

SUBJ. PASSÉ que j'aie mangé

Verbs similaires: *bouger, changer, (se) charger, corriger, décourager, déménager, déranger, (se) diriger, encourager, s'engager, exiger, interroger, mélanger, nager, neiger, obliger, plonger, ranger, rédiger, voyager*

mettre

je	mets		nous	mettons
tu	mets		vous	mettez
il, elle, on	met		ils, elles	mettent

IMPÉRATIF mets! mettons! mettez!

PASSÉ COMPOSÉ j'ai mis

IMPARFAIT je mettais

FUTUR SIMPLE je mettrai

CONDITIONNEL je mettrais

SUBJONCTIF que je mette

PARTICIPE PRÉSENT mettant

PLUS-QUE-PARFAIT j'avais mis

PASSÉ SIMPLE je mis

FUTUR ANTÉRIEUR j'aurai mis

COND. PASSÉ j'aurais mis

SUBJ. PASSÉ que j'aie mis

Verbes similaires: *admettre, (se) battre, permettre, promettre*

mourir

je	meurs		nous	mourons
tu	meurs		vous	mourez
il, elle, on	meurt		ils, elles	meurent

PASSÉ COMPOSÉ je suis mort(e)

IMPARFAIT je mourais

FUTUR SIMPLE je mourrai

CONDITIONNEL je mourrais

SUBJONCTIF que je meure   que nous mourions

que tu meures   que vous mouriez

qu'il meure   qu'ils meurent

SUBJ. PASSÉ que je sois mort(e)

PARTICIPE PRÉSENT mourant

PLUS-QUE-PARFAIT j'étais mort(e)

PASSÉ SIMPLE je mourus

FUTUR ANTÉRIEUR je serai mort(e)

COND. PASSÉ je serais mort(e)

naître

je	nais	nous	naissons
tu	nais	vous	naissez
il, elle, on	naît	ils, elles	naissent

PASSÉ COMPOSÉ je suis né(e)

IMPARFAIT je naissais

FUTUR SIMPLE je naîtrai

CONDITIONNEL je naîtrais

SUBJONCTIF que je naisse

PARTICIPE PRÉSENT naissant

PLUS-QUE-PARFAIT j'étais né(e)

PASSÉ SIMPLE je naquis

FUTUR ANTÉRIEUR je serai né(e)

COND. PASSÉ je serais né(e)

SUBJ. PASSÉ que je sois né(e)

ouvrir

j'	ouvre	nous	ouvrons
tu	ouvres	vous	ouvrez
il, elle, on	ouvre	ils, elles	ouvrent

IMPÉRATIF ouvre! ouvrons! ouvrez!

PASSÉ COMPOSÉ j'ai ouvert

IMPARFAIT j'ouvrais

FUTUR SIMPLE j'ouvrirai

CONDITIONNEL j'ouvrirais

SUBJONCTIF que j'ouvre

PARTICIPE PRÉSENT ouvrant

PLUS-QUE-PARFAIT j'avais ouvert

PASSÉ SIMPLE j'ouvris

FUTUR ANTÉRIEUR j'aurai ouvert

COND. PASSÉ j'aurais ouvert

SUBJ. PASSÉ que j'aie ouvert

Verbes similaires: *découvrir, offrir, souffrir*

peindre

je	peins	nous	peignons
tu	peins	vous	peignez
il, elle, on	peint	ils, elles	peignent

IMPÉRATIF peins! peignons! peignez!

PASSÉ COMPOSÉ j'ai peint

IMPARFAIT je peignais

FUTUR SIMPLE je peindrai

CONDITIONNEL je peindrais

SUBJONCTIF que je peigne

PARTICIPE PRÉSENT peignant

PLUS-QUE-PARFAIT j'avais peint

PASSÉ SIMPLE je peignis

FUTUR ANTÉRIEUR j'aurai peint

COND. PASSÉ j'aurais peint

SUBJ. PASSÉ · que j'aie peint

Verbes similaires: *atteindre, éteindre, se plaindre*

se plaire

je	me plais	nous	nous plaisons
tu	te plais	vous	vous plaisez
il, elle, on	se plaît	ils, elles	se plaisent

PASSÉ COMPOSÉ je me suis plu(e)

IMPARFAIT je me plaisais

FUTUR SIMPLE je me plairai

CONDITIONNEL je me plairais

SUBJONCTIF que je me plaise

PARTICIPE PRÉSENT me plaisant

PLUS-QUE-PARFAIT je m'étais plu(e)

PASSÉ SIMPLE je me plus

FUTUR ANTÉRIEUR je me serai plu(e)

COND. PASSÉ je me serais plu(e)

SUBJ. PASSÉ que je me sois plu(e)

Verbe similaire: *déplaire*

pleuvoir il pleut

PASSÉ COMPOSÉ il a plu

IMPARFAIT il pleuvait

FUTUR SIMPLE il pleuvra

CONDITIONNEL il pleuvrait

SUBJONCTIF qu'il pleuve

PARTICIPE PRÉSENT pleuvant

PLUS-QUE-PARFAIT il avait plu

PASSÉ SIMPLE il plut

FUTUR ANTÉRIEUR il aura plu

COND. PASSÉ il aurait plu

SUBJ. PASSÉ qu'il ait plu

pouvoir

je	peux	nous	pouvons
tu	peux	vous	pouvez
il, elle, on	peut	ils, elles	peuvent

PASSÉ COMPOSÉ j'ai pu

IMPARFAIT je pouvais

FUTUR SIMPLE je pourrai

CONDITIONNEL je pourrais

SUBJONCTIF que je puisse

PARTICIPE PRÉSENT pouvant

PLUS-QUE-PARFAIT j'avais pu

PASSÉ SIMPLE je pus

FUTUR ANTÉRIEUR j'aurai pu

COND. PASSÉ j'aurais pu

SUBJ. PASSÉ que j'aie pu

prendre

je prends	nous prenons
tu prends	vous prenez
il, elle, on prend	ils, elles prennent

IMPÉRATIF prends! prenons! prenez!

PASSÉ COMPOSÉ j'ai pris

IMPARFAIT je prenais

FUTUR SIMPLE je prendrai

CONDITIONNEL je prendrais

SUBJONCTIF que je prenne que nous prenions

que tu prennes que vous preniez

qu'il prenne qu'ils prennent

SUBJ. PASSÉ que j'aie pris

PARTICIPE PRÉSENT prenant

PLUS-QUE-PARFAIT j'avais pris

PASSÉ SIMPLE je pris

FUTUR ANTÉRIEUR j'aurai pris

COND. PASSÉ j'aurais pris

Verbes similaire: *apprendre, comprendre, surprendre*

recevoir

je reçois	nous recevons
tu reçois	vous recevez
il, elle, on reçoit	ils, elles reçoivent

IMPÉRATIF reçois! recevons! recevez!

PASSÉ COMPOSÉ j'ai reçu

IMPARFAIT je recevais

FUTUR SIMPLE je recevrai

CONDITIONNEL je recevrais

SUBJONCTIF que je reçoive que nous recevions

que tu reçoives que vous receviez

qu'il reçoive qu'ils reçoivent

SUBJ. PASSÉ que j'aie reçu

PARTICIPE PRÉSENT recevant

PLUS-QUE-PARFAIT j'avais reçu

PASSÉ SIMPLE je reçus

FUTUR ANTÉRIEUR j'aurai reçu

COND. PASSÉ j'aurais reçu

Verbes similaires: *(s')apercevoir, décevoir*

répéter

je répète	nous répétons
tu répètes	vous répétez
il, elle, on répète	ils, elles répètent

IMPÉRATIF répète! répétons! répétez!

PASSÉ COMPOSÉ j'ai répété

IMPARFAIT je répétais

FUTUR SIMPLE je répéterai

CONDITIONNEL je répéterais

SUBJONCTIF que je répète

PARTICIPE PRÉSENT répétant

PLUS-QUE-PARFAIT j'avais répété

PASSÉ SIMPLE je répétai

FUTUR ANTÉRIEUR j'aurai répété

COND. PASSÉ j'aurais répété

SUBJ. PASSÉ que j'aie répété

Verbes similaires: *accélérer, céder, célébrer, espérer, (s')inquiéter, préférer, régler, rouspéter, (se) sécher*

rire

je	ris	nous	rions
tu	ris	vous	riez
il, elle, on	rit	ils, elles	rient

IMPÉRATIF ris! rions! riez!

PASSÉ COMPOSÉ j'ai ri

IMPARFAIT je riais

FUTUR SIMPLE je rirai

CONDITIONNEL je rirais

SUBJONCTIF que je rie

PARTICIPE PRÉSENT riant

PLUS-QUE-PARFAIT j'avais ri

PASSÉ SIMPLE je ris

FUTUR ANTÉRIEUR j'aurai ri

COND. PASSÉ j'aurais ri

SUBJ. PASSÉ que j'aie ri

Verbe similaire: *sourire*

savoir

je	sais	nous	savons
tu	sais	vous	savez
il, elle, on	sait	ils, elles	savent

IMPÉRATIF sache! sachons! sachez!

PASSÉ COMPOSÉ j'ai su

IMPARFAIT je savais

FUTUR SIMPLE je saurai

CONDITIONNEL je saurais

SUBJONCTIF que je sache

PARTICIPE PRÉSENT sachant

PLUS-QUE-PARFAIT j'avais su

PASSÉ SIMPLE je sus

FUTUR ANTÉRIEUR j'aurai su

COND. PASSÉ j'aurais su

SUBJ. PASSÉ que j'aie su

suivre

je	suis	nous	suivons
tu	suis	vous	suivez
il, elle, on	suit	ils, elles	suivent

IMPÉRATIF suis! suivons! suivez!

PASSÉ COMPOSÉ j'ai suivi

IMPARFAIT je suivais

FUTUR SIMPLE je suivrai

CONDITIONNEL je suivrais

SUBJONCTIF que je suive

PARTICIPE PRÉSENT suivant

PLUS-QUE-PARFAIT j'avais suivi

PASSÉ SIMPLE je suivis

FUTUR ANTÉRIEUR j'aurai suivi

COND. PASSÉ j'aurais suivi

SUBJ. PASSÉ que j'aie suivi

Verbe similaire: *poursuivre*

vaincre

je	vaincs	nous	vainquons
tu	vaincs	vous	vainquez
il, elle, on	vainc	ils, elles	vainquent

IMPÉRATIF vaincs! vainquons! vainquez!

PASSÉ COMPOSÉ j'ai vaincu

IMPARFAIT je vainquais

FUTUR SIMPLE je vaincrai

CONDITIONNEL je vaincrais

SUBJONCTIF que je vainque

PARTICIPE PRÉSENT vainquant

PLUS-QUE-PARFAIT j'avais vaincu

PASSÉ SIMPLE je vainquis

FUTUR ANTÉRIEUR j'aurai vaincu

COND. PASSÉ j'aurais vaincu

SUBJ. PASSÉ que j'aie vaincu

Verbe similaire: *convaincre*

valoir il vaut

PASSÉ COMPOSÉ il a valu

IMPARFAIT il valait

FUTUR SIMPLE il vaudra

CONDITIONNEL il vaudrait

SUBJONCTIF qu'il vaille

PARTICIPE PRÉSENT valant

PLUS-QUE-PARFAIT il avait valu

PASSÉ SIMPLE il valut

FUTUR ANTÉRIEUR il aura valu

COND. PASSÉ il aurait valu

SUBJ. PASSÉ qu'il ait valu

venir

je	viens	nous	venons
tu	viens	vous	venez
il, elle, on	vient	ils, elles	viennent

IMPÉRATIF viens! venons! venez!

PASSÉ COMPOSÉ je suis venu(e)

IMPARFAIT je venais

FUTUR SIMPLE je viendrai

CONDITIONNEL je viendrais

SUBJONCTIF que je vienne   que nous venions

que tu viennes   que vous veniez

qu'il vienne   qu'ils viennent

SUBJ. PASSÉ que je sois venu(e)

PARTICIPE PRÉSENT venant

PLUS-QUE-PARFAIT j'étais venu(e)

PASSÉ SIMPLE je vins

FUTUR ANTÉRIEUR je serai venu(e)

COND. PASSÉ je serais venu(e)

Verbes similaires (passé composé avec *avoir*): *appartenir, convenir, obtenir, prévenir, tenir*

(passé composé avec *être*): *devenir, parvenir, revenir, se souvenir, se tenir*

vivre

je	vis	nous	vivons
tu	vis	vous	vivez
il, elle, on	vit	ils, elles	vivent

IMPÉRATIF vis! vivons! vivez!

PASSÉ COMPOSÉ j'ai vécu

IMPARFAIT je vivais

FUTUR SIMPLE je vivrai

CONDITIONNEL je vivrais

SUBJONCTIF que je vive

PARTICIPE PRÉSENT vivant

PLUS-QUE-PARFAIT j'avais vécu

PASSÉ SIMPLE je vécus

FUTUR ANTÉRIEUR j'aurai vécu

COND. PASSÉ j'aurais vécu

SUBJ. PASSÉ que j'aie vécu

voir

je	vois	nous	voyons
tu	vois	vous	voyez
il, elle, on	voit	ils, elles	voient

IMPÉRATIF vois! voyons! voyez!

PASSÉ COMPOSÉ j'ai vu

IMPARFAIT je voyais

FUTUR SIMPLE je verrai

CONDITIONNEL je verrais

PLUS-QUE-PARFAIT j'avais vu

PASSÉ SIMPLE je vis

FUTUR ANTÉRIEUR j'aurai vu

COND. PASSÉ j'aurais vu

SUBJONCTIF que je voie que nous voyions

que tu voies que vous voyiez

qu'il voie qu'ils voient

SUBJ. PASSÉ que j'aie vu

PARTICIPE PRÉSENT voyant

Verbe similaire: *prévoir*

vouloir

je	veux	nous	voulons
tu	veux	vous	voulez
il, elle, on	veut	ils, elles	veulent

PASSÉ COMPOSÉ j'ai voulu

IMPARFAIT je voulais

FUTUR SIMPLE je voudrai

CONDITIONNEL je voudrais

PLUS-QUE-PARFAIT j'avais voulu

PASSÉ SIMPLE je voulus

FUTUR ANTÉRIEUR j'aurai voulu

COND. PASSÉ j'aurais voulu

SUBJONCTIF que je veuille que nous voulions

que tu veuilles que vous vouliez

qu'il veuille qu'ils veuillent

SUBJ. PASSÉ que j'aie voulu

PARTICIPE PRÉSENT voulant

VOCABULAIRE FRANÇAIS-ANGLAIS

The *Vocabulaire français-anglais* contains all active vocabulary from *DIS-MOI!*, *VIENS VOIR!*, and *C'EST ÇA!* with the exception of proper nouns that are clear English cognates.

A dash (—) represents the main entry word. For example **s'**—following **acheter** means **s'acheter.** An asterisk before a word that begins with an *h* denotes an aspirate *h*.

The number following each entry indicates the chapter or book in which the word or expression is first introduced. Two numbers indicate that it is introduced in one chapter and elaborated upon in a later chapter. Roman numeral "I" indicates that the word was presented in *DIS-MOI!*; Roman numeral "II", that it was presented in *VIENS VOIR!*

The following abbreviations are used: *adj.* (adjective), *adv.* (adverb), *f.* (feminine), *inf.* (infinitive), *m.* (masculine), *part.* (participle), *pl.* (plural), *pres.* (present), *pron.* (pronoun), *subj.* (subjunctive).

à to; at, in (I)
l'abeille *f.* bee (14)
abonné, -e: être — to be a subscriber (10)
l'abonnement *m.* subscription (10)
abord: d'— first, at first (I)
absent, -e absent (I)
abstrait, -e abstract (13)
acadien, -ne Acadian (5)
accélérer to speed up (3)
l'accent *m.* accent (I)
accepter to accept (II)
l'accident *m.* accident (II)
acclamer to praise (6)
accompagner to accompany, to go with (I)
accord:
  d'— OK (I)
  être d'— to agree (II)
accueillant, -e friendly (7)
accueillir to greet, to welcome (7)
acheter to buy (I)
  s'— to buy for oneself (2)
l'acier *m.* steel (14)
l'acte *m.* act (6)
l'acteur *m.*, **l'actrice** *f.* actor, actress (I)
actif, -ive active (II)
l'action *f.* action (6)
l'activité *f.* activity (II)
l'actualité *f.* current events (10)
actuel, -le today's; current (II)
actuellement currently (II)
s'adapter to adapt (1)

l'addition *f.* check, bill (I)
adhésif: le pansement — adhesive bandage (II)
admettre to admit (15)
admirer to admire (7)
adorable delightful, adorable (I)
adorer to be crazy about (I)
l'adresse *f.* address (I)
s'adresser à to go to see (ask, tell) (2)
l'adversaire *m.&f.* opponent, adversary (12)
l'aérobic *f.* aerobics (II)
  faire de l'— to do aerobics (II)
l'aérogramme *m.* aerogram (II)
l'aéroport *m.* airport (I)
l'affaire *f.:*
  la bonne — bargain (II)
  faire une bonne — to get a good deal (II)
  les —s things, belongings (II); business (9)
l'affiche *f.* poster (I)
affreux, -euse awful, terrible (II)
afin que so that (15)
africain, -e African (II)
l'âge *m.:* **tu as quel —?** how old are you? (I)
l'agence *f.:*
  l'— de publicité advertising agency (9)
  l'— de voyages travel agency (1)
l'agenda *m.* datebook (II)
l'agent de police *m.&f.* police officer (I)

agir to act (15)
l'agneau, *pl.* **les agneaux** *m.* lamb (II)
  la côtelette d'— lamb chop (II)
agréable pleasant (I)
l'agriculteur *m.*, **l'agricultrice** *f.* farmer (I)
l'agriculture *f.* agriculture (II)
l'aide *f.* help, assistance (4)
aider to help (I)
aïe! ouch! (II)
l'ail *m.* garlic (I)
ailleurs somewhere else (3)
  d'— besides, moreover (II)
aimable nice (I)
aimer to like (I)
  — mieux to prefer (I)
l'aîné *m.*, **l'aînée** *f.* oldest child in family (7)
ainsi in that way, thus (II)
l'air *m.* air (II)
  l'armée de l'— *f.* air force (11)
  avoir l'— + *adj.* to look + *adj.* (II)
  en plein — outdoors (II)
  l'hôtesse de l'— *f.* flight attendant *(female)* (II)
l'aise:
  (mal) à l'— (un)comfortable (II)
  mettre à l'— to make *(someone)* feel comfortable (9)
ajouter to add (II)
l'algèbre *f.* algebra (I)
l'Allemagne *f.* Germany (I)
allemand, -e German (I)

l'allemand *m.* German *(language)* (I)
aller to go (I)
    — **à pied** to walk, to go on foot (I)
    — **bien (mal, mieux)** to be/feel
        well (ill, better) (I)
    — **(bien) à** to fit, to look (good)
        on (II)
    — **chercher** to go get, to pick up (II)
    — **en cours de** to go to *(subject)*
        class (I)
    — + *inf.* to be going to *(do
        something)* (I)
    allez! come on! (II)
    allez-y! go ahead! go on! (II)
    allons-y! let's go! (I)
    qu'est-ce qui ne va pas? what's
        wrong? (I)
    s'en — to go away, to leave (II)
l'aller *m.* one-way ticket (II)
    l' — **et retour** *m.* round-trip ticket (II)
allô? *(on telephone)* hello? (II)
allumer to turn on (I)
l'allumette *f.* match (II)
alors then, so (I)
    ça — what?!; oh, come on! (I)
l'alpinisme *m.:* **faire de l'**— to go
    mountain climbing (II)
alsacien, -ienne from the Alsace
    region, Alsatian (II)
l'ambition *f.* ambition (15)
américain, -e American (I)
    à l'—**e** the American way, like
    Americans (7)
    le football — football (I)
l'Amérique (du Nord) *f.* (North)
    America (I)
l'ami *m.,* **l'amie** *f.* friend (I)
    le petit —, **la petite** —**e**
        boyfriend, girlfriend (II)
    se faire des —**s** to make friends (2)
amicalement *(letters)* best wishes,
    yours truly (II)
amitiés *(in letters)* yours (7)
l'amour *m.* love (II)
    le film d'— love story *(film)* (II)
l'ampoule *f.* light bulb (4)
amusant, -e amusing, funny (I)
s'amuser to have a good time, to
    enjoy oneself (II)
l'an *m.* year (I)
    avoir … **—s** to be … years old (I)
    tous les —**s** every year (I)
analyser to analyze (8)
l'ananas *m.* pineapple (II)
l'ancêtre *m.* ancestor (II)

ancien, -ienne old (I); former (II)
anglais, -e English (I)
l'anglais *m.* English *(language)* (I)
l'Angleterre *f.* England (I)
anglophone English-speaking (5)
l'animal, *pl.* **les animaux** *m.* animal (I)
l'animateur *m.,* **l'animatrice** *f.* TV
    show host (10)
animé: le dessin — movie cartoon (I)
l'année *f.* year (I)
    les —**s cinquante,** *etc.* the fifties,
        etc. (II)
    toutes les deux —**s** every other
        year (10)
l'anniversaire *m.* birthday (I)
    l' — **de mariage** wedding
        anniversary (II)
    bon —! happy birthday! (I)
    le gâteau d'— birthday cake (I)
l'annonce *f.:* **la petite** — classified
    ad (II)
annoncer to announce (II)
l'annuaire *m.* telephone directory (II)
l'anorak *m.* ski jacket (I)
août *m.* August (I)
s'apercevoir (de) to realize, to notice (2)
l'appareil (de photo) *m.* camera (I)
    qui est à l'—? who's calling? (II)
l'appartement *m.* apartment (I)
appartenir à to belong to (13)
l'appel *m.:* **faire l'**— to take
    attendance (I)
appeler to call (II)
    s'— to be named (I)
l'appétit: bon —! enjoy your meal! (I)
applaudir to applaud (I)
apporter to bring (I)
apprendre (à) to learn (to) (I)
    — **par cœur** to memorize (I)
s'apprêter à + *inf.* to get ready to (2)
approfondir to increase; to deepen (1)
approuver to approve, to OK (6)
appuyer sur to push *(a button)* (II)
après after (I)
    d'— according to (I)
l'après-midi *m.* afternoon (I)
    de l'— P.M.; in the afternoon (I)
l'aquarelle *f.* watercolor (13)
l'arbre *m.* tree (I)
l'architecte *m.&f.* architect (9)
l'architecture *f.* architecture (13)
l'argent *m.* money (I); silver (II)
    en — *(made of)* silver (II)
    l' — **de poche** *m.* spending
        money, allowance (I)

l'argile *f.* clay (13)
l'armée *f.* army (11)
    l' — **de l'air** *f.* air force (11)
l'armoire *f.* wardrobe (II)
l'arrêt d'autobus *m.* bus stop (II)
arrêter to stop *(someone or
    something)*; to arrest (II)
    s'— **(de)** to stop *(doing something)*
        (II)
les arrhes *f.pl.* deposit (II)
    verser des — to pay a deposit (II)
arrière rear (II)
    en — backward (II)
l'arrière-grand-mère *f.* great-
    grandmother (5)
l'arrière-grand-père *m.* great-
    grandfather (5)
les arrière-grands-parents *m.pl.* great-
    grandparents (5)
l'arrière-plan *m.:* **à l'**— in the
    background (13)
l'arrivée *f.* arrival (II)
    l'heure d'— *f.* arrival time (II)
arriver to arrive (I)
    — **à** to happen *(to someone)* (II)
    — **à** + *inf.* to succeed in *(doing
        something)* (II); to manage to (3)
    j'arrive! I'll be right there! (I)
l'arrosage *m.:* **le tuyau d'**— hose (4)
arroser to water (4)
l'arrosoir *m.* watering can (4)
l'art *m.* art (II)
l'article *m.* article (II)
    l' — **de toilette** toilet article (II)
l'artifice *m.:* **le feu d'**— fireworks (II)
l'artiste *m.&f.* artist (II)
artistique artistic (II)
l'ascenseur *m.* elevator (II)
l'aspirateur *m.* vacuum cleaner (II)
    passer l'— to vacuum (II)
l'aspirine *f.* aspirin (II)
asseyez-vous sit down (II)
assez + *adj./adv.* rather, quite,
    pretty (I)
    — **(de)** enough (I)
assieds-toi sit down (II)
l'assiette *f.* plate (I)
assis, -e seated (II)
l'assistant(e) social(e) *m. (f.)* social
    worker (15)
assister à to attend (I)
l'athlétisme *m.* athletics (II)
    faire de l'— *m.* to do athletics (II)
attaché, -e à fond of (5)
attacher to fasten, to attach (II)

atteindre to reach (15)
attendre to wait, to wait for (I)
   s'— à to expect (7)
l'attente *f.*: **la salle d'—** waiting
   room (II)
l'attention *f.* attention (10)
   — au départ! all aboard! (II)
   faire — (à) to pay attention (to) (I)
atterrir to land (II)
attirer to attract, to draw (10)
attraper to catch (II)
l'auberge *f.* inn (II)
aucun, -e: ne … — not any (8)
au-dessous de below, under (II)
au-dessus de above (II)
aujourd'hui today (I)
   c'est — today is (I)
auprès *see* **renseigner**
aussi too, also (I)
   — … que as … as (II)
aussitôt immediately, right away (12)
   — que as soon as (11)
autant (de/que) as much (many) so
   much (many) (10)
l'auteur *m.* author (6)
l'autobiographie *f.* autobiography (8)
l'autobus (le bus) *m.* bus (I)
   l'arrêt d'— *m.* bus stop (II)
automatique: le distributeur —
   ticket machine (II)
l'automne *m.* autumn, fall (I)
l'automobiliste *m.&f.* driver (3)
l'autoroute *f.* highway, freeway (3)
l'auto-stop *m.*: **faire de l'—** to
   hitchhike (2)
autour de around (II)
autre other (I)
   d'—s others; more (II)
   nous —s we (*emphatic*) (15)
autrefois formerly (II)
avance: en — early (II)
avancer to bring forward (II)
   s'— to move forward (II)
avant before (I); front (II)
   — de + *inf.* before (*doing
    something*) (II)
   — que before (15)
   en — forward (II)
avare stingy (I)
avec with (I)
l'avenir *m.* future (II)
l'aventure *f.* adventure (II;6)
   le roman/film d'—s adventure
    novel/film (I;II)
l'avenue *f.* avenue (II)

dans l'— on the avenue (II)
l'avion *m.* airplane (I)
   par — air mail (II)
l'avis *m.* opinion (II)
   à mon (ton, *etc.*) **—** in my (your,
    etc.) opinion (II)
   changer d'— to change one's
    mind (II)
l'avocat *m.,* **l'avocate** *f.* lawyer (II)
avoir to have (I)
   *See also individual nouns that form
   expressions with* **avoir**
avril *m.* April (I)

le bac(calauréat) high-school
   graduation exam (1)
bachoter to cram (1)
les bagages *m.pl.* baggage (II)
   faire ses — to pack (II)
la bague ring (II)
la baguette loaf of bread (II)
la baie bay (II)
se baigner to go swimming (2)
la baignoire bathtub (II)
le bain bath (II)
   le maillot de — bathing suit (I)
   la salle de —s bathroom (I)
le baiser: bons —s love and kisses
   (*letters*) (II)
se balader to go for a walk (1)
le baladeur Walkman (I)
le balcon balcony (II)
la balle ball (I)
le ballon (*inflated*) ball (I)
la banane banana (II)
la bande tape (I)
   la — dessinée (la B.D., *pl.* **les
    B.D.)** comic strip (I)
la banlieue suburbs (II)
   en — in (to) the suburbs (II)
la banque bank (I)
le banquier, la banquière banker (II)
la barbe beard (II)
   bas *adv.* low (II)
   à — …! down with …! (12)
   en — on the bottom, down
    below (II)
   en — de at the bottom of (II)
   plus — more softly (II)
le baseball baseball (I)
le basket(ball) basketball (I)
   Basque: le Pays — Basque region
   (11)
basse: à voix — softly (8)

le bateau, *pl.* **les bateaux** boat (I)
   le — à voiles sailboat (I)
   faire du — to go boating (I)
   par — by sea, by boat (II)
le bâtiment building (I)
le bâton ski pole (II)
battre to beat (4)
   se — to fight (5)
bavard, -e talkative (II)
bavarder to talk, to chat (II)
beau (bel), belle: *pl.* **beaux, belles**
   beautiful, handsome, fine (I)
   avoir beau + *inf.* it's no use (13)
   il fait beau it's nice out, it's nice
    weather (I)
beaucoup a lot, very much (I)
   — de much, many, a lot of (I)
   — de monde many people (I)
le beau-frère brother-in-law (II)
le beau-père father-in-law (II)
les beaux-parents *m.pl.* in-laws (II)
le bébé baby (II)
bel, belle *see* **beau**
belge Belgian (I)
la Belgique Belgium (I)
la belle-mère mother-in-law (II)
la belle-sœur sister-in-law (II)
bénéfique beneficial (15)
besoin: avoir — de to need (I)
bête dumb, stupid (I)
la bête animal, pet (I)
le béton concrete (3)
le beurre butter (I)
la bibliothèque library (I)
la bicyclette bicycle (II)
bien well; nice (I)
   aller — to be well (I)
   — cuit, -e well done (*meat*) (I)
   — que although (15)
   — sûr of course, certainly (I)
   ça va — everything's fine (I)
   être — élevé, -e to have good
    manners (7)
bientôt soon (I)
   à — see you soon (I)
la bière beer (I)
le bifteck steak (I)
   le — haché ground beef (II)
le bijou, *pl.* **les bijoux** piece of
   jewelry, *pl.* jewelry (II)
la bijouterie jewelry store (II)
bilingue bilingual (5)
le billet bill (*money*); ticket (I)
la biographie biography (II)
la biologie biology (I)

bis! encore! (6)
le biscuit salé cracker (II)
la bise:
    faire la — to kiss on both cheeks (7)
    grosses —s *(in letters)* love (7)
bizarre strange (7)
blague: sans —! no kidding! (II)
blanc, blanche white (I)
la blanquette de veau veal stew (I)
le blessé, la blessée wounded person (10)
bleu, -e blue (I)
le bleu blue cheese (II)
blond, -e blonde (I)
le blouson jacket (I)
le bœuf bourguignon beef burgundy (I)
bof! oh, I don't know; it's all the same to me (I)
boire to drink (II)
    donner à — à to give something to drink to (I)
le bois wood (II)
    en — *(made of)* wood, wooden (II)
la boisson drink (I)
la boîte box (I); can (II)
    en — canned (II)
    la — à outils toolbox (4)
    la — aux lettres mailbox (II)
    la — postale (B.P.) post office (P.O.) box (II)
bon, bonne good (I); right (II)
    ah —! really? (7)
    bon! well, OK! (I)
    — anniversaire! happy birthday! (I)
    — appétit! enjoy your meal! (I)
    — courage! don't get discouraged! (II)
    — marché cheap, inexpensive (II)
    la bonne affaire bargain (II)
    faire une bonne affaire to get a good deal (II)
    bonne soirée have a nice evening (I)
    —s baisers *(letters)* love and kisses (II)
    — voyage! have a nice trip! (I)
    de bonne heure early (I)
    faites bonne route! have a good trip! (II)
les bonbons *m.pl.* candy (I)
le bonheur happiness (II)
bonjour hello (I)
bonsoir good evening (I)
bord: au — de by, on the bank of, on the side of (II)
la botte boot (I)
la bouche mouth (I)

bouché, -e clogged (4)
le boucher, la bouchère butcher (I)
la boucherie butcher shop (I)
les boucles d'oreilles *f.pl.* earrings (I)
bouger to move (4)
la bouillabaisse bouillabaisse, fish stew (I)
le boulanger, la boulangère baker (I)
la boulangerie bakery (I)
le boulevard boulevard (II)
la boum party (I)
le bouquet bouquet (II)
le bouquin *(slang)* book (II)
bouquiner to read books (8)
bourguignon: le bœuf — beef burgundy (I)
le bout: jusqu'au — up/all the way to the end (II)
la bouteille bottle (I)
la boutique shop (I)
le bouton button (II)
le bracelet bracelet (I)
brancher to plug in (II)
le bras arm (I)
    bravo! well done! (I)
la Bretagne Brittany (5)
breton, -ne Breton (5)
le bricolage tinkering, doing odd jobs (4)
bricoler to do odd jobs, to "do it yourself" (4)
le brie Brie (II)
bronzé, -e tanned (II)
la brosse brush (II)
    la — à cheveux hairbrush (II)
    la — à dents toothbrush (II)
brosser to brush (II)
    se — les cheveux to brush one's hair (II)
    se — les dents to brush one's teeth (II)
le brouillard fog (II)
    il y a du — it's foggy (II)
le bruit noise (I)
    brûler to burn (II); to go through (3)
    se — to burn oneself (II)
    se — à to burn one's *(part of body)* (II)
brun, -e brown, dark (I)
brushing: faire un — to blow-dry (II)
bruyant, -e noisy (I)
bûcher to work hard (1)
le buffet station restaurant, snack bar (II)
le bureau, pl. les bureaux desk; office (I)

le — de change currency exchange (II)
le — de tourisme tourist office (1)
le bus bus (I)
le buste bust (13)
le but goal (I)
    marquer un — to score a goal (I)

ça that (I)
    — alors what!?; oh, come on! (I)
    — va, — va okay, okay! (2)
    — y est! that's it! (II)
    comme ci, comme — so-so (I)
la cabine téléphonique phone booth (3)
le cabinet office *(medical, dental)* (II)
la cacahouète peanut (14)
le cacao cocoa (14)
cacher to hide (I)
le cadeau, pl. les cadeaux gift, present (I)
le cadet, la cadette youngest child in the family (7)
le café coffee; café (I)
    le — crème coffee with cream (I)
    la terrasse d'un — sidewalk café (I)
le cahier notebook (I)
la caisse checkout counter; cash register (II)
le caissier, la caissière cashier (II)
calé, -e smart (I)
le calendrier calendar (I)
calme calm (I)
    au — in peace and quiet (3)
camarade de classe *m.&f.* classmate (I)
le camembert Camembert (II)
la caméra movie camera (II)
le camion truck (II)
le campagne country (I); campaign (12)
le camping:
    faire du — to camp, to go camping (I)
    le terrain de — campground (II)
le camping-car, pl. les camping-cars motorhome (II)
canadien, -ienne Canadian (I)
le canapé sofa, couch; open sandwich, canapé (II)
le canard duck (I)
    le — à l'orange duck with orange sauce (II)
le candidat, la candidate canditate (12)
la candidature application (9)
    poser sa — to apply for *(a job)* (9)

la cantine lunchroom, cafeteria (I)
le caoutchouc rubber (14)
la capitale capital (II)
car for, because (II)
le car tour bus (I)
caramel: la crème — caramel custard (I)
la caravane trailer camper (II)
le carnet book of tickets (II)
la carotte carrot (I)
le carrefour intersection (3)
la carrière career (9)
    faire — to have a career (9)
la carte map; playing card; menu (I)
    à la — à la carte (I)
    la — de crédit credit card (II)
    la — d'embarquement boarding pass (II)
    la — d'identité ID card (2)
    la — de vœux greeting card (II)
    la Carte Orange commuter ticket, orange card (II)
    la — postale post card (I)
    la — routière road map (I)
cas: en tout — in any case (II)
le casier locker (I)
le casque helmet, crash helmet (II)
casser to break (I)
    se — to break *(a bone)* (II)
la casserole pan, saucepan (II)
la cassette cassette (I)
    le magnétophone à —s cassette player (I)
la cassette-vidéo, *pl.* **les cassettes-vidéo** videocassette (II)
la cathédrale cathedral (13)
cause: à — de because of (3)
ce (cet), cette this, that (I)
    ce … -ci; ce … -là this … (here); that … (there) (I)
    ce qui/que what (II)
    ce sont these are, those are, they are (I)
ceci *pron.* this (II)
céder to give up, to relinquish (5)
la ceinture belt (I)
    la — de sécurité seatbelt (II)
cela *pron.* that (II)
célèbre famous (I)
célébrer to celebrate (11)
le céleri celery (II)
célibataire single, unmarried (II)
celui, celle; ceux, celles this one, that one, the one; these, those, the ones (II)

cent one hundred (I)
la centaine: une — (de) about a hundred (3)
le centime centime (I)
central, -e; *pl.* **centraux, -ales** central (14)
la centrale nucléaire nuclear power plant (15)
le centre-ville (le centre) downtown (3)
cependant however (II)
les céréales *f.pl.* cereal (II)
la cerise cherry (II)
certain, -e certain (7)
certain(e)s *pron.* some (12)
ces these, those (I)
c'est this is, that is, it's (I)
    — à (toi) de + *inf.* it's (your) turn to (II)
    — ça that's right (I)
cet, cette *see* **ce**
ceux *see* **celui**
chacun, chacune each (one) (II)
    — son tour wait your turn, each in turn (II)
la chaîne channel (7)
    la — stéréo, *pl.* **les —s stéréo** stereo (II)
la chaise chair (I)
la chaleur heat (14)
la chambre room (I)
    la — à coucher bedroom (I)
    la — à un (deux) lit(s) single (double) room (II)
    la femme de — chambermaid (II)
le champ field (I)
le champagne champagne (II)
le champignon mushroom (I)
la chance luck (I)
    avoir de la — to be lucky (I)
    il y a des —s there's a good chance (I)
    ne pas avoir de — to be unlucky (I)
change: le bureau de — currency exchange (II)
le changement change (15)
changer (de + *noun***)** to change (II)
    — d'avis to change one's mind (II)
la chanson song (I)
    le compositeur/la compositrice de —s songwriter (6)
chanter to sing (I)
le chanteur, la chanteuse singer (I)
le chapeau, *pl.* **les chapeaux** hat (I)
le chapitre chapter (I)
chaque each, every (I)

le charbon coal (14)
la charcuterie delicatessen; cold cuts
le charcutier, la charcutière deli owner (I)
se charger de to be responsible for, to be in charge of (II)
le chariot cart (II)
charmant, -e charming (I)
le charpentier carpenter (4)
la chasse hunting (II)
    aller à la — to go hunting (II)
chasser to drive out (5)
le chat cat (I)
le château, *pl.* **les châteaux** château, castle (I)
chaud, -e hot (I)
    avoir — to be hot *(people)* (I)
    il fait — it's hot out (I)
le chauffeur (de camion/de taxi) (truck/taxi) driver (3)
la chaussette sock (I)
la chaussure shoe (I)
    la — de ski ski boot (I)
le chef head (9)
    en — in chief (10)
    le — d'état chief of state, head of state (14)
    le —-d'œuvre, *pl.* **les —s-d'œuvre** masterpiece (13)
    le — d'orchestre conductor (6)
le chemin way (II)
    quel est le — pour aller …? how do you get to …? which way to …? (II)
la cheminée fireplace; chimney (II)
la chemise shirt (I)
le chemisier blouse (I)
le chèque check (II)
    le — de voyage traveler's check (II)
    toucher un — to cash a check (II)
cher, chère expensive (I); dear (II)
    (ne pas) coûter — to be (in)expensive (I)
chercher to look for (I)
    aller/venir — to go/come get, to pick up (II)
le cheval, *pl.* **les chevaux** horse (I)
les cheveux *m.pl.* hair (I)
    la brosse à — hairbrush (II)
    se brosser/laver les — to brush/wash one's hair (II)
    se faire couper les — to get a haircut (II)
la cheville ankle (II)
la chèvre goat (I)

chez to (at) someone's house or business (I)
chic elegant, stylish (I)
—! great! (I)
le chien dog (I)
la chimie chemistry (I)
les chips *f.pl.* chips (II)
le chocolat chocolate (I)
   au — *(made with)* chocolate (I)
choisir to choose (I)
le choix choice (I)
le chômage unemployment (9)
la chorale glee club (II)
la chose thing (I)
   quelque — something (I)
le chou, *pl.* **les choux** cabbage (II)
la choucroute garnie sauerkraut with meat (II)
chouette neat, terrific (I)
le chou-fleur, *pl.* **les choux-fleurs** cauliflower (II)
chut! hush! (I)
ci: comme —, comme ça so-so (I)
le ciel sky (I)
ci-joint, -e enclosed (9)
le cinéma movies; movie theater (I)
   cinq five (I)
   cinquante fifty (I)
   cinquième fifth (I)
la circulation traffic (II)
circuler to drive around, to go around, to get around (II)
les ciseaux *m.pl.* scissors (II)
la citation quote, citation (8)
   citer to quote; to mention (8)
le citoyen, la citoyenne citizen (12)
le citron pressé lemonade (I)
   clair, -e light *(colors, skin)* (II)
la classe class (II)
   le/la camarade de — classmate (I)
   de première (deuxième) — first-(second-)class *adj.* (II)
   la salle de — classroom (I)
   classique classical (II)
le classique: le grand — classic *(film or play)* (II)
la clef key (II)
   fermer à — to lock (II)
le client, la cliente customer (I)
le clignotant turn signal (3)
le climat climate (II)
   climatisé, -e air-conditioned (II)
la cloche bell (II)
le clou nail (4)
le club club (II)

le cochon pig (I)
le code postal zip code (II)
le cœur heart (II)
   apprendre par — to memorize (I)
   avoir mal au — to feel nauseated (II)
le coffre trunk (II)
le coiffeur, la coiffeuse hairdresser, barber (II)
la coiffure hairstyle (II)
   le salon de — beauty shop, barbershop (II)
le coin corner (I)
le collant pantyhose (II)
le collège middle school (I)
le collier necklace (I)
la colline hill (II)
le colon settler, colonist (5)
la colonie colony (II)
   la — de vacances summer camp (I)
coloniser to colonize (14)
combien (de) how much? how many? (I)
   ça fait —? what does that come to? (I)
   ça prend — de temps pour …? how much time does it take to …? (I)
   ça (il) vaut —? what's it worth? (II)
   depuis — de temps? how long? (II)
   (pour) — de temps? (for) how long? (I)
comble: faire salle — to play to packed houses (6)
la comédie comedy (6)
le comédien, la comédienne actor, actress (6)
comique: le film — comedy *(movie)* (II)
commander to order (I)
comme as a, for a; like (I)
   — …! gosh, (he, she, etc.) is …! (II)
   — ci, — ça so-so (I)
commémorer to commemorate (11)
le commencement beginning (I)
commencer (à) to begin (to) (I)
comment how (I)
   — allez-vous? how are you? (I)
   — ça se fait? how come? (1)
   — est …? what's … like? (I)
   — vas-tu? how are you? (I)
commenter to comment on (8)
le commerçant, la commerçante shopkeeper (3)
   commun: les transports en — *m.pl.* public transportation (3)

la communauté community (5)
le compartiment compartment (II)
complet, -ète full (II)
   à temps — full-time (9)
   la pension —ète room with 3 meals a day (II)
compliqué, -e complicated (4)
composer le numéro to dial (II)
le compositeur, la compositrice composer (6)
   le —, la — de chansons songwriter (6)
composter to validate (II)
comprendre to understand (I); to include (II)
le comprimé pill (II)
   compris: le service est — the tip is included (I)
la comptabilité accounting (9)
comptable *m.&f.* accountant (II)
le compte account (II)
   se rendre — (de) to realize (2)
   sur (le) — in an account (II)
compter (sur) to count (1;4)
   — + inf. to plan to (4)
le comptoir counter (II)
le concert concert (II)
concierge *m.&f.* caretaker, custodian (II)
la conclusion conclusion (8)
la condition condition (II)
   à — que provided (that) (15)
le conducteur, la conductrice driver (II)
conduire to drive (II)
   le permis de — driver's license (II)
la confiture jam (I)
le conflit des générations generation gap (15)
confondre to mix up (14)
confortable comfortable (I)
   peu — uncomfortable (I)
congé:
   le jour de — day off (9)
   prendre ses —s to take time off (9)
la connaissance knowledge (1)
   faire la — (de) to meet (II)
connaître to know, to be acquainted or familiar with (I)
   se — to know each other (II)
connu, -e known, well-known (II)
conscient, -e aware (15)
le conseil (piece of) advice, *pl.* advice (II)
   conseiller (à … de) to advise *(someone to do something)* (II)

Vocabulaire français-anglais   **519**

le conseiller/la conseillère
d'orientation guidance
counselor (9)
conserver to preserve (5)
les conserves *f.pl.* canned goods (II)
consister en to consist of (9)
consommer to use, to consume (II)
construire to build (3)
consulter to consult, to look up (10)
contact: les lentilles de — *f.pl.*
contact lenses (I)
contemporain, -e contemporary (13)
content, -e pleased, happy (I)
se contenter de to make do with, to
just (*do something*) (1)
le continent continent (II)
continuer (à) to continue (to) (I)
contraire: au — on the contrary (I)
le contraste contrast (13)
la contravention traffic ticket, fine (3)
contre against (II)
le contrôle test, quiz (1)
le contrôleur, la contrôleuse
conductor (II)
convaincre (de + *inf.*) to convince
(of/to) (12)
convaincu, -e convinced (12)
convenir à to suit (15)
la conversation conversation (II)
le copain, la copine pal, friend (I)
la copie copy (13)
le coq rooster (I)
le — au vin chicken cooked in
wine (I)
la corbeille wastebasket (I)
cordes: il pleut des — it's raining
cats and dogs (II)
le corps body (I)
correct, -e correct (I)
la correspondance transfer (*to another
bus or subway line*) (II)
le correspondant, la correspondante
pen pal (I)
correspondre to correspond (I)
corriger to correct (I)
le costume man's suit (II); costume (6)
la côte coast (II)
le côté side (II)
à — (de) beside, next to (I)
la Côte-d'Ivoire Ivory Coast (II;14)
la côtelette chop (II)
la — d'agneau lamb chop (II)
le coton cotton (II)
en — (*made of*) cotton (II)
le cou neck (II)

couchage: le sac de — sleeping bag (II)
coucher to put (someone) to bed (II)
se — to go to bed (II)
le coucher du soleil sunset (II)
la couchette berth (II)
le coude elbow (II)
la couleur color (I)
de quelle —? what color? (I)
les coulisses *f.pl.* backstage (6)
le couloir corridor, hall (I)
le coup knock, blow (6)
au premier — d'œil at first
glance (13)
le — de fil (phone) call (II)
un — de main a (helping) hand (II)
jeter un — d'œil sur to glance at (10)
passer un — de fil to give
someone a call (II)
tout à — suddenly (I)
valoir le — (de + *inf.*) to be
worth it (to) (13)
coupable guilty (II)
la coupe haircut (II)
la — de glace dish of ice cream (I)
couper to cut (II)
se — to cut oneself (II)
se faire — les cheveux to get a
haircut (II)
le couple couple (II)
la cour courtyard (I)
le courage courage (II)
bon —! don't get discouraged! (II)
couramment fluently (II)
courant: se tenir au — de to keep
up with (10)
le courrier mail (II)
le — du cœur advice column (II)
le cours class, course (I)
aller en — de to go to (*subject*)
class (I)
après les — after class (I)
au — de while (2)
faire un — to give a course (11)
la course race (II)
faire de la — to race (II)
faire des —s to go shopping (I)
la — à pied (foot)race (II)
court, -e short (I)
le cousin, la cousine cousin (I)
le couteau, *pl.* les couteaux knife (I)
coûter to cost (I)
— les yeux de la tête to cost an
arm and a leg (II)
(ne pas) — cher to be
(in)expensive (I)

couvert: le ciel est — it's cloudy (I)
le couvert place setting (I)
mettre le — to set the table (I)
la couverture blanket (II); cover (10)
la craie chalk (I)
craindre: je crains que oui (non)
I'm afraid so (not) (II)
la cravate tie (I)
le crayon pencil (I)
le crédit: la carte de — credit card (II)
créer to create (11)
la crème cream (I)
la — caramel caramel custard (I)
le café — coffee with cream (I)
la crémerie dairy store (I)
le crémier, la crémière dairy merchant (I)
la crêpe crêpe (I)
la crevette shrimp (I)
criard, -e gaudy, garish (13)
crier to shout (II)
critique *m.&f.* critic (6)
croire to believe, to think (II)
— que oui (non) to think so
(not) (II)
je crois que si I think so, yes (II)
ne pas en — ses yeux/oreilles
not to believe one's eyes/ears (7)
on se croirait it's like being (5)
le croissant croissant (I)
le croque-monsieur, *pl.* les croque-
monsieur grilled ham and
cheese (I)
croyable: pas — incredible (1)
les crudités *f.pl.* raw vegetables (II)
la cuillère spoon (I)
le cuir leather (I)
en — (*made of*) leather (II)
cuire to cook (4)
faire — to cook (II)
la cuisine kitchen; cooking (I)
faire la — to cook, to do the
cooking (I)
le cuisinier, la cuisinière cook (II)
la cuisinière stove (II)
cuit, -e: bien — well done (*meat*) (I)
le cuivre copper (14)
la culture culture (5)
culturel, -le cultural (5)
le curriculum vitæ job résumé (9)
le cyclisme cycling (II)
faire du — to go cycling (II)
cycliste *m.&f.* cyclist (II)

la dame lady (I)

    les —s checkers (I)

es vêtements pour —s *m.pl.* ladies' wear (II)

le Danemark Denmark (2)

le danger danger (11)

    dangereux, -euse dangerous (II)

    danois, -e Danish (2)

    dans in, into (I)

la danse dance (II)

    danser to dance (I)

le danseur, la danseuse dancer (II)

la date date (I)

    dater de to date back to (11)

    de (d') from; any; some; of; *(possession)* 's (I)

    débarrasser:

        — la table to clear the table (I)

        se — de to get rid of (15)

le débat debate; discussion (10)

    débile stupid (II)

    debout *adv.* standing (II)

    débrancher to unplug (II)

se débrouiller to manage, to cope (2)

    début: au — at the beginning (II)

    décembre *m.* December (I)

    décevoir to disappoint (II)

    décider (de) to decide (to) (I)

        se — (à) to make up one's mind (to) (2)

la déclaration statement (12)

    déclarer to declare (II); to state (12)

    décoller to take off (II)

le décor scenery, film set (II)

le décorateur, la décoratrice set designer (II)

    décorer to decorate (13)

se décourager to get discouraged (6)

la découverte discovery (15)

    découvrir to discover (11)

    décrire to describe (II)

    décrocher to lift the receiver; to unhook; to take down (II)

    déçu, -e disappointed (II)

    dedans inside, in it (II)

la défaite defeat (5)

    défendre to defend (II)

le défilé parade (11)

le degré: il fait (moins) … —s it's (minus) … degrees (I)

    dehors outside, outdoors (II)

    en — de outside of (5)

    déjà already; ever (I)

    déjeuner to have lunch (I)

le déjeuner lunch (I)

le petit — breakfast (I)

délicieux, -euse delicious (I)

demain tomorrow (I)

    à — see you tomorrow (I)

demander to ask, to ask for (I)

    — à … de to ask *(someone to do something)* (I)

déménager to move (II)

le déménageur, la déménageuse mover (II)

demi- *adj.* half (II)

    la —-pension room with two meals a day (II)

demi(e): *time* + **et —** half past (I)

démodé, -e out of style, old-fashioned (I)

démolir to demolish (3)

le dénouement outcome, ending (8)

la dent tooth (I)

    avoir mal aux —s to have a toothache (I)

    la brosse aux —s toothbrush (II)

    se brosser les —s to brush one's teeth (II)

le dentifrice toothpaste (II)

dentiste *m.&f.* dentist (I)

le départ departure (II)

    attention au —! all aboard! (II)

    l'heure de — *f.* departure time (II)

    le point de — point of departure (II)

le département department (13)

    dépaysé, -e disoriented, not feeling at home (7)

se dépêcher to hurry (II)

    dépendre de to depend on (14)

    dépenser to spend *(money)* (II)

    déplaire à to displease (2)

    depuis for; since (II)

    — combien de temps? how long? (II)

    — quand? since when? how long? (II)

député *m.&f.* deputy, representative (12)

    déranger to disturb, to bother (II)

    dernier, -ière last; latest (I)

se dérouler to take place (6)

    derrière behind (I)

    dès que as soon as (11)

le désaccord disagreement (11)

    être en — to disagree (11)

    désagréable unpleasant (I)

le descendant, la descendante descendant (5)

    descendre to come/go down (I); to take down, to bring down (II)

— de to get off *(a bus, plane, etc.);* to get out of *(a car);* to descend from, to come from (I)

désirer: vous désirez? may I help you? (I)

désobéir (à) to disobey (I)

désolé, -e sorry (I)

le désordre mess (4)

le dessert dessert (I)

le dessin drawing (I)

    le — animé movie cartoon (I)

    le — humoristique cartoon (10)

le dessinateur, la dessinatrice designer (I)

    le —, la — de publicité commercial artist (9)

dessinée: la bande — (**la B.D.,** *pl.* **les B.D.**) comic strip (I)

dessiner to draw (I)

la destination destination (II)

    détacher to detach, to unfasten (II)

le détail detail (6)

se détendre to relax (II)

    détester to hate (I)

    deux two (I)

    à — together, with two (4)

    tous (toutes) les — both (II)

    deuxième second (I)

    devant in front of (I)

    développement: le pays en voie de — developing country (14)

    développer to develop (14)

    devenir to become (I)

    deviner to guess (I)

la devise motto (11)

    devoir to have to, must; to owe; *(conditional)* should, ought to (II)

les devoirs *m.pl.* homework (I)

le diamant diamond (14)

la diapo(sitive) slide (II)

le dictionnaire dictionary (II)

la différence difference (14)

    différent, -e (de) different (II)

    difficile difficult, hard (I)

la difficulté difficulty (12)

    dimanche *m.* Sunday (I)

    dîner to have dinner (I)

le dîner dinner (I)

    dingue *m.&f.* nut, crazy person (1)

le diplôme diploma, degree (9)

    dire (à) to say, to tell (I)

    ça ne me dit rien it doesn't grab me (II)

    ça te dirait de + *inf.* …? would it interest you to …? (II)

dire *(continued):*
  dis donc! say! (I)
  on dirait it looks like (II)
  vouloir — to mean (I)
direct, -e direct (II)
  en — live *(broadcast)* (12)
le directeur, la directrice head
  manager *(of a department)* (9)
la direction direction (3)
la directrice principal *(female, of a
  lycée)* (II); head *(of a
  department)* (9)
diriger to direct, to aim (II)
  se — (vers) to head (toward) (II)
le discours speech (12)
discuter de to discuss, to talk about
  (2)
disparaître to disappear (3)
disponible available (9)
se disputer to quarrel, to argue (II)
le disque record (I)
se distraire to entertain oneself (7)
distrait, -e distracted, absent-minded (II)
le distributeur automatique ticket
  machine (II)
  divers: les faits — *m.pl.* news
    briefs; minor articles (10)
dix ten (I)
dix-huit eighteen (I)
dix-neuf nineteen (I)
dix-sept seventeen (I)
le dizaine: une — de about ten (II)
le docteur *(title, form of address)* doctor (II)
le documentaire documentary (I)
la documentation: la salle de —
  school library (I)
le doigt finger (II)
  le — de pied toe (II)
le dollar dollar (II)
  dommage: c'est — (que + *subj.)*
    that's a shame (I); it's a
    shame (that) (II)
donc then, so (I)
  dis —! say! (I)
donner (à) to give (to) (I)
  — à boire à to give something to
    drink to (I)
  — à manger à to feed (I)
  — rendez-vous to arrange to
    meet (12)
  — sur to have a view of (II)
  — un coup de main à to give
    someone a hand (II)
dont of whom/which, about whom/
  which (II)

dormir to sleep (I)
le dos back (I)
  le sac à — backpack (II)
la douane customs (II)
  passer la — to go through
    customs (II)
le douanier customs officer (II)
doublé, -e dubbed (II)
doubler to pass *(a car)* (3)
doucement quietly, gently (II)
la douche shower (II)
doué, -e gifted (II)
douter to doubt (9)
doux, douce mild (II)
la douzaine (de) dozen (I)
douze twelve (I)
dramaturge *m.&f.* playwright (6)
le drap sheet (II)
le drapeau, *pl.* **les drapeaux** flag (I)
  le — tricolore French flag (11)
droit: tout — straight ahead (I)
le droit right (7)
  la faculté de — law school (15)
la droite right (7); the right *(political
  term)* (12)
  à — (de) on the right, to the
    right (of) (I)
drôle funny (I)
drôlement very (5)
durer + *time* to last (II)

l'eau minérale *f.* mineral water (I)
l'échange *m.* exchange (11)
échapper à to escape from (3)
l'écharpe *f.* scarf (I)
les échecs *m.pl.* chess (I)
l'échelle *f.* ladder (4)
l'éclair *m.* flash of lightning; *pl.*
  lightning (II)
  il y a des —s there's lightning (II)
l'école *f.* school (I)
l'écologiste *m.&f.* ecologist (11)
les économies *f.pl.:* **faire des —** to save
  money (II)
économique economical (II)
  les sciences —s *f.pl.* economics
écossais, -e Scottish (2)
écouter to listen (to) (I)
l'écran *m.* screen (II)
écrire to write (I)
  la machine à — typewriter (II)
écrit, -e written (II)
l'écrit *m.* written exam (1)
l'écrivain *m.* writer (II)

l'éditorial, *pl.* **les éditoriaux** *m.* lead
  article; editorial (10)
**l'éducation physique (et sportive)
  (l'E.P.S.)** *f.* gym (I)
effectuer to carry out (15)
l'effet *m.* effect (13)
  en — indeed, as a matter of fact (I)
l'effort *m.* effort (II)
  égal: ça m'est — it's all the same to
    me (I)
également as well (14)
l'égalité *f.* equality (11)
l'église *f.* church (I)
égoïste selfish, egotistical (I)
l'électeur *m.,* **l'électrice** *f.* voter (12)
l'élection *f.* election (12)
  se présenter aux —s to run for
    office (12)
**électorales: s'inscrire sur les listes
  —** to register to vote (12)
l'électricien *m.,* **l'électricienne** *f.*
  electrician (4)
électrique electric(al) (II)
l'électronique *f.* electronics (1)
élégant, -e elegant (II)
élevé, -e: être bien (mal) — to have
  good (bad) manners (7)
l'élève *m.&f.* student (I)
élire to elect (12)
elle *f.* she; it; her (I)
  —-même herself (II)
elles *f.pl.* they; them (I)
  —-mêmes themselves (II)
s'éloigner to go far away, to move
  away (2)
emballer to wrap (II)
l'embarquement *m.:*
  la carte d'— boarding pass (II)
  la porte d'— boarding gate (II)
embaucher to hire (9)
embêter to bother, to annoy (I)
l'embouteillage *m.* traffic jam (3)
(s')embrasser to kiss, to embrace (II)
émigrer to emigrate (5)
l'émission *f.* radio or TV program (I)
emmener to take (II)
empêcher de + *inf.* to prevent
  from (3)
l'emploi *m.* job (9)
  l'— du temps *m.* class schedule (I)
l'employé *m.,* **l'employée** *f.*
  employee (II)
emporter to take along, to take
  with one (2)
emprunter (à) to borrow (from) (I)

en in, to; some; any (I)
— + *pres.part.* while (II)
— + *vehicle* by (I)
— retard late (I)
— ville downtown, to town (I)
être — + *clothing* to be in (wearing) (I)
enchanté, -e delighted (7)
encore again (I); yet (II)
— un(e) another, still another (8)
encourager to encourage (6)
endormir to put to sleep (II)
s'— to go to sleep (II)
l'endroit *m.* place, spot (I)
l'énergie *f.* energy (15)
énergique energetic (I)
s'énerver to get excited, to get upset (2)
l'enfant *m.&f.* child (I)
garder un — to babysit (I)
enfin finally (I)
s'engager to enlist (11)
enlever to remove, to get rid of, to take away (4)
l'ennemi *m.*, l'ennemie *f.* enemy (5)
s'ennuyer to be bored (II)
ennuyeux, -euse boring (I)
énorme enormous (15)
l'enregistrement *m.* check-in (II)
enregistrer to tape (II)
faire — (ses bagages) to check (one's baggage) (II)
enseigner to teach (I)
ensemble together (I)
ensuite afterward (I)
entendre to hear (I)
s'— bien/mal (avec) to get along well/badly (with) (II)
entier, -ière entire, whole (3)
en — in its entirety, the whole thing (8)
entouré, -e (de) surrounded (by) (11)
l'entracte *m.* intermission (6)
s'entraîner to practice (1)
entre between, among (I)
l'entrée *f.* entrance, front door (I)
l'entreprise *f.* firm (9)
entrer (dans) to enter, to go/come in (I)
l'entretien *m.* (formal) interview (9)
l'enveloppe *f.* envelope (I)
envie: avoir — de + *inf.* to feel like (doing something) (II)
l'environnement *m.* environment (15)
les environs *m.pl.:* dans les — on the outskirts (5)
envoyer to send (II)

l'épaule *f.* shoulder (II)
épicé, -e spicy (I)
l'épicerie *f.* grocery store (I)
l'épicier *m.* l'épicière *f.* grocer (I)
les épinards *m.pl.* spinach (I)
l'épisode *m.* episode, installment (10)
l'époque *f.* time, era (5)
à notre — at present (8)
épuisé, -e exhausted (II)
épuiser to exhaust, to use up (15)
l'équipe *f.* team (I)
l'escale *f.* stop, stopover (II)
faire — to stop over (II)
l'escalier *m.* stairs, staircase (I)
l'— roulant *m.* escalator (II)
l'escargot *m.* snail (I)
l'espace *m.* space (3); outer space (15)
les —s verts parks, greenery (3)
l'Espagne *f.* Spain (I)
espagnol, -e Spanish (I)
l'espagnol *m.* Spanish (language) (I)
l'espionnage *m.* spying (II)
le roman/film d'— spy novel/ movie, thriller (II)
l'esquisse *f.* sketch (13)
essayer to try, to try on (II)
l'essence *f.* gasoline (II)
tomber en panne d'— to run out of gas (II)
l'essuie-glace, *pl.* les essuie-glaces *m.* windshield wiper (II)
essuyer to wipe, to dry (II)
s'— to dry oneself (II)
l'est *m.* east (I)
est-ce que? *signals a question* (I)
et and (I)
établir to set up, to establish (10)
s'— to settle (5)
l'étage *m.* floor, story (of a building) (I)
l'étagère *f.* shelf, bookcase (II)
l'état *m.* state (4)
les Etats-Unis *m.pl.* United States (I)
l'été *m.* summer (I)
éteindre to extinguish, to put out, to turn off (4)
éternuer to sneeze (II)
l'étiquette *f.* price tag; label (II)
l'étoile *f.* star (I)
dormir à la belle — to sleep outdoors (II)
étonné, -e astonished, amazed (II)
étonner to surprise, to astonish (7)
étranger, -ère foreign (I)
de l'— foreign, from abroad (10)

(partir) à l'— (to go) abroad (I)
l'étranger *m.*, l'étrangère *f.* foreigner (I)
être to be (I)
— à to belong to (I)
— à + *distance* + de to be + *distance* + from (3)
— en + *clothing* to be in (wearing) (I)
nous sommes lundi, *etc.* it's Monday, etc. (I)
étroit, -e narrow (I)
l'étude *f.* study (II)
faire ses —s to study (7)
l'étudiant *m.*, l'étudiante *f.* (college) student (II)
étudier to study (I)
euh … er…, uh… (I)
eux *m.pl.* they; them (I)
—-mêmes themselves (II)
l'événement *m.* event (10)
évidemment obviously (I)
l'évier *m.* sink (II)
éviter (de + *inf.*) to avoid (doing something) (II)
évoluer to evolve, to change (15)
exagérer: tu exagères! you're too much! you've got a lot of nerve! (II)
l'examen *m.* exam, test (I)
examiner to examine (II)
excellent, -e excellent (I)
l'excursion *f.* sightseeing trip (2)
s'excuser (de) to apologize (for) (7)
excuse(z)-moi excuse me (II)
l'exemple *m.:* par — for example (I)
l'exercice *m.* exercise (I)
exiger to demand (3)
l'expérience *f.* experience (9)
l'explication de texte *f.* analysis of a passage (8)
expliquer to explain (I)
exporter to export (14)
l'exposé *m.* talk (II)
faire un — to give a talk (II)
exposer to exhibit (13)
l'exposition *f.* exhibit, exhibition (II)
la salle d'— showroom (II)
s'exprimer to express oneself (5)
exquis, -e marvelous, exquisite (II)
l'extérieur *m.* exterior, outside (II)
l'extrait *m.* excerpt (8)
extraordinaire extraordinary (6)

fabriquer to manufacture (14)

la face: en — de opposite, across from (I)

se fâcher to become angry (II)

facile easy (I)

la façon way (5)

   de toute — in any case, anyhow (II)

   la — de vivre way of life (7)

le facteur, la factrice letter carrier (I)

la faculté de droit (de médecine) law (medical) school (15)

faible weak (II)

la faim:

   avoir — to be hungry (I)

   avoir une — de loup to be starving (II)

   faire to make, to do (I)

      ça fait … (francs) that comes to … (francs) (I)

      ça fait combien? what does that come to? (I)

      ça fait + *time* + que + *present* for (II)

      ça ne fait rien it doesn't matter (II)

      ça ne se fait pas it isn't done (7)

      comment ça se fait? how come? (1)

      — + *inf.* to have (*something done*) (II)

      — de + *school subject* to take (I)

      — mal à to hurt (12)

      fais (faites) voir! let me see! show me! (II)

      See also individual nouns and adjectives that form expressions with **faire**

le faire-part, *pl.* **les faire-part** announcement, invitation (II)

le fait fact (12)

   en — in fact (13)

   les —s divers *m.pl.* news briefs; minor articles (10)

   tout à — completely, totally (II)

falloir to be necessary (I)

   il faut + *inf.* / que + *subj.* I (you, etc.) must (I;II)

   il me (te, *etc.***) faut** I (you, etc.) need (*something*) (II)

la famille family (I)

   en — at home (5)

fantastique fantastic (6)

la farine flour (II)

fasciner to fascinate (13)

fatigué, -e tired (I)

se fatiguer to get tired (II)

fauché, -e broke (out of money) (I)

faut *see* **falloir**

la faute mistake (I)

le fauteuil armchair (II)

faux, fausse wrong, false (I)

favori, -ite favorite (8)

félicitations! congratulations! (I)

féliciter to congratulate (II)

la femme wife; woman (I)

   la — de chambre chambermaid (II)

la fenêtre window (I)

le fer iron (14)

férié: le jour — official holiday (11)

la ferme farm (I)

   fermer to close; to turn off (I)

   — à clef to lock (II)

la fête celebration, party (II)

   fêter to celebrate (II)

le feu, *pl.* **les feux** fire (II); traffic light (3)

   le — d'artifice fireworks (11)

   le — rouge (vert) red (green) light (3)

la feuille leaf (I)

   la — de papier piece of paper (I)

le feuilleton soap opera (I)

le feutre felt-tip pen (I)

février *m.* February (I)

fiancé, -e engaged (II)

le fiancé, la fiancée fiancé, fiancée (II)

la fiche form (II)

fidèle faithful, loyal (5)

fier, fière proud (5)

la fièvre fever (I)

   avoir de la — to have a fever (I)

la figure face (II)

   se laver la — to wash one's face (II)

le fil cord, wire (4)

   le coupe de — phone call (II)

   passer un coup de — to give someone a call (II)

la fille daughter (I)

   la jeune — girl (I)

le film film, movie (I)

   passer un — to show a film (II)

   tourner un — to make a film, to shoot a film (II)

le fils, *pl.* **les fils** son (I)

la fin end (I)

   finalement eventually (5)

   finir to finish (I)

le flamand Flemish (*language*) (I)

la fleur flower (I)

   la plante en — flowering plant (II)

   fleuriste *m.&f.* florist (II)

le fleuve river (I)

la fois time (I)

   une — par … once a(n) …, one time per … (I)

folk(lorique) folk (II)

foncé, -e dark (*colors*) (II)

fonctionner (*machines*) to work (4)

fonder to found (5)

la fontaine fountain (I)

le foot(ball) soccer (I)

   le — américain football (I)

la forêt forest (II)

la formation training (9)

la forme form, shape (13)

   en pleine — in tip-top shape (II)

   être en — to be fit, to be in shape (I)

former to form (11)

formidable great, tremendous (I)

le formulaire form (9)

fort, -e strong (I; II)

   — en good in (I)

   plus — louder (II)

fou, folle crazy (II)

le fou, la folle lunatic (II)

la foule crowd (II)

le four oven (II); flop (6)

   le petit — small cake, petit four (II)

la fourchette fork (I)

frais, fraîche fresh (I)

   au — in the refrigerator (II)

   il fait — it's cool out (I)

la fraise strawberry (II)

le franc franc (I)

français, -e French (I)

le français French (*language*) (I)

francophone French-speaking (II)

frapper to knock (6); to strike (13)

la fraternité fraternity (11)

le frein brake (II)

   freiner to brake (II)

le frère brother (I)

le frigo fridge (II)

frisé, -e curly (I)

les frites *f.pl.* French fries (I)

   froid, -e cold (I)

   avoir — to be cold (*people*) (I)

   il fait — it's cold (I)

   laisser — to leave cold (13)

le froid the cold (14)

le fromage cheese (I)

la frontière border (I)

le fruit piece of fruit; *pl.* fruit (I)

   les —s de mer *m.pl.* seafood (II)

fuir to avoid; to leak (4)

fumer to smoke (II)

fumeurs smoking section (II)
furieux, -euse furious (II)

gagner to win (I); to earn (II)
 — sa vie to earn a living (II)
la galerie gallery (13)
gallois, -e Welsh (2)
le gant glove (I)
 le — de toilette wash mitt (II)
le garage garage (I)
le garçon boy; waiter (I)
garder to keep (II)
 — un enfant to babysit (I)
la gare railroad station (I)
(se) garer to park (3)
garnie: la choucroute — sauerkraut with meat (II)
gaspiller to waste (15)
le gâteau, *pl.* **les gâteaux** cake (I)
 le — d'anniversaire birthday cake (I)
 le petit — sec cookie (II)
la gauche the left (*political term*) (12)
 à — (de) on the left, to the left (of) (I)
le gazon lawn (4)
geler to freeze (I)
gêner to obstruct, to hamper; to bother (3)
la génération: le conflit des —s generation gap (15)
généreux, -euse generous (I)
génial, -e; *pl.* **géniaux, -ales** neat, great (II)
le génie genius (13)
le genou, *pl.* **les genoux** knee (II)
le genre type, kind (6)
les gens *m.pl.* people (I)
gentil, -le nice, kind (I)
la géographie geography (I)
la géométrie geometry (I)
le gérant, la gérante manager (*of a business*) (9)
le gigot leg of lamb (I)
la glace ice cream; ice (I)
 faire du patin à — to ice skate (II)
 les patins à — *m.pl.* ice skates (II)
le glaçon ice cube (II)
glisser to glide, to slip (II)
le golf golf (II)
la gomme eraser (I)
la gorge throat (I)
goûter à to taste (I)
le goûter afternoon snack (I)

le gouvernement government (12)
grâce à thanks to (3)
le gramme gram (II)
grand, -e big, large, tall (I)
 le — classique classic (*film or play*) (II)
 le — magasin department store (II)
grand-chose: pas — not much (2)
la Grande-Bretagne Great Britain (2)
la grand-mère grandmother (I)
le grand-père grandfather (I)
les grands-parents *m.pl.* grandparents (I)
grasse: faire la — matinée to sleep late (II)
le gratte-ciel, *pl.* **les gratte-ciel** skyscraper (3)
gratuit, -e free (I)
grave serious (II)
le grenier attic (II)
la grève strike (15)
la grippe flu (II)
gris, -e gray (I)
gronder to scold (II)
gros, grosse fat, large (I)
 —es bises (*in letters*) love (7)
 la —se tête top student (1)
 les — titres headlines (10)
grossir to gain weight (I)
le groupe group (I)
guérir to cure (15)
la guerre war (11)
 le film de — war movie (II)
le guichet ticket window (II)
guide *m.&f.* guide (I)
le guide guidebook (I)
la Guinée Guinea (II;14)
la guitare guitar (I)
la Guyane Française French Guiana (13)
gym: faire de la — to do gymnastics (I)
le gymnase gymnasium (I)
la gymnastique gymnastics (I)
 faire de la — to do gymnastics (I)

habiller to dress (*someone*) (II)
 s'— to get dressed (II)
l'habitant *m.* inhabitant (II)
habiter (à) to live (in/at) (I)
 — dans + *house/apartment* to live in (I)
habitude: d'— usually (I)
s'habituer à to get used to (7)
haché: le bifteck — ground beef, hamburger (II)

haleine: tenir en — to keep in suspense (8)
le*hall foyer, entranceway (13)
le*hamburger hamburger (I)
le*hamster hamster (I)
les*haricots verts *m.pl.* green beans (I)
hâte: avoir — de + *inf.* to look forward to (12)
haut high (II)
 à voix —e out loud, loudly (8)
 en — on the top, up above (II)
 en — de at the top of (II)
 — la main easily, without difficulty (1)
le*haut-parleur, *pl.* **les*haut-parleurs** loudspeaker (II)
hé! hey! (II)
l'hebdomadaire *m.* weekly (*publication*) (10)
hein? huh? eh? (II)
hélas: oui (non), — I'm afraid so (not) (II)
l'herbe *f.* grass (II)
 la mauvaise — weed (4)
l'héritage *m.* heritage (5)
l'héroïne *f.* heroine (6)
le*héros hero (6)
hésiter (à + *inf.*) to hesitate (to) (II)
l'heure *f.* hour; o'clock; time (I)
 à l'— on time (I)
 c'est l'— de it's time to … (II)
 de bonne — early (I)
 faire des —s supplémentaires to work overtime (9)
 les —s de pointe rush hour (II)
 tout à l'— a while ago; in a little while (II)
heureusement fortunately (I)
heureux, -euse happy (I)
hier yesterday (I)
hi-fi: le rayon — electronics department (II)
l'histoire *f.* history; story (I)
historique historical (II)
l'hiver *m.* winter (I)
le*hockey hockey (I)
l'homme *m.* man (I)
 les vêtements pour —s *m.pl.* men's wear (II)
l'hôpital, *pl.* **les hôpitaux** *m.* hospital (I)
l'horaire *m.* schedule, timetable (II)
l'horloge *f.* clock (II)
l'horoscope *m.* horoscope (II)

l'horreur *m.*:
    avoir — de to hate (4)
    le film d'— horror film (II)
    quelle —! how awful! (I)
les*hors-d'œuvre *m.pl.* hors d'œuvres, appetizers (I)
le*hot-dog, *pl.* **les*hot-dogs** hot dog (I)
l'hôtel *m.* hotel (I)
l'hôtesse de l'air *f.* flight attendant *(female)* (II)
l'huile *f.* oil (I); motor oil (II)
    la peinture à l'— oil painting (13)
huit eight (I)
    — jours a week (II)
une huitaine de jours a week (II)
l'huître *f.* oyster (I)
humide damp, humid (II)
    il fait un temps — it's humid (II)
humoristique humorous (8)
    le dessin — cartoon (10)
hurler to shout (12)
hygiénique: le papier — toilet paper (II)
l'hymne *m.* hymn (11)
    l'— national national anthem (11)
hypocrite hypocritical (I)

ici here (I): *(on phone)* this is (II)
l'idée *f.* idea (I)
l'identité *f.*:
    la carte d'— ID card (2)
    les papiers d'— *m.pl.* identification papers (II)
il *m.* he; it (I)
l'île *f.* island (II)
l'illustrateur *m.*, **l'illustratrice** *f.* illustrator (10)
l'illustration *f.* illustration (10)
ils *m.pl.* they (I)
il y a there is, there are; + *time* ago (I)
    — + *time* + **que** + *present* for (II)
    qu'est-ce qu'—? what's the matter? (I)
l'image *f.* picture, image (II)
l'immeuble *m.* apartment building (I)
impatient, -e impatient (I)
l'imperméable (l'imper) *m.* raincoat (I)
l'importance *f.* importance (10)
important, -e important (I)
importe: n'— quoi anything (12)
l'impôt *m.* tax (12)
l'impression *f.* impression (13)

impressionniste Impressionist (13)
inattendu, -e unexpected (8)
inconnu, -e unknown (I)
incorrect, -e incorrect, wrong (I)
indiquer to indicate (II)
l'individu *m.* individual (12)
individuel, -le individual (II)
l'industrie *f.* industry (II)
l'infirmerie *f.* infirmary; nurse's office (I)
l'infirmier *m.*, **l'infirmière** *f.* nurse (I)
les informations *f.pl.* TV news (I)
l'informatique *f.* computers (II)
informer to inform (10)
    s'— (de) to keep informed (about) (10)
l'ingénieur *m.* engineer (1)
l'initiative: le syndicat d'— tourist office (2)
innocent, -e innocent (II)
l'inondation *f.* flood (15)
inquiet, -iète worried (I)
s'inquiéter (de) to worry (about) (2)
    ça m'inquiète que + *subj.* it worries me that (II)
s'inscrire (à) to enroll (in) (1)
    — sur les listes électorales to register to vote (12)
insister to insist (12)
installer to install, to put in place (II)
    s'— to settle in (II)
l'instrument *m.* instrument (I)
insupportable unbearable (3)
intelligent, -e intelligent (I)
interdire à ... de + *inf.* to forbid *(someone to do something)* (3)
interdit:
    en stationnement — in a no-parking zone (3)
    il est — de + *inf.* ... is prohibited; no ...-ing (II)
intéressant, -e interesting (I)
intéresser *(quelqu'un à)* to interest *(someone in)* (II)
    s'— à to be interested in (II)
l'intérieur *m.* interior (II)
l'interrogation (l'interro) *f.* quiz (I)
interroger to quiz (14)
l'interview *f.* interview (II)
interviewer to interview (II)
l'intrigue *f.* plot (8)
l'introduction *f.* introduction (8)
inutile useless (4)
l'invitation *f.* invitation (I)
l'invité *m.*, **l'invitée** *f.* guest (I)

inviter to invite (I)
invivable unlivable, unbearable (15)
invraisemblable unlikely (8)
irlandais, -e Irish (2)
italien, -ienne Italian (I)
l'italien *m.* Italian *(language)* (I)
ivoirien, -ne from the Ivory Coast (14)

jadis formerly (11)
jamais never (I); ever (II)
    ne ... — never (I)
la jambe leg (I)
le jambon ham (I)
janvier *m.* January (I)
japonais, -e Japanese (II)
le jardin garden (I)
le jardinage: faire du — to garden (I)
le jardinier, la jardinière gardener (II)
jaune yellow (I)
le jazz jazz (I)
je I (I)
le jean jeans (I)
la jeep jeep (II)
jeter to throw, to throw away (II)
    — un coup d'œil sur to glance at (10)
le jeu, *pl.* **les jeux** game; game show (I)
jeudi *m.* Thursday (I)
jeune young (I)
    la — fille girl (I)
la jeunesse youth (2)
le jogging jogging (II)
    faire du — to jog (II)
joli, -e pretty (I)
la joue cheek (II)
jouer (à + *game/sport*; **de** + *musical instrument)* to play (I)
le jouet toy (II)
le joueur, la joueuse player (I)
le jour day (I)
    de nos —s currently, at present (6)
    faire — to get light (I)
    huit —s a week (I)
    le — de congé day off (9)
    le — férié official holiday (11)
    quel — sommes-nous? what day is it? (I)
    quinze —s two-weeks (II)
    tous les deux —s every other day (10)
    une huitaine (quinzaine) de —s a week (two weeks) (II)
le journal, *pl.* **les journaux** newspaper (I)
journaliste *m.&f.* journalist (II)

la journée day (I)
le judo judo (II)
    faire du — to practice judo (II)
le juge judge (II)
    juillet *m.* July (I)
    juin *m.* June (I)
la jupe skirt (I)
le jus juice (I)
    jusqu'à to, up to; until (I)
    — ce que until (15)
    jusqu'au bout up/all the way to the end (II)
    juste only, just (II)

le kilo(gramme) kilo(gram) (I)
le kiosque magazine/newspaper stand, kiosk (II)

la (l') *f.* the; her; it; + *measure* per, a(n) (I)
là there (I)
    ce (cet), cette, ces + *noun* + **-—** that, those *(emphatic)* (I)
    loin de —! far from it! (15)
là-bas over there (I)
le labo(ratoire) lab(oratory) (I)
    le — de langues language lab (I)
    le — de sciences science lab (I)
le lac lake (II)
la laine wool (II)
    en — *(made of)* wool (II)
    laisser to leave (behind) (I)
    — + *inf.* to let (4)
    — froid to leave cold (13)
le lait milk (I)
la laitue lettuce (I)
la lampe lamp (II)
    lancer to launch (10)
la langue language (I); tongue (II)
    la — maternelle mother tongue (5)
le lapin rabbit (I)
    large wide (I)
le lavabo washbasin (II)
    laver to wash (II)
    la machine à — washer (II)
    se — to wash (oneself) (II)
le lave-vaisselle, *pl.* **les lave-vaisselle** dishwasher (II)
le (l') *m.* the; him; it; + *measure* per, a(n) (I)
    — + *day of week* on *(day of week)* (I)
le lèche-vitrines: faire du — to window shop (II)
la leçon lesson (I)

le lecteur, la lectrice reader (10)
la lecture reading (8)
    léger, -ère light *(weight/calories)* (I; II)
le légume vegetable (I)
    la soupe aux —s vegetable soup (II)
le lendemain (de) the next day; the day after (II)
    lent, -e slow (I)
    lentement slowly (I)
les lentilles (de contact) *f.pl.* contact lenses (I)
    lequel, laquelle; lesquels, lesquelles which one(s)? (II)
les *m.&f.pl.* the; them (I)
la lessive: faire la — to do the laundry (I)
la lettre letter (I)
    la boîte aux —s mailbox (II)
    le papier à —s stationery (II)
    leur to (for, from) them (I)
    leur, -s their (I)
le leur, la leur theirs (10)
    lever to raise (II)
    se — to get up, to rise (II)
le lever du soleil sunrise (II)
la lèvre lip (II)
la liberté liberty, freedom (7;11)
la librairie bookstore (II)
    libre free, not busy (I)
    le temps — spare time (II)
    licencier to fire (9)
le lien tie (14)
    lieu:
    au — de instead of (II)
    avoir — to take place (II)
la ligne line (II;8)
la limite de vitesse speed limit (3)
    liquide: en — in cash (II)
    lire to read (I)
la liste list (I)
    s'inscrire sur les —s électorales to register to vote (12)
le lit bed (II)
    la chambre à un (deux) —(s) single (double) room (II)
le litre liter (I)
la littérature literature (8)
le livre book (I)
    le — de poche paperback (I)
la loi law (12)
    loin de far from (I)
    — là! far from it! (15)
les loisirs *m.pl.* leisure time, leisure-time activities (II)
    long, longue long (I)

longtemps (for) a long time (I)
lorsque when (11)
louer to rent (II); to reserve (6)
loup: avoir une faim de — to be starving (II)
lourd, -e heavy (I)
lui him; he; to (for, from) him/her (I)
    —-même himself (II)
la lumière light (II)
    lundi *m.* Monday (I)
la lune moon (I)
les lunettes *f.pl.* glasses (I)
    les — de soleil sunglasses (I)
    luxembourgeois, -e from Luxembourg (I)
le lycée high school (I)
le lycéen, la lycéenne high-school student (I)

ma my (I)
la machine:
    la — à écrire typewriter (II)
    la — à laver washing machine (II)
    taper à la — to type (II)
    madame (Mme) Mrs., ma'am (I)
    mademoiselle (Mlle) Miss (I)
le magasin store (I)
    le grand — department store (II)
le magazine magazine (I)
le magnétophone tape recorder (I)
    le — à cassettes cassette player (I)
le magnétoscope VCR (II)
    magnifique magnificent (I)
    mai *m.* May (I)
    maigre thin, skinny (I)
    maigrir to lose weight (I)
le maillot de bain bathing suit (I)
la main hand (I)
    haut la — easily, without difficulty (1)
    se serrer la — to shake hands (7)
    un coup de — a (helping) hand (II)
    maintenant now (I)
le maire mayor (3)
    mais but (I)
    — oui (non) of course (not) (I)
    — si! oh, yes! (I)
le maïs corn (14)
la maison house (I)
    majeur, -e of age (12)
la majorité majority (12)
    mal bad, awful; badly (I)
    aller — to be ill (I)

Vocabulaire français-anglais   **527**

mal (*continued*):

  avoir du — **à** + *inf.* to have a hard time (2)

  avoir — à to have a sore … , to have a(n) … ache (I)

  avoir — au cœur to feel nauseated (II)

  être — élevé, -e to have bad manners (7)

  faire — à to hurt (II)

  — à l'aise uncomfortable (II)

  se faire — to hurt oneself (II)

  se faire — à to hurt one's (*part of body*) (II)

malade sick (I)

  tomber — to get sick (II)

la maladie sickness (15)

malheureusement unfortunately (I)

malheureux, -euse unhappy (11)

maman *f.* Mom (I)

la Manche English Channel (I)

manger to eat (I)

  donner à — à to feed (I)

  la salle à — dining room (I)

la manifestation demonstration (15)

manquer to lack (15)

le manteau, *pl.* **les manteaux** coat, overcoat (I)

le maquillage makeup (II)

se maquiller to put on one's makeup (II)

le marbre marble (13)

le marchand, la marchande merchant, shopkeeper (I)

marchander to bargain (II)

la marche: mettre en — to turn on, to start up (II)

le marché market (I)

  bon (meilleur) — cheap(er) (II)

  le — aux puces flea market (II)

marcher to walk (I); to run, to work (*machines, appliances*) (II)

  ça a bien marché it went well (I)

mardi *m.* Tuesday (I)

la marguerite daisy (II)

le mari husband (I)

le mariage wedding (II)

marié, -e married (I)

le marié, la mariée groom, bride (II)

se marier (avec) to get married (to), to marry (II)

le marin sailor (5)

la marine navy (11)

le Maroc Morocco (14)

la marque brand, make (II)

marquer un but to score a goal (I)

marrant, -e funny, hilarious (II)

marre: en avoir — de + *inf.* to be fed up with (II)

marron brown (I)

mars *m.* March (I)

le marteau, *pl.* **les marteaux** hammer (4)

mat, -e dark (*skin*) (II)

le match game, match (I)

  le — nul tie game (I)

maternelle: la langue — mother tongue (5)

les mathématiques (les maths) *f.pl.* mathematics (math) (I)

la matière (*school*) subject (I)

  la — première raw material (14)

le matin morning, in the morning (I)

  du — A.M.; in the morning (I)

la matinée morning (I)

  faire la grasse — to sleep late (II)

mauvais, -e bad (I); wrong (II)

  il fait — it's bad out (I)

  la -e herbe weed (4)

me me, to (for, from) me (I)

le mécanicien, la mécanicienne mechanic (II)

méchant, -e mean, naughty (I)

le médecin doctor (I)

médecine: la faculté de — medical school (15)

le médicament medicine (II)

meilleur, -e better (II)

  c'est la -e that's a good one, that's a real joke (1)

  le (la) -e the best (II)

mélanger to mix (4)

le membre member (12)

même *adj.* same (I); *adv.* even (II); *adj.* very (13)

  en — temps (que) at the same time (as) (II)

  -(s) -self (-selves) (II)

  moi de — me too; likewise (II)

  quand — anyway, all the same; really! (II)

menacer to threaten (11)

le ménage:

  faire le — to do the housework (I)

  le rayon de — housewares department (II)

mener to lead (II)

mensuel, -le monthly (10)

mentir to lie (II)

le menu fixed-price meal (I)

la mer sea (I)

les fruits de — *m.pl.* seafood (II)

merci thank you (I)

mercredi *m.* Wednesday (I)

la mère mother (I)

mériter to deserve (8)

merveilleux, -euse marvelous (5)

mes *pl.* my (I)

le message message (II)

messieurs-dames ladies and gentlemen (I)

la météo weather forecast (II)

le métier job, occupation (II)

le mètre meter (II)

le métro subway, metro (II)

le metteur en scène director (*movies, theater*) (II)

mettre to put, to place, to set; to put on (*clothing*) (I)

  — + time + à/pour + inf. to take + *time* (*to do something*) (3)

  se — à + inf. to begin, to start (II)

  se — en route to start off, to get going (II)

les meubles *m.pl.* furniture (II)

mexicain, -e Mexican (I)

le micro-ondes microwave oven (II)

le micro(phone) microphone (mike) (II)

midi noon (I)

le miel honey (14)

le mien, la mienne mine (10)

mieux *adv.* better (I)

  aller — to be/feel better (I)

  faire de son — to do one's best (I)

  il vaut — + inf./que + subj. it's better (preferable) to/that (II)

  le — best (II)

  tant — so much the better (II)

mignon, -ne cute (II)

mil thousand (*in dates*) (I)

le milieu: au — de in the middle of (II)

militaire military (11)

mille thousand (I)

un million (de + *noun*) million (I;14)

la mine: avoir bonne (mauvaise) — to look well (ill) (I)

minérale: l'eau — *f.* mineral water (I)

le ministre: le premier — prime minister (12)

minuit midnight (I)

la minute minute (I)

le miroir mirror (II)

la mobylette (la mob) motorbike (I)

moche ugly (II)

la mode: à la — in style, stylish (I)

le modèle model (II)

moderne modern (II)
se moderniser to modernize (3)
moi me; I; me *(for emphasis)* (I);
   (interruption) as for me (II)
   — de même me too; likewise (II)
   —-même myself (II)
   — non plus neither do I (I)
le moins the least (II)
   à — que unless (15)
   au — at least (II)
   de — en — (de) fewer and fewer,
      less and less (II)
   — ... que less ... than (II)
le mois month (I)
   tous les deux — every other
      month (10)
la moitié (de) half (of) (II)
le moment:
   à ce —-là at that time (II)
   en ce — right now (II)
   pour le — for now (II)
mon my (I)
le monde people (I)
   tout le — everybody (I)
mondial, -e; *pl.* **mondiaux, -ales**
   adj. world (10)
le moniteur, la monitrice camp
   counselor (II)
le monnaie change (I)
   monsieur (M.) Mr., sir (I)
le monsieur, *pl.* **les messieurs** man,
   gentleman (I)
   messieurs-dames ladies and
      gentlemen (I)
la montagne mountain (I)
monter to come/go up, to climb (I);
   to take up, to bring up (II)
   — dans to get on *(a bus, plane,
      etc.)*; to get in *(a car)* (I)
   — une pièce to put on a play (II)
la montre watch (I)
montrer to show (I)
le monument monument (I)
se moquer de to laugh at, to make
   fun of (2)
la moquette wall-to-wall carpeting (II)
le morceau, *pl.* **les morceaux** bit,
   piece (I)
mort, -e *(past part. of* **mourir)** dead (I)
   la nature —e still life (13)
le mort, la morte dead person (10)
le mot word (I)
   le petit — note, short letter (II)
le moteur motor (II)
la moto motorcycle (I)

faire de la — to go motorcycle
   riding (I)
le mouchoir handkerchief (II)
   le — en papier tissue (II)
la moufle mitten (II)
   mourir to die (I)
la mousse au chocolat chocolate
   mousse (I)
la moutarde mustard (I)
le mouton sheep (I)
le mouvement movement (13)
   mûr, -e ripe (II)
le mur wall (II)
   mural, -e: la peinture —e mural (13)
la musculation body building (II)
   faire de la — to do body
      building (II)
le musée museum (I)
le musicien, la musicienne musician (6)
la musique music (I)

nager to swim (I)
la naissance birth (9)
   naître to be born (I)
la nappe tablecloth (I)
la natation swimming (II)
   faire de la — to swim (II)
national, -e; *pl.* **nationaux, -ales**
   national (10)
la nationalité nationality (I)
la nature nature, outdoors (II)
   la — morte still life (13)
nautique: faire du ski — to water-
   ski (I)
navet: quel —! what a lousy *(play,
   novel, etc.)!* (6)
ne *signals a negative expression*
né, -e *(past part. of* **naître)** born (I)
nécessaire necessary (II)
néerlandais, -e Dutch (2)
la neige snow (I)
   neiger to snow (I)
   nerveux, -euse nervous (II)
n'est-ce pas? isn't it? aren't they?
   don't I? *etc.* (I)
nettoyer to clean (II)
neuf nine (I)
neuf, neuve brand-new (II)
   quoi de —? what's new? (II)
le neveu, *pl.* **les neveux** nephew (I)
le nez nose (I)
   niçois, -e: la salade —e niçoise
      salad (II)
la nièce niece (I)

les noces *f.pl.:* **le voyage de —**
   honeymoon (II)
Noël *m.* Christmas (I)
noir, -e black (I)
le nom name (I)
   nombreux, -euse numerous (3)
non no (I)
   mais — of course not (1)
   moi — plus neither do I (I)
   —-fumeurs nonsmoking section
      (II)
le nord north (I)
le nord-est northeast (I)
le nord-ouest northwest (I)
   normand, -e Norman, from
      Normandy (5)
la Norvège Norway (2)
   norvégien, -ienne Norwegian (2)
nos *pl.* our (I)
la note grade (I); note; bill *(invoice)* (II)
notre our (I)
le nôtre, la nôtre ours (10)
nous we; us; to (for, from) us (I);
   each other (II;2)
   — autres we *(emphatic)* (15)
   —-mêmes ourselves (II)
nouveau (nouvel), nouvelle *pl.;*
   nouveaux, nouvelles new (I)
   de — again (II)
la nouvelle short story (8); *pl.* news (II)
la Nouvelle-Ecosse Nova Scotia (5)
novembre *m.* November (I)
le nuage cloud (I)
   nucléaire: la centrale — nuclear
      power plant (15)
la nuit night (I)
   cette — last night (II)
   faire — to get dark (I)
   nul, -le en no good in (1)
   le match — tie game (1)
   ne ... —le part not anywhere (3)
le numéro number (I); issue (10)
   composer le — to dial (II)

obéir (à) to obey (I)
objectif, -ive objective (10)
l'objectivité *f.* objectivity (10)
l'objet *m.:* **le service des —s trouvés**
   lost and found (II)
obliger à + *inf.* to make *(someone
   do something)* (3)
observer to observe, to study (13)
obtenir to get, to obtain (9)
occasion: d'— used, secondhand (II)

occidental, -e; *pl.* occidentaux,
-ales western (14)
occupé, -e busy; occupied (I)
s'occuper de to take care of, to
attend to (II)
l'océan *m.* ocean (I)
octobre *m.* October (I)
l'œil, *pl.* les yeux *m.* eye (I)
au premier coup d'— at first
glance (13)
coûter les yeux de la tête to cost
an arm and a leg (II)
jeter un coup d'— sur to glance
at (10)
ne pas en croire ses yeux not to
believe one's eyes (7)
l'œillet *m.* carnation (II)
l'œuf *m.* egg (I)
l'œuvre *f.* work (8)
officiel, -le official (14)
offrir (à) to offer, to give (I)
— à + *person* + de + *inf.* to
offer to do something for
someone (I)
oh là là! oh ...!, oh, dear! (II)
l'oignon *m.* onion (I)
la soupe à l'— onion soup (II)
l'oiseau, *pl.* les oiseaux *m.* bird (I)
l'olive *f.* olive (14)
l'ombre *f.* shadow, shade (13)
l'omelette *f.* omlette (I)
on we, people, they (I)
l'oncle *m.* uncle (I)
onze eleven (I)
opposé, -e opposed (15)
l'opticien *m.*, l'opticienne *f.* optician (I)
optimiste optimistic (15)
l'option *f.* option, optional subject (1)
l'or *m.* gold (II)
en — *(made of)* gold (II)
l'orage *m.* storm (II)
il y a un — it's stormy (II)
oral, -e; *pl.* oraux, orales oral (II)
l'oral; *pl.* les oraux *m.* oral exam (1)
orange orange (I)
l'orange *f.* orange (I)
le canard à l'— duck with
orange sauce (II)
le soufflé à l'— orange soufflé (II)
l'orangeade *f.* orangeade (I)
l'orchestre *m.* orchestra (II)
le chef d'— conductor (6)
l'ordinateur *m.* computer (II)
l'ordonnance *f.* prescription (II)
l'oreille *f.* ear (I)

les boucles d'—s *f.pl.* earrings (I)
ne pas en croire ses —s not to
believe one's ears (7)
l'oreiller *m.* pillow (II)
organisé: le voyage — package
tour (2)
organiser to organize (I)
oriental, -e; *pl.* orientaux, -ales
eastern (14)
l'orientation *f.*: le conseiller/la
conseillère d'— guidance
counselor (9)
origine: d'— + *adj.* of ... origin (5)
l'orteil *m.* big toe (II)
l'orthographe *f.* spelling (10)
ou or (I)
où where (I; II)
oublier (de + *inf.*) to forget *(to do
something)* (I)
l'ouest *m.* west (I)
oui yes (I)
mais — of course (I)
les outils *m.pl.* tools (4)
la boîte à — toolbox (4)
outre-mer overseas (13)
l'ouvre-boîte, *pl.* les ouvre-boîtes *m.*
can opener (II)
l'ouvreuse *f.* usher (II)
l'ouvrier *m.*, l'ouvrière *f.* (manual)
worker (9)
ouvrir to open (I)

le pain bread (I)
la paire pair (II)
la paix peace (5)
la palette palette (13)
le pamplemousse grapefruit (II)
le panier basket (II)
paniquer to panic (1)
la panne:
tomber en — to break down (II)
tomber en — d'essence to run
out of gas (II)
le pansement (adhésif) (adhesive)
bandage (II)
le pantalon pants, slacks (I)
papa *m.* Dad (I)
la papeterie stationery store (II)
le papier paper (I)
la feuille de — piece of paper (I)
le mouchoir en — tissue (II)
le — à lettres stationery (II)
le — hygiénique toilet paper (II)
le — peint wallpaper (4)

les —s d'identité *m.pl.*
identification papers (II)
le paquet package (II)
par by, by way of (I)
— avion air mail (II)
— exemple for example (I)
— terre on the ground (I)
une fois — ... once a(n) ..., one
time per ... (I)
paraître to appear, to come out (10)
le parapluie umbrella (I)
le parc park (I)
parce que because (I)
le parc-mètre parking meter (3)
pardon excuse me (I)
les parents *m.pl.* parents (I)
paresseux, -euse lazy (I)
parfait, -e perfect (I)
parfois sometimes (6)
le parfum perfume (I)
le parking parking lot (3)
parler to talk to speak (1)
de quoi parle ...? what's ...
about? (II; 8)
tu parles! go on!, come on!, tell
me about it! (1)
parmi among (II)
les paroles *f.pl.* words *(to a song)* (I)
part: ne . . . nulle — not
anywhere (3)
le parti party, side (12)
la partie game (II)
faire — de to belong to (I)
faire une — (de) to play a game
(of) (II)
partiel: à temps — part-time (9)
partir to leave (I); to go (2)
— à l'étranger to go abroad (I)
partout everywhere (II)
parvenir à + *inf.* to succeed in
(doing something) (11)
pas not (I)
ne ... — not (I)
— du tout not at all (I)
le passage passage (8)
le passager, la passagère passenger (II)
le passant, la passante passerby (3)
le passeport passport (II)
passer to spend *(time)*; to pass (I);
to go by, to get by (II)
je vous le (la) passe I'll put him
(her) on (the phone) (II)
— l'aspirateur to vacuum (II)
— la douane to go through
customs (II)

passer (continued):
  — **son temps à** + *inf.* to spend one's time (*doing something*) (II)
  — **un coup de fil** to give someone a call (II)
  — **un examen** to take a test (I)
  — **un film** to show a film (II)
  se — to happen (II)
le passe-temps pastime (8)
passionnant, -e exciting (II)
passionner to interest, to fascinate (1)
le pâté pâté, loaf or spread of chopped meat (I)
les pâtes *f.pl.* noodles (II)
patiemment patiently (I)
la patience patience (II)
patient, -e patient (I)
le patin skate, skating (II)
  faire du — **à glace** to ice skate (II)
  faire du — **à roulettes** to roller skate (II)
  les —**s à glace** ice skates (II)
  les —**s à roulettes** roller skates (II)
patiner to skate (II)
la patinoire skating rink (II)
la pâtisserie pastry; pastry shop (I)
le pâtissier, la pâtissière pastry cook; pastry shop owner (I)
le patron, la patronne boss (9)
pauvre poor (I)
payé, -e paid (9)
payer to pay (II)
  — **un supplément** to pay extra (II)
le pays country (I)
  le — **en voie de développement** developing country (14)
le paysage landscape (II; 13)
les Pays-Bas *m.pl.* the Netherlands (2)
le Pays Basque Basque region (11)
la peau skin (II)
la pêche peach (I); fishing (II)
  aller à la — to go fishing (II)
le peigne comb (II)
  peigner to comb (*someone's hair*) (II)
  se — to comb (one's hair) (II)
peindre to paint (4)
la peine: pas la — **de** + *inf.* no need to (4)
peint: le papier — wallpaper (4)
le peintre painter (4)
la peinture painting (II); paint (4)
  faire de la — to paint (*pictures*) (II)
  la — **à l'huile** oil painting (13)
  la — **murale** mural (13)
la pellicule film (I)

la pelouse lawn (I)
pendant during; for (I)
  — **que** while (I)
la péninsule peninsula (II)
penser to think (I)
  — **à** to think of/about (I)
  — **de** to think of, to have an opinion about (I)
  — **que oui (non)** to think so (not) (I)
la pension complète room with three meals a day (II)
perdre to lose (I)
  — **son temps à** + *inf.* to waste one's time (*doing something*) (II)
  se — to get lost (2)
le père father (I)
se perfectionner to improve (1)
perm: être en — to be in study hall (I)
permanence: la salle de — study hall (I)
permettre à ... de + *inf.* to let, to permit, to allow (II)
  vous permettez? allow me, pardon me (II)
le permis de conduire driver's license (II)
le personnage character (6); important person (8)
la personne person (I)
  en — in person (9)
  ne ... — not anyone, no one, nobody (I)
le personnel: le chef du — head of personnel (9)
persuadé, -e persuaded (12)
persuader to persuade (12)
peser to weigh (II)
pessimiste pessimistic (15)
petit, -e small, little, short (I)
  le — **ami, la** —**e amie** boyfriend, girlfriend (II)
  le — **déjeuner** breakfast (I)
  la —**e annonce** classified ad (II)
  la —**e-fille** granddaughter (II)
  le —**-fils** grandson (II)
  le — **four** petit four, small cake (II)
  le — **gâteau sec** cookie (II)
  le — **mot** note, short letter (II)
  les —**s-enfants** *m.pl.* grandchildren (II)
  les —**s pois** *m.pl.* peas (I)
la pétition petition (15)
le pétrole oil (14)
peu:
  — **confortable** uncomfortable (I)

  — **de** few, little (I)
  — **de temps** a short time (II)
  — **probable** unlikely (9)
  un — **(de)** a little (of) (I)
le peuple people (11)
la peur:
  avoir — **(de)** to be afraid (of) (I)
  faire — **à** to frighten, to scare (I)
peut-être maybe, perhaps (I)
la pharmacie pharmacy (II)
le pharmacien, la pharmacienne pharmacist (II)
la photo photograph (I)
photographe *m.&f.* photographer (II)
la phrase sentence (I)
physique: l'éducation — **(et sportive) (l'E.P.S.)** *f.* gym (I)
la physique physics (I)
le piano piano (I)
la pièce play; coin; room (I)
  cost + **la** — apiece, for each one (II)
  monter une — to put on a play (II)
le pied food (I)
  à — on foot (I)
  la course à — (foot)race (II)
  le doigt de — toe (I)
le piéton pedestrian (3)
la pile battery (II)
le pilote pilot (II)
le pinceau, *pl.* **les pinceaux** paintbrush (4)
les pinces *f.pl.* pliers (4)
le pique-nique, *pl.* **les pique-niques** picnic (II)
  faire un — to have a picnic (II)
la piqûre shot, injection
  faire une — **à** to give an injection (II)
  pis: tant — too bad (II)
la piscine swimming pool (I)
la piste ski run, slope; runway (II)
pittoresque picturesque (2)
la pizza pizza (I)
le placard closet (I); cupboard (II)
la place square, plaza (I); seat, room, space (II)
  à ma (ta, *etc.)* — if you were me (if I were you, *etc.*) (II)
le plafond ceiling (II)
la plage beach (I)
se plaindre (de) to complain (about) (4)
plaire à to please (2)
  ça me (te, *etc.)* **plaît** I (you, *etc.*) like it (that) (II)

plaire (continued):

   se — to be pleased, to enjoy oneself (2)

plaisanter to be kidding (II); to joke (1)

le plaisir:

   avec — with pleasure (II)

   faire — à to please (7)

le plan city map (II)

   à l'arrière-—in the background (13)

   au premier — in the foreground (13)

la planche:

   faire de la — à roulets to go skateboarding (II)

   faire de la — à voile to go sailboarding (II)

   la — à roulettes skateboard (II)

   la — à voile sailboard (II)

le plancher floor (II)

la planète planet (15)

le plan-indicateur automatic metro map (II)

la plante plant (II)

   la — en fleur flowering plant (II)

planter to plant (4)

le plastique plastic (II)

   en — (made of) plastic (II)

plat: à — flat (tire) (II)

le plat dish; course (I)

   le — principal main course (I)

le plâtre cast (II)

   dans le — in a cast (II)

plein, -e full (II)

   en — air outdoors (II)

   en —e forme in tip-top shape (II)

   faire le — to fill up (with gas) (II)

pleurer to cry (II)

pleuvoir to rain (I)

   il pleut des cordes it's raining cats and dogs (II)

le plombier plumber (4)

la plongée diving (II)

   faire de la — to dive (II)

   faire de la — sous-marine to go scuba diving (II)

   la — sous-marine scuba diving (II)

plonger to dive (II)

la pluie rain (I)

la plupart (de) most (of), the majority (of) (II)

plus more, adj./adv. + -er (I;11)

   de — en — (de) more and more (II)

   le/la — + adj./adv. the most, the adj./adv. + -est (II)

   moi non — neither do I (I)

ne ... — no longer, not anymore (I)

ne ... — de no more (of) (I)

— ... que more ... than (I)

plusieurs several (I)

plutôt rather (II)

le pneu tire (II)

la poche:

   l'argent de — m. spending money, allowance (I)

   le livre de — paperback (I)

la poêle frying pan (II)

le poème poem (I)

le poète poet (8)

le poids weight (II)

le poignet wrist (II)

le point:

   à — medium (meat) (I)

   être sur le — de + inf. to be about to (15)

   le — de départ point of departure (II)

pointe: les heures de — f.pl. rush hour (II)

la pointure size (shoes, gloves) (II)

   quelle — faites-vous? what size do you take? (II)

la poire pear (I)

les pois: les petits — m.pl. peas (I)

le poisson fish (I)

la poissonnerie fish market (I)

le poissonnier, la poissonnière fishmonger (I)

la poitrine chest (II)

le poivre pepper (I)

le poivron green pepper (II)

poli, -e polite (I)

policier, -ière adj. detective (I)

poliment politely (I)

politique political (12)

la politique politics (12)

la pollution pollution (3)

la pomme apple (I)

   la — de terre potato (I)

   la purée de —s de terre mashed potatoes (II)

le pont bridge (I)

   faire le — to take an extra day off (11)

le porc: le rôti de — pork roast (I)

le port port (II)

la porte door (I)

   la — d'embarquement departure gate (II)

le portefeuille wallet, billfold (I)

porter to wear; to carry (I)

le portrait portrait (13)

poser:

   — sa candidature to apply for (a job) (9)

   — une question to ask a question (I)

possible possible (I)

postal, -e:

   la boîte —e (B.P.) post office (P.O.) box (II)

   la carte —e post card (I)

   le code — zip code (II)

la poste post office (I)

la poterie pottery (II)

   faire de la — to make pottery (II)

le potier potter (13)

la poubelle garbage can (4)

le pouce thumb (II)

la poule hen (I)

le poulet chicken (I)

   le — provençal chicken provençal (I)

la poupée doll (II)

pour for; + inf. in order to (I)

   — que so that (15)

le pourboire tip (I)

pourquoi (pas)? why (not)? (I)

pourri, -e rotten (II)

poursuivre to pursue; to continue (9)

pourtant however (8)

pousser to push (II)

   — à + inf. to force, to make (someone do something) (10)

la poussière dust (4)

pouvoir to be able, can (I)

   il se peut it's possible (9)

   je peux ...? May I ...? (I)

pratique practical (II)

précédent, -e previous (9)

prédire to predict (15)

préférable preferable (9)

préféré, -e favorite (I)

préférer to prefer (I)

premier, -ière first (I)

   au — étage on (to) the second floor (I)

   au — plan in the foreground (13)

   la matière —ère raw material (14)

   le — + month the first of (I)

   le — ministre prime minister (12)

la première opening night (6)

prendre to take; to have (food or drink) (I)

le prénom first name (II)

préparer to prepare (I)

préparer *(continued):*
  se — to get ready (1)
près de near (I)
présent, -e present (I)
présenter to introduce, to present (II)
  se — à to go to, to present oneself at (II)
  se — aux élections to run for office (12)
le président, la présidente president (12)
presque almost (II)
pressé, -e in a hurry (II)
  le citron — lemonade (I)
la presse the press (10)
se presser to hurry (2)
prêt, -e ready (II)
prêter (à) to lend (I)
prévenir to warn (15)
prévoir to foresee (15)
prier:
  je vous prie de + *inf. (formal)* please (9)
  je vous (t')en prie you're welcome (I)
principal, -e; *pl.* **principaux, -ales** main (I)
le principal, la principale principal *(middle school)* (I)
le printemps spring (I)
  au — in the spring (I)
la priorité right of way (3)
  respecter la — to yield (3)
le prix price (II)
  faire un — à to give a deal to, to offer a reduced price (II)
probable: peu — unlikely (9)
probablement probably (7)
le problème problem (I)
prochain, -e next (I)
proche near, close (2)
produire to produce (13)
prof *m.&f.* teacher (I)
le professeur teacher (I)
  la salle des —s teachers' lounge (I)
la profession profession (9)
profiter de to take advandage of (II)
le programme program (6)
le progrès: faire des — to make progress, to improve (I)
le projecteur projector; spotlight (II)
le projet plan (I)
  promenade: faire une — to take a walk (I)
  promener to take for a walk (II)
  se — to take a walk (II)

la promesse promise (12)
promettre à … de … + *inf.* to promise *(someone to do something)* (I)
promis: c'est —! that's a promise! (II)
prononcer to pronounce (I)
proposer (à … de …) to suggest, to propose *(to someone to do something)* (I)
propre clean (I); own (II)
protester to protest (against) (15)
provençal, -e; *pl.* **provençaux, -ales** of (from) Provence (I)
  la tomate —e stuffed tomato (II)
la province province (I)
  de — provincial (5)
le proviseur principal *(male)* of a lycée (II)
les provisions *f.pl.* groceries (II)
la prune plum (II)
le public audience (6)
publicitaire: le rédacteur, la rédactrice — ad copywriter (9)
la publicité (la pub) ad, commercial (I)
  l'agence de — ad agency (9)
  le dessinateur, la dessinatrice de — commercial artist (9)
publique: les toilettes —s public toilet (3)
les puces *f.pl.:* **le marché aux —** flea market (II)
puis then (II)
puis-je …? *(formal)* may I?, can I? (4)
puisque since (II)
la puissance power (14)
puissant, -e powerful (11)
le pull sweater (I)
la purée de pommes de terre mashed potatoes (II)

le quai platform (II)
la qualification qualification (9)
la qualité quality (II)
  quand when (I)
  depuis —? since when? how long? (II)
  — même anyway, all the same; really! (II)
quant à as for (12)
quarante forty (I)
le quart:
  le — d'heure quarter hour (I)
  time + **et —** quarter past (I)
  time + **moins le —** quarter to (I)
le quartier district, neighborhood (3)

quatorze fourteen (I)
quatre four (I)
quatre-vingt-dix ninety (I)
quatre-vingts eighty (I)
quatrième fourth (I)
que that; than (I); whom; as (II)
  ce — what (II)
  ne … — only (I)
  —? what? (I)
québécois, -e Quebecois, from Quebec (I)
quel, quelle what, which (I)
  — …! what (a) …! (I)
quelque chose something (I)
quelquefois sometimes (I)
quelques a few, several (I)
quelqu'un someone (I)
qu'est-ce que what (I)
  — …! isn't that …! (II)
  —'il y a? what's the matter? (I)
  — tu as? what's the matter with you? (I)
qu'est-ce qui? what? (I)
  — ne vas pas? what's wrong? (I)
la question question (I)
  poser une — to ask a question (I)
la queue: faire la — to stand in line (II)
qui who, whom (I); which (II)
  à — …? whose …? to whom …? (I)
  ce — what (II)
  — est-ce? who's that? (I)
  — est-ce que? whom? (I)
  — est-ce qui? who? (I)
la quiche lorraine quiche lorraine (I)
une quinzaine de jours two weeks (II)
quinze fifteen (I)
  — jours two weeks (II)
quitter to leave *(a person or place)* (I)
  ne quittez pas hold the line (II)
quoi what (I)
  à — what (I)
  de — of what (I)
  il n'y a pas de — don't mention it (II)
  n'importe — anything (12)
  — de neuf? what's new (II)
quoique although (15)
quotidien, -ne daily (3)
le quotidien daily *(publication)* (10)

raccrocher to hang up (the phone) (II)
raconter to tell, to tell about (II)
la radio radio (I)

la radio-cassette, *pl.* les radio-cassettes boom box (I)
raide straight (I)
le raisin grape (I)
la raison: avoir — to be right (I)
ralentir to slow down (II)
ramener to bring back (2)
la randonnée hike, hiking (II)
    faire une — to go hiking (II)
le randonneur, la randonneuse hiker (II)
    ranger to put away; to arrange, to straighten (II)
    rapide fast, quick (I)
    rappeler to call back (II); to remind (5)
        se — to recall (6)
    rapporter to bring in (*money*) (15)
    rare rare, unusual (5)
    rarement rarely (II)
se raser to shave (II)
le rasoir razor (II)
    rater to miss (II)
        — un examen to fail a test (I)
    ravi, -e very happy (7)
le rayon department (*of a store*) (II)
le réalisateur, la réalisatrice director (*video, TV*) (II)
    réaliser to make, to produce (13)
    réaliste realistic (13)
    récemment recently (14)
    récent, -e recent (I)
la réception reception desk; reception, party (II)
    réceptionniste *m.&f.* receptionist (II)
la recette recipe (4)
    recevoir to receive (II)
le réchaud portable stove (II)
se réchauffer to get warmed up (II)
la recherche research (10)
le récit story (8)
    réciter to recite (6)
    recommander (de + *inf.*) to recommend (12)
    reconnaître to recognize (I)
la récréation (la récré) break, recess (I)
    reçu, -e: être — to pass, to be accepted (1)
le rédacteur, la rédactrice editor, copywriter (9)
    le —, la — publicitaire ad copywriter (9)
la rédaction composition (II); editing (10)
    rédiger to write (*articles, compositions, etc.*) (8)
    réduire to reduce (12)
le réfrigérateur (le frigo) refrigerator (II)

refuser (de) to refuse (to) (I)
regarder to look at, to watch (I)
le régime diet (II)
la région region (II)
    régler to arrange (6)
    regretter to be sorry (II)
    régulièrement regularly (II)
la reine queen (11)
la remarque comment, remark (10)
    remarquer to notice (II)
    remercier (pour) to thank (for) (I)
    remplacer to replace (9)
    remplir to fill out, to fill (II;9)
        — de to fill with (II)
    rencontrer to meet, to run into (II)
le rendez-vous appointment (I)
    avoir — to have an appointment (I)
    donner — to arrange to meet (12)
    prendre — to make an appointment (I)
    rendre to return (*something*), to give back (I)
        — + *adj.* to make + *adj.* (12)
        — visite à to visit (13)
        se — compte (de) to realize (2)
les renseignements *m.pl.* information (I)
se renseigner to inquire (2)
        se — auprès de to inquire of (3)
    rentrer to go/come back, to return, to come/go home (I)
le réparateur, la réparatrice repairperson (4)
    réparer to repair, to fix (II)
le repas meal (I)
    répéter to rehearse (II)
la réplique line (*of a script*); reply (6)
    répondre (à) to answer, to reply (to) (I)
la réponse answer (I)
le reportage report (10)
se reposer to rest, to relax (II)
le représentant, la représentante salesperson (II)
    représenter to represent, to depict (13)
la reproduction print (13)
    reproduire to reproduce (13)
la république republic (12)
la République Centrafricaine Central African Republic (14)
    réserver to reserve (II); to have in store (15)
    respecter to obey (3)
        — la priorité to yield the right of way (3)

ressembler à to resemble, to look like (II)
la ressource resource (15)
le restaurant restaurant (I)
    rester to stay, to remain (I)
    résumer to summarize (6)
le retard lateness (7)
    avoir + *time* + de — to be + *time* + late (1)
    en — late (I)
le retour: l'aller et — *m.* round-trip ticket (I)
    retourner to go back, to return (I)
la retraite retirement (9)
    être à la — to be retired (9)
    prendre sa — to retire (9)
    Réunion: l'île de la — Reunion (13)
se réunir to meet (10)
    réussir (à + *inf.*) to succeed (*in doing something*) (II)
        — un examen to pass a test (I)
le rêve: faire de beaux —s to have sweet dreams (I)
    rêver (de) to dream (of) (II)
le réveil alarm clock (II)
    réveiller to wake someone up (II)
        se — to wake up (II)
    revenir to come back, to return (I)
    rêver (de) to dream (about) (II)
    réviser to go over, to review (II)
    revoir: au — good-bye (I)
la révolution revolution (11)
la revue magazine (10)
le rez-de-chaussée ground floor, main floor (I)
le rhume cold (I)
    riche rich (I)
le rideau, *pl.* les rideaux curtain, draperies (II)
    rien nothing (I)
        ça ne fait — it doesn't matter (II)
        ça ne me dit — it doesn't grab me (II)
        de — don't mention it (I)
        ne ... — not anything, nothing (I)
la rime rhyme (8)
    rire to laugh (2)
    risquer de + *inf.* might (2)
le riz rice (I)
la robe dress (I)
le robinet faucet (4)
le rocher boulder, rock (II)
le rock rock (*music*) (I)
le roi king (11)
le rôle role (I)

le roman novel (I)
le romancier, la romancière novelist (8)
le rosbif roast beef (I)
rose pink (I)
la rose rose (II)
rosé: le vin — rosé wine (I)
le rôti de porc (de veau) roast pork (veal) (I)
rouge red (I)
rougir to blush (I)
roulant: l'escalier — m. escalator (II)
rouler (en) to drive around (in), to run (vehicles) (II)
roulette:
    faire de la planche à —s to go skateboarding (II)
    faire du patin à —s to roller-skate (II)
    les patins à —s m.pl. roller skates (II)
    la planche à —s skateboard (II)
rouspéter to grumble, to complain (II)
la route road (I)
    faites bonne —! have a good trip! (II)
    se mettre en — to start off, to get going (II)
routier, -ière: la carte —ière road map (I)
roux, rousse redheaded (I)
le Ruanda Rwanda (14)
la rubrique section (of a newspaper, magazine) (10)
la rue street (I)

sa his, her, its (I)
le sable sand (II)
le sac purse; bag, tote bag (I)
    le — à dos, pl. les —s à dos backpack (I)
    le — de couchage sleeping bag (II)
sage well-behaved (II)
saignant, -e rare (meat) (I)
la saison season (I)
la salade salad (I)
    la — niçoise niçoise salad (II)
sale dirty (I)
salé, -e salty (II)
    le biscuit — cracker (II)
la salle:
    faire — comble to play to packed houses (6)
    la — à manger dining room (I)
    la — d'attente waiting room (II)

la — de bains bathroom (I)
la — de classe classroom (I)
la — de documentation school library (I)
la — de permanence study hall (I)
la — des professeurs teachers' lounge (I)
la — d'exposition showroom (II)
le salon living room (I)
    le — de coiffure beauty shop, barber shop (II)
la salopette bibbed ski pants (II)
saluer to bow (to) (6)
salut hi; bye (I)
samedi m. Saturday (I)
le sandwich, pl. les sandwichs sandwich (I)
le sang blood (II)
sans without (I)
    — que without (15)
la santé health (II)
la sauce sauce (I)
le saucisson sausage (I)
sauf except (II)
sauter to jump (II)
savoir to know, to know how (I)
le savon soap (II)
la scène stage (II); scene (6)
    le metteur en — director (movies, theater) (II)
la scie saw (4)
la science-fiction (s.-f.) science fiction (I)
les sciences f.pl. science (I)
    les — économiques economics (1)
scientifique m.&f. scientist (15)
le sculpteur sculptor (13)
la sculpture sculpture (II)
    faire de la — to sculpt, to do sculpture (II)
se himself, herself, oneself (I); each other (II;2)
sec, sèche dry (II)
    le petit gâteau — cookie (II)
le sèche-cheveux hair dryer (II)
le sèche-linge, pl. les sèche-linge dryer (II)
sécher to dry (II)
    se — to dry oneself (II)
la sécheresse drought (14)
secrétaire m.&f. secretary (9)
la sécurité: la ceinture de — seatbelt (II)
seize sixteen (I)
le séjour stay, time spent, sojourn (II)
    faire un — to stay (in a place) (7)

le sel salt (I)
selon according to (II)
la semaine week (I)
    toutes les deux —s every other week (10)
sembler to seem (9)
sénégalais, -e Senegalese (14)
sensationnel, -le terrific, sensational (II)
sensible sensitive (II)
le sens unique one-way (3)
le sentier path (II)
sentir to smell (II)
    se — to feel (II)
sept seven (I)
septembre m. September (I)
la séquence video clip (II)
sérieux, -euse serious, conscientious (I)
se serrer la main to shake hands (7)
le serveur, la serveuse waiter, waitress (I)
le service:
    le — des objets trouvés lost and found (II)
    le — est compris tip is included (I)
    le — militaire military service (11)
la serviette napkin (I); towel (II)
servir to serve (I)
    sers-toi! servez-vous! help yourself (II)
    — à to be used for (II)
    se — de to use (II)
ses pl. his, her, its (I)
le set placemat (I)
seul, -e alone (I)
seulement only (I)
    si — + imperfect how about … ! if only … ! (II)
sévère strict, stern (I)
le shampooing shampoo (II)
le short shorts (I)
si yes; if; so (I); whether (II)
    mais —! oh, yes! (I)
le siècle century (I)
le siège seat (II)
le sien, la sienne his, hers (10)
siffler to whistle; to boo (6)
signer to sign (II)
simple simple (4)
sincère sincere (I)
sinon otherwise, if not (II)
la situation situation (14)
situé, -e situated (II)
six six (I)

le ski ski (I)

    faire du — to ski (I)

    faire du — nautique to water-ski (I)

    la station de — ski resort (II)

  skier to ski (II)

  snob snobbish (I)

  social, -e: l'assistant(e) —(e) social worker (15)

la société company (9)

la sœur sister (I)

la soif: avoir — to be thirsty (I)

  soigner to take care of (II)

  se — to take care of oneself (II)

le soir evening, in the evening (I)

  ce — tonight (I)

  du — P.M., in the evening (I)

la soirée evening (I)

  bonne — have a nice evening (I)

  soit … soit either … or (2)

  soixante sixty (I)

  soixante-dix seventy (I)

le soldat soldier (5)

le solde sale (II)

  en — on sale (II)

le soleil sun (I)

  il fait du — it's sunny (I)

  le coucher du — sunset (II)

  le lever du — sunrise (II)

  les lunettes de — *f.pl.* sunglasses (I)

la solution solution (3)

  sombre dark (13)

le sommeil: avoir — to be sleepy (I)

  son his, her, its (I)

le sondage poll (12)

  sonner to ring, to sound (II)

  ça sonne the bell's ringing (I)

la sortie exit (I)

  sortir to go out (I); to take out (II)

la soucoupe saucer (I)

le soufflé soufflé (II)

  le —à l'orange orange soufflé (II)

  souffrir to suffer (14)

  souhaiter (à … de + *inf.)* to wish *(someone something)* (II)

  soulever to raise (10)

la soupe soup (II)

la source source (15)

  sourire to smile (2)

le sourire smile (I)

  sous under (I)

  sous-marine:

    faire de la plongée — to go scuba diving (II)

    la plongée — scuba diving (II)

le sous-sol basement (II)

sous-titré, -e with subtitles (II)

le sous-titre subtitle (II)

les sous-vêtements *m.pl.* underwear (II)

le souvenir souvenir (I)

  se souvenir de to remember (II)

  souvent often (I)

la spécialité specialty (II)

le spectacle show (6)

le spectateur, la spectatrice spectator (I)

  splendide splendid, magnificent (2)

le sport:

  faire du — to play sports (I)

  le rayon des —s sporting goods department (II)

  la station de —s d'hiver winter sports resort (II)

  le terrain de — playing field (I)

  la voiture de — sports car (II)

  sportif, -ive athletic (I)

  l'éducation physique (et —ive) (l'E.P.S.) *f.* gym (I)

le stade stadium (I)

le stage on-the-job training (9)

  faire un — to have on-the-job training (9)

stagiaire *m.&f.* trainee (9)

standardiste *m.&f.* switchboard operator (9)

la station station (II)

  la — de ski ski resort (II)

  la — de sports d'hiver winter sports resort (II)

stationnement: en — interdit in a no-parking zone (3)

  stationner to park (II)

la station-service, *pl.* **les stations-service** gas station (II)

la statue statue (I)

  stéréo: la chaîne —, *pl.* **les chaînes — stéréo** stereo (II)

le steward flight attendent *(male)* (II)

le stop stop sign (I)

  strict, -e strict (7)

la strophe stanza *(of a poem)* (8)

le studio vidéo TV studio (II)

le style style (8)

le stylo pen (I)

  subjectif, -ive subjective (10)

le succès: avoir du — to be successful (6)

  sucré, -e sweet (II)

le sucre sugar (I)

le sud south (I)

le sud-est southeast (I)

le sud-ouest southwest (I)

la Suède Sweden (2)

suédois, -e Swedish (2)

  suffit: ça —! that's enough! (II)

  suisse Swiss (I)

la Suisse Switzerland (I)

  suite: tout de — right away, immediately (I)

  suivant, -e following (II)

  suivre to follow; to take *(a course)* (II)

le sujet topic, subject (1)

  super great (I)

  superbe superb (II)

le supermarché supermarket (I)

le supplément: payer un — to pay extra (II)

  supplémentaire: faire des heures —s to work overtime (9)

  supporter to put up with (7)

  sur on (I)

  — la photo in the photograph (I)

  sûr, -e sure (I)

  bien — of course, certainly (I)

  surgelé, -e frozen (II)

les surgelés *m.pl.* frozen food (II)

  surprendre to surprise (7)

  surpris, -e surprised (II)

la surprise surprise (7)

  surtout especially (I)

  — pas! absolutely not! (I)

le survêtement sweatsuit (II)

  sympathique (sympa) nice, likable (I)

le syndicat d'initiative tourist office (2)

  ta your (I)

la table table (I)

le tableau, *pl.* **les tableaux** chalkboard (I); painting (II)

la tâche chore, task (15)

la taille size *(clothing)* (II)

  quelle — faîtes-vous? what size do you take? (II)

le tailleur woman's suit (II)

le talent talent (6)

  tant (de) so many, so much (II)

  — mieux so much the better (II)

  — pis too bad (II)

la tante aunt (I)

  taper (à la machine) to type (II)

le tapis rug (II)

  tapisser de papier peint to hang wallpaper (4)

  tard late (II)

la tarte pie (I)

la tartine piece of bread and butter (I)

  tas: des — de loads of, heaps of (1)

la tasse cup (I)

le taxi taxi (I)

le Tchad Chad (14)

te you; to (for, from) you (I)

le technicien, la technicienne technician (II)

la technologie technology (11)

le tee-shirt T-shirt (I)

la télé television, TV (I)

le télégramme telegram (II)

le téléphone phone (I)

    parler au — to talk on the phone (I)

téléphoner (à) to phone (I)

téléphonique: la cabine — phone booth (3)

le téléski ski lift (II)

tellement so (II)

    — de so much (of), so many (of) (II)

le témoin witness (II)

tempéré, -e moderate, temperate (II)

le temps weather; time (I)

    à — in time (1)

    à — complet full-time (9)

    à — partiel part-time (9)

    ça prend combien de — pour …? how long does it take to …? (I)

    de mon — in my day (1)

    depuis combien de —? (for) how long? (II)

    de — en — from time to time (II)

    l'emploi du — *m.* class schedule (I)

    en même — (que) at the same time (as) (II)

    le — libre spare time (II)

    passer/perdre son — à + *inf.* to spend/waste one's time *(doing something)* (II)

    peu de — a short time (II)

    quel — fait-il? what's the weather like? (I)

tenir to hold, to have (4)

    se — au courant de to keep up with (10)

    se — bien (mal) to behave well (badly) (7)

    tenez here you are, take this (2)

    — à to value, to maintain (5)

    — en haleine to keep in suspense (8)

le tennis tennis; tennis shoe (I)

la tente tent (II)

terminer to finish, to complete (II)

terne dull (13)

le terrain:

    le — de camping campground (II)

le — de sport playing field (I)

la terrasse (d'un café) sidewalk café (I)

la terre soil, land, earth (II)

    par — on the ground (I)

    la pomme de — potato (I)

terrible great, tremendous (II)

    pas — not so hot (II)

tes *pl.* your (I)

la tête head (I)

    coûter les yeux de la — to cost an arm and a leg (II)

    faire la — to make a face; to pout (II)

    la grosse — top student (1)

le texte script, text (6)

    l'explication de — *f.* analysis of a passage (8)

le thé tea (I)

le théâtre theater (I)

le ticket ticket (II)

le tien, la tienne yours (10)

    tiens! say! well!; here you go!; take this! (I)

le timbre stamp (I)

timide shy (I)

le tiroir drawer (II)

le titre title (II)

    les (gros) —s headlines (10)

toi you (I)

    —-même yourself (II)

la toile canvas (13)

la toilette:

    l'article de — toilet article (II)

    faire sa — to wash up (II)

    le gant de — wash mitt (II)

    les —s *f.pl.* restroom, toilet (I)

    les —s publiques public toilet (3)

le toit roof (II)

la tomate tomato (I)

    la — provençale stuffed tomato (II)

tomber to fall (I)

    — en panne to break down (II)

    — en panne d'essence to run out of gas (II)

    — malade to get sick (II)

ton your (I)

la tondeuse lawn mower (4)

tondre le gazon to mow the lawn (4)

le tonnerre thunder (II)

    il y a du — it's thundering (II)

tort: avoir — to be wrong (I)

tôt early (II)

toucher to cash (II)

toujours always; still (I)

la tour tower (I)

le tour:

    à ton — your turn (6)

    chacun son — each in turn, wait your turn (II)

    faire un — to go for a walk or ride (7)

le tourisme:

    le bureau de — tourist office (I)

    faire du — to sightsee (I)

    touriste: en classe — in tourist class (II)

touriste *m.&f.* tourist (I)

touristique *adj.* tourist (II)

le tourne-disque record player (I)

le tournedos *(meat)* filet (I)

tourner to turn (I)

    — un film to make/shoot a film (II)

le tournevis screwdriver (4)

tous, toutes *pron.* all (II)

    — les + *number* + *noun* every (II)

    les deux both (of us, of you, of them) (II)

    — les deux + *time period* every other (10)

tousser to cough (II)

tout *adv.:*

    en — cas in any case (II)

    — à coup suddenly (I)

    — à fait completely, totally (II)

    — à l'heure a while ago; in a little while (II)

    — de suite right away, immediately (I)

    — droit straight ahead (I)

tout *pron.* all; everything (I)

    pas du — not at all (I)

tout, -e; *pl.* **tous, toutes** all, every (I)

    de —e façon in any case, anyhow (I)

    — le monde everybody (I)

toutefois however (14)

le trac: avoir le — to have stage fright (6)

la tradition tradition (5)

la tragédie tragedy (6)

le train train (I)

    être en — de + *inf.* to be in the process/middle of *(doing something)* (II)

le trajet trip, ride, distance *(of a trip)* (II), commute (3)

la tranche slice (I)

tranquille peaceful, quiet (3)

le transparent overhead transparency (II)

les transports en commun *m.pl.* public transportation (3)

le travail work (I)

travailler to work (I)

travailleur, -euse hardworking (II)

traverser to cross (I)

le traversin bolster (II)

treize thirteen (I)

trente thirty (I)

très very (I)

la tribu tribe (14)

tricher (à) to cheat (at) (II)

tricolore three-colored (11)

le drapeau — French flag (11)

triste sad (I)

trois three (I)

troisième third (I)

se tromper (de) to be mistaken (about) (II)

trop too (I)

— (de) too much, too many (I)

tropical, -e; tropicaux, -ales tropical (II)

le trottoir sidewalk, pavement (II)

la troupe cast (6)

trouver to find (I)

comment trouvez-vous …? what do you think of …? how do you like …? (II)

se — to be found, to be located (II)

— + adj. to think something is + *adj.* (II)

tu you (I)

la tulipe tulip (II)

le tuyau, *pl.* **les tuyaux** water pipe (4)

le — d'arrosage garden hose (4)

le type guy (II)

typiquement typically (7)

un, une a, an; one (I)

à la une on the front page (10)

encore — still another (8)

l'uniforme *m.* uniform (11)

unique only (I)

le sens — one-way (3)

s'unir to unite (11)

l'université *f.* university (II)

l'usine *f.* factory (I)

utile useful (4)

utiliser to use (II)

les vacances *f.pl.* vacation (I)

en — on vacation (I)

la colonie de — summer camp (I)

la vache cow (I)

vaincre to beat, to defeat (12)

la vaisselle: faire la — to do dishes (I)

la valise suitcase (I)

faire sa — to pack one's suitcase (II)

la vallée valley (II)

valoir to be worth (II)

il vaut mieux + *inf.***/que +** *subj.* it's better (preferable) to/that (II)

— le coup (de + *inf.***)** to be worth it (to) (13)

vanille: à la — *(made with)* vanilla (I)

varié, -e varied (II)

le vase vase (II)

vaut *see* **valoir**

le veau:

la blanquette de — veal stew (I)

le rôti de — veal roast (I)

la vedette star (II)

la veine: avoir de la — to be lucky (1)

le vélo bicycle (I)

faire du — to go bike riding (I)

le vendeur, la vendeuse salesperson (I)

vendre to sell (I)

vendredi *m.* Friday (I)

venir to come (I)

— chercher to come to get, to pick up (II)

— de + *inf.* to have just *(done something)* (I)

le vent wind (I)

il fait du — it's windy (I)

le ventre stomach (II)

vérifier to check (II)

véritable real, true (10)

la vérité truth (I)

le verre glass (I)

vers toward; around (I)

le vers line of poetry (8)

verser to deposit; to pour (II)

— des arrhes to pay a deposit (II)

la version:

la — française (en v.f.) dubbed into French (II)

la — originale (en v.o.) original version with subtitles (II)

vert, -e green (I)

les espaces —s parks, greenery (3)

la veste jacket (II)

les vêtements *m.pl.* clothing (I)

les — pour dames/hommes ladies'/men's wear (II)

veuillez please (II)

— agréer mes sincères salutations *(in letters)* sincerely (9)

vexer to offend (7)

la viande meat (I)

la victoire victory (5)

vide empty (II)

vidéo: le studio — TV studio (II)

la vie life; living (II)

gagner sa — to earn a living (II)

que faites-vous dans la —? what do you do for a living? (II)

vieux (vieil), vieille; *pl.* **vieux, vieilles** old (I)

vif, vive bright *(colors)* (II)

le village village (I)

la ville city, town (I)

en — downtown, to town (I)

le vin wine (I)

le coq au — chicken cooked in wine (I)

le vinaigre vinegar (I)

la vinaigrette oil and vinegar dressing (I)

vingt twenty (I)

la vingtaine: une — de about twenty (7)

violent, -e violent (II)

violet, violette purple (I)

la vis screw (4)

la visite visit (I)

faire une — (à) to visit *(someone)* (1)

rendre — à to visit *(someone)* (13)

visiter to visit *(a place)* (I)

vitæ: le curriculum — job résumé (9)

vite hurry!; fast, quickly (I)

la vitesse speed (II)

la limite de — speed limit (3)

le vitrail, *pl.* **les vitraux** stained-glass window (13)

la vitrine shop window (II)

faire du lèche--s to window shop (II)

vive …! hurray for …! long live …! (12)

vivre to live (II)

la façon de — way of life (7)

vœux:

la carte de — greeting card (II)

meilleurs — best wishes (II)

voici here is, here are (I)

la voie (train) track (3)

le pays en — de développement developing country (14)

voilà there is, there are (I)

la voile:

faire de la planche à — to go sailboating (II)

faire de la — to go sailing (I)

le bateau à —s sailboat (I)

la **voile** (continued):
    la **planche à** — sailboard (II)
voir to see (I)
    fais (faites) — let me see, show me (II)
le **voisin**, la **voisine** neighbor (I)
la **voiture** car (I)
    en —! all aboard (II)
    la — **de sport** sports car (II)
    la —**-lit,** *pl.* les —**s-lits** sleeping car (II)
    la —**-restaurant,** *pl.* les —**s-restaurants** dining car (II)
la **voix** voice (II)
    à — **basse** softly (8)
    à — **haute** out loud, loudly (8)
le **vol** fight; theft, robbery (II)
le **volant** steering wheel (II)
    au — at the wheel (II)
    voler to steal, to rob (II)
le **voleur**, la **voleuse** thief, robber (II)
    au —! stop, thief! (II)
le **volleyball (le volley)** volleyball (I)
volontiers gladly (II)

vos *pl.* your (I)
voter to vote (12)
votre your (I)
le **vôtre,** la **vôtre** yours (10)
vouloir to want (I)
    je voudrais I'd like (I)
    ne plus — **de** to no longer want something, not to want anything more to do with (II)
    nous voudrions we'd like (I)
    si tu veux if you wish (I)
    veux-tu? please (II)
    — **bien** to be willing (I)
    — **dire** to mean (I)
vous you; to (for, from) you (I); each other (II;2)
    —**-même(s)** yourself, yourselves (II)
le **voyage:**
    l'agence de —**s** *f.* travel agency (I)
    bon —! have a nice trip (I)
    le **chèque de** — traveler's check (II)
    faire un — to take a trip (I)
    le — **de noces** honeymoon (II)

le — **organisé** package tour (2)
voyager to travel (II)
le **voyageur**, la **voyageuse** traveler (II)
vrai, -e true (I)
vraiment really, truly (I)
la **vue (sur)** view (of) (I)

le **week-end** weekend (I)
le **western** western *(movie)* (I)
le **wolof** Wolof *(language of Senegal)* (14)

y there; it (I)
    ça — **est!** that's it! (II)
    il — **a** there is, there are (I)
    il — **a** + *time* ago (I)
le **yaourt** yogurt (I)
les yeux *see* **œil**

zéro zero (I)
zut! darn!, rats! (I)

ENGLISH-FRENCH VOCABULARY

The *English-French Vocabulary* contains all active vocabulary from *DIS-MOI!*, *VIENS VOIR!*, and *C'EST ÇA!*

A dash (—) represents the main entry word. For example, — **agency** following **ad** means **ad agency.** An asterisk before a word that begins with an *h* denotes and aspirate *h*.

The number following each entry indicates the chapter or book in which the word or expression is first introduced. Two numbers indicate that it is introduced in one chapter and elaborated upon in a later chapter. Roman numeral "I" indicates that the word was presented in *DIS-MOI!*; Roman numeral "II" that it was presented in *VIENS VOIR!*

The following abbreviations are used: *adj.* (adjective), *adv.* (adverb), *f.* (feminine), *inf.* (infinitive), *m.* (masculine), *part.* (participle), *pl.* (plural), *pres.* (present), *pron.* (pronoun), *subj.* (subjunctive).

a, an un, une; + *measure* le, la (I)
able: to be — pouvoir (I)
aboard: all —! attention au départ! en voiture! (II)

about:
    — **a hundred** une centaine (de) (3)
    — **ten** une dizaine (de) (II)
    — **twenty** une vingtaine (de) (7)

    — **which** dont (II)
how — ...? si seulement + *imperfect* (II)
to be — **to** être sur le point de + *inf.* (15)

about *(continued):*
  what's ... —? de quoi parle ...? (8)
  what's it —? ça parle de quoi? (II)
above au-dessus de (II)
  up — en haut (II)
abroad à l'étranger (I)
  from — de l'étranger (10)
  to go — partir à l'étranger (I)
absent absent, -e (I)
absentminded distrait, -e (II)
absolutely not! surtout pas! (I)
abstract abstrait, -e (13)
Acadian acadien, -ne (5)
accent l'accent *m.* (I)
  without an — sans accent (I)
to accept accepter (II)
accident l'accident *m.* (II)
to accompany accompagner (I)
according to d'après (I); selon (II)
account le compte (II)
  in an — sur (le) compte (II)
accountant le/la comptable (II)
accounting la comptabilité (9)
acquainted: to be — with connaître
  (I)
across from en face de (I)
act l'acte *m.* (6)
to act agir (15)
  action l'action *f.* (6)
  active actif, -ive (II)
  activity l'activité *f.* (II)
  leisure activities les loisirs *m.pl.* (II)
actor l'acteur *m.* (I); le comédien (6)
actress l'actrice *f.* (I); la comédienne
  (6)
ad la publicité (la pub) (I)
  — agency l'agence de publicité
    f. (9)
  — copywriter le rédacteur/la
    rédactrice publicitaire (9)
  classified — la petite annonce (II)
to adapt s'adapter (1)
to add ajouter (II)
  address l'adresse *f.* (I)
adhesive bandage le pansement
  adhésif (II)
to admire admirer (7)
to admit admettre (15)
  adorable adorable (I)
advantage: to take — of profiter de
  (II)
adventure l'aventure *f.* (II;6)
  — film le film d'aventures (II)
  — novel le roman d'aventures (II)
adversary l'adversaire *m.&f.* (12)

advice les conseils *m.pl.* (II)
  — column le courrier du cœur (II)
  piece of — le conseil (II)
to advise *(someone to do something)*
  conseiller à ... de + *inf.* (II)
aerobics l'aérobic *f.* (II)
  to do — faire de l'aérobic *f.* (II)
aerogram l'aérogramme *m.* (II)
afraid:
  I'm — so (not) je crains que oui
    (non) (II); oui (non), hélas
    (11)
  to be — (of) avoir peur (de) (I)
Africa l'Afrique *f.* (II)
African africain, -e (II)
after après (I)
  the day — le lendemain (de) (II)
afternoon l'après-midi *m.* (I)
  in the — (de) l'après-midi (I)
afterward ensuite (I)
again encore (I); de nouveau (II)
against contre (II)
age: of — majeur, -e (12)
ago il y a + *time* (I)
  a while — tout à l'heure (II)
to agree être d'accord (II)
agriculture l'agriculture *f.* (II)
ahead:
  go — allez-y! (II)
  straight — tout droit (I)
to aim diriger (II)
air l'air *m.* (II)
air-conditioned climatisé, -e (II)
air force l'armée de l'air *f.* (II)
air mail par avion (II)
airplane l'avion *m.* (I)
airport l'aéroport *m.* (I)
alarm clock le réveil (II)
algebra l'algèbre *f.* (I)
Algeria l'Algérie *f.* (14)
all *adj.* tout, -e, *pl.* tous, toutes;
  pron. tout (I); *pron.* tous,
  toutes (II)
  — aboard! attention au départ! en
    voiture! (II)
  — the same quand même (II)
  it's — the same to me ça m'est
    égal (I)
  not at — pas du tout (I)
to allow permettre à ... de + *inf.* (II)
  — me vous permettez? (II)
allowance l'argent de poche *m.* (I)
almost presque (II)
alone seul, -e (I)

along: to get — well/badly (with)
  s'entendre bien/mal (avec) (II)
already déjà (I)
Alsace l'Alsace *f.* (11)
  from the — region alsacien, -ne (II)
also aussi (I)
although bien que + *subj.* (15);
  quoique + *subj.* (15)
always toujours (I)
A.M. du matin (I)
amazed étonné, -e (II)
ambition l'ambition *f.* (15)
America l'Amérique *f.* (I)
  North — l'Amérique du Nord (I)
American américain, -e (I)
  like —s à l'américaine (7)
  the — way à l'américaine (7)
among entre (I); parmi (II)
amusing amusant, -e (I)
an un, une (I)
analysis of a passage l'explication
  de texte *f.* (8)
to analyze analyser (8)
ancestor l'ancêtre *m.* (II)
ancient ancien, -ne (I)
and et (I)
angry: to become — se fâcher (II)
animal l'animal, *pl.* les animaux *m.*;
  la bête (I)
ankle la cheville (II)
anniversary: wedding — l'anniversaire
  de mariage *m.* (II)
to announce annoncer (II)
announcement le faire-part, *pl.* les
  faire-part (II)
to annoy embêter (II)
another encore un(e) + *noun* (8)
  one — se, nous, vous (I)
  still — encore un(e) + *noun* (8)
answer la réponse (I)
to answer répondre (à) (I)
anthem: national — l'hymne
  national *m.* (11)
any des; *(after negative)* de (I); ne ...
  aucun(e) (8)
  in — case de toute façon; en tout
    cas (I)
anybody: not — ne ... personne (I)
anyhow de toute façon (II)
anymore: not — ne ... plus (I)
anything n'importe quoi (12)
  not — ne ... rien (I)
  not to want — more to do with
    ne plus vouloir de (II)
anyway quand même (II)

anywhere: not — ne … nulle part (3)
apartment l'appartement *m.* (I)
— **building** l'immeuble *m.* (I)
apiece la pièce (II)
to apologize (for) s'excuser (de) (7)
to appear se présenter (II); paraître (10)
appetizers les*hors-d'œuvre *m.pl.* (I)
to applaud applaudir (I)
apple la pomme (I)
— **pie** la tarte aux pommes (I)
application la candidature (9)
to apply for *(a job)* poser sa
candidature (9)
appointment le rendez-vous (I)
to have (make) an — avoir
(prendre) rendez-vous (I)
to approve approuver (6)
April avril *m.* (I)
architect l'architecte *m.&f.* (9)
architecture l'architecture *f.* (13)
to argue (with) se disputer (avec) (II)
arm le bras (I)
to cost an — **and a leg** coûter les
yeux de la tête (II)
armchair le fauteuil (II)
army l'armée *f.* (11)
around vers (I); autour de (II)
to arrange organiser (I); ranger (II);
régler (6)
to — **to meet** donner rendez-vous (12)
to arrest arrêter (II)
arrival l'arrivée *f.* (II)
— **time** l'heure d'arrivée *f.* (II)
to arrive arriver (I)
art l'art *m.* (II)
article l'article *m.* (II)
lead — l'éditorial, *pl.* les
éditoriaux *m.* (10)
minor —s les faits divers *m.pl.* (10)
toilet — l'article de toilette *m.* (II)
artist l'artiste *m.&f.* (II)
commercial — le dessinateur/la
dessinatrice de publicité (9)
artistic artistique (II)
as a(n) comme (I)
— … — aussi … que (II)
— **for** quant à (12)
— **for me** moi *(interruption)* (II)
— **much/many** autant (de/que) (10)
— **soon** — aussitôt que (11); dès
que (11)
— **well** également (14)
to ask (for) demander (à … de + *inf.*) (I)
to — **a question** poser une
question (I)

asleep: to fall — s'endormir (II)
aspirin l'aspirine *f.* (II)
assistance l'aide *f.* (4)
to astonish étonner (7)
astonished étonné, -e (II)
at à; chez (I)
— **last** enfin (I)
— **least** au moins (II)
athletic sportif, -ive (I)
athletics l'athlétisme *m.* (II)
to do — faire de l'athlétisme (II)
Atlantic Ocean l'océan Atlantique
m. (I)
to attach attacher (II)
to attend assister à (I)
to — **to** s'occuper de (II)
attendance: to take — faire l'appel
m. (I)
attendant: flight — le steward,
l'hôtesse de l'air *f.* (II)
attention l'attention *f.* (10)
to pay — **(to)** faire attention (à) (I)
attic le grenier (II)
to attract attirer (10)
audience le public (6)
August août *m.* (I)
aunt la tante (I)
author l'auteur *m.* (6)
autobiography l'autobiographie *f.* (8)
automatic metro map le plan-
indicateur (II)
autumn l'automne *m.* (I)
in — en automne (I)
available libre (I); disponible (9)
avenue l'avenue *f.* (II)
on the — dans l'avenue (II)
to avoid éviter (de + *inf.*) (II); fuir (4)
aware conscient, -e (15)
awful affreux, -euse (II)
how —! quelle horreur! (I)

baby le bébé (II)
to babysit garder (un enfant) (I)
back le dos (I); *adj.* arrière (II)
to have a —**ache** avoir mal au
dos (I)
background: in the — à l'arrière-
plan (13)
backpack le sac à dos (II)
backstage les coulisses *f.pl.* (6)
backward en arrière (II)
bad mauvais, -e (I); *adv.* mal (I)
it's — **out** il fait mauvais (I)
that's too — c'est dommage (I)

too — tant pis (II)
badly mal (I)
bag le sac (I)
to pack one's —**s** faire ses
bagages (II)
sleeping — le sac de couchage (II)
tote — le sac (I)
baggage les bagages *m.pl.* (II)
baker le boulanger, la boulangère (I)
bakery la boulangerie (I)
balcony le balcon (II)
ball la balle; *(inflated)* le ballon (I)
banana la banane (II)
bandage le pansement (II)
bank la banque (I)
on the — **of** au bord de (II)
banker le banquier, la banquière (II)
barber le coiffeur, la coiffeuse (II)
— **shop** le salon de coiffure (II)
bargain la bonne affaire (II)
to bargain marchander (II)
baseball le baseball (I)
basement le sous-sol (II)
basket le panier (II)
basketball le basket(ball) (I)
Basque region le Pays Basque (11)
bath le bain (II)
to take a — prendre un bain (II)
bathing suit le maillot de bain (I)
bathroom la salle de bains (I)
bathtub la baignoire (II)
battery la pile (II)
bay la baie (II)
to be être; *(located)* se trouver (I)
it's like —**ing** on se croirait (5)
beach la plage (I)
beans: green — les*haricots verts *m.pl.*
(I)
beard la barbe (II)
to beat battre (4); vaincre (12)
beautiful beau (bel), belle; *pl.* beaux,
belles (I)
beauty shop le salon de coiffure (II)
because parce que (I); car (II)
— **of** à cause de (3)
to become devenir (I)
bed le lit (II)
to go to — se coucher (II)
to put to — coucher (II)
bedroom la chambre (à coucher) (I)
bee l'abeille *f.* (14)
beef:
— **burgundy** le bœuf bourguignon (I)
ground — le bifteck haché (II)
roast — le rosbif (I)

beer la bière (I)

before avant (I); avant de + *inf.* (II); avant que + *subj.* (15)

to **begin (to)** commencer (à + *inf.*) (I); se mettre à + *inf.* (II)

beginning le commencement (I)
  at the — au début (II)

behaved: well- sage (II)

to **behave well (badly)** se tenir bien (mal) (7)

behind derrière (I)

Belgian belge (I)

Belgium la Belgique (I)

to **believe** croire (II)
  not to — one's eyes/ears ne pas en croire ses yeux/oreilles (7)

bell la cloche (II)
  the — is ringing ça sonne (I)

belongings les affaires *f.pl.* (II)

to **belong to** être à; faire partie de (I); appartenir à (13)

below au-dessous de (II)
  down — en bas (II)

belt la ceinture (I)

beneficial bénéfique (15)

Benin le Bénin (14)

berth la couchette (II)

beside à côté (de) (I)

besides d'ailleurs (II)

best le (la) meilleur(e); *adv.* le mieux (II)
  — wishes *(letters)* amicalement; meilleurs vœux (II)
  to do one's — faire de son mieux (I)
  it's — to/that il vaut mieux + *inf./* que + *subj.* (II)

better meilleur, -e; *adv.* mieux (II)
  to be/feel — aller mieux (I)
  it's — to/that il vaut mieux + *inf./* que + *subj.* (II)
  so much the — tant mieux (II)

between entre (I)

beverage la boisson (I)

bicycle le vélo (I); la bicyclete (II)
  to go bicycling faire du vélo (I)

big grand, -e (I)
  — toe l'orteil *m.* (II)

bike *see* **bicycle**

bilingual bilingue (5)

bill *(check)* l'addition *f.*; *(money)* le billet (I); *(invoice)* la note (II)

billfold le portefeuille (I)

biography la biographie (II)

biology la biologie (I)

bird l'oiseau, *pl.* les oiseaux *m.* (I)

birth la naissance (9)

birthday l'anniversaire *m.* (I)
  — cake le gâteau d'anniversaire (I)
  happy —! bon anniversaire! (I)

bit le morceau, *pl.* les morceaux (I)
  a little — (of) un peu (de) (I)

black noir, -e (I)

blackboard le tableau, *pl.* les tableaux (I)

blanket la couverture (II)

blond blond, -e (I)

blood le sang (II)

blouse le chemisier (I)

blow le coup (6)

to **blow-dry** faire un brushing (II)

blue bleu, -e (I)
  — cheese le bleu (II)

to **blush** rougir (II)

boarding pass la carte d'embarquement (II)

boat le bateau, *pl.* les bateaux (I)
  by — par bateau (II)
  to go —ing faire du bateau (I)

body le corps (I)
  — building la musculation (II)
  to do — building faire de la musculation (II)

bolster le traversin (II)

to **boo** siffler (6)

book le livre (I); *(slang)* le bouquin (II)
  — of tickets le carnet (II)

bookcase l'étagère *f.* (II)

bookstore la librairie (II)

boom box la radio-cassete (I)

boot la botte (I)

booth: phone — la cabine téléphonique (3)

border la frontière (I)

bored: to be — s'ennuyer (II)

boring ennuyeux, -euse (I)

born né, -e (I)
  to be — naître (I)

to **borrow (from)** emprunter (à) (I)

boss le patron, la patronne (9)

both tous (toutes) les deux (II)

to **bother** embêter (I); déranger (II); gêner (3)

bottle la bouteille (I)

bottom:
  at the — of en bas (II)
  on the — en bas (II)

bouillabaisse la bouillabaisse (I)

boulder le rocher (II)

boulevard le boulevard (II)

on the — sur le boulevard (II)

bouquet le bouquet (II)

to **bow (to)** saluer (6)

box la boîte (I)
  post office (P.O.) — la boîte postale (B.P.) (II)
  tool— la boîte à outils (4)

boy le garçon (I)

boyfriend le petit ami (II)

bracelet le bracelet (I)

brake le frein (II)

to **brake** freiner (II)

brand la marque (II)

brand-new neuf, neuve (II)

bravo! bravo (I)

bread le pain (I)
  loaf of French — la baguette (I)
  piece of — and butter la tartine (I)

break *(rest)* la récré(ation) (I)

to **break** casser (I)
  to — *(a bone)* se casser (II)
  to — down tomber en panne (II)

breakfast le petit déjeuner (I)

Breton breton, -ne (5)

bride la mariée (II)

bridge le pont (I)

Brie le brie (II)

briefs: news — les faits divers *m.pl.* (10)

bright *(colors)* vif, vive (II)

to **bring** apporter (I)
  to — back ramener (2)
  to — down descendre (II)
  to — forward avancer (II)
  to — in *(money)* rapporter (15)
  to — up monter (II)

Brittany la Bretagne (5)

broke *(out of money)* fauché, -e (I)

brother le frère (I)

brother-in-law le beau-frère (II)

brown marron; brun, -e (I)

brush la brosse (II)

to **brush** brosser (II)
  to — one's hair/teeth se brosser les cheveux/dents (II)

buffet le buffet (II)

to **build** construire (3)

building le bâtiment (I)

bulb: light — l'ampoule *f.* (4)

Burkina Faso le Burkina-Faso (II;14)

to **burn** brûler (II)
  to — + *part of body* se brûler à (II)
  to — oneself se brûler (II)

Burundi le Burundi (14)

bus l'autobus (le bus) *m.* (I)

bus (continued):

— **stop** l'arrêt m. d'autobus (II)

tour — le car (I)

business les affaires f.pl. (9)

bust le buste (13)

busy occupé, -e (I)

not — libre (I)

but mais (I)

butcher le boucher, la bouchère (I)

— **shop** la boucherie (I)

butter le beurre (I)

button le bouton (II)

to **buy** acheter (I)

to — **for oneself** s'acheter (2)

by par; en + vehicle (I); au bord de (II)

cabbage le chou, pl. les choux (II)

café le café (I)

sidewalk — la terrasse d'un café (I)

cafeteria la cantine (I)

cake le gâteau, pl. les gâteaux (I)

birthday — le gâteau d'anniversaire (I)

calendar le calendrier (I)

call:

phone — le coup de fil (II)

to give someone a — passer un coup de fil (II)

to **call** (on the phone) téléphoner à (I); appeler (II)

to — **back** rappeler (II)

who's —ing? qui est à l'appareil? (II)

calm calme (I)

Camembert le camembert (II)

camera l'appareil (de photo) m. (I)

movie — la caméra (II)

Cameroon le Cameroun (14)

camp:

— **counselor** le moniteur, la monitrice (II)

summer — la colonie de vacances (I)

to **camp** faire du camping (I)

campaign la campagne (12)

camper: trailer — la caravane (II)

campground le terrain de camping (II)

camping: to go — faire du camping (I)

can pouvoir (I)

— **I ... ?** (formal) puis-je ... ? (4)

can la boîte (II)

— **opener** l'ouvre-boîte, pl. les ouvre-boîtes m. (II)

Canada le Canada (I)

Canadian canadien, -ienne (I)

canapé le canapé (II)

candidate le candidat, la candidate (12)

candy les bonbons m.pl. (I)

canned en boîte (I)

— **goods** les conserves f.pl. (II)

canvas la toile (13)

capital la capitale (II)

car la voiture (I)

sports — la voiture de sport (II)

caramel custard la crème caramel (I)

card la carte (I)

commuter — la Carte Orange (II)

credit — la carte de crédit (II)

greeting — le carte de vœux (II)

ID — la carte d'identité (2)

to play —s jouer aux cartes (I)

care:

to take — **of** s'occuper de; soigner (II)

to take — **of oneself** se soigner (II)

career la carrière (9)

to have a — faire carrière (9)

caretaker le/la concierge (I)

carnation l'œillet m. (II)

carpenter le charpentier (4)

carpeting la moquette (II)

carrot la carotte (I)

to **carry** porter (I)

to — **out** effectuer (15)

cart le chariot (II)

cartoon (film) le dessin animé (I); le dessin humoristique (10)

case: in any — de toute façon; en tout cas (II)

cash:

in — en liquide (II)

— **register** la caisse (II)

to **cash a check** toucher un chèque (II)

cashier le caissier, la caissière (II)

cassette la cassette (I)

— **player** le magnétophone à cassettes (I)

cast le plâtre (II); la troupe (6)

in a — dans le plâtre (II)

castle le château, pl. les châteaux (I)

cat le chat (I)

it's raining —**s and dogs** il pleut des cordes (II)

to **catch** attraper (II)

cathedral la cathédrale (13)

cauliflower le chou-fleur, pl. les choux-fleurs (II)

ceiling le plafond (II)

to **celebrate** fêter (II); célébrer (11)

celebration la fête (II)

celery le céleri (II)

centime le centime (I)

central central, -e; pl. centraux, -ales (14)

Central African Republic la République Centrafricaine (14)

century le siècle (I)

cereal les céréales f.pl. (II)

certain certain, -e (7)

certainly bien sûr (I)

Chad le Tchad (14)

chair la chaise (I)

chalk la craie (I)

chalkboard le tableau, pl. les tableaux (I)

chambermaid la femme de chambre (II)

champagne le champagne (II)

chance: there's a good — il y a des chances (9)

change (coins) la monnaie (I); le changement (15)

to **change** évoluer (15)

to — + noun changer (de) (II)

to — **one's mind** changer d'avis (II)

channel la chaîne (7)

chapter le chapitre (I)

character le personnage (6)

charge: to be in — **of** se charger de (II)

charming charmant, -e (I)

to **chat** bavarder (II)

château le château, pl. les châteaux (I)

cheap(er) bon (meilleur) marché (II)

to **cheat (at)** tricher (à) (II)

check (bill) l'addition f. (I); le chèque (II)

by — par chèque (II)

to cash a — toucher un chèque (II)

traveler's — le chèque de voyage (II)

to **check** vérifier (II)

to — (one's baggage) faire enregistrer (ses bagages) (II)

checkers les dames f.pl. (I)

to play — jouer aux dames (I)

check-in l'enregistrement m. (II)

checkout counter la caisse (II)

cheek la joue (II)

to kiss on the — faire la bise (7)

cheese le fromage (I)

grilled ham and — le croque-monsieur, pl. les croque-monsieur (I)

chemistry la chimie (I)

cherry la cerise (II)

chess les échecs m.pl. (I)

to play — jouer aux échecs (I)

chest la poitrine (II)
chicken le poulet (I)
  — **cooked in wine** le coq au vin (I)
  — **provençale** le poulet provençal (I)
chief:
  in — en chef (10)
  — **of state** le chef d'état (14)
child l'enfant *m.&f.* (I)
chimney la cheminée (II)
chips les chips *f.pl.* (II)
chocolate le chocolat; *(made with)* au chocolat (I)
  — **mousse** la mousse au chocolat (I)
choice le choix (I)
to choose choisir (I)
chop la côtelette (II)
chore la tâche (15)
Christmas Noël *m.* (I)
church l'église *f.* (I)
citation la citation (8)
citizen le citoyen, la citoyenne (12)
city la ville (I)
  — **map** le plan (II)
class le cours (I)
  after — après les cours (I)
  — **schedule** l'emploi du temps (I)
  first- *adj.* de première classe (II)
  to give a — faire un cours (11)
  to go to *(subject)* — aller en cours de (I)
  in tourist — en classe touriste (II)
  second- *adj.* de deuxième classe (II)
classic *(film or play)* le grand classique (II)
classical classique (I)
classified ad la petite annonce (II)
classmate le/la camarade de classe (I)
classroom la salle de classe (I)
clay l'argile *f.* (13)
clean propre (I)
to clean nettoyer (II)
to clear the table débarrasser la table (I)
climate le climat (II)
to climb monter (I)
clock l'horloge *f.* (II)
  alarm — le réveil (II)
clogged bouché, -e (4)
close proche (2)
to close fermer (I)
closet le placard (I)
clothing les vêtements *m.pl.* (I)
cloud le nuage (I)
cloudy: it's — le ciel est couvert (I)
club le club (II)
  glee — la chorale (II)

coal le charbon (14)
coast la côte (II)
coat le manteau, *pl.* les manteaux (I)
cocoa le cacao (14)
code: zip — le code postal (II)
coffee le café (I)
  — **with cream** le café crème (I)
coin la pièce (I)
cold froid, -e; le rhume (I); le froid (14)
  it's — **out** il fait froid (I)
  to be — *(people)* avoir froid (I)
  to leave — laisser froid (13)
college student l'étudiant(e) (II)
colonist le colon (5)
to colonize coloniser (14)
colony la colonie (II)
color la couleur (I)
  what —? de quelle couleur? (I)
column: advice — le courrier du cœur (II)
comb le peigne (II)
to comb:
  to — **one's hair** se peigner (II)
  to — **someone's hair** peigner (II)
to come venir (I); se présenter à (II)
  — **on!** ça alors! (I); allez! (II); tu parles! (1)
  how —? comment ça se fait? (1)
  that —**s to how much?** ça fait combien? (I)
  to — **back** rentrer; revenir (I)
  to — **down** descendre (I)
  to — **in** entrer (dans) (I)
  to — **out** paraître (II)
  to — **to get** venir chercher (II)
  to — **up** monter (I)
comedy la comédie (6); *(film)* le film comique (II)
comfortable confortable (I); à l'aise (II)
  to make *(someone)* **feel** — mettre à l'aise (9)
comic strip la bande dessinée (la B.D., *pl.* les B.D.) (I)
to commemorate commémorer (11)
comment la remarque (10)
to comment on commenter (8)
commercial la pub(licité) (I)
  — **artist** le dessinateur/la dessinatrice de publicité (9)
community la communauté (5)
commute le trajet (3)
commuter ticket la Carte Orange (II)
company la société (I)
comparment le compartiment (II)
to complain rouspéter (II)

  to — **(about)** se plaindre (de) (4)
to complete terminer (II)
completely tout à fait (II)
complicated compliqué, -e (4)
composer le compositeur, la compositrice (6)
composition la rédaction (II)
computer l'ordinateur *m.* (II)
  —**s** l'informatique *f.* (II)
concert le concert (I)
conclusion la conclusion (8)
concrete le béton (3)
condition la condition (II)
conductor le contrôleur, la contrôleuse (II); le chef d'orchestre (6)
Congo le Congo (14)
to congratulate féliciter (II)
congratulations! félicitations! (I)
conscientious sérieux, -euse (I)
to consist of consister en (9)
to consult consulter (10)
to consume consommer (II)
contact lenses les lentilles (de contact) *f.pl.* (I)
contemporary contemporain, -e (13)
continent le continent (II)
to continue (to) continuer (à) (I); poursuivre (9)
contrary: on the — au contraire (I)
contrast le contraste (13)
conversation la conversation (II)
to convince (of/to) convaincre (de + *inf.*) (12)
convinced convaincu, -e (12)
cook le cuisinier, la cuisinière (II)
to cook faire la cuisine (I); faire cuire (II); cuire (4)
cookie le petit gâteau sec (II)
cooking la cuisine (I)
cool: it's — **out** il fait frais (I)
to cope se débrouiller (2)
copper le cuivre (14)
copy la copie (13)
copywriter le rédacteur, la rédactrice (9)
  ad — le rédacteur/la rédactrice publicitaire (9)
coq au vin le coq au vin (I)
cord le fil (4)
corn le maïs (14)
corner le coin (I)
correct correct, -e (I)
to correct corriger (I)
to correspond correspondre (I)
corridor le couloir (I)

to cost coûter (I)
to — an arm and a leg coûter les yeux de la tête (II)
costume le costume (6)
cotton le coton (II)
(made of) — en coton (II)
couch le canapé (II)
to cough tousser (II)
could you …? pourriez-vous …? (I; II)
counselor:
camp — le moniteur, la monitrice (II)
guidance — le conseiller/la conseillère d'orientation (9)
to count (on) compter (sur) (I)
counter le comptoir (II)
checkout — la caisse (II)
country la campagne; le pays (I)
couple le couple (II)
courage le courage (II)
course (school) le cours (I)
main — le plat principal (I)
of — mais oui; bien sûr (I)
of — not mais non (I)
to give a — faire un cours (II)
to take a — suivre un cours (II)
courtyard la cour (I)
cousin le (la) cousin(e) (I)
cover (book, magazine) la couverture (10)
cow la vache (I)
cracker le biscuit salé (II)
to cram bachoter (1)
crash helmet le casque (II)
crazy fou, folle (II)
— person le fou, la folle (II); le/la dingue (1)
to be — about adorer (I)
cream la crème (I)
coffee with — le café crème (I)
to create créer (11)
credit card la carte de crédit (II)
crêpe la crêpe (I)
crescent roll le croissant (I)
critic le/la critique (6)
to cross traverser (I)
crowd la foule (I)
to cry pleurer (II)
cultural culturel, -le (5)
culture la culture (5)
cup la tasse (I)
cupboard le placard (II)
to cure guérir (15)
curly frisé, -e (I)
currency exchange le bureau de change (II)
current actuel, -le (II)

— events l'actualité f. (10)
currently actuellement (II); de nos jours (6)
curtain le rideau, pl. les rideaux (II)
custard: caramel — la crème caramel (I)
custodian le/la concierge (I)
customer le (la) client(e) (I)
customs la douane (I)
— officer le douanier (II)
to go through — passer la douane (II)
to cut couper (I)
to — + part of body se couper à (II)
to — oneself se couper (II)
cute mignon, -ne (II)
cycling le cyclisme (II)
to go — faire du cyclisme (II)
cyclist le/la cycliste (II)

Dad papa (I)
daily quotidien, -ne (3); (publication) le quotidien (10)
dairy:
— merchant le crémier, la crémière (I)
— store la crémerie (I)
daisy la marguerite (II)
damp humide (II)
dance la danse (II)
to dance danser (I)
dancer le danseur, la danseuse (II)
dancing la danse (II)
danger le danger (11)
dangerous dangereux, -euse (II)
Danish danois, -e (2)
dark (hair) brun, -e (I); (colors) foncé, -e; (skin) mat, -e (II); sombre (13)
to get — faire nuit (I)
darn! zut! (I)
date la date (I)
—book l'agenda m. (II)
to ...... de (11)

— person le (la) mort(e) (10)
deal:
to get a good — faire une bonne affaire (II)
to offer a — faire un prix à (II)
dear cher, chère (II)
oh, — oh là là! (II)
debate le débat (10)
December décembre m. (I)
to decide (to) décider (de) (I)
to declare déclarer (II)
to decorate décorer (13)
to deepen approfondir (1)
defeat la défaite (5)
to defeat vaincre (12)
to defend défendre (II)
degree le diplôme (9)
it's (minus) … —s il fait (moins) … degrés (I)
delicatessen la charcuterie (I)
— owner le charcutier, la charcutière (I)
delicious délicieux, -euse (I)
delighted enchanté, -e (7); ravi, -e (7)
delightful adorable (I)
to demand exiger (3)
to demolish démolir (3)
demonstration la manifestation (15)
Denmark le Danemark (2)
dentist le/la dentiste (I)
—'s office le cabinet (II)
department (of a store) le rayon (II); le département (13)
— head le directeur, la directrice (9)
— store le grand magasin (II)
departure le départ (II)
— gate la porte d'embarquement (II)
— time l'heure de départ f. (II)
point of — le point de départ (II)
to depend on dépendre de (14)
to depict représenter (13)
deposit les arrhes f.pl. (II)
to pay a — verser des arrhes (II)
to deposit verser (II)
deputy le/la député (12)
to descend from descendre de (I)
descendant le (la) descendant(e) (5)
to describe décrire (II)
to deserve mériter (8)
designer le dessinateur, la dessinatrice (9)
set — le décorateur, la décoratrice (II)
desk le bureau, pl. les bureaux (I)
reception — la réception (II)
dessert le dessert (I)

destination la destination (II)

to **detach** détacher (II)

detail le détail (6)

detective *adj.* policier, -ière (I)

to **develop** développer (14)

developing country le pays en voie de développement (14)

to **dial** composer le numéro (II)

diamond le diamant (14)

dictionary le dictionnaire (II)

to **die** mourir (I)

diet le régime (II)

difference la différence (14)

different différent, -e (de) (II)

difficult difficile (I)

difficulty la difficulté (12)

without — haut la main (1)

dining car la voiture-restaurant, *pl.* les voitures-restaurants (II)

dining room la salle à manager (I)

dinner le dîner (I)

to have — dîner (I)

diploma le diplôme (9)

direct direct, -e (II)

to **direct** diriger (II)

direction la direction (3)

director *(film, theater)* le metteur en scène; *(video, TV)* le réalisateur, la réalisatrice (II); *(of a department)* le directeur, la directrice (9)

dirty sale (I)

to **disagree** être en désaccord (11)

disagreeable désagréable (I)

disagreement le désaccord (11)

to **disappear** disparaître (3)

to **disappoint** décevoir (II)

disappointed déçu, -e (II)

discouraged:

don't get — bon courage! (II)

to get — se décourager (6)

to **discover** découvrir (11)

discovery la découverte (15)

to **discuss** discuter de (2)

discussion le débat (10)

dish le plat (I)

— of ice cream la coupe de glace (I)

to do the —es faire la vaisselle (I)

dishwasher le lave-vaisselle, *pl.* les lave-vaisselle (II)

to **disobey** désobéir (à) (I)

disoriented dépaysé, -e (7)

to **displease** déplaire à (2)

distance *(of a trip)* le trajet (II)

distracted distrait, -e (II)

district le quartier (3)

to **disturb** déranger (II)

to **dive** plonger; faire de la plongée (II)

diving la plongée (II)

Djibouti Djibouti (14)

to **do** faire (I); réaliser (13)

to "— it yourself" bricoler (4)

to make — with se contenter de (1)

doctor le médecin (I); *(title, form of address)* le docteur (II)

—'s office le cabinet (II)

documentary le documentaire (I)

dog le chien (I)

it's raining cat and —s il pleut des cordes (II)

doll la poupée (II)

dollar le dollar (II)

done: it isn't — ça ne se fait pas (7)

door la porte (I)

double room la chambre à deux lits (II)

to **doubt** douter (9)

down:

— below en bas (II)

— with …! à bas …! (12)

downtown en ville (I); le centre-ville (le centre) (3)

dozen la douzaine (de) (I)

draperies le rideau, *pl.* les rideaux (II)

to **draw** dessiner (I); attirer (10)

drawer le tiroir (I)

drawing le dessin (I)

dream: to have sweet —s faire de beaux rêves (I)

to **dream (about)** rêver (de) (II)

dress la robe (I)

to **dress** *(someone)* habiller (II)

dressed: to get — s'habiller (II)

dressing: oil and vinegar — la vinaigre[...]

drink la boi[...]

to **drink** boire [...]

to giv[...]

to [...]

drought la sécheresse (14)

dry sec, sèche (II)

to **dry (oneself)** (se) sécher; (s') essuyer (II)

dryer le sèche-linge, *pl.* les sèche-linge (II)

hair — le sèche-cheveux (II)

dubbed doublé, -e (II)

duck le canard (I)

— with orange sauce le canard à l'orange (II)

dull terne (13)

dumb bête (I)

during pendant (I); au cours de (2)

dust la poussière (4)

Dutch néerlandais, -e (2)

each chaque (I)

— in turn chacun(e) son tour! (II)

— one chacun, -e (II)

— other se, nous, vous (II;2)

for — one la pièce (II)

ear l'oreille *f.* (I)

not to believe one's —s ne pas en croire ses oreilles (7)

to have an —ache avoir mal à l'oreille (I)

early de bonne heure (I); en avance; tôt (II)

to **earn** gagner (II)

earrings les boucles d'oreilles *f.pl.* (I)

earth la terre (II)

easily haut la main (1)

east l'est *m.* (I)

eastern oriental, -e; *pl.* orientaux, -ales (14)

easy facile (I)

to **eat** manger (I)

something to — quelque ch[...] manger (I)

ecologist l'écologiste [...]

economical écono[...]

[...]ics le[...]

[...]tte (I)

[...]sson (I)

[...]e **something to** [...] à boire à (I)

something to — quel[...] boire (I)

drive conduire (II)

to — around (in) roule[...] circuler (II)

to — out chasser (5)

driver le conducteur, la co[...] (II); l'automobiliste [...]

—'s license le permis de [...]

taxi — le chauffeur de t[...]

truck — le chauffeur de [...]

eighteen dix-huit (I)
eighty quatre-vingts (I)
either ... or soit ... soit (2)
elbow le coude (II)
to elect élire (12)
election l'élection *f.* (12)
electric(al) électrique (II)
electrician l'électricien *m.*,
    l'électricienne *f.* (4)
electronics l'électronique *f.* (1)
    — department le rayon hi-fi (II)
elegant chic (I); élégant, -e (II)
elevator l'ascenseur *m.* (II)
eleven onze (I)
else: somewhere — ailleurs (3)
to embrace (s')embrasser (II)
to emigrate émigrer (5)
employee l'employé(e) (I)
empty vide (II)
enclosed ci-joint, -e (9)
encore! bis! (6)
to encourage encourager (6)
end la fin (I)
    up/all the way to the — jusqu'au
        bout (II)
ending le dénouement (8)
enemy l'ennemi(e) (5)
energetic énergique (I)
energy l'énergie *f.* (15)
engaged fiancé, -e (II)
engineer l'ingénieur *m.* (1)
England l'Angleterre *f.* (I)
English anglais, -e; *(language)*
        l'anglais *m.* (I)
    — Channel la Manche (I)
    —-speaking anglophone (5)
to enjoy (oneself) s'amuser (II); se
        plaire (2)
    — your meal! bon appétit! (I)
    — your trip! bon voyage! (I)
enjoyable amusant, -e (I)
to enlist s'engager (11)
enormous énorme (15)
enough assez + *adj.*; assez de (I)
    that's —! ça suffit! (II)
to enroll in s'inscrire à (1)
to enter entrer (dans) (I)
to entertain oneself se distraire (7)
entire entier, -ière (3)
entirety: in its — en entier (8)
entrance l'entrée *f.* (I)
entranceway le*hall (13)
envelope l'enveloppe *f.* (I)
environment l'environnement *m.* (15)
episode l'épisode *m.* (10)

equality l'égalité *f.* (11)
er ... euh ... (I)
era l'époque *f.* (5)
eraser la gomme (I)
escalator l'escalier roulant *m.* (II)
to escape (from) échapper (à) (3)
especially surtout (I)
to establish établir (10)
Europe l'Europe *f.* (I)
even *adv.* même (II)
evening le soir; la soirée (I)
    good — bonsoir (I)
    have a nice — bonne soirée (I)
    in the — le soir; *time* + du soir (I)
    last — hier soir (I)
event l'événement *m.* (10)
    current —s l'actualité *f.* (10)
eventually finalement (5)
ever déjà (I); jamais (II)
every chaque; tous les, toutes les (I)
    — + *number* **+** *noun* tous (toutes)
        les + *number* + *noun*
    — other day (month, week, year)
        tou(te)s les deux jours (mois,
        semaines, années) (10)
everybody tout le monde (I)
everything tout (I)
everywhere partout (II)
to evolve évoluer (15)
exam l'examen *m.* (I)
    to fail an — rater un examen (I)
    high-school graduation — le
        bac(calauréat) (1)
    oral — l'oral, *pl.* les oraux *m.* (1)
    to pass an — réussir un examen (I)
    to take an — passer un examen (I)
    written — l'écrit *m.* (1)
to examine examiner (II)
example: for — par exemple (I)
excellent excellent, -e (I)
except sauf (II)
excerpt l'extrait *m.* (8)
exchange l'échange *m.* (11)
    currency — le bureau de change (II)
excited: to get — s'énerver (2)
exciting passionnant, -e (II)
excuse me pardon (I); excuse(z)-moi (II)
exercise l'exercice *m.* (I)
to exercise faire de l'exercice (I)
to exhaust épuiser (15)
exhausted épuisé, -e (II)
exhibit, exhibition l'exposition *f.* (II)
to exhibit exposer (13)
exit la sortie (I)
to expect s'attendre à (7)

expensive cher, chère (I)
    to be — coûter cher (I)
    less — meilleur marché (II)
experience l'expérience *f.* (9)
to explain expliquer (I)
to export exporter (14)
to express oneself s'exprimer (5)
exquisite exquis, -e (II)
exterior l'extérieur *m.* (II)
to extinguish éteindre (4)
extra:
    to pay — payer un supplément (II)
    to take an — day off faire le pont (11)
extract l'extrait *m.* (8)
extraordinary extraordinaire (6)
eye l'œil, *pl.* les yeux *m.* (I)
    not to believe one's —s ne pas en
        croire ses yeux (7)
    to have ... —s avoir les yeux ... (I)
eyeglasses les lunettes *f.pl.* (I)

face la figure (II)
    to make a — faire la tête (II)
    to wash one's — se laver la figure (II)
fact le fait (12)
    as a matter of — en effet (I)
    in — en effet (I); en fait (13)
factory l'usine *f.* (I)
to fail a test rater un examen (I)
faithful fidèle (5)
fall l'automne *m.* (I)
    in the — en automne (I)
to fall tomber (I)
    to — asleep s'endormir (II)
false faux, fausse (I)
familiar; to be — with connaître (I)
family la famille (I)
famous célèbre (I)
fantastic fantastique (6)
far:
    — from loin de (I)
    — from it! loin de là! (15)
    to go — away s'éloigner (2)
farm la ferme (I)
farmer l'agriculteur *m.*, l'agricultrice
        f. (I)
to fascinate passionner (1); fasciner (13)
fast rapide; vite (I)
to fasten attacher (II)
fat gros, grosse (I)
    to get — grossir (I)
father le père (I)
father-in-law le beau-père (II)
faucet le robinet (4)

favorite préféré, -e (I); favori, -ite (8)
February février *m.* (I)
fed up: to be — with en avoir marre de + *inf.* (II)
to feed donner à manger à (I)
to feel se sentir (II)
   not —ing at home dépaysé, -e (7)
   to — like (*doing something*) avoir envie de + *inf.* (I)
   to make (*someone*) **— comfortable** mettre à l'aise (9)
   to — nauseated avoir mal au cœur (II)
   to — well (ill, better) aller bien (mal, mieux) (II)
felt-tip pen le feutre (I)
fever la fièvre (I)
   to have a — avoir de la fièvre (I)
few peu de (I)
   a — quelques (I)
fewer and fewer de moins en moins (de) (II)
fiancé(e) le (la) fiancé(e) (II)
field le champ (I)
   playing — le terrain de sport (I)
fifteen quinze (I)
   time + **—** ... heure(s) et quart (I)
fifth cinquième (I)
fifty (51, 52, *etc.*) cinquante (cinquante et un, cinquante-deux, *etc.*) (I)
to fight se battre (5)
filet (*meat*) le tournedos (I)
to fill (with) remplir (de) (II)
   to — out remplir (II;9)
   to — up (*with gas*) faire le plein (II)
film le film; la pellicule (I)
   — set le décor (II)
   to make a — tourner un film (II)
   to show a — passer un film (II)
finally enfin (I)
to find trouver (I)
fine beau (bel), belle; *pl.* beaux, belles (I)
   things are — ça va bien (I)
fine la contravention (3)
finger le doigt (II)
to finish finir (I); terminer (II)
fire le feu; *pl.* les feux (II)
to fire licencier (9)
fireplace la cheminée (II)
fireworks le feu d'artifice (11)
firm l'entreprise *f.* (9)
first premier, -ière; *adv.* d'abord (I)
   at — d'abord (I); au début (II)

—-class *adj.* de première classe (II)
— name le prénom (II)
the — of le premier + *month* (I)
fish le poisson (I)
   —market la poissonnerie (I)
   — stew la bouillabaisse (I)
fishing la pêche (II)
   to go — aller à la pêche (II)
fishmonger le poissonnier, la poissonnière (I)
fit (*someone*) en forme (I)
to fit aller (bien) à (II)
five cinq (I)
to fix réparer (II)
fixed-price meal le menu (I)
flag le drapeau, *pl.* les drapeaux (I)
   French — le drapeau tricolore (11)
flash of lightning l'éclair *m.* (II)
flat à plat (II)
flea market le marché aux puces (II)
Flemish (*language*) le flamand (I)
flight le vol (II)
   — attendant le steward, l'hôtesse de l'air *f.* (II)
flood l'inondation *f.* (15)
floor (*of a building*) l'étage *m.* (I); le plancher (II)
   ground (main) — le rez-de-chaussée (I)
   on the second (third, *etc.*) **—** au premier (deuxième, *etc.*) étage (I)
flop le four (6)
florist le/la fleuriste (II)
flour la farine (II)
flower la fleur (I)
flowering plant la plante en fleur (II)
flu la grippe (II)
fluently couramment (II)
fog le brouillard (II)
foggy: it's — il y a du brouillard (II)
folk *adj.* folk(lorique) (II)
to follow suivre (II)
following suivant, -e (II)
fond of attaché, -e à (5)
   to be — of aimer bien (I)
foot le pied (I)
   on — à pied (I)
football le football américain (I)
footrace la course à pied (II)
   to run a — faire de la course à pied (II)
for pour; pendant (I); depuis; car; ça fait/il y a + *time* + que + *present* (II)

as — quant à (12)
— a(n) comme (I)
to forbid (*someone to do something*) interdire (à ... de + *inf.*) (3)
to force (*someone to do something*) pousser à + *inf.* (10)
forecast: weather — la météo (II)
foreground: in the — au premier plan (13)
foreign étranger, -ère (I); de l'étranger (10)
foreigner l'étranger *m.*, l'étrangère *f.* (I)
to foresee prévoir (15)
forest la forêt (II)
to forget (to) oublier (de) (I)
fork la fourchette (I)
form la fiche (II); le formulaire (9); la forme (13)
to form former (11)
former ancien, -ne (II)
formerly autrefois (II); jadis (11)
fortunately heureusement (I)
forty (41, 42, *etc.*) quarante (quarante et un, quarante-deux, *etc.*) (I)
forward en avant (II)
found: to be — se trouver (II)
to found fonder (5)
fountain la fontaine (I)
four quatre (I)
fourteen quatorze (I)
fourth quatrième (I)
foyer le*hall (13)
franc le franc (I)
France la France (I)
fraternity la fraternité (11)
free libre; gratuit, -e (I)
   — time le temps libre (II)
freedom la liberté (7)
freeway l'autoroute *f.* (3)
to freeze geler (I)
French français, -e; (*language*) le français (I)
   — Guiana la Guyane Française (13)
   — Polynesia la Polynésie Française (13)
   —-speaking francophone (II)
French fries les frites *f.pl.* (I)
fresh frais, fraîche (I)
Friday vendredi *m.* (I)
fridge le frigo (II)
   in the — au frais (II)
friend l'ami(e); le copain, la copine (I)
   to make —s se faire des amis (2)
friendly accueillant, -e (7)

fright: to have stage — avoir le trac (6)
to frighten faire peur à (I)
from de (d') (I)
  originally — d'origine + *adj.* (5)
front *adj.* avant (II)
  — door l'entrée *f.* (I)
  in — of devant (I)
  on the — page à la une (10)
frozen surgelé, -e (II)
  — food les surgelés *m.pl.* (II)
fruit les fruits *m.pl.; (piece of)* le fruit (I)
  — juice le jus de fruit
frying pan la poêle (II)
full complet, -ète; plein, -e (II)
full-time à temps complet (9)
fun: to make — of se moquer de (2)
funny drôle; amusant, -e (I);
  marrant, -e (II)
furious furieux, -euse (II)
furniture les meubles *m.pl.* (II)
future l'avenir *m.* (II)

Gabon le Gabon (14)
to gain weight grossir (I)
gallery la galerie (13)
game le jeu, *pl.* les jeux; le match
  (I); la partie (II)
  — show le jeu, *pl.* les jeux (II)
  to play a — (of) faire une partie
  (de) (II)
garage le garage (I)
garbage can la poubelle (4)
garden le jardin (I)
  — hose le tuyau d'arrosage (4)
to garden faire du jardinage (I)
gardener le jardinier, la jardinière (II)
garish criard, -e (13)
garlic l'ail *m.* (I)
gas, gasoline l'essence *f.* (II)
  — station la station-service, *pl.* les
  stations-service (II)
  to run out of — tomber en panne
  d'essence (II)
gate: departure — la porte
  d'embarquement (II)
gaudy criard, -e (13)
generation gap le conflit des
  générations (15)
generous généreux, -euse (I)
genius le génie (13)
gentleman le monsieur, *pl.* les
  messieurs (I)
  ladies and gentlemen messieurs-
  dames (I)

gently doucement (II)
geography la géographie (I)
geometry la géométrie (I)
German allemand, -e; *(language)*
  l'allemand *m.* (I)
Germany l'Allemagne *f.* (I)
to get obtenir (9)
  how do you — to … ? quel est le
  chemin pour aller … ? (II)
  let's — going! allons-y! (I)
  to come to — venir chercher (II)
  to — along well/badly (with)
  s'entendre bien/mal (avec) (II)
  to — around circuler (II)
  to — by passer (II)
  to — going se mettre en route (II)
  to — in *(a car)* monter dans (I)
  to — off (of) *(a bus, plane, etc.)*
  descendre de (I)
  to — on *(a bus, plane, etc.)* monter
  dans (I)
  to — out of *(a car)* descendre de (I)
  to — together se réunir (10)
  to — up se lever (II)
  to go — aller chercher (II)
Ghana le Ghana (II)
gift le cadeau, *pl.* les cadeaux (I)
gifted doué, -e (II)
girl la jeune fille (I)
girlfriend la petite amie (II)
to give (to) donner (à); offrir (à) (I)
  to — back rendre (à) (I)
  to — someone a call passer un
  coup de fil (II)
  to — up céder (5)
glad content, -e (I)
gladly volontiers (II)
glance: at first — au premier coup
  d'œil (13)
to glance at jeter un coup d'œil sur (10)
glass le verre (I)
glasses les lunettes *f.pl.* (I)
glee club le chorale (II)
to glide glisser (II)
glove le gant (I)
to go aller (I); se présenter à (II); partir
  (1)
  — ahead allez-y! (II)
  — on! allez-y! (II); tu parles! (1)
  here you —! tiens! (I)
  how's it —ing? ça va? (I)
  it went well ça a bien marché (1)
  let's —! allons-y! (I)
  to be going to *(do something)* aller
  + *inf.* (I)

  to get —ing se mettre en route (II)
  to — around circuler (II)
  to — away s'en aller (II)
  to — back rentrer; retourner (I)
  to — by passer (II)
  to — down descendre (I)
  to — far away s'éloigner (2)
  to — for a ride faire un tour (en
  voiture) (7)
  to — for a walk se balader (1);
  faire un tour (7)
  to — get aller chercher (II)
  to — in entrer (dans)(I)
  to — out sortir (I)
  to — over réviser (II)
  to — through brûler (3)
  to — to bed se coucher (II)
  to — to *(subject)* **class** aller en
  cours de … (I)
  to — to see (ask, tell) s'adresser
  à (2)
  to — to sleep s'endormir (II)
  to — up monter (I)
  to — with accompagner (I)
goal le but (I)
goat la chèvre (I)
gold l'or *m.* (II)
  (made of) **—** en or (II)
golf le golf (II)
good bon, bonne (I)
  — evening bonsoir (I)
  — in fort, -e en (I)
  — morning bonjour (I)
  to have a — time s'amuser (II)
  no — nul, -le en (I)
  that's a — one! c'est la meilleure! (1)
good-bye au revoir; salut (I)
gosh, is (he/she) … ! comme (il/elle)
  est … ! (II)
got: you've — a lot of nerve! tu
  exagères (II)
government le gouvernement (12)
grab: it doesn't — me ça ne me dit
  rien (II)
grade la note (I)
graduation: high-school —exam le
  bac(calauréat) (1)
gram le gramme (II)
grandchildren les petits-enfants
  m.pl. (II)
granddaughter la petite-fille (II)
grandfather le grand-père (I)
grandmother la grand-mère (I)
grandparents les grands-parents
  m.pl. (I)

English-French Vocabulary   **549**

grandson le petit-fils (II)
grape le raisin (I)
grapefruit le pamplemousse (II)
grass l'herbe *f.* (II)
gray gris, -e (I)
great super; formidable; chic!; parfait (I); génial, -e; terrible (II)
Great Britain la Grande-Bretagne (2)
great-grandfather l'arrière-grand-père *m.* (5)
great-grandmother l'arrière-grand-mère *f.* (5)
great-grandparents les arrière-grands-parents *m.pl.* (5)
green vert, -e (I)
  — beans les haricots verts *m.pl.* (I)
to greet accueillir (7)
greeting card la carte de vœux (II)
grilled ham and cheese le croque-monsieur, *pl.* les croque-monsieur (I)
grocer l'épicier *m.,* l'épicière *f.* (I)
groceries les provisions *f.pl.* (II)
grocery store l'épicerie *f.* (I)
groom le marié (II)
ground:
  —beef le bifteck haché (II)
  — floor le rez-de-chaussée (I)
  on the — par terre (I)
group le groupe (I)
to grumble rouspéter (II)
Guadeloupe la Guadeloupe (13)
to guess deviner (I)
guest l'invité(e) (I)
guidance counselor le conseiller/la conseillère d'orientation (9)
guide le/la guide (I)
guidebook le guide (I)
guilty coupable (II)
Guinea la Guinée (II;14)
guitar la guitare (I)
guy le type (II)
gym l'éducation physique (et sportive) (l'E.P.S.) *f.* (I)
gym(nasium) le gymnase (I)
gymnastics la gymnastique (I)
  to do — faire de la gymnastique (I)

hair les cheveux *m.pl.* (I)
  to brush/wash one's — se brosser/laver les cheveux (II)
  to have ... — avoir les cheveux ... (I)
hairbrush la brosse à cheveux (II)
haircut la coupe (II)

to get a — se faire couper les cheveux (II)
hairdresser le coiffeur, la coiffeuse (II)
hair dryer le sèche-cheveux (II)
hairstyle la coiffure (II)
half- demi- (II)
  —-bottle la demi-bouteille (II)
  — hour la demi-heure (I)
  — (of) la moitié (de) (II)
  — past *time +* et demi(e) (I)
hall le couloir (I)
ham le jambon (I)
  grilled — and cheese le croque-monsieur, *pl.* les croque-monsieur (I)
hamburger le*hamburger (I); le bifteck haché (II)
hammer le marteau, *pl.* les marteaux (4)
to hamper gêner (3)
hamster le*hamster (I)
hand la main (I)
  a (helping) — un coup de main (II)
  to shake —s se serrer la main (7)
  to wash one's —s se laver les mains (II)
to hand in rendre (I)
handkerchief le mouchoir (II)
handsome beau (bel), belle; *pl.* beaux, belles (I)
to hang:
  to — up raccrocher (II)
  to — wallpaper tapisser de papier peint (4)
to happen se passer; *(to someone)* arriver à (II)
happiness le bonheur (II)
happy heureux, -euse; content, -e (I)
  — birthday! bon anniversaire! (I)
  very — ravi, -e (7)
hard difficile (I)
  to have a — time avoir du mal à + *inf.* (2)
  to work — bûcher (1)
hardworking travailleur, -euse (II)
hat le chapeau, *pl.* les chapeaux (I)
to hate détester (I); avoir horreur de (4)
to have avoir; *(food or drink)* prendre (I); tenir (4)
  to — *(something done)* faire + *inf.* (II)
  to — just *(done something)* venir de + *inf.* (I)
  to — to il faut (I); devoir (II)
he il; lui (I)

head la tête (I); *(of a department)* le directeur, la directrice (9); le chef (9)
  to have a —ache avoir mal à la tête (I)
  — of state le chef d'état (14)
to head (toward) se diriger (vers) (II)
headlines les (gros) titres *m.pl.* (10)
health la santé (II)
heaps of des tas de (1)
to hear entendre (I)
heart le cœur (II)
heat la chaleur (14)
heavy lourd, -e (I)
hello bonjour; *(in the evening)* bonsoir (I); *(on phone)* allô? (II)
helmet le casque (II)
help l'aide *f.* (4)
to help aider (I)
  — yourself! sers-toi! servez-vous! (II)
  may I — you? vous désirez? (I)
  helping hand un coup de main (II)
hen la poule (I)
her sa, son, ses; elle; la (l') (I)
  to (for, from) — lui (I)
here ici (I)
  — is/are voici (I)
  — you go! tiens! (I); tenez! (2)
heritage l'héritage *m.* (5)
hero le*héros *m.* (6)
heroine l'héroïne *f.* (6)
hers le sien, la sienne (10)
herself elle-même (II)
to hesitate hésiter (à + *inf.*) (II)
hey! hé! (II)
hi salut (I)
to hide cacher (I)
high *adv.* haut (II)
high school le lycée (I)
  — graduation exam le bac(calauréat) (1)
  — student le (la) lycéen(ne) (I)
highway l'autoroute *f.* (3)
hike la randonnée (II)
hiker le randonneur, la randonneuse (II)
hiking la randonnée (II)
  to go — faire une randonnée (II)
hilarious marrant, -e (II)
hill la colline (II)
him lui; le (l') (I)
  to (for, from) — lui (I)
himself lui-même (II)
to hire embaucher (9)
his son, sa, ses (I); le sien, la sienne (10)

historical historique (II)
history l'histoire *f.* (I)
to hitchhike faire de l'auto-stop *m.* (2)
hockey le*hockey (I)
to hold tenir (4)
    — the line ne quittez pas (II)
holiday: official — le jour férié (11)
home:
    at — chez (moi, toi, *etc.*) (I); en famille (5)
    not feeling at — dépaysé, -e (7)
    to (at) someone's — chez (I)
    to come/go — rentrer (I)
homework les devoirs *m.pl.* (I)
    to do — faire ses devoirs (I)
honey le miel (14)
honeymoon le voyage de noces (II)
to hope espérer (I)
horoscope l'horoscope *m.* (II)
horror film le film d'horreur (II)
hors d'œuvres les*hors-d'œuvre *m.* (I)
horse le cheval, *pl.* les chevaux (I)
hose: *(garden)* le tuyau (d'arrosage) (4)
hospital l'hôpital, *pl.* les hôpitaux *m.* (I)
host: TV show — l'animateur *m.*, l'animatrice *f.* (10)
hot chaud, -e (I)
    it's — out il fait chaud (I)
    not so — pas terrible (II)
    to be — *(people)* avoir chaud (I)
hot dog le*hot-dog (I)
hotel l'hôtel *m.* (I)
hour l'heure *f.* (I)
    half — la demi-heure (I)
    rush — les heures de pointe *f.pl.* (II)
house la maison (I)
    at (to) *(someone's)* — chez (I)
    to play to packed —s faire salle comble (6)
housewares department le rayon de ménage (II)
housework: to do — faire le ménage (I)
how comment (I)
    (for) — long (pour) combien de temps (I)
    — about ...? si seulement + *imperfect* (II)
    — are things? ça va? (I)
    — are you ? comment allez-vous?, comment vas-tu? (I)
    — come? comment ça se fait? (1)
    — do you get to ...? quel est le chemin pour aller ...? (II)

    — long depuis quand (II)
    — much (many)? combien (de)? (I)
    — much time does it take to ...? ça prend combien de temps pour ...? (I)
    — old are you? tu as quel âge? (I)
    that comes to — much? ça fait combien? (I)
however cependant (II); pourtant (8); toutefois (14)
huh? hein? (II)
humid humide (II)
    it's — il fait un temps humide (II)
humorous humoristique (8)
hundred cent (I)
    about a — une centaine (de) (3)
hungry: to be — avoir faim (I)
hunting la chasse (II)
    to go — aller à la chasse (II)
hurray for ...! vive ...! (12)
hurry:
    —! vite! (I)
    in a — pressé, -e (II)
to hurry se dépêcher (II); se presser (2)
to hurt avoir mal à (I); faire mal à (II)
    to — one's + *part of body* se faire mal à (II)
    to — oneself se faire mal (II)
husband le mari (I)
hush! chut! (I)
hymn l'hymne *m.* (11)
hypocritical hypocrite (I)

I je (I)
ice la glace (I)
ice cream la glace (I)
ice cube le glaçon (II)
to ice skate faire du patin à glace (II)
ice skates les patins à glace *m.pl.* (II)
ID card la carte d'identité (2)
idea l'idée *f.* (I)
identification papers les papiers d'identité *m.pl* (II)
if si (I)
    — not sinon (II)
    — you were me (I were you, *etc.*) à ma (ta, *etc.*) place (II)
ill:
    to be/feel — aller mal (I)
    to become — tomber malade (II)
    to look — avoir mauvaise mine (I)
illustration l'illustration *f.* (10)
illustrator l'illustrateur *m.*, l'illustratrice *f.* (10)

image l'image *f.* (II)
immediately tout de suite (I); aussitôt (12)
impatient impatient, -e (I)
importance l'importance *f.* (10)
important important, -e (I)
    — person le personnage (8)
    it's — to/that il est important de + *inf.* /que + *subj.* (II)
impossible impossible (I)
impression l'impression *f.* (13)
Impressionist impressionniste (13)
to improve faire des progrès (I); se perfectionner (1)
in dans; à; en (I)
    — it dedans (II)
    — order to pour + *inf.* (I)
to include comprendre (II)
    included: the tip is — le service est compris (I)
incorrect incorrect, -e (I)
to increase approfondir (1)
incredible pas croyable (1)
indeed en effet (I)
to indicate indiquer (II)
individual *adj.* individuel, -le (II); l'individu *m.* (12)
industry l'industrie *f.* (II)
inexpensive bon marché (II)
    to be — ne pas coûter cher (I)
infirmary l'infirmerie *f.* (I)
to inform informer (10)
    to keep —ed about s'informer de (10)
information les renseignements *m.pl.* (I)
inhabitant l'habitant *m.* (II)
injection la piqûre (II)
    to give an — faire une piqûre à (II)
in-laws les beaux-parents *m.pl.* (II)
inn l'auberge *f.* (II)
innocent innocent, -e (II)
to inquire se renseigner (2)
    to — of se renseigner auprès de (3)
inside dedans (II)
to insist insister (12)
to install installer (II)
installment l'épisode *m.* (10)
instead of au lieu de (II)
instrument l'instrument *m.* (I)
intelligent intelligent, -e (I)
to interest passionner (1)
    to — *(someone in)* interésser *(quelqu'un à)* (II)
    would it — you to ...? ça te dirait de + *inf.* ...? (II)

interested: to be — in s'intéresser à (II)
interesting intéressant, -e (I)
  to be — to passionner (1)
interior l'intérieur *m.* (II)
intermission l'entracte *m.* (6)
internship le stage (9)
  to have an — faire un stage (9)
intersection le carrefour (3)
interview l'interview *f.* (II); *(formal)* l'entretien *m.* (9)
to interview interviewer (II)
into dans (I)
to introduce présenter (II)
introduction l'introduction *f.* (8)
invitation l'invitation *f.* (I); le faire-part, *pl.* les faire-part (II)
to invite inviter (I)
Ireland l'Irlande *f.* (2)
Irish irlandais, -e (2)
iron le fer (14)
island l'île *f.* (II)
isn't that …! qu'est-ce que …! (II)
issue le numéro (10)
it elle *f.*, il *m.*; le, la, l' (I)
  that's —! ça y est! (II)
  to — y (I)
Italian italien, -ne; *(language)* l'italien *m.* (I)
Italy l'Italie *f.* (I)
its son, sa, ses (I)
Ivory Coast la Côte-d'Ivoire (II;14)
  from the — ivoirien, -ne (14)

jacket le blouson (I); la veste (II)
jam la confiture (I)
  traffic — l'embouteillage *m.* (3)
January janvier *m.* (I)
Japanese japonais, -e (II)
jazz le jazz (I)
jeans le jean (I)
jeep la jeep (II)
jewelry les bijoux *m.pl.* (II)
  — store la bijouterie (II)
  piece of — le bijou (II)
job le métier (II); l'emploi *m.* (9)
  doing odd —s le bricolage (4)
  — résumé le curriculum vitæ (9)
  to do odd —s bricoler (4)
jogging le jogging (II)
  to go — faire du jogging (II)
joke: that's a real —! c'est la meilleure! (1)
to joke plaisanter (1)
journalist le/la journaliste (II)

judge le juge (II)
judo le judo (II)
  to practice — faire du judo (II)
juice le jus (I)
July juillet *m.* (I)
to jump sauter (II)
June juin *m.* (I)
just juste (II)
  to have — *(done something)* venir de + *inf.* (I)
  to — *(do something)* se contenter de (1)

to keep garder (II)
  to — informed about s'informer de (10)
  to — in suspense tenir en haleine (8)
  to — up with se tenir au courant de (10)
key la clef (II)
kidding:
  no —! sans blague! (II)
  to be — plaisanter (II)
kilo(gram) le kilo(gramme) (I)
kind *adj.* gentil, -le; le genre (6)
king le roi (11)
kiosk le kiosque (II)
kiss: love and —es *(letters)* bons baisers (II)
to kiss (s')embrasser (II); *(on both cheeks)* faire la bise (7)
kitchen la cuisine (I)
knee le genou, *pl.* les genoux (II)
knife le couteau, *pl.* les couteaux (I)
knock le coup (6)
to knock frapper (6)
to know connaître; savoir (I)
  to — each other se connaître (II)
  to — how savoir + *inf.* (I)
knowledge la connaissance (1)
known connu, -e (II)

lab(oratory) labo(ratoire) (I)
label l'étiquette *f.* (II)
to lack manquer (15)
ladder l'échelle *f.* (4)
lady la dame (I)
  ladies and gentlemen messieurs-dames (I)
  ladies' wear les vêtements pour dames *m.pl.* (II)
  young — mademoiselle (I)
lake le lac (II)

lamb l'agneau, *pl.* les agneaux *m.* (II)
  — chop la côtelette d'agneau (II)
  leg of — le gigot (I)
lamp la lampe (II)
land la terre (II)
to land atterrir (II)
landscape le paysage (II;13)
language la langue (I)
  — lab le labo de langues (I)
large gros, grosse; grand, -e (I)
last dernier, -ière (I)
  — night hier soir (I); cette nuit (II)
to last durer + *time* (II)
late en retard (I); tard (II)
  to be + *time* + — avoir + *time* + de retard (II)
  to sleep — faire la grasse matinée (II)
lateness le retard (7)
latest dernier, -ière (I)
to laugh rire (2)
  to — at se moquer de (2)
to launch lancer (10)
laundry: to do the — faire la lessive (I)
law la loi (12)
  — school la faculté de droit (15)
lawn la pelouse (I); le gazon (4)
  — mower la tondeuse (4)
  to mow the — tondre le gazon (4)
lawyer l'avocat(e) (II)
lazy paresseux, -euse (I)
to lead mener (II)
lead article l'éditorial, *pl.* les éditoriaux *m.* (10)
leaf la feuille (I)
to leak fuir (4)
to learn (to) apprendre (à) (I)
least:
  at — au moins (II)
  the — + *adj./adv.* le/la moins (II)
leather le cuir (II)
  (made of) **—** en cuir (II)
to leave partir; quitter *(a person or place)* (I); s'en aller (II)
  to — (behind) laisser (I)
  to — cold laisser froid (13)
left la gauche (12)
  to the — (of) à gauche (de) (I)
leg la jambe (I)
  — of lamb le gigot (I)
  to cost an arm and a — coûter les yeux de la tête (II)
leisure time les loisirs *m.pl.* (II)
  — activities les loisirs *m.pl* (II)
lemonade le citron pressé (I)
to lend prêter (à) (I)

lenses: contact — les lentilles (de contact) *f.pl.* (I)
less + *adj./adv.* moins (II)
— and — de moins en moins (de) (II)
lesson la leçon (I)
to let permettre à … de + *inf.* (II); laisser + *inf.* (4)
let's go! allons-y! (I)
letter la lettre (I)
— carrier le facteur, la factrice (I)
short — le petit mot (I)
lettuce la laitue (I)
Liberia le Libéria (II)
liberty la liberté (7; 11)
library la bibliothèque (I)
school — la salle de documentation (I)
license: driver's — le permis de conduire (II)
to lie mentir (II)
life la vie (II)
still — la nature morte (13)
way of — la façon de vivre (7)
to lift the receiver décrocher (II)
light *(weight/calories)* léger, -ère (I; II); *(color/skin)* clair, -e (II)
to get — faire jour (II)
light la lumière (II)
— bulb l'ampoule *f.* (4)
red/green — le feu rouge/vert (3)
traffic — le feu (3)
lightning les éclairs *m.pl.* (II)
flash of — l'éclair *m.* (II)
there's — il y a des éclairs (II)
likable sympa(thique) (I)
like comme (I)
it looks — on dirait (II)
it's — being on se croirait (5)
— Americans à l'américaine (7)
to look — ressembler à (II)
what's … ? comment est … ? (I)
what's the weather —? quel temps fait-il? (I)
to like aimer (I)
how do you —? comment trouvez-vous … ? (II)
I'd — je voudrais (I)
I/you — it (that) ça me/te plaît (II)
I/you — them ils me/te plaisent (II)
we'd — nous voudrions (I)
likewise moi de même (II)
line la ligne (II; 8); *(of a script)* la réplique (6); *(of poetry)* le vers (8)
hold the — ne quittez pas (II)
to stand in — faire la queue (II)

lip la lèvre (II)
list la liste (II)
to listen to écouter (I)
liter le litre (I)
literature la littérature (8)
little petit, -e; *adv.* peu de (I)
a — un peu (de) (I)
in a — while tout à l'heure (II)
live *(broadcast)* en direct (12)
to live vivre (II)
long — …! vive …! (12)
to — in/at habiter à; *(a house/ apartment)* habiter dans (I)
living la vie (II)
to earn a — gagner sa vie (II)
what do you do for a —? que faites-vous dans la vie? (II)
living room le salon (I)
loads of des tas de (1)
located: to be — se trouver (II)
to lock fermer à clef (II)
locker le casier (I)
long long, longue (I)
(for) a — time longtemps (I)
(for) how —? (pour) combien de temps? (I)
how —? depuis quand? (II)
— live …! vive …! (12)
longer: no — ne … plus (I)
to look + *adj.* avoir l'air + *adj.* (II)
it —s like on dirait (II)
to — at regarder (I)
to — for chercher (I)
to — forward to avoir hâte de + *inf.* (12)
to — (good) on *(someone)* aller (bien) à (II)
to — like ressembler à (II)
to — out on donner sur (II)
to — up consulter (10)
to — well (ill) avoir bonne (mauvaise) mine (I)
Lorraine la Lorraine (11)
to lose perdre (I)
to — weight maigrir (I)
lost:
— and found le service des objets trouvés (II)
to get — se perdre (2)
lot: a — (of) beaucoup (de) (I)
lot: parking — le parking (3)
loud fort, -e (II)
out — à voix haute (8)
loudly à voix haute (8)

loudspeaker le*haut-parleur (II)
lounge: teachers' — la salle des professeurs (I)
lousy: what a — *(play, novel, etc.)!* quel navet! (6)
love l'amour *m.* (II); *(in letters)* grosses bises (7)
— and kisses *(letters)* bons baisers! (II)
— story *(film)* le film d'amour (II)
to love aimer (I)
low *adv.* bas (II)
loyal fidèle (5)
luck la chance (I)
lucky: to be — avoir de la chance (I); avoir de la veine (1)
luggage les bagages *m.pl.* (II)
lunatic le fou, la folle (II)
lunch le déjeuner (I)
to have — déjeuner (I)
lunchroom la cantine (I)
Luxembourg le Luxembourg (I)
from — luxembourgeois, -e (I)

ma'am madame (I)
magazine le magazine (I); la revue (10)
— stand le kiosque (II)
the Maghreb le Maghreb (14)
magnificent magnifique (I); splendide (2)
mail le courrier (II)
mailbox la boîte aux lettres (II)
mail carrier le facteur, la factrice (I)
main principal, -e; *pl.* principaux, -ales (I)
— course le plat principal (I)
— floor le rez-de-chaussée (I)
to maintain tenir à (5)
majority la majorité (12)
the — (of) la plupart (de) (II)
make la marque (II)
to make faire (I); réaliser (13)
to — + *adj.* rendre + *adj.* (12)
to — do with se contenter de (1)
to — fun of se moquer de (2)
to — *(someone do something)* obliger (à + *inf.*) (3); pousser (à + *inf.*) (10)
to — up one's mind (to) se décider (à) (2)
makeup le maquillage (II)
to put on one's — se maquiller (II)
Mali le Mali (II; 14)

man l'homme *m.*; le monsieur, *pl.* les messieurs (I)

to manage se débrouiller (2)

    to — to arriver à + *inf.* (2)

manager *(of a business)* le (la) gérant(e) (9); *(of a department)* le directeur, la directrice (9)

manners: to have good (bad) — être bien (mal) élevé, -e (7)

manual worker l'ouvrier *m.*, l'ouvrière *f.* (9)

to manufacture fabriquer (14)

many beaucoup (de) (I)

    as — autant (de/que) (10)

    how —? combien (de)? (I)

    so — autant (de/que) (10)

    so — (of) tellement (de); tant (de) (II)

    too — trop (de) (I)

map la carte (I)

    automatic metro — le plan-indicateur (II)

    city — le plan (II)

    road — la carte routière (I)

marble le marbre (13)

March mars *m.* (I)

market le marché (I)

    flea — le marché aux puces (II)

married marié, -e (II)

    to get — to se marier avec (II)

to marry se marier (avec) (II)

Martinique la Martinique (13)

marvelous exquis, -e (II); merveilleux, -euse (5)

mashed potatoes la purée de pommes de terre (II)

masterpiece le chef-d'œuvre, *pl.* les chefs-d'œuvre (13)

match *(game)* le match (I); l'allumette *f.* (II)

material: raw — la matière première (14)

mathematics les mathématiques (les maths) *f.pl.* (I)

matter:

    as a — of fact en effet (I)

    it doesn't — ça ne fait rien (II)

    what's the — (with you)? qu'est-ce que tu as?; qu'est-ce qu'il y a? (I)

Mauritania la Mauritanie (14)

may:

    — I …? je peux …? (I); *(formal)* puis-je …? (4)

    — I help you? vous désirez? (I)

May mai *m.* (I)

maybe peut-être (I)

mayor le maire (3)

me moi; me (I)

    — too moi aussi (I); moi de même (II)

    to (for, from) — me (I)

meal le repas (I)

    enjoy your —! bon appétit! (I)

    fixed-price — le menu (I)

    room with three —s a day la pension complète (II)

    room with two —s a day la demi-pension (II)

mean méchant, -e (I)

to mean vouloir dire (I)

meat la viande (I)

mechanic le (la) mécanicien(ne) (II)

medical:

    — office le cabinet (II)

    — school la faculté de médecine (15)

medicine le médicament (II)

Mediterranean Sea la mer Méditerranée (II)

medium *(meat)* à point (I)

to meet *(by accident)* rencontrer; faire la connaissance (de) (II); se réunir (10)

    to arrange to — donner rendez-vous (12)

member le membre (12)

to memorize apprendre par cœur (I)

men's wear les vêtements pour hommes *m.pl.* (II)

to mention citer (8)

    don't — it de rien (I); il n'y a pas de quoi (II)

menu la carte (I)

merchant le (la) marchand(e) (I)

mess le désordre (4)

message le message (II)

meter le mètre (II)

    parking — le parc-mètre (3)

metro le métro (I)

    automatic — map le plan-indicateur (II)

Mexican mexicain, -e (I)

Mexico le Mexique (I)

microphone le micro(phone) (II)

microwave oven le micro-ondes (II)

middle:

    in the — of au milieu de (II)

    — school le collège (I)

    to be in the — of *(doing something)* être en train de + *inf.* (II)

midnight minuit (I)

might risquer de + *inf.* (2)

mike le micro (II)

mild doux, douce (II)

military service le service militaire (11)

milk le lait (I)

million un million (de) (I; 14)

mind:

    to change one's — changer d'avis (II)

    to make up one's — (to) se décider (à) (2)

mine le mien, la mienne (10)

mineral water l'eau minérale *f.* (I)

minor articles les faits divers *m.pl.* (10)

minus moins (I)

minute la minute (I)

mirror le miroir (II)

Miss mademoiselle (Mlle) (I)

to miss rater (II)

mistake la faute (I)

mistaken: to be — (about) se tromper (de) (II)

mitten la moufle (II)

to mix mélanger (4)

    to — up confondre (14)

model le modèle (II)

moderate tempéré, -e (II)

modern moderne (II)

to modernize se moderniser (3)

Mom maman (I)

Monday lundi *m.* (I)

money l'argent *m.* (I)

    spending — l'argent de poche *m.* (I)

    to save — faire des économies (II)

month le mois (I)

monthly mensuel, -le (10)

monument le monument (I)

moon la lune (I)

more plus (I); d'autres (II)

    — and — de plus en plus (de) (II)

    no — (of) ne … plus (de) (I)

moreover d'ailleurs (II)

morning le matin; la matinée (I)

    good — bonjour (I)

    in the — le matin; *time* + du matin (I)

Morocco le Maroc (14)

most:

    — (of) la plupart (de) (II)

    the — le/la plus + *adj./adv.* (II)

mother la mère (I)

    — tongue la langue maternelle (5)

mother-in-law la belle-mère (II)

motor le moteur (II)

    — oil l'huile *f.* (II)

motorbike la mob(ylette) (I)

motorcycle la moto (I)

motorcycle *(continued):*
   to go — riding faire de la moto (I)
motorhome le camping-car (II)
motto la devise (11)
mountain la montagne (I)
   to go — climbing faire de l'alpinisme (II)
mousse: chocolate — la mousse au chocolat (I)
mouth la bouche (I)
to move déménager (II); bouger (4)
   to — away s'éloigner (2)
   to — forward s'avancer (II)
movement le mouvement (13)
mover le déménageur, la déménageuse (II)
movie le film (I)
   — camera la caméra (II)
   —s le cinéma (I)
   — theater le cinéma (I)
   to make a — tourner un film (II)
to mow the law tondre le gazon (4)
mower: lawn — la tondeuse (4)
Mr. monsieur (M.) (I)
Mrs. madame (Mme) (I)
much beaucoup (de) (I)
   as — autant (de/que) (10)
   how —? combien (de)? (I)
   not — pas grand-chose (2)
   so — autant (de/que) (10)
   so — (of) tellement de; tant (de) (II)
   so — the better tant mieux (II)
   too — trop (de) (I)
   very — beaucoup (I)
   you're too —! tu exagères! (II)
mural la peinture murale (13)
museum le musée (I)
mushroom le champignon (I)
music la musique (I)
musician le (la) musicien(ne) (6)
must il faut + *inf.* (I); devoir; il faut que + *subj.* (II)
mustard la moutarde (I)
my mon, ma, mes (I)
myself moi-même (II)

nail le clou (4)
name le nom (I)
   first — le prénom (II)
named: to be — s'appeler (I)
napkin la serviette (I)
narrow étroit, -e (I)
national anthem l'hymne national *m.* (11)

nationality la nationalité (I)
   what —? de quelle nationalité? (I)
nature la nature (II)
naughty méchant, -e (I)
nauseated: to feel — avoir mal au cœur (II)
navy la marine (11)
near près de (I); *adj.* proche (2)
neat! chouette! (I); génial, -e; *pl.* géniaux, -ales (II)
necessary: it's — il faut + *inf.* (I); il faut que + *subj.*; il est nécessaire (de + *inf.*/que + *subj.*) (II)
neck le cou (II)
necklace le collier (I)
to need avoir besoin de (I); falloir à (quelqu'un) (II)
   no — to pas la peine de + *inf.* (4)
neighbor le (la) voisin(e) (I)
neighborhood le quartier (3)
neither do I moi non plus (I)
nephew le neveu, *pl.* les neveux (I)
nerve: you've got a lot of —! tu exagères! (II)
nervous nerveux, -euse (II)
Netherlands les Pays-Bas *m.pl.* (2)
never (ne …) jamais (I)
new nouveau (nouvel), nouvelle; *pl.* nouveaux, nouvelles (I); neuf, neuve (I)
   what's —? quoi de neuf? (II)
news les nouvelles *f. pl.* (II)
   — briefs les faits divers *m.pl.* (10)
   TV — les informations *f.pl.* (I)
newspaper le journal, *pl.* les journaux (I)
   — stand le kiosque (II)
next prochain, -e (I)
   — to à côté de (I)
   the — day le lendemain (II)
nice aimable; gentil, -le; sympa(thique); bien (I)
   it's — out il fait beau (I)
niece la nièce (I)
Niger le Niger (14)
night la nuit (I)
   last — hier soir (I); cette nuit (II)
   opening — la première (6)
nine neuf (I)
nineteen dix-neuf (I)
ninety quatre-vingt-dix (I)
no non (I)
   in a —-parking zone en stationnement interdit (3)

   — … -ing il est interdit de … + *inf.* (II)
   — good in nul, -le en (I)
   — longer ne … plus (I)
   — more (of) ne … plus (de) (I)
   — one ne … personne (I)
nobody personne … ne (I)
noise le bruit (I)
noisy bruyant, -e (I)
nonsmoking section non-fumeurs (II)
noodles les pâtes *f.pl.* (II)
noon midi (I)
Norman normand, -e (5)
Normandy la Normandie (5)
north le nord (I)
North America l'Amérique du Nord *f.* (I)
northeast le nord-est (I)
northwest le nord-ouest (I)
Norway la Norvège (2)
Norwegian norvégien, -ienne (2)
nose le nez (I)
not (ne …) pas (I)
   if — sinon (II)
   I'm afraid — je crains que non (II)
   — anymore ne … plus (I)
   — anyone ne … personne (I)
   — anything ne … rien (I)
   — anywhere ne … nulle part (3)
   — at all pas du tout (I)
   of course — mais non (I)
note la note (II); *(short letter)* le petit mot (II)
notebook le cahier (I)
nothing rien … ne (I)
to notice remarquer (II); s'apercevoir (de) (2)
Nova Scotia la Nouvelle-Ecosse (5)
novel le roman (I)
novelist le romancier, la romancière (8)
November novembre *m.* (I)
now maintenant (I)
   for — pour le moment (II)
   right — en ce moment; actuellement (II)
nuclear power plant la centrale nucléaire (15)
number le numéro (I)
numerous nombreux, -euse (3)
nurse l'infirmier *m.*, l'infirmière *f.* (I)
   —'s office l'infirmerie *f.* (I)
nut *(crazy person)* le/la dingue (1)

to obey obéir (à) (I); respecter (3)
objective objectif, -ive (10)
objectivity l'objectivité *f.* (10)
to observe observer (13)
to obstruct gêner (3)
to obtain obtenir (9)
obviously évidemment (I)
occupation le métier (II)
occupied occupé, -e (I)
ocean l'océan *m.* (I)
o'clock (il est) une heure, deux heures, *etc.* (I)
October octobre *m.* (I)
of de (I)
— **course** mais oui; bien sûr (I)
— **course not** mais non (I)
to offend vexer (7)
to offer offrir à (I)
office le bureau, *pl.* les bureaux (I); *(medical, dental)* le cabinet (II)
nurse's — l'infirmerie *f.* (I)
to run for — se présenter aux élections (12)
tourist — le bureau de tourisme (I); le syndicat d'initiative (2)
officer: police — l'agent de police *m.&f.* (I)
official officiel, -le (14)
— **holiday** le jour férié (11)
often souvent (I)
oh …!, oh, dear! oh là là! (II)
oil l'huile *f.* (I); le pétrole (14)
motor — l'huile *f.* (II)
— **and vinegar dressing** la vinaigrette (I)
— **painting** la peinture à l'huile (13)
OK bon; d'accord (I)
—, —! ça va, ça va! (2)
to OK approuver (6)
old vieux (vieil), vieille, *pl.* vieux, vieilles; ancien, -ienne (I)
to be … years — avoir … ans (I)
oldest child in family l'aîné(e) (7)
old-fashioned démodé, -e (I)
olive l'olive *f.* (14)
omelette l'omelette *f.* (I)
on sur (I)
— *(day of week)* le + *day of week* (I)
once a(n) … une fois par … (I)
one un, une (I)
for each — la pièce (II)
— **another** se, nous, vous (II)
—**-way** le sens unique (3)
—**-way ticket** l'aller *m.* (II)
that's a good —! c'est la meilleure! (1)

the — celui, celle (II)
the —**s** ceux, celles (II)
this/that — celui, celle (II)
which —? lequel, laquelle (II)
which —**s?** lesquels, lesquelles (II)
onion l'oignon *m.* (I)
— **soup** la soupe à l'oignon (II)
only seulement; ne … que (I); juste (II)
— **child** le fils (la fille) unique (I)
on-the-job training le stage (9)
to have — faire un stage (9)
to open ouvrir (I)
opener: can — l'ouvre-boîte, *pl.* les ouvre-boîtes *m.* (II)
opening night la première (6)
operator: switchboard — le/la standardiste (9)
opinion l'avis *m.* (II)
in my (your, *etc.*) — à mon (ton, *etc.*) avis (II)
to have an — **about** penser de (I)
opponent l'adversaire *m.&f.* (12)
opposed opposé, -e (15)
opposite en face de (I)
optician l'opticien(ne) (I)
optimistic optimiste (15)
option l'option *f.* (1)
or ou (I)
either … — soit … soit (2)
oral oral, -e; *pl.* oraux, -ales (II)
— **exam** l'oral, *pl.* les oraux *m.* (1)
orange orange (I)
— **Card** la Carte Orange (II)
orange l'orange *f.* (I); *(made with)* à l'orange (II)
orangeade l'orangeade *f.* (I)
orchestra l'orchestre *m.* (II)
order: in — **to** pour + *inf.* (I)
to order commander (I)
to organize organiser (I)
origin: of … — d'origine + *adj.* (5)
other autre (I)
each — se, nous, vous (II)
every — **day (month, week, year)** tou(te)s les deux jours (mois, semaines, années) (10)
—**s** d'autres (II)
otherwise sinon (II)
ouch! aïe! (II)
ought to *conditional of* devoir (II)
our notre, nos (I)
ours le/la nôtre (10)
ourselves nous-mêmes (II)
out:
— **loud** à voix haute (8)

— **of style** démodé, -e (I)
outcome le dénouement (8)
outdoors dehors; la nature; en plein air (II)
to sleep — dormir à la belle étoile (II)
outer space l'espace *m.* (15)
outside l'extérieur *m.;* dehors (II)
— **of** en dehors de (5)
outskirts: on the — dans les environs (5)
oven le four (II)
microwave — le micro-ondes (II)
over there là-bas (I)
overcoat le manteau, *pl.* les manteaux (I)
overhead transparency le transparent (II)
overseas outre-mer (13)
overtime: to work — faires des heures supplémentaires (9)
to owe devoir (II)
own *adj.* propre (II)
oyster l'huître *f.* (I)

Pacific Ocean l'océan Pacifique *m.* (I)
to pack faire sa valise (ses bagages) (II)
to play to —**ed houses** faire salle comble (II)
package le paquet (II)
— **tour** le voyage organisé (2)
page: on the front — à la une (10)
paid payé, -e (9)
pain: to have a — **in** avoir mal à (I)
paint la peinture (4)
to paint *(pictures)* faire de la peinture (II); peindre (4)
paintbrush le pinceau, *pl.* les pinceaux (4)
painter le peintre (4)
painting le tableau, *pl.* les tableaux; la peinture (II)
oil — la peinture à l'huile (13)
pair la paire (II)
pal le copain, la copine (I)
palette la palette (13)
pan la casserole (II)
frying — la poêle (II)
to panic paniquer (1)
pants le pantalon (I)
pantyhose le collant (II)
paper le papier (I)
identification —**s** les papiers d'identité *m.pl.* (II)

paper (*continued*):
    piece of — la feuille de papier (I)
    toilet — le papier hygiénique (II)
paperback le livre de poche (I)
parade le défilé (11)
pardon me pardon (I); vous
    permettez? (II)
parents les parents *m.pl.* (I)
park le parc (I); les espaces verts
    m.pl. (3)
to park stationner (II); (se) garer (3)
parking:
    no — zone en stationnement
      interdit (3)
    — lot le parking (3)
    — meter le parc-mètre (3)
part (*in a play*) le rôle (I)
part-time à temps partiel (9)
party la boum (I); la fête; la
    réception (II); (*political*) le
    parti (12)
to pass passer (I); (*the bac*) être reçu, -e
    (1); (*a car*) doubler (3)
    to — a test réussir un examen (I)
    to — the bac être reçu, -e (1)
passage le passage (8)
passenger le passager, la passagère (II)
passerby le (la) passant(e) (3)
passport le passeport (II)
pastime le passe-temps (8)
pastry la pâtisserie (I)
    — shop owner/chef le pâtissier, la
      pâtissière (I)
    — shop la pâtisserie (I)
pâté le pâté (I)
path le sentier (II)
patience la patience (II)
patient patient, -e (I)
patiently patiemment (I)
pavement le trottoir (II)
to pay payer (II)
    to — a deposit verser des arrhes
      f.pl. (II)
    to — attention (to) faire attention (à) (I)
    to — extra payer un supplément (II)
peace la paix (5)
    in — and quiet au calme (3)
peaceful tranquille (3)
peach la pêche (I)
peanut la cacahouète (14)
pear la poire (I)
peas les petits pois *m.pl.* (I)
pedestrian le piéton (3)
pen le stylo (I)
    felt-tip — le feutre (I)

pencil le crayon (I)
peninsula la péninsule (II)
pen pal le (la) correspondant(e) (I)
people les gens *m.pl.*; le monde; on
    (I); le peuple (11)
pepper le poivre (I); (*green*) le
    poivron (II)
per le/la + *measure* (I)
perfect parfait, -e (I)
perfume le parfum (I)
perhaps peut-être (I)
to permit permettre à ... de + *inf.* (II)
person la personne (I)
    important — le personnage (8)
    in — en personne (9)
personnel: head of — le chef du
    personnel (9)
to persuade persuader (12)
persuaded convaincu, -e (12);
    persuadé, -e (12)
pessimistic pessimiste (15)
pet la bête (I)
petit four le petit four (II)
petition la pétition (15)
pharmacist le (la) pharmacien(ne) (II)
pharmacy la pharmacie (II)
phone le téléphone (I)
    on the — au téléphone (I)
    — book l'annuaire *m.* (II)
    — booth la cabine téléphonique (3)
    — call le coup de fil (II)
to phone téléphoner (à) (I)
photograph la photo (I)
    in the — sur la photo (I)
photographer le/la photographe (II)
physics la physique (I)
piano le piano (I)
to pick up aller/venir chercher (II)
picnic le pique-nique (II)
    to have a — faire un pique-nique (II)
picture l'image *f.* (II)
picturesque pittoresque (2)
pie la tarte (I)
piece le morceau, *pl.* les morceaux (I)
    — of advice le conseil (II)
    — of bread and butter la tartine (I)
    — of paper la feuille de papier (I)
pig le cochon (I)
pill le comprimé (II)
pillow l'oreiller *m.* (II)
pilot le pilote (II)
pineapple l'ananas *m.* (II)
pink rose (I)
pipe: water — le tuyau, *pl.* les
    tuyaux (4)

pizza la pizza (I)
place l'endroit *m.* (I)
    to put in — installer (II)
    to take — avoir lieu (II); se
      dérouler (6)
to place mettre (I)
placemat le set (I)
place setting le couvert (I)
plan le projet (I)
to plan to compter + *inf.* (4)
plane l'avion *m.* (I)
planet la planète (15)
plant la plante (II)
    flowering — la plante en fleur (II)
to plant planter (4)
plastic le plastique (II)
    (*made of*) **—** en plastique (II)
plate l'assiette *f.* (I)
platform le quai (II)
play la pièce (I)
    to put on a — monter une pièce (II)
to play jouer (à + *musical instrument;*
    de + *sport/game*) (I)
    to — a game (of) faire une partie
      (de) (I)
    to — sports faire du sport (I)
    to — to packed houses faire salle
      comble (6)
player le joueur, la joueuse (I)
playing field le terrain de sport (I)
playwright le/la dramaturge (6)
pleasant agréable (I)
please s'il te (vous) plaît (I); veux-tu
    ...?; (*formal*) veuillez ... (II);
    (*formal*) je vous prie de + *inf.* (9)
to please plaire à (2); faire plaisir à (7)
pleased content, -e (I)
    to be — se plaire (2)
pleasure: with — avec plaisir (II)
pliers les pinces *f.pl.* (4)
plot l'intrigue *f.* (8)
to plug in brancher (II)
plum la prune (II)
plumber le plombier (4)
P.M. de l'après-midi; du soir (I)
pocket money l'argent de poche *m.* (I)
poem le poème (I)
poet le poète (8)
point of departure le point de
    départ (II)
police officer l'agent de police *m.&f.* (I)
polite poli, -e (I)
politely poliment (I)
political politique (12)
politics la politique (12)

poll le sondage (12)
pollution la pollution (3)
pool: swimming — la piscine (I)
poor pauvre (I)
pork: roast — le rôti de porc (I)
port le port (II)
portable stove le réchaud (II)
portrait le portrait (13)
possible possible (I)
   it's — il se peut (9)
postal employee l'employé(e) des
   postes (II)
post card la carte postale (I)
poster l'affiche f. (I)
post office la poste (I)
   — (P.O.) box la boîte postale (B.P.) (II)
potato la pomme de terre (I)
   mashed —s la purée de pommes
     de terre (II)
potter le potier (13)
pottery la poterie (II)
   to make — faire de la poterie (II)
to pour verser (II)
to pout faire la tête (II)
power la puissance (14)
   nuclear — plant la centrale
     nucléaire (15)
   powerful puissant, -e (11)
practical pratique (II)
to practice s'entraîner (1)
to praise acclamer (6)
to predict prédire (15)
to prefer aimer mieux; préférer (I)
   preferable préférable (9)
     it's — to/that il vaut mieux +
       inf./que + *subj.* (II)
to prepare préparer (I)
   to — oneself se préparer (1)
prescription l'ordonnance f. (II)
present présent, -e (I)
   at — de nos jours (6); à notre
     époque (8)
present le cadeau, *pl.* les cadeaux (I)
to present présenter (II)
   to — oneself (at) se présenter (à) (II)
to preserve conserver (5)
president le (la) président(e) (12)
the press la presse (10)
to press appuyer sur (II)
pretty joli, -e (I)
to prevent (from) empêcher (de +
   inf.) (3)
previous précédent, -e (9)
price le prix (II)
   — tag l'étiquette f. (II)

to offer a reduced — faire un prix (II)
prime minister le premier ministre (12)
principal *(collège)* le (la) principal(e)
   (I); *(lycée)* le proviseur, la
   directrice (II)
print la reproduction (13)
probably devoir + *inf.* (II);
   probablement (7)
problem le problème (I)
process: to be in the — of *(doing*
   something) être en train de +
   inf. (II)
to produce produire (13); réaliser (13)
profession la profession (9)
program *(TV or radio)* l'émission f.
   (I); le programme (6)
progress: to make — faire des
   progrès (I)
prohibited: ... is — il est interdit de
   + *inf.* (II)
projector le projecteur (II)
promise la promesse (12)
   that's a —! c'est promis! (II)
to promise promettre à ... de + *inf.* (I)
to pronounce prononcer (I)
to propose proposer à ... de + *inf.* (1)
to protest (against) protester (15)
proud fier, fière (5)
Provence la Provence (11)
   of (from) — provençal, -e; *pl.*
     provençaux, -ales (I)
provided (that) à condition que +
   subj. (15)
province la province (I)
provincial de province (5)
provisions les provisions *f.pl.* (II)
public *adj.* publique (3)
   — transportation les transports
     en commun *m.pl.* (3)
pupil l'élève *m.&f.* (I)
purple violet, violette (I)
purse le sac (I)
to pursue poursuivre (9)
to push *(a button)* appuyer sur; pousser (II)
to put mettre (I)
   to — away ranger (II)
   I'll — him/her on *(the phone)* je
     vous le (la) passe (II)
   to — in place installer (II)
   to — on *(clothing)* mettre (I)
   to — on a play monter une pièce (II)
   to — on weight grossir (I)
   to — out éteindre (4)
   to — to bed coucher (II)
   to — to sleep endormir (II)

to — up with supporter (7)

qualification la qualification (9)
quality la qualité (II)
to quarrel (with) se disputer (avec) (II)
quarter:
   — hour le quart d'heure (I)
   — past *time* + et quart (I)
   — to *time* + moins le quart (I)
Quebec le Québec (I)
Quebecois québécois, -e (I)
queen la reine (11)
question la question (I)
   to ask a — poser une question (I)
quiche lorraine la quiche lorraine (I)
quick rapide (I)
   —! vite! (I)
quickly vite (I)
quiet tranquille (3)
   in peace and — au calme (3)
quietly doucement (II)
quite assez + *adj./adv.* (I)
quiz l'interro(gation) *f.* (I); le
   contrôle (1)
to quiz interroger (14)
quotation la citation (8)
to quote citer (8)

rabbit le lapin (I)
race la course (à pied) (II)
to race faire de la course (à pied) (II)
radio la radio (I)
   — program l'émission *f.* (I)
railroad station la gare (I)
rain la pluie (I)
to rain pleuvoir (I)
   it's —ing cats and dogs il pleut
     des cordes (II)
raincoat l'imper(méable) *m.* (I)
to raise lever (II); soulever (10)
rare *(meat)* saignant, -e (II); rare (5)
rarely rarement (II)
rather assez + *adj./adv.* (I); plutôt (II)
rats! zut! (I)
raw:
   — material la matière première (14)
   — vegetables les crudités *f.pl.* (II)
razor le rasoir (II)
to reach atteindre (15)
to read lire (I); *(books)* bouquiner (8)
reader le lecteur, la lectrice (10)
reading la lecture (8)
ready prêt, -e (II)

ready (*continued*):

    to get — se préparer (1); s'apprêter à + *inf.* (2)

real véritable (10)

realistic réaliste (13)

to realize s'apercevoir (de) (2); se rendre compte (de) (2)

really vraiment (I); quand même (II)

    —? ah bon! (7)

rear *adj.* arrière (II)

to recall se rappeler (6)

to receive recevoir (II)

    receiver: to lift the — décrocher (II)

recent récent, -e (I)

recently récemment (14)

reception la réception (II)

    — desk la réception (II)

receptionist le/la réceptionniste (II)

recess la récré(ation) (I)

recipe la recette (4)

to recite réciter (6)

to recognize reconnaître (I)

to recommend recommander (de + *inf.*) (12)

record le disque (I)

    — player le tourne-disque (I)

recorder:

    cassette — le magnétophone à cassettes (I)

    tape — le magnétophone (I)

red rouge (I)

    to turn — rougir (I)

redheaded roux, rousse (I)

to reduce réduire (12)

    reduced: to offer a — price faire un prix à (II)

refrigerator le réfrigérateur (le frigo) (II)

    in the — au frais (II)

to refuse (to) refuser (de) (I)

region la région (II)

register: cash — la caisse (II)

to register to vote s'inscrire sur les listes électorales (12)

to regret regretter (II)

    regularly régulièrement (II)

to rehearse répéter (II)

to relax se reposer; se détendre (II)

to relinquish céder (5)

to remain rester (I)

    remark la remarque (10)

to remember se souvenir de (II)

to remind rappeler (5)

to remove enlever (4)

to rent louer (II)

to repair réparer (II)

repairperson le réparateur, la réparatrice (4)

to replace remplacer (9)

reply la réplique (6)

to reply (to) répondre (à) (I)

report le reportage (10)

to represent représenter (13)

representative le/la député (12)

to reproduce reproduire (13)

republic la république (12)

research la recherche (10)

to resemble ressembler à (II)

to reserve réserver (II); louer (6)

resort la station (I)

resource la ressource (15)

responsible: to be — for se charger de (II)

to rest se reposer (II)

restaurant le restaurant (I)

    station — le buffet (II)

restroom les toilettes *f.pl.* (I)

résumé: job — le curriculum vitæ (9)

to retire prendre sa retraite (9)

retired: to be — être à la retraite (9)

retirement la retraite (9)

to return rentrer; retourner; revenir; (*something*) rendre (I)

Réunion l'île de la Réunion (13)

to review réviser (II)

revolution la révolution (11)

rhyme la rime (8)

rice le riz (I)

rich riche (I)

rid: to get — of enlever (4); se débarrasser de (15)

ride le trajet (II)

    to go for a — faire un tour (en voiture) (7)

right correct, -e (I); bon, bonne (II)

    I'll be — there j'arrive (I)

    — away tout de suite (I); aussitôt (12)

    — now en ce moment; actuellement (II)

    — of way la priorité (3)

    that's — c'est ça (I)

    to be — avoir raison (I)

right le droit (7); (*political term*) la droite (12)

    to the — (of) à droite (de) (I)

ring la bague (I)

to ring sonner (II)

    the bell's —ing ça sonne (I)

ripe mûr, -e (II)

to rise se lever (II)

    river le fleuve (I)

road la route (I)

    — map la carte routière (I)

roast le rôti (I)

    — beef le rosbif (I)

    — pork le rôti de porc (I)

    — veal le rôti de veau (I)

to rob voler (II)

robber le voleur, la voleuse (II)

robbery le vol (II)

rock (*music*) le rock (I); le rocher (II)

role le rôle (I)

to roller skate faire du patin à roulettes (II)

roller skates les patins à roulettes *m.pl.* (II)

roof le toit (II)

room la chambre; la pièce (I); (*space*) la place (II)

    — with three meals a day la pension complète (II)

    — with two meals a day la demi-pension (II)

rooster le coq (I)

rose la rose (II)

rosé (wine) le vin rosé (I)

rotten pourri, -e (II)

round-trip ticket l'aller et retour *m.* (II)

Roussillon le Roussillon (11)

rubber le caoutchouc (14)

rug le tapis (II)

to run (*machines*) marcher; (*vehicles*) rouler; (*races*) faire de la course (à pied) (II)

    to — for office se présenter aux élections (12)

    to — into rencontrer (II)

    to — out of gas tomber en panne d'essence (II)

runway la piste (II)

rush hour les heures de pointe *f.pl.* (II)

Rwanda le Ruanda (14)

sad triste (I)

to sail faire de la voile (I)

    to go —ing faire de la voile (I)

sailboard la planche à voile (II)

    to go —ing faire de la planche à voile (II)

sailboat le bateau à voiles; *pl.* les bateaux à voiles (I)

sailor le marin (5)

Saint Pierre and Miquelon Saint-Pierre-et Miquelon (13)

salad la salade (I)
   niçoise — la salade niçoise (II)
sale le solde (II)
   on — en solde (II)
salesperson le vendeur, la vendeuse
   (I); le (la) représentant(e) (II)
salt le sel (I)
salty salé, -e (II)
same même (I)
   all the — quand même (II)
   at the — **time (as)** en même
   temps (que) (II)
   it's all the — **to me** ça m'est égal;
   bof! (II)
sand le sable (II)
sandwich le sandwich (I); *(small,*
   open-face) le canapé (II)
Saturday samedi *m.* (I)
sauce la sauce (I)
saucepan la casserole (II)
saucer la soucoupe (I)
sauerkraut with meat la choucroute
   garnie (II)
sausage le saucisson (I)
to save money faire des économies (II)
saw la scie (4)
to say dire (I)
   —! dis donc!; tiens! (I)
to scare faire peur à (I)
scarf l'écharpe *f.* (I)
scene la scène (6)
scenery le décor (II)
schedule *(class)* l'emploi du temps
   m. (I); l'horaire *m.* (II)
school l'école *f.* (I)
science les sciences *f.pl.* (I)
science fiction la science-fiction (II)
   — **novel/film** le roman/le film de
   science-fiction (s.-f.) (II)
scientist le/la scientifique (15)
scissors les ciseaux *m.pl.* (II)
to scold gronder (II)
to score a goal marquer un but (I)
Scottish écossais, -e (2)
screen l'écran *m.* (II)
screw la vis (4)
screwdriver le tournevis (4)
script le texte (6)
scuba diving la plongée sous-
   marine (II)
   to go — faire de la plongée sous-
   marine (II)
to sculpt faire de la sculpture (II)
sculptor le sculpteur (13)
sculpture la sculpture (II)

   to do — faire de la sculpture (II)
sea la mer (I)
   by — par bateau (II)
seafood les fruits de mer *m.pl.* (II)
season la saison (I)
seat la place; le siège (II)
seatbelt la ceinture de sécurité (II)
seated assis, -e (II)
second deuxième (I)
   —**-class** de deuxième classe (II)
secondhand d'occasion (II)
secretary le/la secrétaire (9)
section *(of a newspaper, magazine)* la
   rubrique (10)
to see voir (I)
   let me — fais (faites) voir! (II)
   — **you (Monday, soon,** *etc.)* à
   (lundi, bientôt, *etc.)* (I)
to seem sembler (9)
selfish égoïste (I)
to sell vendre (I)
to send envoyer (II)
Senegal le Sénégal (14)
Senegalese sénégalais, -e (14)
sensational sensationnel, -le (II)
sensitive sensible (II)
sentence la phrase (I)
September septembre *m.* (I)
serious sérieux, -euse (I); grave (II)
to serve servir (I)
service:
   military: — le service militaire (11)
   — **station** la station-service (II)
set:
   film — le décor (II)
   — **designer** le décorateur, la
   décoratrice (II)
to set mettre (I)
   to — **the table** mettre le couvert (I)
   to — **up** établir (10)
to settle s'établir (5)
   to — **in** s'installer (II)
settler le colon (5)
seven sept (I)
seventeen dix-sept (I)
seventy soixante-dix (I)
several quelques; plusieurs (I)
shade l'ombre *f.* (13)
shadow l'ombre *f.* (13)
to shake hands se serrer la main (7)
shame: it's a — **that** c'est dommage
   que + *subj.* (II)
shampoo le shampooing (II)
shape la forme (13)
   in tip-top — en pleine forme (II)

to be in — être en forme (I)
to shave se raser (II)
she elle (I)
sheep le mouton (I)
sheet le drap (II)
shelf l'étagère *f.* (II)
shirt la chemise (I)
shoe la chaussure (I)
to shoot a film tourner un film (II)
shop la boutique (I)
   — **window** la vitrine (II)
to shop faire des courses (II)
shopkeeper le (la) marchand(e) (I);
   le (la) commerçant(e) (3)
shopping: to go — faire des courses (I)
short court, -e; petit, -e (I)
   a — **time** peu de temps (II)
   — **letter** le petit mot (II)
   — **story** la nouvelle (8)
shorts le short (I)
shot la piqûre (II)
   to give a — faire une piqûre à (II)
should *conditional of* devoir (II)
shoulder l'épaule *f.* (II)
to shout crier (II); hurler (12)
show le spectacle (6)
to show montrer (I)
   — **me** fais (faites) voir! (II)
   to — **a film** passer un film (II)
shower la douche (II)
showroom la salle d'exposition (II)
shrimp la crevette (I)
shy timide (I)
sick malade (I)
   to get — tomber malade (II)
sickness la maladie (15)
side la côté (II); le parti (12)
   on the — **of** au bord de (II)
sidewalk le trottoir (II)
   — **café** la terrasse (d'un café) (I)
to sightsee faire du tourisme (I)
sightseeing trip l'excursion *f.* (2)
to sign signer (II)
   signal: turn — le clignotant (3)
silver l'argent *m.* (II)
   (made of) — en argent (II)
simple simple (4)
since puisque; depuis (II)
   — **when?** depuis quand? (II)
sincere sincère (I)
sincerely *(letters)* veuillez agréer mes
   sincères salutations (9)
to sing chanter (I)
singer le chanteur, la chanteuse (I)
single *(unmarried)* célibataire (II)

single (continued):
— **room** la chambre à un lit (II)
sink (kitchen) l'évier m.; (bathroom) le lavabo (II)
sir monsieur, pl. messieurs (I)
sister la sœur (I)
sister-in-law la belle-sœur (II)
sit down! assieds-toi, asseyez-vous (II)
situated situé, -e (II)
situation la situation (14)
six six (I)
sixteen seize (I)
sixty (61, 62, etc.) soixante (soixante et un, soixante-deux, etc.) (I)
size (clothing) la taille; (shoes, gloves) la pointure (II)
what — do you take? quelle taille/ pointure faites-vous? (II)
to skate patiner; faire du patin (à glace, à roulettes) (II)
skateboard la planche à roulettes (II)
to go —ing faire de la planche à roulettes (II)
skates:
ice — les patins à glace m.pl. (II)
roller — les patins à roulettes m.pl. (II)
skating rink la patinoire (II)
sketch l'esquisse f. (13)
ski le ski (I)
— **boot** la chaussure de ski (I)
— **jacket** l'anorak m. (I)
— **lift** le téléski (II)
— **pants** la salopette (II)
— **pole** le bâton (II)
— **resort** la station de ski (II)
— **run** la piste (II)
to ski faire du ski (I); skier (II)
to water-— faire du ski nautique (I)
skin la peau (II)
skinny maigre (I)
skirt la jupe (I)
sky le ciel (I)
skyscraper le gratte-ciel, pl. les gratte-ciel (3)
slacks le pantalon (I)
to sleep dormir (I)
to go to — s'endormir (II)
to put to — endormir (II)
to — late faire la grasse matinée (II)
to — outdoors dormir à la belle étoile (II)
sleeping bag le sac de couchage (II)
sleeping car la voiture-lit, pl. les voitures-lits (II)

sleepy: to be — avoir sommeil (I)
slender maigre (I)
slice la tranche (I)
— **of bread and butter** la tartine (I)
slide la diapo(sitive) (II)
— **projector** le projecteur (II)
to slip glisser (II)
slow lent, -e (I)
to slow down ralentir (II)
slowly lentement (I)
small petit, -e (I)
smart calé, -e (I)
to smell sentir (II)
smile le sourire (I)
to smile sourire (2)
to smoke fumer (II)
smoking fumeurs (II)
non-— section non-fumeurs (II)
snack:
afternoon — le goûter (I)
— **bar** le buffet (II)
snail l'escargot m. (I)
to sneeze éternuer (II)
snobbish snob (I)
snow la neige (I)
to snow neiger (I)
so alors; donc; + adj./adv. si (I); tellement (II)
I'm afraid — je crains que oui (II); oui, hélas (11)
I think — je crois que oui/si (II)
not — hot pas terrible (II)
— **much/many (of)** tellement de; tant (de) (II)
— **much the better** tant mieux (II)
— **that** afin que + subj. (15); pour que + subj. (15)
soap le savon (II)
— **opera** le feuilleton (I)
soccer le foot(ball) (I)
— **ball** le ballon (I)
social worker l'assistant(e) social(e) (15)
sock la chaussette (I)
sofa le canapé (II)
softly à voix basse (8)
more — plus bas (II)
soil la terre (II)
sojourn le séjour (II)
soldier le soldat (5)
solution la solution (3)
some du, de la, de l'; des; en (I); pron. certain(e)s (12)
someone quelqu'un (I)
something quelque chose (I)
sometimes quelquefois (I); parfois 6)

somewhere else ailleurs (3)
son le fils (I)
song la chanson (I)
songwriter le compositeur/la compositrice de chansons (6)
soon bientôt (I)
as — as aussitôt que (11); dès que (11)
see you — à bientôt (I)
sore: to have a — (throat) avoir mal à (la gorge) (I)
sorry désolé, -e (I)
to be — regretter (II)
so-so comme ci, comme ça (I)
soufflé le soufflé (II)
orange — le soufflé à l'orange (II)
to sound sonner (II)
soup la soupe (II)
source la source (15)
south le sud (I)
South America l'Amérique du Sud f. (I)
southeast le sud-est (I)
southwest le sud-ouest (I)
souvenir le souvenir (I)
space (room) la place (II); l'espace m. (3)
outer — l'espace m. (15)
Spain l'Espagne f. (I)
Spanish espagnol, -e; (language) l'espagnol (I)
spare time le temps libre (II)
to speak parler (I)
specialty la spécialité (II)
spectator le spectateur, la spectatrice (I)
speech le discours (12)
speed la vitesse (II)
— **limit** la limite de vitesse (3)
to speed up accélérer (3)
spelling l'orthographe f. (10)
to spend (time) passer (I); (money) dépenser (II)
to — one's time (doing something) passer son temps à + inf. (II)
spending money l'argent de poche m. (I)
spicy épicé, -e (I)
spinach les épinards m.pl. (I)
splendid splendide (2)
spoon la cuillère (II)
sporting goods department le rayon des sports (II)
sports les sports m.pl. (I)
to play — faire du sport (I)
— **car** la voiture de sport (II)
spot l'endroit m. (I)
spotlight le projecteur (II)

spring le printemps (I)

   in the — au printemps (I)

spy film/novel le film/le roman d'espionnage (II)

spying l'espionnage *m.* (II)

square la place (I)

stadium le stade (I)

stage la scène (II)

   to have — fright avoir le trac (6)

stained-glass window le vitrail, *pl.* les vitraux (13)

stairs, staircase l'escalier *m.* (I)

stamp le timbre (II)

to stamp composter (II)

to stand in line faire la queue (II)

standing debout *adv.* (II)

stanza *(of a poem)* la strophe (8)

star l'étoile *f.* (I); la vedette (II)

to start (to) commencer (à + *inf.*) (I); se mettre à + *inf.* (II)

   to — off se mettre en route (II)

   to — *(something)* **up** mettre en marche (II)

starving: to be — avoir une faim de loup (II)

state l'état *m.* (4)

   chief/head of — le chef d'état (14)

to state déclarer (12)

statement la déclaration (12)

station la station (II)

   gas — la station-service, *pl.* les stations-service (II)

   metro — la station de métro (II)

   — restaurant le buffet (II)

   train — la gare (I)

stationery le papier à lettres (II)

   — store la papeterie (II)

statue la statue (I)

stay le séjour (II)

to stay rester (I); faire un séjour (7)

steak le bifteck (I)

to steal voler (II)

steel l'acier *m.* (14)

steering wheel le volant (II)

stereo la chaîne stéréo, *pl.* les chaînes stéréo (II)

stern sévère (I)

stew:

   fish — le bouillabaisse (I)

   veal — la blanquette de veau (I)

still toujours (I)

   — another encore un(e) + *noun* (8)

   — life la nature morte (13)

stingy avare (I)

stomach le ventre (II)

to have a —ache avoir mal au ventre (II)

stop l'arrêt *m.*; l'escale *f.* (II)

   — sign le stop (3)

to stop (s')arrêter; *(doing something)* s'arrêter (de + *inf.*) (II)

   —, thief! au voleur! (II)

   to — over faire escale (II)

stopover l'escale *f.* (II)

store le magasin (I)

   department — le grand magasin (II)

   to have in — réserver (15)

storm l'orage *m.* (II)

stormy: it's — il y a un orage (II)

story l'histoire *f.*; *(of a building)* l'étage *f.* (I); le récit (8)

stove la cuisinière (II)

   portable — le réchaud (II)

straight raide (I)

   — ahead tout droit (I)

to straighten ranger (II)

strange bizarre (7)

strawberry la fraise (II)

street la rue (I)

strict sévère (I); strict, -e (7)

strike la grève (15)

to strike frapper (13)

strong fort, -e (I;II)

student l'élève *m.&f.* (I)

   college — l'étudiant(e) (II)

   high-school — le (la) lycéen(ne) (I)

   top — la grosse tête (1)

studio: TV — le studio vidéo (II)

study l'étude *f.* (I)

to study étudier (I); faire ses études (7); observer (13)

study hall la salle de permanence (I)

   to be in — être en perm (I)

stuffed tomato la tomate provençale (II)

stupid bête (I); débile (II)

style le style (8)

   in — à la mode (I)

   out of — démodé, -e (I)

stylish chic; à la mode (I)

subject *(school)* la matière (I); le sujet (1)

   optional — l'option *f.* (1)

subjective subjectif, -ive (10)

subscriber: to be a — être abonné, -e (10)

subscription l'abonnement *m.* (10)

subtitle le sous-titre (II)

   with —s sous-titré, -e (II)

suburbs la banlieue (II)

   in (to) the — en banlieue (II)

subway le métro (II)

— station la station de métro (II)

to succeed (in) réussir à + *inf.*; arriver à + *inf.* (II); parvenir à + *inf.* (11)

successful: to be — avoir du succès (6)

suddenly tout à coup (I)

to suffer souffrir (14)

sugar le sucre (I)

to suggest proposer (à … de + *inf.*) (I)

suit *(man's)* le costume; *(woman's)* le tailleur (II)

to suit convenir à (15)

suitcase la valise (I)

to summarize résumer (6)

summer l'été *m.* (I)

   in the — en été (I)

   — camp la colonie de vacances (I)

sun le soleil (I)

Sunday dimanche *m.* (I)

sunglasses les lunettes de soleil *f.pl.* (I)

sunny: it's — il fait du soleil (I)

sunrise le lever du soleil (II)

sunset le coucher du soleil (II)

superb superbe (II)

supermarket le supermarché (I)

supposed: to be — to devoir + *inf.* (II)

sure sûr, -e (I)

surprise la surprise (7)

to surprise étonner (7); surprendre (7)

surprised surpris, -e (II)

surrounded (by) entouré, -e (de) (11)

suspense: to keep in — tenir en haleine (8)

sweater le pull (I)

sweatsuit le survêtement (II)

Sweden la Suède (2)

Swedish suédois, -e (2)

sweet sucré, -e (II)

   to have — dreams faire de beaux rêves (I)

to swim nager (I); faire de la natation (II)

swimming la natation (II)

   — pool la piscine (I)

   to go — se baigner (2)

Swiss suisse (I)

switchboard operator le/la standardiste (9)

Switzerland la Suisse (I)

table la table (I)

   to clear the — débarrasser la table (I)

   to set the — mettre le couvert (I)

tablecloth la nappe (I)

tag: price — l'étiquette *f.* (II)

to take prendre (I); *(school subject)* faire de (I); emmener (II) *(time to do something)* mettre + *time* + à/pour + *inf.* (3)
— **this!** tiens! (I); tenez! (2)
to — along emporter (2)
to — a test passer un examen (I)
to — away enlever (4)
to — down descendre; décrocher (II)
to — for a walk promener (II)
to — off *(planes)* décoller (II)
to — out sortir (II)
to — up monter (II)
talent le talent (6)
talk l'exposé *m.* (II)
to give a — faire un exposé (II)
to talk parler (I); bavarder (II)
to — about parler de (I); discuter de (1)
talkative bavard, -e (II)
tall grand, -e (I)
tanned bronzé, -e (II)
tape la bande (I)
— **recorder** le magnétophone (I)
to tape enregistrer (II)
task la tâche (15)
to taste goûter à (I)
tax l'impôt *m.* (12)
taxi le taxi (I)
— **driver** le chauffeur de taxi (3)
tea le thé (I)
to teach enseigner (I)
teacher le professeur; le/la prof (I)
—**s' lounge** la salle des professeurs (I)
team l'équipe *f.* (I)
technician le (la) technicien(ne) (II)
technology la technologie (11)
teeth les dents *f.pl.* (I)
to brush one's — se brosser les dents (II)
telegram le télégramme (II)
telephone *see* **phone**
to telephone téléphoner à (I)
television *see* **TV**
to tell dire (à) (I); raconter (II)
— **me about it!** tu parles! (1)
to — about raconter (II)
temperate tempéré, -e (II)
ten dix (I)
about — une dizaine (de) (II)
tennis le tennis (I)
— **shoe** le tennis (I)
tent la tente (II)
terrible affreux, -euse (II)

terrific! chouette! (I); sensationnel, -le (II)
test l'examen *m.* (I); le contrôle (1)
text le texte (6)
than que (I;II)
to thank (for) remercier (pour) (I)
thank you merci (I)
thanks to grâce à (3)
that ça; ce (cet), cette; *(emphatic)* ce (cet), cette, ces + *noun* + -là; que (I); *pron.* cela (ça); que; qui (I)
in — way ainsi (II)
isn't — ...! qu'est-ce que ...! (II)
— **one** celui, celle (II)
—**'s it!** ça y est! (II)
—**'s right** c'est ça (I)
the le, la, l'; les (I)
theater le théâtre (I)
movie — le cinéma (I)
theft le vol (II)
their leur, leurs (I)
theirs le/la leur (10)
them eux, elles; les (I)
to (for, from) — leur (I)
themselves eux-mêmes; elles-mêmes (II)
then alors; donc (I); puis (II)
there là; y (I)
I'll be right — j'arrive (I)
over — là-bas (I)
— **is (are)** voilà; il y a (I)
these ces *(emphatic)* ces + *noun* + -ci (I); *pron.* ceux, celles (II)
they elles, ils; on; eux (I)
thief le voleur, la voleuse (II)
stop, —! au voleur! (II)
thin maigre (I)
to get — maigrir (I)
thing la chose (I)
how are —s? ça va? (I)
—**s** les affaires *f.pl.* (II)
—**s are fine** ça va bien (I)
—**s aren't so good** ça ne va pas (ça va mal) (I)
the whole — en entier (8)
to think penser (I); croire (II)
to — (about) penser (à) (I)
to — of *(opinion)* penser de (I)
to — so (not) penser/croire que oui (non) (I; II)
to — something is + *adj.* trouver + *adj.* (II)
third troisième (I)
thirsty: to be — avoir soif (I)
thirteen treize (I)

thirty (31, 32, *etc.***)** trente (trente et un, trente-deux, *etc.*) (I)
6:30 six heures et demie (I)
this ce (cet), cette; *(emphatic)* ce (cet), cette + *noun* + -ci (I); *pron.* ceci (II)
— **is** *(on phone)* ici (II)
— **one** celui, celle (II)
those ces; *(emphatic)* ces + *noun* + -là (I); *pron.* ceux, celles (II)
thousand mille; *(in dates)* mil (I)
to threaten menacer (11)
three trois (I)
thriller le film/le roman d'espionnage (II)
throat la gorge (I)
to have a sore — avoir mal à la gorge (I)
to throw (away) jeter (II)
thumb la pouce (II)
thunder le tonnerre (II)
its —ing il y a du tonnerre (II)
Thursday jeudi *m.* (I)
thus ainsi (II)
ticket le billet (I); le ticket (II)
book of —s le carnet (II)
commuter — la Carte Orange (II)
one-way — l'aller *m.* (II)
round-trip — l'aller et retour *m.* (II)
— **machine** le distributeur automatique (II)
— **window** le guichet (II)
traffic — la contravention (3)
tie la cravate; *(game)* le match nul (I); le lien (14)
time l'heure *f.;* le temps; la fois (I); l'époque *f.* (5)
a short — peu de temps (II)
at that — à ce moment-là (II)
at the same — (as) en même temps (que) (II)
(for) a long — longtemps (I)
from — to — de temps en temps (II)
how much — does it take to ...? ça prend combien de temps pour ...? (I)
in — à temps (1)
it's — to c'est l'heure de (II)
on — à l'heure (I)
one — per une fois par (I)
spare — le temps libre (II)
— **spent** le séjour (II)
to have a good — s'amuser (II)
to have a hard — avoir du mal à + *inf.* (2)

English-French Vocabulary   **563**

time *(continued):*
  to have — to avoir le temps de + *inf.* (I)
  to spend — *(doing something)* passer le temps à + *inf.* (II)
  to take — prendre du temps (I)
  to take — off prendre ses congés (9)
  what — is it? quelle heure est-il? (I)
timetable l'horaire *m.* (II)
tinkering le bricolage (4)
tip le pourboire (I)
  the — is included le service est compris (I)
tip-top: in — shape en pleine forme (II)
tire le pneu (II)
  flat — le pneu à plat (II)
to tire (out) fatiguer (II)
tired fatigué, -e (I)
  to get — se fatiguer (II)
tissue le mouchoir en papier (II)
title le titre (6)
to à; chez; jusqu'à; en (I)
today aujourd'hui (I)
  — is c'est aujourd'hui (I)
  —'s actuel, -le (II)
toe le doigt de pied (II)
  big — l'orteil *m.* (II)
together ensemble (I); à deux (4)
  to get — se réunir (10)
Togo le Togo (14)
toilet les toilettes *f.pl.* (I)
  public — les toilettes publiques *f.pl.* (3)
  — article l'article de toilette (II)
  — paper le papier hygiénique (II)
tomato la tomate (I)
  stuffed — la tomate provençale (II)
tomorrow demain (I)
  see you — à demain (I)
tongue la langue (II)
  mother — la langue maternelle (5)
tonight ce soir (I)
too aussi; trop (I)
  me — moi aussi (I); moi de même (II)
  that's — bad c'est dommage (I; II)
  — bad tant pis (II)
  — much/many trop de (I)
  you're — much! tu exagères! (II)
toolbox la boîte à outils (4)
tools les outils *m.pl.* (4)
tooth la dent (I)
  to have a —ache avoir mal aux dents (I)
toothbrush la brosse à dents (II)
toothpaste le dentifrice (II)

top:
  at the — of en haut de (II)
  on the — en haut (II)
  — student la grosse tête (1)
topic le sujet (1)
totally tout à fait (II)
tote bag le sac (I)
tour:
  — bus le car (I)
  package — le voyage organisé (2)
tourist le/la touriste (I), *adj.* touristique (II)
  in — class en classe touriste (II)
  — office le bureau de tourisme (I); le syndicat d'initiative (2)
toward vers (I)
towel la serviette (II)
tower la tour (I)
town la ville (I)
  in (to) — en ville (I)
toy le jouet (II)
track la voie (II)
tradition la tradition (5)
traffic la circulation (II)
  — jam l'embouteillage *m.* (3)
  — ticket la contravention (3)
tragedy la tragédie (6)
trailer-camper la caravane (II)
train le train (I)
  — car la voiture de train (II)
  — station la gare (I)
  — track la voie (II)
trainee le/la stagiaire (9)
training la formation (9)
  on-the-job — le stage (9)
  to have on-the-job — faire un stage (9)
transfer la correspondance (II)
transparency: overhead — le transparent (II)
transportation: public — les transports en commun *m.pl.* (3)
to travel voyager (II)
  to — around faire un tour (de) (7)
travel agency l'agence de voyages *f.* (I)
traveler le voyageur, la voyageuse (II)
  —'s check le chèque de voyage (II)
tree l'arbre *m.* (I)
tremendous formidable (I); terrible (II)
tribe la tribu (14)
trip le voyage (I); le trajet (II)
  have a nice —! bon voyage! (I); faites bonne route! (II)
  sightseeing — l'excursion *f.* (2)
  to take a — faire un voyage (I)

tropical tropical, -e, *pl.* tropicaux, -ales (II)
truck le camion (II)
  — driver le chauffeur de camion (3)
true vrai, -e (I); véritable (10)
truly vraiment (I)
  yours — *(letters)* amicalement (II)
trunk le coffre (II)
truth la vérité (I)
to try (on) essayer (II)
T-shirt le tee-shirt (I)
Tuesday mardi *m.* (I)
tulip la tulipe (I)
Tunisia la Tunisie (14)
turn:
  each in — chacun(e) son tour (II)
  it's (your) — to … c'est à (toi) de + *inf.* (II)
  — signal le clignotant (3)
  your — à ton tour (6)
to turn tourner (I)
  to — off fermer (I); éteindre (4)
  to — on allumer (I); mettre en marche (II)
  to — red rougir (I)
TV la télé (I)
  — director le réalisateur, la réalisatrice (II)
  — news les informations *f.pl.* (I)
  — program l'émission *f.* (I)
  — show host l'animateur *m.*, l'animatrice *f.* (10)
  — studio le studio vidéo (II)
twelve douze (I)
twenty (21, 22, etc.) vingt (vingt-et-un, vingt-deux, etc.) (I)
  about — une vingtaine (de) (7)
two deux (I)
  — weeks une quinzaine de jours (II)
  with — à deux (4)
type le genre (6)
to type taper (à la machine) (II)
typewriter la machine à écrire (II)
typically typiquement (7)

ugly moche (I)
uh … euh … (I)
umbrella le parapluie (I)
unbearable insupportable (3); invivable (15)
uncle l'oncle *m.* (I)
uncomfortable peu confortable (I); mal à l'aise (II)
under sous (I); au-dessous de (II)

to **understand** comprendre (I)
underwear les sous-vêtements *m.pl.* (II)
unemployment le chômage (9)
unexpected inattendu, -e (8)
to **unfasten** détacher (II)
unfortunately malheureusement (I)
unhappy triste (I); malheureux, -euse (11)
to **unhook** décrocher (II)
uniform l'uniforme *m.* (11)
to **unite** s'unir (11)
United States les Etats-Unis *m.pl.* (I)
university l'université *f.* (II)
unknown inconnu, -e (I)
unless à moins que + *subj.* (15)
unlikely invraisemblable (8); peu probable (9)
unlivable invivable (15)
unlucky: to be — ne pas avoir de chance (I)
unnecessary pas nécessaire (II)
unoccupied libre (I)
unpleasant désagréable (I)
to **unplug** débrancher (II)
until jusqu'à (I); jusqu'à ce que + *subj.* (15)
unusual rare (5)
up:
 — above en haut (II)
 — to jusqu'à (I)
 — to the end jusqu'au bout (II)
upset: to get — s'énerver (2)
us nous (I)
 to (for, from) — nous (I)
use: it's no — avoir beau + *inf.* (13)
to **use** utiliser; se servir de; *(fuel)* consommer (II)
 to — up épuiser (15)
used d'occasion (II)
 to be — for servir à (II)
 to get — to s'habituer à (7)
useful utile (4)
useless inutile (4)
usher l'ouvreuse *f.* (II)
usually d'habitude (I)

vacation les vacances *f.pl.* (I)
 to spend a — passer des vacances (I)
 to take a — prendre des vacances (I)
to **vacuum** passer l'aspirateur (II)
vacuum cleaner l'aspirateur *m.* (II)
to **validate** composter (II)
valley la vallée (II)
to **value** tenir à (5)

vanilla *(made with)* à la vanille (I)
varied varié, -e (II)
vase le vase (II)
VCR le magnétoscope (II)
veal le veau (I)
 — roast le rôti de veau (I)
 — stew la blanquette de veau (I)
vegetable le légume (I)
 raw —s les crudités *f.pl.* (II)
 — soup la soupe aux légumes (II)
version:
 the French — la version française (en v.f.) (II)
 the original — la version originale (en v.o.) (II)
very très (I); drôlement (5); *adj.* même (13)
 — much beaucoup (I)
victory la victoire (5)
video:
 — clip la séquence (II)
 — director le réalisateur, la réalisatrice (II)
videocassette la cassette-vidéo, *pl.* les cassettes-vidéo (II)
videotape recorder le magnétoscope (II)
view (of) la vue (sur) (I)
 to have a — of donner sur (II)
village le village (I)
vinegar le vinaigre (I)
violent violent, -e (II)
visit la visite (I)
to **visit** *(a place)* visiter; *(someone)* faire une visite à (I); rendre visite à (13)
voice la voix (II)
volleyball le volley(ball) (I)
to **vote** voter (12)
 to register to — s'inscrire sur les listes électorales (12)
voter l'électeur *m.*, l'électrice *f.* (12)

to **wait (for)** attendre (I)
 — your turn chacun(e) son tour! (II)
waiter le serveur; le garçon (I)
waiting room la salle d'attente (II)
waitress la serveuse (I)
to **wake** *(someone)* réveiller (II)
 to — up se réveiller (II)
walk:
 to go for a — se balader (1); faire un tour (de) (7)
 to take a — faire une promenade (I); se promener (II)

 to take for a — promener (II)
to **walk** aller à pied; marcher (I)
Walkman le baladeur (I)
wall le mur (II)
 —-to-— carpeting la moquette (II)
wallet le portefeuille (I)
wallpaper le papier peint (4)
 to hang — tapisser de papier peint (4)
to **want** vouloir (I)
war la guerre (11)
 — film le film de guerre (II)
wardrobe l'armoire *f.* (II)
warmed: to get — up se réchauffer (II)
to **warn** prévenir (15)
to **wash** (se) laver (I)
 to — up faire sa toilette (II)
washbasin le lavabo (II)
washing machine la machine à laver (II)
wash mitt le gant de toilette (II)
to **waste** gaspiller (15)
 to — one's time perdre son temps à + *inf.* (II)
wastebasket la corbeille (I)
watch la montre (I)
to **watch** regarder (I)
 water: mineral — l'eau minérale *f.* (I)
to **water** arroser (4)
watercolor l'aquarelle *f.* (13)
watering can l'arrosoir *m.* (4)
to **water-ski** faire du ski nautique (I)
way le chemin (II); la façon (5)
 all the — to the end jusqu'au bout (II)
 by — of par (I)
 in that — ainsi (II)
 right of — la priorité (3)
 the American — à l'américaine (7)
 — of life la façon de vivre (7)
 which — to …? quel est le chemin pour aller …? (II)
we nous; on (I); *(emphatic)* nous autres (15)
weak faible (II)
to **wear** porter (I)
 to be —ing être en + *clothing* (I)
weather le temps (I)
 it's nice — il fait beau (I)
 — forecast la météo (II)
 what's the — like? quel temps fait-il? (I)
wedding le mariage (II)
 — anniversary l'anniversaire de mariage *m.* (II)
Wednesday mercredi *m.* (I)

weed la mauvaise herbe (4)

week la semaine (I); huit jours; une huitaine de jours (II)

    two —s quinze jours; une quinzaine de jours (II)

weekend le week-end (I)

weekly *(publication)* l'hebdomadaire *m.* (10)

to weigh peser (II)

weight le poids (II)

    to gain — grossir (I)

    to lose — maigrir (I)

to welcome accueillir (7)

    you're — je vous (t') en prie (I)

well bien; eh bien; tiens (I)

    as — également (14)

    to be/feel — aller bien (I)

    to look — avoir bonne mine (I)

    — done *(meat)* bien cuit, -e (I)

    — done! bravo! (I)

    —, OK! bon! (I)

well-behaved sage (II)

well-known connu, -e (II)

Welsh gallois, -e (2)

west l'ouest *m.* (I)

western *(movie)* le western (I); occidental, -e; *pl.* occidentaux, -ales (14)

what ce qui, ce que, ce dont (II)

what? quel, quelle?; qu'est-ce que?; qu'est-ce qui?; à/de quoi?; quoi? (I)

    —?! ça alors! (I)

    — a(n) …! quel(le) …! (I)

    —'s new? quoi de neuf? (II)

when quand (I); lorsque (11)

where où (I; II)

whether si (II)

which quel, quelle? (I); que, qui (II)

    about — dont (II)

    of — dont (II)

    — one? lequel? laquelle? (II)

    — ones? lesquels? lesquelles? (II)

while pendant que (I); en + *pres. part.* (II)

    a — ago tout à l'heure (II)

    in a little — tout à l'heure (II)

to whistle siffler (6)

white blanc, blanche (I)

who qui?; qui est-ce qui? (I); qui (II)

whole entier, -ière (3)

    the — thing en entier (8)

whom qui, qui est-ce que? (I); que (II)

    about — dont (II)

whose? à qui? (I)

why? pourquoi? (I)

wide large (I)

wife la femme (I)

willing: to be — vouloir bien (I)

to win gagner (I)

wind le vent (I)

window la fenêtre (I)

    shop — la vitrine (II)

    stained-glass — le vitrail, *pl.* les vitraux (13)

    ticket — le guichet (II)

    to — shop faire du lèche-vitrines (II)

windshield wiper l'essui-glace, *pl.* les essui-glaces *m.* (II)

windy: it's — il fait du vent (I)

wine le vin (I)

    chicken cooked in — le coq au vin (I)

winter l'hiver *m.* (I)

    in the — en hiver (I)

    — sports resort la station de sports d'hiver (II)

to wipe essuyer (II)

wish: best —es meilleurs vœux!; *(letters)* amicalement (II)

to wish souhaiter (à … de + *inf.*) (II)

    if you — si tu veux (II)

with avec (I)

    — two à deux (4)

without sans (I); sans que + *subj.* (15)

    — difficulty haut la main (1)

witness le témoin (II)

Wolof *(language of Senegal)* le wolof (14)

woman la femme (I)

wood le bois (II)

    (made of) **—** en bois (II)

wool la laine (II)

    (made of) **—** en laine (II)

word le mot (II)

    —s *(to a song)* les paroles *f.pl.* (I)

work le travail (I); l'œuvre *f.* (8)

to work travailler (I); *(machines)* marcher (II); fonctionner (4)

    to — hard bûcher (1)

    to — overtime faire des heures supplémentaires (9)

world *adj.* mondial, -e *pl.* mondiaux, -ales (10)

worried inquiet, -iète (I)

to worry (about) s'inquiéter (de) (2)

    it worries me that ça m'inquiète que + *subj.* (II)

worth:

    it's — … ça vaut … (II)

    to be — it (to) valoir le coup (de + *inf.*) (13)

    what's it —? ça vaut combien? (II)

wounded person le blessé, la blessée (10)

to wrap emballer (II)

wrist le poignet (II)

to write écrire (I); *(articles, compositions, etc.)* rédiger (8)

writer l'écrivain *m.* (II)

written écrit, -e (II)

    — exam l'écrit *m.* (1)

wrong faux, fausse; incorrect, -e (I); mauvais, -e (II)

    to be — avoir tort (I)

    what's —? qu'est-ce qui ne va pas? (I)

year l'an *m.*; l'année *f.* (I)

    to be … —s old avoir … ans (I)

yellow jaune (I)

yes oui; si (I)

    oh, —! mais si (I)

yesterday hier (I)

    — morning (afternoon, evening) hier matin (après-midi, soir) (I)

yet encore (II)

to yield respecter la priorité (3)

yogurt le yaourt (I)

you toi; vous; tu (I)

    to (for, from) — te, vous (I)

young jeune (I)

youngest child in family le cadet, la cadette (7)

your ton, ta, tes; votre, vos (I)

yours le tien, la tienne; le/la vôtre (10)

    — (truly) amicalement (II); amitiés (7)

yourself toi-même, vous-même (II)

    help —! sers-toi! servez-vous! (II)

yourselves vous-mêmes (II)

youth la jeunesse (2)

Zaire le Zaïre (14)

zero zéro (I)

zip code le code postal (II)

zone: in a no-parking — en stationnement interdit (3)

INDEX

Most structures are presented first in conversational contexts and explained later. The numbers in bold refer to pages where structures are explained or highlighted. Other numbers refer to pages where material is initially presented or where it is elaborated upon after explanation.

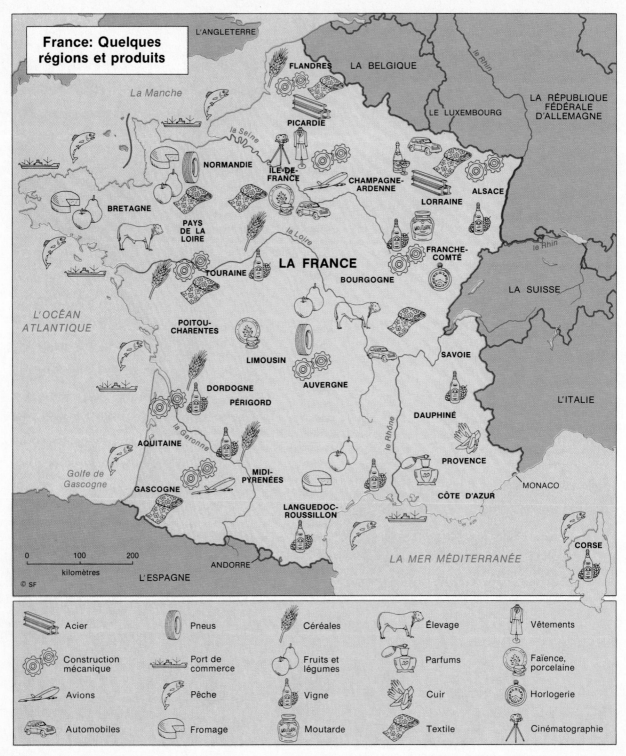

France: Quelques régions et produits

L'ANGLETERRE
LA MANCHE
La Manche
FLANDRES
LA BELGIQUE
LE LUXEMBOURG
LA RÉPUBLIQUE FÉDÉRALE D'ALLEMAGNE
le Rhin
PICARDIE
la Seine
NORMANDIE
ÎLE-DE-FRANCE
CHAMPAGNE-ARDENNE
ALSACE
LORRAINE
BRETAGNE
FRANCHE-COMTÉ
PAYS DE LA LOIRE
la Loire
LA FRANCE
BOURGOGNE
LA SUISSE
le Rhin
TOURAINE
L'OCÉAN ATLANTIQUE
POITOU-CHARENTES
LIMOUSIN
AUVERGNE
SAVOIE
DORDOGNE
PÉRIGORD
DAUPHINÉ
L'ITALIE
la Garonne
le Rhône
AQUITAINE
PROVENCE
Golfe de Gascogne
GASCOGNE
MIDI-PYRÉNÉES
CÔTE D'AZUR
MONACO
LANGUEDOC-ROUSSILLON
0 100 200
kilomètres
© SF
L'ESPAGNE
ANDORRE
LA MER MÉDITERRANÉE
CORSE

Acier	Pneus	Céréales	Élevage	Vêtements
Construction mécanique	Port de commerce	Fruits et légumes	Parfums	Faïence, porcelaine
Avions	Pêche	Vigne	Cuir	Horlogerie
Automobiles	Fromage	Moutarde	Textile	Cinématographie

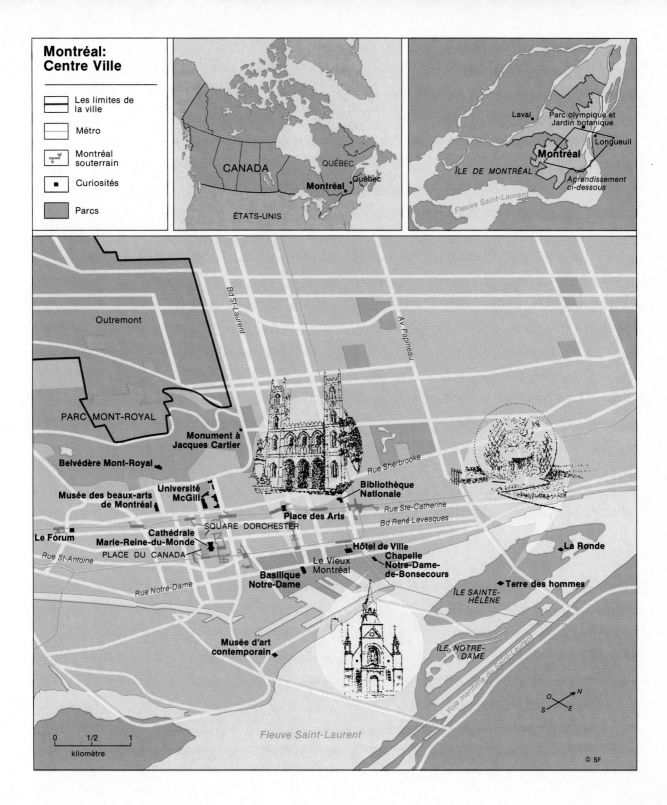

**Montréal:
Centre Ville**

	Les limites de la ville
	Métro
	Montréal souterrain
■	Curiosités
	Parcs

CANADA

QUÉBEC

Québec

Montréal

ÉTATS-UNIS

Laval

Parc olympique et
Jardin botanique

Longueuil

Montréal

ÎLE DE MONTRÉAL

*Agrandissement
ci-dessous*

Fleuve Saint-Laurent

Outremont

Bd St-Laurent

Av. Papineau

PARC MONT-ROYAL

**Monument à
Jacques Cartier**

Belvédère Mont-Royal

Rue Sherbrooke

**Musée des beaux-arts
de Montréal**

**Université
McGill**

**Bibliothèque
Nationale**

Rue Ste-Catherine

Place des Arts

SQUARE DORCHESTER

Bd René Levesques

Le Forum

**Cathédrale
Marie-Reine-du-Monde**

PLACE DU CANADA

Hôtel de Ville

**Chapelle
Notre-Dame-
de-Bonsecours**

La Ronde

Rue St-Antoine

Le Vieux
Montréal

Rue Notre-Dame

**Basilique
Notre-Dame**

Terre des hommes

ÎLE SAINTE-
HÉLÈNE

**Musée d'art
contemporain**

ÎLE NOTRE-
DAME

Voie maritime du Saint-Laurent

N
O
E
S

0   1/2   1
kilomètre

Fleuve Saint-Laurent

© SF

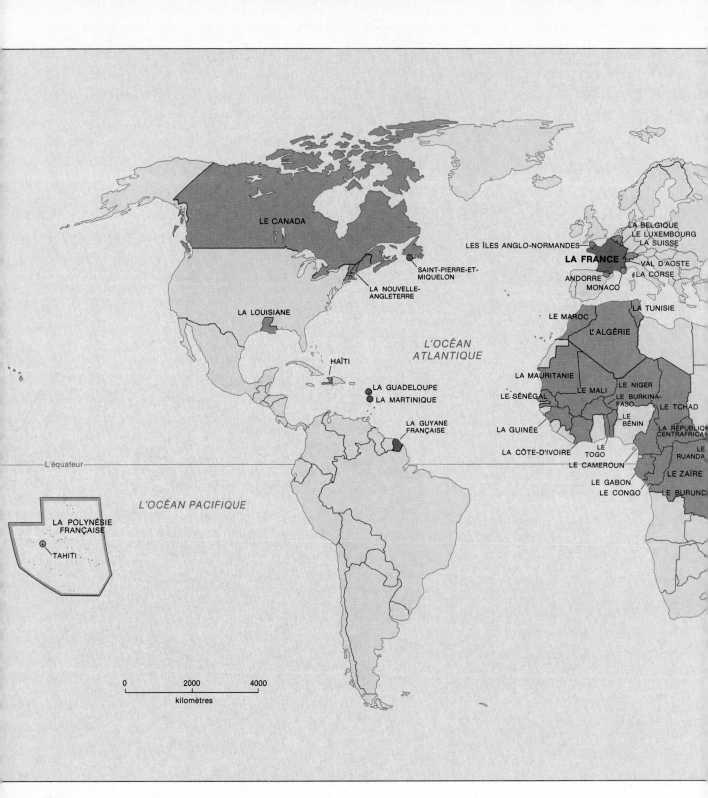

LE CANADA

LES ÎLES ANGLO-NORMANDES

SAINT-PIERRE-ET-
MIQUELON

LA NOUVELLE-
ANGLETERRE

LA LOUISIANE

HAÏTI

L'OCÉAN
ATLANTIQUE

LA GUADELOUPE
LA MARTINIQUE

LA GUYANE
FRANÇAISE

L'équateur

L'OCÉAN PACIFIQUE

LA POLYNÉSIE
FRANÇAISE

TAHITI

LA BELGIQUE
LE LUXEMBOURG
LA SUISSE

LA FRANCE

VAL D'AOSTE
LA CORSE

ANDORRE
MONACO

LA TUNISIE

LE MAROC

L' ALGÉRIE

LA MAURITANIE

LE NIGER

LE SÉNÉGAL   LE MALI   LE BURKINA-
                                  FASO   LE TCHAD

LE
BÉNIN

LA GUINÉE   LA RÉPUBLIQUE
                                             CENTRAFRICA...

LA CÔTE-D'IVOIRE   LE
                       TOGO   LE
                                              RUANDA
LE CAMEROUN   LE ZAÏRE

LE GABON
LE CONGO   LE BURUND...

0   2000   4000

kilomètres

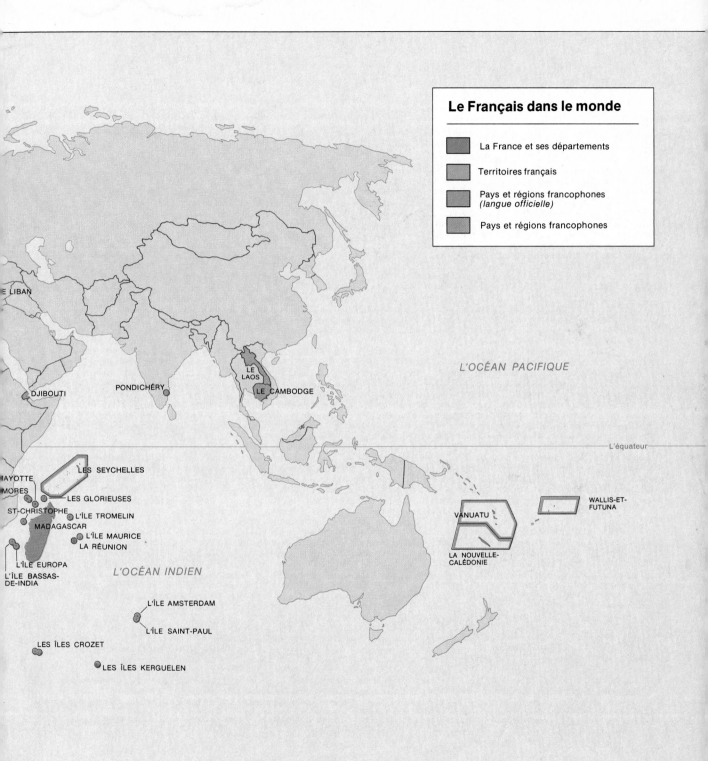

Le Français dans le monde

La France et ses départements

Territoires français

Pays et régions francophones
(langue officielle)

Pays et régions francophones

L'OCÉAN PACIFIQUE

LE LIBAN

DJIBOUTI

PONDICHÉRY

LE LAOS

LE CAMBODGE

L'équateur

LES SEYCHELLES

MAYOTTE

MORES

LES GLORIEUSES

ST-CHRISTOPHE

L'ÎLE TROMELIN

MADAGASCAR

L'ÎLE MAURICE

LA RÉUNION

L'ÎLE EUROPA

L'ÎLE BASSAS-
DE-INDIA

L'OCÉAN INDIEN

VANUATU

WALLIS-ET-
FUTUNA

LA NOUVELLE-
CALÉDONIE

L'ÎLE AMSTERDAM

L'ÎLE SAINT-PAUL

LES ÎLES CROZET

LES ÎLES KERGUELEN

ACKNOWLEDGMENTS

Illustrations   Diane Bennett, Scott Benton, Nancy Didion, Susan Dodge, Eldon Doty, Michael Eagle, Len Ebert, Russell Hassell, Meryl Henderson, Guy Kingsbery, Nancy Munger, Emily McCully, David Neuhaus, Tom Payne, Steven Schindler, Joel Snyder, Sally Springer, Ed Taber, George Ulrick, Gary Undercuffler, Justin Wager, Lane Yerkes, John Youssi.

Photos   Positions of photographs are shown in abbreviated form as follows: top(t), bottom(b), center(c), left(l), right(r). Unless otherwise acknowledged, all photos are the property of Scott, Foresman and Company.
ii–iii, Owen Franken; iv, Eduardo Aparicio; vi, Owen Franken; vii, Beryl Goldberg; viii, M. Durazzo/ANA/Viesti Associates; viii–ix, Marco/ANA/Viesti Associates; xi, Helena Kolda; xii, Owen Franken; xiii, Owen Franken; xiv, Walter S. Clark, Jr.; xv, Paul Cézanne 1839–1906 Oil on canvas 92.0 × 94.6. 23.105, Courtesy The Brooklyn Museum, Ella C. Woodward and Augustus T. White Memorial Funds; xvi, Peter Gonzalez; xvii, Abbas/Magnum Photos; 1, Owen Franken; 5, David Schaefer; 9(t), James J. Duro/Berg & Associates; 9(b), Michelangelo Durazzo/ANA/Viesti Associates; 11, Mark Antman/The Image Works; 13, Eduardo Aparicio; 14, David & Linda Phillips; 15(t), Beryl Goldberg; 15(b), Owen Franken; 21, Owen Franken, 25(l), Henebry Photography; 5(r), Peter Gonzalez; 27, Owen Franken; 33, G. Fritz/H. Armstrong Roberts; 34, Photo Bernard Grilly/20 ANS; 35(t), Photo Bernard Grilly/20 ANS; 35(b), Owen Franken; 36(t), © Février 1988. Phosphore, Bayard-Presse, Paris. Reprinted with permission; 36(b), Photo Bernard Grilly/20 ANS; 37, Owen Franken; 41, Francis de Richemond/The Image Works; 42, Owen Franken; 43, Helena Kolda; 44, Mark Antman/The Image Works; 45, M. Thonig/H. Armstrong Roberts; 48, © Février 1988. Phosphore, Bayard-Presse, Paris. Reprinted with permission; 54, Peter Gonzalez; 55(l), Chip & Rosa Maria de la Cueva Peterson; 58, Henebry Photography; 61, Peter Gonzalez; 64, Henebry Photography; 66, Owen Franken; 67, Henebry Photography; 68, Mark Antman/The Image Works; 69, Suzanne J. Engelmann; 71, Henebry Photography; 72, Milt & Joan Mann/Cameramann International, Ltd.; 73, Mike Mazzaschi/Stock Boston; 74, Edith G. Hahn/Stock Boston; 77, Ken Ross/Viesti Associates; 78, Peter Gonzalez; 79, Henebry Photography; 83, Jacqueline Hall; 88, Jean-Philippe Charbonnier/Agency Top/Photo Researchers; 89(t), Robert Fried; 89(b), Peter Gonzalez; 92, Henebry Photography; 96(r), Henebry Photography; 98, Stuart Cohen/COMSTOCK INC.; 99, Hubert le Campion/ANA/Viesti Associates; 101, Peter Gonzalez; 102, Jean Mounicq/ANA/Viesti Associates; 103, Milt & Joan Mann/Cameramann International, Ltd.; 104, David R. Frazier Photolibrary; 107, Owen Franken; 112, Owen Franken; 117, Owen Franken; 119, Owen Franken; 121, Eduardo Aparicio; 126, Robert Fried; 127(l), Christian Dumont; 134, Joe Viesti; 135, Eduardo Aparicio; 138, Eduardo Aparicio; 143, Eduardo Aparicio; 146, G.Botti/Sygma; 154, Henebry Photography; 156, Max Lolin/SIPA-Press; 162, Joe Viesti; 163(t), Milt & Joan Mann/Cameramann International, Ltd.; 163(b), Milt & Joan Mann/Cameramann International, Ltd.; 166, Ken Ross/Viesti Associates; 170(l), Robert Fried; 170(r), Suzanne J. Engelmann; 171, Henebry Photography; 172, Robert Frerck/Odyssey Productions, Chicago; 174(l), Russ Kinne/COMSTOCK INC.; 174(r), Eastcott/Momatiuk/The Image Works; 178, Ken Ross/Viesti Associates; 179, Malak/Shostal Associates; 180(t), Eduardo Aparicio; 180(b), Eduardo Aparicio; 181(l), Ken Ross/Viesti Associates; 181(tr), Eduardo Aparicio; 181(br), Keith Fry; 182, Ken Ross/Viesti Associates; 190, Milt & Joan Mann/Cameramann International, Ltd.; 197(l) Peter Gonzalez; 197(r), Harriet Goldstein/Berg & Associates; 201, Mark Antman/The Image Works; 202, Ken Ross/Viesti Associates; 206, Mark Antman/The Image Works; 207, Moatri/Gontier/The Image Works; 212, Eduardo Aparicio; 213, French Cultural Service; 215, Dorka Raynor; 217, Henebry Photography; 226, Helena Kolda; 227(l), Courtesy Michelin Travel Publication, Reproduced with permission; 230, Owen Franken; 233(t), Richard Lucas/The Image Works; 234, Joe Viesti; 235, Robert Fried; 236, Henebry Photography; 239, David R. Frazier Photolibrary; 243, Mark Antman/The Image Works; 245, Owen Franken; 246, Jean Buldain/Berg & Associates; 247, Henebry Photography; 248, Chip & Rosa Maria de la Cueva Peterson; 249, Ken Ross/Viesti Associates; 251, Owen Franken; 261(l), Eduardo Aparicio; 261(r), Henebry Photography; 268, Henebry Photography; 271, Eduardo Aparicio; 273, Bruno Barbey/Magnum Photos; 274, Chip & Rosa Maria de la Cueva Peterson; 275, Bust of Rousseau by Jean-Jacques Houdon, The Louvre, Paris, Giraudon/Art Resource, NY; 276, Chip & Rosa Maria de la Cueva Peterson; 279, Jean Gaumy/Magnum Photos; 280, Eduardo Aparicio; 281, Beryl Goldberg; 283, David Dunn; 285(l), Eduardo Aparicio; 290, Ken Ross/Viesti Associates; 291(t), Jacqueline Hall; 291(b), Ken Ross/Viesti Associates; 295, Eduardo Aparicio; 296, Ken Ross/Viesti Associates; 300, Ken Ross/Viesti Associates; 303, Peter Gonzalez; 304, Walter S. Clark, Jr.; 307, Librarie Plon; 308, Owen Franken; 309, Wolfgang Kaehler; 310, Owen Franken; 311, Keith Fry; 312(t), Soultrait/ANA/Viesti Associates; 312(b), Keith Fry; 313, Henebry Photography; 314, Joe Viesti; 315, Owen Franken; 320, Berangère Lomont; 321(l), Peter Gonzalez; 321(r), Peter Gonzalez; 327, Peter Gonzalez; 328, Peter Gonzalez; 331, Henebry Photography; 333, Peter Gonzalez; 338, Eduardo Aparicio; 339, Stuart Cohen/COMSTOCK INC.; 340, D. Alix/Publiphoto; 343, D. Alix/Publiphoto; 345, Peter Gonzalez; 352, P. Vauthey/Sygma; 353(t), Jean S. Buldain/Berg & Associates; 353(b), Owen Franken; 360–361(all), Eduardo Aparicio; 362, Gendre/ANA/Viesti Associates; 363, Abbas/Magnum Photos; 367, Peter Gonzalez; 369(l), Storia del Resorgimento E. Dell'Unita D'Italia; 369(r), Walter S. Clark, Jr.; 371, Bust of Voltaire by Jean Antoine Houdon. Widener Collection/National Gallery of Art, Washington, D.C.; 372, The Bettmann Archive; 375(l), J. A. Pavlovsky/Sygma; 382, Owen Franken; 383(t), Eduardo Aparicio; 383(b), Walter S. Clark, Jr.; 388, Peter Gonzalez; 391, Owen Franken; 398, John de Visser/Masterfile; 403, Owen Franken; 410, © Mark Segal 1988/Panoramic Stock Images; 411(t), "Impression: Soleil Levant," Claude Monet. Musée Marmottan. Scala/Art Resource, NY; 411(b), Henebry Photography; 417, Painting by Charpentier of artist sculpting bust of Gauguin. Gauguin Museum, Martinique. Photo: Robert Fried; 418 Walter S. Clark, Jr.; 419, "Gare St. Lazare," Paris by Claude Monet. The Art Institute of Chicago. All Rights Reserved; 420, Robert Fried; 421, Helena Kolda; 422, Walter S. Clark, Jr.; 423, Robert Fried; 425, Owen Franken; 426, Peter Gonzalez; 428, Ken Ross/Viesti Associates; 429, Christian Sarramon; 430(l), "Vahine No te Tiare" by Paul Gauguin. The NY Carlsberg Glyptotek, Copenhagen; 430(r), Mona Lisa, Leonardo da Vinci, The Louvre, Paris. Scala/Art Resource, NY; 432, Chip & Rosa Maria de la Cueva Peterson; 440, Bruno Barbey/Magnum Photos; 445, Bruno Barbey/Magnum Photos; 448, Shostal Associates; 449, Fridmar Damm/Leo de Wys; 450, Owen Franken; 451, Owen Franken; 453, J. Helbig/Leo de Wys; 455(l), Herlinde Koelbe/Leo de Wys; 455(r), Steve Vidler/Leo de Wys; 456, Robert Fried; 459, Robert Fried; 460, Marc & Evelyne Bernheim/Woodfin Camp & Associates; 468, Herzog/Sygma; 469(t), Owen Franken; 469(b), Eduardo Aparicio; 474, Hubert Le Campion/ANA/Viesti Associates; 475, Francolon/Gamma-Liaisòn; 477, Henebry Photography; 478, Owen Franken; 479, A. Brucelle/Sygma; 481, William B. Parker, 483, Owen Franken; 484, The Bettmann Archive; 485, Peter Gonzalez; 487, Owen Franken; 490, Bernard Charlon/Gamma-Liaison; 491(l), Henebry Photography; 491(r), Goyhenex/SIPA-Press; 492, Henebry Photography; 493(t), Ken Ross/Viesti Associates; 493(b), Helena Kolda.